Adolf Strodtmann

H. Heine's Leben und Werke

Adolf Strodtmann

H. Heine's Leben und Werke

ISBN/EAN: 9783742868992

Hergestellt in Europa, USA, Kanada, Australien, Japan

Cover: Foto ©Thomas Meinert / pixelio.de

Manufactured and distributed by brebook publishing software
(www.brebook.com)

Adolf Strodtmann

H. Heine's Leben und Werke

H. Heine's
Leben und Werke.

Von

Adolf Strodtmann.

Erster Band.

Berlin.

Verlag von Franz Duncker.

1867.

Wien.   New-York.

Tendler & Co.   E. Steiger.

Vorwort.

—

Es ist ein äußerlich scheinloses, stilles, durch keine gewaltsamen Ereignisse bewegtes Leben, das die nachfolgenden Blätter vor uns ent-
rollen. Ein deutsches Dichterleben! Die Armuth stand an seiner
Wiege, die kalte Sonne des Ruhmes beglänzte seinen einsamen Pfad,
und trüb und traurig erlosch es in der unwirthlichen Fremde.

Was ist von solchem Loose Viel zu erzählen in unsrer geräusch-
vollen Zeit? Was kümmert uns das arme Dichterherz, das zu Staub
geworden in seiner Gruft auf dem Friedhofe von Montmartre, und
das nicht mehr theilnimmt an unsern Kämpfen und Siegen? Unter
dem Donner der Schlachten erbebte die Welt, seit der müde Puls
jenes Herzens den letzten Schlag gethan, Könige stürzten gerichtet
von den Thronen, Völker befreiten und einigten sich, jenseit des
Weltmeeres zerbrach die Fessel des schwarzen Sklaven, und rasch,
wie das Dampfroß auf den Eisenschienen oder das Wort auf den
Flügeln des Blitzes dahinfährt, rollen die Fortschrittsräder der Geschichte dem Aufgang zu!

Wir sind wach und mündig geworden, nicht mehr in weichlicher
Klage legen wir thatlos die Hände in den Schoß, oder spotten mit
ohnmächtigem Witz unsrer Ketten, oder gaukeln uns in idealistischen
Zukunftsträumen hinweg über die Noth der Gegenwart; wir sind ein

männlich ernstes, verständiges Geschlecht, das mit harter Arbeit sich selber sein Schicksal schmiedet, das mit scharfem, klarem Blicke den Gesetzen der Völkerwohlfahrt nachspürt, das die trotzigen Naturkräfte in den Dienst des Menschen zwingt, und in der Verfolgung nütz= licher, praktisch erreichbarer Zwecke von Tag zu Tag einem glück= volleren Dasein entgegenschreitet. Was haben wir noch zu schaffen mit dem stillen Schläfer im Kirchhofsgrund, dessen Zeit vorüber ist, und der seinen dornendurchflochtenen Lorber mit in das Grab hin= unter nahm?

So fragen die prahlerischen Lobredner der Gegenwart, und ver= gessen des Dankes, den sie den Männern der Idee schuldig sind, die dem heutigen Geschlechte den Weg bereitet haben. Sie vergessen, daß die schmerzliche Klage über die Ungerechtigkeit und Verderbtheit der staatlichen und gesellschaftlichen Einrichtungen zuerst der Mensch= heit all ihr Leid zum Bewusstsein brachte, und dadurch jene gefühls= und verstandesklare Unzufriedenheit erschuf, die sich nicht wieder zur Ruhe begeben kann, bis eine bessere Grundlage des politischen und socialen Gebäudes errungen ist. Sie vergessen, daß jenes satirische Gelächter, gleich den Trompeten von Jericho, die Zwingburg des Ab= solutismus und die Mauern der gothischen Dome erschütterte, hinter denen die rohe Gewalt und die lichtscheue Dummheit sich verschanzten. Sie vergessen, daß die hehren Ideale, die stolzen Träume und Hoff= nungen von einem Auferstehungsmorgen der Menschheit, den Herzen der Besten und Edelsten jenen lebensfreudigen Todesmuth einsenkten, der das zeitliche Glück des eignen Daseins unbedenklich dahinopfert, um der ewigen Idee zum Siege zu verhelfen. Sie rühmen sich ihres hohen Standpunkts, und vergessen, daß ihr Blick nur deßhalb einen so weiten Horizont überschaut, weil sie auf den Schultern ihrer Väter stehn.

Solches Unrecht zurückweisend, möchten wir einen Bruchtheil des Dankes der realistischen Gegenwart gegen die idealistische Ver= gangenheit, aus der sie hervorgeblüht, abtragen durch das vorlie= gende Buch.

Wohl ist es vielleicht noch zu früh, eine nach allen Richtungen vollständige Schilderung des Lebens und Wirkens von Heinrich Heine zu unternehmen. Noch enthält die Familie des Dichters in kleinherziger Beschränktheit die von ihm hinterlassenen Memoiren, Gedichte, Briefe und manche sonstigen Zeugnisse seines Strebens dem Publikum vor, und Alles, was sie demselben seit elf Jahren statt der erwarteten Geistesschätze geboten hat, beschränkt sich auf ein Dutzend unordentlich durcheinander gewürfelter Anekdoten in den Spalten eines Unterhaltungsblatts. Dennoch glaube ich, daß die äußere Geschichte des Lebens, das ich darzustellen versuchte, nicht allzu viel' erhebliche Lücken aufweisen wird. Selbst über die Kindheitsjahre des Dichters, über welche bis jetzt wenig Zuverlässiges bekannt war, sind mir durch noch lebende Jugendgenossen Heine's werthvolle Mittheilungen zugeflossen, und fast nur die Zeit seines Komptoirlebens in Frankfurt und Hamburg bleibt in ein gewisses Dunkel gehüllt, das schwerlich jemals ganz aufgehellt werden wird.

Mit ernstlicherer Sorge erfüllt mich die Frage, ob es mir gelungen ist, die inneren Bezüge des Dichters und seiner Werke zu den literarischen, politischen und socialen Kämpfen seiner Zeit überall in das rechte Licht zu stellen. Diese Kämpfe sind zum größten Theile bis auf den heutigen Tag nicht beendet, das letzte Wort in ihnen soll erst gesprochen werden, und künftigen Geschlechtern bleibt es vorbehalten, ein abschließend parteiloses Urtheil über ihren Werth für die Geschichte der Menschheit zu fällen. Einstweilen mußte jedoch der Versuch gemacht werden, die Stellung, welche Heinrich Heine zu den großen Fragen des Jahrhunderts einnimmt, nach bester Einsicht und mit gewissenhafter Benutzung des vorliegenden Materials klar zu bestimmen, möge diese Stellung nun im einzelnen Fall eine richtige oder falsche gewesen sein. Auf dem jetzigen Standpunkte der Geschichtschreibung genügt es nicht mehr, durch anekdotische Mittheilung der äußeren Lebensumstände eines Schriftstellers gleichsam die schwarze Silhouette seines Bildes in die leere Luft zu zeichnen — ich halte mich daher überzeugt, daß die breitere Ausmalung des

kultur- und literarhiftorischen Hintergrundes meiner Arbeit keiner
Entschuldigung bedarf. Mit besonderem Fleiß habe ich dem so oft
zu niedriger Schmähung benutzten, aber niemals in voller Bedeutung
gewürdigten Verhältnisse des Dichters zum Judenthum nachgeforscht,
und ich darf hoffen, daß die nach handschriftlichen Urkunden gebotene
Darstellung der in den zwanziger Jahren von Berlin ausgegangenen
und von Heine warm getheilten Bestrebungen für eine humaniftische
Reform des israelitischen Lebens interessante Aufschlüsse über die seither
wenig beachtete Einwirkung der Hegel'schen Philosophie auf die geistig
fortgeschrittensten jüdischen Kreise geben wird. — Die Quellen, aus
denen ich geschöpft, habe ich zu bequemer Vergleichung stets am betreffenden Orte in den Anmerkungen aufgeführt.

Meinen besten Dank schließlich Allen, die mich durch gütige
Mittheilungen in dem Bemühen unterstützten, eine glaubwürdige Bio-
graphie des Dichters zu liefern.

Hamburg, den 15. September 1867.

Adolf Strodtmann.

Erstes Buch.

Erſtes Kapitel.

Die Knabenzeit.

Um die Mitte des vorigen Jahrhunderts lebte in Altona der jüdiſche Kaufmann Meier Schamſchen Popert.[1]) Derſelbe hatte zwei Töchter, Zette und Mathe. Zette, die Ältere der Beiden, heirathete den wohlhabenden Bendix Itzig Schiff, während der minder mit Glücksgütern geſegnete Händler Lob Heine in Altona die jüngere Schweſter Mathe heimführte, und bald darauf mit ihr nach Hannover zog. Nach dem Tode ihres Gatten und ihrer Schweſter vermählte ſich Mathe in ſpäterer Zeit wieder mit ihrem verwittweten Schwager, dem ſie zu ſeinen drei Söhnen und eben ſo vielen Töchtern ſechs Kinder ihres erſten Mannes — Salomon, Meier, Schmul, Heury, Hertz und Samſon — in die Ehe brachte. Von ihren näheren Lebensumſtänden iſt uns Wenig bekannt; doch werden ihre Verhältniſſe bis zu ihrer zweiten Verheirathung dürftig genug geweſen ſein. Mittellos mußten die heranwachſenden Kinder hinaus in die Welt, mit zäher Energie den Kampf um die Exiſtenz zu beginnen. So wiſſen wir, daß ihr, 1767 geborener, älteſter Sohn Salomon in ſeinem ſieb-zehnten Jahre, mit einem Paar Lederhoſen angethan und nur ſechzehn Groſchen in der Taſche, das elterliche Haus in Hannover verließ und auf gut Glück nach Hamburg pilgerte, wo er ſich durch eigene Thatkraft, und vom Lächeln Fortuna's begünſtigt, im Laufe der Zeit vom armen Wechſelausträger zum weltberühmten Bankherrn und Beſitzer von Millionen emporſchwang.

1*

Nicht so freundlich ruhte der Silberblick der launischen Glücksgöttin auf dem jüngsten der Brüder, Samson Heine. Nachdem er seine erste Jugend in Hannover und Hamburg verlebt hatte, finden wir ihn gegen Ende der neunziger Jahre in Düsseldorf am Rhein, wo er in einem engen, niedrig gebauten, einstöckigen Hause der Bolkerstraße, das damals mit Nr. 602 bezeichnet war, einen Tuchladen etabliert hatte. Ein hübscher, stattlicher Mann, von lebhaftem Temperament und redlichem Herzen, wenn auch nicht von besonders scharfem Verstande, gewann er die Liebe der kleinen Betty, einer Tochter des angesehenen Arztes Dr. von Geldern, und führte sie als Gattin in sein Haus. Die Familie von Geldern bekannte sich zur streng orthodoxen jüdischen Konfession; der Großvater oder Urgroßvater Betty's war jedoch, einer Familientradition zufolge, obschon Jude, von einem der Kurfürsten von Jülich-Cleve-Berg wegen eines Dienstes, den er diesem erwiesen, mit dem Adelsdiplome beschenkt worden. [2]

Am 13. December 1799 [3] begrüßten in dem erwähnten Hause die Strahlen der Sonne das Antlitz eines Knaben, der als erster Sproß einer glücklichen Ehe hochwillkommen war, und, einem Londoner Geschäftsfreunde des Vaters zu Ehren, den Vornamen Harry erhielt. Diesen Namen vertauschte er erst später bei seinem Übertritte zum Christenthum mit dem Namen Heinrich; doch ist es charakteristisch, daß er auf den Titelblättern seiner sämmtlichen Schriften stets nur den Anfangsbuchstaben seines Vornamens drucken ließ, und sich noch in späteren Jahren sehr verstimmt zeigte, als sein Verleger einmal seinen vollen Vornamen auf eins seiner Bücher gesetzt hatte. [4]

Sein ganzes Leben lang bewahrte H. Heine seiner Vaterstadt eine liebevolle Anhänglichkeit. „Die Stadt Düsseldorf", heißt es in den „Reisebildern", „ist sehr schön, und wenn man in der Ferne an sie denkt, und zufällig dort geboren ist, wird Einem wunderlich zu Muthe. Ich bin dort geboren, und es ist mir, als müßte ich gleich nach Hause gehn. Und wenn ich sage: nach Hause gehn, so meine ich die Bolkerstraße und das Haus, worin ich geboren bin. Dieses Haus wird einst sehr merkwürdig sein, und der alten Frau, die es besitzt, habe ich sagen lassen, daß sie bei Leibe das Haus nicht verkaufen solle. Für das ganze Haus bekäme sie doch jetzt kaum so Viel, wie schon allein das Trinkgeld beträgt wird, das einst die grünverschleierten, vornehmen Engländerinnen dem Dienst-

mädchen geben, wenn es ihnen die Stube zeigt, worin ich das Licht der
Welt erblickt, und den Hühnerwinkel, worin mich Vater gewöhnlich ein-
sperrte, wenn ich Trauben genascht, und auch die braune Thür, worauf
Mutter mich die Buchstaben mit Kreide schreiben lehrte — ach Gott!
Madame, wenn ich ein berühmter Schriftsteller werde, so hat Das meiner
Mutter genug Mühe gekostet."

Als der Dichter diese humoristischen Zeilen schrieb, existierte indeß sein
Geburtshaus schon lange nicht mehr. Im Jahre 1811 oder 1812 hatten
seine Eltern dasselbe verlassen, und waren in das gegenüber liegende große
Haus gezogen, welches jetzt die Nummer 42 führt.[5] Das alte Haus
aber ging in andere Hände über, und ward abgebrochen, und ein neues,
größeres Gebäude, mit einer neuen Nummer (53), trat an seine Stelle.[6]
Dasselbe ist seit dem 31. Januar 1867 mit einer einfachen marmornen
Gedenktafel verziert, welche die Inschrift: „Geburtshaus von Heinrich
Heine" trägt.

Der Umstand, daß H. Heine, der so gern und liebevoll bei den Erinnerungen seiner Kindheit verweilte, in seinen Schriften und Briefen nur
selten und höchst beiläufig seines Vaters gedenkt, dürfte schon darauf hin-
deuten, daß Letzterer schwerlich ein Mann von hervorragenden Geistesgaben
gewesen ist. Auch von anderer Seite wird uns dies Urtheil bestätigt.[7] Wir
haben über ihn nur noch erfahren, daß er ein eifriger Verehrer Napoleon's war, und als Officier in der Bürgerwehr diente, die während der
französischen Zeit von 1806—1809 in Düsseldorf bestand.[8]

Um so häufiger, und mit Worten der zärtlichsten Liebe und Dankbarkeit, erwähnt H. Heine seiner Mutter, der er in zahlreichen Liedern
und Sonetten ein unvergängliches Denkmal gesetzt hat.[9] Der Einfluß,
den diese treffliche, feinfühlende und hochverständige Frau auf die Herzens-
und Geistesbildung ihres Sohnes ausgeübt, muß nach Allem, was uns
von ihr berichtet wird, sehr bedeutend gewesen sein. H. Heine nennt sie
eine Schülerin Rousseau's,[10] und sein jüngster Bruder Maximilian erzählt,[11] daß Goethe ihr Lieblingsschriftsteller gewesen sei und sie sich besonders an Dessen Elegien erfreut habe. Es läßt sich also annehmen, daß
sie einen mehr als gewöhnlichen Grad allgemeiner Bildung besaß, und
nicht wenig dazu beitrug, schon früh in ihrem begabten Sohne das Interesse für die Meisterwerke der Kunst und Poesie und für eine idealere
Lebensauffassung zu wecken. Während die Kraft und Thätigkeit des Va-

ters in dem mühsamen Kampfe um die Subsistenzmittel der Familie auf-
ging, fiel der Mutter fast ausschließlich die Sorge für die Erziehung der
Kinder zu. Sie entledigte sich dieser Pflicht in der tüchtigsten Weise,
und ließ es, bei aller Milde und Freundlichkeit, vorkommenden Falls auch
an der nöthigen Strenge nicht fehlen. [12]) Die innige Liebe, welche die
Kinder ihr bis ins späte Alter bewahrten, legt das schönste Zeugniß dafür
ab, daß sie es verstanden hat, nicht bloß die treue Pflegerin ihrer Kindheit, sondern, was mehr ist, auch die Theilnehmerin ihres geistigen Lebens
und die einsichtsvolle Freundin ihrer reiferen Jahre zu sein.

Bevor wir indeß mit Hilfe der spärlichen uns zu Gebot stehenden
Notizen ein Bild von der Knabenzeit des Dichters zu gewinnen suchen,
wird es geboten sein, einen Blick auf die Zeitverhältnisse zu werfen, unter
denen sein junger Geist sich entfaltete. Die politische Konstellation bei
der Geburt eines Schriftstellers ist in keinem Falle bedeutungslos, und
jedenfalls wichtiger, als die einst so sorgfältig beachtete Stellung der himmlischen Gestirne, die ihm bei seinem Eintritt ins Leben leuchteten. Ist
diese Wahrheit heut zu Tag schon im Allgemeinen anerkannt, so gilt sie
wohl ganz vorzüglich bei einem Dichter, der in jeder Zeile, die er schrieb,
von den Ideen seines Jahrhunderts erfüllt war, und uns in seinen Werken
vor Allem ein treues Spiegelbild seiner Zeit hinterlassen hat.

H. Heine's erste Jugend fällt in die Jahre der tiefsten Schmach
und der trübsten politischen Erniedrigung seines Vaterlandes. Selbst der
männlichste, hoffnungsfreudigste Dichter unseres Volkes hatte den Anbruch des neuen Jahrhunderts mit einer Klage der bittersten Verzweiflung
begrüßt: überall sah er das Band der Länder gehoben, die alten Formen
einstürzen, nirgends dem Frieden und der Freiheit sich einen Zufluchtsort
öffnen, und es blieb ihm nur der zweideutige Trost, aus der rauhen Wirklichkeit in die Welt des Ideals, in „des Herzens stille Räume" zu flüchten,
die von der Erde verbannte Freiheit in das Luftreich der Träume hinüber zu retten.

In der That herrschten damals überall in Europa, zumal in Deutschland, Zustände chaotischer Verwirrung. Die Freiheits- und Gleichheitsideen der französischen Revolution waren als befruchtender Gährungsstoff
in die dumpfe Stagnation des politischen Lebens gefallen; tief auf dem
Grunde begann sich's in den schläfrigen Massen langsam zu regen, aber
es war noch eine dumpfe, unklare Aufregung der Gemüther, ohne festes

Ziel und ohne zuversichtlichen Glauben an eine bessere Zukunft. Aller Augen waren nach Frankreich gewandt, und hingen mit Staunen und Grausen, mit Furcht oder mit Hoffnung, an dem blutig ernsten Schauspiel, dessen Akteurs seit einem Jahrzehnt durch den Donner ihrer Stimmen und das Getös ihrer Waffen halb Europa erschütterten. Hatte es dem großen Drama doch weder an spannendster Handlung und buntestem Wechsel der Scenen und Dekorationen, noch an Helden gefehlt, deren tragische Schuld durch ein tragisches Ende gesühnt ward! Der erste Theil des Stückes, die Schreckensherrschaft der Guillotine, war zu Ende gespielt, und der Held des zweiten, der allmächtige Korse, welcher, das Erbe der Revolution antretend, ihren klaffenden Schlund mit Hekatomben von Schlachtopfern schließen sollte, hatte mit den unerhörtesten Erfolgen seine Siegeslaufbahn begonnen. Schon lag ihm Italien überwunden zu Füßen; schon hatte Österreich, die Ehre Deutschlands und die eigene preisgebend, in den geheimen Artikeln des Friedens von Campo Formio seine Zustimmung zu einer künftigen Abtretung des linken Rheinufers an Frankreich ertheilt; schon war der neue Alexander von seinem orientalischen Feldzuge, der fabelhaften Expedition nach Ägypten, glücklich heimgekehrt, und hatte am 18. Brumaire das Direktorium sammt der Verfassung gestürzt, um als erster Konsul an die Spitze der Regierung zu treten. Einen Monat später, am 13. December 1799 — demselben Tage, an welchem H. Heine geboren ward, — war die neue, ganz nach Bonaparte's Absichten gefertigte Verfassung vollendet, und es bewährte sich bald genug das Wort, das Sieyes über ihn gesprochen: „Jetzt haben wir einen Meister; er kann Alles, er versteht Alles, und er will Alles". Im Sturmeslauf schritt der kühne Eroberer binnen weniger Jahre von einer Staffel des Ruhmes zur andern empor: zum Konsul auf Lebenszeit, zum Kaiser der Franzosen, der sich vom Papste krönen ließ und sich die eiserne Krone von Italien selbst aufs Haupt setzte, zum Beherrscher von Spanien, Holland und Belgien, zum Lenker der Geschicke von Österreich, Preußen und allen übrigen mitteleuropäischen Staaten. Das alterwürdige deutsche Reich sank in Trümmer, nachdem sich die meisten seiner Fürsten in der Stunde der Noth feige von ihm losgesagt und unter dem Protektorate Napoleon's den fluchwürdigen Rheinbund geschlossen; Österreich wand sich gedemüthigt im Staube, und dem König von Preußen blieb nach den Schlachten von Jena und Eylau zuletzt Nichts von seinen Landen und seiner Macht, als was ihm der hochmüthige Sieger im Tilsiter Frieden als Gnadengeschenk wieder zuwarf.

Die Knabenjahre H. Heine's verstrichen fast ganz unter den direkten Einflüssen der französischen Herrschaft. Düsseldorf, damals die Hauptstadt des Herzogthums Jülich-Berg, war bereits seit dem 6. September 1795 von französischen Revolutionstruppen besetzt, deren Abzug erst am 31. Mai 1801 in Gemäßheit des Lüneviller Friedensschlusses erfolgte. Die Bewohner der Stadt und ihr Eigenthum waren während dieser Zeit unter den Schutz der „großen freien Nation" gestellt; aber die von ihnen zu beschaffenden Verpflegungskosten der fremden Einquartierung beliefen sich in den sechstehalb Jahren auf eine Million Thaler, und die heimkehrende vaterländische Besatzung wurde von den erfreuten Bürgern in feierlichem Aufzug durch die Stadtthore geleitet. Im nächsten Jahre wurden die Festungswerke geschleift, und Düsseldorf blieb während der nachfolgenden Kriegsstürme von dem unmittelbaren Walten des furchtbaren Schlachtengottes verschont. Wechselvoll genug freilich waren die Schicksale, welche über die schöne Stadt am Rhein und ihre Umgebung dahinbrausten. Dem Kurfürsten Karl Theodor von der Pfalz, welcher die Malerakademie begründet und durch großartige Bauten Viel für die Verschönerung und das Aufblühen Düsseldorf's gethan hatte, war am 16. Februar 1799 Maximilian Joseph IV. aus dem Zweibrückener Nebenzweige der Wittelsbacher als Regent in den Gesammtlanden Pfalz-Baiern und im Herzogthume Berg gefolgt. Ein aufgeklärter, selbst wissenschaftlich gebildeter Mann, von großer Leutseligkeit und Milde des Benehmens, von strenger Reinheit der Sitten und von einnehmendstem Außern, wußte er sich durch heilsame und wohlwollende Maßregeln bald die Liebe seiner Unterthanen zu erwerben. Eine seiner ersten Regierungshandlungen war die Aufhebung des Censur-Kollegiums, „weil es den liberalen Gang der Wissenschaften aufzuhalten scheine", und Ersetzung desselben durch eine Censur-Kommission mit der Anweisung zu einem „bescheidenen Verfahren". Auch dies Institut hob er durch eine spätere Verordnung wieder auf, und überließ der Polizeibehörde die Sorge, gegen die Verbreiter staatsgefährlicher oder verleumderischer Schriften eine Untersuchung bei der Landesdirektion anhängig zu machen. Auch für das Wohl des Handels und der Fabriken traf er heilsame Einrichtungen. Die Oberleitung der Regierungsgeschäfte im Herzogthum Berg übertrug Maximilian Joseph

anfänglich dem Freiherrn von Hompesch, seit dem Jahre 1804 jedoch, mit
Abtretung eines Theils der Hoheitsrechte, vorherrschend seinem Vetter,
dem Herzog Wilhelm von Baiern. Auch Dieser regierte nur kurze Zeit.
„Damals hatten nämlich die Franzosen", wie Heine mit treffendem Witz
diese Periode charakterisiert, „alle Grenzen verrückt, alle Tage wurden die
Länder neu illuminiert; die sonst blau gewesen, wurden jetzt plötzlich grün,
manche wurden sogar blutroth, die bestimmten Lehrbuchseelen wurden so
sehr vertauscht und vermischt, daß kein Teufel sie mehr erkennen konnte,
die Landesprodukte änderten sich ebenfalls, Cichorien und Runkelrüben
wuchsen jetzt, wo sonst nur Hasen und hinterherlaufende Landjunker zu
sehen waren, auch die Charaktere der Völker änderten sich, die Deutschen
wurden gelenkig, die Franzosen machten keine Komplimente mehr, die Engländer warfen das Geld nicht mehr zum Fenster hinaus, und die Veneti-
aner waren nicht schlau genug; unter den Fürsten gab es viel Avancement,
die alten Könige bekamen neue Uniformen, neue Königthümer wurden ge-
backen und hatten Absatz wie frische Semmel, manche Potentaten hingegen
wurden von Haus und Hof gejagt, und mußten auf andere Art ihr Brot
zu verdienen suchen."

Der Länderschacher und Völkertausch stand in vollster Blüthe. Am
25. December 1805 wurde zu Paris ein Traktat unterzeichnet, wonach
Preußen seinen Antheil des Herzogthums Cleve auf dem rechten Rheinufer an Frankreich abtrat; gleichzeitig wurde der Kurfürst Maximilian
Joseph (am 1. Januar 1806) zum König von Baiern erhoben, und als
Kourtage für die Standeserhöhung seines Vetters verlor der bisherige
Statthalter des Herzogthums Berg, Herzog Wilhelm, sein Land an die
Franzosen. Am Tage seiner Abreise von Düsseldorf nahm er in einem
vom 20. März 1806 datierten Erlasse [13]) einen liebevollen Abschied von
seinen bisherigen Unterthanen, und Joachim Murat, der Schwager Napoleon's, hielt als Regent des aus den abgetretenen deutschen Rheinlanden für ihn geschaffenen Großherzogthums Cleve-Berg seinen Einzug
in die neue Residenz. Ein wohlmeinender, offenherziger Mann, von soldatisch straffen Formen, jeder Schmeichelei abhold, erwiderte er dem Bür-
germeister, der ihn bei der Huldigung mit einer langen salbungsvollen
Rede empfing: „Es ist unmöglich, daß man mich in einem Lande, für
das ich noch Nichts gethan, schon lieben kann, aber man wird mich
lieben, ich versichere es". Und in Wirklichkeit ließ es Joachim I. an den

ernsthaftesten Bemühungen nicht fehlen, sich die Zuneigung der seiner Obhut anvertrauten Bevölkerung zu erwerben. Er suchte zunächst dem Noth-
stande derselben durch Getreide - Zufuhren abzuhelfen, die er vom linken
Rheinufer in beträchtlicher Menge herbeischaffen ließ. Auch während seiner
bald darauf erfolgten Entfernung vergaß er nicht seiner neuen Pflichten.
Eine von ihm nach Paris berufene Deputation des Handelsstandes aus
beiden Herzogthümern mußte ihm ihre Wünsche und Ansichten vortragen,
wie Handel und Fabrikwesen des Landes noch mehr zu heben sei. Selbst
als er sich in Polen befand, erwirkte er beim Kaiser den Elberfeldern wohl-
thätige Handelsbegünstigungen, und erließ aus Warschau eine umständliche
Verfügung, welche den Pensionsstand der Staatsdiener, ihrer Wittwen
und Kinder in feststehender Weise ordnete. Obschon sein Minister Agar,
den er persönlich besonders schätzte, ein Franzose war, zeigte Joachim sich im
Übrigen einer Besetzung der Beamtenstellen durch Franzosen höchst abge-
neigt, und als er im Jahre 1807 einige französische Militärs beim Kon-
tingent anstellte, richtete er an sie die ausdrückliche Mahnung, seiner Wahl
Ehre zu machen, und nie zu vergessen, daß sie fortan nicht mehr in französischen, sondern in deutschen Diensten ständen, bei einem Fürsten, der ein
Mitglied des Rheinbundes sei. Selbst dem Kaiser gegenüber sprach er in
Betreff seiner Unterthanen nicht selten ähnliche Grundsätze aus, und suchte
sie in Opposition gegen Dessen Willen geltend zu machen.

Während solchergestalt das Großherzogthum, besonders in Bezug
auf Handel und Fabriken mittelst der nachbarlichen Verbindung mit Frankreich, durch die neue Regierung mancherlei Vortheile erhielt, und gleichfalls
in Verwaltung und Justiz mehr als Eine nützliche Einrichtung ins Leben
trat, lastete dagegen von nun an die französische Militär-Konskription mit
schwerem Druck auf dem Lande, und eine verfehlte Finanzoperation — die
Prägung des bergischen Groschens, — sowie die Einführung einer hohen
Familiensteuer gereichten der Bevölkerung zu großem Schaden. Doch suchte
der neue Regent seinen Unterthanen auch in Betreff der verhaßten Militär-Konskription billige Erleichterungen zu verschaffen, indem er z. B. den
Bezirk Elberfeld in Berücksichtigung seines großen Bedarfs an Fabrikarbei-
tern gänzlich von derselben befreite. Mit aufrichtigem Bedauern vernahm
daher das Land im Sommer des Jahres 1808 die Kunde, daß Joachim
Murat, zum Könige von Neapel avanciert, das Herzogthum Berg wieder
an Napoleon abgetreten habe, der es am 3. März des folgenden Jahres

dem fünfjährigen Sohne seines Bruders Ludwig, dem Kronprinzen von
Holland, Napoleon Ludwig, übertrug. Seltsam und unpatriotisch genug
klingt es, wenn H. Heine in einer Anwandlung legitimistischer Laune deßhalb bei einer späteren Gelegenheit [14]) diesen Prinzen, der jetzt auch Kaiser
der Franzosen ist, seinen „legitimen Souverän" nennt, da Derselbe „niemals abdiciert" habe, und „sein Fürstenthum, das von den Preußen occupiert ward, ihm de jure zugefallen" sei.

Übrigens behielt sich Napoleon I. ausdrücklich die Oberregierung des
Großherzogthums bis zur Majorennität seines Neffen vor, und das Land
wurde nach französischer Schablone, kraft eines kaiserlichen Dekretes vom
14. November 1808, sofort in Departements, Bezirke, Kantone und Gemeinden eingetheilt. Während ein französischer Senator, Graf Röderer,
von Düsseldorf aus als Minister und Staatssecretär das Großherzogthum
regierte, und die Bewohner mit einer Unzahl drückender Steuern, [15]) mit
Einführung der Salz- und Tabak-Regie und mit einer unverschämt strengen Handhabung der Kontinentalsperre belästigte, wurden ihnen auf der
anderen Seite die Segnungen jener bürgerlichen Gleichheit zu Theil, mit
welchen der siegreiche Sohn und Erbe der Revolution die seiner Herrschaft
unterworfenen Länder für den Verlust ihrer nationalen Freiheit und Unabhängigkeit entschädigte. Schon am 12. December 1808 erließ der Kaiser
ein Dekret, welches die Leibeigenschaft jeder Art, nebst allen daraus ent-
springenden Rechten und Verbindlichkeiten, aufhob, also die bisher leibeigenen oder dienstbaren Bauern in vollen Genuß der bürgerlichen Rechte
versetzte. Es folgten am 1. März 1809 die Unterdrückung aller im Großherzogthum bestehenden Lehen, deren Ländereien als freies Eigenthum den Lehnssassen anheimfielen, und die Aufhebung aller Frohndienste
ohne Entschädigung. Am 31. März desselben Jahres wurden die Ver-
fügungen im preußischen Rechte, welche die Verheirathung Adliger mit
Töchtern des Bauern- und Bürgerstandes verboten, abgeschafft. Drei Jahre
später, mit dem 11. Februar 1812, traten die heilsamen Reformen des
Gerichtswesens und der Justizverwaltung nach napoleonischem Muster in
Kraft. Von diesem Tage an war jedes Privilegium in Jurisdiktionssachen
erloschen, alle Bewohner des Großherzogthums gehörten fortan ohne Unterschied der Person bei gleichen Fällen vor denselben Richter, und wurden
nach denselben Formen behandelt, und die Justiz war von der Verwaltung
getrennt. Die Richter, mit Ausnahme der Friedensrichter, wurden einstweilen auf fünf Jahre ernannt, und hatten nur im besonderen Verdienst-

falle eine Verlängeruug ihrer Amtsdauer auf Lebenszeit zu erwarten. Mit
Einführung der französischen Gesetzbücher und Dekrete in Betreff der Justizverwaltung traten, wie in Frankreich, Friedensgerichte, Gerichtshöfe erster
Instanz, Schwurgerichte und ein Apellationsgericht, von dem die Kaffa-
tions-Rekurse an den Kassationshof nach Paris gingen, ins Leben, und am
29. Mai 1812 wurde in Düsseldorf das erste Schwurgericht eröffnet.

Es kann nicht Wunder nehmen, daß, bei so vielen praktischen Vor-
theilen des neuen Regierungssystems, die städtische und mehr noch die
ländliche Bevölkerung des Großherzogthums ohne allzu großes Bedauern
das deutsche Reich zusammenstürzen sah, und sich fast ohne Murren in die
veränderten Zustände fügte. Was galt den Bürgern und Bauern am
Rheine das heilige deutsche Reich, und was konnte es ihnen gelten? Was
hatte es für sie gethan, und in welcher fühlbaren Verbindung standen sie
mit ihm? Es war ja längst zum mark- und kraftlosen Schatten seiner
einstmaligen Größe herabgesunken, und fristete nur noch ein kümmerliches
Scheinleben in verknöcherten Formen, leeren Titeln und einem pedantischen
Ceremoniell. Nur auf das Nächste, auf das Gedeihen des engeren Vaterlandes, waren die Wünsche der Bevölkerung gerichtet, und man hatte sich
längst gewöhnt, dessen Flor auch ohne die Größe und Kraft des Reiches
für möglich zu halten. Waren die Sympathien für die französische Revolution, welche die rheinländischen Republikaner, Joseph Görres an der
Spitze, in jüngstverflossenen Jahren aufs leidenschaftlichste geschürt hatten,
auch in Folge des Schreckenssystems der Guillotine und des ihm gefolg-
ten Militär-Terrorismus wesentlich geschwächt worden, so blieben doch die
einmal geweckten Zweifel an dem Recht des Bestehenden und die Tendenz
durchgreifender politischer Reformen wach in den Gemüthern, und jede
Änderung stellte sich leicht als ein Fortschritt dar. Zudem ließ sich ja nicht
leugnen, daß durch die neuen Einrichtungen manches jahrhundertelang
schweigend erduldete Unrecht, mancher veraltete Mißbrauch und Zwang im
Handumdrehen beseitigt ward; die französischen Gesetze hatten mindestens
den Vorzug, einfach, klarverständlich und für Alle gleich zu sein; dem Bürger und Bauer schmeichelte es, wenn der früher so barsche Amtmann jetzt
demüthig vor ihnen die Mütze zog und Jeden höflich wie seines Gleichen
als citoyen begrüßte, und der Kaiser ließ es vor Allem an den großmü-
thigsten Verheißungen nicht fehlen. So erschien — abgesehen von der
Militär-Konstription, der Jeder sich gern zu entziehen suchte — die fran-

zöſiſche Herrſchaft den meiſten der Bewohner des Rheinlandes kaum als ein Unglück, oder höchſtens als eine vorübergehende Kalamität, und Napoleon war ihnen das gewaltige Werkzeug, deſſen ſich die Vorſehung bediente, um eine beſſere Zukunft heraufzuführen.

Die Wirkung dieſer Einflüſſe auf die Knabenzeit H. Heine's kann nicht ſcharf genug betont werden, wenn man zu einer gerechten Würdigung ſeiner Entwicklung und ſeiner nachmaligen ſchriftſtelleriſchen Thätigkeit gelangen will. Um ſo weniger dürfen wir dies Moment außer Acht laſſen, als er ſelbſt den höchſten Werth darauf legt, und jene Einflüſſe der franzöſiſchen Zeit im Buche „Le Grand" mit unübertrefflicher Lebensfriſche geſchildert hat. Es unterliegt keinem Zweifel, daß vor Allem der frühzeitig innige Verkehr mit den kecken und beweglichen Elementen der franzöſiſchen Nationalität ihm ſelbſt jene bewegliche Kühnheit und Sicherheit, vielleicht auch ein gut Theil jener Grazie verlieh, womit er das Schwert wider die alte Geſellſchaft erhob. Andererſeits wurden durch dieſen Verkehr aber nicht minder in der jungen Seele des Knaben die erſten Keime zu jener ſchillernden Leichtfertigkeit des Charakters gelegt, welche den Ernſt ſeiner Überzeugung ſpäterhin oftmals in ſo zweifelhaftem Lichte erſcheinen ließ.

Wir haben ſchon erwähnt, daß ſein Vater ein enthuſiaſtiſcher Bewunderer Napoleon's war. „Wollte Gott, wir hätten ihn noch!" ſeufzte er, als in den Tagen der Reſtauration von ſeinen Hamburger Verwandten auf den Kaiſer und Deſſen Generäle geſcholten ward, und dann wandte er ſich an Harry, der bei Davouſt's, des Prinzen von Eckmühl, Rückkehr nach Frankreich auf der Rheinfähre mit Demſelben franzöſiſch geſprochen: „Sage mal, Harry! war er nicht ein liebenswürdiger Menſch?" [16]) — Für die jüdiſche Familie Heine's gewann außerdem die franzöſiſche Zeit noch eine beſondere Bedeutung. Napoleon, der zu Rekruten Alles gebrauchen konnte, was eine Waffe zu führen im Stande war, hatte den Anfang gemacht, die Juden den Chriſten gleichzuſtellen; er mußte in ihren Augen alſo faſt wie ein Meſſias erſcheinen, der das tauſendjährige Joch bürgerlicher und politiſcher Knechtſchaft von ihnen abnahm, und ihnen die vorenthaltenen Menſchenrechte zurückgab. In Preußen gelangten die Juden erſt am 11. März 1812, nachdem Hardenberg Staatskanzler geworden war, in den Beſitz bürgerlicher Rechte, — eine Vergünſtigung, die ihnen nach Beendigung des Befreiungskampfes, in deſſen Schlachten ſie wacker mitgefochten, raſch wieder verkürzt und verkümmert ward. Die mit dem Ehrenkreuz und dem Officiersdiplom heimkehrenden jüdischen Krieger mußten aus der Armee scheiden, wenn sie sich nicht zu Gemeinen degradiert sehen wollten, und der Wiener Kongreß sorgte dafür, die den Juden ertheilten Verheißungen illusorisch zu machen, indem er die Ausführung derselben dem Bundestage anheimgab, d. h. sie ad calendas graecas vertagte.

Von tiefster und nachhaltigster Einwirkung auf die geistige Entfaltung des Knaben muß aber der französische Unterricht gewesen sein, den H. Heine während des größten Theils seiner Schuljahre im Lyceum genoß. Zuerst freilich besuchte er, nachdem die Mutter ihn das Lesen gelehrt, mit mehreren andern Knaben die israelitische Privatschule, welche ein entfernter Verwandter seiner Familie, ein Herr Rintelsohn (mit Geburtsnamen Wallach) aus Hamburg, in einem Hause der Retiugerstraße hielt. — Der Umgang des jungen Heine war zur Zeit seines Aufenthaltes in Düsseldorf meist auf seine israelitischen Verwandten und auf Spielkameraden seiner eigenen Konfession beschränkt. Zu Ersteren gehörte, außer dem Großvater, dem „alten Herrn von Geldern", auch Dessen Sohn, „der junge Herr von Geldern", Simon mit Namen, welcher gleich seinem Vater ein beliebter Arzt war, den Hofrathstitel besaß, und auf der linken Seite des kurzen Gäßchens wohnte, das von der Andreas- nach der Mühlenstraße führt. Harry's beste Freunde und Spielgefährten waren Joseph Neunzig, der Sohn eines Bäckermeisters und Bierbrauers, dessen Haus (Nr. 606) wenige Schritte von dem Heine'schen Hause gelegen war, — S. H. Prag (jetzt Stadtrath in Düsseldorf), der mit ihm die Rintelsohn'sche Schule besuchte — und Ferdinand von Wizewski, der im Düsselbache neben dem Franciskanerkloster ertrank, als er auf Harry's Aufforderung ein hineingefallenes Kätzlein retten wollte. Dies traurige Ereigniß machte einen unauslöschlichen Eindruck auf das Gemüth des Dichters, und nicht nur in den „Reisebildern", sondern auch noch in späterer Zeit hat er in den „Liedern des Romancero" eine pietätsvolle Erinnerungsblume auf das Grab des lieblichen Knaben gepflanzt. [17])

Im elterlichen Hause ward Harry zu einer strengen Erfüllung der jüdischen Religionsvorschriften angehalten. Wie genau er dieselben beobachtete, zeigt folgendes Beispiel, das Joseph Neunzig berichtet. Die beiden Knaben standen an einem Sonnabend auf der Straße, als plötzlich ein Haus zu brennen begann. Die Spritzen rasselten herbei und die müßigen

Gaffer wurden aufgefordert, sich in die Reihe der Löschmannschaften zu stellen, um die Brandeimer weiter zu reichen. Als an Harry die gleiche Aufforderung erging, sagte er bestimmt: „Ich darf's nicht, und ich thu's nicht, denn wir haben heut Schabbes!" — Schlau genug wusste der acht- bis neunjährige Knabe jedoch ein anderes Mal das mosaische Gebot zu umgehen. An einem schönen Herbsttage — es war wieder ein Samstag — spielte er mit einigen Schulkameraden vor dem Prag'schen Hause, an dessen rebenumranktem Spalier zwei saftige reife Weintrauben fast bis zur Erde herabhingen. Die Kinder bemerkten dieselben und warfen ihnen lüsterne Blicke zu, aber der Vorschrift gedenkend, nach welcher man an jüdischen Feiertagen Nichts von Bäumen abpflücken darf, wandten sie bald der ver- führerischen Aussicht den Rücken und setzten ihr Spiel fort. Harry allein blieb vor den Träubchen stehen, beäugelte sie nachdenklich aus geringer Entfernung, sprang dann plötzlich dicht an das Spalier heran, biß die Weinbeeren eine nach der andern ab, und verzehrte sie. „Rother Harry!" — diesen Spitznamen hatten ihm seine Kameraden wegen der röthlichen Farbe seines Haares ertheilt, die später mehr ins Bräunliche überging — „Rother Harry!" riefen die Kinder entsetzt, als sie sein Beginnen gewahrten, „was hast Du gethan!" — „Nichts Böses", lachte der junge Schelm; „mit der Hand abreißen darf ich Nichts, aber mit dem Munde abzubeißen und zu essen hat uns das Gesetz nicht verwehrt."

Es wird sich uns an späterem Orte Gelegenheit bieten, H. Heine's Stellung zum Judenthum in den verschiedenen Perioden seines Lebens aus- führlicher zu beleuchten. Schon jetzt aber möchten wir die Wichtigkeit dieser Beziehungen im Vorbeigehn hervorheben. Die jüdische Abstammung des Dichters blieb ihm zeitlebens eine unversiegbare Quelle von Liebe und von Haß, je nachdem er das heroische Märtyrerthum und die zweitausendjährige Leidensgeschichte, oder die starrsinnige Beschränktheit ins Auge fasst, mit welcher seine israelitischen Landsleute an veralteten Formen festhielten und sich den Fortschritten der Civilisation widersetzten. Das eine Mal sind ihm die Juden „ein Urübelvolk, das aus Ägypten, dem Vaterland der Kroko- dile und des Priesterthums, kam, und außer den Hautkrankheiten und den gestohlenen Gold- und Silbergeschirren auch eine sogenannte positive Reli- gion mitbrachte, eine sogenannte Kirche, ein Gerüste von Dogmen, an die man glauben, und heiligen Ceremonien, die man feiern musste, ein Vorbild der späteren Staatsreligionen. O dieses Ägypten!" ruft er mit bitterer Verwünschung aus, „seine Fabrikate trotzen der Zeit, seine Pyramiden stehen noch immer unerschütterlich, seine Mumien sind noch so unzerstörbar wie sonst, und eben so unverwüstlich ist jene Volksmumie, die über die Erde wandelt, eingewickelt in ihren uralten Buchstabenwindeln, ein verhärtet Stück Weltgeschichte, ein Gespenst, das zu seinem Unterhalte mit Wechseln und alten Hosen handelt, schaurige Gebete verrichtend, worin es seine Leiden bejammert und Völker anklagt, die längst von der Erde verschwunden sind und nur noch in Ammenmärchen leben — der Jude aber, in seinem Schmerze, bemerkt kaum, daß er auf den Gräbern derjenigen Feinde sitzt, deren Untergang er vom Himmel erfleht". In ähnlicher Stimmung nennt er ein anderes Mal die Juden „die Schweizergarde des Deismus; sie können bei politischen Fragen so republikanisch als möglich denken, ja sich sogar sanskülottisch im Kothe wälzen; kommen aber religiöse Begriffe ins Spiel, dann bleiben sie unterthänige Kammerknechte ihres Jehovah, des alten Fetisches, der doch von ihrer ganzen Sippschaft Nichts mehr wissen will und sich zu einem gottreinen Geist umtaufen lassen, einem Parvenu des Himmels, der vielleicht gar nicht mehr wissen will, daß er palästinischen Ursprungs und einst der Gott Abraham's, Isaak's und Jakob's gewesen ist". Man darf wohl an die Ehrlichkeit seiner Aeußerungen glauben, wenn Heine in solchen Momenten versichert, daß er „auf seine jüdische Abstammung niemals eitel war"; ebenso aufrichtig aber sind seine Worte gemeint, wenn er ein andermal die deutsche Nation dadurch zu ehren gedenkt, daß er sie mit dem jüdischen Volke vergleicht, eine innige Wahlverwandtschaft zwischen „diesen beiden Völkern der Sittlichkeit" findet, Judäa als die Wiege des modernen kosmopolitischen Princips der Freiheit und Gleichheit betrachtet, und in diesem Sinne behauptet, daß heut zu Tag „nicht bloß Deutschland die Physiognomie Palästina's trage, sondern auch das übrige Europa sich zu den Juden erhebe". Mit den Jahren steigerte sich die Vorliebe Heine's für das Religions- und Kulturleben seiner Stammgenossen und die Bewunderung für den unbeugsamen Sinn, den sie sich, trotz achtzehn Jahrhunderten des Elends und der Verfolgung, bis auf den heutigen Tag bewahrt. „Ich habe sie seitdem besser würdigen gelernt", sagt er in den „Geständnissen", „und wenn nicht jeder Geburtsstolz bei den Kämpfen der Revolution und ihrer demokratischen Principien ein närrischer Widerspruch wäre, so könnte der Schreiber dieser Blätter stolz darauf sein, daß seine Ahnen dem edlen Hause Israel angehörten, daß er ein Abkömmling jener Märtyrer, die der Welt einen Gott und eine Moral gegeben, und auf allen Schlachtfeldern des Gedankens gekämpft und gelitten haben". [18]) Mögen diese Äußerungen aus verschiedenen Lebensperioden auf den ersten Blick noch so widerspruchsvoll erscheinen, so konstatieren sie doch vorläufig auf jeden Fall den Einfluß, welchen die jüdische Abstammung des Dichters von seiner Kindheit bis in seine letzten Tage auf seine Anschauungsweise geübt. —

Alle Mittheilungen stimmen darin überein, daß H. Heine ein ziemlich wilder, ausgelassener Knabe war, dessen Verstandeskräfte sich frühzeitig entwickelten und ihm ein überlegenes Ansehn bei seinen Altersgenossen verschafften. Der Vater hatte manchmal seine liebe Noth mit dem unbändigen Jungen, welcher bei jedem Possenstreiche, der in der Nachbarschaft verübt wurde, sicher an der Spitze stand, oder doch wenigstens einen hervorragenden Antheil daran nahm. Die übliche Strafe, das Einsperren in den Hühnerstall, verfehlte bald ihre Wirkung; denn Harry wußte sich in seinem Gefängnis aufs beste zu amüsieren. Mit natürlichster Stimme krähte er wie ein Hahn, und brachte durch sein Kikiriküh alles Geflügel der Nachbarhöfe in Aufruhr. Statt ein gefürchteter Schreckensort zu sein, blieb das Hühnerhäuschen lange Jahre ein Lieblingsspielplatz des Knaben, und als er im Laufe der Zeit drei Geschwister — Gustav, Maximilian und Charlotte — erhielt, wurden mit ihnen in diesem Versteck und den großen Waarenkisten des Hofes jene idyllischen Scenen harmloser Jugendspiele aufgeführt, welche das an seine Schwester gerichtete Lied: „Mein Kind, wir waren Kinder" so reizend beschreibt. Mehr, als die Einsperrungsstrafen des Vaters, war die derb zuschlagende Hand der gestrengen Mutter gefürchtet, und zwar nicht bloß von den eigenen Kindern, sondern auch von den Nachbarsknaben, wenn diese mit jenen zugleich einen Schabernack verübt oder ihnen ein kleines Leid zugefügt hatten. Dem Joseph Neunzig z. B. passierte einst das Malheur, Harry beim Spiele durch einen Steinwurf so heftig am Kopf zu verletzen, daß das Blut aus der Wunde floß. Auf das Geschrei des Knaben eilte die Mutter herbei, und der Übelthäter hatte kaum Zeit, sich in das elterliche Haus zu flüchten, als schon Frau Betty ihm nachgestürmt kam, und ihn durch die Drohung erschreckte: „Wo ist der böse Junge, der meinem Harry ein Loch in den Kopf geworfen hat? Ich will's ihm eintränken!" Joseph verkroch sich voll Angst unter das Bett, und war froh, daß ihn Niemand dort auffand. Als er später auf der Universität Bonn Harry an jenen Steinwurf erinnerte, sprach Dieser mit ironischem Lächeln: „Wer weiß, wozu es gut war! Hättest Du nicht die poetische Ader getroffen und mir einen offenen Kopf verschafft, so wäre ich vielleicht niemals ein Dichter geworden!" —

In seinem zehnten Jahre trat Harry in die untere Klasse der von den Franzosen in den Räumen des ehemaligen Franciskanerklosters errichteten höheren Unterrichtsanstalt ein, welche damals das Lyceum hieß, und später unter der preußischen Regierung den Namen Gymnasium annahm. Früher hatte sich in den katholischen Rheinlanden das gesammte Schul- und Unterrichtswesen fast ausschließlich in Händen der geistlichen Orden, insbesondere der Jesuiten, befunden. Mit Aufhebung der Klöster waren jedoch ihre Lehranstalten ihres Vermögens beraubt worden, und mehrtentheils eingegangen. Die Franzosen hatten sich daher an den meisten Orten zur Anlegung neuer Schulen genöthigt gesehen, die in Gemäßheit des kaiserlichen Dekretes vom 17. März 1808, ohne Rücksicht auf Verschiedenheit der Sprache, Sitte und Bildung, völlig nach dem Zuschnitt der in Frankreich begründeten Anstalten eingerichtet wurden. Die Lehrkräfte aller höheren und niederen Schulen von der Nordsee bis zum Mittelmeer sollten nach dem Willen des Kaisers ein organisches Ganzes bilden, das von oben herab durch einen dem Minister des Innern verantwortlichen Großmeister, Fontanes, gelenkt ward. Dieser entschied über die Anstellung, Beförderung oder Absetzung sämmtlicher Lehrer, und suchte nicht sowohl ein wissenschaftliches, als ein politisches Ziel zu erreichen: es sollten die deutschen Schüler zu willfährigen Unterthanen Napoleon's und zu brauchbaren Werkzeugen seiner Regierung gemacht werden. Die Unterrichtssprache und alle Lehrbücher, selbst die der Geometrie und Prosodie, sollten französisch sein; Lehrer, welche nur Deutsch verstanden, wurden entfernt; fast ein Drittheil sämmtlicher Stunden mußte auf französische Grammatik und Literatur verwandt werden. „Die Anstalten, vor Allem die Lyceen", berichtet ein hervorragender Geschichtschreiber dieser Periode, [19] „trugen einen halb klösterlichen, halb militärischen Charakter; ein Theil der Zöglinge, die sogenannten Internen, hatten in denselben nicht allein Unterricht, sondern auch Wohnung und Kost; sie lebten gemeinsam, und nach außen so abgeschlossen wie früher in den Klosterschulen; während des Essens ward vorgelesen; Briefe durften die Zöglinge nur durch den censeur, Taschengeld nur durch den proviseur empfangen. Die Zucht war soldatisch, die Schüler waren in Kompagnien unter Sergeanten eingetheilt; gingen sie gemeinsam aus, so marschierten sie in Reih' und Glied, den Censeur und Exerciermeister an der Spitze; der große Bonapartehut und ein grauer Rock mit rothem Soldatenkragen gehörte zur Kleidung der Knaben; Trommelschlag verkündete den Anfang und das Ende des Unterrichts. Die meisten Lehrer waren zwar Deutsche, aber Deutsche von geringer Bildung, da das Schulfach weder Ehre noch Auskommen verhieß; in den meisten Anstalten wurde daher der Unterricht von einigen früheren Ordensgeistlichen ertheilt, denen andere Aussicht nicht offen stand".

Auch im Lyceum zu Düsseldorf waren die Lehrer fast lauter katholische Geistliche, unter denen sich manche ehemalige Mitglieder des Jesuitenordens befanden [20]). Die Leitung der Anstalt war in der französischen Periode dem Rektor Schallmeyer anvertraut, einem geistlichen Herrn, der hauptsächlich den deutschen Sprachunterricht ertheilte, aber auch für die oberste Klasse Vorlesungen über Philosophie hielt, „worin er unumwunden die freigeistigsten griechischen Systeme auseinandersetzte, wie grell diese auch gegen die orthodoxen Dogmen abstachen, als deren Priester er selbst zuweilen in geistlicher Amtstracht am Altar fungierte. Es ist gewiß bedeutsam", schreibt Heine in den „Geständnissen", — „und vielleicht einst vor den Assisen im Thale Josaphat kann es mir als Circonstance atténuante angerechnet werden, daß ich schon im Knabenalter den besagten philosophischen Vorlesungen beiwohnen durfte. Diese bedenkliche Vergünstigung genoß ich vorzugsweise, weil der Rektor Schallmeyer sich als Freund unserer Familie ganz besonders für mich interessierte; einer meiner Ohme, der mit ihm zu Bonn studiert hatte, war dort sein akademischer Pylades gewesen, und mein Großvater errettete ihn einst aus einer tödlichen Krankheit. Der alte Herr besprach sich deßhalb sehr oft mit meiner Mutter über meine Erziehung und künftige Laufbahn, und in solcher Unterredung ertheilte er ihr einstmals den Rath, mich dem Dienste der Kirche zu widmen und nach Rom zu schicken, um in einem dortigen Seminar katholische Theologie zu studieren; durch die einflußreichen Freunde, die der Rektor Schallmeyer unter den Prälaten des höchsten Ranges besaß, versicherte er im Stande zu sein, mich zu einem bedeutenden Kirchenamte zu fördern." Die Mutter schlug indessen dies verführerische Anerbieten aus, und in der That ruft der Gedanke, daß Heine zur geistlichen Laufbahn bestimmt gewesen sei, so humoristische Betrachtungen hervor, daß der Dichter bei Er-

2*

zählung dieser Thatsache es sich nicht versagen kann, die muthwilligsten Spekulationen darüber anzustellen, wie er sich wohl im schwarzseidenen Mäntelchen des römischen Abbate, im Violettstrumpf des Monsignore, im rothen Kardinalshute, oder gar mit der dreifachen Krone auf dem Haupte ausgenommen hätte, den Segen ertheilend der Stadt und der Welt!

„Etwas deutsche Sprache", berichtet Heine an einer anderen Stelle [21] „lernte ich auch von dem Professor Schramm, einem Manne, der ein Buch über den ewigen Frieden geschrieben hat, und in dessen Klasse sich meine Mitbuben am meisten rauften". Der Unterricht in der Mathematik war dem Professor Brewer übertragen, die griechischen und lateinischen Klassiker wurden von Professor Kramer expliciert, während der Abbé d'Aulnoie, „ein emigrierter Franzose, der eine Menge Grammatiken geschrieben und eine rothe Perücke trug", der französischen Klasse vorstand. Zu seinen Lehrfächern gehörte, außer der Rhetorik und Dichtkunst, auch die Histoire allemande. Er war im ganzen Gymnasium der Einzige, welcher deutsche Geschichte vortrug, und in seinen Lehrstunden fielen bei dem Versuch, die Zöglinge zum Verständnis und Gebrauch der französischen Sprache heran zu dressieren, oft die ergötzlichsten Scenen vor. „Da gab es manches saure Wort", erzählt uns Heine im Buche Le Grand. „Ich erinnere mich noch so gut, als wäre es gestern geschehen, daß ich durch la réligion viel' Unannehmlichkeiten erfahren. Wohl sechsmal erging an mich die Frage: Henri, wie heißt der Glaube auf Französisch? Und sechsmal und immer weinerlicher antwortete ich: Er heißt le crédit. Und beim siebenten Male, kirschbraun im Gesichte, rief der wüthende Examinator: Er heißt la réligion — und es regnete Prügel, und alle Kameraden lachten."

Am Ende jedes Schuljahres fanden im Lyceum öffentliche Prüfungen statt, und einige der Zöglinge trugen bei dieser Gelegenheit auswendig gelernte Gedichte vor. Auch Harry traf einstmals das Loos, bei dem feierlichen Schulaktus ein solches Gedicht zu deklamieren. Der junge Gymnasiast schwärmte zu jener Zeit für die Tochter des Oberappellationsgerichts-Präsidenten von A., ein hübsches, schlankes Mädchen mit langen blonden Locken. Der Saal, in welchem die Festlichkeit stattfand, war Kopf an Kopf gefüllt. Vorn auf prachtvollen Lehnstühlen saßen die Schulinspektoren, und in der Mitte, zwischen denselben, stand ein leerer goldener Sessel. Der Präsident kam mit seiner Tochter sehr spät in den Saal, und es blieb nichts Anderes übrig, als dem schönen Fräulein auf dem leerstehenden goldenen Sessel, zwischen den ehrbaren Schulinspektoren, ihren Platz anzuweisen. Harry war in der Deklamation des Schiller'schen Tauchers eben bis zu dem Verse gelangt:

„Und der König der lieblichen Tochter winkt —"

da wollte es ein Mißgeschick, daß sein Auge gerade auf den goldenen Sessel fiel, wo das von ihm angebetete schöne Mädchen saß. Harry stockte. Dreimal wiederholte er die Worte: „Und der König der lieblichen Tochter winkt", aber er kam nicht weiter. Der Klassenlehrer souffiirte lauter und lauter — Harry hörte Nichts mehr. Mit großen, weit offenen Augen schaute er, wie auf eine überirdische Erscheinung, auf die schöne Maid im goldenen Sessel, und sank dann ohnmächtig nieder. „Daran muß die Hitze im Saale schuld gewesen sein", sagte der Schulinspektor zu den herbei eilenden Eltern, und ließ die Fenster öffnen. — „Wie war ich damals unschuldig!" rief H. Heine ein Mal über das andere aus, als er nach vielen Jahren seinem Bruder Max diese Jugenderinnerung erzählte. [22])

Als sehr bedeutungsvoll will uns der Umstand erscheinen, daß die Tieck'sche Übersetzung des „Don Quixote", des größten Meisterwerkes der humoristischen Literatur, das erste Buch war, welches Harry in die Hände fiel, als er schon in ein verständiges Knabenalter getreten war. „Ich erinnere mich noch ganz genau jener kleinen Zeit", schreibt er am Schlusse der „Reisebilder", „wo ich mich eines trüben Morgens von Hause weg-stahl und nach dem Hofgarten eilte, um dort ungestört den Don Quixote zu lesen. Es war ein schöner Maitag, lauschend in stillen Morgenlichte lag der blühende Frühling und ließ sich loben von der Nachtigall, seiner süßen Schmeichlerin, und diese sang ihr Loblied so karessierend weich, so schmelzend enthusiastisch, daß die verschämtesten Knospen aufsprangen, und die lüsternen Gräser und die duftigen Sonnenstrahlen sich hastiger küßten, und Bäume und Blumen schauerten vor eitel Entzücken. Ich aber setzte mich auf eine alte moosige Steinbank in der sogenannten Seufzerallee unfern des Wasserfalls, und ergötzte mein Herz an den großen Abenteuern des kühnen Ritters. In meiner kindlichen Ehrlichkeit nahm ich Alles für baren Ernst; so lächerlich auch dem armen Helden von dem Geschicke mit-gespielt wurde, so meinte ich doch, Das müsse so sein; Das gehöre nun mal zum Heldenthum, das Ausgelachtwerden eben so gut wie die Wunden des Leibes, und jenes verdroß mich eben so sehr, wie ich diese in meiner Seele mitfühlte. Ich war ein Kind und kannte nicht die Ironie, die

Gott in die Welt hineingeschaffen, und die der große Dichter in seiner
gedruckten Kleinwelt nachgeahmt hatte, und ich konnte die bittersten Thränen
vergießen, wenn der edle Ritter für all seinen Edelmuth nur Undank und
Prügel genoß, und da ich, noch ungeübt im Lesen, jedes Wort laut aussprach, so konnten Vögel und Bäume, Bach und Blumen Alles mit anhören, und da solche unschuldige Naturwesen ebenso wie die Kinder von
der Weltironie Nichts wissen, so hielten sie gleichfalls Alles für baren Ernst,
und weinten mit mir über die Leiden des armen Ritters; sogar eine alte
ausgediente Eiche schluchzte, und der Wasserfall schüttelte heftiger seinen
weißen Bart, und schien zu schelten auf die Schlechtigkeit der Welt. Wir
fühlten, daß der Heldensinn des Ritters darum nicht minder Bewunderung
verdient, wenn ihm der Löwe ohne Kampflust den Rücken kehrte, und daß
seine Thaten um so preisenswerther, je schwächer und ausgedörrter sein
Leib, je morscher die Rüstung, die ihn schützte, und je armseliger der Klepper,
der ihn trug. Wir verachteten den niedrigen Pöbel, der den armen Helden
so prügelroh behandelte, noch mehr aber den hohen Pöbel, der, geschmückt
mit buntseidenen Mänteln, vornehmen Redensarten und Herzogstiteln, einen
Mann verhöhnte, der ihm an Geisteskraft und Edelsinn so weit überlegen
war. Dulcinea's Ritter stieg immer höher in meiner Achtung und gewann
immer mehr meine Liebe, je länger ich in dem wundersamen Buche las,
was in demselben Garten täglich geschah, so daß ich schon im Herbste
das Ende der Geschichte erreichte, — und nie werde ich den Tag vergessen, wo ich von dem kummervollen Zweikampfe las, worin der Ritter
so schmählich unterliegen mußte! Es war ein trüber Tag, häßliche Nebel-
wolken zogen den grauen Himmel entlang, die gelben Blätter fielen schmerzlich
von den Bäumen, schwere Thränentropfen hingen an den letzten Blumen, die
gar traurig welk die sterbenden Köpfchen senkten, die Nachtigallen waren längst
verschollen, von allen Seiten starrte mich an das Bild der Vergänglichkeit,
— und mein Herz wollte schier brechen, als ich las, wie der edle Ritter
betäubt und zermalmt am Boden lag und, ohne das Visier zu erheben,
als wenn er aus dem Grabe gesprochen hätte, mit schwacher, kranker
Stimme zu dem Sieger hinaufrief: „Dulcinea ist das schönste Weib der
Welt und ich der unglücklichste Ritter auf Erden, aber es ziemt sich nicht,
daß meine Schwäche diese Wahrheit verleugne — stoßt zu mit der Lanze,
Ritter!" Ach, dieser leuchtende Ritter vom silbernen Monde, der den mu-
thigsten und edelsten Mann der Welt besiegte, war ein verkappter Barbier!"

Die Nachwirkung dieser Knabenlektüre tritt nicht bloß in der angezogenen Stelle, sondern auch in den späteren Schriften H. Heine's oftmals
sehr deutlich hervor. Auf all seinen Lebensfahrten verfolgten ihn die
Schattenbilder des dürren Ritters und seines fetten Knappen, und die
große Satire des Cervantes gegen die menschliche Begeisterung erschien ihm
nicht selten als eine unheimliche Parodie seines eigenen Kampfes. „Vielleicht habt ihr doch Recht", seufzt er in wehmüthigen Stunden, [23]) „und
ich bin nur ein Don Quixote, und das Lesen von allerlei wunderbaren
Büchern hat mir den Kopf verwirrt, eben so wie dem Junker von La
Mancha, und Jean Jacques Rousseau war mein Amadis von Gallien,
Mirabeau war mein Roldan oder Agramanth, und ich habe mich zu sehr
hineinstudiert in die Heldenthaten der französischen Paladine und der Tafelrunde des Nationalkonvents. Freilich, mein Wahnsinn und die fixen Ideen,
die ich aus jenen Büchern geschöpft, sind von entgegengesetzter Art als der
Wahnsinn und die fixen Ideen des Manchaners; Dieser wollte die unter-
gehende Ritterzeit wieder herstellen, ich hingegen will Alles, was aus jener
Zeit noch übrig geblieben ist, jetzt vollends vernichten, und da handeln wir
also mit ganz verschiedenen Ansichten. Mein Kollege sah Windmühlen für
Riesen an, ich hingegen kann in unseren heutigen Riesen nur prahlende
Windmühlen sehen; Jener sah lederne Weinschläuche für mächtige Zauberer
an, ich aber sehe in unseren jetzigen Zauberern nur den ledernen Wein-
schlauch; Jener hielt Bettlerherbergen für Kastelle, Eseltreiber für Kavaliere, Stalldirnen für Hofdamen, ich hingegen halte unsre Kastelle nur für
Lumpenherbergen, unsre Kavaliere nur für Eseltreiber, unsre Hofdamen
nur für gemeine Stalldirnen; wie Jener eine Puppenkomödie für eine
Staatsaktion hielt, so halte ich unsre Staatsaktionen für leidige Puppen-
komödien — doch eben so tapfer wie der tapfere Manchaner schlage ich
drein in die hölzerne Wirthschaft" ... „Ich war damals der Meinung, die
Lächerlichkeit des Donquixotismus bestehe darin, daß der edle Ritter eine
längst abgestorbene Vergangenheit ins Leben zurückrufen wollte, und seine
armen Glieder, namentlich sein Rücken, mit den Thatsachen der Gegenwart
in schmerzliche Reibungen geriethen. Ach, ich habe seitdem erfahren, daß
es eine eben so undankbare Tollheit ist, wenn man die Zukunft allzu frühzeitig in die Gegenwart einführen will, und bei solchem Ankampf gegen
die schweren Interessen des Tages nur einen sehr mageren Klepper, eine
sehr morsche Rüstung und einen eben so gebrechlichen Körper besitzt!" ...

„Hat Miguel de Cervantes geahnt, welche Anwendung eine spätere Zeit von seinem Werke machen würde? Hat er wirklich in seinem langen, dürren Ritter die idealische Begeisterung überhaupt, und in Dessen dickem Schildknappen den realen Verstand parodieren wollen? Immerhin, Letzterer spielt jedenfalls die lächerlichere Figur, denn der reale Verstand mit allen seinen hergebrachten gemeinnützigen Sprüchwörtern muß dennoch auf seinem ruhigen Esel hinter der Begeisterung einher trottieren; trotz seiner bessern Einsicht muß er und sein Esel alles Ungemach theilen, das dem edlen Ritter so oft zustößt; ja, die ideale Begeisterung ist von so gewaltig hinreißender Art, daß der reale Verstand, mitsammt seinen Eseln, ihr immer unwillkürlich nachfolgen muß". — „Und so hat der kleine Knabe keineswegs unnütz seine Thränen verschwendet, die er über die Leiden des närrischen Ritters vergoß, eben so wenig wie späterhin der Jüngling, als er manche Nacht im Studierstübchen weinte über den Tod der heiligsten Freiheitshelden, über König Agis von Sparta, über Cajus und Tiberius Gracchus von Rom, über Jesus von Jerusalem, und über Robespierre und Saint Just von Paris."

Neben dem „Don Quixote" von Cervantes, gehörten auch „Gulliver's Reisen" von Swift zu den Lieblingsbüchern des Knaben, und in den Schicksalen des Riesen, dessen bedrohliche Gegenwart den lilliputanischen Zwergen so viel Noth und Sorge macht, sah er einige Jahre später ein Spiegelbild des Kampfes, den das koalisierte Europa gegen den korsischen Helden focht, der seinen Besiegern noch als Gefangener auf St. Helena so viel Angst bereitete. [24]"

Im Übrigen sind uns über die Lektüre und den Bildungsgang Harry's in seinen Schuljahren keine näheren Details bekannt geworden. Noch lange jedoch blieb die wehmüthig heitere Erinnerung in ihm wach, „wie er einst als ein kleines Bübchen in einer dumpfkatholischen Klosterschule zu Düsseldorf den ganzen lieben Vormittag von der hölzernen Bank nicht aufstehen durfte, und so viel Latein, Prügel und Geographie ausstehen mußte, und dann unmäßig jauchzte, wenn die alte Franciskanerglocke endlich Zwölf schlug". Er machte, seiner eigenen Angabe nach, [25] sämmtliche Klassen des Lyceums durch, in welchen Humaniora gelehrt wurden; und hatte der muthwillige Knabe Anfangs geringe Lernlust bewiesen, so erwachte dieselbe doch in der Folgezeit, und in der oberen Klasse zeichnete er sich durch Fleiß und Eifer vor der Mehrzahl seiner Mitschüler aus.

Wie sein Bruder Maximilian erzählt, [26]) war es die Absicht der Mutter, daß ihre sämmtlichen Kinder auch eine gründliche musikalische Ausbildung erhielten. Harry sollte das Violinspiel erlernen, und ein Lehrer wurde angenommen, der die Stunden in dem oberen Stübchen eines im Garten gelegenen Anbaus der Heine'schen Wohnung ertheilte. Obschon der Knabe nicht die mindeste Lust zur Erlernung des schwierigen Instrumentes besaß, wagte er doch nicht, sich der Mutter zu widersetzen, und da er sich ihr gegenüber ganz zufrieden über seinen Violinunterricht aussprach, kümmerte sie sich um weiter Nichts, als daß der Lehrer allmonatlich richtig bezahlt wurde. So war fast ein Jahr verstrichen, als die Mutter eines Tages um die Zeit der Musikstunde im Garten spazieren ging. Zu ihrer größten Befriedigung hörte sie ein gutes und fertiges Violinspiel. Erfreut über die Fortschritte ihres Sohnes, eilte sie die Flügeltreppe hinauf, um dem gewissenhaften Lehrer ihren Dank auszusprechen. Wie sehr erstaunte sie jedoch, als sie Harry bequem auf dem Sofa hingestreckt liegen sah, während der Lehrer vor ihm auf und ab ging, und ihn mit seinem Violinspiel unterhielt! Es stellte sich jetzt heraus, daß fast alle Stunden in derselben Art ertheilt worden waren, und der unmusikalische Zögling nicht einmal die Tonleiter rein zu spielen vermochte. Der Lehrer wurde verabschiedet, und bei dem ausgesprochenen Widerwillen Harry's gegen das Violinspiel fanden die Musikstunden ein für alle Mal ihr Ende.

Nicht besser erging es mit dem Tanzunterricht, welcher dem Knaben, wo möglich, noch verhaßter war. Der kleine, dürre, aber sehr grobe Tanzmeister quälte ihn immerfort mit Battements, so daß Harry bald alle Geduld verlor, und Grobheit mit Grobheit erwiderte. Ein vollständiger Konflikt begann, und der aufs höchste gereizte Knabe warf den leichten Tanzlehrer aus dem Fenster. Glücklicherweise fiel er auf einen Misthaufen, und wurde von den Eltern des gewaltthätigen Eleven mit einer Geldsumme entschädigt. Harry hat nie im Leben wieder getanzt. [27])

Größeres Vergnügen gewährte ihm der Zeichenunterricht, den er seit frühester Jugend auf der Akademie empfing. Unter den aufstrebenden Künstlern, welche dort um jene Zeit ihre Studien machten, ragte vor Allen Peter von Cornelius hervor, der im Jahre 1811 seine erste Reise nach Rom antrat, und einer der Hauptgründer der romantischen Kunstrichtung in der Malerei ward. H. Heine sympathisirte später nicht sonderlich mit dieser Richtung, aber er zollt der genialen Ursprünglichkeit und kühnen Schöpferkraft seines großen Landsmanns die freudigste Bewunderung, die Hand des Cornelius ist ihm „eine lichte, einsame Geisterhand in der Nacht der Kunst", und im Sommer 1828 schreibt er aus Genua: „Ich habe diese letzte Malerhand nie ohne geheimen Schauer betrachten können, wenn ich den Mann selbst sah, den kleinen scharfen Mann mit den heißen Augen; und doch wieder erregte diese Hand in mir das Gefühl der traulichsten Pietät, da ich mich erinnerte, daß sie mir einst liebreich auf den kleinen Fingern lag, und mir einige Gesichtskontouren ziehen half, als ich, ein kleines Bübchen, auf der Akademie zu Düsseldorf zeichnen lernte. [28]) — —

Inzwischen nahte die Katastrophe des großen Kaiserdramas heran. Napoleon hatte den Wendepunkt seines Glückes erreicht, seine hochfliegendsten Wünsche waren erfüllt, durch die Geburt eines Thronerben schien sogar der Bestand seiner Herrschaft für kommende Geschlechter verbürgt zu sein; aber der Glanz seines Geschickes verblendete ihn, und bald genug sollte das prophetische Wort sich bestätigen, welches Pozzo di Borgo in Anlaß der Geburt des Königs von Rom zum englischen Gesandten in St. Petersburg gesprochen: „Napoleon ist ein Riese, der die hohen Eichen im Urwald niederbeugt; aber eines Tages sprengen die Baumgeister ihre Fesseln, stürmisch werden die Eichen empor rauschen, und den Riesen zerschmettern." Noch freilich stand der Riese aufrecht in trotziger Kraft; aber schon ging ein unheimliches Flüstern durch die gefesselten Eichen, und raunte weiter von Stamm zu Stamm. Die vereinzelten Befreiungsversuche eines Katte, Dörnberg, Schill mochten erfolglos geblieben sein: der Geist, der sich in ihnen aussprach, lebte fort in den Männern des Tugendbundes, in den Feuerseelen eines Stein und Hardenberg, in den Heldenherzen eines York, Blücher, Scharnhorst und Gneisenau.

Zuerst im Jahre 1811, und dann wieder im Monat Mai 1812 kam der Kaiser nach Düsseldorf, und unvergeßlich war der Eindruck, den seine Erscheinung auf den dreizehnjährigen Gymnasiasten hervorbrachte. „Wie ward mir, als ich ihn selber sah, mit hochbegnadigten eigenen Augen, ihn selber, Hosiannah! den Kaiser. Es war" — so erzählt H. Heine [29]) — „in der Allee des Hofgartens zu Düsseldorf. Als ich mich durch das gaffende Volk drängte, dachte ich an seine Thaten und Schlachten, mein Herz schlug den Generalmarsch — und dennoch dachte ich zu gleicher Zeit an die Polizeiverordnung, daß man bei fünf Thaler Strafe nicht mitten durch die Allee reiten dürfe. Und der Kaiser ritt ruhig mitten durch die Allee, kein Polizeidiener widersetzte sich ihm; hinter ihm, stolz auf schnaubenden Rossen und belastet mit Gold und Geschmeide, ritt sein Gefolge, die Trommeln wirbelten, die Trompeten erklangen, und das Volk rief tausendstimmig: Es lebe der Kaiser!" ... „Nie schwindet dieses Bild aus meinem Gedächtnisse. Ich sehe ihn immer noch hoch zu Roß, mit den ewigen Augen in dem marmornen Imperatorgesichte, schicksalruhig hinabblicken auf die vorbei defilierenden Garden — er schickte sie damals nach Rußland, und die alten Grenadiere schauten zu ihm hinauf so schauerlich ergeben, so mitwissend ernst, so todesstolz — Te, Caesar, morituri salutant!"

Der Ausfall des russischen Feldzuges ist bekannt. Auf den Schneefeldern von Smolensk, in den Eiswellen der Beresina fand die „große Armee" ihren Untergang, und der Abfall York's gab das erste Signal zu einer allgemeinen Erhebung gegen das nur zu lang getragene Joch der Fremdherrschaft. Und als im Februar des folgenden Jahres der König von Preußen die Verordnung zur Bildung freiwilliger Jägerkorps und zwei Monat später den hochherzigen Aufruf „An mein Volk" erließ, da brauste ein Frühlingssturm der Befreiung durch alles deutsche Land; von der Weichsel bis zum Rheine, von der Oder bis zur Elbe strömte Alles, was eine Waffe tragen konnte, zu den Fahnen, und in der Völkerschlacht bei Leipzig erlag der stolze Eroberer der vereinigten Kraft eines Volkes, das nur durch die vielköpfige Ohnmacht und selbstsüchtige Feigheit seiner Fürsten so schmachvoll besiegt und geknechtet worden war.

Auch für das Großherzogthum Berg schlug jetzt die Befreiungsstunde. Namentlich seit dem Jahre 1811 war die Militär-Konskription dort von den kaiserlichen Beamten mit größter Strenge durchgeführt worden, und zahlreiche bergische Jünglinge hatten auf der Schlachtbank Spaniens ihr Blut im vaterlandsfeindlichen Heere verspritzt, oder waren auf den Schneesteppen Rußlands erfroren. Die Aushebung für den russischen Feldzug war so stark, daß viele Fabriken aus Mangel an Arbeitern still standen, und sogar der Landbau zum Theil von weiblichen Händen betrieben werden mußte. Nicht minder begann der Handel unter dem Druck der Kontinentalsperre zu leiden, und den Staatsgläubigern wurden bei der schlechten Finanzverwaltung nicht einmal die Zinsen ihrer Schuldforderungen ausbezahlt. Als daher die Kunde von der Niederlage der großen Armee, von dem kläglichen Ende des russischen Feldzugs sich verbreitete, brach schon im Januar 1813 ein voreiliger Aufstand unter den Rekruten von Solingen und Barmen los, und von dem bergischen Laucier-Regimente desertierte wenige Monate später der größte Theil der Mannschaft mit den Officieren zum preußischen Heere. Als Letzteres nach der Schlacht von Leipzig in raschem Siegeslaufe bis ins Herz von Westfalen vordrang, bewaffnete sich auch im Großherzogthume Berg überall das Volk, vertrieb die französischen Beamten, und zog laut jubelnd den Befreiern entgegen. Die Franzosen räumten in eiliger Flucht das Land, und am 10. November 1813 ward Düsseldorf von einer Abtheilung russischer Dragoner, der Avantgarde der verbündeten Heere, besetzt. Die nächsten anderthalb Jahre brachten einen bunten Wechsel von Truppen der verschiedensten Nationen: Russen, Schweden und Dänen, Preußen, Sachsen und Hanseaten fielen der Stadt als Einquartierung zu; aber die Last wurde von den zurückbleibenden Bürgern mit derselben Bereitwilligkeit ertragen, mit welcher die junge Mannschaft aller deutschen Gauen begeisterungsvoll zu den Waffen griff, um die Befreiung des Vaterlandes durch den Zug nach Paris und den Sturz Napoleon's zu vollenden.

Der Friede Europa's sollte zunächst freilich nur für kurze Dauer gesichert sein. Noch zankten sich auf dem Wiener Kongresse die verbündeten Herrscher mit gegenseitiger Eifersucht um die Beute des Sieges, als die Schreckenskunde an ihr Ohr schlug, daß der entthronte Kaiser von dem ihm angewiesenen Asyle auf der Insel Elba nach Frankreich zurückgekehrt sei — und abermals bebten die Fürsten auf allen europäischen Thronen. Abermals erhob sich zu ihrer und des Vaterlandes Rettung das opfermuthige Volk, und in den Blutströmen der Schlacht bei Belle-Alliance erlosch für immer der Stern Napoleon's. Zu der Zahl begeisterter Jünglinge, welche damals ihre Dienste dem Vaterland anboten, gehörten auch sämmtliche Schüler der obersten Klasse des Düsseldorfer Gymnasiums — unter ihnen Harry Heine und Joseph Neunzig. Letzterer nahm wirklich an dem Feldzuge Theil, während Heine und die meisten übrigen seiner Schulgefährten in Düsseldorf blieben, da bald nachher der zweite Pariser Friede geschlossen ward. [30])

Zweites Kapitel.

Junge Leiden.

Harry Heine hatte jetzt ein Lebensalter erreicht, in welchem es nöthig ward, über die Wahl seines künftigen Berufes eine Entscheidung zu treffen. Am liebsten hätte der aufgeweckte Jüngling nach Absolvierung des Gymnasialkursus eine Universität bezogen und sich wissenschaftlichen Studien zugewandt; allein die beschränkten Mittel des Vaters hätten weder für die Verwirklichung solcher Wünsche ausgereicht, noch hätte dem Juden eine andere als die medicinische Laufbahn offen gestanden, für welche Harry nicht das mindeste Interesse bewies. So wurde er denn nach wiederholten Berathungen dem Handelsstande bestimmt. Im Jahre 1815 nahm ihn sein Vater zur Messe nach Frankfurt mit, und es gelang Dessen Bemühungen, ihm dort im Komptoir eines Bankiers einen Platz zu verschaffen. Das einförmige Geschäftsleben war jedoch nicht im Stande, Harry's lebhaften Sinn zu fesseln, und nur mit Widerwillen erinnerte er sich in späterer Zeit dieses gezwungenen Aufenthalts in der alten Reichsstadt. Einige Jahre vor seinem Tode äußerte er gegen seinen Bruder Gustav: „Mein seliger Vater ließ mich im Jahre 1815 auf längere Zeit in Frankfurt zurück. Ich sollte aus besonderen Rücksichten im Bureau des Bankiers meines Vaters als Volontär arbeiten, blieb aber nur vierzehn Tage dort, und benützte seitdem meine junge, uneingeschränkte Freiheit, um ganz andere Dinge zu studieren. Zwei Monate verlebte ich damals in Frankfurt, und in dem Bureau des Bankiers brachte ich, wie gesagt, nur vierzehn Tage zu. Daraus mag wohl der absichtliche Irrthum entstanden sein, den ich einmal in einem deutschen Blatte las: ich sei nämlich zwei Jahre lang in Frankfurt bei einem Bankier im Dienste gestanden. Gott weiß, ich wäre gern Bankier geworden, es war zuweilen mein Lieblingswunsch, ich konnte es aber nie dazu bringen. Ich habe es früh eingesehen, daß den Bankiers einmal die Weltherrschaft anheimfalle".

In der That erklärt es sich leicht, daß der junge Heine aus Frankfurt keine allzu freundlichen Erinnerungen mit hinwegnahm. Nicht allein das merkantilische Geschäftsleben, dem er sich gegen seine Neigung widmen sollte, war ihm bei dem ersten Einblick in die Details seines aufgedrungenen Berufes sofort gründlich verhaßt geworden, sondern auch die verachtete und gedrückte Stellung seiner Glaubensgenossen zeigte sich ihm tagtäglich im grellsten Lichte. Noch zu Anfang dieses Jahrhunderts waren die Frankfurter Juden wie eine aussätzige Pariahkaste in ein Ghetto eingepfercht; nirgends wo ein grüner Raum war, weder auf dem Schneidewall, noch im „Roß", noch auf dem Römerberg oder in der Allee, durfte sich ein Jude betreffen lassen; jeden Sonntagnachmittag um vier Uhr wurden die Thore der Judengasse geschlossen, und der Wachtposten ließ höchstens Denjenigen passieren, der einen Brief zur Post oder ein Recept in die Apotheke trug. Alljährlich durften nur vierundzwanzig Bekenner des mosaischen Glaubens heirathen, damit die jüdische Bevölkerung nicht in zu starkem Maß anwachse, und erst die französische Herrschaft hatte diesen rechtlosen Zuständen mittelalterlicher Unduldsamkeit ein Ende gemacht. Die jüdische Gemeinde von Frankfurt schloß im Jahre 1810 mit dem Fürsten Primas einen Vertrag, welcher durch Zahlung von 450,000 Gulden realisirt ward und den Israeliten den Besitz aller Rechte zusicherte. Aber die Befreiung der Stadt durch die verbündeten Heere brachte den Juden die alte Knechtschaft zurück; der Senat entzog ihnen alsbald wieder das theuer erkaufte Bürgerrecht, und vergebens wandten sie sich im Jahre 1815 mit einer Rechtsklage an den neu eingesetzten Bundestag, der erst nach neunjährigen Verhandlungen die Anerkennung eines Theils ihrer Ansprüche vermittelte.

Mehr als einmal hat der Dichter nachmals der Erinnerung an die Leiden und Verfolgungen, welche seine Stammesgenossen in Frankfurt zu erdulden gehabt, den beredtesten Ausdruck verliehen — wir verweisen vor Allem auf die Schilderung des Ghettos im „Rabbi von Bacharach" — und als im Jahre 1821 die Frankfurter ein Goethe-Denkmal errichten wollten, machte er seinem ungemilderten Hasse gegen das „Krämernest" in einem geharnischten Sonette Luft, das mit den beißenden Worten schloß

O, laßt dem Dichter seine Lorberreiser,
Ihr Handelsherrn! behaltet euer Geld.
Ein Denkmal hat sich Goethe selbst gesetzt.
    Im Windelnschmutz war er euch nah; doch jetzt
    Trennt euch von Goethe eine halbe Welt,
    Euch, die ein Flüßlein trennt vom Sachsenhäuser.

Bei seinem Aufenthalt in Frankfurt im Jahre 1815 traf H. Heine
in dem Lesekabinett einer Freimaurerloge, wohin sein Vater ihn mitgenommen, auch zum ersten Male den Doktor Ludwig Börne, dessen scharfe
Theaterkritiken zu jener Zeit großes Aufsehen erregten. Die charaktervolle
Erscheinung und das vornehm sichere Wesen des außerordentlichen Mannes
machten auf ihn schon bei dieser flüchtigen Begegnung einen tiefen Eindruck, und mit Ehrfurcht betrachtete er den gefürchteten Recensenten, vor
dessen spitziger Feder alle Schauspieler zitterten. Nur Wenige mochten damals ahnen, zu welcher hervorragenden Rolle diese Feder berufen sein sollte,
als sie sich später in einen Dolch verwandelte, und auf dem Felde politischer Kämpfe so manchem Feinde der Freiheit mit den Stilettstößen ihres
schneidigen Witzes den Rest gab. —

Von Frankfurt kehrte Harry zunächst wieder in das elterliche Haus
zurück, und es läßt sich denken, daß der Vater in nicht geringer Sorge
um das künftige Schicksal des „ungerathenen Jungen" war, der so wenig
Lust verrieth, sich den monotonen Beschäftigungen des Komptoirlebens zu
widmen. Mit welcherlei Plänen und Hoffnungen sich Harry damals trug,
welcherlei Studien er in dieser Zeit oblag, ist völlig unbekannt. Weder er
selbst noch Andere haben uns bestimmten Aufschluß darüber ertheilt, in
welcher Art sein äußeres Leben und seine geistige Entwicklung sich während
der nächsten vier Jahre gestalteten. Wir wissen nur, daß er 1816 oder 1817
— wahrscheinlich auf Anrathen seines Oheims Salomon Heine, welcher damals
noch Theilhaber der Firma „Heckscher & Kompagnie" war, und erst 1819
ein Bankgeschäft unter eigenem Namen etablierte — nach Hamburg kam,
um hier seine kaufmännische Karriere fortzusetzen. Wie das Hamburger
Adreßbuch uns belehrt, gründete er in dieser Stadt zu Anfang des Jahres
1818 unter der Firma „Harry Heine & Kompagnie" ein Kommissions-
geschäft, das zuerst am Graßkeller Nr. 139, nachmals in der Kleinen
Bäckerstraße betrieben, aber nach kurzem Bestehen bereits im Frühling 1819
liquidiert ward. Schon der Unmuth, mit welchem H. Heine in späteren
Briefen und Schriften seines damaligen ersten Aufenthaltes in Hamburg

gedenkt, läßt mit Sicherheit schließen, daß seine Abneigung gegen die merkantilische Laufbahn dort eher eine Steigerung als eine Abschwächung erfuhr, und die Lauge des Spottes, welche er so oftmals über die poesielose Handelsstadt ausgießt, mag großentheils den subjektiven Eindrücken seiner Jugendzeit entfließen. Ist es doch eben der geschäftlich trockene, prosaisch materielle Charakter Hamburg's, den er bei jedem sich darbietenden Anlaß zur Zielscheibe seiner humoristischen Einfälle nimmt! „Die Stadt Hamburg ist eine gute Stadt; lauter solide Häuser. Hier herrscht nicht der schändliche Macbeth, sondern hier herrscht Banko. Der Geist Banko's herrscht überall in diesem kleinen Freistaate, dessen sichtbares Oberhaupt ein hoch- und wohlweiser Senat. In der That, es ist ein Freistaat, und hier findet man die größte politische Freiheit. Die Bürger können hier thun, was sie wollen, und der hoch- und wohlweise Senat kann hier ebenfalls thun, was er will; Jeder ist hier freier Herr seiner Handlungen. Es ist eine Republik. Hätte Lafayette nicht das Glück gehabt, den Ludwig Philipp zu finden, so würde er gewiß seinen Franzosen die hamburgischen Senatoren und Oberalten empfohlen haben. Hamburg ist die beste Republik. Seine Sitten sind englisch, und sein Essen ist himmlisch. Wahrlich, es giebt Gerichte zwischen dem Wandrahmen und dem Dreckwall, wovon unsre Philosophen keine Ahnung haben. Die Hamburger sind gute Leute und essen gut. Über Religion, Politik und Wissenschaft sind ihre respektiven Meinungen sehr verschieden, aber im Betreff des Essens herrscht das schönste Einverständnis. Mögen die christlichen Theologen dort noch so sehr streiten über die Bedeutung des Abendmahls: über die Bedeutung des Mittagsmahls sind sie ganz einig. Mag es unter den Juden dort eine Partei geben, die das Tischgebet auf Deutsch spricht, während eine andere es auf Hebräisch absingt: beide Parteien essen, und essen gut, und wissen das Essen gleich richtig zu beurtheilen. Die Advokaten, die Bratenwender der Gesetze, die so lange die Gesetze wenden und anwenden, bis ein Braten für sie dabei abfällt, Diese mögen noch so sehr streiten, ob die Gerichte öffentlich sein sollen oder nicht: darüber sind sie einig, daß alle Gerichte gut sein müssen, und Jeder von ihnen hat sein Leibgericht. Das Militär denkt gewiß ganz tapfer spartanisch, aber von der schwarzen Suppe will es doch Nichts wissen. Die Ärzte, die in der Behandlung der Krankheiten so sehr uneinig sind und die dortige Nationalkrankheit (nämlich Magenbeschwerden) als Brownianer durch noch größere Portionen Rauchfleisch oder als Homöopathen durch ¹⁄₁₀,₀₀₀ Tropfen Absinth in einer großen Kumpe Mockturtlesuppe zu kurieren pflegen: diese Ärzte sind ganz einig, wenn von dem Geschmacke der Suppe und des Rauchfleisches selbst die Rede ist. Hamburg ist die Vaterstadt des letztern, des Rauchfleisches, und rühmt sich Dessen, wie Mainz sich seines Johann Faust's und Eisleben sich seines Luther's zu rühmen pflegt. Aber was bedeutet die Buchdruckerei und die Reformation in Vergleich mit Rauchfleisch? Ob beide ersteren genutzt oder geschadet, darüber streiten zwei Parteien in Deutschland; aber sogar unsere eifrigsten Jesuiten sind eingeständig, daß das Rauchfleisch eine gute, für den Menschen heilsame Erfindung ist . . . Die Frauen fand ich in Hamburg durchaus nicht mager, sondern meistens sogar korpulent, mitunter reizend schön, und im Durchschnitt von einer gewissen wohlhabenden Sinnlichkeit. Wenn sie in der romantischen Liebe sich nicht allzu schwärmerisch zeigen und von der großen Leidenschaft des Herzens Wenig ahnen, so ist Das nicht ihre Schuld, sondern die Schuld Amor's, des kleinen Gottes, der manchmal die schärfsten Liebespfeile auf seinen Bogen legt, aber aus Schalkheit oder Ungeschick viel zu tief schießt, und statt des Herzens der Hamburgerinnen nur ihren Magen zu treffen pflegt. Was die Männer betrifft, so sah ich meistens untersetzte Gestalten, verständige kalte Augen, kurze Stirn, nachlässig herabhängende rothe Wangen, die Eßwerkzeuge besonders ausgebildet, der Hut wie festgenagelt auf dem Kopfe, und die Hände in beiden Hosentaschen, wie Einer, der eben fragen will: Was hab' ich zu bezahlen?"

Eine noch unheimlichere Physiognomie bot die Stadt mit ihren Bewohnern dem Dichter zur Winterzeit. „Der Schnee lag auf den Dächern, und es schien, als hätten sogar die Häuser gealtert und weiße Haare bekommen. Die Linden des Jungfernstiegs waren nur todte Bäume mit dürren Ästen, die sich gespenstisch im kalten Winde bewegten. Der Himmel war schneidend blau und dunkelte hastig. Es war Sonntag, fünf Uhr, die allgemeine Fütterungsstunde, und die Wagen rollten, Herren und Damen stiegen aus mit einem gefrorenen Lächeln auf den hungrigen Lippen — Entsetzlich! in diesem Augenblick durchschauerte mich die schreckliche Bemerkung, daß ein unergründlicher Blödsinn auf allen diesen Gesichtern lag, und daß alle Menschen, die eben vorbeigingen, in einem wunderbaren Wahnwitz befangen schienen. Ich hatte sie schon vor zwölf Jahren um dieselbe Stunde mit denselben Mienen, wie die Puppen einer Rathhausuhr, in derselben Bewegung gesehen, und sie hatten seitdem ununterbrochen in derselben Weise gerechnet, die Börse besucht, sich einander eingeladen, die Kinnbacken bewegt, ihre Trinkgelder bezahlt, und wieder gerechnet: zweimal zwei ist vier — Entsetzlich! rief ich, wenn Einem von diesen Leuten, während er auf dem Komptoirbock säße, plötzlich einfiele, daß zweimal zwei eigentlich fünf sei, und daß er also sein ganzes Leben verrechnet und sein ganzes Leben in einem schauberhaften Irrthum vergeudet habe! Auf einmal aber ergriff mich selbst ein närrischer Wahnsinn, und als ich die vorüberwandelnden Menschen genauer betrachtete, kam es mir vor, als seien sie selber Nichts anders als Zahlen, als arabische Ziffern; und da ging eine krummfüßige Zwei neben einer fatalen Drei, ihrer schwangeren und vollbusigen Frau Gemahlin; dahinter ging Herr Vier auf Krücken; einherwatschelnd kam eine fatale Fünf, rundbäuchig mit kleinem Köpfchen; dann kam eine wohlbekannte kleine Sechse und eine noch wohlbekanntere böse Sieben — doch als ich die unglückliche Acht, wie sie vorüberschwankte, ganz genau betrachtete, erkannte ich den Assekuradör, der sonst wie ein Pfingstochs geputzt ging, jetzt aber wie die magerste von Pharao's mageren Kühen aussah . . . Unter den vorüberrollenden Nullen erkannte ich noch manchen alten Bekannten. Diese und die andern Zahlenmenschen rollten vorüber, haftig und hungrig, während unfern längs den Häusern des Jungfernstiegs noch grauenhafter drollig ein Leichenzug sich hinbewegte. Ein trübsinniger Mummenschanz! hinter dem Trauerwagen, einherstelzend auf ihren dünnen schwarzseidenen Beinchen, gleich Marionetten des Todes, gingen die wohlbekannten Rathsdiener, privilegierte Leidtragende in parodiert altburgundischem Kostüm: kurze schwarze Mäntel und schwarze Pluderhosen, weiße Perücken und weiße Halsberge, wozwischen die rothen bezahlten Gesichter gar possenhaft hervorgucken, kurze Stahldegen an den Hüften, unterm Arm ein grüner Regenschirm. Aber noch unheimlicher und verwirrender als diese Bilder, die sich wie ein chinesisches Schattenspiel schweigend vorbei bewegten, waren die Töne, die von einer andern Seite in mein Ohr drangen. Es waren heisere, schnarrende, metallose Töne, ein unsinniges Kreischen, ein ängstliches Plätschern und verzweifelndes Schlürfen, ein Keichen und Schollern, ein Stöhnen und Ächzen, ein unbeschreibbar eiskalter Schmerzlaut. Das Bassin der Alster war zugefroren, nur nahe am Ufer war ein großes breites Viereck in der Eisdecke ausgehauen, und die entsetzlichen Töne, die ich eben vernommen, kamen aus den Kehlen

der armen weißen Geschöpfe, die darin herumschwammen und in entsetzlicher Todesangst schrieen, und ach! es waren dieselben Schwäne, die einst
so weich und heiter meine Seele bewegten. Ach! die schönen weißen
Schwäne, man hatte ihnen die Flügel gebrochen, damit sie im Herbst nicht
auswandern konnten nach dem warmen Süden, und jetzt hielt der Norden
sie festgebannt in seinen dunkeln Eisgruben — und der Markör des Pa-
villons meinte, sie befänden sich wohl darin und die Kälte sei ihnen gesund.
Das ist aber nicht wahr, es ist Einem nicht wohl, wenn man ohnmächtig
in einem kalten Pfuhl eingekerkert ist, fast eingefroren, und Einem die Flügel
gebrochen sind, und man nicht fortfliegen kann nach dem schönen Süden,
wo die schönen Blumen, wo die goldenen Sonnenlichter, wo die blauen
Bergseen — Ach! auch mir erging es einst nicht besser, und ich verstand
die Qual dieser armen Schwäne; und als es gar immer dunkler wurde,
und die Sterne oben hell hervortraten, dieselben Sterne, die einst in
schönen Sommernächten so liebeheiß mit den Schwänen gebuhlt, jetzt aber
so winterkalt, so frostig klar und fast verhöhnend auf sie herabblickten —
wohl begriff ich jetzt, daß die Sterne keine liebende, mitfühlende Wesen
sind, sondern nur glänzende Täuschungen der Nacht, ewige Trugbilder in
einem erträumten Himmel, goldne Lügen im dunkelblauen Nichts". [31])

Diese bitteren Worte geben ohne Zweifel ein treues Bild der hoffnungslosen Stimmung, in welcher Harry Heine jene Zeit seines Geschäftslebens in Hamburg verbrachte. Wider Neigung und Willen in der nüchternen Handelsstadt an den Komptoirbock geschmiedet, fern der sonnigen
Heimat des sagenumklungenen grünen Rheins, mit der Aussicht auf ein
verlorenes Leben, mochte er sich wohl vorkommen wie ein armer Schwan
mit gebrochenen Flügeln, der im nordischen Eise erstarrt! — Und zu der
Qual eines verfehlten Berufes gesellte sich noch das schmerzliche Leid einer
unglücklichen Liebe, die ihren Stachel zeitlebens im Herzen des Dichters
zurückließ. In fast unzähligen Liedern hat er diese Liebe besungen: sie erweckte ihm die ersten Klänge des Saitenspiels, auf dem er frühe schon
so herzergreifende Accorde anschlug; sie huscht als finsterer Schatten durch
die wüsten, wilden „Traumbilder", sie klagt und weint und grollt in den
Liedern und Balladen der „Jungen Leiden"; sie folgt ihm auf die Universität, und grollt und weint fort im „Lyrischen Intermezzo" der Tragödien, die auch wieder nur eine andere Form der Klage sind. Jahre ver-
rinnen im Strom der Zeit, aber die alte Liebe will nicht erlischen, ob auch

die Geliebte als das Weib eines Andern längst für den Dichter verloren
ist; und der Cyklus „Die Heimkehr" zeigt uns, daß bei dem Wiedersehen
der Stätten, wo er einst mit ihr gewandelt, die alten Wunden mit erneuter Gewalt wieder aufbrechen und sich nimmerdar schließen wollen. Es
wechseln die Namen und Formen, unter denen er uns sein Weh vor die Seele
führt: heut ist's die bleiche Maria im Nebel Schottlands, die der gespen-
stische William Ratcliff mit sich ins Reich des Todes hinunter reißt; morgen vermummt sie sich als Zuleima in das Gewand der christlich umge-
tauften Maurin, und Almansor stürzt sich mit dem geraubten Liebchen
den Felsen hinab; ein andermal nennt sie sich Donna Clara, und ladet
den unseligen Ramiro zum Tanz auf ihrer Hochzeit ein; dann wieder
kommt sie zu ihm im Traume der Nacht, und gesteht ihm, daß sie un-
säglich elend sei, oder sie blickt ihn in ferner, fremder Stadt aus einem
alten Bilde Giorgione's mit den Zügen der todten Maria an. Bald
grüßt er sie „Evelina" und schwelgt in dem Wohllaut des süßen Namens,
bald schreibt er mit leichtem Rohr in den Sand oder mit der in den
Ätna getauchten Riesentanne Norwegs an die dunkle Himmelsdecke: „Agnes, ich liebe dich!" und selbst in den Fieberträumen seines langjährigen
Sterbelagers in Paris taucht das Bild der Jugendgeliebten vor ihm auf,
und zwinkert ihn an mit den meergrünen Nixenaugen seines Mühmchens
Ottilie. Aber ob Agnes, Zuleima oder Donna Clara, Maria, Evelina
oder Ottilie: unter allen Vermummungen birgt sich dieselbe Gestalt, das
„Engelsköpfchen auf Rheinweingoldgrund", das traulich und lieblich im
Römerglase sich wiederspiegelt, das blasse, stille Mädchen, das tief unten
am Fenster des hochgegiebelten, menschenleeren Hauses der verschollenen
Meerstadt sitzt!

Mit zartester Diskretion hat H. Heine es selbst in Privatbriefen an
seine vertrautesten Freunde ängstlich vermieden, jemals den wirklichen Namen
dieser Jugendgeliebten zu nennen, die eine so hervorragende Rolle in seinem
Lebensdrama spielt. Die Angabe Steinmann's, welcher den Liebesroman
nach Düsseldorf verlegt, daß sie Evelina von Geldern geheißen habe und
eine Nichte von Harry's Mutter gewesen sei, entbehrt jeder Wahrheit. Wir
wollen den poetischen Schleier, mit welchem der Dichter dies Herzensge-
heimnis umwoben hat, nicht zur Befriedigung einer müßigen Neugier zerreißen, und nur so Viel aus zuverlässiger Quelle mittheilen, daß die Ge-

liebte Harry's eine in Hamburg wohnhafte Kousine Desselben war. Das
bekannte Gedicht:

> Ein Jüngling liebt ein Mädchen,
> Die hat einen Andern erwählt;
> Der Andre liebt eine Andre,
> Und hat sich mit Dieser vermählt.
>
> Das Mädchen heirathet aus Ärger
> Den ersten, besten Mann,
> Der ihr in den Weg gelaufen;
> Der Jüngling ist übel dran.
>
> Es ist eine alte Geschichte,
> Doch bleibt sie immer neu;
> Und wem sie just passieret,
> Dem bricht das Herz entzwei —

dies bekannte Gedicht enthält in wenigen Zeilen den wirklichen Verlauf
jenes Herzensromans, den der Poet nach eignem Geständnis später mit
einer bis zur Karikatur gesteigerten Natürlichkeit unter Einfügung von
Jahreszahl und Datum noch detaillierter in Verse bringt, [32]) nachdem der
Anblick eines jungen Mädchens ihm aufs Neue den alten schmerzlichen
Traum erweckt hat:

> Im Jahre achtzehnhundertsiebzehn
> Sah ich ein Mädchen, wunderbar
> Dir ähnlich an Gestalt und Wesen,
> Auch trug sie ganz wie du das Haar.
>
> „Ich geh' auf Universitäten",
> Sprach ich zu ihr, „ich komm' zurück
> In kurzer Zeit, erwarte meiner." —
> Sie sprach: „Du bist mein einz'ges Glück."
>
> Drei Jahre schon hatt' ich Pandekten
> Studiert, als ich am ersten Mai
> Zu Göttingen die Nachricht hörte,
> Daß meine Braut vermählet sei.
>
> Es war am ersten Mai! Der Frühling
> Zog lachend grün durch Feld und Thal,
> Die Vögel sangen, und es freute
> Sich jeder Wurm im Sonnenstrahl.
>
> Ich aber wurde blaß und kränklich,
> Und meine Kräfte nahmen ab;

Der liebe Gott nur kann es wissen,
Was ich des Nachts gelitten hab'.

Doch ich genas . . .

In Wirklichkeit aber ist der Dichter wohl nie von den bitteren Nachwirkungen dieser Täuschung genesen. Noch im Jahre 1850 erzählt Gérard de Nerval, [33]) der ihm in seiner letzten Lebensperiode einer der treuesten Freunde war: „Was ich zuerst ahnte, gestand Heine mir später selbst, nachdem auch er mich näher kennen gelernt hatte. Wir litten Beide an einer und derselben Krankheit: wir sangen Beide die Hoffnungslosigkeit einer Jugendliebe todt. Wir singen noch immer, und sie stirbt doch nicht! Eine hoffnungslose Jugendliebe schlummert noch immer im Herzen des Dichters; wenn er ihrer gedenkt, kann er noch weinen, oder er zerdrückt seine Thränen aus Groll. Heine hat mir selbst gestanden, daß, nachdem er das Paradies seiner Liebe verloren hatte, die letztere für ihn nur noch ein Handwerk blieb." — Außer den Erinnerungszeilen im „Romancero", welche „Böses Geträume" überschrieben sind:

Im Traume war ich wieder jung und munter —
Es war das Landhaus, hoch am Bergesrand,
Wettlaufend lief ich dort den Pfad hinunter
Wettlaufend mit Ottiljen [34]) Hand in Hand.

Wie das Persönchen fein formiert! die süßen
Meergrünen Augen zwinkern nixenhaft.
Sie steht so fest auf ihren kleinen Füßen,
Ein Bild von Zierlichkeit, vereint mit Kraft.

Der Ton der Stimme ist so treu und innig,
Man glaubt zu schaun bis in der Seele Grund;
Und Alles, was sie spricht, ist klug und sinnig;
Wie eine Rosenknospe ist der Mund.

Es ist nicht Liebesweh, was mich beschleichet,
Ich schwärme nicht, ich bleibe bei Verstand; —
Doch wunderbar ihr Wesen mich erweichet,
Und heimlich bebend küss' ich ihr die Hand.

Ich glaub', am Ende brach ich eine Lilje,
Die gab ich ihr und sprach ganz laut dabei:
„Heirathe mich und sei mein Weib, Ottilje,
Damit ich fromm wie du und glücklich sei."

Was sie zur Antwort gab, Das weiß ich nimmer,
    Denn ich erwachte jählings — und ich war
    Wieder ein Kranker, der im Krankenzimmer
    Trostlos darniederliegt seit manchem Jahr — —

außer dieser Reminiscenz des alten Liebestraumes stimmen zu der Erzählung Nerval's auch die von Schmidt-Weißenfels [35]) aus dem Nachlasse des
Dichters mitgetheilten Strophen, in denen uns die Jugendgeliebte wieder
unter einem anderen Namen begegnet:

    Sie that so fromm, sie that so gut,
    Ich glaubt' einen Engel zu lieben;
    Sie schrieb die schönsten Briefe mir,
    Und konnt' keine Blume betrüben.

    In Bälde sollte Hochzeit sein,
    Das hörten die lieben Verwandten,
    Die Bertha war ein dummes Ding,
    Denn sie folgte den Basen und Tanten.

    Sie hielt nicht Treu', sie hielt nicht Schwur,
    Ich habe es gern ihr vergeben;
    Sie hätte in der Ehe sonst
    Verbittert mir Lieben und Leben.

    Denk' ich nun an ein treulos Weib,
    So denke an Bertha ich wieder,
    Und habe nur noch einen Wunsch:
    Sie komme recht glücklich nieder.

Es würde ein thörichtes und unfruchtbares Geschäft sein, aus diesen und
ähnlichen poetischen Andeutungen die näheren Umstände von Heine's Jugendliebe, die Details ihres Verlaufes in der Wirklichkeit, ermitteln zu wollen.
Ob das Mädchen ihm Hoffnung auf ihre Hand gemacht, ob sie einen
stillen Bund der Herzen flatterfinnig oder auf Antrieb ihrer Verwandten
gebrochen, ob die leicht erregte Phantasie des jungen Schwärmers für Ermuthigung nahm, was vielleicht nur arglose Koketterie oder unschuldiges
Behagen an den ihr schüchtern dargebrachten Huldigungen war, kann uns
gleichgültig sein, und wir wollen es, wie gesagt, Anderen überlassen, Untersuchungen so indiskreter Art anzustellen, deren Resultat schließlich in
keinem Falle den Werth der betreffenden Lieder erhöht oder verringert.
Niemand hat sich zudem über derartige Versuche, das poetische Wesen
eines Schriftstellers aus zusammengerafften Histörchen zu konstruieren, miß-

billigender ausgesprochen, als Heine selbst. „Nur Etwas," schreibt er bei solchem Anlasse an Immermann, [36] „kann mich aufs schmerzlichste verletzen, wenn man den Geist meiner Dichtungen aus der Geschichte (Sie wissen, was dieses Wort bedeutet), aus der Geschichte des Verfassers erklären will. Wie leicht auch die Geschichte eines Dichters Aufschluß geben könnte über sein Gedicht, wie leicht sich wirklich nachweisen ließe, daß oft politische Stellung, Religion, Privathaß, Vorurtheil und Rücksichten auf sein Gedicht eingewirkt, so muß man Dieses dennoch nie erwähnen. Man entjungfert gleichsam das Gedicht, man zerreißt den geheimnißvollen Schleier desselben, wenn jener Einfluß der Geschichte, den man nachweist, wirklich vorhanden ist; man verunstaltet das Gedicht, wenn man ihn fälschlich hinein gegrübelt hat. Und wie wenig ist oft das äußere Gerüste unserer Geschichte mit unserer wirklichen, inneren Geschichte zusammenpassend! Bei mir wenigstens paßte es nie." — Lassen wir uns daher an der einzig in Betracht kommenden Thatsache genügen, daß Heine's erste leidenschaftliche Liebe ein wehvoller Traum und das Erwachen aus ihr eine schmerzliche Enttäuschung war, die ihm den Trank des Lebens für alle Zeit mit ihren Wermuthstropfen verbitterte. —

Die ersten poetischen Versuche Harry's mögen in die Zeit seines Düsseldorfer Aufenthaltes nach der Rückkehr aus Frankfurt fallen. Doch ist uns von denselben nur ein einziges Gedicht [37] erhalten, eine träumerische Klage um den Untergang der guten alten Zeit,

> Wo die Sitte und die Tugend
> Prunklos gingen Hand in Hand,
> Wo mit Ehrfurchtscheu die Jugend
> Vor dem Greisenalter stand;
>
> Wo kein Jüngling seinem Mädchen
> Modeseufzer vorgelügt;
> Wo kein witziges Despötchen
> Meineid in System gefügt;
>
> Wo ein Handschlag mehr als Eide
> Und Notarienakte war,
> Wo ein Mann im Eisenkleide
> Und ein Herz im Manne war.

Wie schon diese unschuldigen Verse erkennen lassen, war das ganze Gedicht ein ziemlich trivialer Nachklang Arndt'scher und Schenkendorf'scher Poesien, von romantischer Tendenz und in durchaus romantischem Tone. Bemerkenswerth tritt jedoch in diesem jugendlichen Versuche bereits der melodische Fluß einzelner Strophen, die natürliche Kraft und Einfachheit der Sprache, und jenes ironische Spiel mit Antithesen hervor, das der Heine'schen Dichtweise eigenthümlich ist. Oder tragen Verse wie die folgenden:

> Zwar auch unsre Damen preis' ich;
> Denn sie blühen wie der Mai,
> Lieben auch und üben fleißig
> Tanzen, Sticken, Malerei.

> Singen auch in süßen Reimen
> Von der alten Lieb' und Treu',
> Freilich zweifelnd im Geheimen,
> Ob das Märchen möglich sei.

> Unsre Mütter einst erkannten,
> Sinnig, wie die Einfalt pflegt,
> Daß den schönsten der Demanten
> Nur der Mensch im Busen trägt.

> Ganz nicht aus der Art geschlagen
> Sind die klugen Töchterlein;
> Denn die Fraun in unsern Tagen
> Lieben auch die Edelstein' —

tragen diese Verse nicht, trotz aller breitspurigen Unbeholfenheit der Form, schon unverkennbar dasselbe Gepräge, welches uns aus der späteren scharf pointierten Lyrik des Dichters so originell entgegen blickt?

Aber vollere und selbständigere Töne sollte die Liebe bald der noch ungeübten Harfe entlocken. Die Zeitschrift „Hamburg's Wächter" brachte in ihren Nummern vom 8. und 27. Februar und vom 17. März 1817 mehre Lieder des jungen Poeten, die freilich nicht mit seinem wirklichen Namen, sondern mit dem wunderlichen Pseudonym „Sy Freudhold Riesenharf" unterzeichnet waren. Dies schwerfällige Anagramm hatte er aus den Buchstaben seiner Vaterstadt „Düsseldorff" und seines eigenen Vor- und Zunamens „Harry Heine" zusammengestellt. Die Gedichte, mit welchen er unter der Maske dieses fremdartigen Schriftstellernamens zuerst an die Öffentlichkeit trat, waren von sehr verschiedenem Werthe. Zwei derselben — „Die Weihe" und „Die Lehre" [38]) — sind fast kindische Tändeleien von alltäglichstem Inhalt und plattester Form, das erste Stück außerdem kokettierend mit dem Marienkultus und Minnedienst der Romantik in Brentano'schem Geschmacke. Um so bedeutender, wenn auch keineswegs frei von den Einflüssen derselben romantischen Richtung, sind die übrigen Lieder. Da treffen wir zuerst jenes herzbeklemmende Traumbild von der schönen gespenstischen Maid, die dem Dichter inmitten des sonnigen Blumenlandes sein Todtenkleid wäscht, ihm auf der Waldlichtung den Sarg zimmert, und auf der weiten Heide sein Grab gräbt. [39] Träg und langsam — so verkünden es die folgenden Lieder [40] — schleppen sich die Stunden dahin, und spotten der ungeduldigen Sehnsucht des Liebenden, in dessen Herzen bei Tag und bei Nacht der Todtenwurm pickt und ihm wiederum den Todtensarg hämmert. Aber dämonischer noch, als diese finsteren Klagen, starrt uns die Ballade vom Don Ramiro (oder, wie er in dieser ältesten Fassung heißt, Don Rodrigo) entgegen, der als blutiger Schatten auf dem Hochzeitsfeste der treulosen Geliebten erscheint und den Reihen mit ihr tanzt, während er sie mit den eiskalten Händen umfaßt und Leichenduft auf ihre Wangen haucht. [41]

Wahrlich, solche Lieder — Das fühlt jeder Leser heraus — entsprangen keiner glücklichen hoffnungsfreudigen Liebe, sondern einer verzehrenden Leidenschaft, die keine Erwiderung fand und in sich selber die Keime des Todes barg. Aber das Herz ist ein trotzig eigensinniges Ding, zumal das Herz eines jungen Poeten, der, an die Galeere eines prosaisch dürren Werkeltagsberufes gekettet, um so sehnsüchtiger danach trachten mußte, sich in der Welt des Gemüthes und der Phantasie ein schöneres Reich aufzubauen. Die Liebe ging ihm auf wie dem verirrten Wanderer ein Licht in der Finsterniß, und er folgte dem hellen Schimmer, unbekümmert, ob es ein Irrwisch sei, der ihn nur noch tiefer in nächtiges Dunkel verlocke, oder ob ein ewiger Stern ihm den Weg weise zu den hesperischen Gefilden des Glücks. Und das Licht wurde strahlender und größer, wie er dem Scheine nachging; aber es war kein traulich stilles Herdfeuer, an dessen Gluth er sich wärmen durfte, sondern die düsterrothe Fackel des Genius, welche die Abgründe des Seins durchleuchtet, und, vom unscheinbarsten Punkte beginnend, im Spiegel des kleinen Ich strahlenförmig das ganze Weltall erhellt.

Nicht bloß dem jungen Dichter, auf dessen Haupt sich diese Flamme herabgesenkt, sondern auch seinen Hamburger Verwandten mußte es allmählich klar geworden sein, daß er sich für den kaufmännischen Erwerb

schlecht qualificiere. Auch Salomon Heine, der reiche Oheim, hatte sich in
den letzten Jahren aus eigener Anschauung hinlänglich überzeugt, daß der
„dumme Junge", wie er seinen Neffen in gutmüthigem Scherz gern ti-
tulierte, zum Merkursjünger verdorben sei, und erklärte sich endlich bereit, ihm die Mittel zu einem dreijährigen Universitätsstudium zu gewähren.
Von Harry's poetischen Talenten und Dessen schriftstellerischem Treiben hegte
er freilich keine allzu hohe Meinung — „Hätte der dumme Junge was
gelernt, so brauchte er keine Bücher zu schreiben", soll er noch in späteren
Jahren achselzuckend geantwortet haben, als ihm Jemand von seinem berühmten Neffen sprach; — daher stellte ihm Salomon Heine die Bedingung,
daß er mit Ernst und Eifer dem Studium der Rechtswissenschaft obliege,
um nach beendigtem Universitätskursus im Stande zu sein, den Doktorgrad
zu erwerben und die Advokaten-Karrière in Hamburg einzuschlagen. Letzteres
bedingte zwar den Übertritt Harry's zum Christenthum; aber so treu der
Oheim, trotz seiner vorurtheilslosen Gesinnung, für seine eigene Person
am ererbten Glaubensverbande festhielt, so wenig' Hindernisse legte er seinen
Familienmitgliedern in den Weg, wenn sie sich taufen lassen wollten, und
fast all seine Töchter heiratheten in christliche Familien. —

Voller Freuden, dem quälenden Joche des Geschäftslebens endlich
dauernd entronnen zu sein, begab sich Harry Heine im Sommer 1819 zunächst wieder nach Düsseldorf in das elterliche Haus, um sich dort während
einiger Monate in stiller Zurückgezogenheit auf die Universitätsstudien vor-
zubereiten. Unter Anderm nahm er, um sich im Lateinischen zu vervoll-
kommnen, mit seinem Jugendgespielen Joseph Neunzig Unterricht in dieser
Sprache bei einem alten Privatlehrer aus der Schule der Jesuiten. Der
fromme Herr hatte mit seinen israelitischen Zöglingen viel Noth auszu-
stehen; denn Harry machte sich einen Spaß daraus, wo es sich irgend thun
ließ, travestierende Versionen der römischen Klassiker zu liefern, und die
Werke der Letzteren nicht in schulgerechtes Deutsch, sondern in hebraisie-
renden Judenjargon zu übersetzen.

Neben den trockenen Schulstudien regte jetzt auch die Poesie in der
vom Alpdruck eines verfehlten Berufes befreiten Seele des Jünglings
kühner und mächtiger ihre Schwingen. Das Bild der Geliebten und die
heimliche Hoffnung, vielleicht dereinst noch ihr Herz und ihre Hand zu erringen, umgaukelten ihn bei Tag und bei Nacht, die Träume wurden zu
Liedern, und hübsche Lippen flüsterten bald von Haus zu Haus, daß der

Harry wieder da sei und gar schöne Verse dichten könne. Manches holde Nachbarkind machte ihm einen Willkommsbesuch, und bat ihn mit schelmischem Erröthen um einen Album-Spruch, und es sollen oftmals sehr originelle Aperçus gewesen sein, mit denen er sich zur Erinnerung in die Stammbücher der jungen Damen einschrieb. Welchen Trost für sein Liebesleid Harry aber vor Allem in dem milden Blick und theilnahmvollen Wort seiner Mutter fand, mögen uns die Sonette künden, in denen er so rührend diesen besänftigenden Einfluß ihres festen, stillen, herzlichen Wesens geschildert hat:

Ich bin's gewohnt, den Kopf recht hoch zu tragen,
Mein Sinn ist auch ein bißchen starr und zähe;
Wenn selbst der König mir ins Antlitz sähe,
Ich würde nicht die Augen niederschlagen.

Doch, liebe Mutter, offen will ich's sagen:
Wie mächtig auch mein stolzer Muth sich blähe,
In deiner selig süßen, trauten Nähe
Ergreift mich oft ein demuthvolles Zagen.

Ist es dein Geist, der heimlich mich bezwinget,
Dein hoher Geist, der Alles kühn durchdringet,
Und blitzend sich zum Himmelslichte schwinget?

Quält mich Erinnerung, daß ich verübet
So manche That, die dir das Herz betrübet,
Das schöne Herz, das mich so sehr geliebet?

————

Im tollen Wahn hatt' ich dich einst verlassen,
Ich wollte gehn die ganze Welt zu Ende,
Und wollte sehn, ob ich die Liebe fände,
Um liebevoll die Liebe zu umfassen.

Die Liebe suchte ich auf allen Gassen,
Vor jeder Thüre streckt' ich aus die Hände,
Und bettelte um gringe Liebesspende, —
Doch lachend gab man mir nur kaltes Hassen.

Und immer irrte ich nach Liebe, immer
Nach Liebe, doch die Liebe fand ich nimmer,
Und kehrte um nach Hause, krank und trübe.

> Doch da bist du entgegen mir gekommen,
> Und ach! was da in deinem Aug' geschwommen,
> Das war die süße, langgesuchte Liebe.

Harry's Lieblingslektüre waren um diese Zeit die Uhland'schen Lieder und Balladen. Was er selbst während seines diesmaligen Aufenthaltes in Düsseldorf dichtete, wurde fast stets seinem Freunde Joseph Neunzig mitgetheilt, der sich gleichfalls mit poetischen Versuchen beschäftigte. Eines Tages kam Harry mit begeistrungstrahlenden Wangen zu ihm hinüber geeilt, und las ihm das Gedicht „Die Grenadiere" vor, das er so eben geschrieben, und nie vergaß Dieser die tiefschmerzliche Betonung der Worte. „Mein Kaiser, mein Kaiser gefangen!" Bald nachher wurde die unsterbliche Romanze von dem Düsseldorfer Tonkünstler Max Kreuzer in Musik gesetzt und von ihm dem französischen Marschall Soult gewidmet, dessen Gemahlin aus dortiger Gegend stammte.

So schwand den beiden, nach vierjähriger Trennung wieder vereinigten Freunden unter wissenschaftlichen und poetischen Arbeiten der Sommer dahin, und im Spätherbst 1819 bezogen sie gemeinschaftlich die Universität Bonn.

Drittes Kapitel.

Der Bonner Student.

Die im Jahre 1777 durch den Kurfürsten Maximilian Friedrich von Köln gegründete Hochschule zu Bonn war in der französischen Zeit, gleich so manchen anderen Pflanzstätten deutscher Bildung, von Napoleon aufgehoben, und erst am fünften Jahrestage der Schlacht von Leipzig, am 18. Oktober 1818, durch König Friedrich Wilhelm III. von Preußen wieder eröffnet worden. Die ausgezeichneten, an die junge Universität berufenen Lehrkräfte verschafften ihr bald einen glänzenden Ruf; die lernlustige Jugend strömte in Scharen herbei, und die Zahl der Studenten hatte sich am Schlusse des zweiten Semesters schon auf 700 gehoben. Kein Wunder; denn die evangelisch-theologische Fakultät hatte Namen wie Augusti, Lücke und Sack aufzuweisen, während die katholische Theologie besonders durch den geistreichen Georg Hermes, den Begründer der katholischen Dogmatik, vertreten war. In der medicinischen Fakultät finden wir die Professoren Bischoff, Harleß, Walther, Nasse, Mayer, Ennemoser und Windischmann, — Letzterer nachmals ein Hauptgegner von Hermes, und wegen seiner Einmischung pietistischer Extravaganzen in die wissenschaftliche Heilkunde erbarmungslos von Börne verspottet. Die Lehrstühle der Jurisprudenz waren von Anfang an mit Männern wie Mackeldey, Mittermaier, Welcker und Walter besetzt, die noch heute zu den Celebritäten ihrer Fachwissenschaft zählen; und in der philosophischen Fakultät hatten Namen wie Arndt, August Wilhelm v. Schlegel, Hüllmann, Delbrück, Nees von Esenbeck,

F. G. Welcker, Diesterweg, Naeke, Radlof, Nöggerath und Goldfuß großentheils schon damals einen guten Klang als Zierden deutscher Wissenschaft
und Literatur.

Aber auch das lernende Element, die akademische Jugend, war um
diese Zeit von einem tüchtigen, sittlich reinen und wissenschaftlich strebsamen
Geiste beseelt. Noch loderte in den Herzen der meisten jungen Leute, die
sich auf deutschen Hochschulen zusammenfanden, das Feuer patriotischer Begeisterung, welches die Freiheitskriege geweckt hatten, und der Gedanke einer
innigen Gemeinschaft der verschiedenen Stämme und Gauen des Vaterlandes fand seinen Ausdruck im Principe der auf dem Wartburgsfeste gestifteten allgemeinen deutschen Burschenschaft. Freilich drohten seit der unheilvollen Ermordung Kotzebue's durch den Schwärmer Karl Ludwig Sand
am 23. März des Jahres schon jene Verfolgungen heran, welche das harmonische Band zwischen den Studierenden auf den meisten Universitäten
zerreißen, und ein rohes, in Rauf- und Sauflust ausartendes Korpsleben
an Stelle der idealeren Bestrebungen herauf führen sollten. Die Feinde der
Einheit und Freiheit wußten recht wohl, warum sie die Gründung der
„Landsmannschaften" von oben herab insgeheim unterstützten und Letztere
stillschweigends duldeten, obgleich officiell ein Verbot aller Studentenverbin-
dungen erlassen ward. Der burschenschaftliche Geist sollte unterdrückt, der
freie Sinn der Jugend gebrochen werden — welches Mittel konnte diesem
schmählichen Zwecke förderlicher sein, als die Spaltung der akademischen
Bürger in schroff gesonderte Parteien und die Ablenkung der jugendlichen
Thatlust auf das Gebiet hohler Renommage des Fechtbodens und der
Bierbank?

H. Heine sollte diesen Auflösungsproceß des Studententhums, den
Untergang der allgemeinen deutschen Burschenschaft und das Emporwuchern
eines liederlichen Korpsgeistes, zum Theil schon auf der Bonner Universität mit erleben. In den ersten Tagen nach seiner Ankunft war er noch
Zeuge und Theilnehmer der letzten Ovation, welche von den Studierenden
der rheinischen Hochschule dem Traume politischer Freiheit dargebracht ward.
Als Erinnerungsfeier der Leipziger Völkerschlacht hatte die akademische Jugend am 18. Oktober 1819 einen Fackelzug nach dem nahe liegenden Siebengebirge veranstaltet. Ein auf dem Gipfel des Drachenfelsens errichteter
Holzstoß ward durch die zusammengeworfenen Fackeln in Brand gesetzt, und
Heine war einer der Eifrigsten unter den Jünglingen, welche den flammen-

den Schober durch Zutragen neuen Reisigs in Gluth erhielten. Begeisterte
Worte für die Ehre und Größe Deutschlands wurden an diesem Oktober-
feuer gesprochen — aber schon überwachten Spione und Delatoren der
Reaktion die arglosen Gesellen, und die Redner wurden hinterdrein auf
höheren Befehl in Untersuchung gezogen. Ein Glück, daß der redliche
Mittermaier damals akademischer Richter war und seine schützende Hand
über die jungen Leute hielt — sonst würden der schönen Stadt am Rheine,
gewiß nicht die Schrecken der Mainzer Untersuchungs-Kommission und der
Tzschoppe-Kamptz'schen Demagogenverfolgungen erspart geblieben sein!

Heine hat die Erinnerung an diese Oktoberfeier in einem Sonett aufgezeichnet, das wir an dieser Stelle hauptsächlich deßhalb mittheilen, weil
es zeigt, wie frühe schon sein Humor es liebte, den ernsthaftesten Betrachtungen einen ironischen Schluß anzuhängen. Das Gedicht lautet:

Die Nacht auf dem Drachenfels.

Um Mitternacht war schon die Burg erstiegen,
Der Holzstoß flammte auf am Fuß der Mauern,
Und wie die Burschen lustig niederkauern,
Erscholl das Lied von Deutschlands heil'gen Siegen.

Wir tranken Deutschlands Wohl aus Rheinweinkrügen,
Wir sahn den Burggeist auf dem Thurme lauern,
Viel' dunkle Ritterschatten uns umschauern,
Viel' Nebelfraun bei uns vorüberfliegen.

Und aus den Thürmen steigt ein tiefes Ächzen,
Es klirrt und rasselt, und die Eulen krächzen;
Dazwischen heult des Nordsturms Wuthgebrause.

Sieh nun, mein Freund! so eine Nacht durchwacht' ich
Auf hohem Drachenfels, doch leider bracht' ich
Den Schnupfen und den Husten mit nach Hause.

Da Harry Heine, der ursprünglich einem andern Geschäft bestimmt
gewesen war, kein Abgangszeugnis von einem Gymnasium mitbrachte,
mußte er sich, gleich den meisten „Füchsen", deren Schulstudien durch Theilnahme an den Freiheitskriegen oder durch sonstige Zeitverhältnisse unterbrochen worden, vor seiner Immatrikulation als akademischer Bürger einer
Maturitätsprüfung unterwerfen. Letztere fand vor einer, besonders zu
diesem Zweck eingesetzten Prüfungs-Kommission statt, und bedingte ein
mündliches wie ein schriftliches Examen. Unter den schriftlichen Aufgaben

war ein Aufsatz über den Zweck der akademischen Studien. Als Heine die Reinschrift seiner Arbeit abgeliefert hatte, begab er sich mit andern Examinanden, zu denen auch Joseph Neunzig gehörte, in eine Studenten- kneipe, und las dort unter schallendem Gelächter seiner Kameraden aus dem Brouillon, das er zu sich gesteckt, seine Abhandlung vor. Er hatte das aufgegebene Thema, mit Vermeidung jeder ernsten Betrachtung, in durch- aus humoristischer Weise behandelt, und seinem Muthwillen in keckster Laune die Zügel schießen lassen. Joseph Neunzig erinnert sich u. A. einer Stelle, in der es ungefähr hieß: „Die Wissenschaften, welche in diesen Hörsälen gelehrt werden, bedürfen vor Allem der Schreibbänke; denn diese sind die Stützen, die Träger und Grundlagen der Weisheit, welche vom Munde der Lehrer ausgeht, und von den andächtigen Schülern in die Hefte übertragen wird. Dann sind aber auch die Schreibbänke gleichsam Gedenktafeln für unsre Namen, wenn wir diese mit dem Federmesser hin- einschneiden, um künftigen Generationen die Spur unsres Daseins zu hinterlassen.“ — Nach einigen Tagen erfolgte die Censur. Es wurde vom Vorsitzenden der Kommission tadelnd bemerkt, daß „Heine von dem auf- gegebenen Thema bedenklich abgewichen“ sei; doch lasse sich nicht verkennen, daß er „eine beachtenswerthe Anlage zur Satire“ verrathe. So empfing denn Harry, nachdem er sich das Zeugnis leidlicher Reise für die Univer- sitätslaufbahn erworben, [12]) am 11. December 1819 die Matrikel als Stu- diosus der Rechts- und Kameralwissenschaften.

Wie schon erwähnt, lockte der steigende Ruf der jungen Hochschule bald eine große Zahl strebsamer Jünglinge nach Bonn, die, aus den ver- schiedensten Gegenden des deutschen Vaterlandes entstammt, oft auf den Bänken desselben Kollegs saßen, und sich in der gleichen Schwärmerei für burschenschaftliche Zwecke oder in geselligem Verkehr auf der „Kneipe“ be- gegneten, während ihr Geschick sie später auf die heterogensten Bahnen wies. Gewiß nicht Mancher von Denen, welche Anno 1819 und 1820 über den alten Marktplatz zu den Hallen des palastähnlichen Universitätsgebäudes wanderten, mochte ahnen, daß jener Kommilitone, der, die Mappe unterm Arm, im deutschen Rocke, höflich grüßend, so friedlich neben ihm einher schritt, nach wenigen Jahren ihn als Todfeind in der Arena politischer oder theologischer Kämpfe befehden, und mit zelotischer Wuth dieselben Ideale verketzern sollte, an deren Verwirklichung er heut seine beste Kraft, vielleicht sein Leben zu setzen bereit war! Wer hätte in dem schwärmrischen Sarcke, der sich mit politischen Weltverbesserungsplänen trug, den nachmaligen servilen Publicisten der Wiener Hof- und Staatskanzlei, das allzeit gefügige Werkzeug der ultramontanen Reaktion erkannt? Wer in dem siebzehnjährigen Burschenschafter Hengstenberg, dessen Mund von deutsch-patriotischen Phrasen troff, den Begründer der neulutherischen Orthodoxie, den fanatischen Wiederhersteller der Erbsündenlehre des sechszehnten Jahrhunderts, dem jede freie patriotische Regung ein Greuel ist? Eher schon hätte man weissagen mögen, daß aus jenem selbstgefälligen Polterer mit scharfknochigem Mongolengesicht und lang herabwallendem Haupthaar, der so absprechend in den Studentenversammlungen auftrat, sich nach einigen Wandlungen der „Franzosenfresser" und Denunciant aller freisinnigen Bestrebungen entpuppen würde, welcher dem Namen Wolfgang Menzel einen wenig beneidenswerthen Ruf verschafft hat. — Früher noch, als Sarcke, traten zwei andre seiner Kommilitonen, die Gebrüder Goßler, der romantisch reaktionären Zeitströmung folgend, zum Katholicismus über; und von den Jüngern der Themis, welche auf Mackeldey's, Welcker's und Mittermaier's Vorträge lauschten, dienten v. Daniels, Bauerband und v. Linde bald nachher als Universitätslehrer und juristische Schriftsteller in Wissenschaft und Staatsleben eifrig derselben ultrakonservativen Richtung, während der milde Böcking sich den extremen Parteien ferne hielt, und seinen Namen um so ruhmvoller denen der großen Rechtslehrer der Neuzeit beigesellte. Unter den jungen Theologen, welche damals in Bonn studierten, zeichnete sich, außer Hengstenberg, später besonders Hagenbach als gelehrter Dogmatiker und Kirchengeschichtschreiber aus. Wenden wir uns zu dem medicinischen und naturwissenschaftlichen Felde, so finden wir auch hier ein Dreigestirn nachmaliger Koryphäen der Wissenschaft, dessen Licht weit über die engere Heimat hinaus seinen Glanz verbreiten sollte: Dieffenbach übte zu jener Zeit an den Schwänzen aller Hunde und Katzen, die er erwischte, seine Schneidelust, die ihn in der Folge zum ersten Operateur Deutschlands machte; [43] Johannes Müller, der große Physiolog, und Liebig, der Schöpfer der modernen Agrikulturchemie, thaten bei Analysen und Experimenten den ersten Blick in die verborgenen Gesetze des Weltalls, deren sie später so manches zum Heil und Segen der Menschheit entdeckten. Auch die schönwissenschaftliche Literatur hatte in Simrock und Hoffmann von Fallersleben ihre achtungswerthen Vertreter. Ersterer tummelte mit frühreifer Gewandtheit das Musenroß zu zierlichen Sprüngen und sang von dem lustigen Leben am weinbergüberschatteten Strome; Letzterer vertiefte sich schon damals in die Schätze der altdeutschen Literatur, und gab als erste Frucht seiner Forschungen 1821 die Bonner Fragmente des Otfried heraus.

Von all' diesen Jünglingen, welche 1819 und 1820 gemeinsam die Bonner Hochschule besuchten und sich später auf so verschiedenartigen Gebieten Ruf und Namen erwarben, waren es indeß nur Simrock und Dieffenbach, mit denen Heine in näherem Verkehre stand. Im Übrigen beschränkte sich sein Umgang meist auf unbedeutendere Geister, wie Johann Baptist Rousseau, den unermüdlichen Verseschmied, welcher seinen Freund damals in wortschwallreichen Sonetten verherrlichte, — und die Westfalen Christian Sethe und Friedrich Steinmann. Letzterer hatte in Düsseldorf die unteren Gymnasialklassen besucht, während Heine schon in einer höheren Klasse war, und traf ihn jetzt unerwartet in Bonn wieder. Am Tage nach seiner Ankunft fand er ihn mit mehren Studenten am Rheinufer stehn, Fischern im Kahne zuschauend, und hörte den ersten Witz, den Heine riß, indem er seiner Umgebung zuraunte: „Nehmt euch in Acht, daß ihr nicht ins Wasser fallt! — man fängt hier Stockfische." Dabei reckten sich seine Mundwinkel scharf auseinander, und verkündeten, daß er einst schreiben würde, wie er heute sprach [44]).

Der Verkehr Heine's mit Simrock, Rousseau, Steinmann und Neunzig zog seine geistige Nahrung hauptsächlich aus dem lebhaften Interesse für Kunst und Poesie, das ihnen gemeinsam war. Alle Fünf versuchten sich eifrig in poetischer Produktion; sie lasen einander gegenseitig ihre neuesten Lieder und Tragödien vor, und tauschten ihr Urtheil über den Werth derselben aus. Die Briefe Heine's an Steinmann und Immermann [45]) beweisen, ein wie scharfer und redlicher Kritiker der Erstere nicht allein gegen sich selbst, sondern auch gegen seine poetisierenden Freunde war. „Streng sei gegen dich selbst!" ist die unabläßige Mahnung, welche er ihnen zuruft, und für deren Befolgung er ihnen durch die gewissenhafte Sorgfalt in der Ausarbeitung auch des kleinsten seiner Lieder ein treffliches Beispiel giebt. Es war ihm heiliger Ernst mit der Kunst, und Nichts verstimmte ihn mehr, als wenn der Besuch eines Freundes ihn just zu der Zeit überraschte, wo er mit einer poetischen Arbeit beschäftigt war. Um solchen Störungen zu entgehen, riegelte er sich oftmals in seinem Zimmer ein, und ließ sich durch Niemand unterbrechen, bis er seine Arbeit beendet hatte.

4*

H. Heine schloß sich in Bonn der Burschenschaft an, ohne jedoch an den Excentricitäten einer hohlen Deutschthümelei, oder gar an den Außerlichkeiten einer auffallenden Kleidertracht Geschmack zu finden. Er trug freilich während seines Aufenthalts auf der Rheinuniversität das schwarz-roth-goldene Band, das bald nachher als Abzeichen burschenschaftlicher Gesinnung so streng verpönt ward; niemals aber sah man ihn im damals üblichen alt-deutschen Rocke, in welchem Menzel, Zarcke und die meisten andern seiner Studiengenossen einherstolzierten. Ein weißer Flauschrock im Winter, Sommers Rock, Hosen und Weste von gelbem Nankingzeug, die ziegelrothe Mütze weit nach hinten auf das lichtbraune Haar geschoben, um die Rapierstiche im Boden derselben deutlich erblicken zu lassen, die Hände in den Hosentaschen — so schlenderte Heine, nachlässigen Ganges und mit vornehmen Blicken nach rechts und links schauend, durch die Straßen von Bonn. Die Züge des blassen, kaum leichtgerötheten Gesichtes waren fein, und eher weich als scharf, nur daß sich die Mundwinkel unter dem blonden Bärtchen häufig zu dem bekannten satirischen Zuge verlängerten, wobei auch die Muskeln des Auges sich herabzogen, so daß letzteres nicht groß und offen erschien, sondern mit blinzelndem Ausdruck aus den zusammen gekniffenen Wimpern hervorstach.

Joseph Neunzig, der von Jugend auf ein fleißiger Schüler der Düsseldorfer Malerakademie war und derselben später in dankbarer Erinnerung eine „Anatomie für bildende Künstler" gewidmet hat, porträtirte damals manchen seiner Freunde auf Elfenbein, unter ihnen auch Heine. Bei der ersten Sitzung machte ihn Dieser besonders auf den erwähnten satirischen Zug am Munde aufmerksam und bat ihn, denselben ja nicht zu verfehlen. Als ihm Neunzig nach einigen Tagen das wohlgetroffene, mit einem geschliffenen Glase bedeckte Miniaturbild übergab, zeigte sich Heine sehr erfreut, und rief lustig aus: „So, nun wollen wir das Bild auch in Musik setzen lassen!"

Wie die beiden Freunde in Düsseldorf Nachbarn gewesen, wurden sie es auch in Bonn auf der Josephstraße. Eines Morgens ward Neunzig von einem Landsmanne aufgesucht, der um eine kleine Wegzehrung bat, und dann auch nach Heine's Wohnung frug. Neunzig zeigte ihm das Haus. Nachmittags kam Heine in sehr aufgeregter Stimmung hinüber und erzählte, sein Hauswirth habe einen fremden Menschen, den er für einen Studenten angesehn, in sein Zimmer gelassen, und Dieser habe ihm seinen

neuen Rock gestohlen. Der satirische Zug verschwand dabei nicht, er ver
zog sich vielmehr zu einem höhnischen Grinsen. [16])

Heine rauchte nie, und war schon als Student höchst mäßig im Genuß geistiger Getränke; namentlich das Bier liebte er nicht. Man konnte
ihn also nicht zu der Zahl sogenannter „flotter Bursche" rechnen; nur den
Fechtboden besuchte er fleißig, ohne jedoch große Fertigkeit im Führen der
Hieb- und Stoßwaffe zu erlangen.

Mit jüdischen Familien pflog Harry zu Bonn keinen Verkehr, und vermied es im Allgemeinen, sich über seine religiösen Ansichten zu äußern.
Joseph Neunzig erzählt, daß in einer Studentengesellschaft einst das Gespräch auf Religionsfragen kam. Ein Israelit, welcher Medicin studirte,
gestand, er zöge das Christenthum dem Judenthume vor und würde sich
gern taufen lassen, wenn nur nicht das Dogma von der unbefleckten Em-
pfängnis der Jungfrau Maria allzu fatal den Gesetzen der Wissenschaft
widerspräche. Heine hörte aufmerksam zu, er sagte Nichts, aber ein sar-
kastisches Lächeln umspielte seine Lippen. Überhaupt sprach er wenig; er
war mehr Beobachter und Denker, als redseliger Theilnehmer an der allgemeinen Konversation; wenn er sich in letztere einmischte, geschah es meist
durch kurze, schlagartig treffende Bemerkungen oder drollige Witze. Selten
nur gewährte er selbst den vertrautesten Freunden einen offenen Einblick
in das Reich seiner tiefern Empfindungen; er liebte es nicht, die Gefühle
seines Herzens zur Schau zu tragen; gutmüthig und weich bis zum Übermaß, schämte er sich fast der ihm angeborenen Empfindsamkeit, und suchte
dieselbe mit trotzigem Stolz unter einer schroffen, abstoßenden Umgangs-
form zu verstecken. „Heine", sagt Rousseau, [17]) der zu seinen ältesten
Jugendfreunden gehörte, „ist einer von denjenigen Dichtern, welche durch
mannigfache, meist unverschuldete Leiden in die Dornen der Poesie hinein-
gejagt wurden, um als Nachtigallen zu singen und zu sterben. Wollte er
die Nacht des Lebens aufsuchen oder überraschte sie ihn am Morgen des
Glückes: genug, seine ganze Jugend war nur ein Wechsel von Irrsal, das
erst seine Eltern, dann ihn selber betraf. Eine finstere Ansicht aller
menschlichen Dinge prägte sich früh seinem Charakter ein, vielfache Reisen
und Umherschleuderungen durch Thorheiten, von denen die wenigsten Jünglinge verschont bleiben, lehrten ihn Welt und Menschen bald von einer, wie
ihm däuchte, unangenehmen Seite kennen, und eine sonderbare Liebe kam
hinzu, brennende Naphtatropfen in das aufgeregte Meer seiner Brust zu

schütten. Mit einer glühenden Einbildungskraft, die ihm als Geschenk der
Natur zugefallen, drang und wühlte er sich in die Abgründe des Daseins;
hier baute sich seine Muse ihren Palast, im Reiche der Nacht und des
Traumes wurde sie heimisch, hier blitzten die Kryftalle seiner Thränen,
rieselten die Tropffteine seiner Wehmuth, graute der Basalt seines Schmerzes, gleißten die Flammen seiner Verzweiflung, höhnten die Gnomen seiner
Ironie, und Thränen, Wehmuth, Schmerz, Verzweiflung und Ironie
schliffen sich zu Diamanten der Lieder am Prüfsteine seines guten Herzens.
Dies Herz ift wirklich ein gutes und ein treu biederes, wie ich selten eins
auf Erden gefunden; aber der Dichter schämt sich seiner Gutmüthigkeit,
er will absichtlich seinen Zeitgenossen eckig, wild und verdorben erscheinen,
und die Sucht, sich selbft in einem schlimmen Lichte darzustellen, ift bis
zur Schwachheit in ihm aufgereift. Es geht ihm wie manchen Männern,
die sich schämen, wenn sie einmal geweint haben, weil es, wie Schlegel
mit Recht bemerkt, Menschen giebt, die nicht ohne widerliche Verzerrungen
weinen können, wenn ihr Gefühl auch das milbefte und edelfte wäre. Aus
dieser uneblen Scham, ein sanftes und rührendes Gefühl preisgegeben
zu haben, entfteht bei Heine das Beftreben, der Aussprache des Heiligften
eine kleine Läfterung nachzusenden, seinem Amor immer eine Schellenkappe
oder seiner Grazie den Klumpfuß beizugeben. Sein Lob wird Ironie,
sein Tadel Humor, jede Zusammenftellung ift Witz, auf Liebe folgt Hohn,
auf Entzücken Schlangenbiß oder doch der schwellende Stich der Wespe —
und dies Alles ausgesprochen in Liedern, die auf das geheimfte Seelenleben
des Verfaffers anspielen! Um Heine lieb zu gewinnen, ift es faft nöthig,
ihn persönlich zu kennen. Freilich ift die liebenswürdige Seite seines Wesens so schalkhaft verfteckt, daß es schwer hält, ihrer habhaft zu werden.
Ift Dies aber einmal gelungen, so genießt man den originellften Menschen,
deffen Charakter nicht auf der Oberfläche schwimmt, sondern der ftudiert
sein will, um selbft während der Dauer eines langjährigen Umgangs begriffen zu werden. Eitelkeit und Stolz, die man ihm so häufig vorwirft,
sind vielleicht zwei Tugenden seines Wesens".

Es würde jedoch irrthümlich sein, aus dieser im Allgemeinen zu-
treffenden Charakteriftik den Schluß zu ziehen, daß Heine in so jungen
Jahren schon mit herber Verbitterung sich gänzlich die Genüsse eines
zwanglos gemüthlichen Umgangs und den anregenden Seelenaustausch mit
gleichgeftimmten Freunden versagt hätte. Im Gegentheil liefern die uns er-

haltenen Briefe und Gedichte aus seinen Universitätsjahren ein Zeugnis dafür, daß er in dieser Zeit mannigfache Verbindungen anknüpfte, denen ein warmes Freundschaftsinteresse zu Grunde lag, und von denen nicht wenige bis ans Lebensende fortdauerten. Die Freunde mußten sich freilich seine oftmals wechselnden Launen, und vor Allem die muthwilligen Einfälle eines Humors gefallen lassen, der Nichts, was ihm lächerlich vorkam, mit seinem Spott verschonte — dafür ertrug aber auch Heine mit unermüdlicher Geduld ihre Fehler und Schwächen, und erhob niemals den Anspruch, daß ihre Neigungen oder Ansichten mit den seinigen übereinstimmten. Der spätere Briefwechsel mit Moser giebt uns zahlreiche Beispiele dieser toleranten Gemüthsstimmung, welche vom Freunde nur Verständnis und liebevolle Theilnahme, keineswegs aber Billigung oder Bewunderung für die Handlungen, Gefühle und Überzeugungen des Andern verlangt; „er mag sie loben oder tadeln je nach seinen eigenen Principien, aber immer soll er sie verstehen, ihre Nothwendigkeit begreifen, von unserem besonderen Standpunkte aus, wenn auch der seinige ganz verschieden ist". [16] „Daß Gans mir versöhnend schreiben wollte", bemerkt Heine gegen Moser bei der Nachricht von Gans' Übertritte zum Christenthum, „ist ganz überflüssig, insofern ich ihn jetzt nicht weniger liebe, als früherhin. So leicht wird es mir nicht, Liebe aus meinem Herzen zu reißen. Das ist es eben, was mir so viel Schmerzen im Leben verursacht hat. Was ich liebe, liebe ich für immer". — „Ich habe mich davon überzeugt, und leider überzeugt", schreibt er bei einer andern Gelegenheit, „alle Gefühle, die mal in meiner Brust aufgestiegen sind, bleiben ungeschwächt und unzerstört, so lange die Brust selbst und Alles, was darin sich bewegt, unzerstört bleibt". Dieselbe Gesinnung klingt aus dem drastischen Zuruf hervor: „Ich liebe dich von ganzer Seele und bin kein Schuft — wenn du diese Formel im Kopfe behältst, werden dir meine Ausdrücke nie mißfallen". Und wer die Sprache des Humors zu deuten weiß, wird einen ähnlichen Grundton auch in folgendem scherzhaften Geplauder erkennen: „Liebe mich um der wunderlichen Sorte Gefühls willen, die sich bei mir ausspricht in Thorheit und Weisheit, in Güte und Schlechtigkeit. Liebe mich, weil es dir nun mal so einfällt, nicht weil du mich der Liebe werth hältst. Auch ich liebe dich nicht, weil du ein Tugendmagazin bist, und Adelungisch, Spanisch, Syrisch, Hegelianisch, Englisch, Arabisch und Kalkuttisch verstehst, und mir deinen Mantel geliehen hast, und Geld geließen haft und Dergleichen, — ich liebe dich vielleicht nur wegen einiger pudelnärrischen Redensarten, die dir mal entfallen und die mir im Gedächtnis kleben geblieben sind, und mich freundlich umgaukeln, wenn ich gut gelaunt, oder bei Kaffa, oder sentimental bin". —

Dem auf Wunsch seines Oheims ergriffenen Brotstudium der Rechtswissenschaft vermochte der junge Poet keinen Geschmack abzugewinnen. Was galten ihm die Institutionen des Gajus, was ihm das graue Spinnwebnetz der Pandekten? Sein lieb- und schönheitdurstiges Herz fühlte sich unmuthig eingeklemmt zwischen den „eisernen Paragraphen selbstsüchtiger Rechtssysteme", und nach wenig' Wochen sah man ihn nur äußerst selten noch ein juridisches Kolleg besuchen. Desto fleißiger wohnte er den übrigen, nach Neigung gewählten Vorlesungen bei, deren er, trotz ihrer großen Zahl, selten eine versäumte. „Geschichte", sagt Steinmann, [49]) welcher zum Theil dieselben Kollegien frequentirte, „besonders deutsche Geschichte und Literatur, war sein Hauptstudium während seines akademischen Aufenthaltes auf der Rheinuniversität. Die Vorlesungen Hüllmann's, Radlof's und Schlegel's hörte er sämmtlich ohne Ausnahme. Seine Hefte waren vollständig und sauber geschrieben; denn er schrieb schnell und schön zugleich — eine Kaufmannshand, — und revidirte täglich seine Aufzeichnungen, in seinen Lieblingsstudien gewissenhaft wie Einer". Unter den Vorlesungen, die Heine im ersten Semester besuchte, und worin meistens deutsche Antiquitäten behandelt wurden, zählt er selber [50]) die folgenden auf: „1) Geschichte der deutschen Sprache bei Schlegel, der fast drei Monat lang die barocksten Hypothesen über die Abstammung der Deutschen entwickelte, 2) die Germania des Tacitus bei Arndt, der in den altdeutschen Wäldern jene Tugenden suchte, die er in den Salons der Gegenwart vermißte, 3) germanisches Staatsrecht bei Hüllmann, dessen historische Ansichten noch am wenigsten vag sind, und 4) deutsche Urgeschichte bei Radlof, der am Ende des Semesters noch nicht weiter gekommen war, als bis zur Zeit der Sesostris". — Fügen wir hinzu, daß Harry außerdem ein regelmäßiger Zuhörer in Professor Delbrück's literaturgeschichtlichen und ästhetischen Vorträgen war, und mit nicht geringerer Aufmerksamkeit die Belehrungen des Privatdocenten Hundeshagen über Kunst und Leben des Mittelalters entgegen nahm, so erkennen wir leicht, welchen Anregungen die damalige Vorliebe des Dichters für altdeutsche Geschichte, Kunst und Literatur entsprang. Das Studium des Mittelalters, die germanistischen Forschungen,

insbesondere die Beschäftigung mit der alt- und mittelhochdeutschen Poesie,
waren durch die Bestrebungen der romantischen Schule, von welcher
im nächsten Abschnitt ausführlicher die Rede sein wird, eifrigst geweckt
worden, und fanden, wie schon das Verzeichnis obiger Vorträge lehrt, auf
der rheinischen Hochschule eine hervorragende Vertretung. Durch von der
Hagen's Herausgabe der St. Galler Handschrift des Nibelungenliedes war
seit einigen Jahren die Aufmerksamkeit der ganzen literarisch gebildeten
Welt vor Allem auf dies größte Meisterwerk mittelalterlicher Poesie hinge-
lenkt worden; eine andere wichtige Handschrift desselben Gedichtes, der
sogenannte rheinische Kodex, befand sich im Besitze des Docenten Hundeshagen, der eine kritisch-historische Ausgabe des Nibelungen-Epos beabsichtigte, während Schlegel die Schönheiten des letztern in seinen kunstvoll
gegründeten Vorlesungen feinsinnig analysierte, und in den Herzen seiner
jugendlichen Zuhörer ein begeistertes Interesse für die neu entdeckten
Schätze der ersten Blüthezeit unsrer Literatur wachrief. „Es war lange
Zeit", schreibt Heine bei einem gelegentlichen Rückblick auf diese Bemühungen der romantischen Schule um die Wiedererweckung der altdeutschen
Poesie,[1]) „von nichts Anderem als vom Nibelungenlied bei uns die Rede,
und die klassischen Philologen wurden nicht wenig geärgert, wenn man
dieses Epos mit der Ilias verglich, oder wenn man gar darüber stritt,
welches von beiden Gedichten das vorzüglichere sei. Jedenfalls ist dieses
Lied von großer, gewaltiger Kraft. Die Sprache, worin es gedichtet, ist
eine Sprache von Stein, und die Verse sind gleichsam gereimte Quadern.
Hie und da aus den Spalten quellen rothe Blumen hervor, wie Bluts-
tropfen, oder zieht sich der lange Epheu herunter, wie grüne Thränen".
Der Dichter verzweifelt daran, von den Riesenleidenschaften, die sich in
diesem Liede bewegen, den Franzosen einen Begriff zu geben: „Denkt euch,
es wäre eine helle Sommernacht, die Sterne, bleich wie Silber, aber groß
wie Sonnen, träten hervor am blauen Himmel, und alle gothischen Dome
von Europa hätten sich ein Rendezvous gegeben auf einer ungeheuer
weiten Ebene, und da kämen nun ruhig herangeschritten der Straßburger
Münster, der Kölner Dom, der Glockenthurm von Florenz, die Kathedrale
von Rouen u. s. w., und diese machten der schönen Notre-Dame-de-Paris ganz
artig die Kour. Es ist wahr, daß ihr Gang ein bischen unbeholfen ist,
daß einige darunter sich sehr linkisch benehmen, und daß man über ihr ver-
liebtes Wackeln manchmal lachen könnte. Aber dieses Lachen hätte doch

ein Ende, sobald man sähe, wie sie in Wuth gerathen, wie sie sich unter einander würgen, wie Notre-Dame-de-Paris verzweiflungsvoll ihre beiden Steinarme gen Himmel erhebt, und plötzlich ein Schwert ergreift, und dem größten aller Dome das Haupt vom Rumpfe herunterschlägt. Aber nein, ihr könnt euch auch dann von den Hauptpersonen des Nibelungenliedes keinen Begriff machen; kein Thurm ist so hoch und kein Stein ist so hart wie der grimme Hagen und die rachgierige Chriemhilde". [52] —

Mit all' den oben genannten Männern, deren Vorträge er besuchte, stand H. Heine auch im Privatleben in anregendem, mehr oder minder häufigem Verkehre. Arndt wohnte schon damals in seiner hübschen Villa am Rhein vor dem Koblenzer Thore, mit der herrlichen Aussicht auf Godesberg und das Siebengebirge, und empfing in seiner gastlichen Behausung mit schlichtem, biederem Wort die studierenden Jünglinge, welche ihm ihren Besuch machten und keiner besondern Empfehlung bedurften, um Zutritt zu seinen kleinen Abendgesellschaften zu finden, in denen ein durchaus zwangloser Ton herrschte. Mit Hundeshagen, dessen Beschreibung des Gelnhauser Palastes Kaiser Friedrich's I. Viel dazu beigetragen hatte, das Studium der mittelalterlichen Architektur zu befördern, unternahm Heine manchen interessanten Ausflug in die Umgegend, wobei jener gelehrte Kenner der Kunstgeschichte nicht verfehlte, seinen jungen Freund auf alle bemerkenswerthen Baudenkmäler des Rheinlandes aufmerksam zu machen, und vor seinem geistigen Auge die Prachthallen der Abtei von Heisterbach aus den verfallenen Ruinen erstehen ließ, oder ihm ein andermal an dem Münster von Bonn oder der kleinen Kirche zu Schwarzrheindorf die eigenthümlichen Schönheiten des romanischen Centralbaus aufzeigte. Auch mit Hüllmann, dem scharfsichtigen Historiker, der aus vergilbten Chroniken und Pergamenten in selbständiger Forschung die Staats- und Kulturgeschichte des Alterthums zusammentrug, und mit Dessen sprachkundigem Kollegen, dem erblindeten Radlof, führte Heine manches geistvolle Gespräch, das ihm einen tieferen Einblick in die Welt der germanischen Vorzeit verschaffte.

Vor Allem war es jedoch A. W. von Schlegel, dessen Vorträge, Schriften und persönlicher Umgang einen bestimmenden Einfluß auf ihn übten. Obwohl der elegante Professor in seinem, mit verschwenderischem Luxus ausgestatteten Hause sonst nur die vornehm gewählteste Gesellschaft sah, und zu seinen Soiréen höchstens bisweilen solche Studenten heranzog, welche als stimmbegabte Sänger an den zur Unterhaltung der Gäste veranstalteten musikalischen Aufführungen mitwirken konnten, fand doch der jugendliche Dichter allzeit die freundlichste Aufnahme bei dem gefeierten Hochmeister des romantischen Parnasses. Ja, die Gefälligkeit des gefürchteten Kritikers gegen den talentvollen Schüler ging so weit, daß er Demselben manchen nützlichen Wink über Versmaß und Gehalt seiner poetischen Versuche gab; und die ungewöhnliche Sorgfalt, welche Heine sein Lebenlang auf die metrisch vollendete Form seiner Dichtungen verwandte, dürfte nicht zum geringsten Theil dem Vorbilde und den kenntnisreichen Belehrungen Schlegel's zu danken sein. Letzterer stand, wiewohl er bereits in sein drei und fünfzigstes Jahr getreten war, noch in der Fülle geistiger Kraft. Nachdem er durch seine meisterhafte Übersetzung Shakspeare's, Calderon's und der italiänischen Dichter, wie durch seine zahlreichen kritischen Schriften dem deutschen Volke die Schätze der britischen und romanischen Literaturen erschlossen hatte, suchte er gegenwärtig in seinen Zuhörern das Interesse für die Poesie des deutschen Mittelalters zu beleben, und wandte sich mit bewunderungswürdiger Vielseitigkeit seit Kurzem auch jenen orientalischen Studien zu, durch deren Resultate er zuerst eine wissenschaftliche Behandlung der indischen Literatur in Deutschland einführen sollte. Er war damals noch nicht jener eitle, kindisch gewordene Geck, der seinen eigenen Ruhm überlebt hatte, er stand vielmehr im Zenith seines Glanzes, Professoren und Beamte gesellten sich zu dem zahlreichen Auditorium, das bewundernd zu ihm empor schaute, wenn er im großen Universitätssaal über akademisches Leben und Studium oder alte und neue Literatur las, und die zierliche Erscheinung des deutschen Gelehrten mochte wohl auch Andern als einem jungen Studenten imponieren, der sich einen Dichter und Professor ganz anders vorgestellt hatte. „Sein Äußeres", berichtet Heine, [53] „gab ihm wirklich eine gewisse Vornehmheit. Auf seinem dünnen Köpfchen glänzten nur noch wenige silberne Härchen, und sein Leib war so dünn, so abgezehrt, so durchsichtig, daß er fast aussah wie ein Sinnbild des Spiritualismus. Es war, mit Ausnahme des Napoleon, der erste große Mann, den ich damals gesehen, und ich werde nie diesen erhabenen Anblick vergessen. Noch heute fühle ich den heiligen Schauer, der durch meine Seele zog, wenn ich vor seinem Katheder stand und ihn sprechen hörte. Ich trug damals einen weißen Flausch, eine rothe Mütze, lange blonde Haare, und keine Handschuhe. Herr August Wilhelm Schlegel trug aber Glacéhandschuh, und war noch ganz nach der neuesten Pariser Mode gekleidet; er war noch ganz parfümiert von guter Gesellschaft und eau de mille fleurs; er war die Zierlichkeit und Eleganz selbst, und wenn er vom Großkanzler von England sprach, setzte er hinzu: „mein Freund", und neben ihm stand sein Bedienter in der freiherrlichst Schlegel'schen Haus-livree, und putzte die Wachslichter, die auf silbernen Armleuchtern brann-ten, und nebst einem Glase Zuckerwasser vor dem Wundermanne auf dem Katheder standen. Livreebedienter! Wachskerzen! silberne Armleuchter! mein Freund, der Großkanzler von England! Glacéhandschuh! Zuckerwasser! welche unerhörte Dinge im Kollegium eines deutschen Professors! Dieser Glanz blendete uns junge Leute nicht wenig, und mich besonders, und ich machte auf Herrn Schlegel damals drei Oden, wovon jede anfing mit den Worten: O du, der du, u. s. w."

Diese Oden — wie Heine in humoristischer Selbstpersifflage hier seinen an A. W. von Schlegel gerichteten Sonettenkranz nennt [54] — legen auf alle Fälle ein Zeugnis für die Hochachtung und Verehrung ab, welche er zu jener Zeit dem mächtigen Wortführer der romantischen Schule zollte, der sich so leutselig für die poetischen Erstlingsfrüchte seiner Muse inte-ressierte, und dessen Lob ihm ein stolzes Vertrauen auf die Echtheit des ihm verliehenen Talentes gab. Denn auch Heine hatte, wie jedes große Künstlergenie, seine qualvollen Stunden, in denen Alles, was er seither geschaffen, ihm als schal und unbedeutend erschien, und er sich, wenn er den unsterblichen Werken der Kunst in anbetender Bewunderung gegenüber-stand, demüthig fragte, ob ihn die Stimme nicht täusche, die ihm so oft-mals das stolze Wort zugeraunt: Anch' io sono pittore! Auch mir kann so Herrliches gelingen! In solchem Schmerzgefühl, daß ihm das Höchste zu leisten versagt sei, schreibt er einige Jahre später an Moser [55]: „Mit Shakspeare kann ich gar nicht behaglich umgehen, ich fühle nur zu sehr, daß ich nicht seines Gleiches bin, er ist der allgewaltige Minister, und ich bin ein bloßer Hofrath, und es ist mir, als ob er mich jeden Augenblick absetzen könnte". Damals zu Bonn aber waren es kleinere Geister, die Schleppenträger und hohlwangigen Nachzügler der Romantik, die Fouqué, E. T. A. Hoffmann und Konsorten, denen Heine den Tageslorber zufallen sah, und mit denen den Wettkampf aufzunehmen Schlegel ihn wohl er-muthigen durfte. Der Sonettenkranz, in welchem Heine seinen Dank für diese Ermuthigung aussprach, ist ehrend für Den, dessen Haupt er schmücken sollte, wie für Den, der ihn in aufrichtiger Liebe und Verehrung wand. Die Eingangsworte lauten:

> Der schlimmste Wurm: des Zweifels Dolchgedanken,
> Das schlimmste Gift: an eigner Kraft verzagen,
> Das wollt' mir fast des Lebens Mark zernagen;
> Ich war ein Reis, dem seine Stützen sanken.
>
> Da mochtest du das arme Reis beklagen,
> An deinem güt'gen Wort läßt du es ranken,
> Und dir, mein hoher Meister, soll ich's danken,
> Wird einst das schwache Reislein Blüthen tragen.

Wenn auch dieser Dank später in das schnöde Gegentheil umschlug, und Heine — um uns seines eigenen Ausdrucks zu bedienen — den Schulmeister prügelte, nachdem er der Schule entlaufen war, stand er doch in der ersten Periode seines dichterischen Schaffens noch ganz unter den Einflüssen der Romantik, er huldigte ihr als seiner Göttin, und zögerte nicht, durch den Abdruck der erwähnten Sonette auch dem Meister, der ihn in das Reich der Göttin eingeführt, seine offene Huldigung darzubringen und mit kräftigem Wort für ihn einzutreten, als die Bemühungen Schlegel's um die indische Literatur im Frühjahr 1821 einen scharfen Angriff in einer Berliner Zeitschrift erfuhren. In den Begleitworten der Sonette [54]) heißt es: „Sie entstanden vorigen Sommer in Bonn, wo der Verfasser den Gefeierten in seiner vollen Kraft, Herrlichkeit und Rüstigkeit sah. Der Geist Desselben hat wahrlich nicht gealtert. Der hat keine Ruhe, behaglich auf dem Welt-Elephanten zu sitzen! — Ob der Verfasser jener bitteren Ausfälle mit Recht oder mit Unrecht wider die politische Tendenz der jetzigen Bestrebungen Schlegel's eifere, mag hier unentschieden bleiben. Doch hätte er nie die Achtung außer Augen setzen dürfen, die dem literarischen Reformator durchaus nicht versagt werden kann. Was das Sanskrit-Studium selbst betrifft, so wird über den Nutzen desselben die Zeit entscheiden. Portugiesen, Holländer und Engländer haben lange Zeit jahraus, jahrein auf ihren großen Schiffen die Schätze Indiens nach Hause geschleppt; wir Deutsche hatten immer das Zusehen. Aber die geistigen Schätze Indiens sollen uns nicht entgehen. Schlegel, Bopp, Humboldt, Frank u. s. w. sind unsere jetzigen Ostindienfahrer; Bonn und München werden gute Faktoreien sein".

Eine eben so warme Anerkennung der Verdienste Schlegel's enthält der fast verschollene Aufsatz, [56]) durch welchen Heine im Sommer 1820

im „Kunst- und Wissenschaftsblatt" des „Rheinisch-westfälischen Anzeigers" auf einen von W. v. Blomberg verfaßten satirischen Angriff wider
Romantik und romantische Form entgegnete. Die poetischen Verdienste seines
Lehrers und Beraters werden hier von dem dankbaren Schüler sogar weit
überschätzt und in ein ganz falsches Licht gerückt, wenn Heine, nach einstmals
beliebter Weise auch Goethen in den Kreis der romantischen Schule hinein-
ziehend, Diesen und A. W. v. Schlegel, „unsre zwei größten Romantiker, zu
gleicher Zeit auch unsre größten Plastiker" nennt, und „in den romantischen
Dichtungen Schlegel's dieselben sicher und bestimmt gezeichneten Kontouren,
wie in Dessen wahrhaft plastischer Elegie auf Rom" erblickt. Im Übrigen
ist die kleine Abhandlung aus mehr als Einem Grunde beachtenswerth, und
durfte schon als die erste Arbeit in Prosaform, welche von Heine bekannt geworden ist, nicht übergangen werden. Auffallend ist zunächst der ernste, ruhig
würdevolle, nur die Sache im Auge behaltende Ton in einer, doch zum
Mindesten ihrer Veranlassung nach, polemischen Erwiderung. Jede scherzhafte
oder spöttelnde Wendung, jeder geharnischte Ausfall ist sorglich vermieden
— es ist eine Darlegung ästhetischer Grundsätze in objektivster Form.
Der Verfasser nimmt die Romantik, speciell sogar die christlichgermanische
Romantik, in Schutz, aber er fordert vor Allem, statt mystisch unklarer
Symbolik, eine plastisch greifbare, sinnlich lebendige Gestaltung der romantischen Stoffe; denn „nie und nimmermehr ist Dasjenige die wahre Romantik, was so Viele dafür ausgeben, nämlich ein Gemengsel von spani-
schem Schmelz, schottischen Nebeln und italiänischem Geklinge, verworrene
und verschwimmende Bilder, die gleichsam aus einer Zauberlaterne aus-
gegossen werden und durch buntes Farbenspiel und frappante Beleuchtung
seltsam das Gemüth erregen und ergötzen. Wahrlich, die Bilder, wodurch
jene romantischen Gefühle erregt werden sollen, dürfen eben so klar und
mit eben so bestimmten Umrissen gezeichnet sein, als die Bilder der plastischen Poesie. Diese romantischen Bilder sollen an und für sich schon
ergötzlich sein; sie sind die kostbaren goldenen Schlüssel, womit, wie alte
Märchen sagen, die hübschen verzauberten Feengärten aufgeschlossen werden".
Mit edelster Wärme kämpft der junge Poet für das deutsche Wort und
seine fernere Ausbildung zu dichterischen Zwecken; denn „dieses Wort ist
ja eben unser heiligstes Gut, ein Grenzstein Deutschlands, den kein schlauer
Nachbar verrücken kann, ein Freiheitswecker, dem kein fremder Gewaltiger
die Zunge lähmen kann, eine Oriflamme in dem Kampfe für das Vater-

land, ein Vaterland selbst Demjenigen, dem Thorheit und Arglist ein Vaterland verweigern". Wie streng Heine, bei all seiner Vorliebe für die Kunstprincipien der Schlegel'schen Schule, auch damals schon die kirchlich und politisch reaktionären Gelüste derselben, ihr zweideutiges Kokettieren mit einer Restauration mittelalterlicher Zustände, verurtheilte, sehen wir aus den Schlußworten seines Aufsatzes: „Viele aber, die bemerkt haben, welchen ungeheuern Einfluß das Christenthum, und in dessen Folge das Ritterthum auf die romantische Poesie ausgeübt haben, vermeinen nun Beides in ihre Dichtungen einmischen zu müssen, um denselben den Charakter der Romantik aufzudrücken. Doch glaube ich, Christenthum und Ritterthum waren nur Mittel, um der Romantik Eingang zu verschaffen; die Flamme derselben leuchtet schon längst auf dem Altar unserer Poesie; kein Priester braucht noch geweihtes Öl hinzu zu gießen, und kein Ritter braucht mehr bei ihr die Waffenwacht zu halten. Deutschland ist jetzt frei, kein Pfaffe vermag mehr die deutschen Geister einzukerkern; kein adeliger Herrscherling vermag mehr die deutschen Leiber zur Frohn zu peitschen, und deßhalb soll auch die deutsche Muse wieder ein freies, blühendes, unaffektiertes, ehrlich deutsches Mädchen sein, und kein schmachtendes Nönnchen und kein ahnenstolzes Ritterfräulein. Möchten doch Viele diese Ansicht theilen! dann gäbe es bald keinen Streit mehr zwischen Romantikern und Plastikern. Doch mancher Lorber muß welken, ehe wieder das Ölblatt auf unserem Parnassus hervorgrünt".

Man sieht, der erste Aufsatz, mit welchem H. Heine das literarische Turnierfeld betrat, war gewissermaßen ein Programm der ästhetischen Grundsätze, von denen sein künstlerisches Schaffen damals und während der nächstfolgenden Jahre beherrscht ward. Ein überraschend hoher Grad kritischen Bewußtseins in einem Lebensalter, das sich bei anderen Dichtern eher durch ein Vorwuchern sorgloser Produktionslust zu kennzeichnen pflegt! Es läßt sich sogar nicht bestreiten, daß Heine, trotz seines späteren Abfalls und leidenschaftlichen Kampfes gegen die romantische Schule, im Wesentlichen den in diesem jugendlichen Programm ausgesprochenen Principien seine ganze Schriftstellerlaufbahn hindurch ziemlich treu geblieben ist.

Indeß ging die Zeit seines Bonner Aufenthalts auch in engerem Sinne nicht der Muse verloren. Während Harry die vorhin erwähnten wissenschaftlichen Vorlesungen fleißig besuchte, seine Kollegienhefte in musterhafter Ordnung erhielt, und daneben alle bedeutenderen neuen Erscheinun-

gen der poetischen Literatur des Inlandes und Auslandes mit aufmerksamen Blicken verfolgte, blieb auch sein dichterischer Schöpfungsdrang
nicht müßig. Die Traumbilder, Lieder und Romanzen der „Jungen Leiden“
waren zum größten Theil schon in Hamburg und, nach der Rückkehr von
dort, in Düsseldorf entstanden; einige derselben wurden jedoch erst in Bonn
verfaßt. So auch fast sämmtliche Sonette. Diese Versart war, nach
Bürger's Vorgange, hauptsächlich durch die Romantiker wieder in Aufnahme gebracht worden, und sicherlich ward auch Heine zunächst durch die
Anregungen Schlegel's bestimmt, sich in diesem reizenden Spiel kunstvoller
Reimverschlingungen in streng geschlossener Form zu versuchen. Weit entfernt jedoch, sich mit einer Nachahmung der vorgefundenen Muster zu begnügen, trug er in den „Fresko-Sonetten“ [57]) einen ganz neuen Inhalt
in die überlieferte Form. Während Bürger in den vierzehnzeiligen Reimpaaren seine weichen Liebesklagen ausgehaucht, Schlegel sie vorherrschend
zur Einkleidung kunstphilosophischer Aphorismen benutzt, der jüngere Nachwuchs der romantischen Schule ein leeres Wortgeklingel damit getrieben,
und Rückert sie als scharfe Waffe im Freiheitskriege geschwungen hatte,
schuf Heine aus ihnen die eisernen Reifen, in welche er mit ingrimmiger
Wuth den ganzen unheilbaren Wahnsinn seiner Liebesschmerzen und all
seinen titanischen Trotz gegen eine Welt hineinzwängte, die ihm, wie ein
schaler Mummenschanz, nur noch eines Hohnlachens werth erschien.

Denn wenn des Glückes hübsche Siebensachen
Uns von des Schicksals Händen sind zerbrochen,
Und so zu unsern Füßen hingeschmissen;

Und wenn das Herz im Leibe ist zerrissen,
Zerrissen, und zerschnitten, und zerstochen, —
Dann bleibt uns doch das schöne gelle Lachen.

Gieb her die Larv', ich will mich jetzt maskieren,
In einen Lumpenkerl, damit Halunken,
Die prächtig in Charaktermasken prunken,
Nicht wähnen, ich sei Einer von den Ihren.

Gieb her gemeine Worte und Manieren,
Ich zeige mich in Pöbelart versunken,
Verleugne all' die schönen Geistesfunken,
Womit jetzt fade Schlingel kokettieren.

So tanz' ich auf dem großen Maskenballe,
Umschwärmt von deutschen Rittern, Mönchen, Kön'gen,
Von Harlekin gegrüßt, erkannt von Wen'gen.

Mit ihrem Holzschwert prügeln sie mich Alle.
Das ist der Spaß. Denn wollt' ich mich entmummen,
So müßte all das Galgenpack verstummen.

In dieser Verwendung des Sonetts, der maßvollsten und zierlichsten
Dichtungsart, zu kraftgenialischen Ausbrüchen der Verzweiflung und bur-
lesken Zornergüssen einer schwarzgalligen Phantasie spricht sich schon ungemein deutlich das eigenthümliche Wesen des Humoristen aus. Er zersprengt das Gefäß der Kunst, indem er es zu Zwecken missbraucht, für
die es nimmer geschaffen ward. Form und Inhalt decken sich nicht mehr,
sondern stehen in Widerspruch zu einander; der gewaltige Inhalt überragt
possierlich die winzige Form, und im Bestreben, sie zu erweitern, verschiebt
und verzerrt er ihre Linien über das Schönheitsmaß hinaus zur lächerlichen
Fratze; das Große erscheint klein durch den beengenden Druck des Rah-
mens, aus dem es unförmlich hervorquillt, das Kleine hinwieder bläht sich
zu barocker Größe auf; das Märchen wird zur Tragödie, die Tragödie
sinkt zur Farce herab; aus den Blumen ringeln sich giftige Schlangen,
und statt des süßen Mädchengesichts, dessen Lächeln den Dichter bezauberte,
starrt ihn ein Medusenhaupt an, das kalt und erbarmungslos mit ver-
steinerndem Hohn auf ihn niederblickt. — Mit welchen Gedanken mag
Schlegel diese „Fresko-Sonette" gelesen haben, deren Titel schon einen
ironischen Hinweis auf die derben Pinselstriche gab, welche hier an die
Stelle der feinen Miniaturmalerei getreten? Ahnte er wohl, daß in diesem
seltsamen Spiel mit den traditionellen Formen der Poesie ein rebellischer
Geist, ihm selbst unbewusst, schon die Pfeile schärfte zum Kampfe wider
dieselbe Romantik, in deren gespenstischem Reigen er heute noch als ge-
treuer Schildknappe einherzog? Oder täuschte den Heerführer des romantischen Chorus eben jene Ironie über den tieferen Ernst, welcher ihr zu
Grunde lag? . . .

Nachdem Heine in den „Fresko-Sonetten" an seinen Freund Christian
Sethe die stumme Qual seines Herzens ausgeschrieen, überkam ihn allge-
mach eine sanftere Stimmung, und er schloß den verzweiflungstollen Ge-
dichtcyklus mit dem weicheren Liede:

Ich möchte weinen, doch ich kann es nicht;
Ich möcht' mich rüstig in die Höhe heben,
Doch kann ich's nicht, am Boden muß ich kleben,
Umkrächzt, umzischt von eklem Wurmgezücht.

Ich möchte gern mein heitres Lebenslicht,
Mein schönes Lieb, allüberall umschweben,
In ihrem selig süßen Hauche leben, —
Doch kann ich's nicht, mein krankes Herze bricht.

Aus dem gebrochnen Herzen fühl' ich fließen
Mein heißes Blut, ich fühle mich ermatten,
Und vor den Augen wird's mir trüb und trüber.

Und heimlich schauernd sehn ich mich hinüber
Nach jenem Nebelreich, wo stille Schatten
Mit weichen Armen liebend mich umschließen.

Einen ferneren Versuch, sein Liebesleid durch die Tröstungen der Poesie zu bewältigen, machte Harry in der Tragödie „Almansor". Hier erscheint der wilde Schmerz schon zur elegischen Klage abgedämpft, und die melodischen Verse entfluthen der wunden Brust wie ein lindernder Zährenstrom, durch welchen das Herz sich vom Alpdrucke seiner tödlichen Last befreien will. Gegen Ende des Sommersemesters 1820 verließ Heine seine Stadtwohnung in Bonn, und zog nach dem lieblichen Dörfchen Beul am gegenüberliegenden Rheinufer, um dort während der Universitäts= ferien völlig ungestört an seiner Tragödie arbeiten zu können, deren erstes Drittheil im Augustmonat vollendet ward.

Aus welcherlei Gründen er im Herbste des Jahres den Entschluß faßte, den Aufenthalt in einer Universitätsstadt, die seinem geistigen Leben so vielfache und werthvolle Anregungen bot, mit einer andern Hochschule zu vertauschen, ist nicht mit Bestimmtheit zu sagen. Vielleicht, daß die Vernachlässigung seines juristischen Brotstudiums seinen Verwandten zu Ohren gekommen war, und daß sie einen Wechsel seiner Umgebung für nützlich befanden; vielleicht auch, daß ihn selber die friedlose Unrast seiner Seele von dannen trieb — genug, im September 1820 packte er den Tornister und ergriff den Reisestab, um, nach kurzem Besuch bei den Eltern, über die Marken der „rothen Erde" nach Göttingen zu pilgern. Wie sehr diese mehrwöchentliche Fußreise durch Westfalen — der herrliche Anblick des Ruhr= und Weserthals, die Wanderung über die einsame Heide

und durch den erinnerungsreichen Teutoburger Wald, vor Allem aber der
Verkehr mit dem schlichten, kernigen Menschenschlag jener Gauen — ihn
erfrischte und aufheiterte, sagt uns folgende Stelle eines Briefes, den er
fünf Vierteljahr' später [58]) an Dr. H. Schultz in Hamm, den Herausgeber
des „Rheinisch-westphälischen Anzeigers", schrieb: „Der September 1820
schwebt mir noch zu sehr im Gedächtnis. Die schönen Thäler um Hagen,
der freundliche Overweg in Unna, die angenehmen Tage in Hamm, die
Alterthümer in Soest, selbst die Paderborner Heide, Alles steht noch lebendig vor mir. Ich höre noch immer, wie die alten Eichenwälder mich
umrauschen, wie jedes Blatt mir zuflüstert: Hier wohnten die alten Sachsen,
die am spätesten Glauben und Germanenthum einbüßten. Ich höre noch
immer, wie ein uralter Stein mir zuruft: Wandrer, steh! hier hat Armin
den Varus geschlagen! Man muß zu Fuß, und zwar, wie ich, in östreichischen Landwehrtagemärschen, Westfalen durchwandern, wenn man den
kräftigen Ernst, die biedere Ehrlichkeit und anspruchslose Tüchtigkeit seiner
Bewohner kennen lernen will".

Mehr als zwanzig Jahre sollten vergehen, bevor H. Heine als ge-
feierter Dichter, dessen Ruhm die Welt durchhallte, diese Gegenden, die er
als junger Student mit leichtem Ranzen und schwerem Knotenstocke durch-
pilgert hatte, zum ersten und letzten Mal wiedersah. Er war inzwischen
ein Anderer geworden in Herz und Gesinnung; manche Erinnerung, die
einst so schwärmerische Gefühle in ihm wachgerufen, weckte auf der Lippe
des gereiften Mannes nur noch ein spöttisches Lächeln — aber mit jugendlicher Wonne vernahm er wieder den „lispelnd westfälischen Accent", und
setzte im „Wintermärchen" seiner unverringerten Liebe für die „lieben,
guten Westfalen, ein Volk, so fest, so sicher, so treu, ganz ohne Gleißen
und Prahlen", nach seiner humoristischen Weise ein freundliches Denkmal.

Viertes Kapitel.

Charakter der Literaturepoche.

Die Einwirkung der romantischen Schule auf H. Heine's Jugend-
dichtungen wurde schon mehrmals in flüchtiger Andeutung berührt. Um
aber zu einem klaren Verständnis dieser Einflüsse und ihrer weitreichenden
Folgen für die literarische Thätigkeit unseres Dichters zu gelangen, thut
es vor Allem noth, daß wir uns den Charakter der Literaturepoche, in
welche er eintrat, in einem deutlichen, fest umrissenen Bilde veranschaulichen.

Die großen politischen Veränderungen auf der Weltbühne, welche
dem Geist des heranwachsenden Knaben ihren unauslöschlichen Stempel
aufprägten, haben wir an früherer Stelle skizziert. Es leuchtet ein, daß
der Rückhall so gewaltiger Ereignisse auch aus der zeitgenössischen Literatur vernehmlich hervorklingen muß. In der That ist Solches der Fall,
wenn auch in mehr indirekter, dem oberflächlichen Blick nicht sofort sich
aufdrängender Weise.

Deutschlands äußere und innere Geschicke waren bis zu Anfang
dieses Jahrhunderts von den tieferen Einflüssen der französischen Revolution im Ganzen und Großen noch ziemlich unberührt geblieben. Im
politischen Leben herrschte eine stumpfe Gleichgültigkeit, und nur wenige
schwärmerische Gemüther am Rhein begeisterten sich kurze Zeit für das
neue Evangelium der Freiheit und Gleichheit, das vom Nachbarvolke so
laut und wild unter dem Donner der Schlachten und dem unheimlichen

Blinken des Fallbeils der Guillotine geprebigt ward. Der patriarchalische Absolutismus, welcher sich auf den weich gepolsterten Thronstühlen der drei bis vier Dutzend deutscher Länder und Ländchen in behaglicher Sicherheit wiegte, ließ sich's nicht träumen, wie bald seine Tage gezählt sein, und fremde Eroberer über sein Erbe als willkommene Siegesbeute das Loos werfen sollten. Selbst der nationale Gedanke der Einheit und Zusammengehörigkeit des Reiches, das geistige Band, welches ehemals die vielgliedrigen Stämme des germanischen Volkes umschlang, war seit dem dreißigjährigen Religionskriege in brudermörderischem Wahnwitz gelockert und zersprengt worden — das Pfeilbund lag auseinander gefallen in seine einzelnen Stäbe, deren jeder leicht zu zerbrechen war, weil ihm das Ganze keinen Schutz und Rückhalt mehr bot. Ein kräftiger Stoß, und das altersschwache deutsche Reich sank zusammen wie ein Kartenhaus! Und wie die Blätter eines Kartenspiels mischte Napoleon die niedergeworfenen Länder und errichtete aus ihren mit Blut gekitteten Trümmern auf Kugeln und Bajonettspitzen das großartig phantastische Gebäude seiner Universalmonarchie. Aber die ihrem natürlichen Verband entrissenen, willkürlich zusammengefügten Bruchstücke besannen sich ihres gemeinsamen Lebens, die Erde bebte, die Kugeln kamen ins Rollen, die Bajonette zersplitterten, und wie unlängst der alte, krachte jetzt wieder der neue Bau nieder in den Staub. Abermals ein Rennen und Laufen, ein rathloses Köpfezusammenstecken der Herrn Diplomaten, ein Schachern und Feilschen um jeden Fußbreit Landes, ein wirres Durcheinanderwürfeln und Zerreißen der Nationalitäten, eine willkürliche Staatenkonstruktion, gestickt und geleimt aus Protokollen und Aktenfascikeln auf Kongressen und Konferenzen, ein neues papiernes Kartenhaus, — der deutsche Bund!

Wen mag es wundern, daß in solcher Zeit selbst unter den Besten des Volkes die Theilnahme am öffentlichen Leben gering war, und daß sich letzteres hauptsächlich nur negativ — durch verachtungsvolle Abwendung der edelsten Talente von der politischen Misère — in Kunst, Literatur und Wissenschaft spiegelte? Die napoleonische Herrschaft erdrückte jeden Einzelwillen und beugte mit unwiderstehlicher Kraft jedes der vorgefundenen Elemente einem und demselben Ziele zu, alles individuelle Leben ward aufgezehrt, der stolze Überwinder Europa's allein machte mit seinen siegreichen Kohorten die äußere Geschichte der Zeit — was blieb da noch dem deutschen Geiste übrig, als sich aus den Händeln der Außenwelt, bei denen

ihm keine Rolle zuertheilt war, in das Reich des Gedankens und des Gemüthes zurückzuziehen, und auf einem andern Felde, als dem Gebiet der
brutalen Thatsachen, seine unsterblichen Schlachten zu schlagen, oder seine
mondlichtumflimmerten Träume zu träumen. Er that Beides, er versenkte sich tief in den geheimnisvollen Schacht seiner inneren Welt, und
holte von dort zwei Edelsteine ans Licht hervor: den reinen, klaren Berg-
krystall der deutschen Philosophie, und den wunderlich schillernden Karfunkel der deutschen Romantik. Sehen wir uns beide genauer an, und
suchen uns über ihren Werth und ihre Bedeutung zu verständigen.

Den naiven Anfangspunkt der geistigen Entfaltung der Neuzeit, deren
philosophische Seite in den ersten Decennien unsres Jahrhunderts einen
so mächtigen Aufschwung nahm und zugleich unsre poetische Literatur so
herrlich mit dem Inhalt neuer Ideen befruchtete, bezeichnet die lutherische
Kirchenreform. Nach jahrhundertelangem Schlaf regte die menschliche Vernunft im Kampfe gegen das Papstthum zum ersten Mal siegreich ihre
Schwingen; aber ihre Waffen waren noch nicht wider jede Knechtung des
Geistes, sondern nur wider eine besondere Form derselben, wider den von
Rom aus geübten Glaubenszwang gerichtet. Nach wie vor blieb die
Bibel für alle Parteien das unangetastete und unantastbare Gotteswort;
„das Wort sie sollen lassen stahn!" hieß es in dem energischen, von Luther
selbst gedichteten Liede, das der Schlachtgesang der Protestanten in so
vielen blutigen Religionskriegen ward. In gleichem Sinne schrieb Ulrich
von Hutten, schrieben Flemming, Gerhard, Dach, Neumark und die späteren Verfasser protestantischer Kirchenlieder.

Aber die menschliche Vernunft konnte sich mit dem ihr endlich zuge-
standenen Recht einer freien Auslegung der Bibel nicht auf die Dauer
begnügen; die Zeit musste kommen, wo die Forschung in der Bibel sich
zu einer Forschung über die Bibel, über ihren Werth und ihre Gültigkeit
für den Menschen der Gegenwart, über die letzten Gründe menschlicher
Erkenntnis, menschlichen Glaubens und Wissens erweiterte. Spinoza, der
tiefe Denker, welcher schon die Offenbarung für „ein Produkt der Einbildungskraft Solcher," erklärte, „die im begrifflichen Denken über höhere
Wahrheiten nicht geübt sind", Voltaire und die englischen Deisten, Leibnitz
und Wolf waren die ersten vermittelnden Übergangsglieder des philosophischen Befreiungsprocesses der Menschheit. Die vereinzelten Lichtstrahlen
all' dieser verschiedenen Denksysteme fasste Lessing, der große Toleranz-

prebiger, zuerst in dem Centrum des poetischen Brennspiegels, vor Allem in seinem „Nathan", zusammen. Sein Ringen und Kämpfen diente mit Bewusstsein dem Zwecke, die Menschheit von dem Joche des „Wortes", des todten Buchstabens, zu erlösen. Ihm hatte bereits jedes religiöse Bekenntnis nur in dem Grade Werth, in welchem es sich als ein Sporn zu edlen Thaten erwies.

Den zweiten kühnen und wahrhaft entscheidenden Schritt in dieser Richtung that Immanuel Kant, der Schöpfer der kritischen Philosophie. Mit unerbittlich scharfer Logik prüfte er die Quellen der menschlichen Urtheilskraft auch auf religiösem Gebiete, er zerstörte die herkömmlichen Beweise für die Existenz eines persönlichen Gottes, dessen Dasein nur noch als unbeweisbares Postulat der praktischen Vernunft behauptet ward, und setzte an die Stelle des blinden Dogmenglaubens der Kirche die Forderung eines reinen Vernunftglaubens und einer aus dem Wesen und der Erkenntnis unseres freien, sein Gesetz in sich selbst tragenden Willens abgeleiteten Moral. Es ist bekannt, mit welchem Eifer und mit wie glücklichem Erfolg besonders Schiller sich durch diese muthvolle Philosophie zu gedankenreichen poetischen Produktionen anregen ließ, deren erhabener Schwung noch heut unsre Jugend begeistert. Die Bedeutung von Kant's „kategorischem Imperativ", die Forderung, daß der Mensch das seiner Brust eingeschriebene, auf Freiheit und Selbstbestimmung des Willens basirte höchste Gesetz der Sittlichkeit mit nie erlahmender Kraft in all seinen Handlungen bethätige, konnte nicht leicht eindringlicher ausgesprochen werden, als mit Schiller's Worten:

Nehmt die Gottheit auf in euren Willen,
Und sie steigt von ihrem Weltenthron.

Während Schiller mehr die negative Seite der neuen Weltanschauung, die Befreiung von dem Joche der alten Satzungen auf sittlichem, religiösem und politischem Felde betonte, waren andere Dichter — so namentlich Herder — bemüht, in friedlicher Vermittlung den positiven, humanitarischen Inhalt der jungen Doktrin mit den etwa noch lebenskräftigen Elementen der alten Lehre in Einklang zu setzen. Doch führten, bei ihrer schwankenden Unentschiedenheit und bei der rasch fortschreitenden Entwicklung des philosophischen Kampfes, diese Vermittlungsversuche in der Folge meist, wie bei Herder, zu einer erbitterten Befehdung des neuen Princips, das nicht so bequem und versöhnungsdurstig mit sich handeln ließ, sondern allmählich in immer schärferen Gegensatz zu den Traditionen der Vergangenheit trat.

Die Auflösung des Gottesbegriffs in den Begriff der „moralischen Weltordnung" wurde zunächst von Fichte noch energischer, als von Kant, proklamiert, und die Untersuchung „über den Grund unseres Glaubens an eine göttliche Weltregierung" öffnete dem Zweifel an derselben Thür und Thor. Immer weiter dehnte die menschliche Vernunft ihr Recht der freien Forschung aus, das sich in unaufhaltsamer Progression bald auf alle Gebiete des Denkens und Lebens erstreckte. Die Zersetzung der alten sittlichen, religiösen und politischen Ideale ging Schritt für Schritt ihren nothwendigen Gang, und wie manche einst für wahr gehaltene, scheinbar tröstliche Vorstellung auch durch die bessere Erkenntnis dem menschlichen Herzen geraubt ward: dasselbe fand sich zuletzt nicht ärmer, sondern reicher durch den hellen Sonnenglanz der Wahrheit, welcher das Traumdunkel des Irrthums verscheuchte. Allerdings — und Das ist eine wichtige Thatsache, die schon hier nachdrücklich betont werden mag — wurde die Kluft zwischen der alten und neuen Weltanschauung durch diesen Entfaltungsproceß des menschlichen Geistes immer weiter aufgerissen. Hatte sich die christliche Menschheit seit der Reformation im Wesentlichen schon in zwei große Heerlager getheilt, denen beiden jedoch immer noch die Bibel als gemeinsame Basis des Glaubens und als gemeinsame Quelle der ethischen Vorschriften galt, so bildeten sich nun allmählich immer zahlreichere Kreise, die auf einem ganz neuen, einem ganz anderen Boden standen, als jene nur durch einzelne kirchliche Dogmen unterschiedenen Bekenner des Christenthums. Nicht, als hätte die moderne Philosophie sofort mit einer Negierung des persönlichen oder auch nur des christlichen Gottes begonnen. Nein, sie nahm, wie gesagt, Anfangs nur das Recht in Anspruch, die Gründe des Glaubens an einen solchen Gott zu untersuchen, zu prüfen. Langsam und stufenweis fortschreitend, widerlegte sie zuerst die Richtigkeit der in früherer Zeit ausgeklügelten Beweise für seine Existenz, aber sie tastete noch weder die Möglichkeit einer Offenbarung an, noch leugnete sie etwa das Dasein Gottes, weil sie dasselbe nicht zu beweisen vermochte. Die Philosophie begnügte sich im Gegentheil vorläufig damit, das Sittengesetz aus dem erkannten und weiter zu erkennenden Wesen der Vernunft abzuleiten, und Fichte war mit Recht erstaunt, als man ihn, der nur auf dem bezeichneten Pfade ernst und ruhig fortgewandelt war, plötzlich des

Atheismus, der Gottesleugnung, beschuldigte. Indessen, auch seine Gegner
hatten so Unrecht nicht, wenn ihnen seine Lehre als ein gefährlicher Angriff gegen die seither herrschende Religion erschien. Es mochte ihnen wohl
die leise Ahnung aufdämmern, daß die Grundpfeiler der christlichen Kirche
erschüttert würden, sobald man aufhöre, die Glaubens- und Sittenlehre
als ein unmittelbar von Gott selbst geoffenbartes ewiges und unabänder-
liches Gesetz zu betrachten. Welchen Werth, durften sie fragen, hat fortan
der Glaube an die Existenz eines persönlichen Gottes, wenn nicht aus
ihm, sondern aus dem eigensten Wesen der Vernunft das mit der fortschreitenden Entwicklung jedes Jahrhunderts sich ändernde Moralgesetz ab-
geleitet wird? In der That war von jetzt an eine Vermittlung und Versöhnung der entgegenstehenden Ansichten über die höchsten Dinge des Lebens
nicht mehr denkbar, und man begann zu ahnen, daß die alte und die
neue Weltanschauung sich naturgemäß befehden müssen, bis die eine von
beiden den vollkommenen Sieg über die andre erringt. Immer schärfer,
aber zugleich immer klarer, trat in der ersten Hälfte unsres Jahrhunderts
der Gegensatz zwischen Religion und Philosophie hervor. Schritt für
Schritt hat letztere während dieser Zeit an Terrain gewonnen, und weder
durch Verfolgungseifer, noch durch halbe Koncessionen vermochten Staat
und Kirche das stets weitere Umsichgreifen der neuen Weltanschauung zu
hemmen.

Die nächste Stufe in diesem Entwicklungsprocesse des menschlichen
Geistes war die von Schelling begründete und später von Hegel erweiterte
Identitätsphilosophie. Der außerweltliche, aus seinem „Himmel" vertriebene
Gott flüchtete sich als eine Art pantheistischer Weltseele in das All und
behauptete dort unter der Firma „das Absolute" eine mysteriöse Existenz.
Während Schelling dies Absolute noch in der „Anschauung" oder dem
„Gefühl" erkennen wollte, schrumpfte es bei Hegel schon in den „Begriff"
zusammen, um sich bei seinen Nachfolgern vollends in das „Naturgesetz"
aufzulösen. Und damit sind wir in unsrer Übersicht der einzelnen Stadien
dieses Processes bei dem heutigen Standpunkte der Philosophie angelangt,
den am kühnsten und ehrlichsten Ludwig Feuerbach vertritt, und den wir
füglich κατ᾽ ἐξοχήν mit dem Namen des Humanismus bezeichnen dürfen,
weil ihm der Mensch (homo), mit Einschluß der Natur als der Basis
des Menschen, der alleinige, höchste Gegenstand philosophischer Betrachtung
ist. Alle Religion erweist sich auf diesem Standpunkte als ein Product

des Menschen, alle Theologie als Anthropologie, und nicht nur unsre jeweilige Vorstellung von Gott, sondern das göttliche Wesen selbst ist nichts Anderes mehr, als das von uns objektivierte, der individuellen Schranken entkleidete Wesen des Menschen. „Homo homini deus est".

Es hieße jedoch die Vergangenheit aus der Gegenwart, das Frühere aus dem Späteren ableiten, wenn wir annehmen wollten, daß die zersetzende Bedeutung der neueren Philosophie und ihre nothwendige letzte Konsequenz zu Anfang unsres Jahrhunderts schon von irgend einem der damaligen Schriftsteller deutlich erkannt worden sei. Der deutsche Geist glich vielmehr einem Richter, der parteilos, mit unbefangenem Sinne, die Akten eines wichtigen Processes prüft, und im Voraus unmöglich wissen kann, welche Entscheidung er nach gewonnener Einsicht in alle Details des Falles schließlich abgeben muß. Oder er glich einem rüstigen Wanderer, der den niebetretenen höchsten Gipfel eines Gebirges erklimmen will, und, so oft er einen Berg erstiegen hat, hinter diesem wieder einen neuen Felskegel emporragen sieht, ohne sagen zu können, ob dieser nun endlich sich als der wolkennächste Äthersitz erweisen wird. Wenn ein scharfer und ehrlicher Denker wie Fichte noch mit Befremden und Entrüstung den Vorwurf des Atheismus zurückwies, so dürfen wir uns wohl überzeugt halten, daß einem Schiller oder Goethe die religionsfeindliche Tendenz der philosophischen Kämpfe nicht minder ein Geheimnis war, als den übrigen ihrer Zeitgenossen. Goethe, der sich die harmonische Ruhe des Daseins um jeden Preis ungetrübt zu bewahren strebte, und sich, wie gegen die großen politischen Staatsumwälzungen, so auch gegen die Revolution auf dem Felde der Philosophie ablehnend verhielt, erlebte freilich noch großentheils die späteren Phasen dieser Bewegung, und es ist zweifelhaft, ob er mehr sich selbst oder sein Publikum über die Tragweite derselben zu täuschen suchte.

Auch die Romantiker hatten schwerlich ein viel schärferes Bewußtsein von der allmählichen Auflösung der früheren religiösen, sittlichen und polischen Ideale durch die Einwirkung der Philosophie. Am wenigsten begriffen sie die positive Bedeutung der neuen Lehren; eher schon erkannten sie hin und wieder deren negative, zerstörende Seite. Bevor wir jedoch auf diese Gegensätze zurückkommen, müssen wir einige Bemerkungen über den Entwicklungsgang der deutschen Dichtung bis zum Auftreten der romantischen Schule voraussenden.

Die von Luther unternommene Kirchenreformation ward bereits oben

als der Ausgangspunkt des modernen Geisteslebens bezeichnet; gleicher-
weise eröffnet sich mit ihr das Wiederaufblühen der deutschen Literatur.
Zuerst freilich entwindet sich die neugeborene Poesie nur langsam und
mühevoll den Wehen der Zeit, und trägt lange noch die Nabelschnur ihrer
schweren Geburt mit sich herum. Fast nur auf einem einzigen Gebiete,
dem des Kirchenliedes, hören wir Anfangs frische, kräftige Töne erschallen;
hier aber in um so erfreulicherer Weise. Unsere Dichtung war, nach ihrer
ersten großen Blüthezeit unter den Hohenstaufen, während der nachfolgenden Jahrhunderte in den Händen spießbürgerlicher Sängerzünfte allmählich zu einer läppisch inhaltslosen Formenspielerei versandet — jetzt
rauschte sie im protestantischen Kirchenliede plötzlich wieder wie ein lebendiger Quell, und der neue Inhalt, der in glaubensfrommer Begeisterung
die Herzen durchglühte, fand wie von selber die schlichten Naturlaute der
ihm angemessenen poetischen Form. Leider trat in der so muthvoll begonnenen Bewegung der Geister nur zu bald wieder ein Stillstand ein. In
verheerendem Bruderkriege mußten sich die Bekenner der neuen Lehre das
Recht der Glaubensfreiheit erkämpfen, und die protestantische Theologie
verknöcherte, statt sich zur freien wissenschaftlichen Forschung zu erheben,
binnen Kurzem zu einer scholastischen Dogmatik, welche den kaum aus den
Banden des Katholicismus losgerungenen Geist abermals an die Satzungen des todten Buchstabens kettete. Die alte Glaubenseinheit war vernichtet, Zank und Hader und blutige Kriege hatten die Kluft zwischen dem
Norden und Süden Deutschlands immer tiefer aufgerissen, und als der
Friede von Münster endlich dem wilden Morden ein Ziel setzte, schlichen
die feindlichen Brüder todeswund und erschöpft nach Hause, die Einen
unter das zur Ruine gewordene klösterliche Dach der Mutterkirche, die Andern in den unwirthlich kahlen, halbfertigen Neubau, der mehr einem unbe-
kleideten Nothgerüste als einer schutzbietenden Wohnung glich. Wie hätte
die deutsche Poesie in so jämmerlicher Behausung sich frisch und fröhlich
entfalten, wie hätte sie vom Abhub so ungesunder Pfaffenkost lebenskräftig
sich nähren können? Sie verkümmerte mehr und mehr, sie floh endlich
ganz aus der Heimat, wo sie in besseren Tagen an der Fürstentafel gesessen und mit dem Berghirten oder dem Jägerburschen im Walde das
ländliche Mahl getheilt hatte, und sie ging betteln in der Fremde, sich mit
den Brosamen begnügend, die der Wälsche von seinem prahlerisch aufgeputzten Tische fallen ließ. Beim Beginne des achtzehnten Jahrhunderts

war unsre gesammte Literatur zu sklavischer Nachahmung der französischen
Muster herabgesunken, die Sprache Luther's blähte sich auf im bauschigen
Faltenrock unnatürlicher Phrasen und schritt auf dem steifen Alexandriner-
kothurn neurömischer Hof- und Staatsaktionen einher, bis Lessing erschien
und durch sein gewaltig exorcierendes Wort den gespenstischen Spuk verbannte. Er riß den Dienstmägden der französischen Hofklassiker die stau-
bigen Perücken von den Köpfen, hob ihnen die Schädeldecken ab, und zeigte
dem Publikum, daß Nichts als leeres Stroh darunter war. Von den
Zerrbildern antiker Kunstschöpfungen wies er auf die unsterblichen Origi-
nale hin, drang auf strenge Scheidung der Künste, deren verschiedene Gattungen barbarisch mit einander vermengt worden, und leitete die ewig
gültigen Regeln für jede derselben aus den Meisterwerken hellenischer Vorzeit ab. Zu lange jedoch war die deutsche Poesie in der Fremde umher-
geirrt, als daß sie sofort auf deutschem Boden wieder hätte heimisch werden
können. Und zudem, welchen ungünstigen Zuständen begegnete sie im
politischen Leben des Vaterlandes! Nach hundertjährigem Schlafe der
Ohnmacht und Ermattung standen in Deutschland Nord und Süd sich in
den Eroberungskriegen Friedrich's II. abermals feindlich gegenüber, und
der große König, welcher dem deutschen Namen zuerst wieder Achtung und
Ehrfurcht im Rath der europäischen Völker verschafft hatte, liebäugelte
selbst mit dem fremdländischen Wesen, verächtlich herabblickend auf Sprache,
Kunst und Wissenschaft des eigenen Landes, die sich eben kraftvoll auf
eigene Füße zu stellen begannen. Denn der deutsche Genius war erwacht,
und sehnte sich in kühnem Schöpfungsdrange nach gewaltigen Thaten.
Aber der schönen Seele fehlte der schöne Leib. Vergebens durchirrte sie
die Räume der öden Wirklichkeit, die ihrem spähenden Auge keinen würdigen Anblick bot, in den sie sich mit stolzer Befriedigung hätte versenken
können, um das Geschaute in künstlerisch veredelter Gestaltung zu spiegeln.
Außer der heldenhaften Erscheinung Friedrich's des Großen und den redlich
gemeinten, aber durch vorschnelle Überstürzung und Pfaffenlist vereitelten
Humanitätsbestrebungen Joseph's II., hatte das achtzehnte Jahrhundert
Nichts aufzuweisen, worin für das deutsche Gemüth und den patriotischen
Sinn die Verheißung einer besseren Zukunft lag. Eine thatlose Zeit und
eine träge Nation ohne freies Staatsleben und ohne lebendige Geschichte
war für den Dichter kein Stoff, an dem sich seine Phantasie in begeistertem
Aufschwung emporzuranken vermochte. Um das Höchste erreichen, um die

Erscheinungen des äußeren Lebens in verklärtem Bilde wiederstrahlen zu können, fehlt der Kunst die Hauptbedingung ihrer naturgemäßen Entfaltung, die schönheitsvolle Wirklichkeit.

Die von Lessing eingeleitete, in Schiller und Goethe zur glänzendsten Blüthe gelangte klassische Periode unsrer neueren Dichtung krankt an diesem geheimen Fluche, der wie ein giftiger Mehlthau rasch wieder ihr hoffnungsreiches Leben zerstört. Es war sicher eine rühmliche, nicht hoch genug zu schätzende Geistesthat, wenn jene Heroen unsrer modernen Literatur in all' ihren Bestrebungen auf das goldene Zeitalter der griechischen Kunst zurückgingen, und statt der gepuderten und geschminkten Aftermuse, die aus den beschnittenen Taxusalleen der Hofgärten von Versailles nach Berlin und Leipzig herüber promeniert war, der ewigen Schönheit huldigten, die uns aus den Gesängen Homer's heute so frisch wie vor zweitausend Jahren anblickt. Nur wurde Eins dabei übersehen, oder mindestens nicht zur Genüge beachtet. Es wurde übersehen, daß die mit Recht so hoch gepriesenen griechischen Kunstwerke, die man sich allerorten zum Muster nahm, eben deshalb so groß und herrlich waren, weil Form und Inhalt in ihnen sich deckten, weil der Dichter sang, der Bildhauer formte, was in der lebendigen Erinnerung seines Volkes lebte, weil die Blume der Kunst ihre festen Wurzeln im Boden der Heimat schlug und der blaue Himmel von Hellas sich über ihr wölbte, die blinkenden Wellen des ägäischen Meeres ihren Kelch umrauschten. Wenn der Rhapsode die Schlachtscenen des trojanischen Krieges vortrug, so horchten ihm die Enkel der Helden, die am skäischen Thore gestritten; Äschylos hatte selber bei Marathon, Salamis und Platäa den Befreiungskampf Griechenlands mitgekämpft, den er in seinen „Persern" verherrlichte; und im Theater belächelte Sokrates als harmloser Zuschauer das dreiste Spottbild seiner Lehren, welches ihm Aristophanes von der Bühne herab in den „Wolken" vor allem Volke entgegen hielt. Der Künstler befand sich nicht im Gegensatze zu seiner Zeit und seiner Nation, sondern begeisterte sich an ihrem Dichten und Trachten, die Kunst stand in inniger Wechselbeziehung zur Wirklichkeit — die erhabensten Hymnen des Dichters feierten den Sieger in den olympischen Spielen, und Diesem wieder galt als der höchste Ruhm, daß er sich werth gemacht, von einem Pindar besungen zu werden. So verklärte die Kunst das schönheitsvolle Leben, und dieses rang nach dem Preise, solcher Verklärung würdig zu sein.

Hätte die deutsche Literatur und Kunst bei ihrer Rückkehr zu antiken Mustern vorherrschend diesen Gesichtspunkt im Auge behalten, so wäre mancher Fehlgriff vermieden worden, der auf lange Zeit hinaus die verhängnisschwersten Folgen nach sich zog. Leider nur allzu früh gaben unsre modernen Klassiker den in ihren Jugendwerken — im „Werther", in den „Räubern", in „Kabale und Liebe" — so muthig unternommenen Versuch auf, der sie umgebenden Wirklichkeit fest ins Auge zu blicken, den Finger theilnahmvoll in die Wundenmale der Zeit zu legen, und durch künstlerische Bewältigung der Gegenwart dieser den Spiegel der Selbsterkenntnis vorzuhalten. Es bedarf wohl kaum der Bemerkung, daß in diesen Worten nur eine Klage, keine Anklage, liegen soll. Die Zeit selber war ja zu traurig und trübe, als daß sie unseren Dichtern auf die Dauer einen würdigen Stoff hätte darbieten können: dem politischen Leben fehlten die großen Charaktere und erhebenden nationalen Ziele, das gesellschaftliche Leben krankte an schönseliger Verweichlichung und Empfindelei; herbstlich fahl und welk fiel Blatt um Blatt vom deutschen Eichbaume zu Boden, und der entlaubte Stamm trieb noch keine neuen Frühlingskeime hervor; ringsumher Moder und Verwesung — — da mochten wohl Schiller und Goethe eher Dank als Tadel verdienen, wenn sie das ihnen anvertraute Kleinod der deutschen Poesie für bessere Tage auf die reinen Ätherhöhen des Olymps retteten und sich bei den Göttern Griechenlands zu Gaste luden . . .

> Komm her, wir setzen uns zu Tisch!
> Wen sollte solche Narrheit rühren?
> Die Welt geht auseinander wie ein fauler Fisch,
> Wir wollen sie nicht balsamieren!

Das unermeßliche Verdienst unserer klassischen Dichter liegt in dem Umstande, daß sie in einer staatlich unfreien, politisch trägen und gesellschaftlich ungesunden Zeit den Sinn für innere Freiheit des Daseins nährten, einem in stumpfe Gleichgültigkeit versunkenen Geschlechte das Evangelium der Schönheit predigten und das Ideal der Humanität vor Augen hielten, einer Nation, die durch das Unglück von Jahrhunderten zerrissen und zerschnitten war, in einer großartigen Literatur das erste Band gemeinsamen Zusammenhangs schenkten, und den Grund ebneten, auf dem ein nationaler Zukunftsbau sich dereinst erheben kann. Das Bedenkliche aber lag darin, daß jene Männer, indem sie die griechische Kunst als Vorbild ihres eigenen Schaffens nahmen, zuletzt nicht mehr, gleich dieser, im Leben

ihrer Zeit und ihres Volkes wurzeln blieben, sondern den rauhen Boden
der Wirklichkeit mit einer idealen Welt vertauschten, ein geistiges Hellas
auf deutscher Erde zu gründen suchten, uns mit den Formen der griechischen Poesie zugleich wesentliche Momente der hellenischen Weltanschauung
aufdrängen wollten, die der fortgeschrittene Bildungsgang späterer Jahrhunderte längst überwunden hatte. Hermann Hettner weist in seiner trefflichen Schrift über die romantische Schule bedeutungsvoll auf eine Stelle
des Goethe-Schiller'schen Briefwechsels hin, in welcher Schiller die Gefahren der damaligen Literaturepoche ungemein scharfsichtig und wahr charakterisiert. „Zweierlei", sagt er, „gehört zum Poeten und Künstler: daß
er sich über das Wirkliche erhebt, und daß er innerhalb des Sinnlichen
stehen bleibt. Wo Beides verbunden ist, da ist ästhetische Kunst. Aber
in einer ungünstigen, formlosen Natur verläßt er mit dem Wirklichen nur
zu leicht auch das Sinnliche und wird idealistisch, und wenn sein Verstand
schwach ist, gar phantastisch; oder will er und muß er, durch seine Natur
genöthigt, in der Sinnlichkeit bleiben, so bleibt er gern auch bei dem
Wirklichen stehen und wird in beschränkter Bedeutung des Wortes realistisch,
und wenn es ihm ganz an Phantasie fehlt, knechtisch und gemein. In
beiden Fällen also ist er nicht ästhetisch". Dem letztbezeichneten Fehler
eines platten Kopierens der unschönen Wirklichkeit verfielen die Nicolai und
Wieland, die Iffland und Kotzebue; den andern Irrweg eines idealistischen
Verlassens der Wirklichkeit und des Sinnlichen betrat zuerst Klopstock, als
er in den Bardieten der Hermannsschlacht die Phantasmagorie seiner abenteuerlichen Urteutschen heraufbeschwor, und im „Messias" die blutlosen
Schattengestalten einer religiösen Gefühlsschwelgerei an uns vorüber huschen
ließ. Vor einer so vollständigen Flucht aus der realen Welt und vor
einem so unkünstlerischen Aufgeben jeder plastischen Gestaltung blieben nun
freilich Schiller und Goethe durch ein tief eingehendes Studium der hellenischen Kunstgesetze bewahrt, die vor Allem eine sinnlich greifbare Darstellung der Charaktere und Situationen forderten. Schiller und Goethe
verließen wohl den Boden ihrer Zeit und Umgebung, sie traten in idealistischen Gegensatz zu der Bildungsstufe ihrer Kulturepoche und zu den
unmittelbaren Bedürfnissen ihrer Nation — aber sie gedachten, als sie in
das Bad griechischer Schönheitsform hinabtauchten, nicht der Wirklichkeit
überhaupt zu entrinnen, sondern den Genius der deutschen Poesie in
jenem Schönheitsbade zu kräftigen und zu verjüngen. Aber weiter und

weiter lockte der Sirenengesang der Muse von Hellas sie fort von den heimatlichen Gestaden, und die Schmeicheltöne des fremden Liedes bezauberten so sehr ihre Sinne, daß sie zuletzt fast nur noch Herz und Ohr für die Weise hatten, die über die Kluft von zwei Jahrtausenden zu ihnen herüber klang. Das Mittel wurde zum Zweck; es galt nicht mehr vor Allem, die griechischen Formen der deutschen Nationalität und dem Leben und Inhalt der neuen Zeit anzupassen, sondern in deutscher Sprache zu dichten, wie es das hellenische Kunstgefühl im goldenen Zeitalter längst verschollener Tage verlangt hätte. Nicht anders ist's zu erklären, wenn sich Goethe ausdrücklich vornahm, in seiner Achilleïs ein Heldengedicht zu schaffen, das keine Zeile enthalten sollte, die nicht Homer hätte schreiben können, und wenn Schiller in seinen Dramen vom „Wallenstein" bis zur „Braut von Messina" sich mehr und mehr beeiferte, die antike Schicksals-idee, die ideale Typenhaftigkeit der Charaktere, und zuletzt gar den grie-chischen Chor, in die moderne Tragödie einzuführen. Je ernster unsere Dichter den eingeschlagenen Pfad verfolgten, um so weiter entfernten sie sich von dem ursprünglichen Ziele, um so mehr verloren sie den Boden der Nationalität, der Gegenwart, der Wirklichkeit aus den Augen, um so zwangvoller vertieften sie sich in ein abstraktes Formenspiel, über welchem das eigentliche Wesen, der geistige Inhalt, schier vergessen ward. Es war eine nahe liegende Konsequenz dieses antikisierenden Strebens, daß mit der Vorstellungsweise der Hellenen auch die griechische Mythologie in die deutsche Dichtung hinüber genommen, und die Kluft immer größer wurde, die das Ideal-Leben der Poesie von den realen Bedürfnissen und dem Be-wußtsein des Volkes abtrennte. Selbst Schiller, der in seinen kunstphilo-sophischen Abhandlungen so oft den Gedanken einer Erziehung des Men-schengeschlechts durch die Schönheit zur Freiheit und Sittlichkeit ausge-sprochen hatte, fand es immer schwieriger, in seinen Tragödien unmittelbar auf das Gefühl der Nation zu wirken; so gröblich sah er seine Absichten verkannt, daß man in „Maria Stuart" und der „Jungfrau von Orleans" katholisierende Tendenzen witterte; und die Erörterung über den Gebrauch des Chores im Drama, welche er der „Braut von Messina" voraufsandte, erscheint, trotz der entgegengesetzt lautenden Eingangsbemerkung, fast wie ein verblümtes Geständnis, daß sein Werk sich nicht durch sich selbst recht-fertige und erkläre, sondern der künstlerischen Vertheidigung bedürfe. Un-glücklicher noch scheiterte Goethe's Versuch, in der „Natürlichen Tochter"

die den tiefsten Grund der modernen Gesellschaft aufwühlenden Ideen der
französischen Revolution zu einer, alles individuellen Lebens entkleideten,
geschichtsphilosophischen Allegorie zu gestalten. Wäre unsere Dichtung auf
diesem Wege fortgewandelt, dann hätte sie nach so herrlichem Aufschwunge
bald gänzlich in eine gelehrte Kunstpoesie auslaufen müssen, ohne jede
volksthümliche Wirkung, und in ihren Intentionen nur noch einem kleinen
Kreise verständlich, dessen antiquarische Bildung an der mühsamen Nachahmung klassischer Formen und an der galvanischen Wiederbelebung einer
abgestorbenen Weltanschauung hätte Geschmack finden können.

Die nothwendige Reaktion und das naturgemäße Korrektiv gegenüber
dieser maßlosen Rückwendung zu antiken Kunstformen war die romantische
Schule. Wie groß und verderblich auch ihre späteren Verirrungen gewesen
sind — und es liegt uns wahrlich Nichts ferner, als dieselben in beschöni-
gendem Lichte zu schildern, — so hoffen wir doch, heut zu Tage kaum mehr
auf erheblichen Widerspruch zu stoßen, wenn wir die Einwirkung dieser
Schule auf das Erwachen unsres nationalen Lebens und auf die volksthümliche Entwicklung unserer Literatur im Ganzen und Großen als einen
Fortschritt betrachten. Freilich war der Kampf, den die Romantik gegen
den Klassicismus führte, einseitig wie alle leidenschaftlichen Kämpfe, und
schoß in der Folge weit über sein anfängliches Ziel hinaus. Aber in der
Literatur so wenig, wie im politischen Leben, schreitet der Entwicklungsproceß eines Volkes in der ununterbrochenen, abweichungslosen Progression
einer graden Linie fort. Zumal in stürmischen Zeitläuften wird das Schiff,
welches die geistigen Güter der Nation an Bord trägt, wunderlich auf und
nieder geschaukelt von den Wellen; Das ist ein Steigen und Sinken, ein
Herüberneigen nach rechts und nach links, und wir dürfen von Glück reden,
wenn die Fluthbewegung des Meeres den schwanken Kiel nicht völlig vom
richtigen Kourse verschlägt, sondern ihn langsamer oder schneller dem Hafen
einer verheißungsvollen Zukunft entgegen treibt.

Wir sahen, in wie bedenklicher Weise sich die antikisirende Richtung unserer Klassiker zuletzt bei dem Einen in ein gewaltsames Experimentieren mit
hellenischen Kunstformen, bei dem Andern in die schattenhafteste Symbolik
verirrte. Die deutsche Poesie, welche erst seit kaum einem Menschenalter aus
der Abhängigkeit von französischen Mustern befreit worden, gerieth in Gefahr,
abermals den Einflüssen der Fremde — wenn auch diesmal eines besseren
Vorbildes — zu verfallen, und nur allzu gefügig schmiegte sie sich in das

neue Joch. Aber wie schön gemeißelten Faltenwurfs auch das erborgte
Gewand ihre Glieder bedeckte, es war dennoch eine ihr aufgezwungene
Sklaventracht, und unter der marmorglatten Hülle griechischer Formen erstarrte das ängstlich beklommene Herz und verflüchtigte sich das warme
Leben zu kalter Abstraktion und personificierten Begriffen. Gegen diese
tyrannische Unterwerfung des deutschen Geistes unter den Kulturgehalt und
die Kunstgesetze der hellenischen Poesie empörte sich jetzt das individuelle
Freiheitsgefühl, das Subjekt machte sein Recht geltend wider die zwangs-
weise Reduktion auf ein Allgemeines, das nicht der natürliche Vereinigungs-
punkt der Ausstrahlungen seines eigenen nationalen Kulturlebens war, und
diese Empörung des Subjekts gegen die künstlich geschaffene objektive Welt
des Neuhellenismus ist der geheime Sinn der Bestrebungen der romantischen
Schule. Nur von diesem Gesichtspunkte aus sind dieselben in ihrer heilsamen und in ihrer schädlichen Wirkung richtig zu erfassen.

Wie jede literarische Revolte, begann die Auflehnung der romantischen
Schule gegen das klassische Regiment mit einem kritisch-polemischen Feldzuge wider die herrschende Kunstrichtung. Es war ein hervorstechender Zug
dieser Kritik, daß sie sich von vornherein auf einen universellen Boden
stellte, und den Geist der Kunstwerke aller Völker nicht willkürlich nach
einer einzigen Schablone oder aus abgerissenen Fragmenten zu erklären
suchte, sondern jedes Kunst- und Literatur-Produkt im Zusammenhange mit
dem eigenthümlichen Kulturleben der Nation betrachtete, aus welchem es
als ein lebendiger Organismus hervorgewachsen. Indem sie solchergestalt
sich über das weiteste Gebiet verbreitete, eröffneten sich bedeutende Analo-
gien auf kunst- und kulturgeschichtlichem Felde, und es ist ein Hauptverdienst der Romantik, daß sie durch ihre vielseitigen Anregungen den Grund
legte zu einer eben so geistvollen wie wissenschaftlich ernsten Behandlung
der historischen Disciplinen. Im Gegensatz zu der typischen Verallgemei-
nerung der Charaktere, welche in den Schiller'schen und Goethe'schen
Dramen manchmal zu sentenzenhaft poetisierender Weltbetrachtung ausge-
artet war, vertiefte sich ferner die romantische Kritik mit Vorliebe in das
psychologische Moment der von ihr zu beurtheilenden Kunstwerke, und hob,
wie in Schlegel's Vertheidigung der Bürger'schen Gedichte, die Berechtigung
der leidenschaftbewegten Individualität gegenüber den idealistischen Abstraktionen der Klassiker von Weimar hervor. Das oppositionelle Bemühen,
neue Grundlagen der Poesie ausfindig zu machen, führte zu einer Durch-

forschung aller Literaturen, und verschaffte uns jene meisterhaften Übersetzungen des Shakspeare, Calderon und der spanischen und italiänischen
Dichter, welche als Bausteine zum Tempel der Weltliteratur mit uner-
müdlichem Fleiß binnen weniger Jahre zusammengetragen wurden. In
gleicher Tendenz erschlossen die Führer dieser literarischen Bewegung uns
die Sprache und Weisheit der Inder, entfalteten vor unsern trunkenen
Blicken die wieder aufgegrabenen Schätze der mittelhochdeutschen Poesie,
und ließen den langverschütteten Quell des heimatlichen Volksliedes frisch
und rein hervorsprudeln mit ureigenem Rauschen.

In Alledisem lag eine Bereicherung und ein unzweifelhafter Gewinn
für die deutsche Literatur. Mochte der kosmopolitische Charakter der romantischen Bestrebungen auch an sich nicht gefahrlos sein, so befreite er
doch unsre Dichtung von der Einseitigkeit hellenischer Muster, und leitete
sie, obschon auf mancherlei Umwegen, schließlich auf den Boden nationaler
Kultur und Geschichte zurück.

Unfruchtbarer erwiesen sich die Leistungen der Romantiker auf dem
Felde selbständiger Produktion. Es war leichter, gegen die Kunstgesetze
des Klassicismus zu rebellieren, als einen neuen ästhetischen Kanon aufzu-
stellen, und wir begegnen hier den abenteuerlichsten Versuchen. Das ruhige
Ebenmaß von Inhalt und Form, die festumrissenen Kontouren, die plastische Gegenständlichkeit der Gestalten, Alles, was sich die klassische Kunst
zum Ziele gesetzt, wird von den romantischen Dichtern principiell verschmäht
und verworfen. Im Drange, sich jeder Fessel zu entledigen, zerbricht das
Subjekt frevelnd das ewige Maß seiner Kraft, und träumt sich in wirrem
Taumel zum Alleinherrscher einer phantastischen Welt, die kein Gesetz außer
dem willkürlichen Spiel seiner Laune anerkennt. Es ist charakteristisch,
daß zu einer Zeit, wo unsere Nation ohnmächtig und fast widerstandslos
unter den autokratischen Willen des fremden Eroberers gebeugt ward, die
individuelle Freiheitslust, der im politischen Leben jede Bethätigung versagt
schien, in unserer Literatur ihre wildesten Orgien feierte. Das Subjekt
stellte sich in bewußten Gegensatz zu der objektiven Außenwelt, es suchte
dieselbe unerhörter Weise zu überwinden, indem es sie entweder völlig
negierte, oder sie als eine feindliche Macht ansah, die verhöhnt und vernichtet werden müsse, und einzig die von der Phantasie erschaffene Traumwelt wurde für wirklich und wesenhaft erklärt, alles Wirkliche aber für
Dunst und Schein.

Die von den Romantikern versuchte Wiedereinsetzung des Subjekts in seine Rechte überschritt also von vornherein alles vernünftige Maß. Diese Schriftsteller wollten nicht mehr, wie Schiller und Goethe es in ihren besten Werken erstrebt hatten, die Kunst als Hebel der ethischen Erziehung der Menschheit benutzen, sondern Kunst und Poesie erschien ihnen als die einzige menschenwürdige Aufgabe des Lebens. Die reale Welt hatte nur noch insofern Werth für sie, als sie ihnen Stoff zu poetischer Verklärung bot, und je trüber und schlechter die sie umgebende Wirklichkeit war, desto verachtungsvoller wandten sie ihr den Rücken. Sie hatten keinen Sinn für die Leiden des Volkes, für die Noth des Vaterlandes, für die rauhe Prosa des Lebens; ihren zwecklosen Gesang beseelte nicht jener humanistische Gedanke, der sich wie ein rother Faden durch die Werke Lessing's, Goethe's, Schiller's und Herder's zog — in genußsüchtiger Kunstschwelgerei versenkten sie sich ganz in ihr Inneres, und wiegten sich in den süßen Schwankungen des von seiner eigenen Herrlichkeit berauschten Gefühls oder in den Märchenwundern der gegenstandlos sich selbst aufzehrenden Phantasie.

Diese — die Phantasie — ist das ἓν καὶ πᾶν der romantischen Dichtung, ihr schrankenloses Walten das höchste Gebot des künstlerischen Menschen. „Es ist der Anfang aller Poesie", lehrt Friedrich von Schlegel, der Doktrinär der Schule, „den Gang und die Gesetze der vernünftig denkenden Vernunft aufzuheben und uns wieder in die schöne Verwirrung der Phantasie in das ursprüngliche Chaos der menschlichen Natur zu versetzen, für das es kein schöneres Symbol giebt, als das Gewimmel der alten Götter". — Der Theorie entspricht die Produktion. Von der raffiniert martervollen Selbstbespiegelung „William Lovell's" und den kalt ausgeklügelten Lüsternheiten „Lucindens" oder der mystischen Gefühlsmetaphysik „Heinrich's von Ofterdingen" bis zu den Schauergeschichten Brentano's, Arnim's und Hoffmann's oder den Blumenkoncerten des „Zauberrings" sehen wir in allen Kunstgebilden der romantischen Schule dasselbe gänzliche Verlassen der Wirklichkeit und des Sinnlichen, das mit Absicht völlig gesetzlose, jeder Vernunftfessel enthobene Umhertaumeln der souveränen Phantasie; denn „alle Beschränkung der Phantasie durch die Wirklichkeit ist eine Beschränkung und Entwürdigung des menschlichen Wesens, ein Verlust seiner angeborenen Unendlichkeit", und eben Das ist romantisch, „was uns einen sentimentalen Stoff in einer phantastischen, d. h. in einer

ganz durch die Phantasie bestimmten Form darstellt". Es ließe sich keine
treffendere Parodie auf dies willkürlich formlose Spiel der subjektiven
Laune mit den tollsten Ausgeburten des Gehirns ersinnen, als die völlig
ernstgemeinte Schilderung der poetischen Zeit am Schlusse von Loeben's
Roman „Guido," wo uns in seraphischer Verzücktheit die Wunder berichtet werden, so da geschahen, nachdem „auf dem Altar der Karfunkel gefunden", und unser Leben „ein ewiger Tanz mit Träumen und Herzen"
geworden war: „Weiter wurde der Kreis, durch einander flogen die Tanzenden. Oben in der Luft tanzten der Adler und der Phönix, die Narcisse
und die Hyacinthe zusammen; sie beschrieben unaufhörlich Kreise um die Sonne
auf des Königs Haupt. Und die Planeten faßten sich an und rannten
um die neue Sonne, und die Sterne faßten sich an und brausten um die
Unendlichkeit, und Milchstraßen tanzten mit Milchstraßen, und Ewigkeiten
faßten Ewigkeiten an, und immer schneller und schneller zuckten sie durch
einander, und brannten auf, und schlugen empor, und stäubten verjüngend
in die schmelzende Zeit hinein, und das Weltende jauchzte durch die sprü-
henden Funken hindurch, und die Walzer flogen um Gott."

Die phantastische Verwilderung der Form, die aufs Neue eintretende
Vermengung aller Kunstarten, von welcher erst vor Kurzem Lessing und
seine Nachfolger unsre Poesie unter Hinweisung auf die griechischen Muster
erlöst hatten, und die gegenstandslose Armuth des Inhalts in den romantischen Dichtungen ging freilich mit Nothwendigkeit aus der versuchten
Anwendung so abgeschmackter Kunsttheorien hervor. Galt die wirkliche
Welt Nichts mehr, wurden die Gesetze der Vernunft in den Bann gethan,
bestimmten die Eingebungen des subjektiven Gefühls und der von ihm
aufgereizten Phantasie allein das künstlerische Schaffen, so mußte natürlich
und folgerichtig jede feste Kontour, jede an das reale Leben erinnernde
plastische Gestaltung diesen Schriftstellern ein Gräuel sein. Vage, verschwommene Stimmungen, unbestimmte Empfindungen, „die liebliche Stille,
das Säuseln des Geistes, welches in der Mitte der innersten und höchsten
Gedanken wohnt", das magische Dämmerweben des Traumes, die unheimlichen Nachtseiten des Seelenlebens, Elfen-, Gespenster- und Hexen-
spuk, sind das eigentliche Element dieser Poesie, welcher der stofflofeste
Stoff noch zu real, die formloseste Form noch zu maßvoll dünkt. Da
wird das Märchen zum Drama, dessen marklose Schattengestalten sofort
wieder in den Nebel lyrischer Dithyramben oder kunstphilosophischer Be-

trachtungen zerrinnen; die Wirklichkeit verflüchtigt sich zum Traume, während der Traum sich zur Wirklichkeit verdichtet; der Kater ist kein Kater, der Hund kein Hund, der Archivarius nebst seinen Töchtern kein wohlbestallter Philister mit seiner realen Descendenz, sondern Kater und Hund sind maskierte Literaturkritiker, der Archivarius aber ist eigentlich ein Salamander, und seine Töchter sind drei goldgrüne Schlänglein.

Man sollte meinen, daß diese gefühlstrunkene Stimmungspoesie wenigstens auf dem ihr naturgemäß zugewiesenen Felde der reinen Lyrik Bedeutendes hätte leisten müssen — aber selbst Dies ist nur bei einigen der spätesten Nachzügler der romantischen Richtung, bei Uhland, Chamisso und Eichendorff, der Fall; bei den Früheren, wie Tieck und Novalis, verwischt die gestaltungsohnmächtige Mystik der Behandlung jeden Hauch fühlbarer Lebenswärme aus ihren Natur oder Glaubensinbrunst verherrlichenden Hymnen, und nur dem Brentano gelingt hin und wieder ein frisches Lied. Nicht bloß ihren religiösen Dichtungen, sondern selbst ihrer vielbewunderten Naturpoesie fehlt meistens die echte Naivetät. Wurde doch von den Romantikern alles seither Feststehende auf den Kopf gestellt! wie hätten sie die Natur ausnahmsweise als ein Sicheres, friedlich Ruhendes betrachten sollen, an dessen Brust das gequälte Menschenkind Trost und Stärkung fände? Sie trugen ihre wilden Phantasmen auch in die Natur hinein, bevölkerten sie durch Auferweckung kindlicher Sagen wieder mit guten und bösen Dämonen, mit Feen und Berggeistern, Nixen und Kobolden, Wichtelmännchen und Alräunchen, und Diese kichern nun muthwillig hinter jedem Baume hervor, oder drohen aus der Felsenspalte, oder strecken die winkende Todtenhand aus dem schwarzen See. Dadurch wurde freilich die Natur, welche den Dichtern des achtzehnten Jahrhunderts fast ausschließlich zu langweilig deskriptiven oder theologisch-didaktischen Zwecken gedient hatte, lebendig beseelt und durchgeistet; aber den fröhlichen, Wald und Flur in pantheistischer Andacht durchschweifenden Wandersinn überwiegt meistens ein pandämonisches Grausen. Überall liegen die gespenstischen Repräsentanten der finsteren Mächte boshaft auf der Lauer, um das Glück des Menschen zu trüben oder gar zu zerstören; der Mensch steht nicht mehr in der Natur als ein Theil von ihr, sondern ist widerstandslos ihrer Gewalt unterworfen, ein Spielball des Schicksals, das in ihrem dunklen Schoße von Anbeginn über ihn verhängt war. Diese fatalistische Naturansicht trieb die romantische Poesie unvermeidlich der religiösen Mystik zu; denn welcher Rettungsanker blieb ihr in dem chaotischen Wirrwarr, außer der Hoffnung auf die göttliche Gnade?

So verzerrte sich dem ausschweifenden Subjektivismus der Romantiker, gleich den Erscheinungen des menschlichen Lebens, auch das stille Wirken der Naturwelt zu einer spukhaften Fratze. Da ihre Phantasie willkürlich schuf und zerstörte, bejahte oder verneinte, was ihr eben in den Sinn kam, hatten sie jedoch andererseits keinen recht ernstlichen Glauben an die von ihnen heraufbeschworenen Wunder und Schrecken. Wie unsinnig sie sich immer gebärdeten, wie ungeheuerliche Kapriccios sie ersannen: es blieb wenigstens bei den besseren dieser Schriftsteller immer noch ein Rest der geächteten Vernunft in einem Winkel ihres Gehirns sitzen, und flüsterte ihnen zu, daß all ihr Beginnen ein Spiel ohne innere Wahrheit, eine holde Lüge sei. Dieser Zweifel an den eigenen Kunstgebilden, dies geheime Bewußtsein, schließlich denn doch als freier Herr über dem selbstgeschaffenen Spuk zu stehen, ist die vielberufene romantische Ironie, welche mit dem Glauben an die innere Wahrheit ihrer Phantasmagorien auch dem Leser zuletzt jede Illusion benimmt. Weil dem Dichter selbst Alles wesenloser Schein ist, gleichen auch die von ihm erfundenen Gestalten nicht markig lebendigen Geschöpfen, sondern weichen Thonfiguren, wie ein Kind sie im Spiele knetet, um das kaum geformte Bildwerk im nächsten Augenblick nach Laune wieder umzumodeln oder ganz zu vernichten.

Aber die hochmüthig auf sich selbst gestellte Phantasie mußte sich erschöpfen, das aller Bande der Wirklichkeit enthobene Subjekt in einer nebelhaften Idealwelt bald ein unheimliches Grauen vor seiner eingebildeten Herrlichkeit empfinden. Wie oben angedeutet, wies diese ganze Richtung von vornherein auf die Flucht in eine religiöse Mystik hin, und in der That bildet die Religion schon seit frühester Zeit ein Lieblingsthema der romantischen Schriftsteller. Anfangs freilich sind Letztere noch weit davon entfernt, in ihr etwa den festen Archimedespunkt für die aus den Angeln gehobene Welt zu finden. Selbst Schleiermacher und Novalis, denen es am ernsthaftesten darum zu thun ist, den religiösen Sinn zu wecken, gehen keineswegs von dem Standpunkte des dogmatischen Kirchenglaubens aus; sie trachten vielmehr eifrigst danach, ihr religiöses Gefühl mit der modernen Weltbildung und mit den romantischen Bestrebungen in Einklang zu bringen, und sie gelangen zu dem Resultate, daß das Wesen der Religion schlechthin Ein und Dasselbe mit dem in der neueren Poesie wiedererwachten

Subjektivismus, daß sie der Inbegriff aller höheren Gefühle, oder nach einer anderen Formel die in jedem Menschen schlummernde Poesie sei. So ertheilt sich der romantische Idealismus in anmaßender Überhebung selbst die priesterliche Weihe, und wie er von Anfang an Phantasie und Poesie mit einander verwechselte, so identificiert er jetzt Poesie und Religion. Dieser Standpunkt berührt sich vielfach mit der Schelling'schen Naturphilosophie, welche den Entwicklungsproceß der Romantik, alle Stadien mit ihr durchlaufend, von Anfang bis Ende begleitete.

Das Streben jener Männer, auf die Wiederherstellung einer lebendigen Religion hinzuwirken, führte jedoch im Laufe der ferneren Entwicklung einerseits auf längst überwundene Standpunkte zurück, andererseits über sich selbst hinaus zu einem weiteren Fortschritt. Sollten das Leben und die Kunst wieder von Religion durchdrungen werden, so lag es nahe, den Blick in eine Zeit zu wenden, wo solche Durchdringung schon einmal in höchster Potenz erlebt worden war. Bei manchen der Romantiker mochte es, wie bei A. W. von Schlegel, der sich niemals ganz der gesunden Vernunft entschlug, im Grunde nur eine prédilection d'artiste, eine künstlerische Vorliebe sein, was sie mehr und mehr zu der glaubensseligen Poesie des katholischen Mittelalters hinlenkte. Es liegt aber auf der Hand, daß letztere sowohl ihrem Stoffe wie ihrer Behandlung nach ganz besonders den Anforderungen der romantischen Schule entsprach. Die geistlichen Dramen Calderon's, die Heldengedichte aus dem Kreise der Gral- und Artussage, die Legende vom Sängerkrieg auf der Wartburg, der Ritter- und Minnedienst der höfischen Sänger, boten der nahrungsbedürftigen Phantasie wenigstens einen Reichthum farbenprangender Stoffe dar, die bei erneuter Bearbeitung gleichsam von selbst zu phantastischen Schilderungen und zu tiefsinniger Symbolik herausforderten. Wurde Anfangs zu vorwiegend ästhetischen Zwecken ein Fetzen des Katholicismus nach dem andern abgerissen, ein Stück des Mittelalters nach dem andern als Schmuck der romantischen Dichtungen verwandt, so arbeiteten jene Kunstschwärmer sich unversehens tiefer und tiefer in Katholicismus und Mittelalter hinein, und ihre Vorliebe für deren hierarchische und feudale Institutionen gewann bald eine mehr als bloß ästhetische Bedeutung. Das feierliche Geläut der Kirchenglocken, der narkotische Weihrauchduft vor dem Hochaltare, das Lanzengeschwirr und der helle Schwerterklang bei Turnieren und ritterlichen Kämpfen betäubten die Sinne der Dichter, die uns all' diese Wunter einer längst erstorbenen Zeit schilderten, und sie vergaßen, daß Religion und Ritterthum ihnen ursprünglich nichts Anderes gewesen, als ein willkommener Stoff für das unbeschränkte Spiel ihrer Phantasie. Weil der genußsüchtige Kunstdilettantismus ihrer überschwänglichen Subjektivität sich mit dem unklar gährenden, rings zerklüfteten Leben der Gegenwart nicht in Einklang setzen ließ, waren sie in jene nebelhafte Traumwelt geflüchtet, die der Kunst jede reale Grundlage entzog — nun glaubten sie im katholischen Mittelalter plötzlich jene Einheit des ästhetischen, religiösen und politischen Lebens zu gewahren, welche sie in der modernen Gesellschaft so schmerzlich vermißten. Mit einer allmählich zum wildesten Fanatismus emporlodernden Begeisterung predigten sie von jetzt ab die Rückkehr zum Katholicismus und zu der hierarchisch-feudalen Staatsform vergangener Jahrhunderte. In seinem Aufsatze „Die Christenheit oder Europa" preist Novalis schon im Jahre 1799 über alles Maß „die schönen glänzenden Zeiten, wo Europa ein christliches Land war, wo Eine Christenheit diesen Welttheil bewohnte. Ein großes gemeinschaftliches Interesse die Provinzen dieses geistlichen Reiches verband, und ein Oberhaupt ohne große weltliche Besitzthümer die großen politischen Kräfte lenkte und vereinigte. Angewandtes, lebendiges Christenthum war der alte katholische Glaube. Seine Allgegenwart im Leben, seine Liebe zur Kunst, seine tiefe Humanität, die Unverbrüchlichkeit seiner Ehen, seine menschenfreundliche Mittheilsamkeit, seine Freude an Armuth, Gehorsam und Treue, machen ihn als echte Religion unverkennbar, und enthalten die Grundzüge seiner Verfassung." Den Abfall von dieser einzig wahren Religion findet Novalis in der Reformation angebahnt, im Protestantismus konstituiert und festgehalten, und die französische Revolution ist ihm ein Beweis, daß auch die Formen des Staatslebens an einem verderblichen Zerrüttungsprocesse krankten. Nur die wahre, d. h. die katholische Religion vermag diese sündige Welt zu erretten und zu verjüngen. Auf politischem Felde ward diese Lehre zunächst durch Friedrich von Schlegel und Adam Müller weiter ausgebildet, in deren Fußtapfen später Haller mit seiner berüchtigten Restauration der Staatswissenschaften trat.

So vollzieht sich der merkwürdige Kreislauf, daß die romantische Schule, welche zu Gunsten einer willkürlichen Alleinherrschaft des von allen Banden der Außenwelt losgelösten subjektiven Gefühls mit einer völligen Negierung der Wirklichkeit begonnen und, mit Goedeke zu reden,

„alles Gesicherte, Staat, Kirche, Haus und Familie, Kunst, Dichtung, ja fast die Sprache selbst, bis zur Auflösung in Frage gestellt hatte", schließlich dahin gelangt, die eisernste Stabilität einer dem römischen Katholicismus und den Feudal-Institutionen des Mittelalters nachgeahmten hierarchischen Lebensform zu begehren. Die Romantik endet, diesem Verlangen gemäß, ganz konsequenter Weise damit, daß sie in den Dienst der kirchlichen wie der politischen Reaktion tritt, und der Restaurationsperiode ihren unheilvollen Stempel aufprägt. Eben hierin liegt aber in höherem Sinne nicht bloß ihr Verbrechen gegen den Fortschritt der Menschheit, sondern, so paradox es klingen mag, zugleich ihr nicht hoch genug anzuschlagendes Verdienst um die Wiederauferweckung unsres nationalen und politischen Lebens und um die Befruchtung unsrer Literatur mit den weltreformatorischen Gedanken der neuen Zeit. Der falsche Idealismus einer in die Luft gebauten, von der Wirklichkeit schroff getrennten Kunstwelt sah sich ad absurdum geführt; er hatte sich weder durch die Zurückstimmung des modernen Geisteslebens auf den Kulturgehalt und die Formgesetze der hellenischen Vorzeit, noch durch die buntschillernde Seifenblase der souveränen Phantasie verwirklichen lassen — jetzt beginnt eine ganz neue Entwicklungsphase, indem die Literatur aus ihrer unnahbaren Wolkenhöhe auf die Erde herabsteigt, um das zerrissene Band mit der realen Welt wieder anzuknüpfen. Der forcierte Eifer, mit welchem manche dieser Romantiker, die in ihren früheren Werken Nichts gelten ließen außer dem tel est mon plaisir der uneingeschränkten Subjektivität, nach wenigen Jahren das Recht des freiheitsfeindlichsten Zwanges und der obsoletesten Mißbräuche in Staat und Kirche vertheidigten, hat ohne Zweifel sein Widerwärtiges und Verächtliches, und die Motive, aus denen sie sich plötzlich in so enragierte Kämpfer für Thron und Altar verwandelten, waren sicher bei den Wenigsten so ehrenhaft und rein, daß wir ihnen Dank oder Bewunderung schuldig sind. Nichtsdestoweniger war ihr Bund mit den reaktionären Gewalten der erste Schritt, unsrer Literatur dauernd wieder eine reale und volksthümliche Grundlage zu verschaffen. Indem sie das Bestehende zu rechtfertigen oder die Zustände der Gegenwart nach dem Muster des christlich-feudalen Mittelalters zu restaurieren suchten, lernten unsre Schriftsteller sich ernstlich mit den Erscheinungen des wirklichen Lebens, mit der vaterländischen Geschichte und mit den Bedürfnissen des Volkes befassen, und die Literatur, welche in den Händen der Romantifer zu einem müßigen Phantasiespiele herabgesunken war, gewann jetzt eine weitreichende Bedeutung als Förderungsmittel der socialen und politischen Interessen der Nation.

Diese Entwicklung in ihrem weiteren Verlauf zu verfolgen, wird an einer späteren Stelle unsere Aufgabe sein. Für jetzt galt es dem Leser ein allgemeines Bild der Literaturzustände zu geben, aus welchen H. Heine's schriftstellerisches Schaffen hervorwuchs. Wir haben die Schule, in die er gegangen, kennen gelernt; inwieweit er von ihren Einflüssen abhängig blieb, oder sich, neue Bahnen einschlagend, von ihrer Herrschaft befreite, muß die Betrachtung seiner Werke uns lehren.

Fünftes Kapitel.

Auf der Göttinger Universität.

Als Harry Heine im Herbst des Jahres 1820 nach Göttingen kam, war die eigentliche Glanzperiode der Universität schon lange vorüber. Die Gegenwart zehrte vom Ruhm einer großen Vergangenheit, aus der nur wenige bedeutende Namen in die damalige Zeit hinüber ragten; aber diese Namen und jene glänzenden Erinnerungen sicherten der einst so gefeierten Hochschule noch immer eine namhafte Frequenz und einen achtungswerthen Ruf.

Die Georgia Augusta war in den dreißiger Jahren des vorigen Jahrhunderts, wesentlich im Gegensatze zu den übrigen deutschen Universitäten, gegründet worden. [59]) Letztere hatten ihre Aufgabe, Pflanzschulen der neuen, durch die Reformation geweckten wissenschaftlichen Forschung und allgemeinen Bildung zu sein, nur zu bald aus dem Auge verloren. Überall hatte die zu spitzfindiger Scholastik ausgedörrte Theologie sich den ersten Platz erkämpft und sich ein unbedingtes Aufsichtsrecht über die andern Fakultäten angemaßt, das sie namentlich den naturwissenschaftlichen Disciplinen gegenüber mit hochfahrender Strenge behauptete. Durch solchen geistlichen Druck ward der freien Forschung nicht bloß auf theologischem Felde, sondern auch auf allen übrigen Gebieten der Lebensnerv unterbunden; die Wissenschaft erstarrte zu einem mechanischen Formalismus und zu todter Wortgelehrsamkeit; die akademischen Lehrkräfte der einzelnen Hochschulen bildeten zunftmäßig abgeschlossene Korporationen, die sich selbst ergänzten und jedes neue Element geflissentlich fern hielten; und in gleicher Abhängigkeit seufzten die studierenden Jünglinge, die sich für den knechtischen Zwang, der auf ihnen lastete, durch einen rohen Pennalismus schadlos zu halten suchten.

Auch die Universität Helmstädt, welche unter dem gemeinschaftlichen Rektorate der kurhannöverischen und der braunschweigischen Regierung stand, war zu Anfang des achtzehnten Jahrhunderts hauptsächlich durch den Einfluß der theologischen Fakultät so sehr in Verfall gerathen, daß jeder einigermaßen begüterte Hannoveraner es vorzog, in Halle, Jena oder auf holländischen Universitäten seine Studien zu absolvieren. Zur Abhilfe dieser Mißstände empfahl der wirkliche geheime Rath in Hannover Freiherr Gerlach Adolf von Münchhausen seinem königlichen Herrn George II., der, obschon er auf dem englischen Throne saß, seinem Geburtslande eine stete Vorliebe bewahrte, die Anlegung einer eigenen Landesuniversität in Göttingen. Die Wahl fiel auf diese ehemals reiche und mächtige Stadt des Hansabundes, weil dieselbe seit den Verwüstungen des dreißigjährigen Krieges völlig herabgekommen war, und einer scheinbar rettungslosen Verarmung entgegensah. Münchhausen wollte vor Allem ein freieres, vielseitigeres Studium, verbunden mit weltmännischer Ausbildung, befördern und brauchbare Staatsdiener heranziehen. Um das verderbliche Übergewicht der theologischen Fakultät von vornherein zu hindern und den Unfug eines einseitigen Klickenwesens nach Möglichkeit zu erschweren, behielt er das Vokationsrecht ausschließlich der Regierung vor, und berief Lehrer aus allen Gegenden und von fast allen protestantischen Universitäten. Den Professoren wurde nicht allein unbedingte Lehrfreiheit, sondern auch unbeschränkte Druckfreiheit, den Studierenden aber die Erlaubnis eingeräumt, nach Belieben ihre Wohnung und die von ihnen zu hörenden Kollegia zu wählen.

Der Erfolg entsprach den vortrefflichen Absichten, und die freiere Gestaltung der deutschen Hochschulen datiert seit der Gründung der Göttinger Universität. In ihrer ersten Periode ging von derselben hauptsächlich die religiöse Aufklärung aus. Mosheim, der Vater der Kirchengeschichte, befreite diese auf philologisch-historischem Wege von den Fesseln der lutherischen Orthodoxie und dem krankhaften Einflusse der hallischen Pietisten; Michaelis brachte zuerst ein neues Licht in das Dunkel der jüdischen und christlichen Geschichte, der Exegese und Dogmatik, indem er den Orient aus dem Orient zu erklären suchte. Albrecht von Haller, gleich berühmt als Dichter und als Gelehrter, brach von Göttingen aus neue Bahnen auf naturwissenschaftlichem Gebiete, in den Zweigen der Physiologie, der Anatomie und Botanik. Nicht geringeres Verdienst erwarb er sich durch Stiftung der Societät der Wissenschaften und durch Redaktion der „Göttinger Gelehrten Anzeigen", die ausführlich und getreu über die neuen Erscheinungen auf wissenschaftlichem Felde berichteten, und auch der englischen und französischen Literatur eine sorgliche Aufmerksamkeit schenkten. In der juristischen Fakultät glänzten Namen wie Gebauer und Pütter, — Ersterer ein Hauptvertreter der damals beliebten „eleganten" Jurisprudenz, der Kunst des feinen Distingierens und des gelehrten Citatenkrams, Letzterer ein muthvoller Kämpfer gegen alles juristische Unrecht, der von seinem Katheder herab mit jugendlichem Eifer „den Verfall des Reichsjustizwesens sammt dem daraus hervorgehenden Unheil des ganzen Rechts" erörterte. Johann Mathias Gesner und sein geistvollerer Nachfolger Christian Gottlob Heyne verschafften der klassischen Philologie als einer Schule der Bildung und des Geschmacks zuerst Anerkennung und Verbreitung in Deutschland, und erhoben dieselbe zur wahren Alterthumskunde. Sie halfen durch die Humanitätsstudien an den Alten den Boden bereiten, auf dem Goethe und Schiller ihre unverwelklichen Lorbern ernten sollten; nicht minder freilich beförderten sie durch die gelehrte Einseitigkeit ihrer Richtung jenen unpatriotischen Sinn, der vor dem Sonnenschein, welcher auf Griechenlands und Italiens Fluren lag, nicht den Winterfrost politischer Ohnmacht und Erniedrigung bemerkte, in dem das vaterländische Leben erstarrt war.

Auch für die Weckung des politischen Geistes sollte die Universität Göttingen jedoch in ihrer höchsten Blüthezeit wirken, die in die Jahre 1770—1790 fällt. An die Namen Schlözer und Spittler knüpft sich ein epochemachender Fortschritt der Staatswissenschaften, die von Göttingen aus zuerst mit Publicität, ihrem Lebenselemente, umgeben wurden. Schlözer zerstörte durch das Journal, welches er seit dem Jahre 1775 unter dem Titel „Briefwechsel" herausgab, die verderbliche Geheimnißkrämerei, welche bisher in allen Staatsangelegenheiten herrschte und selbst rein statistische Notizen ängstlich zu verbergen suchte. „Publicität ist der Puls der Freiheit", sagt Schlözer in einem denkwürdigen Artikel dieses Journals, das mit unermüdlicher Kraft für Preßfreiheit und für die Öffentlichkeit der Gerichte, gegen Intoleranz und Jesuitismus kämpfte, jegliche Art von Willkür und Ungerechtigkeit furchtlos ans Licht zog, und jedem Unterdrückten seine Spalten öffnete. Als der „Briefwechsel" 1782 den Namen „Staatsanzeigen" annahm, schrieb Schlözer die mannhaften Worte: „So lange noch der Altar steht, den George und seine gleich unsterblichen Staatsbeamten der noch hie und da im Gedränge befindlichen Freiheit und Wahrheit hier in Göttingen errichtet und bisher unter lautem Dank und Segen der Zeitgenossen (gewißlich auch der Nachwelt) mächtig gestützt haben: so lange -- aber auch nicht länger — soll der Briefwechsel oder, wie er seit Ostern heißt, sollen die Staatsanzeigen ununterbrochen fortgesetzt werden". Solche Sprache war verständlich, und mußte ein weithin schallendes Echo finden. Nie vielleicht hat ein Journal größeren Einfluß geübt, — und zwar ein im edelsten Sinne unabhängiges Journal. Fürsten und Kabinette nahmen mehr als Notiz davon. Joseph II. und George III. schützten den Herausgeber gegen die Anfeindungen der kleinen Reichsfürsten und Prälaten, deren lichtscheues Treiben unerbittlich aufgedeckt ward, und Maria Theresia konnte auf einen Vorschlag in ihrem Staatsrathe äußern: „Was wird Schlözer dazu sagen?" Man erhält einen Begriff von der Wichtigkeit dieser Zeitschrift, wenn man erfährt, daß der Pfarrer Waser wegen eines einzigen Aufsatzes, den er durch Schlözer veröffentlichen ließ und der nur statistische, in Deutschland kaum verständliche Angaben über den Zürcher Kriegsfond enthielt, zwei Monate später in Zürich hingerichtet ward. Schlözer verlieh der Geschichtschreibung, die bisher Wenig mehr als eine geistlose Zusammenstellung von Namen, Jahreszahlen und äußerlichen Thatsachen gewesen war, eine neue Gestalt, indem er politische, kulturhistorische und staatswirthschaftliche Gesichtspunkte hineintrug, und den Blick seiner Zeitgenossen von der einseitigen Überschätzung des Alterthums in die Gegenwart zu lenken bemüht war. Freilich setzte Ernst Brandes, der seinem Vater als Referent in Universitätssachen gefolgt war, es durch, daß Schlözern im Jahre 1796 die Censurfreiheit genommen ward, und die „Staatsanzeigen" mußten eingehen, da man dem freisinnigen Professor die Herausgabe eines politischen Journals für immer verbot; aber Schlözer ließ sich durch all' diese Tribulationen wenig in seiner echt patriotischen Gesinnung beirren. Nicht viele Männer haben bei Deutschlands Schmach und Preußens Fall den Muth gehalten, zu schreiben, wie Schlözer 1806 in einem für den Druck bestimmten Briefe schrieb: „Setzt, ungefragt verkauft, vertauscht, verkuppelt man uns wie Herden, und unempfindlich für deutsche Ehre, gefühllos selbst für alle Menschenwürde, heucheln wir, jubilieren wir, illuminieren, singen Te deum und tanzen wir noch dabei! Lies, wenn du kannst und dir dein deutsches Herz nicht bricht, die Willkommensrede, gehalten in einer deutschen Stadt bei Überreichung der Stadtschlüssel vom Oberbürgermeister. Wir Deutschen sind zwar in unserer jetzigen Lage arme Schafe, die sich blindlings von Einzelnen leiten lassen müssen, aber wir sind im Ganzen, als Nation, noch immer gesund; die Anzahl der Drehkranken unter uns ist unendlich klein — wie? wenn uns das Schicksal einst andere Leithämmel gäbe? Laß dir durch Voß das lateinische Kraftgebet der Dido im Virgil in eben solches Kraftdeutsch (nur nicht in Hexameter) übersetzen: exoriare aliquis, und bete es alle Morgen. Bete laut! denn da deutsche sogenannte Männer schweigen, so müssen Weiber, Mädchen und Jungen schreien!" Und an seinem fünf und siebzigsten Geburtstage, am 5. Juli 1809, erließ der jugendkräftige Greis ein Rundschreiben an die Göttinger Professoren, worin er sich alle Gratulationen verbat, und die entrüstungsvolle Erklärung hinzufügte: „Ich verachte dieses lumpige Menschenleben, eben weil ich es so lange gelebt habe, tief, und kann besonders an die jetzige Generation, bestehend en gros aus Tyrannen, Räubern, Feigen und Dummköpfen, auch méchants, Undankbaren u. s. w., nur mit verbissenem Ingrimm denken, da ich durchaus keine Erlösung zu erleben mehr hoffen kann." Schlözer hatte zu so derben Worten triftigen Grund, denn seine Kollegen beugten und bückten sich damals, mit wenigen ehrenvollen Ausnahmen, vor König Jérome, suchten Gehaltszulagen zu erhaschen, oder entzogen sich durch Versenkung in gelehrte Arbeiten den Anforderungen der Zeit. — Hervorragender noch als Geschichtschreiber und ein fast eben so rüstiger Kämpfer für Aufklärung der Ideen in Kirche und Staat, war Spittler, von dem Wächter sagt: „Wie Schlözer mit seiner bizarren Derbheit im Fache der Politik und Statistik die hergebrachte Geheimniskrämerei der Kabinette und Kanzleien angriff und glücklich bekämpfte, so wußte Spittler mit seiner Gewandtheit die Fürsten und ihre Minister zu überzeugen, wie Beförderung der Kultur zu ihrem eigenen Besten diene, und wie bloß geistige Kraft den Mangel der physischen ersetzen könne. Er eröffnete der deutschen Specialgeschichte ihre Archive". — Auch Planck ist hier zu erwähnen, der als Kirchenhistoriker würdig in die Fußtapfen von Mosheim und Michaelis trat, wenn-

gleich er der philosophischen Richtung der Zeit einen ziemlich flachen Ra-
tionalismus entgegenhielt, der sich in ängstlicher Besorgnis vor den Gefahren der Spekulation an das Ethische, Allgemein-Menschliche und Prak-
tisch-Vernünftige im Christenthum anklammerte. — Großen und lange
Zeit andauernden Ruf erwarb sich Gustav Hugo, der im letzten Jahrzehnt des vorigen Jahrhunderts seinen siegreichen Feldzug gegen die ver-
steinerten Formen der eleganten Jurisprudenz, gegen die elende Citiersucht
der Lexmänner und den geistlosen Schematismus des Civilrechtes begann.
Er rief durch seine Schriften zuerst eine systematische Bearbeitung der
Rechtswissenschaft hervor, und legte den Grund zu jener historischen Schule,
die später in Savigny ihren glänzendsten Vertreter fand.

Nur auf Einem — dem philosophischen — Felbe bewahrte Göttingen
auch in seiner Blütheperiode eine starrsinnige Abgeschlossenheit gegen den
Fortschritt der Zeit. Nicht ihrem Stifter, der vor Allem das Praktisch-
Nützliche, für das Leben Anwendbare befördern wollte, ist ein Vorwurf
daraus zu machen, daß er der Philosophie kein besonderes Gewicht beimaß
zu einer Zeit, wo dieselbe noch so geringen Einfluß übte, und wo Friedrich I. der durch Leibnitz gegründeten Berliner Akademie kurz nach Dessen
Tode höhnisch aufgeben konnte, Hexen und Kobolde das Stück zu 5 Thlr.
zu fangen, und dafür zu sorgen, daß durch Konstellation des Jupiter und
der Venus kein Unglück im Lande geschehe. Wohl aber verdient es strengen Tadel, daß die Göttinger Universität auch dann noch in einer gräm-
lichen Feindschaft gegen die philosophische Entwicklung beharrte, als diese
unter Kant, Fichte, Schelling und Hegel einen so mächtigen Aufschwung
nahm. Der alte Feder bekämpfte die „sonderbare" kantische Philosophie
mit einem platten Empirismus; Bouterwek wurde erst angestellt, nachdem
die philosophische Gährung in seinem Kopfe den spekulativen Geist verflüchtigt und nur den abgestandenen rationalistischen Bodensatz zurückgelassen hatte; und als Herbart 1805 nach Göttingen berufen ward, hatte
die fortschreitende Zeit seine abstrakte, auf dem Isolierstuhle der Skepsis
sitzende Forschung längst überholt. Lichtenberg spottete schon 1787 mit
Recht über die „geschmolzene Wassersuppenphilosophie", die in Göttingen
„fast allgemein gespeiset zu werden anfing". Es ist bekannt, was Kästner,
Lichtenberg und Blumenbach im letzten Viertel des achtzehnten Jahrhunderts für die mathematischen und naturwissenschaftlichen Disciplinen lei-
steten. In den exakten Wissenschaften gab Göttingen damals den Ton

und die Richtung an, in der Philosophie blieb es hinter seinem Jahrhundert zurück.

Es ist schwer, den Zeitpunkt genau zu bestimmen, wo der Verfall der Göttinger Universität beginnt. Die Namen mancher Professoren, deren Vorträge und Schriften ihr Glanz und Auszeichnung verliehen, zogen, als die geistige Kraft ihrer Träger schon längst erloschen war, noch lernbegierige Schüler an. Hugo erlebte die Fortentwicklung, die Blüthezeit und zum Theil noch den Untergang der von ihm gestifteten Rechtsschule; Blumenbach trug sogar bis ins Ende der dreißiger Jahre seine anekdotenspielerische Behandlung der Naturgeschichte vor, als Oken und Humboldt ganz neue wissenschaftliche Bahnen erschlossen hatten. So Viel läßt sich behaupten, daß die seit der französischen Revolution mehr und mehr eintretende Entfremdung der Wissenschaft vom Leben, die sich selbst genügende todte Gelehrsamkeit, welche jedes störende Aufsehn zu vermeiden trachtete und stets besorgt war, zu früh zur Wahrheit zu gelangen, die Hauptschuld an dem allmählichen Sinken der Hochschule trug. Der Befreiungskrieg gegen Napoleon fand in Göttingen ein laues und kaltes Geschlecht. Der Indifferentismus der Alten hatte die Jugend angesteckt; Ernst Schulze, der Dichter der „Bezauberten Rose", war einer der wenigen Freiwilligen, die von Göttingen auszogen. Schlözer's Geist war von der Georgia Augusta gewichen, sie wurde zur Prinzen- und Grafen-Universität, ihr Charakter blieb, gegenüber der Begeisterung, welche anderwärts die Jugend deutscher Hochschulen entflammte, ruhig, geräuschlos, stabil.

In fachwissenschaftlicher Hinsicht behauptete sie jedoch immer noch eine ehrenhafte Stellung unter den vaterländischen Universitäten. In der Theologie waren Plank, Stäudlin und David Julius Pott die langlebigen Größen, deren Renommeen um mehre Decennien über die Grenzscheide des alten in das neue Jahrhundert hinüber blinkten. In der juristischen Fakultät wuchsen neben dem alternden Hugo und dem noch älteren Meister, einem trockenen, aber fleißigen und freidenkenden Kriminalisten aus der Schule seines Vaters, jüngere Kräfte empor: Anton Bauer, der sich um die Förderung der Strafrechtslehre erhebliches Verdienst erwarb und ein gesuchter Advokat bei Privathändeln der Fürsten war; der wohlwollende Bergmann, dessen beredter und klarer Vortrag um so anregender wirkte, als das Billigkeitsgefühl nicht hinter den syllogistischen Feinheiten der glatten Darstellung zurücktrat; Karl Friedrich Eichhorn, der sich als aus-

gezeichneten Forscher auf dem Gebiete der deutschen Staats- und Rechts-
geschichte bewies, und nicht allein neben Savigny das Haupt der historischen Schule ward, sondern auch die historisch-kombinatorische Methode des
deutschen Privatrechts begründete. Die mathematische Physik wurde durch
die Schriften und Entdeckungen von Gauß, die Chemie durch Stromeyer's
Analysen, die Anatomie und Chirurgie durch Konrad Martin Langenbeck
um werthvolle Resultate bereichert; und in der klassischen Philologie machten
sich auf dem von Heyne betretenen Wege Mitscherlich durch seine Horaz-
Ausgabe, Ludolf Dissen durch seine scharfsinnigen Pindar-Erklärungen rühm-
lich bekannt. Diese Richtung artete freilich mit Nothwendigkeit immer mehr
in einseitige archäologische Gelehrsamkeit aus, und es ist bezeichnend, daß der
letztgenannte Gelehrte, welcher offen gestand, in der lateinischen Sprache keine
entsprechenden Worte für unsre heutigen Denkkategorien über das Schöne zu
finden, dennoch seine Kommentare lateinisch schrieb, während Mitscherlich gar
sich rühmte, niemals die Werke von Schiller und Goethe gelesen zu haben,
und in seinen akademischen Schulreden sich fort und fort mit der heftigsten
Entrüstung über den zunehmenden Verfall des Lateinschreibens beklagte. Die
orientalischen Sprachen und die allgemeine Literärgeschichte fanden in dem
vielseitigen Johann Gottfried Eichhorn einen rüstigen Vertreter, der auch für
die Erscheinungen der neueren Geschichte einen so vorurtheilsfreien Blick, wie
wenige seiner Zeitgenossen, bewahrte. Seine zahlreichen historischen Arbeiten hatten den ausgesprochenen Zweck, eine genauere Bekanntschaft mit
den Thatsachen der Geschichte zu vermitteln und dem politischen Urtheil
eine festere Grundlage zu geben. Denn eine Richtung auf das politische
Leben hielt Eichhorn für durchaus nothwendig; „wohl dem Volke", schrieb
er 1817, „das Religion- und Politik zu Gegenständen seiner öffentlichen
Diskussion machen darf: sie sind die beiden Achsen, um welche sich das
Wohl der ganzen Menschheit dreht, und nur das Volk, welches sich ohne
Furcht und Zwang über beide äußern darf, ist im wahren Sinne des
Wortes frei." Über altdeutsche Sprache und Literatur las Georg Friedrich
Benecke, welcher dies Studium zuerst zu einem Gegenstande akademischer
Vorlesungen erhob. Auch Bouterweck war noch am Leben, und hatte
sich nach mancherlei philosophischen Kämpfen vorherrschend auf das Gebiet
der Ästhetik und allgemeinen Literatur zurückgezogen. Er entfaltete dort
eine ersprießliche Thätigkeit, und suchte der Philosophie eifrig die Bedeutung zu vindicieren, welche ihr in dem empirischen Göttingen so hartnäckig

bestritten ward. Er nannte jede Gelehrsamkeit, welche nicht mit der Poesie, noch mit der Philosophie in Verbindung treten möge, ohne Bedenken barbarisch und illiberal. „Der Gelehrte, der nicht philosophieren mag", schrieb er in seinem trefflichen Aufsatze „Idee einer Literatur", „sammelt nur Garben für seine Scheuer. Er trägt Kenntnisse in sein Fach ein, das freilich seine abgesonderte Welt ist, aber für die wirkliche Welt, in welcher Alles zu Allem gehört, erst dadurch einen Werth erhält, daß auch Andere hineingreifen, um es in andern Beziehungen zu benutzen". Durch solche Gesinnungen trat er freilich in scharfen Gegensatz zu den meisten seiner Kollegen, die sich wohl gar noch, wie Heeren, Etwas darauf zu Gute thaten, daß alle Spekulation ihnen fremd geblieben sei. Letzterer hatte um diese Zeit als Historiker durch seine pragmatische Methode der Geschichtschreibung und durch seine Forschungen über den Gang des Welthandels bei den Völkern des Alterthums europäischen Ruf erlangt, wiewohl es ihm an jeder philosophischen Behandlung des Stoffes und jeder Gründlichkeit der Kritik fehlte. So beruht namentlich seine Geschichte des europäischen Staatensystems auf einer Verkennung der wahren Grundlage des Staates; der parteilichste Franzosenhaß und eine aristokratisch-reaktionäre Gesinnung verleiteten ihn, die Macht und die Interessen der Dynastien über die Macht und die Freiheit des Volkes zu setzen, und mit Recht sagt Gervinus in seinen historischen Briefen, daß die Nachwelt in Heeren's Schriften vergeblich einen Anhauch des Geistes suchen würde, der seine Zeit lebensvoll durchdrang. In den maßlosesten Schmähungen auf den Kaiser Napoleon und das Volk der Franzosen aber erging sich Professor Saalfeld, ein hochmüthiger Kompilator, der später in Wahnsinn endete. Ihn überragte bei Weitem Georg Sartorius, der aufs edelste von dem Berufe erfüllt war, die Wissenschaft mit dem Leben zu verbinden, und sich in schwerer Zeit einen unabhängigen Sinn zu bewahren wusste. Nachdem er durch Goethe's Vermittlung im Auftrage des Herzogs von Weimar den Wiener Kongreß besucht, sich dort aber bald von der Hoffnungslosigkeit seiner Erwartungen für eine freiheitliche Neugestaltung Deutschlands überzeugt hatte, wirkte er durch Rede und Schrift unermüdlich gegen die Vorkämpfer der Restauration und gegen die brutalen Grundsätze der Haller'schen Staatstheorie. Seine Forschungen über die Geschichte des Hansabundes sind von bleibendem Werthe, und seine Flugschrift „Über die Gefahren, welche Deutschland drohen", war eine mann-

hafte, Schlözer's und Spittler's würdige That. Er veröffentlichte diese
Broschüre 1820, als die politische Verfolgungssucht und Demagogen-
riecherei die kopflosesten Maßregeln heranbeschwor, und allmählich die geistige Freiheit in Fesseln geschlagen ward. Es läßt sich begreifen, daß ein
Mann, welcher zu solcher Zeit den Muth besaß, auf die Erfüllung der
dem Volke in § 13 der Bundesakte gegebenen Verheißung landständi-
scher Verfassungen zu dringen und zu erklären, daß sich die Preßfreiheit
auch in Deutschland nicht dauernd werde versagen lassen, einen erfreulichen
Einfluß auf die studierende Jugend übte. H. Heine stellt ihm [60]) das ehrende
Zeugnis aus, daß Sartorius ihm schon bei seinem ersten Aufenthalte in
Göttingen, wo er sich aufs freundlichste seiner annahm, „eine innige Liebe
für das Studium der Geschichte einflößte, ihn späterhin in den Eifer für
dasselbe bestärkte, und dadurch seinen Geist auf ruhigere Bahnen führte,
seinem Lebensmuthe heilsamere Richtungen anwies, und ihm überhaupt
jene historischen Tröstungen bereitete, ohne welche er die qualvollen Erscheinungen des Tages nimmermehr ertragen würde." Er nennt ihn einen
„großen Geschichtsforscher und Menschen, dessen Auge ein klarer Stern
ist in unsrer dunklen Zeit, und dessen gastliches Herz offen steht für alle
fremde Leiden und Freuden, für die Besorgnisse des Bettlers und des
Königs, und für die letzten Seufzer untergehender Völker und ihrer
Götter."

Wir verweilten etwas länger bei der Geschichte und dem damaligen
Zustande der Göttinger Universität, weil nur durch Berücksichtigung dieser
Verhältnisse der Spott, mit welchem H. Heine einige Jahre nachher den
„engen, trocknen Notizenstolz" und die todte, selbstzufriedene Gelehrsamkeit
der Georgia Augusta angriff, die rechte Beleuchtung erhält. Den jungen
vorurtheilslosen Poeten, den Sohn eines neuen Geschlechtes, blendete nicht
der matte Abglanz des Ruhmes einer vergangenen Zeit, und erkältend berührte ihn die selbstsüchtige Abwendung der Wissenschaft von den lebendigen Ideen der Gegenwart. Er sah, wie, mit wenigen Ausnahmen, die
kalten Professoren in der allgemeinen Bewegung der Geister stehen blieben,
„unerschütterlich fest, gleich den Pyramiden Ägyptens — nur daß in
diesen Universitätspyramiden keine Weisheit verborgen war"; er hörte die
Jungen piepsen wie die Alten pfiffen, und er hätte gleich die Worte als
Stadt-Motto aufs Thor schreiben mögen, die auf der Straße ein Schul-
knabe zum andern sagte: „Mit dem Theodor will ich gar nicht mehr um-

gehen, er ist ein Lumpenkerl, denn gestern wußte er nicht mal, wie der
Genitiv von mensa heißt" 61). Mit treffendem Witz und gerechter Schärfe
charakterisiert Heine diese starre, der Wissenschaft jede Flüssigkeit raubende
Buch- und Wortgelehrsamkeit in den „Reisebildern", wenn er von dem
Professor erzählt, der von einem schönen Garten träumt, „auf dessen Beeten
lauter weiße mit Citaten beschriebene Papierchen wachsen, die im Sonnenlichte lieblich glänzen, und von denen er hie und da mehrere pflückt und
mühsam in ein neues Beet verpflanzt", — vor Allem aber in den Spuk-
gebilden des Traumes, welcher den Dichter auf der Harzreise wieder nach
Göttingen, und zwar nach der dortigen Bibliothek, zurückversetzt 62): „Ich
stand in einer Ecke des juristischen Saals, durchstöberte alte Dissertationen,
vertiefte mich im Lesen, und als ich aufhörte, bemerkte ich zu meiner Verwunderung, daß es Nacht war, und herabhängende Kristall-Leuchter den
Saal erhellten. Die nahe Kirchenglocke schlug eben Zwölf, die Saalthüre
öffnete sich langsam, und herein trat eine stolze, gigantische Frau, ehr-
furchtsvoll begleitet von den Mitgliedern und Anhängern der juristischen
Fakultät. Das Riesenweib, obgleich schon bejahrt, trug dennoch im Antlitz die Züge einer strengen Schönheit, jeder ihrer Blicke verrieth die hohe
Titanin, die gewaltige Themis, Schwert und Wage hielt sie nachlässig
zusammen in der einen Hand, in der andern hielt sie eine Pergamentrolle,
zwei junge Doctores juris trugen die Schleppe ihres grau verblichenen
Gewandes, an ihrer rechten Seite sprang windig hin und her der dünne
Hofrath Rustikus, der Lykurg Hannover's, und deklamierte aus seinem
neuen Gesetzentwurf 63); an ihrer linken Seite humpelte gar galant und
wohlgemuth ihr Cavaliere servente, der geheime Justizrath Cujacius 64),
und riß beständig juristische Witze, und lachte selbst darüber so herzlich,
daß sogar die ernste Göttin sich mehrmals lächelnd zu ihm herabbeugte,
mit der großen Pergamentrolle ihm auf die Schulter klopfte, und freundlich
flüsterte: „Kleiner, loser Schalk, der die Bäume von oben herab beschneidet!"
Jeder von den übrigen Herren trat jetzt ebenfalls näher und hatte Etwas
hin zu bemerken und hin zu lächeln, etwa ein neu ergrübeltes Systemchen
oder Hypotheschen oder ähnliches Mißgebürtchen des eigenen Köpfchens.
Durch die geöffnete Saalthür traten auch noch mehrere fremde Herren
herein, die sich als die andern großen Männer des illustren Ordens kund
gaben, meistens eckige, lauernde Gesellen, die mit breiter Selbstzufriedenheit
gleich darauf los definierten und distingierten und über jedes Titelchen

eines Pandektentitels disputierten. Und immer kamen noch neue Gestalten herein, alte Rechtsgelehrte in verschollenen Trachten, mit weißen Allongeperücken und längst vergessenen Gesichtern, und sehr erstaunt, daß man sie, die Hochberühmten des verflossenen Jahrhunderts, nicht sonderlich regardierte; und Diese stimmten nun ein, auf ihre Weise, in das allgemeine Schwatzen und Schrillen und Schreien, das wie Meeresbrandung immer verwirrter und lauter die hohe Göttin umrauschte, bis Diese die Geduld verlor, und in einem Tone des entsetzlichsten Riesenschmerzes plötzlich aufschrie: „Schweigt! schweigt! ich höre die Stimme des theuren Prometheus, die höhnende Kraft und die stumme Gewalt schmieden den Schuldlosen an den Marterfelsen, und all euer Geschwätz und Gezänke kann nicht seine Wunden kühlen und seine Fesseln zerbrechen!" So rief die Göttin, und Thränenbäche stürzten aus ihren Augen, die ganze Versammlung heulte wie von Todesangst ergriffen, die Decke des Saales krachte, die Bücher taumelten herab von ihren Brettern, vergebens trat der alte Münchhausen aus seinem Rahmen hervor, um Ruhe zu gebieten, es tobte und kreischte immer wilder — und fort aus diesem drängenden Tollhauslärm rettete ich mich in den historischen Saal, nach jener Gnadenstelle, wo die heiligen Bilder des belvederischen Apoll's und der mediceischen Venus neben einander stehen, und ich stürzte zu den Füßen der Schönheitsgöttin, in ihrem Anblick vergaß ich all das wüste Treiben, dem ich entronnen, meine Augen tranken entzückt das Ebenmaß und die ewige Lieblichkeit ihres hochgebenedeiten Leibes, griechische Ruhe zog durch meine Seele, und über mein Haupt, wie himmlischen Segen, goß seine süßesten Lyraklänge Phöbus Apollo."

Mochte Harry Heine in Bonn durch den regen Verkehr mit poetisierenden Freunden und durch das heiter gesellige Leben der dortigen Universitätsjugend vielfach von seinem juristischen Brotstudium abgezogen worden sein, so sollte er diese erfrischenden Anregungen zu geistiger Thätigkeit in Göttingen desto empfindlicher vermissen. Während das lehrende Element sich in engherzigster Beschränkung auf seinen amtlichen Wirkungskreis von allen großen Interessen der Zeit ferne hielt, fehlte dem lernenden Elemente, obschon die Zahl der Studierenden in Göttingen damals über 1000 betrug, jeder ideelle Zusammenhang. Seit je hatte hier eine schroffe Scheidung der Adligen, besonders der hochmüthigen hannövrischen Junker, und der Bürgerlichen geherrscht, und der exklusive Korpsgeist der Landsmannschaften wucherte hier in ungemilderter Roheit, als auf den meisten

übrigen Universitäten der erwachende politische Gemeinsinn und die enthusiastischen Bestrebungen der Burschenschaft einen freien, lebhaften Verkehr
unter den akademischen Jünglingen herbeiführten. Heine sucht den Grund
jenes eitlen hannöprischen Adelsstolzes zumeist in der schlechten Erziehung,
die der jungen Noblesse des Landes zu Theil werde: „Man schickt sie
freilich nach Göttingen, doch da hocken sie beisammen, und sprechen nur
von ihren Hunden, Pferden und Ahnen, und hören wenig neuere Geschichte,
und wenn sie auch wirklich einmal Dergleichen hören, so sind doch unterdessen ihre Sinne befangen durch den Anblick des Grafentisches, der, ein
Wahrzeichen Göttingens, nur für hochgeborene Studenten bestimmt ist.“
Der Einfluß dieser impertinenten Herrchen trug nicht Wenig dazu bei,
den Landsmannschaften ihre abgesonderte Stellung und die renommistische
Duelliersucht zu bewahren, welche keinen allgemeinen, freundlich zwanglosen Verkehr unter der akademischen Jugend aufkommen ließ.

Die „Harzreise“ giebt eine köstliche Schilderung dieses rauflustigen
Treibens und der dünkelvollen Universitätsstadt, die sich, wie es an einer
andern Stelle [65] heißt, das deutsche Bologna zu nennen pflegt, obschon
„beide Universitäten sich durch den einfachen Umstand unterscheiden, daß
in Bologna die kleinsten Hunde und die größten Gelehrten, in Göttingen
hingegen die kleinsten Gelehrten und die größten Hunde zu finden sind“:
— „Die Stadt Göttingen, berühmt durch ihre Würste und Universität,
gehört dem Könige von Hannover, und enthält 999 Feuerstellen, diverse
Kirchen, eine Entbindungsanstalt, eine Sternwarte, einen Karcer, eine
Bibliothek und einen Rathskeller, wo das Bier sehr gut ist. Der vor-
überfließende Bach heißt die Leine, und dient des Sommers zum Baden;
das Wasser ist sehr kalt und an einigen Orten so breit, daß Lüder
wirklich einen großen Anlauf nehmen mußte, als er hinüber sprang. Die
Stadt selbst ist schön, und gefällt Einem am besten, wenn man sie mit
dem Rücken ansieht. Sie muß schon sehr lange stehen; denn ich erinnere
mich: als ich vor fünf Jahren dort immatrikuliert und bald darauf kon-
siliiert wurde, hatte sie schon dasselbe altkluge Ansehen, und war schon
vollständig eingerichtet mit Schnurren, Pudeln, Dissertationen, Thédan-
sants, Wäscherinnen, Kompendien, Taubenbraten, Guelfenorden, Promo-
tionskutschen, Pfeifenköpfen, Hofräthen, Justizräthen, Relegationsräthen,
Profaxen und anderen Faxen. Einige behaupten sogar, die Stadt sei zur
Zeit der Völkerwanderung erbaut worden, jeder deutsche Stamm habe da-

mals ein ungebundenes Exemplar seiner Mitglieder darin zurückgelassen, und davon stammten alle die Vandalen, Friesen, Schwaben, Teutonen, Sachsen, Thüringer u. s. w., die noch heut zu Tage in Göttingen, hordenweis und geschieden durch Farben der Mützen und der Pfeifenquäste, über die Weenderstraße einherziehen, auf den blutigen Wahlstätten der Rasenmühle, des Ritschenkruges und Bovden's sich ewig unter einander herumschlagen, in Sitten und Gebräuchen noch immer wie zur Zeit der Völkerwanderung dahinleben, und theils durch ihre Duces, welche Haupthähne heißen, theils durch ihr uraltes Gesetzbuch, welches Komment heißt und in den legibus barbarorum eine Stelle verdient, regiert werden."

Heine, dem ein scharfes Auge für die Wahrnehmung der Lächerlichkeit solcher Zustände gegeben war, bereut daher bald seinen Fortgang von Bonn, und schon am 29. Oktober bekennt er offen in einem Briefe an seine westfälischen Freunde [66]), daß er sich in Göttingen furchtbar ennuyire: „Steifer, patenter, schnöder Ton. Jeder muß hier wie ein Abgeschiedener leben. Nur gut ochsen kann man hier. Das war's auch, was mich herzog. Oft wenn ich in den Trauerweiden-Alleen meines paradiesischen Beul's zur Zeit der Dämmerung dämmerte, sah ich im Verklärungsglanze vor mir schweben den leuchtenden Genius des Ochsens, in Schlafrock und Pantoffeln, mit der einen Hand Mackeldey's Institutionen emporhaltend und mit der andern Hand hinzeigend nach den Thürmen Georgia Augusta's." In demselben Briefe beklagt er sich, daß Hofrath Benecke der Einzige sei, welcher über altdeutsche Literatur lese, und -- horribile dicta — nur neun Zuhörer habe. Zu der geringen Zahl Göttinger Studenten, welche sich, außer Heine, damals für die ältere deutsche Literatur interessierten, gehörten die Münsteraner S. Funcke und Benedikt Waldeck, die schon seit dem vorigen Jahre dort verweilten. Beide beschäftigten sich um jene Zeit vielfach mit poetischen Versuchen, — und, wenn wir dem Urtheil Heine's, der viel mit ihnen zusammen kam, glauben dürfen, nicht ganz ohne Glück. „Viel Vergnügen hat mir die Bekanntschaft deines Freundes Funcke gemacht", schreibt er an Steinmann im Frühling 1821. [67]) „Er ist ein herzlich guter Junge. In seinen Gedichten spielen zwar die alten heidnischen Götter die Hauptrolle, und die schöne Daphnis ist seine Heldin; doch haben seine Gedichte etwas Klares, Reines, Bestimmtes, Heiteres. Er hat mit sichtbarem Vortheil seinen Goethe gelesen, und weiß ziemlich gut, was schön ist. Sein Hauskamisol Waldeck ist ein sehr guter Poet und wird mal Viel leisten. Ich habe durch Wort und Beispiel Beide tüchtig angespornt, habe Denselben meine Ansichten über Poesie faßlich entwickelt, und glaube, daß wenigstens bei Letzterm dieser Same wuchern und gute Früchte tragen wird". Diese Prophezeiung hat sich allerdings schlecht bewährt — Waldeck, der sich von Heine damals in die altdeutsche Literatur einführen ließ und sogar eine Bearbeitung des Nibelungenliedes in Ottaverime begann, hat als unbeugsamer Kämpfer des Rechts und der Freiheit seine Lorbern auf ganz anderem als poetischem Felde geerntet, und die wenigen Proben seines dichterischen Talentes, welche ohne sein Zuthun in die Öffentlichkeit gedrungen sind, lassen kaum bedauern, daß er der belletristischen Laufbahn so rasch und vollständig entsagte. [68] Überhaupt drängt sich uns die Bemerkung auf, daß Heine, der zu jener Zeit in seinen Briefen und kritischen Abhandlungen mit den ihm vorgelegten poetischen Versuchen seiner Freunde im Einzelnen streng ins Gericht ging, doch im Allgemeinen sich über den Umfang und die Tragweite ihres Talentes gewöhnlich täuschte. Er verweist freilich seinem Freunde Rousseau [69] „das Dichten, ohne dabei zu denken" und „das Hellenische Kraftworterisieren", er vergleicht Dessen Sonette mit „Walderdbeeren, die überall herumranken und Wurzel schlagen, und daher viel' unbedeutende Schößlinge und viel nutzloses Blattwerk hervorbringen"; gelegentlich spottet er sogar: „Rousseau hat bisher mit der Muse in wilder Ehe gelebt, hat mit seinem Gassenmensch, der Demagogia, manchen Wechselbalg gezeugt, und wenn er ja mal die echte Muse schwängerte, so hatte er bei solcher Schwängerung nie daran gedacht, ob er einen Knaben oder ein Mädchen, einen Mops oder eine Meerkatze wollte" aber trotzdem nennt er ihn einen „tüchtigen Poeten", der „den Lorber verdiene", und kann „sich nicht satt ergötzen an den Schönheiten" seines Panegyrikus auf das Nibelungenlied! Ebenso räth er dem kaninchenhaft drauflos producierenden Steinmann, dessen „poetische Bilder wie Pharao's magere Kühe aussehn", „das kritische Amputiermesser nicht zu schonen, wenn's auch das liebste Kind sei, das etwa ein Buckelchen oder ein Kröpfchen mit zur Welt gebracht", und „das holprige Trochäengesindel mit ihren Flickwortskrücken" aus seinen Dramen zu verbannen — aber er hat die übersandten Proben doch „mit herzlichem Wohlbehagen gelesen und abermals gelesen", und das Meiste von den poetischen Arbeiten des seichten Gesellen hat ihn „auf ungewöhnliche Weise angesprochen" [70]. Das formlos undramatische Trauerspiel

„Taſſo's Tod" von Wilhelm Smets hat ihn „beim erſten unbefangenen
Durchleſen ſo freundlich ergötzt", daß es ihm „ſchwer ankömmt, daſſelbe
mit der nothwendigen Kälte nach den Vorſchriften und Anordnungen der
dramatiſchen Kunſt kritiſch zu beurtheilen" — dennoch verſchwendet er an
dies unbedeutende Machwerk eine bogenlange Recenſion, findet die zwiſchen
Nüchternheit und Schwulſt umhertaumelnde Diktion des Verfaſſers „ſchön
und herrlich", und entſchuldigt den Mangel an Einheit der Handlung und
die lyriſche Verſchwommenheit der Charaktere mit der „Einheit des Gefühls" und der religiöſen Schwärmerei, die „mit leiſer Hand den Himmelsvorhang lüftet und uns in das Reich des Überirdiſchen hineinlauſchen
läſſt" 71). Auch die verſchollenen Poeten des von Raßmann herausgegebenen „Rheiniſch-weſtfäliſchen Muſen-Almanachs" werden ſehr glimpflich
behandelt, und wenn ja hin und wieder mal die Katzenkralle in einem
witzigen Tadel hervorguckt, ſo zieht ſie ſich ſofort wieder ein, um den Ge-
kratzten mit artigem Sammetpfötchen zu ſtreicheln.   In allen Beurthei-
lungen fremder Dichterwerke verräth Heine während ſeines Göttinger Aufenthaltes und im nächſtfolgenden Jahre eine auffallende Überſchätzung ihres
poetiſchen Werthes und der Leiſtungsfähigkeit ihrer Verfaſſer. Er ver-
wechſelt, nach Art der Romantiker, deren Theorien zu dieſer Zeit noch
einen mächtigen Einfluß auf ihn übten, die poetiſch gehobene Stimmung
des Jünglingsalters mit dem dichteriſchen Talente, und ſteht oftmals faſt
in dem Wahne, „die Poeſie ſei nichts Anderes, als die Sprache der Leidenſchaft". Erſt ſpäter 72) gelangt er zur Einſicht, wie irrthümlich der
Glaube vieler Jünglinge ſei, „die ſich für Dichter halten, weil ihre gäh-
rende Leidenſchaft, etwa das Hervorbrechen der Pubertät oder der Patrio-
tismus oder der Wahnſinn ſelbſt, einige erträgliche Verſe erzeugt."

Obſchon Harry, nach der vorhin angezogenen Briefſtelle, hauptſächlich
des „Ochſens" halber nach Göttingen gegangen war, ſcheint er doch auch
dort geringen Fleiß auf ſeine juriſtiſchen Studien verwandt zu haben.
Wenigſtens führt das am 16. April 1825 an Profeſſor Hugo gerichtete
Schreiben, in welchem er ein Verzeichnis der während ſeiner Univerſitätsjahre
gehörten Vorleſungen giebt, für das Winterſemeſter 1820—21 kein einziges juridiſches Kolleg auf, und erwähnt nur des Beſuches der Vorträge
von Benecke und Sartorius, welche Beide, zumal Letzterer, ihn ihrer beſonderen Gunſt würdigten.   Deutſche Geſchichte und Literatur waren alſo
auch hier die Fächer, denen er mit beſonderer Vorliebe treu blieb.

Von poetischen Arbeiten wurde der „Almansor" im Laufe des Winters nahezu beendet, und die ernste Beschäftigung mit dieser Tragödie, in die Heine, wie er seinen westfälischen Freunden schrieb, „sein eigenes Selbst hinein geworfen, mitsammt seinen Paradoxen, seiner Weisheit, seiner Liebe, seinem Hasse und seiner ganzen Verrücktheit", ließ ihn einigermaßen die anregungslose Sterilität des Göttinger Universitätslebens verschmerzen. An- gewidert gleichsehr von dem Gelehrtendünkel der Professoren wie von den Roheiten des studentischen Treibens, zog er sich, außer dem gelegentlichen Verkehr mit seinen Kommilitonen Waldeck und Funcke oder mit dem lite- rarisch hochgebildeten Sartorius, der, wie einst zu Bürger und A. W. Schlegel, jetzt zu Goethe in freundschaftlicher Beziehung stand, auf sich selbst zurück. Sartorius erkannte schon frühe das hervorragende Talent des jungen Poeten, der sich in Göttingen so unbehaglich fühlte, und er- freute sich an dem Witz seiner Unterhaltung und an der leidenschaftlichen Gluth seiner Verse. „Indessen, man wird Sie nicht lieben", sagte er pro- phetischen Tones. Von weiblichem Umgange gänzlich abgeschlossen, schaffte sich Heine, wie er in „den Briefen aus Berlin" scherzt, als Gefährtin seiner Einsamkeit wenigstens eine Katze an, und versenkte sich ausschließlich in seine Tragödie, an der er mit aller Kraftanstrengung arbeitete.

Aus diesem dichterischen Stillleben sollte ihn jedoch unversehens die Berührung mit eben jenen rüden Elementen des Göttinger Studenten- lebens herausreißen, von denen er sich so geflissentlich fernzuhalten gesucht. Da der Vorfall, welcher ihn die Universität zu verlassen zwang, ein eigen- thümliches Licht auf die studentischen Sitten und auf das Verhältnis der akademischen Behörden zu den Ehrenhändeln der ihrer Justiz untergebenen Jünglinge wirft, wollen wir über das an sich unbedeutende Ereignis etwas ausführlicher, als sonst der Mühe verlohnte, berichten. [73])

Während seines Aufenthaltes in Göttingen aß Heine mit mehren an- deren Studenten Mittags im Michaelis'schen Hause. Als dort eines Tages bei Tische das Gespräch auf die Verrufserklärungen einer Verbindung gegen andere kam, sprach sich Heine in starken Ausdrücken gegen diese Un- sitte aus, und bezog sich dabei auf einen im Heidelberger Studentenleben unlängst vorgekommenen Fall. Der Student Wilhelm Wiebel aus Eutin bestritt die Wahrheit der von Heine angeführten Thatsache und verwies ihm in beleidigender Art, daß er sich ein Urtheil über dieselbe anmaße, da er nicht in Heidelberg gewesen sei. In Folge Dessen ließ Heine am

2. December Wiebel durch den Studiosus Johann Adam Vallender aus Rheinpreußen auf Pistolen fordern. Wiebel nahm durch seinen Kartellträger, den Grafen Ernst Ranzau aus Holstein, die Forderung an, und bestimmte Münden als Ort des Duells. Noch am selben Tage kam die Sache jedoch dem Prorektor, Professor Tychsen, zu Ohren. Dieser ließ beiden Kontrahenten Stubenarrest auferlegen, und beschied sie auf den folgenden Tag vor sich. Er bewog Wiebel, bei Tische erklären zu wollen, daß er die beleidigende Äußerung gegen Heine in der Hitze ausgestoßen habe und dieselbe zurücknehme, womit Heine zufrieden war. Wiebel sagte indeß Mittags nur, daß er die gegen Heine vorgebrachte Bemerkung zurückzunehmen vom Prorektor veranlaßt worden sei, und erwiderte, als Heine auf den Zusatz: „in der Hitze gesprochen" drang, daß er eine solche Erklärung nicht abgeben könne, da er die bewußte Äußerung mit ruhiger Überlegung gethan habe. Folgenden Tages ward Beiden, unter Androhung der Relegation, von der Gerichtsdeputation strengstens geboten, Ruhe zu halten. Am 8. December nochmals vor die Gerichtsdeputation geladen, erklärte Wiebel, die Worte in der Hitze gesprochen zu haben, — Heine, nun völlig zufrieden gestellt, — Beide, mit einander versöhnt zu sein. Die Sache blieb aber nicht hiebei beruhen. Es erhoben sich später Zweifel, ob das Duell als ein durch Versöhnung der Gegner beseitigtes oder durch den äußeren Umstand eines gerichtlichen Einschreitens verhindertes zu betrachten sei, und das königliche Universitäts-Kuratorium wurde um eine „authentische Erklärung" hierüber ersucht. Man weiß nicht: soll man sich mehr über die Naivetät einer solchen Anfrage, oder mehr darüber wundern, daß eine königliche Universitätsbehörde alles Ernstes auf die Beantwortung einging? Die Entscheidung fiel dahin aus, daß im vorliegenden Falle das Duell allerdings nur als ein durch äußere Umstände verhindertes angesehen werden könne, und die häkliche Geschichte fand damit ihr Ende, daß am 23. Januar 1821 Harry Heine mit dem Consilium abeundi auf ein halbes Jahr, Vallender und Graf Ranzau Jeder mit acht Tagen Karcer belegt wurden. Die Bestrafung Wiebel's ward ausgesetzt, da inzwischen neue Untersuchungen gegen ihn anhängig gemacht waren.

Wir bezweifeln, daß Harry die gezwungene Abkürzung seines Aufenthaltes in Göttingen sonderlich bedauerte. Nichts fesselte ihn dort, außer der eigenen Laune oder dem Willen seiner Verwandten, von denen er jetzt auch die Weisung erwartete, nach welcher Universität er sich zur Fortſetzung ſeiner Studien begeben ſolle. Bis zum Eintreffen dieſer Entſcheibung und der nöthigen Geldmittel verſchaffte ihm der Vorwand einer Krankheit, die ſeine ſofortige Abreiſe verhindere, die Erlaubnis der akademiſchen Behörde, noch einige Tage in Göttingen zu verweilen. Die Tage verlängerten ſich zu Wochen. Im Einklange mit ſeinen Wünſchen, wurde ihm endlich von Hauſe die Univerſität Berlin beſtimmt, und die letzten Tage des Februarmonats fanden ihn auf der Reiſe nach der preußiſchen Hauptſtadt.

Sechstes Kapitel.

In der Residenz.

Das Schicksal hätte der geistigen Entwicklung H. Heine's nicht leicht eine größere Gunst erweisen können, als indem es ihn von Göttingen nach Berlin verschlug. Aus der Rumpelkammer todter Gelehrsamkeit trat er an den Herd der weltbewegenden philosophischen Gedanken des Jahrhunderts, — aus den engherzig abgeschlossenen studentischen Kreisen und der Isolierzelle des Poetenstübchens in das gesellige Leben der Residenz und den Verkehr mit der Elite der Geister, — aus den phantastischen Nebelträumen der Romantik mitten in die bunt erglänzende Tageshelle der Wirklichkeit.

Freilich war das Berlin der zwanziger Jahre sehr verschieden von der heutigen Metropole des deutschen Lebens. In der Politik namentlich wehte ein scharfer, eisiger Wind der Reaktion, der die Hoffnungen des Volkes auf eine freiere, verfassungsmäßige Gestaltung des Staatsorganismus jählings dahinwelken machte; die Alten schwiegen verzweiflungsvoll, und der beherzteren Jugend, die es nicht fassen konnte, daß das Blut der Freiheitskriege umsonst sollte geflossen sein, schloß der Knebel der Demagogenverfolgungen den vorlauten Mund. Obschon in Berlin von jeher ein geringes Zusammenleben der Studierenden stattfand, weil der Student sich dort, ungleich seiner Bedeutung in kleineren Universitätsstädten, unter der Menge einflußreicher Hof- und Staatsbeamten und hervorragender Persönlichkeiten des öffentlichen Lebens wie die Welle im Ocean verliert, mußte doch Heine bald nach seiner Ankunft erleben, daß auch hier die Landsmannschaften sammt der „Arminia", die aus alten Anhängern der Burschenschaft bestand, aufgehoben, und mehr als dreißig junge Leute

wegen Theilnahme an unerlaubten Verbindungen relegiert wurden. Wir
wissen, daß er kein besonderer Freund des exklusiven Studententhumes
war und dasselbe in der „Harzreise" aufs köstlichste persiffliert hat, aber
auch ihn empörte die politische Verfolgungssucht, welche die unschuldigsten
Anlässe zum Grund harter Bestrafungen machte. „Ich will durchaus nicht
die Verbindungen auf Universitäten vertheidigen", schreibt er in den „Briefen aus Berlin", sie sind Reste jenes alten Korporationswesens, die ich
ganz aus unserer Zeit vertilgt sehen möchte. Aber ich gestehe, daß jene
Verbindungen nothwendige Folgen sind von unserm akademischen Wesen,
oder besser Unwesen, und daß sie wahrscheinlich nicht eher unterdrückt
werden, bis das liebenswürdige und vielbeliebte oxfordische Stallfütterungs-
system bei unsern Studenten eingeführt ist". Besonders strenge verfuhr
man gegen die Polen, deren bis zum Sommer 1822 an siebzig in Berlin
studierten. Ein großer Theil Derselben wurde auf den vagen Verdacht
demagogischer Umtriebe gegen die russische Regierung verhaftet und ins
Gefängnis geworfen; die meisten entzogen sich der Gefahr einer willkürlichen Untersuchung durch schleunige Abreise auf Nimmerwiederkehr, und
kaum ein halbes Dutzend von ihnen verblieb in der ungastlichen Residenz. —
Presse und Buchhandel wurden aufs lästigste durch Polizeimaßregeln chi-
kaniert; die Leihbibliotheken mußten ihre Kataloge einliefern, und alle politisch anstößigen Schriften wurden daraus entfernt. Selbst Unterhaltungs-
blätter wie der gesinnungslos zahme „Gesellschafter" mußten sich's gefallen lassen, die Aufsätze ihrer Mitarbeiter durch Censurstriche zersetzt und
verstümmelt zu sehn; manche Censoren hatten gar die Unverschämtheit,
zu verlangen, daß die Spur ihres Rothstifts dem Publikum unsichtbar
gemacht werde. Da führte denn oftmals die Noth zu erfinderischen Ein-
fällen. Der Redakteur eines Blattes, das besonders häufig mit solcher
Tyrannei zu kämpfen hatte, ließ eine alte, abgedroschene Anekdote, die, eben
weil sie alt und abgedroschen war, längst das Imprimatur erhalten hatte,
in alle die Stellen einschieben, wo die Censur ein Loch gemacht, so daß
jene Anekdote hundertmal wiederkehrte und dem Leser die Censurlücken er-
setzte. Was blieb am Ende auch übrig, als ein kleinlicher Kampf gegen
kleinliche Maßregeln! Selbst der Verlag auswärtiger Buchhändler wurde
zuweilen in Preußen erst der Censur unterworfen, ehe der Verkauf ihrer
Bücher gestattet ward, und Brockhaus in Leipzig bemühte sich lange vergeblich bei der preußischen Regierung, die Aufhebung einer solchen Maß-

regel zu erwirken, die wegen einer mißliebigen Publikation über ihn verhängt war. Angeberei und Spionage florierten — während E. T. A.
Hoffmann auf dem Sterbebette lag, wurde sein noch nicht ausgegebener,
harmloser Roman „Meister Floh" auf Requisition des preußischen Gesandten in Frankfurt bei dem dortigen Verleger Willmans mit Beschlag
belegt, und der kranke Verfasser hatte die peinlichsten Verhöre zu bestehn,
weil irgend ein gespenstersehender Narr in der Figur des Studenten Georg
Pepusch und in seinem Liebesverhältnisse zu der schönen Dörtje Elverdink,
die den ängstlich martialischen Titelhelden verfolgt, hochverrätherische An-
spielungen auf die Kommission witterte, welche mit Untersuchung der de-
magogischen Umtriebe beauftragt war.

Was konnte natürlicher sein, als daß unter so lastendem Drucke
die Politik fast gar keine Stelle in den Tagesblättern einnahm, deren
Spalten sich mit dem seichtesten Literatur- und Theatergeschwätz füllten?
Man erhält ein Bild dieser politisch unfreien Zeit und der geistigen Ver-
sumpftheit in den tonangebenden Schichten der Gesellschaft, wenn man
einen Jahrgang der Dresdener „Abendzeitung" 74) aus dem Anfang der
zwanziger Jahre durchblättert, und sich erinnert, daß dies Journal und
die lüstern sentimentalen Romane Clauren's damals den Geschmack des
Publikums beherrschten. Das Volk hatte ja keinen Theil am öffentlichen
Leben, sein Geschick wurde immer noch ohne sein Zuthun auf Kongressen
und Konferenzen der Fürsten verhandelt, die sich kein Gewissen daraus
machten, ihre Unterthanen ungefragt zu verkaufen und zu vertauschen, oder
sich gegenseitig die Hand dazu boten, jede freie Regung durch die Polizei-
gewalt des deutschen Bundes zu unterdrücken. „Dieser Seelenschacher im
Herzen des Vaterlandes und dessen blutende Zerrissenheit", sagt Heine bei
Vergleichung dieser Zustände mit denen der Nachbarvölker 75), „läßt keinen
stolzen Sinn, und noch viel weniger ein stolzes Wort aufkommen, unsere
schönsten Thaten werden lächerlich durch den dummen Erfolg, und während
wir uns unmuthig einhüllen in den Purpurmantel des deutschen Helden-
blutes, kömmt ein politischer Schalk und setzt uns die Schellenkappe aufs
Haupt. Eben die Litteraturen unserer Nachbarn jenseits des Rheins und
des Kanals muß man mit unserer Bagatell-Literatur vergleichen, um
das Leere und Bedeutungslose unseres Bagatell-Lebens zu begreifen. Oft,
wenn ich die Morgen-Chronicle lese, und in jeder Zeile das englische Volk
mit seiner Nationalität erblicke, mit seinem Pferderennen, Boxen, Hahnen-

kämpfen, Assisen, Parlamentsdebatten u. s. w., dann nehme ich wieder betrübten Herzens ein deutsches Blatt zur Hand, und suche darin die Momente eines Volkslebens, und finde Nichts als literarische Fraubasereien und Theatergeklätsche. Und doch ist es nicht anders zu erwarten. Ist in einem Volke alles öffentliche Leben unterdrückt, so sucht es dennoch Gegenstände für gemeinsame Besprechung, und dazu dienen ihm in Deutschland seine Schriftsteller und Komödianten. Statt Pferderennen haben wir ein Bücherrennen nach der Leipziger Messe. Statt Boxen haben wir Mystiker und Rationalisten, die sich in ihren Pamphlets herumbalgen, bis die Einen zur Vernunft kommen, und den Andern Hören und Sehen vergeht und der Glaube bei ihnen Eingang findet. Statt Hahnenkämpfe haben wir Journale, worin arme Teufel, die man dafür füttert, sich einander den guten Namen zerreißen, während die Philister freudig ausrufen: Sieh, Das ist ein Haupthahn! Dem dort schwillt der Kamm! Der hat einen scharfen Schnabel! Das junge Hähnchen muß seine Federn erst ausschreiben, man muß es anspornen u. s. w. In solcher Art haben wir auch unsere öffentlichen Assisen, und Das sind die löschpapiernen sächsischen Literaturzeitungen, worin jeder Dummkopf von seines Gleichen gerichtet wird, nach den Grundsätzen eines literarischen Kriminalrechts, das der Abschreckungstheorie huldigt, und als ein Verbrechen jedes Buch bestraft. Zeigt der Verfasser etwas Geist, so ist das Verbrechen qualificiert. Kann er aber sein Geistesalibi beweisen, so wird die Strafe gemildert. Wir haben gewissermaßen auch unsere Parlamentsdebatten, und damit meine ich unsere Theaterkritiken; wie denn unser Schauspiel selbst gar füglich das Haus der Gemeinen genannt werden kann, von wegen der vielen Gemeinheiten, die darin blühen, von wegen des plattgetretenen französischen Unflaths, den unser Publikum, selbst wenn man ihm am selben Abend ein Raupach'sches Lustspiel gegeben hat, gar ruhig verzehrt, gleich einer Fliege, die, wenn sie von einem Honigtopfe weggetrieben wird, sich gleich mit dem besten Appetit auf einen Quark setzt und ihre Mahlzeit damit beschließt. Unser Oberhaus, die Tragödie, zeigt sich in höherem Glanze. Ich meine hinsichtlich der Koulissen, Dekorationen und Garderoben. Aber auch hier giebt es ein Ziel. Im Theater der Römer haben Elephanten auf dem Seile getanzt und große Sprünge gemacht; weiter aber konnt' es der Mensch nicht bringen, und das römische Reich ging unter, und bei dieser Gelegenheit auch das römische Theater." Mit gerechtem Nachdruck betont Heine bei einer späteren Gelegenheit [76]), daß, durch die gleiche Misère unseres öffentlichen Lebens veranlaßt, auch Tieck und die übrigen romantischen Dichter in ihren satirischen Dramen sich jeder höheren Weltanschauung enthielten; „über die zwei wichtigsten Verhältnisse des Menschen, das politische und das religiöse, schwiegen sie mit großer Bescheidenheit; zum Hauptgegenstand ihrer dramatischen Satire wählten sie das Theater selbst, und sie satirisierten mit mehr oder minderer Laune die Mängel unserer Bühne. Aber man muß auch den politisch unfreien Zustand Deutschlands berücksichtigen. Unsere Witzlinge müssen sich in Betreff wirklicher Fürsten aller Anzüglichkeiten enthalten, und für diese Beschränkung wollen sie daher an den Theaterkönigen und Koulissenprinzen sich entschädigen. Wir, die wir fast gar keine räsonnierende politische Journale besaßen, waren immer desto gesegneter mit einer Unzahl ästhetischer Blätter, die Nichts als müßige Märchen und Theaterkritiken enthielten, so daß, wer unsere Blätter sah, beinahe glauben mußte, das ganze deutsche Volk bestände aus lauter schwatzenden Ammen und Theaterrecensenten. Für die Kunst wird jetzt in Deutschland alles Mögliche gethan, namentlich in Preußen. Die Museen strahlen in sinnreicher Farbenlust, die Orchester rauschen, die Tänzerinnen springen ihre süßesten Entrechats, mit tausend und einer Novelle wird das ·Publikum ergötzt, und es blüht die Theaterkritik. Justin erzählt in seinen Geschichten: Als Cyrus die Revolte der Lydier gestillt hatte, mußte er den störrischen, freiheitsüchtigen Geist Derselben nur dadurch zu bezähmen, daß er ihnen befahl, schöne Künste und sonstige lustige Dinge zu treiben. Von lydischen Emeuten war seitdem nicht mehr die Rede, desto berühmter aber wurden lydische Restaurateure, Kuppler und Artisten."

Lustige Dinge trieb man in der That damals in der preußischen Hauptstadt. Berlin stand zu jener Zeit auf dem Höhepunkte seiner Opern- und Koncert-Schwärmerei. Von allen Einflüssen der romantischen Literatur hatte sich die nüchtern witzige Residenz ziemlich fern zu halten gewußt — Tieck fand niemals in seinen Berliner Landsleutene in sonderlich dankbares Publikum, Arnim wurde kaum gelesen, Fouqué hatte zumeist nur Geltung in den aristokratischen Kreisen, höchstens an Hoffmann's dämonischen Phantasiestücken ergötzte und graulte sich die gebildete und ungebildete Lesewelt; — dafür aber schwang die romantischste aller Künste, die Musik, hier gebieterisch ihren Zauberstab, und vom Gendarmenmarkt bis zum entlegensten Thore führte ihr Taktstock vom Herbst bis zum

8*

Frühjahr ein unbestrittenes Regiment. Boucher, der eine auffallende Ähnlichkeit mit dem Kaiser Napoleon besaß und sich die sonderbaren Titel „Kosmopolit" und „Sokrates der Violinisten" gab, scharrte mit seinen Kunststücken auf der Geige dort ein enormes Geld zusammen, und nannte Berlin aus Dankbarkeit la capitale de la musique. „Boucher hat wirklich Recht", sagte Heine [77]). „Es ist hier den ganzen Winter hindurch ein Singen und Klingen gewesen, daß Einem fast Hören und Sehen verging. Ein Koncert trat dem andern auf die Ferse.

> „Wer zählt die Fiedler, nennt die Namen,
> Die gastlich hier zusammen kamen?

> — — — — — — — — — —

> Selbst von Hispanien kamen sie,
> Und spielten auf dem Schaugerüste
> Gar manche schlechte Melodie".

Vor Allem versetzte Henriette Sonntag die Residenz in ein Wonnemeer von Enthusiasmus, und von eingebornen Berlinern war es der junge Felix Mendelssohn, der im Frühling 1822 zum erstenmal in einem Koncerte öffentlich auftrat und allgemein als ein musikalisches Wunder, als ein zweiter Mozart bestaunt wurde. Goethe's Freund Zelter leitete damals die Koncerte der Singakademie, und wußte sich der Ansprüche auf Billette zu den starkbesuchten Aufführungen nur durch jene kaustische Derbheit zu erwehren, die Goethe als ein natürliches Resultat seines langjährigen Aufenthaltes in Berlin betrachtete. „Wie ich an Allem merke", sagte er nach einem Besuche Zelter's zu Eckermann [78]), „lebt dort ein so verwegener Menschenschlag beisammen, daß man mit der Delikatesse nicht weit reicht, sondern daß man Haare auf den Zähnen haben und mitunter etwas grob sein muß, um sich über Wasser zu halten."

Die Generalintendanz der königlichen Schauspiele leitete nach Iffland's Tode der feingebildete Kenner des Bühnenwesens Graf Karl Moritz von Brühl, der von dem edelsten Kunststreben beseelt war und, trotz vielfacher Anfeindungen und Kränkungen seitens einer boshaft nergelnden Kritik, das Berliner Hoftheater wenigstens für eine Reihe von Jahren auf der Höhe, die es unter seinem Vorgänger erreicht hatte, zu erhalten verstand. Als im dritten Jahre seiner Verwaltung das alte Schauspielhaus nach einer Probe von Schiller's „Räubern" am 28. Juni 1817 in Flammen aufgegangen war, erbaute Schinkel das geschmackvolle neue Theater, welches am 26. Mai 1821 mit einem von Goethe gedichteten Festprolog und der

„Iphigenie auf Tauris" eröffnet ward. Der Zögling Goethe's, Pius
Alexander Wolff, und Dessen gleichfalls in Weimar gebildete treffliche
Gattin stellten die Hauptrollen dar. Beide waren schon im Jahre 1816
durch den Grafen Brühl dauernd der Berliner Hofbühne gewonnen
worden. Neben Wolff glänzte vor Allen Ludwig Devrient, der 1815 als
Franz Moor zum ersten Male vor dem Residenz-Publikum auftrat, und
dasselbe durch seine geniale Charakteristik wie durch seinen angeborenen
echt poetischen Humor fast in jeder von ihm gespielten Rolle zu stürmischer
Bewunderung hinriß. Auch Heine folgte den Kunstleistungen Beider mit
großem Interesse, und war oftmals in Zweifel, ob er dem keck originellen
und dennoch niemals das künstlerische Maß überschreitenden Spiele Devrient's, oder der idealen, rein objektiven Auffassung Wolff's die Palme
der höchsten Vollendung zusprechen solle. Denn „obgleich, von den verschiedensten Richtungen ausgehend, Jener die Natur, Dieser die Kunst als
das Höchste erstrebte, begegneten sie sich doch Beide in der Poesie, und
durch ganz entgegengesetzte Mittel erschütterten und entzückten sie die Herzen
der Zuschauer." [79]) Devrient und Auguste Stich, die sich schon damals
jene antike Schönheit der Stellungen und jene wohllautende Behandlung
der Sprache zu eigen gemacht hatte, welche sie als Madame Crelinger bis
ins späteste Alter bewahrte, riefen die wahrhaft klassischen Darstellungen
Shakspeare'scher Rollen hervor, welche der deutschen Schauspielkunst zu
so hoher Ehre gereichten; Pius Alexander und Amalie Wolff aber machten
die spanischen Dichter heimisch auf unserer Bühne. Neben Shakspeare
und Calderon, Terenz und Moreto, pflegte indessen Graf Brühl fast
noch eifriger das deutsche Drama, und nicht allein die Meisterwerke von
Lessing, Schiller und Goethe wurden in würdigster Ausstattung und mit
einer an Pedanterie streifenden Korrektheit des Kostüms [80]) vorgeführt,
sondern auch die dichterischen Versuche der jüngeren Schriftsteller fanden
liebevolle Berücksichtigung. Wenn dabei hin und wieder Mißgriffe vor-
kamen, wenn z. B. Raupach's und Gehe's effekthaschende Tragödien oder
Houwald's Rührstücke unbedenklich über die weltbedeutenden Bretter schritten,
während Kleist's „Prinz von Homburg" und Grillparzer's „Argonauten"
bei Seite gelegt wurden, so war doch der gute Wille des ausgezeichneten
Mannes, der an der Spitze der königlichen Kunstanstalten stand, keinen
Augenblick zu verkennen, und als Derselbe 1822 durch einen Bruch des
Schlüsselbeins ernstlich erkrankte, sprach nicht bloß Heine [81]) die Besorgnis

aus, daß, falls man ihn verlöre, solch ein Theaterintendant, der Enthusiast
für deutsche Kunst und Art sei, nicht leicht wieder zu finden wäre. Graf
Brühl that redlich das Seinige, durch häufige Vorführung klassischer Stücke
und durch Begünstigung des Bessern auf dem Felde der neueren Bühnen-
literatur den Kunstgeschmack des Publikums zu heben — aber er vermochte
durch all' seine ernsten Bemühungen so wenig, wie Goethe vor ihm und
Immermann in späteren Jahren, die dramatische Produktion seiner Zeit
auf glücklichere Wege zu leiten.   In der Tragödie herrschten noch lange
die romantischen Schicksalsdramen, im Schauspiel die thränenreichen Effekt-
stücke vor; und das Lustspiel begann in den zwanziger Jahren namentlich
auf der königstädtischen Volksbühne in Berlin jene platt-frivole Richtung
einzuschlagen, welche jedes ethischen Gehaltes entbehrt, und so Viel zum
Verfall des deutschen Theaters beigetragen hat.   Heine erkannte schon früh
die sittliche Gefahr dieser Entwürdigung der Bühne; schon 1826 schrieb
er auf Norderney [82]) bei Gelegenheit eines Blickes auf die deutsche Lite-
ratur- und und Theatermisère: „In der That, höre ich, wie in unsern
Lustspielen die heiligsten Sitten und Gefühle des Lebens in einem liederlichen Tone und so leichtfertig sicher abgeleiert werden, daß man am Ende
selbst gewöhnt wird, sie als die gleichgültigsten Dinge zu betrachten, höre
ich jene kammerdienerlichen Liebeserklärungen, die sentimentalen Freund-
schaftsbündnisse zu gemeinschaftlichem Betrug, die lachenden Pläne zur
Täuschung der Eltern oder Ehegatten, und wie all' diese stereotypen Lust-
spielmotive heißen mögen, ach! so erfaßt mich inneres Grauen und boden-
loser Jammer, und ich schaue ängstlichen Blickes nach den armen, unschuldigen Engelköpfchen, denen im Theater Dergleichen, gewiß nicht ohne
Erfolg, vordeklamiert wird.   Die Klagen über Verfall und Verderbnis
des deutschen Lustspiels, wie sie aus ehrlichen Herzen hervorgeseufzt werden,
der kritische Eifer Tieck's und Zimmermann's, die bei der Reinigung unsers
Theaters ein mühsameres Geschäft haben, als Herkules im Stalle des
Augias, da unser Theaterstall gereinigt werden soll, während die Ochsen
noch darin sind; die Bestrebungen hochbegabter Männer, die ein romantisches Lustspiel begründen möchten, die trefflichste und treffendste Satire,
wie z. B. Robert's „Paradiesvogel" — Nichts will fruchten, Seufzer,
Rathschläge, Versuche, Geißelhiebe, Alles bewegt nur die Luft, und jedes
Wort, das man darüber spricht, ist wahrhaft in den Wind geredet."

Nicht wenig jedoch trug zum Herabsinken der dramatischen Kunst

andererseits die verschwenderische Ausstattung bei, welche man in der Restaurationsperiode auf das Ballett und die Oper verwandte. Tänzerinnen
und Sängerinnen bezogen jetzt Honorare, deren Betrag bis dahin in den
Annalen der Bühnenkunst unerhört gewesen war, und selbst der vielbe-
rühmte Krönungszug in der „Jungfrau von Orleans" konnte an Pracht
der Kostüme nicht mehr wetteifern mit dem Glanze, der bei den Vorstellungen Spontini'scher Opern entfaltet ward. Letzterer, der Ritter Spontini, war Anno 1820 als General-Musikdirektor von Paris nach Berlin
berufen worden, und brachte seine exorbitanten Ansprüche auf einen sinne-
verblendenden Luxus der Dekorationen mit nach der preußischen Residenz.
Anfangs witzelten die Berliner, wie Heine erzählt [83]), über die geräuschvolle Musik der „Olympia" und über den großen Elephanten in den Pracht-
aufzügen dieser Oper. Ein Spottvogel machte den Vorschlag, die Halt-
barkeit der Mauern im neuen Schauspielhause durch den Pauken- und
Posaunenschall dieses musikalischen Höllenlärms zu erproben; ein Anderer
kam eben aus der brausenden „Olympia" und rief, als er auf der Straße
den Zapfenstreich trommeln hörte, Athem schöpfend aus: „Endlich hört
man doch sanfte Musik!" Und als im Mai 1822 Spontini's neue, zur
Vermählung der Prinzessin Alexandrine mit dem Erbgroßherzoge von
Mecklenburg-Schwerin komponierte Oper „Nurmahal oder das Rosenfest
von Kaschemir" aufgeführt wurde, sagte ein Witzling, um sein Urtheil über
die Musik derselben befragt: „Das Beste dran ist, daß kein Kanonenschuß
darin vorkommt." Obschon Spontini, der Lieblingskomponist der prunk-
liebenden Restaurationszeit, besonders in den Hofcirkeln enthusiastische Anerkennung fand, verfeindete er sich durch seine Zurücksetzung der deutschen Musik
und durch die maßlose Bevorzugung seiner eigenen Werke doch einen großen
Theil des Berliner Publikums, der in seiner heroischen Musik ungerechter-
weise, wie Heine, „nur Pauken- und Trompetenspektakel, schallenden Bom-
bast und gespreizte Unnatur" sah. Es bildete sich neben der spontinischen
rasch eine antispontinische Partei, die an Macht und Ansehen wuchs, als
Weber's „Freischütz" im neuen Theater zur Aufführung gelangte und sofort den entzücktesten Beifall fand. Wie einst der Streit der Gluckisten
und Piccinisten ganz Paris aufregte, so entbrannte jetzt in Berlin ein
leidenschaftlicher Kampf zwischen den Anhängern Weber's und Spontini's,
und Heine schildert ergötzlich genug [84]), wie er von Morgens früh bis spät
in die Nacht durch das Lied der Brautjungfern verfolgt ward: „Bin ich

mit noch so guter Laune des Morgens aufgestanden, so wird doch gleich
alle meine Heiterkeit fortgeärgert, wenn schon früh die Schuljugend, den
„Jungfernkranz" zwitschernd, meinem Fenster vorüberzieht. Es dauert keine
Stunde, und die Tochter meiner Wirthin steht auf mit ihrem „Jungfernkranz." Ich höre meinen Barbier den „Jungfernkranz" die Treppe her-
aufsingen. Die kleine Wäscherin kommt mit „Lavendel, Myrt' und Thy-
mian." So geht's fort. Mein Kopf dröhnt. Ich kann's nicht aushalten,
eile aus dem Hause, und werfe mich mit meinem Ärger in eine Droschke.
Gut, daß ich durch das Rädergerassel nicht singen höre. Bei ***li steig'
ich ab. Ist's Fräulein zu sprechen? Der Diener läuft. „Ja." Die
Thüre fliegt auf. Die Holde sitzt am Pianoforte, und empfängt mich
mit einem süßen:

> „Wo bleibt der schmucke Freiersmann?
> Ich kann ihn kaum erwarten."

Sie singen wie ein Engel! ruf' ich mit krampfhafter Freundlichkeit. „Ich
will noch mal von vorne anfangen," lispelt die Gütige, und sie windet
wieder ihren „Jungfernkranz", und windet und windet, bis ich selbst vor
unsäglichen Qualen wie ein Wurm mich winde, bis ich vor Seelenangst
ausrufe: Hilf, Samiel! — Und nun den ganzen Tag verläßt mich nicht
das vermaledeite Lied. Die schönsten Momente verbittert es mir. Sogar wenn ich bei Tische sitze, wird es mir vom Sänger Heinsius als Des-
sert vorgedudelt. Den ganzen Nachmittag werde ich mit „veilchenblauer
Seide" gewürgt. Dort wird der „Jungfernkranz" von einem Lahmen
abgeorgelt, hier wird er von einem Blinden herunter gefiedelt. Am Abend
geht der Spuk erst recht los. Das ist ein Flöten und ein Gröhlen und
ein Fistulieren und ein Gurgeln, und immer die alte Melodie. Das
Kasparlied und der Jägerchor wird wohl dann und wann von einem illu-
minierten Studenten oder Fähndrich zur Abwechselung in das Gesumme
hineingebrüllt, aber der „Jungfernkranz" ist permanent; wenn der Eine ihn
beendigt hat, fängt ihn der Andre wieder von vorn an; aus allen Häusern
klingt er mir entgegen; Jeder pfeift ihn mit eigenen Variationen; ja, ich
glaube fast, die Hunde auf der Straße bellen ihn . . . Denken Sie jedoch nicht, daß die Melodie desselben wirklich schlecht sei. Im Gegentheil, sie hat eben durch ihre Vortrefflichkeit jene Popularität erlangt.
Mais toujours perdrix! Sie verstehen mich. Der ganze „Freischütz" ist
vortrefflich, und verdient gewiß jenes Interesse, womit er jetzt in ganz

Deutschland aufgenommen wird. Hier ist er vielleicht schon zum dreißigsten
Male gegeben, und noch immer wird es erstaunlich schwer, zu einer Vorstellung desselben gute Billette zu bekommen." Trotz dieser glänzenden
Aufnahme des „Freischütz" und trotz des bescheidensten Auftretens [85]), gelang es Weber nicht, die gehoffte Anstellung bei der Berliner Oper zu
finden — Spontini's hochfahrende Eitelkeit duldete neben sich keinen zweiten
Komponisten, dessen Geist dem seinigen nicht huldigte, oder gar mit ihm
wetteiferte.

Der große Erfolg des „Freischütz" ermuthigte jedoch den Grafen
Brühl, bald nachher die Aufführung zweier anderen deutschen Opern durch-
zusetzen. Die erste derselben, „Aucassin und Nicolette", interessirte das
Publikum der Residenz namentlich wegen des Umstandes, daß sowohl der
Komponist, Musikdirektor G. A. Schneider, wie der Textdichter, Geheimrath J. F. Koreff, stadtbekannte und beliebte Persönlichkeiten waren.
Heine schrieb nach der ersten Aufführung, die am 26. Februar 1822 stattfand: „Wenigstens acht Tage lang hörte man von Nichts sprechen, als
von Koreff und Schneider, und Schneider und Koreff. Hier standen geniale Dilettanten und rissen die Musik herunter; dort stand ein Haufen
schlechter Poeten und schulmeisterte den Text. Was mich betrifft, so
amüsirte mich diese Oper ganz außerordentlich. Mich erheiterte das bunte
Märchen, das der kunstbegabte Dichter so lieblich und kindlich schlicht entfaltete, mich ergötzte der anmuthige Kontrast vom ernsten Abendlande und
dem heitern Orient, und wie die verwunderlichsten Bilder in loser Ver-
knüpfung abenteuerlich dahingaukelten, regte sich in mir der Geist der blü-
henden Romantik." Den Dank für die Freude, welche ihm diese Märchen-
oper bereitete, sprach Heine gleichzeitig in einem Sonette [86]) aus, das sich
von ähnlichen konventionellen Gelegenheitsgedichten freilich durch keinen
Funken von Geist unterscheidet, und nur erwähnt werden mag, weil es
ein Beispiel dafür giebt, wie leicht sein Urtheil sich damals noch durch
die Sympathie für romantische Intentionen bestechen ließ. — Größere
Anerkennung hätte die leider sehr kühl aufgenommene Oper „Dido" von
Bernhard Klein verdient, ein im Gluck'schen Stile geschriebenes Werk,
das reich an musikalischen Schönheiten ist und eine geniale Kraft verräth [87]).
Der aus Köln gebürtige Komponist lebte seit 1819 in Berlin, wohin die
Regierung, auf sein bedeutendes Talent aufmerksam gemacht, den mittel-
losen Jüngling zur Förderung seiner Studien gesandt hatte. Hier ward er

1822 zum Lehrer des Gesanges bei der Universität und des Generalbasses und Kontrapunkts bei der Orgelschule ernannt. Nach dem geringen Erfolg seiner Oper widmete er sich bis zu seinem frühen Tode hauptsächlich der Kirchenmusik, und seine Kompositionen zeichnen sich sämmtlich durch erhabenen Schwung und eine an die größten Meister erinnernde Tiefe der Auffassung aus. Sowohl Bernhard wie sein jüngerer Bruder Joseph Klein, der als Liederkomponist gleichfalls zu schönen Hoffnungen berechtigte, verkehrten in Berlin vielfach mit Heine. Besonders Joseph war mit Letzterem innig befreundet und schuf ansprechende Melodien zu vielen seiner Lieder. In seinem Nachlasse befindet sich u. A. eine noch ungedruckte Komposition der „Grenadiere", über welche Heine sich sehr beifällig äußerte, als ihm dieselbe im Jahre 1854 von einigen Mitgliedern des Kölner Männergesangvereins bei ihrer Anwesenheit in Paris vorgetragen ward. [88])

Neben der blendenden Pracht dekorativer Ausstattung standen indeß der Berliner Oper auch die hervorragendsten Gesangskräfte zu Gebote. Anna Milder verfügte über eine Stimme von so wunderbarer Zaubergewalt, wie sie seit der Mara nicht wieder gehört worden war. Sie wurde die Hauptstütze der antiken klassischen Oper in Berlin; ihre Alceste, Armide und Iphigenie blieben unübertroffene Leistungen, und Spontini verdankte anderthalb Decennien hindurch hauptsächlich ihr seine großartigen Triumphe. Die ausgezeichnetsten Komponisten suchten für ihre Stimme zu arbeiten, und versagten sich andere Hilfsmittel, um ihr die Partien genehm zu machen; so schrieb Weigl die „Schweizerfamilie", Beethoven die „Leonore", Bernhard Klein seine „Dido" vorzüglich mit Berücksichtigung ihres Talentes. Eine noch höhere Stufe der dramatischen Gesangskunst erreichte unter Spontini's Leitung Josephine Schulze, deren Stimme freilich an Wohllaut und Reiz den natürlichen Mitteln der Milder etwas nachstand. Mit einem feurigen Temperamente und glühender Begeisterung für die Kunst vereinigte sie die gediegenste Schule, und überwand mit unnachahmlicher Gewandtheit alle Schwierigkeiten der Koloraturen. Ihrem reinen und perlenden Triller wußte sie eine staunenswerthe Dauer zu geben, und ihre Stimme hatte in der Höhe wie in der Tiefe einen so seltenen Umfang, daß ihr die Königin der Nacht nicht schwerer als die Partie des Tankred ward. Neben den beiden Hauptsonnen glänzten als vielbewunderte Sterne am Opernhimmel Berlin's die schöne Karoline Seidler und die anmuthige Therese Eunike, während unter dem männlichen Personal Karl Adam

Baber bis zum Auftreten Tichatscheck's den Ruhm des ersten Tenoristen
in Deutschland und die volle Kraft und Frische seiner herrlichen Stimme
bewahrte, die den Brustumfang zweier Oktaven besaß. Der Kunstenthu-
siasmus der Berliner wetteiferte in Huldigungen schwärmerischer Begeisterung für seine Lieblinge sowohl im Theater, wie im gesellschaftlichen
Verkehr außerhalb der Bühne. Auch die fremden Gäste, welche damals
die Residenz mit ihren Darstellungen erfreuten, wie der vielseitige Karl
August Lebrun und die sonnig heitere Amalie Neumann, wurden nicht weniger gefeiert, als die einheimischen Schauspieler und Sänger. Ja, die
letztgenannte Dame, welche mit dem reizend natürlichsten Spiel auf den
Brettern die Vorzüge einer junonischen Gestalt, einer angeborenen Grazie
und der feinsten Bildung verband, wurde, wie Heine erzählt [89]), vom
vielen Zuspruch ihrer Bewunderer so maßlos belästigt, daß ein kranker
Herr, der neben ihr wohnte, endlich, um Ruhe vor all' den Menschen zu
finden, die jeden Augenblick mit der Frage: „Wohnt Madame Neumann
hier?" in sein Zimmer stürmten, die Notiz auf seine Thür schreiben ließ:
„Hier wohnt Madame Neumann nicht." —

Dieser leidenschaftlichen Schwelgerei der Residenzbewohner in Koncert-
und Theatergenüssen entsprach die prunkhafte Zerstreuungssucht des geselligen Lebens. Wie mußte das bunte, geräuschvolle Treiben der vornehmen
Welt, in die ihm hier zum ersten Male ein Blick vergönnt war, dem armen
Studenten imponieren, der sich bisher nur im beschränkten Kreise seiner
jüdischen Verwandten und im zwanglosen Verkehr einer Universitätsstadt
bewegt hatte! Erscheint es ihm doch sogar der Mühe werth, in einem
Korrespondenzberichte aus der Hauptstadt zu erwähnen, daß die Fenster
seines Logis mit rothseidenen Gardinen behangen seien! „Meine Wohnung," schreibt er [90]), „liegt zwischen lauter Fürsten- und Ministerhôtels,
und ich habe deßhalb oft Abends nicht arbeiten können vor all dem Wagen-
gerassel und Pferdegetrampel und Lärmen. Da war zuweilen die ganze
Straße gesperrt von lauter Equipagen; die unzähligen Laternchen der
Wagen beleuchteten die galonierten Rothröcke, die rufend und fluchend dazwischen herumliefen, und aus den Beletagefenstern des Hôtels, wo die
Musik rauschte, gossen krystallene Kronleuchter ihr freudiges Brillantlicht."
Für die gespreizte Hohlheit und innere Leere dieser aristokratischen Vergnügungen bewies übrigens Heine ein scharfes Auge. Man lese z. B. die
treffende Charakteristik, welche er in den „Briefen aus Berlin" von dem

glänzenden Flitterkram der Saison-Amüsements giebt: „Oper, Theater,
Koncerte, Assembléen, Bälle, Thés (sowohl dansant als médisant), kleine
Masteraden, Liebhaberei-Komödien, große Redouten ꝛc., Das sind wohl
unsre vorzüglichsten Abendunterhaltungen im Winter. Es ist hier ungemein viel geselliges Leben, aber es ist in lauter Fetzen zerrissen. Es ist
ein Nebeneinander vieler kleinen Kreise, die sich immer mehr zusammen zu
ziehen, als auszubreiten suchen. Man betrachte nur die verschiedenen Bälle
hier; man sollte glauben, Berlin bestände aus lauter Innungen. Der Hof
und die Minister, das diplomatische Korps, die Civilbeamten, die Kauf-
leute, die Officiere ꝛc. ꝛc., Alle geben sie eigene Bälle, worauf nur ein zu
ihrem Kreise gehöriges Personal erscheint. Bei einigen Ministern und
Gesandten sind die Assembléen eigentlich große Thés, die an bestimmten
Tagen in der Woche gegeben werden, und woraus sich durch einen mehr
oder minder großen Zusammenfluß von Gästen ein wirklicher Ball entwickelt. Alle Bälle der vornehmen Klasse streben mit mehr oder minderm
Glücke, den Hofbällen oder fürstlichen Bällen ähnlich zu sein. Auf letztern
herrscht jetzt fast im ganzen gebildeten Europa derselbe Ton, oder vielmehr
sie sind den Pariser Bällen nachgebildet. Folglich haben unsre hiesigen
Bälle nichts Charakteristisches; wie verwunderlich es auch oft aussehen
mag, wenn vielleicht ein von seiner Gage lebender Sekonde-Lieutenant und
ein mit Läppchen und Geflitter mosaikartig aufgeputztes Kommißbrot-
Fräulein sich auf solchen Bällen in entsetzlich vornehmen Formen bewegen,
und die rührend kümmerlichen Gesichter puppenspielmäßig kontrastieren mit
dem angeschnallten steifen Hofkothurn." — Einen einzigen, allen Ständen
gemeinsamen Ball gab es zu jener Zeit in Berlin, nämlich die vom Grafen
Brühl aufs geschmackvollste arrangierten Subskriptionsbälle im Koncertsaale
des neuen Schauspielhauses. Der König und der Hof beehrten dieselben
mit ihrer Gegenwart, und jeder anständigen Familie war für ein geringes
Entrée die Theilnahme daran freigestellt. Am besten indeß sagten Heine,
der, wie wir wissen, kein passionierter Tänzer war, die großartigen, an den
bal de l'opéra in Paris erinnernden Redouten im Opernhause zu, deren
tolle Lustigkeit er nicht genug zu rühmen weiß: „Wenn dergleichen gegeben
werden, ist das ganze Parterre mit der Bühne bereinigt, und Das giebt
einen ungeheuern Saal, der oben durch eine Menge ovaler Lampenleuchter
erhellt wird. Diese brennenden Kreise sehen fast aus wie Sonnensysteme,
die man in astronomischen Kompendien abgebildet findet, sie überraschen

und verwirren das Auge des Hinaufschauenden, und gießen ihren blendenden Schimmer auf die buntscheckige, funkelnde Menschenmenge, die, fast die Musik überlärmend, tänzelnd und hüpfend und drängend im Saal hin und her wogt. Jeder muß hier in einem Maskenanzug erscheinen, und Niemanden ist es erlaubt, unten im großen Tanzsaale die Maske vom Gesicht zu nehmen. Nur in den Gängen und in den Logen des ersten und zweiten Ranges darf man die Larve ablegen. Die niedere Volksklasse bezahlt ein kleines Entrée, und kann von der Galerie aus auf all' diese Herrlichkeit herabschauen. In der großen königlichen Loge sieht man den Hof, größtentheils unmaskiert; dann und wann steigen Glieder desselben in den Saal hinunter und mischen sich in die rauschende Maskenmenge. Diese besteht aus Menschen von allen Ständen. Schwer ist es hier zu unterscheiden, ob der Kerl ein Graf oder ein Schneidergesell ist; an der äußern Repräsentation würde Dieses wohl zu erkennen sein, nimmermehr an dem Anzuge. Fast alle Männer tragen hier nur einfache seidene Dominos und lange Klapphüte. Dieses läßt sich leicht aus dem großstädtischen Egoismus erklären. Jeder will sich hier amüsieren und nicht als Charaktermaske Andern zum Amüsement dienen. Die Damen sind aus demselben Grunde ganz einfach maskiert, meistens als Fledermäuse. Eine Menge Femmes entretenues und Priesterinnen der ordinären Venus sieht man in dieser Gestalt herumflirren und Erwerbsintriguen anknüpfen. „Ich kenne dir," flüstert dort eine solche Vorbeiflirrende. „Ich kenne dir auch," ist die Antwort. „Je te connais, beau masque," ruft hier eine Chauvesouris einem jungen Wüstling entgegen. „Si tu me connais, ma belle, tu n'es pas grande chose," entgegnet der Bösewicht ganz laut, und die blamierte Dame verschwindet wie ein Wind. Aber was ist daran gelegen, wer unter der Maske steckt? Man will sich freuen, und zur Freude bedarf man nur Menschen. Und Mensch ist man erst recht auf einem Maskenballe, wo die wächserne Larve unsre gewöhnliche Fleischlarve bedeckt, wo das schlichte Du die urgesellschaftliche Vertraulichkeit herstellt, wo ein alle Ansprüche verhüllender Domino die schönste Gleichheit hervorbringt, und wo die schönste Freiheit herrscht — Maskenfreiheit. Für mich hat eine Redoute immer etwas höchst Ergötzliches. Wenn die Pauken donnern und die Trompeten erschmettern, und liebliche Flöten- und Geigenstimmen lockend dazwischen tönen, dann stürze ich mich wie ein toller Schwimmer in die tosende, buntbeleuchtete Menschenfluth, und tanze, und renne, und scherze, und necke Jeden, und lache, und schwatze, was mir in den Kopf kömmt. Auf der letzten Redoute war ich besonders freudig, ich hätte auf dem Kopfe gehen mögen, und wäre mein Todfeind mir in den Weg gekommen, ich hätte ihm gesagt: „Morgen wollen wir uns schießen, aber heute will ich dich recht herzlich abküssen." Die reinste Lustigkeit ist die Liebe, Gott ist die Liebe, Gott ist die reinste Lustigkeit. „Tu es beau! tu es charmant! tu es l'objet de ma flamme! je t'adore, ma belle!" Das waren die Worte, die meine Lippen hundertmal unwillkürlich wiederholten. Und allen Leuten drückte ich die Hand und zog vor allen hübsch den Hut ab; und alle Menschen waren auch so höflich gegen mich. Nur ein deutscher Jüngling wurde grob, und schimpfte über mein Nachäffen des wälschen Babelthums, und donnerte im urteutonischen Bierbaß: „Auf einer teutschen Mummerei soll der Teutsche Teutsch. sprechen!" O deutscher Jüngling, wie finde ich dich und deine Worte sündlich und läppisch in solchen Momenten, wo meine Seele die ganze Welt mit Liebe umfaßt, wo ich Russen und Türken jauchzend umarmen würde, und wo ich weinend hinsinken möchte an die Bruderbrust des gefesselten Afrikaners! Ich liebe Deutschland und die Deutschen; aber ich liebe nicht minder die Bewohner des übrigen Theils der Erde, deren Zahl vierzigmal größer ist, als die der Deutschen. Die Liebe giebt dem Menschen seinen Werth. Gottlob! ich bin also vierzigmal mehr werth, als Jene, die sich nicht aus dem Sumpfe der Nationalselbstsucht hervorwinden können, und die nur Deutschland und Deutsche lieben."

Wir sehen aus diesen Schilderungen, daß Harry Heine, der am 4. April 1821, einige Wochen nach seiner Ankunft in Berlin, als Student auf der dortigen Universität immatrikuliert wurde, das beschaulich zurückgezogene Stillleben von Bonn und Göttingen in der Residenz nicht fortsetzte, sondern sich mit fiebernder Hast in den Strudel der gesellschaftlichen Zerstreuungen stürzte, die für ihn eine ganz neue Welt waren. Mit vollen Poren sog er all die unbekannte Herrlichkeit ein, umherschweifend, kostend, genießend, und erst später das Geschaute kritisch überdenkend. Anfangs erschien ihm Alles überraschend und wunderbar: die Breite und Schönheit der Straßen, die Prachtgebäude der Linden, die Waarenausstellungen in den Schaufenstern der Kaufmannsmagazine, der rastlos auf und ab wogende Menschenstrom, die schlanken, kraftvollen Gestalten der Officiere, die Zauberkünste Bosko's, der Riese auf der Pfaueninsel, die Chinesen in der

Behrenstraße, und die Possenreißer vorm Brandenburger Thore. Mit kindlichem Entzücken schwelgt er in den Süßigkeiten der Konditoreien und erzählt von den Zucker- und Dragéepuppen, die zur Weihnachtszeit dort
ausgestellt sind, — von den schlagrahmgefüllten Baisers bei Josty, „wo die
Enkel der Brennen im dumpfigen Lokal zusammengedrängt wie die Bückinge
sitzen und Krème schlürfen, und vor Wonne schnalzen, und die Finger
lecken," — von Teichmann's gefüllten Bonbons, welche die besten Berlin's
sind, während in den Kuchen zu viel Butter ist, — von den schlechten
und theuren Konfitüren bei Fuchs, dessen prachtvolle Spiegel und Blumen
und seidne Gardinen man doch nicht essen kann — von Sala Tarone,
von Stehely und Lebeufve, — vom Café Royal, wo er mit den Dichtern
E. T. A. Hoffmann und G. A. von Maltitz, mit dem großen Philologen
Friedrich August Wolf („dem Wolf, der den Homer zerrissen"), und mit
dem berühmten Reisenden Kosmeli zu Mittag speist, — und von der
goldnen Sonne über den Paradiesespforten zu Jagor's Restauration, „der
Sonne, die leider nicht ohne Flecken, denn die Bedienung ist langsam, der
Braten oft alt und zähe, aber der Wein, ach, der Wein läßt bedauern,
daß der Gast nicht den Seckel des Fortunatus besitzt!"

Bald indessen regt sich der kritische Geist, dem das krittelnde Berlin
vollauf Nahrung zu spöttischen Bemerkungen giebt. Vor Allem ist es die
äußere Erscheinung der Stadt, die dem jungen, an den lachend heitern
Rheinufern aufgewachsenen Poeten ein frostiges Unbehagen erweckt. Er
findet, daß Berlin, obschon die Stadt neu, schön und regelmäßig gebaut
ist, doch einen etwas nüchternen Eindruck macht, und stimmt in die Worte
der Frau von Staël ein: „Berlin, cette ville toute moderne, quelque
belle qu'elle soit, ne fait pas une impression assez serieuse; on
n'y apperçoit point l'empreinte de l'histoire du pays, ni du carac-
tère des habitants, et ces magnifiques demeures nouvellement con-
struites ne semblent destinées qu'aux rassemblements commodes
des plaisirs et de l'industrie." „Berlin," sagt er später [91], „ist gar
keine Stadt, sondern Berlin giebt bloß den Ort dazu her, wo sich eine Menge
Menschen, und zwar darunter viele Menschen von Geist, versammeln, denen
der Ort ganz gleichgültig ist; Diese bilden das geistige Berlin. Der durch-
reisende Fremde sieht nur die langgestreckten, uniformen Häuser, die langen
breiten Straßen, die nach der Schnur und meistens nach dem Eigenwillen
eines Einzelnen gebaut sind, und keine Kunde geben von der Denkweise

der Menge. Die Stadt enthält so wenig Alterthümlichkeit, und ist so neu; und doch ist dieses Neue schon so alt, so welk und abgestorben. Denn sie ist, wie gesagt, nicht aus der Gesinnung der Masse, sondern Einzelner entstanden. Der große Fritz ist wohl unter diesen Wenigen der Vorzüglichste; was er vorfand, war nur feste Unterlage, erst von ihm erhielt die Stadt ihren eigentlichen Charakter, und wäre seit seinem Tode Nichts mehr daran gebaut worden, so bliebe sie ein historisches Denkmal von dem Geiste jenes prosaisch wundersamen Helden, der die raffinierte Geschmacklosigkeit und blühende Verstandesfreiheit, das Seichte und das Tüchtige seiner Zeit, recht deutsch-tapfer in sich ausgebildet hatte. Potsdam z. B. erscheint uns als ein solches Denkmal, durch seine öden Straßen wandern wir wie durch die hinterlassenen Schriftwerke des Philosophen von Sanssouci, es gehört zu Dessen oeuvres posthumes, und obgleich es jetzt nur steinerne Makulatur ist, so betrachten wir es doch mit ernstem Interesse und unterdrücken hie und da eine aufsteigende Lachlust, als fürchteten wir, plötzlich einen Schlag auf den Rücken zu bekommen, wie von dem spanischen Röhrchen des alten Fritz. Solche Furcht aber befällt uns nimmermehr in Berlin, da fühlen wir, daß der alte Fritz und sein spanisches Röhrchen keine Macht mehr üben; denn sonst würde aus den alten aufgeklärten Fenstern der gesunden Vernunftstadt nicht so manch krankes Obskurantengesicht herausglotzen, und so manch dummes, abergläubisches Gebäude würde sich nicht unter die alten skeptisch philosophischen Häuser eingesiedelt haben."

Eben so geringe Macht, wie der Geist Friedrich's des Großen, übte in dem Berlin der zwanziger Jahre die Erinnerung an Gotthold Ephraim Lessing, der einst mit Mylius, Nicolai und Mendelssohn von hier aus die Befreiung des deutschen Theaters und der gesammten deutschen Literatur aus den Fesseln französischer Einflüsse begonnen hatte. „Mich durchschauert's, wenn ich denke: auf dieser Stelle hat vielleicht Lessing gestanden!" rief Heine aus [92]), als er zuerst unter den Linden spazieren ging; aber vergebens forschte er in der leichtlebigen Stadt nach den Spuren des ernsten Mannes, welcher sich dreimal einen dauernden Aufenthalt dort zu gründen suchte und vielleicht oftmals den großen König vorüber reiten sah, der, mit Kriegsplänen und Staatsreformen beschäftigt, keinen Sinn hatte für den nicht minder bedeutungsvollen Umschwung der Literatur, dessen Leiter, von ihm ungekannt, in seiner Hauptstadt lebte. Voltaire's Haus

auf der Taubenstraße hätte jeder Lohnlakai dem künftigen Erben von Voltaire's Ruhm gezeigt — das Andenken Lessing's frischte nur etwa gelegentlich der Theaterzettel auf, wenn Lemm in der Rolle Nathan's des Weisen
durch sein klassisches Spiel die Elite der Geister entzückte.

Freilich, was hätte auch Lessing's geharnischter Genius in jenen tristen
Abendzeitungsjahren, wo auf dem deutschen Parnasse der romantische Spuk
noch forttollte, wo die verlogene Empfindsamkeit der Clauren'schen Mimilis,
der zum Anbeißen süßen Dingelchen und Mädchen, für unverfälschte Natur
galt, und Musik und Tanz und lärmende Gelage den pfiffig brutalen Sieg der
Restauration in Staat und Kirche verherrlichten — was hätte Lessing's stolzer
Schatten für eine andere Mahnung in diesen frivolen Mummenschanz hinein-
rufen können, als das Mene tekel am Feste des Belsazar! Verzerrt und ver-
schroben war die ganze literarische Geschmacksrichtung. Selbst die an sich ge-
rechtfertigte Bewunderung für die historischen Romane Walter Scott's, welche
damals in Berlin grassierte, trug einen lächerlich übertriebenen Anstrich, und
nicht die gesunde Rückkehr auf den geschichtlich-nationalen Boden, welche später
Willibald Alexis und Ludwig Tieck von diesen neuen Kunstschöpfungen
lernten, verschaffte denselben eine so große Beliebtheit in Hütten und Palästen, sondern der geheime Zusammenhang mit der romantischen Anschauungsweise der Zeit, die reaktionäre Vorliebe des Verfassers für die
mittelalterliche Feudalherrlichkeit, welche er in seinen Schilderungen heraufbeschwor. Bezeichnend genug erschienen die Gestalten der Walter Scott'schen
Romane in der tanz- und verkleidungslustigen Residenz bald auch als
Charaktermasken auf einem Balle. „Ich muß von den Werken Sir Walter
Scott's sprechen," berichtet Heine seinen Lesern in der Provinz [93]), „weil
ganz Berlin davon spricht, weil sie der „Jungfernkranz" der Lesewelt sind,
weil man sie überall liest, bewundert, bekrittelt, heruntergerissen, und wieder
liest. Von der Gräfin bis zum Nähmädchen, vom Grafen bis zum Lauf-
jungen liest Alles die Romane des großen Schotten; besonders unsre ge-
fühlvollen Damen. Diese legen sich nieder mit „Waverley", stehen auf
mit „Robin dem Rothen", und haben den ganzen Tag den „Zwerg" in
den Fingern. Der Roman „Kenilworth" hat gar besonders Furore gemacht. Da hier sehr Wenige mit vollkommener Kenntnis des Englischen
gesegnet sind, so muß sich der größte Theil unserer Lesewelt mit französischen und deutschen Übersetzungen behelfen. Daran fehlt es auch nicht.
Von dem letzten Scott'schen Romane: „Der Pirat" sind vier Übersetzungen

auf einmal angekündigt. Auf eine ausgezeichnete Weise wurde Scott's Name kürzlich hier gefeiert. Bei einem Feste war eine glänzende Maskerade, wo die meisten Helden der Scott'schen Romane in ihrer charakteristischen Äußerlichkeit erschienen. Von dieser Festlichkeit und diesen Bildern sprach man hier wieder acht Tage lang. Besonders trug man sich damit herum, daß der Sohn von Walter Scott, der sich just hier befindet, als schottischer Hochländer gekleidet und, ganz wie es das Kostüm verlangt, nacktbeinig, ohne Hosen, bloß ein Schurz tragend, das bis auf die Mitte der Lenden reichte, bei diesem glänzenden Feste paradierte. Dieser junge Mensch, ein englischer Husarenofficier, wird hier sehr gefeiert, und genießt hier den Ruhm seines Vaters. Wo sind die Söhne unserer großen Dichter, die, wenn auch nicht ohne Hosen, doch vielleicht ohne Hemd herumgehen? Wo sind unsere großen Dichter selbst? Still, still, Das ist eine partie honteuse."

Einen Dichter gab es jedoch, dem seit einem Vierteljahrhundert von einer stillen Gemeinde zu Berlin eine wandellose Verehrung gezollt wurde. Dieser Dichter war Goethe, diese stille Gemeinde war der Rahel'sche Umgangskreis. Rahel Levin, geboren im Juni 1771, hatte seit ihrer frühesten Jugend, in vertrautem Umgange mit David Veit und Wilhelm von Humboldt, das Studium der Goethe'schen Werke zu einer der Hauptaufgaben ihres gedankenernsten, poesievollen Lebens gemacht. Eine idealistische Natur, sympathisierend mit allem Großen und Schönen, produktiv und selbständig im Denken, aber zu philosophisch, um jemals auch nur zum Versuch eigenen poetischen Schaffens zu gelangen, fand sie in Goethe's Dichtungen Alles konkret und plastisch dargestellt, was sie in der Stille gedacht und empfunden, oder in blitzartig aufleuchtenden Gesprächsaperçus hingeworfen hatte. Um Goethe's Werke rankte sich, so zu sagen, ihre ganze Existenz, sie waren ihr der Schlüssel zu allen Geheimnissen der Welt und des Lebens. Von Goethe gelobt worden, mit ihm befreundet zu sein, ja nur mit ihm gesprochen zu haben, galt ihr als der beste Empfehlungsbrief, und es ist ein ernsthaft gemeinter Scherz, wenn Prinz Louis Ferdinand, nachdem ihn Goethe besucht hatte, der Rahel dies wichtige Ereignis mit den Worten melden ließ: „Jetzt bin ich ihr gewiß unter Brüdern dreitausend Thaler mehr werth." Rahel hatte in der That die Bedeutung Goethe's schon zu einer Zeit erkannt, als dieselbe von der seicht aufklärerischen Berliner Kritik noch vielfach bestritten ward, und ihr rastloser Eifer trug nicht Wenig dazu bei, unter den literarischen Größen der Hauptstadt, die sich in ihrem Gesellschaftscirkel versammelten, eine begeisterte Propaganda für das Verständnis und die richtige Werthschätzung der Dichtungen des Schwans von Weimar zu erwecken. In diesem Bestreben wurde sie durch ihren feinsinnigen Gemahl Varnhagen von Ense, dessen „bejahendes Entgegenkommen“ Goethe mit Wohlgefallen aufnahm, kräftig unterstützt, und das lebhafte Interesse für Kunst und Literatur, welches in dem geistvollen Kreise genährt wurde, kam auch den jüngern Talenten zu Gute, die hier freundliche Aufmunterung und fördernde Anregung fanden. Mit Friedrich von Schlegel, Ludwig Tieck, Fouqué und den meisten andern hervorragenden Stimmführern der Romantik stand Rahel in fortgesetztem mündlichen oder brieflichen Verkehre, Schleiermacher, Fichte und Chamisso gehörten zu den regelmäßigen Besuchern ihres gastlichen Hauses, und als Heine im Frühling 1821 nach Berlin kam, wurde der Varnhagen'sche Salon die Hauptpflanzstätte seines Dichterruhms. „Die liebe, gute, kleine Frau mit der großen Seele,“ — „die geistreichste Frau des Universums,“ wie Heine sie ein anderes Mal [**]) nennt — „legte aber nicht allein für seine poetische Begabung, sondern auch für das reizbare, zwischen melancholischer Weichheit und bitterem Spott auf und ab schwankende Empfindungsleben ihres jungen Freundes das zarteste Verständnis und die wohlwollendste Sympathie an den Tag. Ihr Haus in der Französischen Straße No. 20 erschien ihm als sein wahres Vaterland [**]), und wie er sofort den vollen Werth ihres seltenen Geistes erkannte, so gestand er auch freudig, daß ihn Niemand so tief verstehe und kenne wie Rahel. „Als ich ihren Brief las,“ schreibt er einmal an Varnhagen [**]), „war's mir, als wär' ich traumhaft im Schlafe aufgestanden und hätte mich vor den Spiegel gestellt und mit mir selbst gesprochen und mitunter etwas geprahlt . . . An Frau von Varnhagen brauche ich gar nicht zu schreiben, sie weiß Alles, was ich ihr sagen könnte, sie weiß was ich fühle, sie weiß was ich denke und nicht denke.“ Einmal bemerkt er, daß sogar seine Handschrift mit Frau von Varnhagen's Handschrift sehr große Ähnlichkeit bekomme, und fügt hinzu: „Im Grunde ist es auch Unnatur, wenn ich anders schreibe. Sind sich doch unsre Gedanken ähnlich wie ein Stern dem andern — besonders meine ich hier Sterne, die so recht viele Millionen Meilen von der Erde entfernt sind.“ Und als er ihr von Hamburg aus die Lieder der „Heimkehr“ widmete, sandte er ihr das Buch ohne

9 *

weitere Erklärung, und schrieb später an Varnhagen: „Die Gründe meine
Dedikation hat sie, glaub' ich, besser errathen, als ich selbst. Mir schien
es, als wollte ich dadurch aussprechen, daß ich Jemandem zugehöre. Ich
lauf so wild in der Welt herum, manchmal kommen Leute, die mich wohl
gern zu ihrem Eigenthum machen möchten, aber Das sind immer Solche
gewesen, die mir nicht sonderlich gefielen, und so lange Dergleichen der
Fall ist, soll immer auf meinem Halsbande stehen: J'appartiens à Ma
dame Varnhagen." Die Briefe Rahel's an Heine sind leider sämmtlich
bei einer Feuersbrunst im Hause seiner Mutter verbrannt; in einem
Schreiben der Ersteren an Friedrich von Gentz findet sich jedoch ein wei
teres Zeugniß dieses anregenden Wechselverkehrs. Rahel hebt in dem von
9. Oktober 1830 datierten Briefe besonders die große Gabe des Stil
hervor, welche Heine besaß: „Mit Bedacht sage ich Gabe. Eine von
dieser Art hatte Friedrich Schlegel (ohne seine Kunst und Gedanken); ich
nannte Das immer ein Sieb im Ohr haben, welches nichts Schlechte
durchläßt. Außer Diesem hat Heine noch viele Gaben. Er wurde uns
vor mehreren Jahren zugeführt, wie so Viele, und immer zu Viele; da
er fein und absonderlich ist, verstand ich ihn oft, und er mich, wo ihn
Andre nicht vernahmen; Das gewann ihn mir, und er nahm mich als
Patronin. Ich lobte ihn, wie Alle, gern, und ließ ihm Nichts durch, ja
ich's vor dem Druck; doch Das geschah kaum; und ich tadelte dann scharf.
Mit einem Male bekam ich sein fertiges, eingebundenes Buch von Ham
burg, wo er war, die Zueignung an mich drin. Der Schlag war ge
schehen; und nur darin konnte ich mich fassen, daß ich schon damal
wußte, daß alles Geistige vergeht, und sogar bald von Neuem der Ar
verschlungen wird, ja, das Meiste fast unbeachtet bleibt; thun konnte ich
nach vollbrachtem Attentat Nichts, als ihm schreiben: nun sähe ich
völlig ein, weßhalb man bei Fürstinnen erst die Erlaubniß erbittet, ihnen
ein Buch zueignen zu dürfen ꝛc. Wir blieben uns aber hold nach wi
vor." — Mit den Gefühlen dankbarster Anhänglichkeit gedachte Heine sei
ganzes Leben hindurch der liebevollen Aufnahme, die er im Varnhagen'schen
Hause gefunden. In ein für Rahel bestimmtes Exemplar der „Tragödien
trug er die Erinnerungszeilen ein [97]): „Ich reise nun bald ab, und ich bitt
Sie, werfen Sie mein Bild nicht ganz und gar in die Polterkammer de
Vergessenheit. Ich könnte wahrhaftig keine Repressalien anwenden, und
wenn ich mir auch hundertmal des Tages versagte: „Du willst Fra

von Varnhagen vergessen!" es ginge doch nicht. Vergessen Sie mich nicht! Sie dürfen sich nicht mit einem schlechten Gedächtnisse entschuldigen, Ihr Geist hat einen Kontrakt geschlossen mit der Zeit; und wenn ich vielleicht nach einigen Jahrhunderten das Vergnügen habe, Sie als die schönste und herrlichste aller Blumen im schönsten und herrlichsten aller Himmels- thäler wiederzusehen, so haben Sie wieder die Güte, mich arme Stechpalme (oder werde ich noch was Schlimmeres sein?) mit Ihrem freundlichen Glanze und lieblichen Hauche wie einen alten Bekannten zu begrüßen. Sie thun es gewiß; haben Sie ja schon Anno 1822 und 1823 Ähnliches gethan, als Sie mich kranken, bittern, mürrischen, poetischen und unaus- stehlichen Menschen mit einer Artigkeit und Güte behandelt, die ich gewiß in diesem Leben nicht verdient, und nur wohlwollenden Erinnerungen einer frühern Konnaissanz verdanken muß." In gleichem Sinne schrieb er zwei Monate nachher, als er sich in Lüneburg von allem geistigen Ver- kehr abgeschnitten fühlte, dem um fünfzehn Jahr' älteren Freunde [98]): „Es ist ganz natürlich, daß ich den größten Theil des Tages an Sie und Ihre Frau denke, und mir immer lebendig vorschwebt, wie Sie Beide mir so viel Gutes und Liebes erzeigt, und mich mürrischen, kranken Mann aufgeheitert, und gestärkt, und gehoben, und durch Rath und That unter- stützt, und mit Makaroni und Geistesspeise erquickt. Ich habe so wenig wahre Güte im Leben gefunden, und bin so viel schon mystificiert worden, und habe erst von Ihnen und ihrer großherzigen Frau eine ganz mensch- liche Behandlung erfahren." Und fast ein Decennium später, als er, nach Paris ausgewandert, im Sonnenglanze seines Ruhmes sich dennoch unbe- friedigt fand, wiederholte er die ernste Versicherung [99]): „Ich bedarf des Bewußtseins Ihrer und Frau von Varnhagen's Theilnahme jetzt noch eben so sehr wie im Beginne meiner Laufbahn; denn ich stehe jetzt ebenso ein- sam in der Welt wie damals. Nur daß ich jetzt mehr Feinde habe, welches zwar immer ein Trost, aber doch kein genügender ist."

Heine's poetische Leistungen mußten in dem Varnhagen'schen Kreise um so größere Anerkennung finden, als sich in ihnen, bei aller Verschieden- heit der Richtung, doch in formeller Beziehung eine gewisse Verwandtschaft mit der Goethe'schen Dichtweise aussprach. Die volksliedartige Einfach- heit der Motive, die ungekünstelte Natürlichkeit der Sprache, die an- schauliche Gegenständlichkeit der Darstellung und die sich ins Ohr schmei- chelnde Sangbarkeit der Melodie erinnerten einen so feinfühlenden Stil-

künstler, wie Varnhagen von Ense es war, in wohlthuendster Weise an
die Zaubergewalt Goethe'scher Lieder. Auch Rahel schätzte diese vollendet
künstlerische Beherrschung des Stoffes um so höher, als ihr selbst jede
kunstvoll abgerundete Gestaltung ihres Denkens und Fühlens versagt war.
Sie bekannte offen, wie Heine erzählt [100]), daß sie so wenig „schreiben"
könne, wie Börne oder Jean Paul. „Unter Schreiben verstand sie nämlich
die ruhige Anordnung, so zu sagen die Redaktion der Gedanken, die logische Zusammensetzung der Redetheile, kurz jene Kunst des Periodenbaues,
den sie sowohl bei Goethe wie bei ihrem Gemahl so enthusiastisch bewun-
derte, und worüber wir damals fast täglich die fruchtbarsten Debatten
führten. Rahel liebte vielleicht Börne um so mehr, da sie ebenfalls zu
jenen Autoren gehörte, die, wenn sie gut schreiben sollen, sich immer in
einer leidenschaftlichen Anregung, in einem gewissen Geistesrausch befinden
müssen, — Bacchanten des Gedankens, die dem Gotte mit heiliger Trun-
kenheit nachtaumeln. Aber bei ihrer Vorliebe für wahlverwandte Naturen
hegte sie dennoch die größte Bewunderung für jene besonnenen Bildner
des Wortes, die all ihr Fühlen, Denken und Anschauen, abgelöst von der
gebärenden Seele, wie einen gegebenen Stoff zu handhaben und gleichsam
plastisch darzustellen wissen." Rahel und Varnhagen gaben sich nicht geringe Mühe, der Schar unbedingter Goethe-Verehrer, welche zu Berlin
in den zwanziger Jahren einen an Götzendienst streifenden Kultus mit
ihrer Verherrlichung des Dichtergreises trieb, in H. Heine ein neues
Mitglied zu werben. Goethe's Geburtstag wurde von der Tafelrunde
seiner Berliner Schildknappen alljährlich durch Festspiele, Gedichte und
Reden gefeiert, deren überschwänglicher Ton beispielsweise aus den
Versen erhellt, mit denen Geheimrath Schulz ein solches Geburtstags-
larmen eröffnete:

> Ach, wär' ich ein Fisch,
> So wohlig und frisch,
> Und ganz ohne Gräten —
> So wär' ich für Goethen,
> Gebraten am Tisch,
> Ein köstlicher Fisch!

In den Chorus so lächerlich überspannter Huldigungen mochte freilich
Heine nicht einstimmen, und bei aller Bewunderung der unsterblichen
Meisterwerke des Dichters opponierte er schon damals im Varnhagen'schen

Salon häufig gegen die vornehme, kühl ablehnende Kunstbehaglichkeit, mit welcher sich der alternde Goethe den tiefsten Interessen der Gegenwart verschloß, und sich mehr und mehr in seine naturwissenschaftlichen Liebhabereien versenkte. Die vielseitigen literarischen Debatten hatten jedoch für Heine die nützliche Folge, daß er sich ernstlicher als bisher mit dem Studium von Goethe's Werken beschäftigte, und dadurch einen festeren Standpunkt des Urtheils gewann. Nach kaum zwei Jahren konnte er der Freundin melden [101]: „Ich habe jetzt, bis auf eine Kleinigkeit, den ganzen Goethe gelesen!!! Ich bin jetzt kein blinder Heide mehr, sondern ein sehender. Goethe gefällt mir sehr gut." Als nun gar die „falschen Wanderjahre" erschienen, und eine frömmelnde Moral gegen die heiter hellenische Kunstrichtung Wilhelm Meister's zu Felde zog, da bedauerte Heine schmerzlich, daß sein juristisches Brotstudium ihn verhindere, „den Goethe'schen Befreiungskrieg als freiwilliger Jäger mitzumachen" [102]. „Wo denken Sie hin," schrieb er einige Jahre später, als Goethe sich unvortheilhaft über ihn geäußert hatte, an Varnhagen [103], „Ich, Ich gegen Goethe schreiben! Wenn die Sterne am Himmel mir feindlich werden, darf ich sie deßhalb schon für bloße Irrlichter erklären? Überhaupt ist es Dummheit, gegen Männer zu sprechen, die wirklich groß sind, selbst wenn man Wahres sagen könnte. Der jetzige Gegensatz der Goethe'schen Denkweise, nämlich die deutsche Nationalbeschränktheit und der seichte Pietismus, sind mir ja am fatalsten. Deßhalb muß ich bei dem großen Heiden aushalten, quand même. Gehöre ich auch zu den Unzufriedenen, so werde ich doch nie zu den Rebellen übergehen." Im Juni 1823 schrieb Heine auf Varnhagen's Aufforderung für Dessen Festgabe zu Goethe's drei und siebenzigstem Geburtstage: „Goethe in den Zeugnissen der Mitlebenden" einen längeren Aufsatz [104], in welchem er die Bedeutsamkeit des erwähnten Gegensatzes zwischen der Goethe'schen Denkweise und der pietistischen Richtung der Zeit vermuthlich scharf betont haben wird. Wie er an Moser berichtet, traf der Aufsatz, nach Varnhagen's Angabe, zu spät ein, um dem Buche einverleibt zu werden; doch glaubt Heine, daß dieser Grund nur ein Vorwand sei, und die Idee seiner Abhandlung Varnhagen nicht gefallen habe. „Wirklich, meine Aufsätze werden immer schlecht, wenn eine vernünftige Idee darin ist," fügt er spöttisch hinzu. Die Arbeit ist leider verloren gegangen; wenigstens hat sie sich in dem Varnhagen'schen Nachlasse nicht vorgefunden.

Der Verkehr mit dem Rahel'schen Kreise brachte den jungen Studenten in Berührung mit fast allen literarischen Notabilitäten der Hauptstadt. Fouqué, der Dichter der „Undine", kam von seinem Gute Nennhausen häufig nach Berlin, und war Einer der Ersten, die Heine's poetisches Talent freudig anerkannten. Er sprach diese Anerkennung sogar durch ein tief empfundenes Gedicht aus [105]), in welchem er ihn eindringlich ermahnt, „nicht mit den Schlangen zu tändeln, die sein gen Himmel zielendes Herz immer wieder bergab ringeln," und nicht länger „so wirr, so zürnend und so hohl" zu singen —

> „Hohl wie die Geister um Mitternacht,
> Wie im Walde der Wind so wirr,
> Und zürnend, wie in Gewitterpracht
> Der Blitze blendend Geschwirr!

> „Du, dem die Kraft in den Liedern schäumt,
> Dem zuckt auf der Lippe der Schmerz:
> Du hast schon einmal so Schlimmes geträumt, —
> O hüte Dein liebes Herz!"

Wir sehen aus den gleichzeitigen Briefen an Immermann, daß Heine die feudal-aristokratische Richtung, welche Fouqué namentlich in seinen späteren Schriften vertrat, aufs entschiedenste verdammte. Er schreibt über Denselben [106]): „Wenn ich ihn auch noch so sehr liebe als Mensch, so sehe ich es dennoch für ein verdienstliches Werk an, daß man mit der Geißel jene trübseligen Ideen bekämpft, die er durch sein schönes Talent ins Volk zu pflanzen sucht. Mir blutet das Herz, wenn ich Fouqué gekränkt finde, und dennoch bin ich froh, wenn andere Leute durch keine solche Weichheit abgehalten werden, das Dunstthum zu persiffliren. In tiefster Seele empören mich die Anmaßungen und Jämmerlichkeiten jener Klicke, zu deren Grundsätzen sich Fouqué bekennt, und Sie können es auch wohl mir zutrauen, daß auch ich darnach lechze, sie bis aufs Blut zu geißeln, jene edlen Recken, die unseres Gleichen zu ihren Hundejungen, ja auch vielleicht zu noch etwas Wenigerem, zum Hunde selbst, machen möchten." Um so rührender bewegt ihn die Theilnahme und Freundlichkeit des literarischen Gegners, und er antwortet ihm mit überströmender Herzlichkeit: „Herr Baron! Ich kann es nicht aussprechen, was ich beim Empfang Ihres lieben Briefes empfunden habe. Kaum las ich Ihren theuern Namen, so war es auch, als ob in meiner Seele wieder auftauchten all' jene leuchtenden Lieblingsgeschichten, die ich in meinen bessern Tagen von Ihnen gelesen, und sie erfüllten mich wieder mit der alten Wehmuth, und dazwischen hörte ich wieder die schönen Lieder von gebrochenen Herzen, unwandelbarer Liebestreue, Sehnsuchtgluth, Todesseligkeit — vor Allem glaubte ich die freundliche Stimme von Frau Minnetrost zu vernehmen. Es mußte den armen Kunstjünger sehr erfreuen, bei dem bewährten und gefeierten Meister Anerkennung gefunden zu haben, entzücken mußte es ihn, da dieser Meister eben jener Dichter ist, dessen Genius einst so Viel in ihm geweckt, so gewaltig seine Seele bewegt und mit so großer Ehrfurcht und Liebe ihn erfüllt! Ich kann Ihnen nicht genug danken für das schöne Lied, womit Sie meine dunkeln Schmerzen verherrlicht und die bösen Flammen derselben beschworen . . . Was Ihr liebes Gedicht an mich in Betreff der Schlangen ausspricht, ist leider nur zu sehr die Wahrheit." Auch des ritterlichen Sängers hochgebildete Gemahlin, Karoline de la Motte-Fouqué, eine verständige, scharf beobachtende Frau und beliebte Romanschriftstellerin, — Adalbert von Chamisso, der trotz seiner französischen Herkunft echt deutsche Poet, dem das graue Lockenhaar phantastisch um das hagere edle Gesicht wallte, und dessen ewig jugendliches Herz alle Leiden und Freuden der Menschheit sympathisch mitempfand, — und Wilhelm Häring, der sich als Willibald Alexis durch seine historischen Romane den Ehrennamen des deutschen Walter Scott erwarb, begleiteten die Erstlingsflüge der Heine'schen Muse mit ernstem, theilnahmvollem Interesse. Der Tragödiendichter Michael Beer, ein jüngerer Bruder des Komponisten Meyerbeer, schloß sich ebenfalls dieser geistvollen Gesellschaft an; sein „Paria" errang nicht bloß in Berlin, sondern auch auf auswärtigen Bühnen bedeutende Erfolge. Als Vertreter der Journalistik fand sich der Holzschnittkünstler Professor Gubitz ein, um für seine Zeitschrift, den „Gesellschafter, oder Blätter für Geist und Herz", Beiträge durch Vermittelung Varnhagen's und Rahels zu erlangen, die sich Beide häufig seines Blattes zur Mittheilung kritischer Anregungen bedienten. Aus der Feder Rahel's stammten u. A. die mit „Friederike" unterzeichneten Briefe über die „Wanderjahre", welche von Goethe so anerkennend belobt wurden. Besonders herzlich aber fühlte Heine sich hingezogen zu Ludwig Robert, dem Bruder Rahel's, dessen Trauerspiel „Die Macht der Verhältnisse" die socialen Konflikte der Zeit mit schmerzlicher Bitterkeit aufdeckte, und zu Dessen munterer Frau, einer anmuthig plaudernden Schwäbin von vielbewunderter

Schönheit, der auch Heine seinen Huldigungstribut in einem Sonetten-Cyklus abtrug [107]). Die späteren Leistungen Robert's — meist literarische Satiren in romantischer Lustspielsform — entsprachen nicht den Erwartungen, welche jenes Drama erregt hatte. „Freilich", scherzt Heine [108]), „dem Manne der Madame Robert muß es wohl sauer werden, ein Trauerspiel zu schreiben — der arme Glückliche! Kaum hat er wüthend die Stirn zusammengezogen zum tragischen Ernst, so wird ihm dieser freundlich fortgelächelt von der schönen Frau, und ärgerlich greift er nach ihrem Strickstrumpf, statt nach Melpomenens Dolch."

Aber nicht allein literarische Fragen wurden im Rahel'schen Kreise verhandelt, sondern auch die politischen Interessen der Zeit fanden dort eine ernste Besprechung. Varnhagen, Chamisso, Fouqué, Häring hatten selbst in den Reihen der Befreiungsarmee gegen das fremdländische Joch gekämpft; zwei unvergeßliche Freunde Rahel's, der Prinz Louis Ferdinand und der edle Alexander von der Marwitz, waren bei Saalfeld und Montmirail den Heldentod fürs Vaterland gestorben; und Fichte, der durch seine „Reden an die deutsche Nation" die Flamme der patriotischen Begeisterung so lebhaft geschürt, hatte seinen Freunden als Erbtheil ein brennend schmerzhaftes Mitgefühl für die Leiden der Menschheit hinterlassen. Die Briefe Rahel's und Varnhagen's, welche jetzt ziemlich vollständig zur Kunde der Nachwelt gelangt sind, bezeugen die warme Theilnahme Beider an den Geschicken der Heimat und an der freiheitlichen Entwicklung des öffentlichen Lebens deutlich genug, um uns den großen Einfluß ahnen zu lassen, welchen dieser Umgang auf die Bildung und Vertiefung der politischen Ansichten Heine's ausüben mußte, — ein Einfluß, welcher zudem durch zahlreiche Äußerungen seiner späteren Korrespondenz mit Varnhagen dokumentiert wird.

Ein anderer Sammelplatz der Schöngeister Berlin's war in den Jahren 1820—1824 das Haus der Dichterin Elise von Hohenhausen, geb. von Ochs, welche damals noch nicht ihrer späteren pietistischen Richtung huldigte, sondern eine enthusiastische Verehrerin Lord Byron's war, dessen Dichtungen sie zum Theil übersetzte, und als dessen Nachfolger in Deutschland sie zuerst den ein und zwanzigjährigen Heine proklamierte. Jeden Dienstagabend fand sich in ihrem Salon eine Schar auserlesener Geister ein, zu denen, außer der Varnhagen'schen Familie und deren Freunden, noch manche andere hervorragende Zierden der Kunst und Wissenschaft

gehörten. Einer Tochter der Frau von Hohenhausen, welche dreißig Jahre
später den kranken Dichter in Paris besuchte, verdanken wir eine durch die
Erinnerungen der Mutter ergänzte Schilderung dieses Kreises [109]), der wir
folgende Angaben entlehnen: „Neben Varnhagen und Chamisso glänzten
Eduard Gans, dessen auffallend schöner Kopf mit dem frischen Kolorit,
den stolz gewölbten Brauen über den dunklen Augen, an einen geistigen
Antinous erinnerte; Bendavid, der liebenswürdige Philosoph und Schüler
von Moses Mendelssohn, übersprudelnd von Witz und köstlich erzählten
Anekdoten; dann ein damals noch junger Nachwuchs, jetzt lauter Männer
in grauen Haaren und hohen Würden: der Maler Wilhelm Hensel, jetzt
Professor; Leopold von Ledebur, damals ein studierender Lieutenant, jetzt
ein bekannter Historiograph und Direktor der Kunstkammer des Berliner
Museums; der Dichter Apollonius von Maltitz, jetzt russischer Gesandter
in Weimar; Graf Georg Blankensee, der ritterliche Sänger und Epigone
Byron's, jetzt Mitglied der ersten Kammer, 2c. Unter den Frauen nahm
Rahel natürlich den ersten Platz ein; neben ihr blühte ihre wunderschöne
Schwägerin, Friederike Robert. Amalie von Helwig, geb. von Imhoff,
die Übersetzerin der Frithjofssage, Helmina von Chezy, die fahrende Meister-
sängerin jener Zeit, Fanny Tarnow, die gefeierte Romanschriftstellerin, gehörten nebst vielen anderen geistreichen Frauen aus der höheren Berliner
Gesellschaft zu diesem Kreise. Heine las dort sein „Lyrisches Intermezzo"
und seine Tragödien „Ratcliff" und „Almansor" vor. Er musste sich
manche Ausstellung, manchen scharfen Tadel gefallen lassen, namentlich
erfuhr er häufig einige Persifflage wegen seiner poetischen Sentimentalität,
die wenige Jahre später ihm so warme Sympathie in den Herzen der
Jugend erweckte. Ein Gedicht mit dem Schlusse:

> „Und laut aufweinend stürz' ich mich
> Zu deinen süßen Füßen"

fand eine so lachende Opposition, daß er es nicht zum Drucke gelangen
ließ [110]). Die Meinungen über sein Talent waren noch sehr getheilt, die
Wenigsten hatten eine Ahnung von seinem dereinstigen unbestrittenen Dichterruhme. Elise von Hohenhausen, die ihm den Namen des deutschen Byron
zuertheilte, stieß auf vielen Widerspruch; bei Heine jedoch sicherte ihr diese
Anerkennung eine unvergängliche Dankbarkeit. Letzterer war klein und
schmächtig von Gestalt, bartlos, blond und blaß, ohne irgend einen hervorstechenden Zug im Gesichte, doch von eigenthümlichem Gepräge, sodaß

man gleich aufmerksam auf ihn wurde, und ihn nicht leicht wieder vergaß. Sein Wesen war damals noch weich, der Stachel des Sarkasmus noch nicht ausgebildet, der später die Rose seiner Poesie umdornte. Er war selbst eher empfindlich gegen Spott, als aufgelegt, solchen zu üben." — Wir vervollständigen dies Bild seiner damaligen äußeren Erscheinung durch die Mittheilungen seines Vetters Hermann Schiff aus Hamburg, welcher gleichzeitig mit ihm in Berlin studierte [111]): „Heine's Figur war keine imposante. Er war bleich und schwächlich, und sein Blick war matt. Wie ein Kurzsichtiger kniff er gern die Augenlider ein. Alsdann erzeugten sich vermöge der hochstehenden Wangenknochen jene kleinen Fältchen, welche eine polnisch-jüdische Abkunft verrathen konnten. Im Übrigen sah man ihm den Juden nicht an. Sein glattgestrichenes Haar war von bescheidener Farbe, und seine weißen zierlichen Hände liebte er zu zeigen. Sein Wesen und Benehmen war ein still vornehmes, gleichsam ein persönliches Inkognito, in welchem er seine Geltung bei Andern verhüllte. Selten war er lebhaft. In Damengesellschaften habe ich ihn nie einer Frau oder einem jungen Mädchen Artigkeiten sagen hören. Er sprach mit leiser Stimme, eintönig und langsam, wie um auf jede Silbe Werth zu legen. Wenn er hie und da ein witziges oder geistreiches Wort hinwarf, so bildete sich um seine Lippen ein viereckiges Lächeln, das sich nicht beschreiben läßt."

Doch nicht allein in den höheren Cirkeln der Residenz lernte Heine einen tieferen Einblick in die Welt und das Leben und die bewegenden Interessen der Zeit gewinnen: — auch andere, formlosere Kreise zogen ihn lebhaft an. Die Räume des alten Kasinos in der Behrenstraße und die Weinstube von Lutter & Wegener waren damals die Vereinigungsplätze einer Anzahl junger Genies, welche dort im Bunde mit den letzten Überresten der tollen Gesellschaft von Ludwig Devrient und E. T. A. Hoffmann, ein phantastisch wildes Kneipleben führten. Hoffmann war zu jener Zeit schon an sein einsames Krankenlager gebannt, und starb am 24. Juli 1822 nach den qualvollsten Leiden; Devrient aber erschien nach dem Theater häufig unter der ausgelassenen Schar, und trug in trunkenem Muthe eine seiner Rollen vor, — einmal sogar Goethe's Mephisto, den man ihn im Hoftheater nicht wollte spielen lassen. Zum Mittelpunkt dieses excentrischen Kreises aber machte sich Dietrich Christian Grabbe, der um Ostern 1822 nach Berlin kam, und zunächst sein ungeheuerliches Drama, den „Herzog Theodor von Gothland", vollendete. Er setzte hier die zügellosen Orgien seines Leipziger Lebens fort, und wurde, wie Ziegler [112]) erzählt, von seinen Zechbrüdern als ein wunderbares Phänomen angestaunt, wenn er sich seinen Sonderbarkeiten hingab, wenn er etwa, die Hände in den Taschen seiner blauen Hosen vergraben, gleichgültig die Straße hinunter schlenderte, dann und wann wie ein alter Hexenmeister zwei- oder dreimal um einen Brunnen herumging, oder sich ein Büschel seiner borstigen Haare abschnitt, und den fürchterlichen Schwur that, er wolle mit diesen Spießen neun und neunzig Poeten und Literaten erstechen. Auch Heine wurde, gleich so vielen Andern, einmal von der rohen Lebensart Grabbe's mißhandelt, nahm aber, da ihm das dissolute Wesen Desselben genugsam bekannt war, keine Notiz von der Beleidigung. Dies wurmte Grabbe so tief, daß er sich noch kurz vor seinem Tode darüber beschwerte. „Aber was sollte Heine mit Ihnen thun?" fragte der Besucher, welchem Grabbe diesen Vorfall erzählte; „sollte er Sie fordern?" — „Nein, derartig war die Sache nicht." — „Sollte er Sie denn prügeln, oder, da er körperlich der Schwächere war, Sie prügeln lassen?" — „Nein, Das war Alles unzureichend, er mußte mich morden!" [113]) — Ein zweites hervorragendes Mitglied dieses kraftgenialischen Bundes von Stürmern und Drängern war der frühreife Köchy, welcher schon mit neunzehn Jahren als Göttinger Student ein Journal zur Wiederbelebung des Geschmackes an altdeutscher Literatur und Kunst herausgab, das die beiden Grimm, Fouqué, Arnim und Brentano zu Mitarbeitern zählte. Wie Grabbe, ging auch Köchy damals mit dem Plane um, nicht allein Bühnenstücke und Theaterkritiken zu schreiben, sondern praktisch als Schauspieler die weltbedeutenden Bretter zu betreten — mit dem Unterschied freilich, daß Grabbe's burleske Figur und polternd unbeholfene Sprache diesen Gedanken von vornherein als einen lächerlichen Einfall erscheinen ließ, während Köchy in seinen Vorlesungen Shakspeare'scher und Holberg'scher Stücke ein so entschiedenes Talent für dramatische Darstellung offenbarte, daß sogar der große Pius Alexander Wolff ihn dringend zum Ergreifen der Theaterlaufbahn ermunterte. In seiner späteren Stellung als Dramaturg des Hoftheaters zu Braunschweig entfaltete Köchy eine verdienstliche Thätigkeit durch Heranbildung tüchtiger Schauspielerkräfte und durch Beförderung eines edleren Kunstgeschmacks auf der Bühne; seine lyrischen Produktionen, welche meist in die Zeit seines Berliner Aufenthalts fallen, sind von untergeordnetem Werthe, und auch von seinen Lustspielen hat sich keines dauernd auf dem

Repertoir erhalten. — Vielverheißend waren die dramatischen Anfänge eines dritten Jünglings aus diesem phantastischen Kreise, des Schlesiers Friedrich von Uechtritz, welcher mit einer Reihe von historisch-romantischen Dramen debütierte, und durch seine 1826 mit Erfolg im Berliner Hoftheater aufgeführte Tragödie „Alexander und Darius" eine geräuschvolle Fehde zwischen den Anhängern Tieck's und den Hegelianern hervorrief. Uechtritz unterstützte in den dreißiger Jahren das Bemühen seines Freundes Immermann, in Düsseldorf eine deutsche Musterbühne zu schaffen, aufs kräftigste durch seine gediegene Kunstkritik, und hat sich in jüngster Zeit, trotz seines vorgerückten Alters, nicht ohne Glück in der Romandichtung versucht. — Auch Ludwig Robert verkehrte eifrig mit diesen witzigen Gesellen, von denen noch Ludwig Gustorf und v. Borch hier genannt sein mögen, die sich gleich den Andern in ernsten und lustigen Thorheiten überboten. Da, wenn es im zweiten Stockwerk des alten Kasinos recht toll herging, saß Heine zusammengeklappt im Winkel, schwieg, lächelte, schlürfte aus dem Punschglase, und schärfte die Pfeile seiner epigrammatischen Lieder; der ungebärdige Grabbe sprang auf den Tisch, und hielt eine Rede an Mamsell Franz Horn, an seinen Freund, den Pfandjuden Hirsch in der Jägerstraße, an Herklots und Gubitz, an den blinden Weinhändler Sifum [114]); da trug Robert mit romantischer Blasiertheit à la Friedrich Schlegel seine Ansicht von der Nihilität jeder Anstrengung vor, die in abstracto die einzig richtige sei, aber leider durch die tägliche Erfahrung so kläglich ad absurdum geführt werde, oder Uechtritz machte die gescheite Bemerkung, daß Heinrich von Kleist bis zum Todtschießen verkannt worden sei [115]). Da wurden kleine literarische Bosheiten ausgeheckt; heute ward für die Juden geschrieben, morgen wurde ein eitler jüdischer Komponist im Scherz mit einer scharfen Kritik bedroht, und gab im Ernst einige Louis her, die man in wilder Lust verjubelte; einmal, in einer katzenjämmerlich trüben Stimmung, fiel es sogar mehreren Mitgliedern der Gesellschaft ein, fromm und katholisch werden zu wollen, und in launigem Übermuthe ward ein Schreiben an Adam Müller abgefasst, der indeß nicht darauf antwortete. Eine hübsche Brünette bereitete und kredenzte den Punsch, und wurde belohnt mit Gedichten und Küssen.

Daß Harry Heine an dieser liederlich genialen Wirthschaft und den gesellschaftlichen Zerstreuungen der Residenz anscheinend so großes Behagen fand, und in der ersten Zeit seines Berliner Aufenthalts weder seinen juriſtiſchen Studien, noch ſeinen poetiſchen Arbeiten mit Emſigkeit oblag, dürfte beiläufig noch aus einem beſonderen Umſtande zu erklären ſein. Im Frühling 1821 erhielt er die Nachricht, daß die unvergeßliche Geliebte, an der ſein Herz unter wechſelnder Hoffnung und Furcht Jahre lang mit leidenſchaftlichſter Zärtlichkeit gehangen, ihm jetzt unwiederbringlich verloren ſei. Sie hatte einem reicheren Bewerber ihre Hand gereicht; und zwar, wie Heine — vielleicht mit Unrecht und in entſchuldbarer Eitelkeit — annahm, nur durch das Drängen ihrer ihm feindlich geſinnten Verwandten zu dieſem Schritte bewogen:

> Sie haben dir Viel erzählet,
> Und haben Viel geklagt;
> Doch was meine Seele gequälet,
> Das haben ſie nicht geſagt.

> Sie machten ein großes Weſen
> Und ſchüttelten kläglich das Haupt;
> Sie nannten mich den Böſen,
> Und du haſt Alles geglaubt ...

In der That ſchmeichelt und martert ſich Heine beſtändig mit dem Gedanken, daß nur ſeine Abweſenheit den Treubruch der Geliebten verſchuldet habe, daß ſie ſelber, gleich ihm, unglücklich und elend durch ihre Falſchheit, unbefriedigt in dem neuen Verhältniſſe ſei:

> Und als ich ſo lange, ſo lange geſäumt,
> In fremden Landen geſchwärmt und geträumt:
> Da ward meiner Liebſten zu lang die Zeit,
> Und ſie nähete ſich ein Hochzeitkleid,
> Und hat mit zärtlichen Armen umſchlungen
> Als Bräut'gam den dümmſten der dummen Jungen.

> Mein Liebchen iſt ſo ſchön und mild,
> Noch ſchwebt mir vor ihr ſüßes Bild,
> Die Veilchenaugen, die Roſenwänglein,
> Die glühen und blühen jahraus, jahrein.
> Daß ich von ſolchem Lieb konnt' weichen,
> War der dümmſte von meinen dummen Streichen.

> Wie die Wellenſchaumgeborene
> Strahlt mein Lieb in Schönheitsglanz,
> Denn ſie iſt das auserkorene
> Bräutchen eines fremden Manns.

Herz, mein Herz, du vielgeduldiges,
Grolle nicht ob dem Verrath;
Trag es, trag es, und entschuldig es,
Was die holde Thörin that.

―――――

Ich grolle nicht, und wenn das Herz auch bricht,
Ewig verlornes Lieb! ich grolle nicht.
Wie du auch strahlst in Diamantenpracht,
Es fällt kein Strahl in deines Herzens Nacht.

Das weiß ich längst. Ich sah dich ja im Traum,
Und sah die Nacht in deines Herzens Raum,
Und sah die Schlang', die dir am Herzen frißt,
Und sah, mein Lieb, wie sehr du elend bist.

―――――

Ja, du bist elend, und ich grolle nicht; ―
Mein Lieb, wir sollen Beide elend sein!
Bis uns der Tod das kranke Herze bricht,
Mein Lieb, wir sollen Beide elend sein.

Wohl seh' ich Spott, der deinen Mund umschwebt,
Und seh' dein Auge blitzen trotziglich,
Und seh' den Stolz, der deinen Busen hebt, ―
Und elend bist du doch, elend wie ich.

Unsichtbar zuckt auch Schmerz um deinen Mund,
Verborgne Thräne trübt des Auges Schein,
Der stolze Busen hegt geheime Wund', ―
Mein Lieb, wir sollen Beide elend sein.

Finsterer noch ist der, ein Jahr später geschriebene, wehmüthig frivole
Traum von dem Wiedersehen der Geliebten, wo der ergreifendste Schmerz
unter der Hülle des ätzendsten Spottes hervorbricht:

Der Traumgott brachte mich in eine Landschaft,
Wo Trauerweiden mir „Willkommen" winkten
Mit langen, grünen Armen, wo die Blumen
Mit klugen Schwesteraugen still mich ansahn,
Wo mir vertraulich klang der Vögel Zwitschern,
Wo gar der Hunde Bellen mir bekannt schien,
Und Stimmen und Gestalten mich begrüßten
Wie einen alten Freund, und wo doch Alles

So fremd mir schien, so wunderseltsam fremd.
Vor einem ländlich schmucken Hause stand ich;
In meiner Brust bewegte sich's, im Kopfe
War's ruhig, ruhig schüttelte ich ab
Den Staub von meinen Reisekleidern,
Grell klang die Klingel, und die Thür ging auf.

Da waren Männer, Frauen, viel' bekannte
Gesichter. Stiller Kummer lag auf allen
Und heimlich scheue Angst. Seltsam verstört,
Mit Beileidsmienen fast, sahn sie mich an,
Daß es mir selber durch die Seele schauert',
Wie Ahnung eines unbekannten Unheils.
Die alte Margreth hab' ich gleich erkannt;
Ich sah sie forschend an, jedoch sie sprach nicht.
„Wo ist Maria?" fragt' ich, doch sie sprach nicht,
Griff leise meine Hand, und führte mich
Durch viele lange, leuchtende Gemächer,
Wo Prunk und Pracht und Todtenstille herrschte,
Und führt' mich endlich in ein dämmernd Zimmer,
Und zeigt' mit abgewandtem Angesicht
Nach der Gestalt, die auf dem Sopha saß.
„Sind Sie Maria? fragt' ich. Innerlich
Erstaunt' ich selber ob der Festigkeit,
Womit ich sprach. Und steinern und metalllos
Scholl eine Stimm': „So nennen mich die Leute."
Ein schneidend Weh durchfröstelte mich da,
Denn jener hohle, kalte Ton war doch
Die einst so süße Stimme von Maria!
Und jenes Weib im fahlen Lilakleid,
Nachlässig angezogen, Busen schlotternd,
Die Augen gläsern starr, die Wangenmuskeln
Des weißen Angesichtes lederschlaff —
Ach, jenes Weib war doch die einst so schöne,
Die blühend holde, liebliche Maria!
„Sie waren lang' auf Reisen!" sprach sie laut,
Mit kalt unheimlicher Vertraulichkeit,
„Sie schaun nicht mehr so schmachtend, liebster Freund,
Sie sind gesund, und pralle Lend' und Wade
Bezeugt Solidität." Ein süßlich Lächeln
Umzitterte den gelblich blassen Mund.
In der Verwirrung sprach's aus mir hervor:
„Man sagte mir, Sie haben sich vermählt!"

„Ach ja!" sprach sie gleichgültig laut und lachend,
„Hab' einen Stock von Holz, der überzogen
Mit Leder ist, Gemahl sich nennt; doch Holz
Ist Holz!" Und klanglos widrig lachte sie,
Daß kalte Angst durch meine Seele rann,
Und Zweifel mich ergriff: — sind Das die keuschen,
Die blumenkeuschen Lippen von Maria?
Sie aber hob sich in die Höh', nahm rasch
Vom Stuhl den Kaschemir, warf ihn
Um ihren Hals, hing sich an meinen Arm,
Zog mich von hinnen durch die offne Hausthür,
Und zog mich fort durch Feld und Busch und Au.

Die glühend rothe Sonnenscheibe schwebte
Schon niedrig, und ihr Purpur überstrahlte
Die Bäume und die Blumen und den Strom,
Der in der Ferne majestätisch floß.
„Sehn Sie das große goldne Auge schwimmen
Im blauen Wasser?" rief Maria hastig.
„Still, armes Wesen!" sprach ich, und ich schaute
Im Dämmerlicht ein märchenhaftes Weben.
Es stiegen Nebelbilder aus den Feldern,
Umschlangen sich mit weißen, weichen Armen.
Die Veilchen sahn sich zärtlich an, sehnsüchtig
Zusammenbeugten sich die Liljenkelche;
Auf allen Rosen glühten Wollustgluthen;
Die Nelken wollten sich im Hauch entzünden;
In sel'gen Düften schwelgten alle Blumen,
Und alle weinten stille Wonnethränen,
Und alle jauchzten: „Liebe! Liebe! Liebe!"
Die Schmetterlinge flatterten, die hellen
Goldkäfer summten feine Elfenliedchen,
Die Abendwinde flüsterten, es rauschten
Die Eichen, schmelzend sang die Nachtigall —
Und zwischen all dem Flüstern, Rauschen, Singen
Schwatzte mit blechern klanglos kalter Stimme
Das welke Weib, das mir am Arme hing:
„Ich kenn' ihr nächtlich Treiben auf dem Schloß;
Der lange Schatten ist ein guter Tropf,
Er nickt und winkt zu Allem, was man will;
Der Blaurock ist ein Engel; doch der Rothe
Mit blankem Schwert ist Ihnen spinnefeind."
Und noch viel buntre, wunderliche Reden

Schwatzt' sie in Einem fort, und setzte sich
Ermüdet mit mir nieder auf die Moosbank,
Die unterm alten Eichenbaume steht.

Da saßen wir beisammen, still und traurig,
Und sahn uns an, und wurden immer traur'ger.
Die Eiche säuselte wie Sterbeseufzer,
Tiefschmerzlich sang die Nachtigall herab.
Doch rothe Lichter drangen durch die Blätter,
Umflimmerten Maria's weißes Antlitz,
Und lockten Gluth aus ihren starren Augen,
Und mit der alten, süßen Stimme sprach sie:
„Wie wußtest du, daß ich so elend bin?
Ich las es jüngst in deinen wilden Liedern."

Eiskalt durchzog's mir da die Brust, mir grauste
Ob meinem eignen Wahnsinn, der die Zukunft
Geschaut, es zuckte dunkel durch mein Hirn,
Und vor Entsetzen bin ich aufgewacht.

Es kann nicht befremden, daß Harry, bei solcher — gleichvie, ob wahrer, ob aus poetischem Selbstbetrug entsprungener — Auffassung seines äußerlich beendeten, im tiefsten Gemüth aber leidenschaftlich weitergeträumten Liebesromans, sich vor der aufreibenden Gewalt einer verzweiflungsvollen Gefühlsschwelgerei zu retten suchte, indem er kopfüber in die Wogen des geselligen Verkehres hinabtauchte, um in geistreichem Gespräch oder im Wirbeltanz bunter Vergnügungen sein Leid zu übertäuben. Hatte er doch in Hamburg einst noch wildere Zerstreuungen aufgesucht, als der nagende Schmerz eines verfehlten Berufes ihm die Seele zusammenkrampfte, und er nirgends einen Ausweg aus den Widersprüchen seines unseligen Looses sah! „Mein inneres Leben," schreibt er einem Freunde [116]) bei gelegentlicher Erwähnung jener Hamburger Episode, „war brütendes Versinken in den düstern, nur von phantastischen Lichtern durchblitzten Schacht der Traumwelt, mein äußeres Leben war toll, wüst, cynisch, abstoßend; mit Einem Worte, ich machte es zum schneidenden Gegensatze meines inneren Lebens, damit mich dieses nicht durch sein Übergewicht zerstöre." Ein ähnlicher Trieb mochte ihn leiten, wenn er jetzt in Berlin auf den Redouten des Opernhauses die Nacht durchschwärmte, oder in den Weinstuben mit Grabbe, Köchy und ihren wilden Gesellen das romantische Possenspiel eines sich selbst verhöhnenden titanischen Übermuths aufführte.

10*

Aber tolle Zerstreuungen und geistreiche Witeleien sind ein schlechtes Heilmittel für ein wundes Gemüth. Das sollte auch Heine zu bitterster Qual in sich erfahren. Wohl mochte er im künstlich erzeugten Rausche einer starkgeistigen Ironie sein Herzweh verspotten, wohl mochte er mit frivoler Zunge sich brüsten [117], daß „weibliche Untreue nur noch auf seine Lachmuskeln wirken könne" — die verhöhnte und verleugnete Liebe wollte dennoch nicht sterben! Wie mit leisem Gewimmer ächzte ihr Klageton durch den Lärm der zusammenklirrenden Gläser und der trunkenen Stimmen des Bacchanals; bei Tage ließ ihr gespenstiger Schatten sich vielleicht gewaltsam verbannen, aber Nachts im stillen Kämmerlein erhob sie sich aus dem Grabe, und umschlang ihn mit eiskalten Armen und schmiegte ihr marmorblasses Antlitz an sein glühendes Herz. Der Schnee zerschmolz, die Erde prangte wieder im Frühlingskleid, die Vögel sangen ihre munteren Weisen, und golden lachte die Sonne über der neu erstandenen Welt — aber das Herz des Dichters trug schwarze Trauerflöre, es nahm nicht Theil an dem luftigen Treiben, es hörte immer nur das wehmüthige Lied von Liebe und Verrath und endlosem Verlassensein.

Am leuchtenden Sommermorgen
Geh' ich im Garten herum.
Es flüstern und sprechen die Blumen
Ich aber, ich wandle stumm.

Es flüstern und sprechen die Blumen,
Und schaun mitleidig mich an:
„Sei unserer Schwester nicht böse,
Du trauriger, blasser Mann!"

———

Die Welt ist so schön und der Himmel so blau,
Und die Lüfte wehen so lind und so lau,
Und die Blumen winken auf blühender Au',
Und funkeln und glitzern im Morgenthau,
Und die Menschen jubeln, wohin ich schau' —
Und doch möcht' ich im Grabe liegen,
Und mich an ein todtes Liebchen schmiegen

———

Philister in Sonntagsröcklein
Spazieren durch Feld und Flur;
Sie jauchzen, sie hüpfen wie Böcklein,
Begrüßen die schöne Natur.

Betrachten mit blinzelnden Augen,
Wie Alles romantisch blüht,
Mit langen Ohren saugen
Sie ein der Spatzen Lied.

  Ich aber verhänge die Fenster
  Des Zimmers mit schwarzem Tuch;
  Es machen mir meine Gespenster
  Sogar einen Tagesbesuch.

  Die alte Liebe erscheinet,
  Sie stieg aus dem Todtenreich;
  Sie setzt sich zu mir und weinet,
  Und macht das Herz mir weich.

Diese Lieder zeigen uns, daß Harry, nachdem die erste Gewalt der
Verzweiflung sich ausgetobt, den besten und edelsten Trost für sein Liebes-
unglück allmählich dort wieder zu suchen begann, wo ihn Dante und
Petrarka, wo ihn noch jedes poetische Gemüth am sichersten gefunden: in
den treuen Armen der Muse. Statt in unmännlicher Schwäche einen
wahren Schmerz durch wilde Zerstreuungen vorübergehend zu betäuben,
oder ihn mit erheuchelter Frivolität hinwegzuspotten, versenkte er sich mit
voller Kraft in die Erinnerungen seines jählings zerstörten Liebestraumes,
und befreite sein Herz von dem unerträglichen Druck wortloser Beklemmung,
indem er all sein Leid ausströmte in melodischen Klagen. Und mit der
weichen Fluth des Gesanges kehrte ihm das Bewusstsein der eigenen Kraft
und die ernstere Auffassung des Lebens zurück. Die glänzende Anerkennung, welche sein poetisches Talent ungewöhnlich rasch in den gebildetsten
und kunstverständigsten Kreisen der Hauptstadt fand, trug nicht wenig dazu
bei, sein Selbstgefühl zu heben, neue Beziehungen, von denen später die
Rede sein wird, knüpften sich an, und selbst den Anfangs auch hier wieder
vernachlässigten juristischen Fachstudien wandte Harry ein lebhafteres Interesse
zu, seit ihm die Beschäftigung mit der Hegel'schen Philosophie und die
von dem jugendlichen Privatdocenten Eduard Gans in geistvoller Art unternommene philosophische Begründung der Jurisprudenz einen tieferen Einblick
in die großen wissenschaftlichen Kämpfe der Zeit eröffnete.

Die wissenschaftliche Bedeutung Berlin's steht in engstem Zusammenhange mit der weltgeschichtlichen Bedeutung des preußischen Staates.
Beide sind ungefähr von nämlichem Alter, und haben einander vielfach

wechſelſeitig bedingt und beſtimmt. Der erſte König von Preußen war zugleich der Gründer der Berliner Akademie der Wiſſenſchaften, die, nach Leibnitzens Plane geſchaffen, unter Friedrich dem Großen eifrig die Aufklärung des achtzehnten Jahrhunderts beförderte. Die „Literaturbriefe" und die „Allgemeine deutſche Bibliothek" hatten, neben Leſſing, Mendelsſohn und Nicolai, zahlreiche Mitarbeiter unter den angeſehenſten Vertretern der Akademie. Wie ſehr auch jene Aufklärung, als ſie ihren Zweck erfüllt hatte und ihre Zeit vorüber war, ſich in ein ſeichtes, hochmüthig abſprechendes, aller wiſſenſchaftlichen und poetiſchen Tiefe entbehrendes Verſtandesgeſchwätz verlor, ſo zeigte doch die nach dem Tode Friedrich's II. eintretende pietiſtiſche Reaktion der Wöllner'ſchen Periode, daß der Kampf gegen Aberglauben und bigotte Intoleranz, gegen alles Faule und Ungeſunde in Kirche, Staat und Literatur, ſeine Berechtigung noch keineswegs eingebüßt, wenn auch andere Waffen nöthig geworden. — Einen neuen, mächtigen Aufſchwung nahm die Berliner Akademie ſeit dem Regierungsantritte Friedrich Wilhelm's III. An die Stelle der oberflächlichen, aus Frankreich herübergekommenen Räſonnements des „geſunden Menſchenverſtandes" trat allmählich das Verlangen nach poſitiven, gründlichen Kenntniſſen, und die exakten Wiſſenſchaften fanden eine ernſtliche Pflege. Die Vermittlung zwiſchen den extremen Richtungen eines unphiloſophiſchen Materialismus und einer überſchwänglichen Myſtik übernahm zunächſt die romantiſche Schule, welche in Berlin hauptſächlich durch Schleiermacher vertreten war. Schleiermacher wandte ſich gleichſehr gegen den religiöſen Indifferentismus, welcher als Bodenſatz der ſchal gewordenen Aufklärung zurückgeblieben, wie gegen den ſtarren Wortdienſt der orthodoxen Dogmatiker. Er ſuchte mit Glück die mehr hinweggeſpottete, als innerlich überwundene Religion in die Kreiſe der Gebildeten zurück zu führen, indem er dem Glauben — widerſpruchsvoller Weiſe, aber mit geiſtreich blendender Dialektik — eine wiſſenſchaftliche Grundlage zu geben bemüht war. Über eine ſchwankende Halbheit, die der letzten Entſcheidung durch eine Flucht in pantheiſtiſch-myſtiſche Gefühlsregionen aus dem Wege ging, kam er bei dieſem romantiſchen Beſtreben allerdings nicht hinaus; dennoch gewann er durch den Feuereifer ſeiner Beredſamkeit großen Einfluß auf die Reform der Theologie, die er aus den Feſſeln eines geiſtloſen Buchſtabengezänkes erlöſen half. In der Zeit von Deutſchlands tiefſter Erniedrigung wirkte er neben Fichte mit unermüdlicher Kraft für die Aufrichtung des gebeugten patriotiſchen

Sinnes, und in den traurigen Restaurationsjahren nach dem Befreiungs-
kriege erwies er sich als männlichen Vertheidiger der Rechte der Wissenschaft gegen die Übergriffe einer reaktionären Politik. Obschon ein aufrichtiger Beförderer der vom Könige ins Werk gesetzten evangelischen Union,
gehörte er z. B. doch zu den lebhaftesten Gegnern der gewaltsam einge-
führten neuen Agende, wider die er in einer besonderen, das Verhältnis
von Kirche und Staat erörternden Broschüre, und selbst von der Kanzel
herab, furchtlos polemisierte. „Ich habe unlängst einer seiner Predigten
beigewohnt", schrieb Heine 1822 in den Briefen aus Berlin [113]), „wo er
mit der Kraft eines Luther's sprach, und wo es nicht an verblümten Ausfällen gegen die neue Liturgie fehlte. Ich muß gestehen, keine sonderlich
gottseligen Gefühle werden durch seine Predigten in mir erregt; aber ich
finde mich im bessern Sinne dadurch erbaut, erkräftigt und wie durch
Stachelworte aufgegeißelt vom weichen Flaumenbette des schlaffen Indifferentismus. Dieser Mann braucht nur das schwarze Kirchengewand
abzuwerfen, und er steht da als ein Priester der Wahrheit."

Eine erhöhte wissenschaftliche Bedeutung gewann Berlin nach dem
Tilsiter Frieden, durch welchen Halle, die seither wichtigste Universität des
preußischen Staates, in französischen Händen verblieb und dem Königreiche
Westfalen zugetheilt wurde. Auf Anregung von Schmalz, Fichte, Friedrich
August Wolf und Schleiermacher, und nach dem großartigen Plane Wilhelm
von Humboldt's, stiftete Friedrich Wilhelm III. zum Ersatz für die verloren gegangene Hochschule eine neue allgemeine Universität, die mit der
neben ihr fortbestehenden Akademie der Wissenschaften in Verbindung gebracht und am 15. Oktober 1810 eröffnet ward. Die Gründung der
Berliner Universität war nicht bloß eine wissenschaftliche, sondern zugleich
eine politische That. Die Wissenschaft sollte, durch die imposantesten
Lehrkräfte vertreten, Staat und Volk von innen heraus regenerieren, sie
sollte den Sinn für geistige Freiheit und echte Vaterlandsliebe in den
Herzen der Jugend erwecken, damit die Jugend wiederum das Vaterland
befreie. Es ist bekannt, wie glänzend die junge Universität den hohen
Erwartungen, die man von ihr hegte, entsprach. Fichte's grollende „Reden
an die deutsche Nation" und Schleiermacher's herzwarme Vorträge ent-
stammten mit zündender Gewalt die patriotische Begeisterung, und über-
wanden siegreich alle Hindernisse, die sich ihrem idealen Bestreben entgegen
stellten. Und wahrlich, es war keine leichte Aufgabe, in der damaligen

akademischen Jugend an Stelle der alten landsmannschaftlichen Roheit ein
ernstes und edles Gemeingefühl für die Noth des Vaterlandes zu erwecken.
Zu der durch alle Volksschichten verbreiteten Entmuthigung und Niedergeschlagenheit gesellte sich durch die Aufhebung der Frankfurter Universität
noch eine besondere Schwierigkeit. In Frankfurt an der Oder hatte nämlich seit langer Zeit unter den dortigen Studenten ein durch. Rauflust,
Liederlichkeit und sittliche Verwahrlosung berüchtigter Ton geherrscht. Fast
die ganze Frankfurter Studentenwelt strömte jetzt nach Berlin, und gedachte dort das alte wüste Treiben von Neuem zu beginnen. Die Landsmannschaften thaten sich alsbald wieder auf, und der Schlägereien und
Duellprovokationen war kein Ende. Fichte und Schleiermacher ließen es
sich daher zunächst angelegen sein, der Eine mit eiserner Strenge, der
Andere mit sanft überredender Freundlichkeit, diesen Unfug zu bekämpfen
und an der Reform des studentischen Geistes zu arbeiten. Fichte sprach
offen die Nothwendigkeit aus, „die vereinzelnden und in jeder Beziehung
schädlichen Landsmannschaften zu vertilgen, dagegen unter den Studierenden
den Gedanken allgemeinerer Vereine anzuregen, deren bindende Kraft in den
gemeinsamen Studien und ihrer gegenseitigen Förderung durch freiesten
Geistesverkehr, sowie in dem Bewußtsein des Einen Vaterlandes liegen
sollte". Im Wesentlichen also faßte er ein ähnliches Ziel ins Auge und
empfahl zu dessen Erreichung ähnliche Mittel, wie die nachmalige Burschenschaft. In derselben Richtung wirkte Schleiermacher, der namentlich zur
Vermeidung der Duelle auf die Einsetzung studentischer Ehrengerichte
drang, und nicht müde ward, von Kanzel und Katheder herab, wie im geselligen Verkehre, den staatsbürgerlichen Gemeinsinn zu wecken, das heilige
Feuer der Vaterlandsliebe zu schüren. Die Wissenschaft hörte auf, eine
in der Stubenluft verkümmernde, der Wirklichkeit entfremdete Abstraktion
zu sein, sie drang befruchtend ins Leben, und erwies sich als eine thatenzeugende, weltumgestaltende Macht. Alle Fakultäten der neu errichteten
Universität hatten gefeierte Namen und ungewöhnlich regsame Lehrkräfte
aufzuweisen, die einen edlen Wetteifer entfalteten, und großentheils eine
bewundernswerthe Vielseitigkeit des Wissens, eine universelle Bildung an
den Tag legten, die zu der einseitigen Fachgelehrsamkeit ihrer Kollegen
auf den übrigen deutschen Universitäten in erfreulichstem Gegensatze stand.
Friedrich August Wolf, als Philolog ein Stern ersten Ranges, verhöhnte
in seinen Kollegien mit schneidendem Sarkasmus die gelehrte Haarspalterei,

welche anderwärts Mode war, und zog es vor, stattdessen in seinen
Zuhörern den echten wissenschaftlichen Geist, die Anregung zu selbständigem
Forschen und Denken zu nähren. Niebuhr's Vorlesungen über römische
Geschichte bezeichnen den Anfang einer neuen Periode der historischen
Kritik, und als Mitglied des „Tugendbundes" unterstützte der sonst den
Interessen. der Gegenwart ziemlich verschlossene Mann kräftig die Bestrebungen zur Abschüttelung des französischen Joches. Unter den übrigen
Mitgliedern der Akademie, welche an der jungen Universität Vorträge
hielten, sind noch der Astronom Bode und die verdienstlichen Philologen Spalding und Buttmann zu erwähnen. — Die theologische Fakultät
bildeten Anfangs nur Schleiermacher, Marheineke und de Wette, — wenige,
aber desto gewichtvollere Namen. Letzterer wurde bekanntlich seines Amtes
bald wieder entsetzt, weil er nach der Hinrichtung Sand's ein Trostschreiben
an Dessen Mutter gerichtet hatte, in welchem er die That ihres Sohnes
zu entschuldigen suchte, und der pietistische Tholuck trat an seine Stelle.
Auch Neander lehrte schon seit 1812 an der Berliner Hochschule. — Die
juristische Fakultät zählte im Eröffnungsjahre gleichfalls nur drei Mitglieder: Savigny, Biener und Theodor Schmalz, von welchen der Letztgenannte sich in fast sämmtlichen Fächern der Rechtswissenschaft umgethan
hatte, und mit eitler Vielgeschäftigkeit zugleich Naturrecht, juristische Encyklopädie, Völkerrecht, gemeines Recht, preußisches Landrecht, kanonisches
Recht, Handelsrecht, Staatsökonomie und Politik las. Ihn überragte an
Geist und Gründlichkeit bei Weitem der elegante Savigny, welcher lange
Zeit hindurch für den ersten Kenner der römischen Rechtsalterthümer galt,
und als Hauptvertreter der sogenannten historischen Schule ein weitver-
breitetes Ansehen genoß. Biener war ein geachteter Kriminalist. Die
Anfangs vorhandenen Lücken der juristischen Fakultät wurden in den nächst-
folgenden Jahren durch Karl Friedrich Eichhorn und Johann Friedrich
Ludwig Göschen ausgefüllt, welche Beide jedoch später einem Rufe nach
Göttingen folgten. Am vollzähligsten war von jeher die medicinische
Fakultät besetzt; Namen wie Hufeland, Horkel, Reil bürgten dafür, daß
hier der Wissenschaft eine Stätte würdigster Entfaltung bereitet sei; und
auch in den jüngeren Kräften, wie Karl Asmund Rudolphi und Karl
Ferdinand von Gräfe, hatte man eine ebenso glückliche Wahl getroffen,
wie nachmals in dem trefflichen J. F. K. Hecker, dessen „Literarische
Annalen der gesammten Heilkunde" einen bedeutenden Einfluß auf den

Entwicklungsgang der medicinischen Literatur ausüben sollten. Auf naturwissenschaftlichem Gebiete begegnen wir dem verdienten Physiker Paul
Erman, dessen Untersuchungen über Elektricität und Magnetismus ihrer
Zeit großes Aufsehen erregten, und den Chemikern Klaproth und Hermb-
städt, welchen sich bald nachher der glanzvolle Name Mitscherlich's zuge-
sellte. Albrecht Thaer, der Begründer der rationellen Landwirthschaft in
Deutschland, und der feinsinnige Archäolog Aloys Hirt, welcher den erheb-
lichsten Antheil an der Errichtung des Berliner Museums hatte, bekleideten
bei Eröffnung der Hochschule gleichfalls Professuren in der philosophischen Fakultät; ebenso der geniale Alterthumsforscher August Böckh, welcher
der klassischen Philologie einen neuen Aufschwung ertheilte, und länger
als ein halbes Jahrhundert in jugendlicher Geistesfrische der Welt das
Beispiel einer seltenen Vereinigung echt wissenschaftlichen Strebens mit einer
fast allseitigen Bildung und einer unerschütterlich treuen patriotischen Gesinnung gab.

Vor Allem aber zeugt der hervorragende Einfluß, den man Fichte
bei Gründung der neuen Universität einräumte, von der ernsten Absicht
der preußischen Regierung, ein Institut ins Leben zu rufen, das des „Staates der Intelligenz" würdig sei. Hatte doch Friedrich Wilhelm III. schon
1799, als der wegen seines angeblichen Atheismus aus Jena entlassene Fichte
nach Berlin kam, ganz im Sinne seines großen Ahnen erklärt: „Ist Fichte
ein so ruhiger Bürger, wie aus Allem hervorgeht, und so entfernt von
gefährlichen Verbindungen, so kann ihm der Aufenthalt in meinen Staaten ruhig gestattet werden. Ist es wahr, daß er mit dem lieben Gotte
in Feindseligkeiten begriffen ist, so mag Dies der liebe Gott mit ihm ab-
machen; mir thut Das Nichts." Fichte trug den Dank für den Schutz
und die Anerkennung, welche ihm in Berlin zu Theil geworden, jetzt in
reichstem Maße ab, indem er durch seine willensstarke Philosophie und seine
stürmische Beredsamkeit die Geister für den großen Befreiungskampf stählte
und sie mit idealem Todesmuthe erfüllte. Er rechtfertigte vollkommen
das Vertrauen, welches der König und seine Räthe in ihn gesetzt, er lieferte durch die That den Beweis, daß die Philosophie nicht, wie ihre hochmüthigen Verächter behauptet, eine müßige Träumerei, sondern eine welt-
bewegende, staatenverjüngende Kraft sei. Fichte starb leider schon im Januar
1814, — zu früh, um den vollständigen Zusammenbruch der napoleonischen
Herrschaft zu erleben, aber freilich rechtzeitig genug, um nicht Zeuge der

schmachvollen Weise zu sein, wie das deutsche Volk um die Frucht seines glorreichen Kampfes, um die verheißene Freiheit im Innern, betrogen ward. Kaum war die äußere Unabhängigkeit glücklich erstritten, als auch schon die politische Reaktion frech und schamlos ihr Haupt erhob. Noch im Todesjahr Fichte's trat der Wiener Kongreß zusammen, und die Volks- kraft, welche man eben erst, im Augenblicke der Noth, zur Rettung von Thron und Vaterland fessellos entbunden, ward, als sie in herrlicher Be- geisterung ihr Werk vollbracht hatte, zum Dank an die eiserne Kette der Beschlüsse und Zwangsmaßregeln des deutschen Bundes geschmiedet. — Auch die Berliner Universität sollte nicht unberührt bleiben von dem schlei- chenden Gifte politischer Verderbnis, das so rasch wieder die schönen Hoff- nungen einer großen Zeit zerfraß. Schon 1815, als kaum noch der Don- ner der Kanonen von Waterloo und der Befreiungsjubel in allen deutschen Gauen verhallt war, kroch unter unscheinbarem Titel eine winzige Bro- schüre [119]) heran, die mit gehäffigster Insinuation das Mißtrauen der Re- gierung gegen den Geist zu erregen suchte, aus welchem die Städteordnung, die Gewerbefreiheit, die neue Militärverfassung und die Freiheitskriege sel- ber hervorgegangen, und deren Verfasser Geheimrath Schmalz, der erste Rektor der Berliner Universität, war. Allerdings wurde die nichtswürdige Denunciation, welche vorzugsweise die Gelehrten, die Schriftsteller und Universitätslehrer verdächtigte, von Niebuhr mit unsicherer Bestürzung, von Schleiermacher mit den Geißelhieben schärfster Entrüstung zurückgewiesen; aber der Lärm, deß Schmalz geschlagen, hatte die aristokratische Partei ermuthigt, und von den Universitätsprofessoren schloß Savigny, der unserer Zeit bereits während des Krieges jeden Beruf zur Gesetzgebung abgespro- chen, sich nunmehr offen den Feinden des Fortschritts an. Er wurde 1817 in den Staatsrath berufen; noch ein Menschenalter später fand ihn die Märzrevolution von 1848 auf dem Posten des Justizministers, und warf ihn, der die lebendige Gegenwart so gern an den Leichnam einer längst abgestorbenen Vergangenheit gekettet, endlich selbst zu den Todten.

Die Stelle Fichte's wurde nicht sofort wieder besetzt, und die Philo- sophie, welche an ihm einen so glänzenden Vertreter gefunden, gerieth in Gefahr, unter der Pflege kraftloser Hände zu verkümmern. Wenn Fichte eine Zeitlang von den Romantikern mit einem Scheine von Recht zu den Ihrigen gezählt worden war, hatte er sich doch stets von ihren politischen Verirrungen fern gehalten, und in seinem „Bedenken über einen ihm vorgelegten Plan zu Studentenvereinen" hatte er ausdrücklich vor der unheilvollen Verwechselung zwischen „mittelalterisch" und „deutsch" gewarnt. Solger dagegen, dem nach Fichte's Tode zunächst die Aufgabe zufiel, das Palladium der Philosophie zu hüten, theilte in vollstem Maße den Mangel der Romantiker an jeder gesunden politischen Einsicht. Die Zahl seiner Zuhörer verminderte sich fortan, statt sich zu vermehren, und seine ästhetischen Schriften, die ihm ein ruhmvolles Andenken sichern, wurden zum Theil erst von Andern aus seinem Nachlasse herausgegeben. Da war es denn ein Glück, daß Schleiermacher sich mit regem Eifer der vernachlässigten Philosophie annahm, und das logische und dialektische Interesse einigermaßen wach erhielt, wenn auch ein romantischer Hang und theologische Nebel ihm manchmal den freien Blick verdüsterten. In politischer Hinsicht blieb er den großen Principien Stein's und Hardenberg's treu, für deren Weiterentwickelung er festen Muthes gegen das reaktionäre stockpreußische Junkerthum kämpfte, das nur zu bald wieder die Zügel der Regierung an sich riß.

Eine neue Wendung in der Geschichte der Berliner Universität trat mit dem Jahre 1818 ein, nachdem das vom Ministerium des Innern abgetrennte Departement des Kultus und des öffentlichen Unterrichts dem Freiherrn von Altenstein, dem letzten großen Staatsmann aus Hardenberg's Schule, übertragen worden war. Diesem trefflichen Manne verdankt der preußische Staat jene musterhafte Einrichtung des Volksschulwesens, welche so bewundernswürdig schnell den Segen einer guten Schulbildung durch alle Schichten der Bevölkerung ergoß, und durch Förderung der Intelligenz am sichersten den geistigen und materiellen Wohlstand, die Erwerbsfähigkeit und die politische Reife, die Kraft und die Größe der Nation entwickeln half. Auch den höheren Lehranstalten, den Gymnasien und Universitäten, schenkte Altenstein eine fortdauernde Aufmerksamkeit. Er entwarf den Plan zur Errichtung der Bonner Universität, und suchte für alle Fakultäten tüchtige Kräfte zu gewinnen; er ließ es auch sofort seine angelegentliche Sorge sein, Fichte's seit vier Jahren erledigten Lehrstuhl in würdiger Art wieder zu besetzen. Die Berufung Hegel's nach Berlin, welche ihm zu verdanken ist, sichert seinem Namen unsterbliche Ehre; denn an die Hegel'sche Philosophie, an ihre Ausbreitung, Entwickelung und Bekämpfung knüpft sich fortan für mehre Decennien die Geschichte der modernen Wissenschaft. Es ist bekannt, wie rasch die Hegel'sche Dialektik und ihre schwer-

verständliche, aber tiefsinnige Terminologie in alle Kreise des wissenschaftlichen, staatlichen und gesellschaftlichen Lebens drang. Schon im Anfang
der zwanziger Jahre gab es in Berlin eine förmliche Hegel'sche Schule.
Auf theologischem Felde war Marheineke der Erste, welcher die Dogmatik
auf Hegel'sche Kategorien abzog, und zahlreiche Nachfolger auf den übrigen
deutschen Universitäten fand. Seit 1821 begann v. Henning Repetitorien
über Hegel's Vorlesungen zu halten und dadurch zur Verbreitung der neuen
Lehre nicht unwesentlich beizutragen. Ungefähr gleichzeitig eignete sich
Eduard Gans die rechtsphilosophischen Principien des Meisters an, die er
mit genialer Gewandtheit weiter ausbildete. Durch Begründung der Rechtswissenschaft auf philosophischem Fundamente trat er in schroffen Gegensatz zu der historischen Schule, gegen die er bereits 1820 in den „Scho-
lien zum Gajus" einen ersten kecken Angriff gerichtet. Einen durch positive und lebendige Geschichtsauffassung ausgezeichneten Versuch zur Leistung
Dessen, was er als die wahrhaft historische Aufgabe betrachtete, unternahm
Gans bald darauf mit seinem leider unvollendet gebliebenen „Erbrecht
in welthistorischer Entwicklung", von welchem der das mosaisch-talmudische
Erbrecht behandelnde Theil zuerst im dritten Hefte der „Zeitschrift für
Kultur und Wissenschaft des Judenthumes" erschien. In seiner Vorrede
zu der von ihm nach des Meisters Tode besorgten Ausgabe der Hegel'schen
Rechtsphilosophie schrieb er die denkwürdigen Worte: „Vielleicht wird
das System nach vielen Jahren in die Vorstellung und das allgemeinere
Bewusstsein übergehen; seine unterscheidende Kunstsprache wird sich verlieren, und seine Tiefen werden ein Gemeingut werden. Dann ist seine Zeit
philosophisch um, und es gehört der Geschichte an. Eine neue, aus denselben Grundprincipien hervorgehende, fortschreitende Entwicklung der Philosophie thut sich hervor, eine andere Auffassung der auch veränderten
Wirklichkeit." Diese neue fortschreitende Entwicklung half Eduard Gans
wacker mit vorbereiten. Der weitaus Liberalste unter den Althegelianern,
erkannte er die seit Ende der zwanziger Jahre allmählich sich regende politische Opposition nicht allein theoretisch an, sondern suchte dieselbe durch
seine rastlose akademische und publicistische Wirksamkeit auch praktisch zu
beleben. Auf seine Beziehungen zu Heine und zur Reform des Judenthums
kommen wir in der Folge zurück. Hier sei nur noch erwähnt, dass Gans
in seinen Vorlesungen über preußisches Recht, ähnlich wie Jener in seinen
politischen Schriften, dem freieren Geist der französischen Staatsverfassung

und der auf die Justizpflege bezüglichen napoleonischen Einrichtungen gerecht ward, und hiedurch erheblich dazu beitrug, den aus den Freiheitskriegen herstammenden, von den Deutschthümlern und Aristokraten geschürten Haß gegen Alles, auch das Vernünftigste, was fränkischen Ursprungs war, zu besiegen.

Es unterliegt keinem Zweifel, daß die dialektische Schärfe, welche uns in der stilistischen Form der Heine'schen Schriften von jetzt ab entgegenspringt, hauptsächlich den Einflüssen der Hegel'schen Schule zu verdanken ist. Wir haben allen Grund, das ehrliche Geständnis unsers Dichters, daß er niemals allzu tief in das Verständnis des Hegel'schen Systems eingedrungen, für wahr anzunehmen; aber der erhebende Gedanke, daß Alles, was ist, vernünftig, daß Sein und Wissen identisch, daß die ideale Welt nichts Anderes als die reale sei, daß der menschliche Geist sich nach bestimmten Gesetzen mit innerer Naturnothwendigkeit organisch entfalte, und sein höchstes Ziel das Zu-sich-selbst-kommen sei, — dieser befreiende Gedanke, welcher das Absolute nicht als ein Jenseitiges, sondern als das Wirkliche auffaßt, und die Selbsterkenntnis des Geistes, der sich finden und Gegenstand seiner eigenen Thätigkeit werden soll, als den Zweck aller Geschichte hinstellt, mußte allmählich in weitesten Kreisen das hie und da wieder aufgetauchte Vorurtheil zerstören, als ob die Philosophie nur eine Beschäftigung mit müßigen Abstraktionen sei. Die Idee wurde zum Inhalt der Geschichte, die Gegenwart zur logisch herangereiften Frucht auf dem Baume der Vergangenheit und zum Saatkeime der Zukunft, die sich in ihren Hauptmomenten vorschauend aus dem Gedankenkerne der Jetztzeit bestimmen ließ, und dabei fehlte es der anscheinend kalten, fast sophistischen Entwicklungsmethode Hegel's nicht an dem Reiz einer tiefsinnig symbolischen Form, welche das Spiel und Gegenspiel der Begriffe mit dramatisch bewegter Lebendigkeit sich zu einem Mythus von der Menschwerdung Gottes in der Geschichte emporgipfeln läßt.

Heine hat sich selten, und erst in späteren Jahren, über sein Verhältnis zur Hegel'schen Philosophie ausgesprochen, — hauptsächlich erst in den „Geständnissen", als seine philosophischen Ansichten schon eine bedenkliche Umwandlung erlitten hatten, und auch dort in sehr flüchtiger, mehr scherzender als ernsthafter Weise. Nichtsdestoweniger bestätigen die halb spöttischen Worte, mit welchen er sich über jene Beziehungen äußert, deren große Bedeutsamkeit. Er sagt[120]) — und die humoristischen Ausfälle auf die Hegel'sche

Lehre in den Briefen an Moser[121]) stimmen mit dieser Angabe überein: — „Ich empfand überhaupt nie eine allzu große Begeisterung für diese Philosophie, und von Überzeugung konnte in Bezug auf dieselbe gar nicht die Rede sein. Ich war nie ein abstrakter Denker, und ich nahm die Synthese der Hegel'schen Doktrin ungeprüft an, da ihre Folgerungen meiner Eitelkeit schmeichelten. Ich war jung und stolz, und es that meinem Hochmuth wohl, als ich von Hegel erfuhr, daß nicht, wie meine Großmutter meinte, der liebe Gott, der im Himmel residiert, sondern ich selbst hier auf Erden der liebe Gott sei. Dieser thörichte Stolz übte keineswegs einen verderblichen Einfluß auf meine Gefühle, die er vielmehr bis zum Heroismus steigerte; und ich machte damals einen solchen Aufwand von Großmuth und Selbstaufopferung, daß ich dadurch die brillantesten Hochthaten jener guten Spießbürger der Tugend, die nur aus Pflichtgefühl handelten und nur den Gesetzen der Moral gehorchten, gewiß außerordentlich verdunkelte. War ich doch selber jetzt das lebende Gesetz der Moral und der Quell alles Rechtes und aller Befugnis. Ich war ganz Liebe und war ganz frei von Haß." Ferdinand Lassalle theilt[122]) eine andere charakteristische Äußerung über diesen Gegenstand mit, welche er im Frühjahr 1846 aus dem Munde des Dichters vernahm: Heine gestand ein, Wenig von der Hegel'schen Philosophie begriffen zu haben; dennoch sei er immer überzeugt gewesen, daß diese Lehre den wahren geistigen Kulminationspunkt der Zeit bilde, und Das sei so zugegangen. Eines Abends spät habe er, wie häufig als er in Berlin studierte, Hegel besucht. Er sei, da er Diesen noch mit einer Arbeit beschäftigt gefunden, an das offene Fenster getreten, und habe lange hinausgeschaut in die warme, sternenhelle Nacht. Eine romantische Stimmung habe ihn, wie oft in seiner Jugend, ergriffen, und er habe, zuerst innerlich, dann unwillkürlich laut, zu phantasieren begonnen über den Sternenhimmel, über die göttliche Liebe und Allmacht, die darin ergossen sei, u. s. w. Plötzlich habe sich ihm, der ganz vergessen gehabt, wo er sich befinde, eine Hand auf die Schulter gelegt, und er habe gleichzeitig die Worte gehört: „Die Sterne sind's nicht, doch was der Mensch hineinlegt, Das eben ist's!" Er habe sich umgedreht, und Hegel sei vor ihm gestanden. Seit jenem Augenblick habe er gewußt, daß in diesem Manne, so undurchdringlich Dessen Lehre für ihn sei, der Puls des Jahrhunderts zittere. Nie habe er den Eindruck der Scene verloren, und so oft er an Hegel denke, trete ihm dieselbe stets in die Erinnerung. Heine

kommt acht Jahre später in den „Geständnissen" auf dies Erlebnis zurück[123]). Er bemerkt, daß Hegel es geliebt hätte, sich in barocken, stoß-
weis und mit klangloser Stimme hervorgeseufzten Ausdrücken zu ergehen,
welche den zwei und zwanzigjährigen Studenten oftmals frappierten, und
von welchen viele in seinem Gedächtnisse haften blieben. So auch bei
dieser Gelegenheit: „Ich hatte eben gut gegessen und Kaffe getrunken, und
ich sprach mit Schwärmerei von den Sternen und nannte sie den Aufenthalt der Seligen. Der Meister aber brummelte vor sich hin: „Die Sterne,
hum! hum! die Sterne sind nur ein leuchtender Aussatz am Himmel."
Um Gotteswillen, rief ich, es giebt also droben kein glückliches Lokal, um
dort die Tugend nach dem Tode zu belohnen? Jener aber, indem er mich
mit seinen bleichen Augen stier ansah, sagte schneidend: „Sie wollen also
noch ein Trinkgeld dafür haben, daß Sie Ihre kranke Mutter gepflegt
und Ihren Herrn Bruder nicht vergiftet haben?" Bei diesen Worten sah
er sich ängstlich um, doch schien er gleich wieder beruhigt, als er bemerkte,
daß nur der alberne Heinrich Beer herangetreten war, um ihn zu einer
Partie Wist einzuladen."

Ohne diesen bezeichnenden Anekdoten allzu viel Gewicht beizumessen,
möchten wir doch hier schon das Eine hervorheben, daß, wie spaßhaft
Heine sich auch in seinen Briefen an Moser und in seinen auf dem Ster-
belager geschriebenen „Geständnissen" gegen die Konsequenzen der Hegel'schen
Lehre verwahrt, und bei Leibe keine „Idee" sein will, und sich über die
zu Ideen gewordenen Menschen lustig macht, dennoch seine ganze schrift-
stellerische Thätigkeit dem Dienste jener Ideen gewidmet war, die auf
den Thron zu heben heute noch, wie zu Hegel's Zeit, die Aufgabe des
Jahrhunderts ist. In dem großen Befreiungskampfe der Menschheit, welcher dem zu sich selbst kommenden Geiste endlich den Sieg verschaffen soll,
sind Hegel und Heine zwei hervorragende Bannerträger, welche freilich auf
verschiedenen Wegen der Fortschrittsarmee voraufwandeln, aber sie demselben Ziele entgegen führen.

Es erhellt aus obigen Schilderungen, in wie bedeutungsvollem Gegensatze das wissenschaftliche Leben Berlin's zu dem hohlen und dünkelhaf-
ten Treiben der Göttinger Universitätspagoden stand. Dort eine abgelebt
unfruchtbare, von alten Ruhmeserinnerungen aufgeblähte Buchgelehrsamkeit,
ein todter Notizen- und Citatenkram, ein pedantisch steifes Gezänk um das
Tüttelchen auf dem i, um die Interpretation des Baumbeschneidungs-In-

terdikts oder den dunklen Ausspruch irgend eines verschollenen Juristen, Nichts als Moderdunst und Aschenstaub der Vergangenheit — hier ein ernsthaft kühnes Hinabtauchen in die Abgründe des Denkens, eine Beseelung der Geschichte, der Theologie, der Rechtslehre und Sprachwissenschaft mit fruchtbringenden Ideen, ein Befreiungskampf des Geistes gegen die freche Überhebung der Autorität, der sich vorerst noch auf das wissenschaftliche Gebiet beschränkte, aber von dortaus bald mit siegreicher Eroberungsmacht auf das politische Feld hinüberdrang.

Mit Anspielung auf die philosophischen Kollegien, welche er einst bei dem Rektor Schallmeyer gehört, bemerkt Heine in einer brieflichen Erwähnung seines früheren Hamburger Aufenthalts [124]): „Es war ein großes Glück für mich, daß ich just aus dem Philosophie-Auditorium kam, als ich in den Cirkus des Welttreibens trat, mein eignes Leben philosophisch konstruieren konnte und objektiv anschauen, wenn mir auch jene höhere Ruhe und Besonnenheit fehlte, die zur klaren Anschauung eines großen Lebensschauplatzes nöthig ist.“ Ein eben solches Glück war es, daß ihn jetzt wo der subjektivste Liebesschmerz sein Gemüth belastete, die Hegel'sche Philosophie in die Schule nahm, und seinen Blick in das erhabene Reich ihrer objektiven Weltbetrachtung hinüber zog. Wohl sträubte sich Anfangs der heißblütige Jüngling gegen die kalte, streng schematisierende Form der neuen Lehre, wie das Kind ängstlich zurückschaudert vor der erfrischenden Kühle des Bades; wohl spottet er über den deutschen Professor, der das fragmentarische Leben so hübsch systematisch zusammensetze, und mit seinen Nachtmützen und Schlafrockfetzen die Lücken des Weltenbaus stopfe [125]) — aber bald plätschert er mit Behagen in dem kühlen Elemente, und studiert Schelling und Hegel, und verkehrt eifrigst mit Gans und Moser und andern geistvollen Satelliten des Herrschers im Gedankenreiche, die von einer Regeneration des Judenthums auf modern philosophischer Grundlage träumten. Auch sonst noch bot ihm der fleißige Besuch der akademischen Vorlesungen vielfache geistige Anregung. Das Studium der altdeutschen Literatur wurde in lebendiger Weise durch von der Hagen gefördert, welcher 1821 von Breslau dauernd an die Berliner Universität zurückberufen ward. Einige Monate später eröffnete Franz Bopp seine anziehenden Vorträge über Sanskrit und vergleichende Sprachwissenschaft, und wußte seine Zuhörer so mächtig zu fesseln, daß auch Heine, dessen Interesse für indische Sprache und Literatur schon in Bonn durch Schlegel geweckt

worden war, sich jetzt ernstlich mit den orientalischen Geisteswerken vertraut machte. Daneben erfrischte er sich in Wolf's Kollegien an der reinen
Schönheit, die uns aus den Dichtungen der Griechen entgegenhaucht, und
die der alte Wolf mit klassischem Ausdruck sempiterna solatia generis
humani nannte. Aber auch die Jurisprudenz, welcher Heine in Bonn
und Göttingen so wenig Geschmack abgewann, zeigte sich ihm in freund-
licherem Lichte, seit Hegel's Grundzüge der Rechtsphilosophie und der rege
Verkehr mit Dessen talentvollem Schüler Eduard Gans ihm für Naturrecht und Staatswissenschaft eine weitere Perspektive erschlossen, als Hugo
und Bauer oder Savigny und Schmalz es vermocht hatten. Heine faßte
sogar den Plan, ein „Historisches Staatsrecht des germanischen Mittelalters" zu schreiben, und vollendete einen großen Theil dieser Arbeit im
zweiten Jahre seines Berliner Aufenthalts. Als jedoch Gans im Frühjahr
1823 mit den ersten Proben seines „Erbrechts in welthistorischer Entwicklung" hervortrat, veranlaßte das Beispiel dieser neuen wissenschaftlichen
Behandlungsart Heine, sein Manuskript zu vernichten, und die — später
ganz aufgegebene — erneute Ausarbeitung seines Entwurfes auf künftige
Zeit zu verschieben [126]).

Zu den exklusiv studentischen Kreisen stand er auch in Berlin nur in
oberflächlicher Beziehung. Von seinen älteren Freunden jedoch fand er den
treuherzigen Christian Sethe dort wieder, der schon in Düsseldorf mit ihm
auf der Schulbank gesessen, und der, wie vormals in Bonn, so auch jetzt zu
seinen liebsten Umgangsgenossen zählte. Einen nicht minder intimen Verkehr pflog er mit einem jungen deutsch-polnischen Edelmanne, dem Grafen
Eugen von Breza, dessen Bekanntschaft er im Varnhagen'schen Cirkel gemacht, und der bis Ostern 1822 die Berliner Universität besuchte. Harry
war tief betrübt, als ihn dieser sein „köstlichster Freund, der Liebenswür-
digste der Sterblichen," verließ, um auf das hinter Gnesen gelegene Gut
seines Vaters zurückzukehren. „Das war der einzigste Mensch," ruft er
ihm wehmüthig nach [127]), „in dessen Gesellschaft ich mich nicht langweilte,
der Einzige, dessen originelle Witze mich zur Lebenslustigkeit aufzuheitern
vermochten, und in dessen süßen, edeln Gesichtszügen ich deutlich sehen
konnte, wie einst meine Seele aussah, als ich noch ein schönes, reines
Blumenleben führte und mich noch nicht befleckt hatte mit dem Haß und
mit der Lüge." In den Sommerferien 1822 folgte Heine einer Ein-
ladung des Freundes, ihn in seiner Heimat zu besuchen, und schilderte die

Eindrücke dieser Reise in einem kecken Aufsatze, der — freilich in arger Verstümmelung durch den Censurstift — im „Gesellschafter" gedruckt wurde. Dreizehn Jahre nachher — im Sommer 1835 — überraschte Graf Breza den mittlerweile zu europäischer Berühmtheit gelangten Dichter durch einen Besuch in Paris, und die alte Jugendfreundschaft wurde aufs herzlichste erneuert [129]).

Auch mit seinem Vetter Hermann Schiff, den er bei seinem ersten Aufenthalte in Hamburg kennen gelernt, und der im Frühjahr 1822 die Universität bezog, kam Heine in Berlin öfters zusammen. Er lud ihn gleich bei der ersten Begegnung ein, das steife „Sie" der Anrede zu unterlassen und ihn zu dutzen, wie es Vettern gezieme. Schiff, der über eine glänzende Phantasie und ein nicht unbedeutendes Gestaltungstalent verfügte, und zur Zeit der romantischen Schule durch seine abenteuerlichen, von Witz, Ironie und zweckloser Tollheit übersprudelnden Novellen vielleicht zu namhaftem Rufe gelangt wäre, hatte das Unglück, um ein oder zwei Decennien zu spät geboren zu sein. In romantische Schrullen verrannt, übertrug er, ähnlich wie Grabbe, die Excentricität eines wüsten äußeren Lebens auf die Wahl seiner poetischen Stoffe, deren häufig an Wahnsinn grenzende Seltsamkeit durch die erzwungen kalte, psychologisch-raffinierte Behandlungsart eher noch erhöht als gemildert wird. Heine war der Erste, der ihn zum Ergreifen der schriftstellerischen Laufbahn ermunterte. „Fuchs, du schreibst!" rief er ihm eines Abends zu, als er sich in Schiff's Stube behaglich aufs Sofa gestreckt. „Meinst du, ich hätte dir Das nicht längst angemerkt? Sei nicht verschämt, lies mir eins deiner Jungfern-Erzeugnisse vor!" Schiff kam gern dem Verlangen nach. Heine hörte aufmerksam zu, verbesserte manchen Ausdruck, manche ungefüge Wendung, warf hie und da ein lobendes „Bravo! echter Naturmysticismus!" dazwischen, und sagte endlich mit einer Lebhaftigkeit, zu der er sich nur selten hinreißen ließ: „Gut! sehr gut! das Beste, was mir seit lange vorgekommen ist, — natürlich mit Ausnahme Dessen, was ich selbst geschrieben! Willst du Das nicht drucken lassen?" — Einige Jahre später erschien unter Schiff's Namen eine muthwillige Studentennovelle, die — charakteristisch genug! — in Göttingen verboten ward, damit nicht die akademische Jugend durch Lektüre derselben zum Schuldenmachen verleitet werde. Als Heine das Buch gelesen, sandte er seinem Vetter nachstehendes Billett: „Schiff! Ich schreibe heute an dich wie an meines Gleichen. Dein „Pumpauf und Pumperich" hat mir gefallen. Es ist ein gutes Buch, ein braves Buch, ein Buch, dem ich mich nicht scheuen würde meinen Namen vorzusetzen, kämen nicht Bestialitäten drin vor. Dein „Kater Murr" [129]) ist schlecht." Freilich gerieth das Kompliment diesmal an die unrechte Adresse; denn der Verfasser des Büchleins war der Neffe Tieck's, Dr. Wilhelm Bernhardi, welcher seiner Erzählung einen mit Schiff erlebten lustigen Vorfall zu Grunde gelegt, und Dessen schon etwas bekannteren Namen auf Wunsch des Verlegers als Lockmittel für das Publikum benutzt hatte. Mit Achselzucken sah Heine in späteren Jahren den unverbesserlichen Sonderling sich tiefer und tiefer in romantische Absurditäten verirren; doch lobte er ihn gern, wenn er ihn, wie in „Schief Levinche", einmal auf vernünftigeren Wegen fand, empfahl ihn warm seinen eignen Verlegern, unterstützte ihn in seinen traurigen Lebensnöthen, und machte es noch auf dem Krankenbette seinen Verwandten zur Pflicht, sich des hilflosen Mannes anzunehmen, der, auf die unterste Stufe der Gesellschaft hinabgesunken, schließlich im dunklen Abgrunde selbstverschuldeten Elends unterging.

Schiff erzählt in dem ungedruckten Theil der Erinnerungen seines Verkehrs mit H. Heine folgende Episode aus ihrer gemeinschaftlichen Berliner Studentenzeit: „Es war in meinem zweiten Semester, als Heine's Gedicht: „Mir träumt, ich bin der liebe Gott" im „Westteutschen Musenalmanach für das Jahr 1823" erschien. Ein Berliner Blatt hatte dasselbe nachgedruckt, und es lag in der Josty'schen Konditorei auf, die besonders von Officieren frequentiert wurde. Wir „Flotten" ermangelten nicht, den auf die „Lieutnants und Fähnderichs" gemünzten Passus laut zu besprechen. Die anwesenden Officiere nahmen indeß, verständiger als wir, keine Notiz von unsern muthwilligen Bemerkungen. Heine glaubte jedoch, irgend einen Akt der Rache von ihrer Seite befürchten zu müssen, und wünschte sein Logis zu verändern. Ich bewohnte damals unter den Linden im Schlesinger'schen Hause, unfern dem Palais des Prinzen Wilhelm, eine geräumige Dachstube, hinter der sich ein kleineres, für den Augenblick leerstehendes Zimmer befand. Heine bezog dasselbe, und es war ihm ganz Recht, daß Jeder, der zu ihm wollte, mein Zimmer passieren mußte, wo ich ihn vor unangenehmen Besuchern verleugnen konnte. Nur die Wanduhr bat er mich gleich zu hemmen; denn er litt an nervösen Kopfschmerzen, und der Pendelschlag war ihm störend. Einige Tage ging Alles vortrefflich, und Heine war mit der neuen Wohnung durchaus zufrieden.

Nun gab es aber für Studenten, welche einen Streit mit einander abzu-
machen hatten, nicht leicht ein gelegeneres Lokal, als das meine, welches
durch drei ansehnliche Treppen von der Straße getrennt war. Sollte ein
Duell ausgefochten werden, so stellten wir einen Posten aus, der unter
den Linden auf und ab patrouillierte, damit kein Pedell uns in flagranti
ertappe. Ehe solch ein unwillkommener Gast bis zu uns hinauf bringen
konnte, waren wir längst avertiert, und hatten die scharfen Waffen und
Binden bei unserm Miethswirth untergebracht, wo der Pedell — Dank
unsrer eximierten akademischen Gerichtsbarkeit — Nichts zu suchen hatte.
Ich hielt es für meine Pflicht, Heine zu benachrichtigen, daß Nachmittags
auf meiner Stube Etwas vorfallen würde, was nicht ohne Geräusch ins
Werk zu setzen sei. „Wie lange wird es dauern?" fragte er verdrießlich.
— Ein paar Stunden wenigstens. — „Ich will nicht dabei sein." — Wir
sind aber ganz sicher. — „Und ich bin noch sicherer, wenn ich Nichts damit zu schaffen habe." Er ging aus. Die Sache lief ziemlich unschuldig
ab. Eine Stirnwunde von anderthalb Zoll, inklusive des gestreiften
linken Augenlides, war Alles, was herauskam. Des Nähens bedurfte es
nicht; Heftpflaster genügte. Die scharfen Waffen wurden beseitigt, Rock
und Weste wieder angezogen, und wir amüsierten uns jetzt mit stumpfen
Schlägern. Der Fechtboden war längst geschlossen, ich war gut geschult,
und man schlug gerne mit mir. Heine, der sich über alles burschikose
Treiben lustig machte, sagte mir einmal mit selbstgefälligem Spotte: „Nur
aus Feigheit hast du fechten gelernt. Kourage hast du so wenig wie
ich." Als wir mitten im besten Schlagen waren, kam er nach Hause,
grüßte nach Burschensitte, ohne den Hut zu ziehen, und ging still auf sein
Zimmer. Ich trat augenblicklich ab, um ihm zu folgen. „Wie lange
dauert diese Wirthschaft?" fragte er ungehalten. — Nur ein paar Gänge
noch. Man würde es dir und mir verdenken, wenn ich sofort das Pauken
einstellte. — „Wer ist Das?" fragte man, als ich zurückkam. „Ein Philister?" — Ein alter Bursch, der Dichter Heine und mein Vetter. Mit
einem Andern möchte ich so nicht zusammen wohnen, daß er und Jeder,
der ihn besuchen will, mein Zimmer passieren muß. — „Warum hast du
uns Nichts davon gesagt?" — Er wohnt hier erst seit wenigen Tagen.
— „Gleichviel; wir haben nicht bei ihm angefragt, und müssen uns entschuldigen." Einige gingen zu ihm hinüber, und Heine war, wie immer,
vornehm und artig. Dennoch sah er sich durch diesen Vorfall genöthigt,

folgenden Tages von mir fort zu ziehen und in sein altes Logis zurückzukehren. Sein Umgang war nicht der meine, und mein Umgang noch
viel weniger der seine. Das habitare in unum konnte uns weder dulce,
noch jucundum sein; indeß blieben wir die besten Freunde."

Wie diese Erzählung andeutet, litt Heine schon in Berlin häufig an
jener schmerzhaften und verstimmenden Reizbarkeit der Kopfnerven, über
welche er in seinen Briefen an Moser und Andere so viel klagt, und welche
mit den Jahren beständig zunahm. Weder Sturzbäder, die er auf Anrathen der Ärzte eine Zeit lang gebrauchte, noch fortgesetzte längere Spa-
ziergänge und oftmalige Reisen vermochten das Übel zu heben [130]).

Ein tragikomisches Verhängnis schien es auch in Berlin Heine nicht
zu gönnen, daß er vor der Berührung mit den Unsitten des studentischen
Lebens bewahrt bliebe, so wenig diese ihm zusagten, oder es ihm gar ein-
gefallen wäre, Händel zu suchen. Wider alle Absicht kam er im Sommer
1822 zu jenem Duelle, dessen er in seiner autobiographischen Skizze gedenkt [131]), und dessen nähere Umstände uns Schiff aus dem Munde eines
Augenzeugen, des noch lebenden Arztes Dr. Philipp Schmidt in Hamburg,
berichtet hat. Letzterer, welcher damals in Berlin studierte und mit seinem
Vetter Schaller aus Danzig zusammen wohnte, war von Hamburg aus
mit Heine bekannt, der ihn oftmals besuchte. Schaller, der erst kürzlich
die Universität bezogen, wurde von Heine nach Studentenweise nicht anders,
als „Fuchs", tituliert. „Fuchs", fragte ihn Heine eines Tages, „ist dein
Vetter nicht zu Hause?" Das verdroß den langen Schaller, und er
brummte ihm die herkömmliche studentische Beleidigung auf. Schmidt
suchte bei seiner Nachhausekunft die Sache beizulegen, er machte seinem
Vetter Vorwürfe, aber Dieser wollte sich zu keiner Abbitte verstehen. „Ich
heiße Schaller und nicht Fuchs," sagte er, „und Berlin ist nicht Göttingen.
Übrigens möchte ich gern einmal auf der Mensur stehen, damit ich mich
dort zu benehmen lerne, und Heine wird mir nicht allzu gefährlich sein."
Demnach mußte das Duell vor sich gehen. Rautenberg, nachmals Bade-
arzt in Cuxhaven, war Kartellträger; Schmidt fungierte als Schaller's
Sekundant. Als angetreten ward, zeigte sich sofort, daß beide Kom-
battanten ihre Schläger nicht zu handhaben wußten. Sie legten sich in
Stichparade aus und wandten sich fast den Rücken zu, als sie auf einander losgingen. Nicht die Duellanten, wohl aber deren Sekundanten,
schwebten in Gefahr, und der ungeschickte Zweikampf endete damit, daß

Heine sich mit der rechten Lende an der Schlägerspitze seines Gegners aufrannte. „Stich!" rief er, und sank zu Boden. Ein Stich beim Hiebfechten ist schimpflich, und wer eine solche kommentwidrige Verletzung vor dem Niederfallen mit einem Schrei rügt, hat sich ehrenvolle Genugthuung genommen. Glücklicherweise war die Wunde, trotz starker Blutung, von ungefährlicher Art, und ein achttägiges Auflegen kalter Umschläge genügte, sie zu heilen.

Dies kindische Duell, das, wie die meisten Studentenschlägereien, aus dem geringfügigsten Anlasse hervorgegangen war, trug nicht wenig dazu bei, Heine den Verkehr mit seinen Kommilitonen noch mehr als früher zu verleiden, und er zog sich fortan gänzlich von den studentischen Kreisen zurück.

Siebentes Kapitel.

Die „Gedichte“ und „Tragödien“.

Schon in Bonn war Heine damit beschäftigt gewesen, eine erste Sammlung seiner Gedichte zusammen zu stellen, und bald nach seiner Ankunft in Göttingen hatte er dem Buchhändler F. A. Brockhaus in Leipzig den Verlag derselben angetragen. Brockhaus hatte jedoch nach einigen Wochen das Manuskript mit den üblichen Ablehnungsworten zurückgesandt, daß er für den Augenblick allzu sehr mit Verlagsartikeln überladen sei. Der junge Poet tröstete sich mit der Bemerkung, daß es dem großen Goethe mit seinem ersten Produkte nicht besser ergangen [132]), und hoffte in Berlin unschwer einen Verleger zu finden. Zur Förderung dieses Zweckes machte ihn Varnhagen mit Professor Gubitz bekannt, dessen „Gesellschafter“ in jenen Tagen das literarische Orakel der gebildetern Kreise der Hauptstadt war, und Heine benutzte die vielgelesene Zeitschrift als Ausstellungssalon seiner Gedichte. In glänzendster Weise eröffnete er seine „poetischen Ausstellungen“ am 7. Mai 1821 mit dem humoristischen Kirchhofs-Traumbilde, und ließ demselben im Laufe der nächsten Wochen „Die Minnesänger,“ das „Gespräch auf der Paderborner Heide,“ zwei Fresko-sonette, den „Sonettenkranz an A. W. von Schlegel,“ das Traumbild: „Die Brautnacht“ („Nun hast du das Kaufgeld, nun zögerst du doch?“), das „Ständchen eines Mauren,“ und eine Übersetzung der Geisterlieder aus Byron's „Manfred“ folgen. Das ungewöhnliche Ansehen, welches diese lecken, leidenschaftlichen, zum Theil einen ganz neuen Ton anschlagenden Poesien erregten, bestimmte den Chef der Maurer'schen Buchhandlung, unter deren Firma damals der „Gesellschafter" erschien, den ihm von Gubitz angerathenen Verlag der Heine'schen Gedichte zu übernehmen. Als Honorar wurde freilich nur die Zusicherung von vierzig Freiexemplaren bewilligt — aber welcher jugendliche Schriftsteller hätte nicht freudig und ungeduldigen Herzens jede sich ihm darbietende Gelegenheit erfasst, das Fahrzeug seiner ersten Lieder so schnell wie möglich aus der stillen Klause aufs weite Meer der Unsterblichkeit hinaus zu senden?

Der Zeitpunkt, zu welchem H. Heine sich mit seinen Gedichten in die Literatur einführte, war im Allgemeinen nicht ungünstig für das Auftreten eines bedeutenden poetischen Talentes. Die große klassische Periode von Weimar war vorüber; die romantische Schule hatte, trotz alles Oppositionsspektakels und trotz der vielseitigsten An- und Aufregungen, kein einziges selbständiges Kunstwerk von bleibendem Werthe hervorgebracht, aber sie hatte doch das Interesse der Zeitgenossen für Kunst und Poesie in nachhaltiger Weise geweckt, und nach dem Scheitern der politischen Hoffnungen des Volkes flüchteten sich die enttäuschten Geister grollend wieder auf das ideelle Gebiet der Philosophie und Literatur. Zumal in Berlin hatte man in den vorhin geschilderten Kreisen ein wachsames Auge für jedes neue, verheißungsvolle Moment der philosophischen und literarischen Bewegung. Es war also ziemlich bestimmt zu erwarten, daß eine so originelle, die Bahn des Gewohnten durchaus verlassende Dichterkraft, wie sie sich schon in Heine's erster Liedersammlung ankündigte, dort nicht leicht übersehn werden würde.

Die hervorragende Bedeutung dieser Gedichte lag zunächst weniger in ihrem Inhalte, als in der überraschenden Eigenthümlichkeit ihrer Form. Was die Romantiker in ihren besten Tagen theoretisch verlangt und mit all' ihren unglücklichen Experimenten vergeblich erstrebt hatten: ein freies Sichausleben des Subjekts in harmonisch künstlerischer Gestaltung — dies räthselhafte Problem war hier plötzlich mit genialer Sicherheit, fast wie in anmuthigem Spiele, gelöst durch einen echten Dichter von Gottes Gnaden. Wenn jemals die Kunst nur sich selber zum Zweck gehabt, so war es unleugbar in diesen Gedichten der Fall; aber nicht ein toller Hexensabbath der Phantasie wurde hier aufgeführt, den die Willkür mit unsinnigen Purzelbäumen und bacchantischen Orgien feierte, sondern eine wahre und tiefe Leidenschaft verströmte ihr Herzblut in wild-melodischem Ergusse. Den Romantikern war die Wirklichkeit zum wesenlosen Scheine, der bunte

Schein zur Wirklichkeit geworden, sie scherzten und spielten mit dem Leben und mit der Kunst, und schnitten ironische Grimassen, wenn die Frage nach dem Sinn ihres phantastischen Treibens in einer nüchternen Stunde an sie herantrat — Heine verlor auch in den dämonisch schreckhaftesten Bildern, die seine Phantasie vor ihm aufrollte, keinen Augenblick die reale Welt aus dem Gesichte, unter seinem Scherz und Spott barg sich der wehmüthigste Ernst, und das gellende Lachen, welches sich manchmal, wie in den Fresko-Sonetten, seiner gequälten Brust entrang, hatte mehr Ähnlichkeit mit dem Verzweiflungsschrei der Verdammten, als mit dem faunisch lüsternen Grinsen einer Schlegel'schen Lucinde oder mit dem blasierten Hohngelächter eines Tieck'schen William Lovell. Allerdings war der geistige Zusammenhang mit der Richtung und den Vorbildern der romantischen Schule nicht zu verkennen. Schon in der Wahl der Stoffe sprach sich derselbe aus; zum Theil aber auch in der Behandlungsart, in einer absichtlichen Vernachlässigung der Form, in einem Liebängeln mit veralteten Worten und Wendungen. Das Weglassen des Artikels in den trochäischen Verszeilen des ersten Traumbildes („Wasche, wasche Hemde rein," „Zimmre hurtig Eichenschrank," „Schaufle Grube tief und weit!"), in der Romanze „Die Weihe" („Lebensschifflein treibet irre," „Sie hat sich verwandelt in liebliche Maid" 2c.) und in zahlreichen andern Gedichten; die gekünstelte Alterthümlichkeit der Sprache in dem modern trivialen „Minnegrüße" („Als ich weiland schaute dein, Wunnevolles Magedein"), und ähnliche Sünden wider den guten Geschmack verriethen deutlich genug den Einfluß jener unbeholfenen Nachahmungen des Volksliedcharakters, welche von Brentano, Fouqué, Arnim und Loeben versucht worden waren, und sich mehr an fehlerhafte Äußerlichkeiten, als an die geistigen Vorzüge der älteren Muster hielten. Selbst Uhland, mit dessen Liedern sich Heine, wie wir erwähnten, schon frühzeitig vertraut gemacht hatte, spielt bekanntlich eben so häufig mit veralteten, das heutige Sprachgefühl verletzenden Wortformen („Maienbluth" für Maienblüthe 2c.), als er andererseits eine schwächlich moderne Empfindsamkeit in mittelalterliche Stoffe hinein trägt. Von dem letztgenannten Fehler hat sich Heine schon in dieser ersten Gedichtsammlung, etwa mit Ausnahme der „Weihe," in glücklichster Art frei zu halten gewußt. Die Romanzen, in denen Stoffe aus älterer Zeit oder von mittelalterlicher Färbung behandelt werden, sind, wie „Belsazer," „Don Ramiro," „Zwei Brüder," „Die Botschaft," „Das Liedchen von der

Neue," in ungemein festem, kräftigem Tone durchgeführt. Unter den „Minneliedern" finden wir schon manche jener rührend einfachen, leidenschaftlich ergreifenden Weisen, in welchen der Dichter das tiefste Weh mit den schlichtesten Naturlauten ausspricht, und welche gleichsam zu Volksliedern der modernen Gesellschaft geworden sind. Als den originellsten Theil des Büchleins aber müssen wir die „Traumbilder" bezeichnen. In ihnen erweist sich am deutlichsten, wie sehr das künstlerische Streben des jungen Dichters im Einklange mit den Anschauungen stand, die er in jenem merkwürdigen Aufsatze über die Romantik ausgesprochen, der von uns gewissermaßen als das Programm seiner poetischen Thätigkeit bezeichnet ward. In diesen Gedichten ist der Stoff, wie schon die Überschrift errathen läßt, so romantisch wie möglich, und die Gefühle, welche durch die spukhaften Bilder erregt werden, sind von durchaus romantischer Art. Aber wie sehr die Phantasie im Nachtgebiet unheimlicher Träume umherschweift und das wildeste Grausen der Hölle heraufbeschwört, so begegnen wir doch überall den schärfsten Kontouren und einer Gegenständlichkeit der Form, die an die höchsten Meisterwerke klassischer Dichtung mahnt.

Was der schlaffen, trägen, entmuthigten Zeit vor Allem fehlte, war die hinreißende Gewalt einer starken Leidenschaft. Diese brauste mit trotziger Kraft in den Heine'schen Liedern, wenn auch zunächst nur in subjektivster Art entfesselt durch das Mißgeschick einer unglücklichen Liebe. Aber die kühne Energie, mit welcher der Dichter seinen innersten Menschen aussang, war so neu und unerhört, daß seine wilden und doch so klangvollen Weisen sich rasch ein Echo in den Herzen der besten unter den Zeitgenossen weckten. Varnhagen beeilte sich, eine Anzeige des Büchleins im „Gesellschafter" zu liefern [133]), und war der Erste, welcher einige der charakteristischen Vorzüge der Heine'schen Lieder hervorhob: „Der hier auftretende Dichter — denn so müssen wir ihn doch wohl nennen — hat ausgezeichnete Anlagen. Seine Lieder kommen aus einer echten Quelle, es ist Anschauung und Gefühl darin. Nachahmung, bewußte und absichtliche, ist auch dem gereiften Dichter noch erlaubt, die unwillkürliche aber dem anfangenden, bei der Masse von Gebildetem, fast unvermeidlich; in ihr selber jedoch kann sich das Selbständige zeigen. So möchte hier allerdings Einiges an Uhland, Anderes an Rückert erinnern; aber Dies gilt mehr von der Tonart, als von dem Gehalt, und muß vielleicht auf eine höhere, gemeinschaftliche Quelle, die allen deutschen Dichtern gehört, nämlich die Quelle unseres deutschen Volksliedes überhaupt, zurückgeführt werden. Das Eigenthümliche arbeitet sich aus diesem Überlieferten hier überall mit Kraft empor, und bloß Nachgemachtes ist uns nirgends vorgekommen. Besonders glücklich erscheint Herr Heine in seiner dichterischen Auffassung der Gegenstände; es zeigt sich darin oft ein höchst sinnreicher und anziehender Humor, wie z. B. in den „Traumbildern" und mehreren andern Gedichten. Kein Schwall von Worten, kein herkömmliches Füllwerk. Die Sprache ist kraftvoll und gedrungen, auch zart und lieblich, wo es sein soll." — Einige Monate später sprach Immermann im „Kunst- und Wissenschaftsblatte" des „Rheinisch-westfälischen Anzeigers" [134]) die Gedanken aus, welche die Lektüre der Heine'schen Gedichte in ihm hervorgerufen. Es hieß in dieser lang verschollenen, in briefliche Form eingekleideten Recension: „In den meisten Erzeugnissen Heine's schlägt eine reiche Lebensader; er hat Das, was das Erste und Letzte beim Dichter ist: Herz und Seele, und Das, was daraus entspringt: eine innre Geschichte. Deßhalb merkt man den Gedichten an, daß er ihren Inhalt selbst einmal stark durchempfunden und durchlebt hat. Er ist ein wahrer Jüngling, und Das will Viel sagen zu einer Zeit, worin die Menschen schon als Greise auf die Welt kommen. Mit kecker, fast dramatischer Anschaulichkeit zeichnet er die Zustände seines Innern; mit jugendlicher Unbefangenheit giebt er sich bloß, und hat den, kräftigen Seelen eigenthümlichen Abscheu vor weichlicher Sentimentalität in solchem Grade, daß er sich lieber hin und wieder ins Gemeine und Possenhafte verirrt. Er sagt selbst irgendwo:

> Gieb her die Larv', ich will mich jetzt maskieren
> In einen Lumpenkerl, damit Halunken
> Die prächtig in Charaktermasken prunken,
> Nicht wähnen, ich sei Einer von den Ihren.

„Diese Verse geben mir zugleich Gelegenheit, etwas näher die Individualität unsers Dichters zu berühren. Aus allen seinen Liedern spricht der Unmuth, der sich oft bis zur Wuth und bis zur Verzweiflung steigert. Man lese nur z. B. das Gedicht: „Die Hochzeit" („Was treibt und tobt mein tolles Blut?"), und unter den „Fresko-Sonetten" No. III, IV, VII, VIII, X [135]). Bleibt man bei den Worten stehen, so ist diese trübe Stimmung durch ein gestörtes Liebesverhältnis erzeugt. Dringen wir etwas tiefer, so scheint es mir, daß ein Herberes, als jener Liebesverdruß, die Brust des Dichters bewegt habe, und daß das arme Mädchen, welches so bitter gescholten wird, für die Unbillen Andrer büßen müsse.

„Sie werden mich der Paradoxie beschuldigen, wenn ich sage, daß mir die Gegenwart als ganz unempfänglich für wahrhaft dichterisches Wesen erscheint. Ich führe Ihnen den Beweis vielleicht an einem andern Orte, und kann jetzt nur das zweite Paradoxon aufstellen, daß es mir wie eine schwere Last des Schicksals vorkommt, in unsern Tagen mit poetischem Talente geboren zu sein. Alles Andre, wodurch die Menschheit gefördert wird, vermag eher, sich gewaltsam durchzuarbeiten, aber die zarte Pflanze der Poesie will den guten weichen Boden im Herzen der Zeitgenossen, um sich ganz gesund entfalten zu können.

„Sie werden mir einwenden, daß die Dichter aller Jahrhunderte gehudelt worden sind. Befragen wir aber die Geschichte der größten, die uns als Muster der reinsten Entwicklung gelten müssen, so finden wir, daß sie von Rohen zwar derb gemißhandelt wurden, daß aber jeder von ihnen einen Kreis Guter um sich versammelte, der mit der rührendsten Theilnahme an ihm hing und seinen Schritten folgte.

„Jetzt hat sich Das umgekehrt. Rohe Mißhandlungen braucht der Dichter nun weniger zu fürchten, seitdem man sich gewöhnte, die Poesie mit andern Tageserscheinungen in Reihe und Glied zu stellen. Dagegen ist die Ahnung von etwas Heiligem und Unbegreiflichem in ihm, die frühern Zeiten eigenthümlich war, auch den Bessern unter uns ganz fremd, und die allgemeine Gleichgültigkeit gegen das „weltliche Evangelium," wie Goethe die Poesie nennt, ist so groß, daß ihr nur allenfalls der abenteuerliche Übermuth, womit man über jede Dichtung flach abspricht, an die Seite gesetzt werden kann.

„Es ist ganz natürlich, daß ein dunkles Gefühl, oder die klare Erkenntnis von diesem trostlosen Stande der Dinge, Diejenigen ergreift und verstimmt, welche mit Anlagen ausgerüstet sind. Daher treten alle Talente in unsern Tagen gereizt und kränkelnd auf, mehr als je stellt sich der Dichter in offne Opposition gegen die übrige Welt; er, der eigentlich berufen ist, zwischen und über allen Parteien stehend, alle aufzulösen und zu beschwichtigen, bildet jetzt die heftigste Partei, und wie er sonst friedlich, wohlempfangen in die Hütte und in den Palast trat, so muß er nun, in Stahl und Eisen gepanzert, sein Schwert immer zum Ausfall bereit halten.

„Jenen bittern Grimm über eine nüchterne, unempfängliche Gegenwart, jene tiefe Feindschaft gegen die Zeit, scheint nun die kraftvolle Natur unsers Heine ganz besonders stark zu hegen, und daraus wird es mir erklärlich, warum ein Jüngling unter 58 Gedichten auch nicht ein einziges zu geben vermochte, aus dem Freude und Heiterkeit spricht. Mit Dem, worüber er unmittelbar sich beklagt, würde er leichter und harmonischer fertig geworden sein, läge nicht das oben angedeutete Bewußtsein eines tiefern Zwiespaltes in seiner Seele. Nähere Fingerzeige geben einige seiner „Fresko-Sonette," sowie die Gedichte: „An eine Sängerin, als sie eine alte Romanze sang," und „Gespräch auf der Paderborner Heide."

„Oberflächliche Ähnlichkeit findet man zwischen diesen Produktionen und den Werken des Lord Byron, zu welchen unser Landsmann eine besondere Neigung zu haben scheint. Die Vergleichung Beider würde aber theils zum Nachtheil, theils zum Vortheil des Deutschen ausfallen. Gewaltiger und reicher als Byron kann Niemand den Abgrund einer zerstörten Seele zeigen, er ist Roquairol à cheval, und unser Dichter kommt ihm darin auch nicht von fern nahe. Der Britte dünkt mich wie jener Fisch, den die Römer zu grausamer Ergötzung auf ihren Tafeln zerschneiden ließen, und der im Moment des Sterbens das herrlichste Farbenspiel sehen ließ. Dagegen ist der Deutsche viel frischer und lebensmuthiger. Es ist ihm noch möglich, seinen Haß an einer einzelnen Erscheinung auszulassen, während der Lord alles Menschliche und Göttliche, Zeitliches und Ewiges gleichmäßig verhöhnt.

„Ich schließe mit dem Wunsche, daß bald etwas Besseres über diese Gedichte gesagt werden möge, indem ich überzeugt bin, daß sie einer reiflichern Betrachtung werth sind, als die ich ihnen widmen konnte."

In ähnlich günstiger Weise sprachen sich die meisten übrigen Beurtheiler der Heine'schen Erstlingsgedichte im Berliner „Zuschauer" [136], im „Hesperus," im „Morgenblatt," in den „Rheinischen Erholungen" und andern belletristischen Blättern aus. Am bedeutendsten aber waren Lob und Tadel in einem kritischen Aufsatze, der am 7. Juni 1822 im „Kunst- und Wissenschaftsblatte" — zum Theil wohl als Entgegnung auf Immermann's unbedingt lobendes Urtheil in derselben Zeitschrift — veröffentlicht ward. Es wäre von Interesse, den Namen des nur mit „Schm." unterzeichneten Verfassers zu erfahren, der so unparteiischen Sinnes das literarische Richteramt übte, und mit so sicherem Scharfblick aus den ersten Liederblüthen die künftige Richtung, so zu sagen die geheime Mission der

Heine'schen Muse zu weissagen verstand. Die Einleitungsbemerkungen, welche der Poesie eine ähnliche Aufgabe wie der Religion zuertheilen, und welche mit ihrer Forderung einer Auflösung des Sturmes der Leidenschaften in ein „mildes Wehen" an das von Friedrich Schlegel so hoch gepriesene „Säuseln des Geistes" erinnern, lassen auf einen Anhänger der Romantik schließen; im weitern Verlauf seiner Abhandlung erklärt sich jedoch der Verfasser sehr bestimmt gegen die feudal-hierarchischen Bestrebungen der romantischen Schule, mit ähnlichen Worten, wie Heine es in seinem Aufsatze über die Romantik gethan hatte. Auf jeden Fall ist diese Recension eine so werthvolle Bereicherung der kritischen Literatur, daß man uns Dank dafür wissen wird, wenn wir sie aus den Spalten eines obskuren Lokalblattes wieder ans Tageslicht ziehen. Der Aufsatz lautet, wie folgt:

„Herr Heine hat es uns bei einigen Gelegenheiten zu sehr verrathen, daß er ein denkender Dichter ist, daß er genossen hat von allen Früchten jenes Baumes, von dem die Poesie nur ein einzelner Zweig ist, als daß es unsere Pflicht wäre, schonend jene Gebrechen zu verhüllen, von denen wir glauben könnten, daß Derselbe sie ablegen würde, wenn er den Zweck aller Poesie tiefer erkannt habe. Wir wollen daher unverschleiert die bittere Wahrheit aussprechen: Dieses Buch besteht aus lauter Sünden gegen den Zweck der Poesie. Wir wissen wohl, daß dieses Urtheil sehr grell absticht gegen die andern Urtheile, die über Heine's Gedichte gefällt worden, und daß die meisten Leser derselben uns entgegnen werden: Wir haben uns wenigstens bei diesen Gedichten nicht wie bei den gewöhnlichen Wasserversen gelangweilt, und die Wahrheit der Leidenschaft und Kühnheit der Darstellung, die darin herrscht, hat uns tief erschüttert.

„Aber ist jenes Erschüttertwerden, jener galvanische Stoß, der Zweck der Poesie? Nein, wahrlich nicht! Poesie soll wirken wie — Religion. Wie wir in der frühesten Zeit die Religion mit der Poesie Hand in Hand gehen sehn, wie die Poesie der Religion als Kleid, und die Religion der Poesie als Stoff, als Seele, diente, so soll es auch jetzt noch sein. Wie es besonders der Zweck unserer heiligen christlichen Religion ist, die zerrissenen Gemüther zu heilen, zu stärken, zu erheben, so soll sich auch unsere Poesie jenen Zweck vorzeichnen, und wenn es auch in ihrem Wesen liegt, die Leidenschaften gewaltsam aufzuwühlen, und den Gemüthsturm mit seltsamen Sprüchen zu beschwören, so soll Dieses doch nur geschehen, um die Leidenschaften desto milder zu versöhnen, und jenen Sturm in ein mildes

Wehen aufzulösen. Betrachten wir jetzt den Geist, der in den Gedichten Heine's lebt, so vermissen wir nicht allein jenes versöhnende Princip, jene Harmonie, worauf selbst die wildesten Leidenschaftsausbrüche berechnet sein sollten, sondern wir finden sogar darin ein feindliches Princip, eine schneidende Dissonanz, einen wilden Zerstörungsgeist, der alle Blumen aus dem Leben herauswühlt, und nirgends aufkeimen läßt die Palme des Friedens.

„In Heine's Gedichten erblicken wir das unheimliche Bild jenes Engels, der von der Gottheit abfiel. Wir sehen hier: edle Schönheit, die verzerrt wird durch ein kaltes Hohnlächeln, gebietende Hoheit, die übergeht in trotzigen Hochmuth, und klassischen Schmerz, der sich Anfangs windig gebärdet und endlich versteinert in trostloser Zerknirschung. Heine's Liebe ist nicht ein seliges Hingeben, sondern ein unseliges Verlangen, seine Gluth ist ein Höllenfeuer, sein Amor hat einen Pferdefuß. Deßhalb sind auch am schlechtesten und am kläglichsten jene Gedichte ausgefallen, wo der Verfasser gewaltig zärtlich und schmachtend thut, namentlich die Minnelieder. Wahrlich, Herr Heine mit den zwei charakteristischen Seiten seiner Dichtart, Stolz und Höllenschmerz, mußte einen sehr schlechten Troubadour abgeben, und mag wohl zarte Frauenherzen nicht sehr erbauen mit einem:

Blutquell, rinn aus meinen Augen,
Blutquell, brich aus meinem Leib!

„Es ist sehr begreiflich, daß, obschon Herr Heine so unverzeihlich sündigt gegen den Zweck der Poesie, seine Gedichte dennoch beim großen Publikum so vielen Beifall finden, da die Sünde an sich schon interessanter ist als die Tugend, welche letztere nicht selten sogar langweilig ist. Die Leute lesen lieber Kriminalgeschichten als moralische Erzählungen, lieber den Pitaval als die Acta sanctorum. Bei Heine findet aber noch ein anderer Umstand statt: je weniger er dem Zwecke der Poesie huldigt, desto mehr hat er das Wesen derselben begriffen und beachtet. Das ganze Wesen der Poesie lebt in diesen Gedichten. Dies läßt sich nicht leugnen; ebenso wenig wie sich leugnen ließe, daß die rothe Fackel des Mordbrenners ein eben so echtes Feuer ist, als die heilige Flamme auf dem Altar der Vesta. In allen Gedichten Heine's herrscht eine reine Objektivität der Darstellung, und in den Gedichten, die aus seiner Subjektivität hervorgehn, giebt er ebenfalls ein bestimmtes, objektives Bild seiner Subjektivität, seiner subjektiven Empfindung. Wir müssen diese Objektivität der Darstellung bewundern. Herr Heine zeigt sich hier als großer Dichter, mit

angeborenem, klarem Anschauungsvermögen; er raisonniert und reflektiert
nicht mit philosophisch poetischen Worten, sondern er giebt Bilder, die,
in ihrer Zusammenstellung ein Ganzes formierend, die tiefsten philosophisch
poetischen Gedanken erwecken. Seine Gedichte sind Hieroglyphen, die
eine Welt von Anschauungen und Gefühlen mit wenigen Zeichen darstellen.
Diese poetischen Hieroglyphen, diese Bilderzeichen, diese Abbreviaturen von
großen Gedanken und tiefen Gefühlen, sind allgemein verständlich, da sie
besonders gut gewählt, klar und einfach sind. Der Verfasser hat nämlich
bei seinen Gedichten die Bilder und Formen, kurz die Sprache des deutschen
Volksliedes gebraucht zu den meisten seiner Gedichte. In allen herrscht
jener populäre Ton, den unsere pretiösen Anhänger eines herkömmlichen
Schwulstes als einfältig belächeln, und der in seiner wahren Einfalt nur
vom ganz großen Dichter erreicht werden kann. Seit Bürger kennen wir
keinen deutschen Dichter, dem Dieses so gut gelungen wäre als Herrn
Heine. Goethe hatte ein ganz andres Ziel vor Augen; er gab dem Volks-
liede ein mehr theegesellschaftliches Kolorit. Dazu hat er, eben so wie
andre neue Volksdichter, Stoff, Wendungen, ja ganze Strophen alter
Volkslieder sich zugeeignet, und neue Volkslieder daraus zusammen genäht. Heine hat hingegen das Verdienst, daß die Gedichte, die er im
Volkstone geschrieben, ganz original sind, sowohl in Hinsicht des
Stoffes, als der Wendungen. Er hat nicht dem Volke seine hübschen
Ideenkleider gestohlen, sie, wie Diebe zu thun pflegen, neu gefärbt, um sie
unkenntlich zu machen, oder in Fetzen zerrissen und sie modisch wieder zu-
sammengeschneidert. Recensent, der die meisten Volkslieder kennt, hat sich
nicht genug wundern können, daß er in keinem der Heine'schen Volkslieder
den Stoff oder die Anklänge eines schon vorhandenen deutschen Volksliedes finden konnte [187], und hat sich herzlich gefreut, daß Herr Heine ganz
den richtigen Ton derselben getroffen hat, ganz ihre schlichte Naivetät,
ihren schalkhaften Tiefsinn, und ihren epigrammatisch humoristischen Schluß.
— Wir können indessen die Bemerkung nicht unterdrücken, daß bei all
ihrer Vortrefflichkeit diesen Heine'schen Volksliedern Etwas fehlt, was sie
erst ganz zu Volksliedern stempelt. Letztere gründen sich nämlich bei allen
Völkern auf die Geschichte derselben. Das spanische Volkslied bezieht
sich größtentheils auf den Kampf mit den Mauren, das englische auf den
Kampf mit der Hierarchie, das slavische auf die Bauernknechtschaft ꝛc.
Wie zersplittert auch die deutsche Geschichte ist, so hat sie doch manches

ganz Charakteristische, und z. B. das Streben des dritten Standes, das Zunftwesen, die Glaubenskriege, der Meinungskampf sind hervorstechende Elemente des deutschen Volksliedes. Wären Heine's „Grenadiere" in französischer Sprache geschrieben, so wäre Das ein echtes französisches Volkslied; denn es bezieht sich auf die französische Geschichte, und spricht ganz aus den Geist der alten Garde und ihre Anhänglichkeit an den Kaiser Napoleon. Mit besserm Rechte kann das „Lied des gefangenen Räubers," wie sehr es auch den übrigen an Gehalt nachstehen muß, ein echt deutsches Volkslied genannt werden, weil es historische Anklänge hat, die Hexenprocesse, die alte schlechte Kriminaljustiz und den Volksglauben. — Außerdem bemerken wir, daß in Heine's Gedichten zwar immer ein deutscher Geist, aber mehr ein nordisch-deutscher, als ein südbeutscher Geist lebt, so wie überhaupt das nächtige, trotzige Gemüth, das sich in denselben ausspricht, jenen Ländern zu gehören scheint, wo der wilde Boreas sich ausheult, und das Nordlicht seine abenteuerlichen Strahlen herabgießt auf wunderliche Felsengruppen, düstre Fichtenwälder und hohe, ernste Menschengestalten.

„In unserer Literatur hat noch nie ein Dichter seine ganze Subjektivität, seine Individualität, sein inneres Leben, mit solcher Keckheit und solcher überraschenden Rücksichtslosigkeit dargestellt, als Herr Heine in seinen Gedichten. Da die streng objektive Darstellung dieser ungewöhnlichen, grandiosen Subjektivität ganz das Gepräge der Wahrheit trägt, und da die Wahrheit eine wundersam allbesiegende Kraft besitzt, so haben wir wieder einen Grund mehr aufgefunden, weshalb Heine's Gedichte bei den Lesern einen so unwiderstehlichen Reiz ausüben. Aus dem Grunde machen Lord Byron's Gedichte in England so viel Aufsehen; das „Edinburgh Review" und die Magazins und die ganze Kritikergilde schreit „Zeter!" und das lesende Publikum schreit „göttlich!" Man hat noch außerdem zwischen Herrn Heine und dem sehr edeln Lord eine geheime Verwandtschaft bemerkt. Es ist etwas Wahres an dieser Bemerkung. Die geistigen Physiognomien Beider sind sich sehr ähnlich; wir finden darin dieselbe Urschönheit, aber auch denselben Hochmuth und Höllenschmerz. Bei dem jüngern Deutschen blickt noch immer die deutsche Gutmüthigkeit durch, und seine humoristische Ironie ist noch sehr entfernt von der eiskalten brittischen Persifflage. Es liegt doch noch immer mehr Schmerz als Spott in den Worten:

> Ich lache ob den abgeschmackten Laffen,
> Die mich anglotzen mit den Bocksgesichtern;
> Ich lache ob den Füchsen, die so nüchtern
> Und hämisch mich beschnüffeln und begaffen.
>
> Ich lache ob den hochgelahrten Affen,
> Die sich aufblähn zu stolzen Splitterrichtern;
> Ich lache ob den feigen Bösewichtern,
> Die mich umdrohn mit giftgetränkten Waffen.

So wie auch in den krampfhaftigen Worten:

> Du sahst mich oft im Kampf mit jenen Schlingeln,
> Geschminkten Katzen und bebrüllten Pudeln,
> Die mir den blanken Namen gern besudeln,
> Und mich so gerne ins Verderben züngeln.
>
> Du sahst oft, wie mich Pedanten hudeln,
> Wie Schellenkappenträger mich umklingeln,
> Wie gift'ge Schlangen um mein Herz sich ringeln,
> Du sahst mein Blut aus tausend Wunden sprudeln.

„Herr Heine, bei seiner kräftigen und imposanten Subjektivität, durfte es wohl wagen, dieselbe dem Publikum in seiner ganzen Blöße darzustellen. Wenigen Dichtern möchten wir rathen, ein Ähnliches zu versuchen. Ein nackter Thersites wird immer mit Gelächter empfangen werden. Dies wissen unsre poetischen Thersiten sehr wohl, und sie sind beflissen, sich so tief als möglich einzuhüllen in den Mantel der Konvenienzpoesie, sind ängstlich besorgt, daß aus den Löchern desselben ihre armselige Subjektivität nicht hervorschimmere, bemühen sich außerdem, mit ihren beweglichen Alltagsgesichtern die edeln Mienen antiker Heroenstatuen nachzuäffen, und nennen Das: ein Streben nach dem Idealischen, — antike, klassische, plastische Poesie! Daher jener gespreizte, vornehme Wortschwall, jenes Daherschreiten auf hohen Sprachstelzen, und jenes geringschätzende Herabschauen auf den wahren, schlichten Volksdichter. Die Zeit ist schon gekommen, wo man diesen Thersiten die ehrwürdige Toga vom Leibe reißt, und sie herunterwirft von dem hohen Kothurn. Wir haben schon viele Dichter, die durch eignes Beispiel ein solches Zurückgehn zur poetischen Wahrheit vorbereiten. Doch haben sich die meisten nicht entschließen können, in ihren Gedichten die letzte Konvenienzhülle von sich zu werfen; und Dies hat Heine gethan. — Wir haben hier angedeutet den Kampf der sogenannten Romantik mit der mißverstandenen Klassicität. Herr Heine hat sich einst in diesen Blättern, in einem polemischen Aufsatze, als ein feuriger

Anhänger der romantischen Schule, als Schlegelianer, bekannt, und hat ebenfalls in seinen Gedichten dieses Bekenntnis unverhohlen ausgesprochen. Doch müssen wir Herrn Heine selbst darauf aufmerksam machen: wie sehr er auch die Schlegel'sche Schule durchgegangen sei, und sich an den belehrenden und „gütigen" Worten A. W. Schlegel's erkräftigt habe, so gehört er doch auf keinen Fall der Schlegel'schen Schule an. Diese letzte, oder die romantische Schule par excellence, oder, um sie noch besser zu nennen, die afterromantische Schule, besteht aus zwei Elementen, die wir, gottlob! vergebens in Heine's Gedichten suchen, — Ritterthum und Mönchthum, oder Feudalwesen und Hierarchie. Reines Bürgerthum, reines Menschthum ist das einzige Element, das in den Gedichten Heine's lebt, und, bis auf einige leise Anklänge, finden wir in denselben nirgends ritterliches Sporengeklirr und kirchlichen Weihrauchdampf, die beiden Hauptbestandtheile des Mittelalters und der nach dem Mittelalter schmachtenden Schlegel'schen Schule; mit einem Wort — Heine ist ein Dichter für den dritten Stand (tiers état).

„Wir haben schon erwähnt, daß Heine's Gedichte sich durch Originalität auszeichnen. Dies ist ganz besonders der Fall bei den „Traumbildern" und „Fresko-Sonetten." Erstere haben einen überraschend eigenthümlichen Charakter, wir wissen nicht, unter welchen Gedichtarten wir dieselben rubricieren sollen, und wir gestehen, daß Herr Heine unsere Literatur mit einer neuen Gattung Poesien bereichert hat. Diese Reihe schlicht erzählter Träume, oder träumerischer Zustände, bildet gleichsam eine Camera obscura mit einem von dunkelrothem Karfunkellichte beleuchteten Krystallspiegel, worin sich viele unheimliche Figuren, die theils fromme Engelmienen, theils entsetzliche Teufelslarven tragen, wunderlich hin und her bewegen, und durch ihre tollen Gruppierungen und seltsamen Kämpfe dem Leser das innere Leben des Dichters zur Anschaulichkeit bringen. Dieses innere Leben ist aber bloß ein poetischer Wiederschein seines äußern Lebens, das der Dichter mit einer seltenen Kraft in den „Fresko-Sonetten" darstellt. Letztere sind nicht so poetisch wie die „Traumbilder", aber sie sind weit pikanter. In den „Traumbildern" sehen wir einen Nachtwandler, der mit somnambüler Klarheit die Geheimnisse des Lebens anschaut. In den „Fresko-Sonetten" sehen wir einen wachen Mann, der vollen Bewusstseins mit scharfen Augen ins Menschentreiben und in die eigne kranke Brust hineinschaut.

„Was die Form der Heine'schen Gedichte betrifft, so wollen wir uns nicht zu pedantischer Silbenstecherei herablassen, und wir wollen uns bloß einige kurz zusammengefaßte Bemerkungen erlauben. Die Form der meisten „Traumbilder" ist höchst vernachläßigt. Herr Heine gefällt sich hier in Archaismen, kokettiert mit einer poetischen Nonchalance, und will diesen Gedichten ein grobes holzschnittartiges Ansehen geben, damit ihr höchst poetischer Stoff desto mehr kontrastiere mit der schlichten kunstlosen Form. Dasselbe ist der Fall bei den meisten Minneliedern. Wir haben schon oben bemerkt, daß diese nicht die glänzendste Partie des Buches genannt werden dürfte. Der Herr Verfasser befolgt nicht immer seine eigenen Worte:

> Phantasie, die schäumend wilde,
> Ist des Minnesängers Pferd,
> Und die Kunst dient ihm zum Schilde,
> Und das Wort, das ist sein Schwert.

„Wir haben ebenfalls schon bemerkt, daß die Volkslieder, die unter der Rubrik „Romanzen" stehen, im echten Volkstone geschrieben sind. Unter den eigentlichen Romanzen finden wir den „Don Ramiro," so großartig und keck er auch in der Anlage ist, in der Form sehr flüchtig gearbeitet. Erst in den Sonetten und in einigen kleinen Liedern zeigt sich der Verfasser als vollendeter Metriker; hier sehen wir Spuren der Schlegel'schen Schule, und der Kontrast, den der derbe Stoff der „Fresko-Sonette" mit ihrer kunstvollen zarten Form bildet, giebt denselben ihren größten Reiz. Aber durch seine Übersetzungen aus Byron's Werken nimmt Herr Heine ganz und gar unsere unbeschränkte Achtung und unser höchstes Lob in Anspruch; wir erkennen in ihm den großen Meister, der bis in die tiefsten Tiefen des grammatischen Baues, des eigenthümlichen Wesens und des geistigen Charakters unserer Sprache eingedrungen ist, und der die Meisterstücke fremder Literaturen mit der Treue eines Spiegels ins Deutsche zu übertragen versteht [138]).

„Wir wünschen, daß Herr Heine die Winke, die wir ihm oben gegeben, benutzen möge. Wir können ihm bis jetzt eben so viel Tadel als Lob zumessen. Doch es hängt ganz von ihm ab, ob dieser Tadel nächstens ganz verschwinden kann. Die Natur hat ihn zu ihrem Liebling gewählt und ihn mit allen Fähigkeiten ausgerüstet, die dazu gehören, einer der größten Dichter Deutschlands zu werden; es hängt ganz von ihm ab,

ob er es vorzieht, seinem Vaterlande verderblich zu sein als verlockendes
Irrlicht oder als riesiger Giftbaum."

Bei einer so glänzenden Anerkennung seiner ersten, noch nicht durch
die strenge Selbstkritik späterer Jahre gesichteten Liedersammlung, durfte
wohl der junge Poet stolzer und muthvoller sein Haupt erheben, und mit
gesteigertem Vertrauen in die Echtheit seines Talentes wandte er sich neuen
dichterischen Schöpfungen zu. Dem in Göttingen um fast zwei Akte ge-
förderten „Almansor" wurden im Herbst 1821 die Schlußscenen hinzugefügt; ein zweites Drama, „William Ratcliff," entstand im Januar 1822,
und wurde, wie Heine erzählt [139]), in drei Tagen, ohne Brouillon und in
Einem Zuge, geschrieben. Im Anschluß an diese Tragödie dichtete er jenes
eiskalt bittere, (auf S. 144 ff.) schon von uns mitgetheilte Traumbild des
Wiedersehens mit der vermählten Geliebten. Fast sämmtliche Lieder des
„Lyrischen Intermezzos" fallen in den Sommer 1822; ebenso die schaurig
wilde Phantasmagorie der „Götterdämmerung" und die rührend liebliche
„Wallfahrt nach Kevlaar" [140]).

Neben dieser lebhaften Produktivität auf rein poetischem Felde, lieferte
Heine noch eine ansehnliche Zahl von Beiträgen in Prosaform für verschiedene Journale. Die erste dieser Arbeiten, eine umfangreiche Besprechung der Tragödie „Tasso's Tod" von Wilhelm Smets, wurde vom 21.
Juni bis 19. Juli 1821 im „Zuschauer," einem von J. D. Symanski
redigirten Berliner „Zeitblatt für Belehrung und Aufheiterung," abgedruckt. Es herrscht in diesem Aufsatze derselbe wissenschaftliche Ernst, dieselbe leidenschaftslose Ruhe, welche sich uns in der kleinen Abhandlung
über die Romantik bemerklich machten. Offenbar ist Lessing's Methode
das Vorbild, welchem der junge Verfasser in der logisch gegliederten Anordnung des Stoffes und den klaren Auseinandersetzungen über das Wesen
der dramatischen Dichtkunst nacheifert, die er an die Spitze seiner kritischen
Analyse stellt. Aufs gewissenhafteste deutet er die ästhetischen Grundsätze
an, von welchen er bei Beurtheilung der ihm vorliegenden Tragödie ausgeht, und dann wird nach den angegebenen Gesichtspunkten in systema-
tischer Reihenfolge der dramatische, poetische und ethische Gehalt des Stückes
geprüft. Die Kunstansichten, zu denen sich Heine in dieser Kritik bekennt,
stimmen im Ganzen mit den Principien der romantischen Schule überein,
er bedient sich durchgehends sogar derselben ästhetischen Terminologie, welche
uns in A. W. Schlegel's Vorlesungen über dramatische Kunst und Literatur

begegnet; bei Alledem aber spricht sich auch hier schon ein freier, selbstständig denkender Geist aus, der keinesweges in verba magistri schwört und die Kunsttheorien der Schule gläubig nachstammelt, sondern — ganz wie in dem Aufsatze über die Romantik — den Verirrungen derselben eine furchtlose Zurechtweisung ertheilt. Beherzigenswerth ist vor Allem, was über die Schicksalstragödie und über die ethischen Anforderungen gesagt wird, denen ein gutes Drama zu genügen hat: „Ethisch soll hier nur ein Rubrikname sein, und wir wollen entwickelnd erklären, was wir unter dieser Rubrik befasst haben wollen. Hören Sie, gelehrte Herren, ist es Ihnen noch nie begegnet, daß Sie innerlich mißvergnügt, verstimmt uud ärgerlich des Abends aus dem Theater kamen, obschon das Stück, das Sie eben sahen, recht dramatisch, theatralisch, kurz voller Poesie war? Was war nun der Fehler? Antwort: Das Stück hatte keine Einheit des Gefühls hervorgebracht. Das ist es. Warum musste der Tugendhafte untergehen durch List der Schelme? Warum musste die gute Absicht verderblich wirken? Warum musste die Unschuld leiden? Das sind die Fragen, die uns marternd die Brust beklemmen, wenn wir nach der Vorstellung von manchem Stücke aus dem Theater kommen. Die Griechen fühlten wohl die Nothwendigkeit, dieses qualvolle Warum in der Tragödie zu erdrücken, und sie ersannen das Fatum. Wo nun aus der beklommenen Brust ein schweres Warum hervorstieg, kam gleich der ernste Chorus, zeigte mit dem Finger nach oben, nach einer höheren Weltordnung, nach einem Urrathschluß der Nothwendigkeit, dem sich sogar die Götter beugen. So war die geistige Ergänzungssucht des Menschen befriedigt, und es gab jetzt noch eine unsichtbare Einheit: — Einheit des Gefühls. Viele Dichter unserer Zeit haben Dasselbe gefühlt, das Fatum nachgebildet, und so entstanden unsere heutigen Schicksalstragödien. Ob diese Nachbildung glücklich war, ob sie überhaupt Ähnlichkeit mit dem griechischen Urbild hatte, lassen wir dahingestellt. Genug, so löblich auch ihr Streben nach Hervorbringung der Gefühlseinheit war, so war doch jene Schicksalsidee eine sehr traurige Aushilfe, ein unerquickliches, schädliches Surrogat. Ganz widersprechend ist jene Schicksalsidee mit dem Geist und der Moral unserer Zeit, welche beide durch das Christenthum ausgebildet worden. Dieses grause, blinde, unerbittliche Schicksalswalten verträgt sich nicht mit der Idee eines himmlischen Vaters, der voller Milde und Liebe ist, der die Unschuld sorgsam schützt, und ohne dessen Willen kein Sperling vom Dache fällt. Schöner und wirksamer handelten jene neuern Dichter, die alle Begebenheiten aus ihren natürlichen Ursachen entwickeln, aus der moralischen Freiheit des Menschen selbst, aus seinen Neigungen und Leidenschaften, und die in ihren tragischen Darstellungen, sobald jenes furchtbare letzte Warum auf den Lippen schwebt, mit leiser Hand den Himmelsvorhang lüften, und uns hineinlauschen lassen in das Reich des Überirdischen, wo wir im Anschaun so vieler leuchtenden Herrlichkeit und dämmernden Seligkeit mitten unter Qualen aufjauchzen, diese Qualen vergessen oder in Freuden verwandelt fühlen." Was Heine am Schlusse seiner Abhandlung über den Charakter der echt menschlichen Milde und Versöhnung bemerkt, dessen die wahre Tragödie nicht entbehren darf, hätte von Lessing selbst nicht prägnanter gesagt werden können, und verdient leider auch heute noch unsern Bühnenschriftstellern als ernste Mahnung ins Ohr gerufen zu werden: „Unter dieser Versöhnung verstehen wir nicht allein die aristotelische Leidenschaftsreinigung, sondern auch die Beobachtung der Grenzen des Reinmenschlichen. Keiner kann furchtbarere Leidenschaften und Handlungen auf die Bühne bringen, als Shakspeare, und doch geschieht es nie, daß unser Inneres, unser Gemüth durch ihn gänzlich empört würde. Wie ganz anders ist Das bei vielen unserer neuern Tragödien, bei deren Darstellung uns die Brust gleichsam in spanische Schnürstiefel eingeklemmt wird, der Athem uns in der Kehle stecken bleibt, und gleichsam ein unerträglicher Katzenjammer der Gefühle unser ganzes Wesen ergreift. Das eigne Gemüth soll dem Dichter ein sicherer Maßstab sein, wie weit er den Schrecken und das Entsetzliche auf die Bühne bringen kann. Nicht der kalte Verstand soll emsig alles Gräßliche ergrübeln, mosaikähnlich zusammenwürfeln und in der Tragödie aufstapeln. Zwar wissen wir recht wohl, alle Schrecken Melpomenens sind erschöpft. Pandora's Büchse ist leer, und der Boden derselben, wo noch ein Übel kleben konnte, von den Poeten kahl abgeschabt, und der gefallsüchtige Dichter muß im Schweiße seines Angesichts neue Schreckensfiguren und neue Übel herausbrüten. So ist es dahin gekommen, daß unser heutiges Theaterpublikum schon ziemlich vertraut ist mit Brudermord, Vatermord, Incest ꝛc. Daß am Ende der Held bei ziemlich gesundem Verstande einen Selbstmord begeht, cela se fait sans dire. Das ist ein Kreuz, Das ist ein Jammer. In der That, wenn Das so fortgeht, werden die Poeten des zwanzigsten Jahrhunderts ihre dramatischen Stoffe aus der japanesischen Geschichte nehmen müssen, und alle dortigen

Exekutionsarten und Selbstmorde: Spießen, Pfählen, Bauchaufschlitzen ꝛc.
zur allgemeinen Erbauung auf die Bühne bringen. Wirklich, es ist em-
pörend, wenn man sieht, wie in unsern neuern Tragödien, statt des wahrhaft Tragischen, ein Abschlachten, ein Niedermetzeln, ein Zerreißen der
Gefühle aufgekommen ist, wie zitternd und zähneklappernd das Publikum
auf seinem Armensünderbänkchen sitzt, wie es moralisch gerädert wird, und
zwar von unten herauf. Haben denn unsere Dichter ganz und gar vergessen, welchen ungeheuren Einfluß das Theater auf die Volkssitten ausübt? Haben sie vergessen, daß sie diese Sitten milder, und nicht wilder
machen sollen? Haben sie vergessen, daß das Drama mit der Poesie
überhaupt denselben Zweck hat, und die Leidenschaften versöhnen, nicht
aufwiegeln, menschlicher machen, und nicht entmenschen soll? Haben unsere
Poeten ganz und gar vergessen, daß die Poesie in sich selbst genug Hilfsmittel hat, um auch das allerabgestumpfteste Publikum zu erregen und zu
befriedigen, ohne Vatermord und ohne Incest? Es ist doch jammerschade,
daß unser großes Publikum so Wenig versteht von der Poesie, fast eben
so Wenig wie unsere Poeten."

Als Heine diesen Aufsatz schrieb, war er selbst mit einer Tragödien-
dichtung beschäftigt, und es war ihm vermuthlich mehr darum zu thun,
durch eine objektive Darlegung seiner Ansichten über die Erfordernisse eines
guten Dramas sich Rechenschaft von seinen ästhetischen Grundsätzen zu
geben, als das ziemlich unreife Theaterstück eines katholisierenden Roman-
tikers der Beachtung des Publikums zu empfehlen. Um so mehr ist die
Gewissenhaftigkeit anzuerkennen, mit welcher er sich in den Geist und in
die geheimsten Intentionen der fremden Arbeit vertieft. Zugleich aber
tritt in dem liebevollen Nachkonstruieren der besprochenen Tragödie wieder
recht deutlich der Einfluß der Schlegel'schen Schule hervor, die bei ihrer
maßlosen Überschätzung der Phantasie und des subjektiven Gefühls nur
allzu geneigt war, in jedem willkürlichen Einfall der Dichterlaune eine
heilige Offenbarung des Weltgeistes anzustaunen, und dem Blendwerk einer
schattenhaften Symbolik größeren Werth beizumessen, als der lebensvollen
Zeichnung handgreiflicher, fest umrissener Gestalten.

Weit unbedeutender, als die Abhandlung über das Trauerspiel „Tasso's
Tod," sind Heine's für den „Gesellschafter" geschriebene Recensionen über
den von Friedrich Raßmann herausgegebenen „Rheinisch-westfälischen Musen-
Almanach auf das Jahr 1821" und über J. B. Rousseau's „Gedichte"

und „Poesien für Liebe und Freundschaft." Das erste und das letzte dieser Bücher waren bei Schultz und Wundermann in Hamm, den Herausgebern des „Rheinisch-westfälischen Anzeigers," erschienen, deren Bekanntschaft Heine schon auf der Reise nach Göttingen gemacht, und die ihn zu Beiträgen für ihr Journal aufgefordert hatten. Erinnern wir uns außerdem, daß Rousseau von Bonn her zu seinen vertrautesten Freunden zählte, so errathen wir leicht, welcherlei äußerliche Gründe ihn zur Besprechung dieser Gedichtsammlungen bewogen. Auch hier bekennt sich Heine noch offen zur Fahne der Romantik, welcher er nachrühmt, daß sie der falschen Idealität entgegentrete und die Besonderheiten der Außenwelt kindlich-naiv im bewegten Gemüth abspiegele; „denn wie des Malers Kunst darin besteht, daß sein Auge auf eine eigenthümliche Weise sieht, und er z. B. die schmutzigste Dorfschenke gleich von der Seite auffaßt und zeichnet, von welcher sie eine dem Schönheitssinne und Gemüth zusagende Ansicht gewährt: so hat der wahre Dichter das Talent, die unbedeutendsten und unerfreulichsten Besonderheiten des gemeinen Lebens so anzuschauen und zusammenzusetzen, daß sie sich zu einem schönen, echt poetischen Gedichte gestalten" [111]).

Wenn in diesen schematisch geordneten, jede willkürliche Abschweifung vermeidenden Recensionen die spätere, humoristisch abspringende Manier des Heine'schen Prosastiles nur selten in einer schalkhaften Redewendung hervorblickt, so entschädigte sich der junge Schriftsteller für solchen Zwang docierender Ernsthaftigkeit reichlich in den „Briefen aus Berlin," die er im Januar, März, und Juni 1822 für den „Rheinisch-westfälischen Anzeiger" schrieb. Die „Briefe aus Berlin" sind, so zu sagen, die studentischen Flegeljahre der Heine'schen Prosa, die hier mit liebenswürdigem Behagen die muthwilligsten Possen vollführt. Wie bei den Produktionen der romantischen Schule, waltet in der Behandlungsart überall die subjektivste Laune vor; aber weil der Briefschreiber keine spukhaften Phantasiegebilde, sondern die realsten Dinge des täglichen Lebens, das gesellschaftliche, literarische und künstlerische Treiben der Residenz, zum Gegenstand seiner Berichte nimmt, und alle an ihm vorbeischwirrenden Eindrücke der Außenwelt im Brennspiegel seiner eigenartigen Individualität auffängt und in buntester Strahlenbrechung reflektiert, tragen seine Korrespondenzen das reizvoll lebendigste Gepräge. Es war ein ganz neuer Ton, der hier mit keckem Übermuthe in das langweilig fade Geschnatter der Tagesblätter,

in all das herkömmlich steife Theater- und Literaturgeträtsche hineinklang,
und man horchte schier ängstlich auf das Gezwitscher des losen Spott-
vogels, der über jedes Thema, das ihm zu Ohren kam, seine moquante
Weise pfiff. „An Notizen fehlt es nicht," heißt es im Anfang des ersten
Briefes, „und es ist nur die Aufgabe: Was soll ich nicht schreiben, d. h.
was weiß das Publikum schon längst, was ist demselben ganz gleichgültig,
und was darf es nicht wissen? Und dann ist die Aufgabe: Vielerlei zu
schreiben, so wenig als möglich vom Theater und solchen Gegenständen,
die in der Abendzeitung, im Morgenblatte, im Wiener Konversations-
blatte 2c. die gewöhnlichen Hebel der Korrespondenz sind und dort ihre
ausführliche und systematische Darstellung finden. Den Einen interessirt's,
wenn ich erzähle, daß Sager die Zahl genialer Erfindungen kürzlich durch
sein Trüffeleis vermehrt hat; den Andern interessiert die Nachricht, daß
Spontini beim letzten Ordensfest Rock und Hosen trug von grünem
Sammet mit goldenen Sternchen. Nur verlangen Sie von mir keine
Systematik; Das ist der Würgengel aller Korrespondenz. Ich spreche
heute von den Redouten und den Kirchen, morgen von Savigny und den
Possenreißern, die in seltsamen Aufzügen durch die Stadt ziehen, übermorgen von der Giustinianischen Galerie, und dann wieder von Savigny
und den Possenreißern. Association der Ideen soll immer vorwalten."
Der erste Brief schilderte vornehmlich die äußere Erscheinung der Residenz,
und erregte schon bedeutendes Aufsehn. Im zweiten Briefe verwahrt sich
Heine zunächst gegen den Vorwurf, daß er bestimmte Persönlichkeiten zu
sehr hervortreten lasse, und bemerkt bei dieser Gelegenheit, daß ihm Berlin
mit seiner Empfindlichkeit gegen die Neckereien eines jedenfalls nicht bös-
willigen Humors wie ein großes Krähwinkel erscheine: „Die Leute betrachten nicht das Gemälde, das ich leicht hinskizzire, sondern die Figürchen,
die ich hineingezeichnet, um es zu beleben, und glauben vielleicht gar, daß
es mir um diese Figürchen besonders zu thun war. Aber man kann auch
Gemälde ohne Figuren malen, sowie man Suppe ohne Salz essen kann.
Man kann verblümt sprechen, wie unsere Zeitungsschreiber. Wenn sie von
einer großen norddeutschen Macht reden, so weiß Jeder, daß sie Preußen
meinen. Das finde ich lächerlich. Es kommt mir vor, als wenn die
Masken im Redoutensaale ohne Gesichtslarven herumgingen. Wenn ich
von einem großen norddeutschen Juristen spreche, der das schwarze Haar
so lang als möglich von der Schulter herabwallen läßt, mit frommen

Liebesaugen gen Himmel schaut, einem Christusbilde ähnlich sehen möchte,
übrigens einen französischen Namen trägt, von französischer Abstammung
ist, und doch gar gewaltig deutsch thut, so wissen die Leute, wen ich meine.
Ich werde Alles bei seinem Namen nennen; ich denke darüber wie Boileau.
Ich werde auch manche Persönlichkeit schildern; ich kümmre mich wenig
um den Tadel jener Leutchen, die sich im Lehnstuhle der Konvenienz-Korre-
spondenz behaglich schaukeln, und jederzeit lieblich ermahnen: „Lobt uns,
aber sagt nicht, wie wir aussehen.““

Aber nicht bloß mit der äußeren Physiognomie des Berliner Lebens
beschäftigen sich die Heine'schen Briefe: auch politische Fragen werden in
ihnen mit Freimuth berührt. Allerdings ist der zwei und zwanzigjährige
Student noch weit entfernt von dem Radikalismus späterer Jahre, er
schwärmt noch für die schönen Königskinder, und vor Allem für die Prinzessin Alexandrine, deren Vermählungsfeier mit gemüthlichster Ausführlich-
keit geschildert wird — aber mit dem wärmsten Interesse der Humanität
vertheidigt er z. B. die in Preußen eingeführte allgemeine Wehrpflicht,
welche „den schroffen Kastengeist mildert, während man in andern Ländern
alle Last des Militärdienstes auf den armen Landmann wirft" [142]), und
bei Gelegenheit des Fonk'schen Kriminalprocesses redet er dem öffentlichen
Gerichtsverfahren seines Heimatlandes eifrig das Wort [143]): „Mein Freund,
der bucklichte Auskultator, meint: wenn er am Rhein wäre, so wollte er
die Sache bald aufklären. Überhaupt meint er, das dortige Gerichtsverfahren tauge Nichts.. „Wozu," sprach er gestern, „diese Öffentlichkeit?
Was geht es den Peter und den Christoph an, ob Fonk oder ein Anderer
den Cönen umgebracht? Man übergebe mir die Sache, ich zünde mir die
Pfeife an, lese die Akten durch, referiere darüber, bei verschlossenen Thüren
urtheilt darüber das Kollegium und schreitet zum Spruch, und spricht den
Kerl frei oder verurtheilt ihn, und es kräht kein Hahn darnach. Wozu diese
Jury, diese Gevatter Schneider und Handschuhmacher? Ich glaube, Ich,
ein studierter Mann, der die friesische Logik in Jena gehört, der alle seine
juristischen Kollegien wohl testiert hat und das Examen bestanden, besitze
doch mehr Judicium, als solche unwissenschaftliche Menschen? Am Ende
meint solch ein Mensch, Wunders welch höchst wichtige Person er sei, weil
so Viel von seinem Ja und Nein abhängt! Und das Schlimmste ist noch
dieser Code Napoleon, dieses schlechte Gesetzbuch, das nicht mal erlaubt,
der Magd eine Maulschelle zu geben —." Doch ich will den weisen

Auskultator nicht weiter sprechen lassen. Er repräsentiert eine Menge Menschen hier, die für Fonk sind, weil sie gegen das rheinische Gerichtsverfahren sind. Man mißgönnt dasselbe den Rheinländern, und möchte sie gerne erlösen von diesen „Fesseln der französischen Tyrannei," wie einst der unvergeßliche Justus Gruner — Gott habe ihn selig — das französische Gesetz nannte. Möge das geliebte Rheinland noch lange diese Fesseln tragen, und noch mit ähnlichen Fesseln belastet werden! Möge am Rhein noch lange blühen jene echte Freiheitsliebe, die nicht auf Franzosenhaß und Nationalegoismus basiert ist, jene echte Kraft und Jugendlichkeit, die nicht aus der Branntweinflasche quillt, und jene echte Christusreligion, die Nichts gemein hat mit verletzender Glaubensbrunst oder frömmelnder Proselytenmacherei." — Auch der Spott über die aus den Freiheitskriegen hervorgegangene, durch die Romantik so eifrig geförderte Deutschthümelei zuckt und blitzt schon in diesen Briefen. Es werden die malitiösesten Witze gemacht über die Körner'schen Lieder und über „das unschuldige Strohfeuer, das in diesen Befreiungsversen knistert," obschon Heine sehr gut weiß, daß seine Worte manches patriotische Gemüth verletzen [144]): „Ich merke, mein Lieber, Sie sehen mich etwas sauer an ob des bittern, spottenden Tones, womit ich zuweilen von Dingen spreche, die andern Leuten theuer sind und theuer sein sollen. Ich kann aber nicht anders. Meine Seele glüht zu sehr für die wahre Freiheit, als daß mich nicht der Unmuth ergreifen sollte, wenn ich unsere winzigen, breitschwatzenden Freiheitshelden in ihrer aschgrauen Armseligkeit betrachte; in meiner Seele lebt zu sehr Liebe für Deutschland und Verehrung deutscher Herrlichkeit, als daß ich einstimmen könnte in das unsinnige Gewäsche jener Pfennigsmenschen, die mit dem Deutschthume kokettieren; und zu mancher Zeit regt sich in mir fast krampfhaft das Gelüste, mit kühner Hand der alten Lüge den Heiligenschein vom Kopf zu reißen, und den Löwen selbst an der Haut zu zerren, — weil ich einen Esel darunter vermuthe."

Nur in der ältesten Auflage des zweiten Bandes der „Reisebilder" hat Heine einigen der geistreichsten Stellen seiner „Briefe aus Berlin" einen Platz vergönnt; seine Reiseeindrücke aus Polen hielt er vollends seit ihrer Veröffentlichung durch den „Gesellschafter" im Januar 1823 keines erneuten Abdruckes werth. Von künstlerischem Standpunkte aus mag diese Verwerfung gerechtfertigt sein — als Zeugnisse für den Entwicklungsgang des Dichters durften sie in der Gesammtausgabe seiner Werke nicht fehlen.

Beide Arbeiten sind in direktester Weise Präludien zu den „Reisebildern,"
deren Richtung, Ton und Stil hier noch mit prüfender Hand, aber doch
meistens schon mit glücklichem Erfolg angeschlagen wird. Mit Recht macht
Laube [14]) darauf aufmerksam, daß der Aufsatz über Polen z. B. schon
von „dicken, urärrischen Fichtenwäldern" spricht, und daß eine solche Begabung todter Gegenstände mit Stimmungen, die sie sonst nur hervor-
riefen, der Heine'schen Darstellungsweise eigenthümlich, gewissermaßen ein
zu höchster Potenz von ihm ausgebildeter romantischer Kunstgriff ist. Auch
Censurstriche unterbrechen, wie vorhin erwähnt worden, schon häufig die Betrachtungen des jungen Schriftstellers über den politischen Zustand Polens,
über die bedrückte Lage der leibeigenen Bauern, deren wedelnde Hundedemuth
gegen den Edelmann ihn höchlich empört, und über die Juden, die er als den
dritten Stand Polens charakterisiert. Das politische Glaubensbekenntnis,
welches sich aus diesem Aufsatze ergiebt, ist im Wesentlichen dasselbe Programm, welches die Julirevolution acht Jahre später zur Ausführung brachte:
ein monarchischer Thron mit Washington'schen Institutionen, ein gemessener,
ruhiger Fortschritt ohne zerstörungssüchtige Plötzlichkeit, allmähliche Emancipation der polnischen Bauern, ꝛc. Mit klarster Bestimmtheit spricht Heine im
weiteren Verlauf seiner Abhandlung jene kosmopolitischen Freiheits- und
Gleichheitsideen aus, für welche er sein Lebenlang kämpfen sollte. Er zollt
der Vaterlandsliebe der Polen die schönste Anerkennung, aber er sieht in den
nationalen Kämpfen nicht das höchste Ziel des Jahrhunderts, und was er
von dem engherzigen Sinne der polnischen Edelleute sagt, die unter „Freiheit" nur ihre besondern Adelsvorrechte verstehen, ist leider bis auf den
heutigen Tag wahr geblieben: „Wie ein Sterbender, der sich in krampfhafter Angst gegen den Tod sträubt, so empört und sträubt sich ihr Gemüth gegen die Idee der Vernichtung ihrer Nationalität. Dieses Todes-
zucken des polnischen Volkskörpers ist ein entsetzlicher Anblick! Aber alle
Völker Europa's und der ganzen Erde werden diesen Todeskampf über-
stehen müssen, damit aus dem Tode das Leben, aus der heidnischen Nationalität die christliche Fraternität hervorgehe. Ich meine hier nicht alles
Aufgeben schöner Besonderheiten, worin sich die Liebe am liebsten ab-
spiegelt, sondern jene von uns Deutschen am meisten erstrebte und von
unsern edelsten Volkssprechern Lessing, Herder, Schiller ꝛc. am schönsten
ausgesprochene allgemeine Menschenverbrüderung, das Urchristenthum. Von
diesem sind die polnischen Edelleute, eben so gut wie wir, noch sehr entfernt.

Ein großer Theil lebt noch in den Formen des Katholicismus, ohne leider den großen Geist dieser Formen und ihren jetzigen Übergang zum Weltgeschichtlichen zu ahnen; ein größerer Theil bekennt sich zur französischen Philosophie. Ich will hier diese gewiß nicht verunglimpfen, es giebt Stunden, wo ich sie verehre, und sehr verehre; ich selbst bin gewissermaßen ein Kind derselben. Aber ich glaube doch, es fehlt ihr die Hauptsache — die Liebe. Wo dieser Stern nicht leuchtet, da ist es Nacht, und wenn auch alle Lichter der Encyklopädie ihr Brillantfeuer umhersprühen. — Wenn Vaterland das erste Wort des Polen ist, so ist Freiheit das zweite. Ein schönes Wort! Nächst der Liebe gewiß das schönste. Aber es ist auch nächst der Liebe das Wort, das am meisten mißverstanden wird und ganz entgegengesetzten Dingen zur Bezeichnung dienen muß. Hier ist Das der Fall. Die Freiheit der meisten Polen ist nicht die göttliche, die Washington'sche; nur ein geringer Theil, nur Männer wie Kosciusko haben letztere begriffen und zu verbreiten gesucht. Viele zwar sprechen enthusiastisch von dieser Freiheit, aber sie machen keine Anstalt, ihre Bauern zu emancipieren. Das Wort Freiheit, das so schön und volltönend in der polnischen Geschichte durchklingt, war nur der Wahlspruch des Adels, der dem Könige so viel' Rechte als möglich abzuzwängen suchte, um seine eigne Macht zu vergrößern und auf solche Weise die Anarchie hervorzurufen. C'était tout comme chez nous, wo ebenfalls deutsche Freiheit einst Nichts anders hieß, als den Kaiser zum Bettler machen, damit der Adel desto reichlicher schlemmen und desto willkürlicher herrschen konnte; und ein Reich mußte untergehen, dessen Vogt auf seinem Stuhle festgebunden war, und endlich nur ein Holzschwert in der Hand trug. In der That, die polnische Geschichte ist die Miniaturgeschichte Deutschlands; nur daß in Polen die Großen sich vom Reichsoberhaupte nicht so ganz losgerissen und selbstständig gemacht hatten, wie bei uns, und daß durch die deutsche Bedächtigkeit doch immer einige Ordnung in die Anarchie hineingelangsamt wurde. Hätte Luther, der Mann Gottes und Katharina's, vor einem Krakauer Reichstage gestanden, so hätte man ihn sicher nicht so ruhig wie in Augsburg aussprechen lassen. Jener Grundsatz von der stürmischen Freiheit, die besser sein mag als ruhige Knechtschaft, hat dennoch trotz seiner Herrlichkeit die Polen ins Verderben gestürzt. Aber es ist auch erstaunlich, wenn man sieht, welche Macht schon das bloße Wort Freiheit auf ihre Gemüther ausübt; sie glühen und flammen, wenn sie hören, daß irgend für die Freiheit gestritten wird; ihre Augen schauen leuchtend nach Griechenland und Südamerika. In Polen selbst aber wird, wie ich oben schon gesagt, unter Niederdrückung der Freiheit bloß die Beschränkung der Adelsrechte verstanden, oder gar die allmähliche Ausgleichung der Stände. Wir wissen Das besser; die Freiheiten müssen untergehen, wo die allgemeine gesetzliche Freiheit gedeihen soll."

Den Schluß des Reiseberichts bildeten launige Bemerkungen über das Schauspielerpersonal der Posener Bühne [146]), und wissenschaftlich ernste Notizen über die Bemühungen des Professors Schottky, die Geschichts- und Sprachurkunden des deutschen Mittelalters zu sammeln. Letzterer, welcher damals die Herausgabe einer literarhistorischen Zeitschrift [147]) beabsichtigte, forderte Heine auf, ihm Beiträge für dieselbe zu liefern; Dieser entschuldigt sich jedoch in einem Briefe vom 4. Mai 1823, daß ihn Kränklichkeit seither an jeder solchen Arbeit verhindert habe.

Die Veröffentlichung seiner Reiseerinnerungen zog dem jungen Touristen eine Reihe gehässiger Angriffe in der deutsch-polnischen Lokalpresse zu. Ein Anonymus aus Posen ließ sogar ein Sendschreiben an den Verfasser des Aufsatzes über Polen in den „Gesellschafter" [148]) einrücken, worin er ihm die gröbste Ignoranz vorwarf, weil er in Gnesen eine Kirchenthür von geschlagener Bronze für ein Produkt von Gußeisen angesehen, den Erzbischof von Gnesen zugleich für den Erzbischof von Posen gehalten, das gar kein Erzbisthum sei, und eine Schauspielerin auf das entzückteste gelobt habe, die in Posen Keinem, nicht einmal den Herren Lieutenants, gefalle! Mit solchen Jämmerlichkeiten wurden in der politisch windstillen und mundtodten Zeit der zwanziger Jahre die Spalten der Journale gefüllt, und mit so armseligen Gegnern mußte ein Ritter vom Geiste sich herumschlagen! [149])

Freilich ist es nicht zu verwundern, daß die kecke und herausfordernde Manier, welche schon die ersten Publikationen H. Heine's kennzeichnete, sofort eine lebhafte Opposition auf der einen, und eine große Zahl geistloser Nachahmungen auf der andern Seite hervorrief. Die zündende Wirkung jener Aufsätze und Lieder beruhte ja hauptsächlich auf ihrer neuen, durchaus originellen Form, die sich um so leichter parodieren ließ, je deutlicher sie ein scharf ausgesprochenes subjektives Gepräge trug. Nicht das Gewöhnliche, unbestimmt Verschwommene, platt Allgemeine, sondern nur das ganz Eigenartige, charaktervoll Individuelle reizt zur ernstgemeinten Nachahmung wie zur parodistischen Verhöhnung. Mit Absicht oder unwillkürlich trat bald die ganze junge Literatur in die Fußtapfen Heine's, und folgte mehr oder minder glücklich seinen Spuren. Elf Jahre nach dem Erscheinen seiner ersten Liedersammlung konnte er schon mit berechtigtem Selbstgefühl scherzen [150]),

Daß ihm tausend arme Zungen
Gar verzweifelt nachgedichtet,
Und das Leid, das er besungen,
Noch viel Schlimmres angerichtet.

Nicht so bekannt dürfte es sein, daß solche Nachahmungen seiner Dichtweise schon wenige Monate nach Veröffentlichung der bei Maurer erschienenen Sammlung begannen. Sogar noch früher — am 16. Oktober 1821 — fand er sich zu der öffentlichen Erklärung im „Gesellschafter" veranlaßt, daß einige in der „Abendzeitung" gedruckte und bloß mit „Heine", ohne den Anfangsbuchstaben eines Vornamens, unterzeichnete Gedichte, die mit den seinigen eine gewisse Ähnlichkeit zeigten, nicht von ihm herstammten. Der im Herbst 1822 herausgegebene „Westteutsche Musenalmanach auf das Jahr 1823" enthielt bereits eine Menge von Liedern, die ganz in der Heine'schen Manier geschrieben und zum Theil von seinem Freunde S. B. Rousseau [151]), meist aber von Heinrich Anselmi in Berlin verfaßt waren, dessen „Zuckerpastillen für die Geliebte" den epigrammatischen Ton recht witzig trafen [152]). Am besten gelungen scheint uns folgende Parodie eines bekannten Heine'schen Liedes, das wir zur Vergleichung mit abdrucken:

Sie haben mich gequälet,
Geärgert blau und blaß,
Die Einen mit ihrer Liebe,
Die Andern mit ihrem Haß.

Sie haben das Brot mir vergiftet,
Sie gossen mir Gift ins Glas,
Die Einen mit ihrer Liebe,
Die Andern mit ihrem Haß.

Doch die mich am meisten gequälet,
Geärgert und betrübt,
Die hat mich nie gehasset,
Und hat mich nie geliebt.

Sie haben mich ennuyieret,
Gequälet, ich weiß nicht wie,
Die Einen mit ihrer Prosa,
Die Andern mit Poesie.

Sie haben das Ohr mir zerrissen
In ewiger Disharmonie,
Die Einen mit ihrer Prosa,
Die Andern mit Poesie.

Doch die mich am meisten gelangweilt
Mit ihrem Federkiel,
Die schrieben weder poetisch,
Noch recht prosaischen Stil.

In derberer Weise travestierte Hermann Schiff, der sich auch in späteren Jahren gern in geistvoller Neckerei mit seinem poetischen Vetter herumstritt, Dessen spöttische Liederpointen; doch geschah Solches nur in freund-

schaftlicher Unterhaltung, und niemals ließ Schiff seine muthwilligen Improvisationen drucken, wie er denn überhaupt, trotz seiner hyperromantischen
Richtung, nur ein einziges Mal — in einer Kritik über „Shakspeare's Mädchen
und Frauen" [153]) — Heine öffentlich angriff. Äußerst feindselig und boshaft
dagegen war eine Parodie der im „Gesellschafter" [154]) mitgetheilten Traumbilder: „Götterdämmerung" und „Ratcliff" [155]), welche den Freiherrn W.
von Schilling zum Verfasser hatte, und im Berliner „Zuschauer" vom
23. Juli 1823 abgedruckt wurde. Es scheint, daß persönliche Animosität
dabei mit im Spiele war. Heine hatte sich in seinen „Briefen aus Berlin"
über den schriftstellernden Baron, über Dessen elegante Manieren und kurländisch lispelnde Sprache, etwas lustig gemacht, und hinterher, als Dieser
sich dadurch verletzt fühlte, eine sehr gutmüthige Entschuldigung in den
„Gesellschafter" einrücken lassen [156]), um „allen Stoff zu Mißverständnis
und öffentlichem Federkriege fortzuräumen." Nichtsdestoweniger rächte sich
der Freiherr durch die erwähnte Verspottung der Heine'schen Traumbilder.
Die Maurer'sche Buchhandlung hatte die Gedichte Heine's in Berliner
Blättern mit einigen empfehlenden Worten angezeigt, die in unsrer reklamegewohnten Zeit kaum besondern Anstoß erregen würden [157]), damals aber
selbst Varnhagen in seiner Recension [133]) zu der spitzen Bemerkung veranlaßten, daß „die Verlagshandlung von dem schönen Lobe, mit dem sie
die Anzeige dieser Gedichte begleitet, immerhin ein gut Theil dem Kritiker
hätte zurücklassen können, ohne zu befürchten, daß er es würde umkommen lassen." Herr von Schilling eröffnete nun seine Parodie mit einer
galligen Persifflage jener Buchhändleranzeige, und überbot in seinem
„Traumbild von Peter, dem Volksdichter" auf zwar plumpe, aber im
Ganzen nicht unberechtigte Art den Wechsel gefühlsweicher Sentimentalität
und cynischer Wildheit in den Heine'schen Gedichten, deren dreiste Selbstbespiegelung malitiös gegeißelt ward.

> „Glaub mir: wenn Einer erst sein Leid erzählt,
> Der fühlt's nicht mehr; Dem schmecken Trank und Speise!"

ruft der Frühling dem „blassen Peter" zu, dem Alles „Plunder, Fratz',
dumm Zeug" ist, und dem endlich der tolle Traum träumt, er sei in
einen Hasen verwandelt,

> „Und habe sich im blaßgefrornen Winter
> In einen Wald verirrt von gift'gen Bäumen,
> Mit Pestgeschwüren dick an jedem Zweig."

Zuletzt trifft er im Schneebett eine „Windhundsbirn," die „ein dummer Zauber umgehundet," weil sie sich mit einem Windspiel eingelassen, und er führt mit ihr ein freches Zwiegespräch, das die Traum-Unterhaltungen des Dichters mit der vermählten Geliebten in burleske Wahnsinnseinfälle verzerrt [158]).

Andere, aus kleinlichem Neid entspringende Anzapfungen mußte Heine wegen des Eifers erdulden, mit welchem er in den literarischen Kreisen Berlin's ein warmes Interesse für die Immermann'schen Dichtungen zu erregen suchte. Wie Heine, trug auch Karl Immermann in seinen Erstlingswerken eine offenkundige Sympathie für die Romantik zur Schau, die ihn auf mancherlei Abwege führte und ihn erst spät die geeigneten Bahnen für sein Talent erkennen ließ. Aber nicht allein mit dem innerlich hemmenden Gefühl der Unsicherheit über die einzuschlagende Rich- tung, sondern auch mit äußeren Gegnern hatte Immermann seit seinem frühesten Auftreten zu kämpfen. Schon als Student hatte er die Unsitte des Duells und die burschenschaftlichen Tendenzen in einer Broschüre [159]) angegriffen, welche ihm zahlreiche Widersacher zuzog und sich unter den bei der Wartburgfeier verbrannten Schriften befand. In seinen Trauerspielen ahmte er zu einer Zeit, wo die sentimentalen Rührstücke und phrasenhaften Schicksalstragödien die Bühne beherrschten, die realistischen Äußerlichkeiten der Shakspeare'schen Dramen nach, und verirrte sich dabei in eine sprunghaft abenteuerliche, alles Humors und aller Gefühlswärme bare Charakteristik, die jede farbige Ausmalung der mit derben Freskostrichen angedeuteten Kon- touren verschmähte. Heine, der trotz solcher Gebrechen den hohen Werth Immermann's eben so früh erkannte, wie Dieser die Bedeutsamkeit des Heine'schen Talents, trat mit ihm von Berlin aus in einen fruchtbaren, jahrelang fortgesetzten Briefwechsel, und suchte dem ernsten Kunststreben des Freundes mit Erfolg Anerkennung zu verschaffen. Er wußte Varn- hagen, Gubitz, Köchy, Frau von Hohenhausen und Andere für Immer- mann's Trauerspiele zu interessieren, und sie zu ausführlicher Besprechung derselben in den Tagesblättern zu bestimmen. Selbst die Aufführung des „Petrarca" suchte er auf der Braunschweiger Hofbühne durch seinen Freund Köchy zu erwirken [160]). Dadurch reizte er freilich die Empfindlichkeit der Berliner Dichterlinge, die es ihm nicht verzeihen konnten, daß er so emsig den Ruhm eines bis dahin obskuren Poeten in der Residenz kolportierte, und die sein uneigennütziges Lob Desselben sogar in öffentlichen Blättern durch hämische Bemerkungen anonym verdächtigten [161]). Mit Bitterkeit

spricht Heine in seinen Briefen an Immermann über diese Widerwärtigkeiten der schriftstellerischen Laufbahn [162]): „Wo der wahre Dichter auch
sei, er wird gehaßt und angefeindet, die Pfennigsmenschen verzeihen es
ihm nicht, daß er Etwas mehr sein will als sie, und das Höchste, was er
erreichen kann, ist doch nur ein Martyrthum. Das Verlegersuchen gehört
zu den Anfängen desselben. Nach dem buchhändlerischen Verhöhnen und
Insgesichtgespucktwerden kommt die theegesellschaftliche Geißelung, die
Dornenkrönung dummpfiffigen Lobes, die literaturzeitungliche Kreuzigung
zwischen zwei kritisierten Schächern — es wäre nicht auszuhalten, dächte
man nicht an die endliche Himmelfahrt!" Im Allgemeinen setzt sich jedoch
Heine in dieser Periode rüstigen Schaffens und Vorwärtsstrebens mit
stolzem Selbstgefühle leicht über solche Anfeindungen niedriggesinnter Klein-
geister hinweg. „Die Götter wissen's," schreibt er dem Freunde [163]), „daß
ich gleich in der ersten Stunde, wo ich in Ihren Tragödien las, Sie für
Das erkannte, was Sie sind; und ich bin eben so sicher in dem Urtheile,
das ich über mich selber fälle. Jene Sicherheit entspringt nicht aus träumerischer Selbsttäuschung, sie entspringt vielmehr aus dem klaren Bewußtsein, aus der genauen Kenntnis des Poetischen und seines natürlichen
Gegensatzes, des Gemeinen. Alle Dinge sind uns ja nur durch ihren
Gegensatz erkennbar, es gäbe für uns gar keine Poesie, wenn wir nicht
überall auch das Gemeine und Triviale sehen könnten, wir selber erkennen
unser eigenes Wesen nur dadurch, daß uns das fremdartige Wesen bemerkbar wird und zur Vergleichung dient; jene hirntolle, verschrobene,
schwülstige Schlingel, die sich von vornherein für Shakspeare und Ariofte
halten, lassen uns ihre, ihnen selbst oft nicht bemerkbare Unsicherheit zuweilen erkennen durch ihr ängstliches Haschen nach fremdem Urtheil und
durch ihr polterndes Feldgeschrei: daß sie durch und durch poetisch wären,
daß sie gar nicht einmal aus der Poesie heraus könnten, und daß beim
Verseschreiben der göttliche Wahnsinn immer ihre Stirn umspiele."

Heine äußerte oftmals ein schmerzliches Bedauern darüber, daß bei
einem Brande im Hause seiner Mutter mit andern werthvollen Manu-
skripten und Papieren auch die von Immermann an ihn gerichteten Briefe
sämmtlich vernichtet worden. „Es war Das eine Korrespondenz," sagte
er später einmal zu Adolf Stahr [164]), „in die wir Beide als Strebende
Viel hineingelegt hatten; denn wir übten damals gegenseitig einen wesentlichen Einfluß auf einander aus. Merkwürdigerweise hat man unser Ver-

hältnis in den Immermann'schen Biographien fast gänzlich ignoriert". Zum Glück sind uns die Briefe Heine's an Immermann erhalten geblieben, und sie rechtfertigen vollständig jenen Ausspruch. Das erste Schreiben ist vom 24. December 1822 datiert, und enthält den Dank Heine's für die „bedeutungsvollen, menschenversöhnenden Liebesworte," die Immermann in seiner vorhin mitgetheilten Kritik über Heine's Gedichte ausgesprochen. „Ich gestehe es," sagt Letzterer [165]), „Sie sind bis jetzt der Einzige, der die Quelle meiner dunklen Schmerzen geahnt. Eigentlich sind es doch nur Wenige, für die man schreibt, besonders wenn man, wie ich gethan, sich mehr in sich selbst zurückgezogen." Bescheiden fügt er hinzu: „Thoren meinen, ich müßte wegen des westfälischen Berührungspunktes (man hat Sie bisher für einen Westfalen gehalten) mit Ihnen rivalisieren, und sie wissen nicht, daß der schöne, klar leuchtende Diamant nicht verglichen werden kann mit dem schwarzen Stein, der bloß wunderlich geformt ist, und woraus der Hammer der Zeit böse, wilde Funken schlägt. Aber was gehen uns die Thoren an? Von mir werden Sie immer das Bekenntnis hören, wie unwürdig ich bin, neben Ihnen genannt zu werden." Übereinstimmend mit dieser hohen Anerkennung fremden Verdienstes, schreibt er an Steinmann, der inzwischen wieder nach Münster gezogen war [166]): „Kennst du den Karl Immermann? Vor Diesem müssen wir Beide den Hut abziehn, und du zuerst. Das ist eine kräftige, leuchtende Dichtergestalt, wie es deren wenige giebt." Aber seine Verehrung war keineswegs eine kritiklose und blinde; schon in jenem ersten Schreiben bemerkt er, daß Immermann's „Gedichte" ihn nicht befriedigt haben. „Es ist Vielen so gegangen, und ich sage es Ihnen offenherzig, weil ich Sie für den Mann halte, dem man seine Meinung ohne Umschweife sagen kann." Und im Gefühl, daß auch ihn selber ein starkes Wollen des Guten und Rechten beseele, trägt er Immermann am Schluß jenes Briefes seine Freundschaft und Bundesgenossenschaft mit den inhaltvollen Worten an: „Kampf dem verjährten Unrecht, der herrschenden Thorheit und dem Schlechten! Wollen Sie mich zum Waffenbruder in diesem heiligen Kampfe, so reiche ich Ihnen freudig die Hand. Die Poesie ist am Ende doch nur eine schöne Nebensache." Wie ernst und ehrlich Heine dies Freundschaftsbündnis nahm, beweisen uns die zahlreichen Briefe, in denen er sich auf das eingehendste mit den literarischen Arbeiten Immermann's beschäftigt, ihm Verleger für seine Werke zu verschaffen sucht, ihn an Varnhagen und Gubitz, wie nachmals an Campe und

Cotta, empfiehlt, und ihn eben so sehr durch aufrichtiges Lob wie durch aufrichtigen Tadel anspornt und fördert. Den Hauptmangel der Immermann'schen Produktionen hebt er in folgenden Worten [167]) mit kritischem Scharfsinne hervor: „Sie haben Das mit Shakspeare gemein, daß Sie die ganze Welt mit ihren unzähligen Mannigfaltigkeiten in sich aufgenommen, und wenn Ihre Poesien einen Fehler haben, so besteht er darin, daß Sie Ihren großen Reichthum nicht zu koncentrieren wissen. Shakspeare versteht Das besser, und deßhalb ist er Shakspeare; auch Sie werden diese Kunst des Koncentrierens immer mehr und mehr lernen, und jede Ihrer Tragödien wird besser als die vorhergegangene sein . . . Hier liegen die Gründe, weßhalb Sie so fruchtbar sind, warum Sie oft bei der Masse des Angeschauten nicht wissen, wohin damit, und zu zusammengedrängten Reflexionen Ihre Zuflucht nehmen müssen, wo Shakspeare Gestalten angewendet hätte; hier liegen die Gründe, warum die Winkelpoeten und Pfennigskritiker Sie oft für einen Nachahmer Shakspeare's ausgeben möchten, Andere für einen Nachahmer Goethe's, mit welchem Letzteren Sie wirklich mehr Ähnlichkeit zeigen, als mit Shakspeare, weil Dieser nur in Einer Form, in der dramatischen, Jener in allen möglichen Formen, im Drama, im Lied, im Epos, ja sogar im nackten Begriffe, seine große Weltanschauung künstlerisch darstellen konnte." Ob Heine das in seinem ersten Brief angedeutete Versprechen, eine öffentliche Kritik über Immermann's Tragödien („Das Thal von Ronceval," „Edwin" und „Petrarcha") zu liefern, wirklich erfüllt hat, wissen wir nicht zu sagen. Auf jeden Fall aber ließ er im Jahre 1826 eine Recension der geistvollen Abhandlung Immermann's über den rasenden Ajax des Sophokles in einer Berliner Zeitschrift drucken, und bemerkte darüber 1850 in einem Gespräche mit Adolf Stahr [168]): „Ich war, wie mir Immermann schrieb, der Einzige, der auf die Bedeutung dieser vortrefflichen Schrift aufmerksam machte, während die klassischen Schriftgelehrten, die Alterthumsprofessionisten, hochmüthig daran vorbeigingen." Leider ist uns die Auffindung dieser kritischen Arbeit, trotz wiederholter Nachforschungen, bis jetzt nicht gelungen. Im Herbst 1826 wandte sich Heine mit der Aufforderung an Immermann, ihm einen Beitrag für den zweiten Band der „Reisebilder" zu senden [169]), und Dieser schickte die bekannten Xenien ein [170]), welche den Anlaß zu der vielberufenen Fehde mit dem Grafen Platen abgaben, in der Heine mit so rücksichtslosen Schwerthieben des Witzes auf den gemein-

schaftlichen Gegner losschlug, daß er durch den Skandal dieses unerquick-
lichen Kampfes schier den wohlerworbenen Lorber seines eignen Dichter-
hauptes gefährdete. Mit der aufopferndsten Sorgfalt ging er im Frühjahr
1830 das Manuskript von Immermann's launigem Märchenepos „Tulifäntchen" in metrischer Hinsicht durch, und übersandte dem Freunde die
feinsinnigsten Verbesserungsvorschläge, die von Immermann fast sämmtlich
acceptiert wurden [171]). Das Gedicht hat dadurch erheblich gewonnen;
denn in der ursprünglichen Fassung fielen die Wortfüße der Trochäen meist
in eintönigstem Geklapper mit den Versfüßen zusammen. In den Augen
des großen Publikums hätte dieser Mangel, wie Heine bemerkt [172]), vielleicht der Wirkung des Gedichtes nicht allzu viel Eintrag gethan; „denn
das große Publikum versteht gar Nichts von Metrik und verlangt nur
seine kontrahierte Silbenzahl"; desto mehr werden eingeweihte Kenner der
Poesie jenes ernsthafte Kunststreben würdigen, das den höchsten Ansprüchen
der Melodie und des Rhythmus um seiner selbst willen zu genügen sucht,
wie ein Maler, um mit Hebbel zu reden [173]), gewiß einen Pinselstrich,
der zur Verschönerung seines Bildes noch so unmerklich beitrüge, nicht fort-
lassen würde, wenn er auch wüßte, daß ihn in aller kommenden Zeit niemals ein Beschauer des Gemäldes entdeckte. Und wie Heine in der „Reise
von München nach Genua" Immermann's „Trauerspiel in Tyrol" dem
deutschen Publikum mit begeisterten Worten ins Gedächtnis rief [174]), so
war er dem Ruhm seines Freundes auch nachmals in Frankreich ein treuer
Pfleger; er empfahl den Herausgebern der „Europe littéraire", sich Dessen
Mitarbeiterschaft zu sichern, und übernahm willig das Vermittleramt [175]); er
machte den geistvollen Beurtheiler der deutschen Literatur in der „Revue
des deux mondes", Herrn Saint-René Taillandier, mit den Werken des
auf einsamer Höhe stehenden Dichtergeistes bekannt und veranlaßte ihn,
dieselben eingehend zu besprechen; er ließ keine Gelegenheit unbenutzt, seine
Verehrung Immermann's vor aller Welt zu bekunden [176]), und als er
Anfangs September 1840 am Strande der Normandie die Nachricht vom
unerwartet frühen Tode des Freundes erhielt, schrieb er an Laube die
schmerzlichklagenden Worte [177]): „Welch ein Unglück! Sie wissen, welche
Bedeutung Immermann für mich hatte, dieser alte Waffenbruder, mit
welchem ich zu gleicher Zeit in der Literatur aufgetreten, gleichsam Arm
in Arm! Welch einen großen Dichter haben wir Deutschen verloren, ohne
ihn jemals recht gekannt zu haben! Wir, ich meine Deutschland, die alte

Rabenmutter! Und nicht bloß ein großer Dichter war er, sondern auch brav und ehrlich, und deßhalb liebte ich ihn. Ich liege ganz darnieder vor Kummer. Vor etwa zwölf Tagen stand ich des Abends auf einem einsamen Felsen am Meere und sah den schönsten Sonnenuntergang und dachte an Immermann. Sonderbar!"

Vielleicht drängt sich Manchem die Frage auf, welcherlei Art nun der Einfluß gewesen sei, den Immermann auf Heine geübt, und in welchem Grade Ersterer die Liebe und Verehrung erwidert habe, die Letzterer ihm in so reichem Maße entgegen trug? Da Immermann's Briefe verloren gegangen, läßt sich diese Frage nicht mit völliger Bestimmtheit beantworten. Wir haben jedoch Grund zu der Annahme, daß Immermann in diesem literarischen Freundschaftsverkehre mehr der empfangende, als der ausgebende Theil war. Auch liegt darin nichts Befremdliches, wenn wir uns vergegenwärtigen, daß seine literarische Thätigkeit zu jener Zeit mehr das unsichere, fremden Mustern nacheifernde Umhertasten eines strebsamen Kunstadepten war, während Heine's in sich selbst abgeschlossene, originelle Natur — vielleicht zu ihrem Schaden — sich niemals sonderlich stark von außen her bestimmen ließ, sondern meistens mit unwiderstehlicher Gewalt dem inneren Triebe, oft freilich auch nur der unberechtigten subjektiven Laune folgte. Außer dem innigen Dankgefühl für die öffentliche Anerkennung, die Immermann ihm in jener liebevollen Kritik seiner Erstlingsgedichte so früh hatte zu Theil werden lassen, gewährte es Heine einen eigenthümlichen Reiz, in dem gleichstrebenden Freunde gewissermaßen einen Beichtiger zu besitzen, bei dem er auf Verständnis und Theilnahme zählen durfte, wenn er ihm mit kindlichem Vertrauen die geheimsten Räthsel seines Lebens und Dichtens offenbarte. Es ist bezeichnend für diese innerlich so weiche, äußerlich so schroffe und starre, alles tiefste Empfinden einsam in sich selbst verarbeitende Individualität, wenn Heine bei Überschickung seiner „Tragödien" an Immermann schreibt [178]): „Ich war öfters gesonnen, Ihnen die fünf ersten Bogen derselben, nämlich den „Ratcliff," zuzusenden; aber ich bezwang mich, weil sich doch unter dem Rubriknamen „Empfindungsaustausch" auch ein kleinliches Gefühlchen, nämlich die gewöhnliche Poeteneitelkeit, mitschleichen konnte. Auf der andern Seite ist es mir wieder leid, daß ich es nicht that: das eigentliche Leben ist meistens kurz, und wenn es lang wird, ist es wiederum kein eigentliches Leben mehr, und man soll den Augenblick ergreifen, wenn man einem Freunde, einem

Gleichgesinnten sein Herz erschließen oder einem schönen Mädchen das Busentuch lüften kann. Es hat lange gedauert, bis ich den Meistervers: „Willst Du ewig ferne schweifen ꝛc." begreifen konnte. Ja, ich versprech' es, das kleinliche Gefühl, kleinlich zu erscheinen, soll mich nie mehr befangen, wenn ich Ihnen Konfessionen machen möchte." Fast diplomatisch kühl und berechnungsvoll lauten, im Vergleich mit solchen, trotz der humoristischen Form überaus herzlichen Geständnissen, die vornehmen Worte, mit denen Immermann sich beim Erscheinen des dritten Bandes der „Reisebilder" gegen Michael Beer über Heine äußert [179]): „Er hat sich neuerdings wieder mir genähert und mir mehrere Briefe geschrieben in seiner kindlich zutraulichen, drolligen Weise ... Seine Replik in der Platen'schen Sache ist idealiter zwar schwer zu vertreten, doch verdient er, als eine wahrhaft produktive Natur, daß man seinerseits thue, was man kann, um ihn zu halten ... Er schickt mir vier enggeschriebene Bogen über „Tulifäntchen", mit (meist metrischen) Bemerkungen, die größtentheils ungemein fein und wahr sind. Dieser Beweis von Antheil hat mich natürlich sehr erfreut, und ich muß ihm daher schon, wie Sie begreifen, aus Pietät die Stange halten." In welcher Art Immermann dieser Absicht nachgekommen sein mag, war nicht zu ermitteln; öffentliche Aeußerungen von ihm über Heine liegen, außer der mehrfach erwähnten Kritik seiner ersten Gedichtsammlung, nicht vor. —

Schon im November 1821 hatte H. Heine im „Gesellschafter" eine Reihe von Scenen aus dem „Almansor" mitgetheilt. Achtzehn Monate später — im April 1823 — kamen bei Ferdinand Dümmler in Berlin die „Tragödien, nebst einem lyrischen Intermezzo" heraus. Varnhagen war wieder der Erste, welcher die neue literarische Erscheinung im „Gesellschafter" [180]) mit einigen freundlichen Worten begrüßte, die freilich nur aphoristisch den Standpunkt andeutete, den eine sorgsame und redliche Kritik diesem Buche gegenüber einnehmen sollte. Es ward vor Allem die geistige Einheit des poetischen Stoffes betont: „Die scheinbar getrennten Stücke, in Kostüm und Form so verschieden, sind deßhalb nicht für sich bestehende Gebilde; sie sind vielmehr, die beiden Dramen und die verbindende Lyrik, nur Glieder Eines Ganzen, Facetten Einer Dichtung, das ganze Buch nur Ein Gedicht." Von dem Lobe, das Varnhagen den Tragödien ertheilt, wird eine gerechte Kritik freilich die Behauptung wegstreichen müssen, daß es dem Verfasser gelungen sei, „in den Dramen eben so wahrhaft dramatisch, wie in den Liedern echt lyrisch zu sein"; aber sie darf unbedingt beipflichten, wenn von letzteren gerühmt wird, „wie gedrungen, frei, reizend und kraftvoll die Tonart des alten deutschen Volksliedes hier in dem neuesten Stoffe vom heutigen Tage sich bewegt; wie kühn und gewagt, und wie glücklich im Wagen, hier Bilder und Ausdruck einer Stimmung folgen, deren widersprechende Bestandtheile in dem wunderbarsten Bittersüß gesteigert vereinigt sind." Trotz der beiläufigen Mahnung, „daß auch bei dem entschiedensten Talent und glücklichsten Genie der Dichter sich diesen Gaben nicht unbedingt überlassen, sondern ein ethisches Bewußtsein über jenen bewahren möge, damit er vor dem Abwege des Willkürlichen und Abstrusen bewahrt bleibe," wird doch das vorliegende Buch als „ein würdiger Fortschritt auf einer Bahn bezeichnet, die ihm mannigfache Kränze schon gewährt, andere verheißt, und keinen als unerreichbar im Voraus abspricht."

Fast gleichzeitig mit der Varnhagen'schen Empfehlung, erschien in dem von Dr. August Kuhn herausgegebenen „Freimüthigen" [181]) eine anerkennende Kritik der Tragödien und der ihnen hinzugefügten, gleichsam ein Monodram bildenden, lyrischen Gedichte. Von letzteren wird bemerkt: „Diese Lieder, meistens im Volkstone gehalten, gleichen aber nicht jenen kindischen Weisen, in denen sich unsere modernen Ultraromantiker gefallen, die tändelnd à la Hoffmannswaldau und Lohenstein, uns den Nibelungenhort, den Kölner Dom, den Rheinstrom — aut flumen Rhenum, aut plurius describitur arcus, nach Vater Flaccus — in unendlichen Variationen vorreimen." Den unverkennbaren Zusammenhang Heine's mit der romantischen Schule giebt der Recensent freilich zu; aber mit einem Seitenhiebe auf E. T. A. Hoffmann und Karl Immermann hebt er hervor: „Unbekümmert um das imitatorum servile pecus, das, weil ein Höllenbreughel theuer bezahlt wird, ebenfalls Fratzenbilder malt, oder das mit kaum ausgewachsenen Beinen in die Fußtapfen des Riesen Shakspeare treten will, geht unser Verfasser seine eigene Bahn, nicht ängstlich folgend den Mustern und Meistern, auf die man allenfalls — imitatorum ritu — sich stützen und berufen kann . . . Seine Muse gefällt sich sogar in gewissen lecken Situationen, die wir zwar bewundern müssen, aber nicht billigen können. Der Dichter, besonders der lyrische, darf nicht geradezu das Heiligste im Menschen, wenn auch nur durch einen Anklang, verletzen wollen. Dies geschieht aber sowohl in einigen Liedern der hier besprochenen

Sammlung, als in mehreren andern Gedichten des Verfassers, wovon wir erst kürzlich eins ("Mir träumt: ich bin der liebe Gott") in dem "Westteutschen Musenalmanach auf das Jahr 1823" gefunden haben. Nicht zähle uns der Verfasser, dieses Einwurfs wegen, zu jenen mystisch frommen Seelen, die da zusammenfahren und laut aufschreien, wenn der ein wenig rauhe, übrigens aber gar gesunde Nordwind ihnen die Nase bestreicht. Wir können, gottlob! den Nordwind noch vertragen, und verbrennen auch nicht im frommen Eifer die Werke Sr. brittischen Herrlichkeit, des Lord Byron, obgleich wir bekennen, und mit uns gesteht es gewiß die Mehrzahl der Byron'schen Leser, daß nicht gerade die Ähnlichkeit, die der edle Lord in seiner Physiognomie mit dem Höllenfürsten hat, Das ist, was uns seine Schriften so interessant macht." — Auch die Bitterkeit wird getadelt, mit welcher der Dichter seine Geliebte verfolgt: "Hat ihm denn die Liebe so gar nichts Süßes geboten? Doch wir vergeben ihm bald, ja es ergreift uns eine gewisse Wehmuth, wenn er seinem Liebchen zuruft:

> Vergiftet sind meine Lieder;
> Wie könnt' es anders sein?
> Du hast mir ja Gift gegossen
> Ins blühende Leben hinein.

Der Recensent im "Freimüthigen" macht ebenfalls schon darauf aufmerksam, welch ein Schatz diese Liedersammlung für einen geistreichen Komponisten sei, und schließt, nach Mittheilung einiger Stellen aus der Hauptscene des "Almansor," mit den Worten: "Diese Scene sei zugleich ein Beweis, daß der Verfasser romantisch auszuschmücken verstehe, ohne jedoch in den Fehler der Karikatur zu verfallen, wie Dies fast alle unsere neueren Romantiker thun. Herr Heine scheint uns wie wenige Andere berufen zu sein, das Romantische mit dem Plastischen zu vereinigen, und eine Vereinigung thut noth. Ist doch vor langer Zeit schon der unsterbliche Herder als das Muster einer solchen Vereinigung vorangegangen, Herder, der das καλός κάγαθός eines wahrhaften Griechen mit der uneingeschränkten Menschenliebe eines wahrhaften Christen verband."

Über den Werth und Erfolg seiner "Tragödien" hat sich Heine in jüngeren Jahren auffallend getäuscht. "Ich weiß, man wird sie sehr herunter reißen; aber ich will dir im Vertrauen gestehen: sie sind sehr gut, besser als meine Gedichtesammlung, die keinen Schuß Pulver werth ist," schrieb er bei Übersendung der Tragödien an Steinmann [182]). Besonders hoch stellte er den „Ratcliff," und der Kritiker wird heut zu Tag lächeln, wenn er in den Widmungszeilen an Rudolph Christiani [183]) den Ausspruch:

Ich und mein Name werden untergehen,
Doch dieses Lied muß ewiglich bestehen" —

oder die ähnlich lautenden Worte in einem Briefe an Immermann [184]) liest: „Ich bin von dem Werthe dieses Gedichtes überzeugt, denn es ist wahr, oder ich bin selbst eine Lüge; alles Andere, was ich geschrieben und noch schreibe, mag untergehen und wird untergehen." — Zu desto größerer Popularität gelangte mit Recht das „Lyrische Intermezzo." Was zunächst die einschmeichelnd sangbare Form dieser Gedichte betrifft, so hat Heine nie ein Geheimnis daraus gemacht, daß ihm bei Abfassung derselben vorzüglich die älteren deutschen Volkslieder und die volksliedartigen Weisen neuerer Dichter als Muster gedient. „Bei den kleinen Liedern", bemerkt er in einem Briefe an Maximilian Schottky [185]), der 1819 in Gemeinschaft mit Franz Ziska eine Sammlung österreichischer Volkslieder herausgab [186]), „haben mir Ihre kurzen östreichischen Tanzreime mit dem epigrammatischen Schlusse oft vorgeschwebt." Und an Wilhelm Müller, den Verfasser der „77 Gedichte eines reisenden Waldhornisten" schreibt er [187]): „Ich bin groß genug, Ihnen offen zu bekennen, daß mein kleines „Intermezzo"-Metrum nicht bloß zufällige Ähnlichkeit mit Ihrem gewöhnlichen Metrum hat, sondern daß es wahrscheinlich seinen geheimsten Tonfall Ihren Liedern verdankt, indem es die lieben Müller'schen Lieder waren, die ich zu eben der Zeit kennen lernte, als ich das „Intermezzo" schrieb. Ich habe sehr früh schon das deutsche Volkslied auf mich einwirken lassen; späterhin, als ich in Bonn studirte, hat mir August Schlegel viel' metrische Geheimnisse aufgeschlossen, aber ich glaube erst in Ihren Liedern den reinen Klang und die wahre Einfachheit, wonach ich immer strebte, gefunden zu haben. Wie rein, wie klar sind Ihre Lieder, und sämmtlich sind es Volkslieder. In meinen Gedichten hingegen ist nur die Form einigermaßen volksthümlich, der Inhalt gehört der konventionellen Gesellschaft. Ja, ich bin groß genug, es sogar bestimmt zu wiederholen, und Sie werden es mal öffentlich ausgesprochen finden, daß mir durch die Lektüre Ihrer 77 Gedichte zuerst klar geworden, wie man aus den alten vorhandenen Volksliederformen neue Formen bilden kann, die ebenfalls volksthümlich

find, ohne daß man nöthig hat, die alten Sprachholperigkeiten und Un-
beholfenheiten nachzuahmen. Im zweiten Theil Ihrer Gedichte fand ich
die Form noch reiner, noch durchsichtig klarer — doch was spreche ich Viel
vom Formwesen, es drängt mich mehr, Ihnen zu sagen, daß ich keinen
Liederdichter außer Goethe so sehr liebe wie Sie. Uhland's Ton ist nicht
eigenthümlich genug und gehört eigentlich den alten Gedichten, woraus er
seine Stoffe, Bilder und Wendungen nimmt. Unendlich reicher und ori-
gineller ist Rückert, aber ich habe an ihm zu tadeln, was ich an mir selbst
table: wir sind uns im Irrthum verwandt, und er wird mir oft so un-
leidlich, wie ich es mir selbst werde. Nur Sie, Wilhelm Müller, bleiben
mir also rein genießbar übrig, mit Ihrer ewigen Frische und jugendlichen
Ursprünglichkeit ... Ich bin eitel genug, zu glauben, daß mein Name
einst, wenn wir Beide nicht mehr sind, mit dem Ihrigen zusammen genannt wird." — Heine deutet in dieser Vergleichung seiner eigenen mit
den Wilhelm Müller'schen Gedichten sehr bescheiden, ja, halb unter einem
Tadel versteckt, das Hauptverdienst und die Hauptursache der großen
Wirkung seiner kleinen Lieder an. Zu der Zeit, als die älteren Volkslieder
entstanden, hatte das gesammte Leben einen bei Weitem einfacheren Inhalt, als heute, das Band einer gemeinsamen sittlichen und religiösen Anschauung umschlang die verschiedenen Kreise der Nation, die Bildung der
höheren Stände erhob sich nicht allzu glänzend über das Bildungs-Niveau
der allgemeinen Volksmasse, und das Lied des Sängers drang Allen zu
Herzen, weil zu seiner Aufnahme und seinem Verständnisse nicht die Vor-
aussetzung einer schweren Gedankenarbeit erforderlich war. Seit der Reformation und der aus ihr hervorgeblühten höheren Entfaltung des geistigen
Lebens hatte sich dieser naivere Kulturzustand allmählich verändert: die
Pioniere des Gedankens waren der trägen Masse des Volkes kühn voran-
geeilt, die wissenschaftliche Bildung der Ersteren trat in einen grellen Kontrast zu der stabil gebliebenen Geisteseinfalt der Letzteren, und dem Dichter
war die unerquickliche Alternative gestellt, entweder in gelehrter Kunstpoesie
dem tieferen Ideengang des Jahrhunderts Ausdruck zu verleihen und dadurch seinem Liede den höchsten Preis, die unmittelbare Wirkung auf das
Herz der Menge, zu entziehen, oder die alten, vertraut klingenden·Formen
mit einem überlieferten Inhalte zu füllen, der dem fortgeschrittenen Bewußtsein der gebildeten Klassen als ein überwundener Standpunkt, als ein
kindisches Getändel, wenn nicht gar als eine unwürdige Koncession der

Heuchelei und Lüge, erscheinen mußte. In einem Falle verlor der Poet den ermuthigenden Applaus der höchstentwickelten Geister, im andern die Zaubergewalt über das Gemüth der schlicht einfältigen Hörer. Die Bestrebungen der romantischen Schule hatten an diesem Verhältnisse Wenig gebessert; sie hatten dasselbe eher noch mehr verwirrt, indem sie dem gebildeten Theile des Publikums den überlebten Kulturinhalt einer vergangenen Zeit wieder aufdrängen wollten, und der großen Menge die kaum minder absurde Zumuthung stellten, mit einem ungeschulten Verstande den Gaukelsprüngen einer raffiniert symbolischen Auslegung der Glaubenslehren und Sittengesetze zu folgen. Hier lag unzweifelhaft eine Aufgabe vor, die gelöst werden mußte, wenn die Dichtkunst wieder einen gedeihlichen Aufschwung nehmen, wenn sie höheren Zwecken gerecht werden sollte. Um die Kluft zu überbrücken, welche das faustisch zwiespältige, unruhig vorwärtsstrebende Bewußtsein der Bildungsaristokraten von der lethargisch stumpfen Geistesruhe des großen Haufens schied, war es nöthig, eine Form zu finden, welche ebenso warm und innig wie das alte Volkslied zum Herzen sprach, dabei aber hinlänglich dehnbar war, um einen tieferen Inhalt in sich aufzunehmen. Manche Dichter der letzten Zeit hatten die eine oder die andere Seite dieser Aufgabe mehr oder minder ernsthaft ins Auge gefaßt; aber entweder litt, wie bei Herder und Novalis, die treuherzige Naivetät unter dem Gewicht philosophischer Gedanken, oder sie wurde, wie in Wilhelm Müller's reizenden Handwerksburschen- und Müller-Liedern, schließlich doch wieder nur um den Preis einer Verzichtleistung auf den höheren Ideeninhalt gewahrt. Am glücklichsten wußte noch Goethe die eine wie die andere Klippe zu umschiffen; aber der blumengeschmückte Nachen seines Liedes schaukelte sich meist nur fröhlich im Sonnenschein auf der blauen Fluth, und wagte sich ungern hinaus in den tobenden Sturm der Leidenschaft, in das Chaos wild erregter Gefühle und dämonisch aufgewühlter Gedanken. H. Heine war der Erste, welcher den Muth besaß, dem modernen Kulturmenschen die Zunge zu lösen, und ihm für all das komplicierte Weh, das ihm die Brust beklemmte, eine Sprache zu verleihen, die ebenso reich an schlichten, unmittelbar ergreifenden Naturlauten der Empfindung war, wie die Sprache jener älteren Volkslieder.

Das Thema, welches dem „Lyrischen Intermezzo" zu Grunde liegt — die Feier einer unglücklichen Liebe — ist an sich freilich so alt wie die Welt. Dennoch erscheint es völlig neu durch die Behandlungsart. Die hier besungene Liebe ist nicht das freudige Hoffen oder wehmuthsvolle Entsagen des einfachen Naturkindes, sondern, wie eben bemerkt, die Liebe des modernen Kulturmenschen, das durch jedes Raffinement des Gedankens, der Sinnlichkeit, und der selbstquälerisch brütenden Leidenschaft gesteigerte Lust- und Schmerzgefühl. Etwas sonderbar Willkürliches, romantisch Ungesundes lag freilich in der Gewaltsamkeit dieses Verlangens nach Erwiderung einer Liebe, die von Anfang an abseiten des Mädchens keine warme Ermuthigung fand, und die mit der erträumten Gegenliebe vorherrschend auf die Hallucinationen der Phantasie gestellt war — aber die Leiden, welche uns die Phantasie erschafft, sind nicht minder tief und quälend, als anderes Leid; sie sind vielleicht noch bitterer, weil wir sie uns selbst bereiten, und weil wir um so eigensinniger an der Täuschung festhalten, je schwerer sich die Eitelkeit zu dem Geständnisse bequemen mag, daß wir einen thörichten Traum geträumt! Was kam übrigens für die Beurtheilung der Gedichte viel darauf an, ob der Verfasser ein Recht zur Hoffnung gehabt, oder seit Anbeginn hoffnungslos geliebt hatte? Eins war unzweifelhaft: so schmerzlich wahr hatte nie zuvor ein Poet das Weh unerwiderter Liebe besungen, und wahrlich, wem nicht ein Herz von Stein im Busen saß, der konnte nicht gefühllos bleiben bei diesen wild leidenschaftlichen, süß träumenden, bald schrill auflachenden, bald wieder wie sanftes Wellengemurmel dahinfluthenden Accorden. Statt die als treulos dargestellte Geliebte zu verfluchen, statt sich in wilden Lästerungen zu ergehen, sucht der Dichter zuerst nur seinen Schmerz einzuschläfern; er singt ihm ein Wiegenlied — leise — leise, — und dann wieder schreit er plötzlich empor aus dem Abgrund seiner Qualen, so laut, so gellend, daß alle Saiten unserer Seele gewaltsam nachzucken, und erst im nächsten Liede sich wieder beruhigen. Manchmal auch hält er solch eine Stimmung mit dämonischer Wollust der Schmerzen fest und gönnt sich gar keine Befreiung, sondern wühlt sich tiefer und tiefer in alle Konsequenzen des martervollen Gedankens hinein, von welchem er ausging; so in den drei auf einander folgenden, vorhin mitgetheilten Liedern: „Wie die Wellenschaumgeborene," „Ich grolle nicht," und „Ja, du bist elend."

Der geistige Zusammenhang zwischen den einzelnen Gedichten des „Lyrischen Intermezzos" ist bewundernswerth, und rechtfertigt fast die Bezeichnung derselben als Monodram. Die ersten elf Nummern schildern das Aufgehen der Liebe im Dichterherzen im wunderschönen Monat Mai,

— einer elfenzarten Liebe, die ihr Sehnen in den Reich der Lilie taucht, auf Flügeln des Gesanges die Geliebte in ein stilles Märchenland hinüberträgt, und sie mit der Lotosblume vergleicht, die nur dem Mondenstrahle ihr frommes Blumengesicht zu entschleiern wagt. Dann kommt die Enttäuschung (No. 12—17), aber langsam und zögernd, nicht wie das jähe, schreckvolle Erwachen aus einem beglückenden Traume:

> Du liebst mich nicht, du liebst mich nicht,
> Das kümmert mich gar wenig;
> Schau' ich dir nur ins Angesicht,
> So bin ich froh wie'n König.

> Du haffeft, haffeft mich fogar,
> So spricht dein rothes Mündchen;
> Reich mir es nur zum Küssen dar,
> So tröst' ich mich, mein Kindchen.

In diesen Worten liegt offenbar keine Überzeugung von der bitteren Wahrheit, kein ernstes Gefühl, daß die Liebe des Dichters eine vergebliche sei, und die zunächst folgenden Lieder sprechen, neben den leichtfertigsten Scherzen über die grausame Hartherzigkeit der Geliebten, doch zumeist die geheime Erwartung des endlichen Sieges über ihren Widerstand aus. Die letzte Illusion schwindet erst durch ihre Vermählung mit einem anderen Manne (No. 18—21), und nun erst macht der neckische Ton einem schwermüthigem Ernste Platz. Die Klage wird zur Anklage gegen die treulose Maid und gegen die eigene Thorheit (No. 22—32); Blumen, Sterne und Nachtigallen, die ganze Natur wird in Mitleidenschaft gezogen, und vermag keinen Trost zu gewähren; inmitten der leuchtenden Frühlingspracht sehnt sich der Dichter verzweiflungsvoll ins dunkle Grab, und wünscht dort in den Armen des todten Liebchens zu schlafen bis über den jüngsten Tag (No. 33 und 34). Das Auge weint sich endlich aus, die Verzweiflung tobt sich müde, und der Spott erhebt sein ironisches Lachen (No. 37, 38, 54, 56, 58, 59). Aber wie sehr der höhnische Verstand sich brüste und blähe, die alte Liebe ist stärker als er, die Erinnerung führt ihre gespenstischen Nebelbilder herauf, die Sinnlichkeit lodert empor mit wildem Verlangen (No. 39—64), und dazwischen schrillt wieder der finstere Gedanke, daß auch die Geliebte elend sei (No. 55, 63, 64, 66, 70), elend durch ihren Verrath, elend in den Armen eines ungeliebten Gatten, elend weil sie dennoch den verlassenen Dichter liebe!

Von zaubervoller Wirkung ist im „Lyrischen Intermezzo," wie überhaupt in der Heine'schen Lyrik, das symbolische Hineinragen des Naturlebens in die Ereignisse und Stimmungen der Menschenwelt. Wie der Frühling an allen Bäumen die jungen Knospen und Keime weckt, so keimt und knospet auch die Liebe im Monat Mai, der Sommer bringt hier wie dort die Entfaltung, und im Herbste welkt mit den Blättern und Blumen auch die Liebe ins Grab.

> Die Linde blühte, die Nachtigall sang,
> Die Sonne lachte mit freundlicher Lust;
> Da küßtest du mich, und dein Arm mich umschlang,
> Da preßtest du mich an die schwellende Brust.
>
> Die Blätter fielen, der Rabe schrie hohl,
> Die Sonne grüßte verdrossenen Blicks;
> Da sagten wir frostig einander „Lebwohl!"
> Da knixtest du höflich den höflichsten Knix.

Dies Gedicht könnte als Motto zu Anfang des ganzen Cyklus stehen — so bezeichnungsvoll deutet es jene Natursymbolik an, welche gleichsam ein magisches Licht über die Vorgänge im Menschenherzen ergießt. Wir haben früher darauf hingewiesen, welchen Unfug die Romantiker mit ihrer tollen Verzerrung der Natur zu phantastischen Spukbildern trieben, wie sie Milchstraßen mit Milchstraßen tanzen, Sterne mit Sternen herumwirbeln ließen, und wie die Natur ihnen zuletzt meistens als eine unheimlich feindselige Gewalt erschien. Anders stellt sie sich Heine dar. Für ihn ist sie, wie für Uhland und Eichendorff, eine freundlich tröstende Macht, die der Dichter pantheistisch beseelt und belebt, in die er wie in einen Spiegel hineinschaut, die er theilnehmen läßt an menschlichen Stimmungen, die ihm nicht bloß Offenbarung, sondern Regel und Norm des Geistes ist, und bei welcher er Trost und Heilung für das eigene Leid, jauchzendes Mitgefühl für die eigene Freude sucht. Schon in der ersten Gedichtsammlung Heine's liefert die Romanze: „Der Traurige" [188]) ein charakteristisches Beispiel von dieser erträumten Theilnahme der außermenschlichen Natur an den Gemüthszuständen des Menschen:

> Mitleidvolle Lüfte fächeln
> Kühlung seiner heißen Stirn.

Aus dem wilden Lärm der Städter
Flüchtet er sich nach dem Wald,
Lustig rauschen dort die Blätter,
Lust'ger Vogelsang erschallt.

Doch der Sang verstummet balde,
Traurig rauschet Baum und Blatt,
Wenn der Traurige dem Walde
Langsam sich genähert hat.

Im „Lyrischen Intermezzo" redet der Dichter mit der Natur fast wie mit
einem lieben Gefährten, in dessen treue Brust er all sein Weh ausschütten
und sich der rührendsten Sympathie versichert halten darf:

Und wüßten's die Blumen, die kleinen,
Wie tief verwundet mein Herz,
Sie würden mit mir weinen,
Zu heilen meinen Schmerz.

Und wüßten's die Nachtigallen,
Wie ich so traurig und krank,
Sie ließen fröhlich erschallen
Erquickenden Gesang.

Und wüßten sie mein Wehe,
Die goldnen Sternelein,
Sie kämen aus ihrer Höhe,
Und sprächen Trost mir ein.

Die Alle können's nicht wissen,
Nur Eine kennt meinen Schmerz,
Sie hat ja selbst zerrissen,
Zerrissen mir das Herz.

Warum sind denn die Rosen so blaß,
O sprich, mein Lieb, warum?
Warum sind denn im grünen Gras
Die blauen Veilchen so stumm?

Warum singt denn mit so kläglichem Laut
Die Lerche in der Luft?
Warum steigt denn aus dem Balsamkraut
Hervor ein Leichenduft?

Warum scheint denn die Sonn' auf die Au
So kalt und verdrießlich herab?
Warum ist denn die Erde so grau
Und öde wie ein Grab?

Warum bin ich selbst so krank und so trüb,
Mein liebes Liebchen, sprich!
O sprich, mein herzallerliebstes Lieb,
Warum verließest du mich?

Die Mitternacht war kalt und stumm;
Ich irrte klagend im Wald herum.
Ich habe die Bäum' aus dem Schlaf gerüttelt;
Sie haben mitleidig die Köpfe geschüttelt.

In diesen und zahlreichen ähnlichen Gedichten ist der Pantheismus, mit dem die romantische Schule unentschlossen geliebäugelt hatte, Natursprache des Herzens geworden, und Heine hat hier, wie in so vielen anderen Fällen, durch die poetische That praktisch ausgeführt, was bei den meisten der früheren Romantiker ein theoretisches Postulat geblieben war. Die Nachwirkung der Romantik ist freilich auch noch in diesem Liedercyklus überall leicht zu erkennen: in der Sehnsucht nach Indien mit seinen Lotosblumen, und nach dem Zauberlande, das aus alten Märchen hervorwinkt, — in der mondbeglänzten Geisterinsel, wo der Nebeltanz wogt, — in der Romanze vom Königskinde mit nassen, blassen Wangen, das Nachts zum Geliebten aus dem Grabe kommt, — in den Schattengestalten, die spöttisch zum Wagen herein nicken und wie Nebel zerquirlen, — in dem Märchen vom Zaubergarten, wo der Riese der Wildnis das stumme Liebespaar stört, — in den Traumbildern von der Geliebten, die des verlassenen Liebsten nächtlich am Thore harrt, oder ihn am jüngsten Tage mit süßem Gekose aus dem Grabe weckt: — aber wie bestimmt und greifbar sind diese phantastischen Bilder gezeichnet, und welche mächtige Wirkung üben durch solche Klarheit der Zeichnung selbst jene einfachen Stimmungslieder aus, in denen der Dichter, wie in den Strophen vom Fichtenbaum und der Palme, seine Schmerzen unter einem vieldeutigen Bilde besingt, das dennoch keiner Erklärung bedarf! Am merkwürdigsten in dieser Beziehung ist das folgende kleine Gedicht, in welchem ein durchaus romantisches Ge-

fühl durch die plastische Ausmalung des Bildes den unheimlich trauer-
vollsten Effekt hervorbringt:

> Am Kreuzweg wird begraben,
> Wer selber sich brachte um;
> Dort wächst eine blaue Blume,
> Die Armesünderblum'!
>
> Am Kreuzweg stand ich und seufzte;
> Die Nacht war kalt und stumm.
> Im Mondschein bewegte sich langsam
> Die Armesünderblum'.

So anerkennend im Allgemeinen diese Lieder schon bei ihrem ersten
Erscheinen aufgenommen wurden, fehlte es doch auch nicht an scharfem
Tadel der überkecken Weise, in welcher der junge Dichter den herkömmlichen
Begriffen von Religion, Moral und bürgerlicher Sitte Trotz bot. Wir
sahen, daß schon Varnhagen und der Recensent im „Freimüthigen" ein
leises Bedenken über diesen Punkt äußerten. Ernstlicher berührte Wilhelm
Häring — oder, wie er sich als Schriftsteller nannte, Willibald Alexis —
dies Thema in einer umfangreichen Besprechung der „Tragödien," die er
in den Wiener „Jahrbüchern der Literatur" [189]) abdrucken ließ. Er bemerkte zunächst über das „Lyrische Intermezzo," daß diese Gedichte, „nach
dem (ursprünglichen) Introduktionsliede zu schließen, worin es heißt:

> Aus meinen Thränen sprießen
> Viel' blühende Blumen hervor,
> Und meine Seufzer werden
> Ein Nachtigallenchor —

voll orientalischen Bilderschwulstes sein müßten. Dies ist jedoch nicht der
Fall. Die Bilder des Verfassers sind oft kühn, noch häufiger seltsam,
aber im Ganzen genommen sind die Gefühle dadurch nur einfach ausgedrückt. An morgenländischem Pomp erinnert kaum eines oder das andere
Lied, wohingegen bei manchen zarten Geistern die zu derben oder aus den
gemeinen Sphären des Lebens entnommenen Gleichnisse Anstoß erregen
könnten. Dem Referenten scheinen sie indessen ganz aus der individuellen
Anschauungsweise des Verfassers hervorzugehn, eines Dichters, der nun
einmal im Leben lebt, und mit scharfem Blicke in die geheimeren Falten
desselben eindringt, ohne ihn dabei häufig nach oben zu erheben." —

„Alle Gedichte," fährt der Recensent fort, sind durchaus erotischer Natur, aber sie weichen völlig von unsern gewöhnlichen schmachtenden und tändelnden Liebesgedichten ab. Die Geliebte wird nicht, nach orientalischer Art, mit allen Wundern und Wunderwerken der Schöpfung verglichen, auch wird sie keineswegs so hoch über die Erde gestellt, daß man im blauen Wolkennebel ihre verschwindende Gestalt nicht unterscheiden kann. Im Gegentheil wird sie uns in eine solche Nähe geführt, daß man sich fast zurückziehn möchte, in der Besorgnis, der Dichter habe sich versehen, und etwa im Rausche Das, was aller Welt verborgen bleiben und nur ihm erschlossen sein sollte, zum Vorschein gebracht. Da sehen wir denn, daß es ein Wesen mit Fleisch und Bein ist, von dessen Seele und Herzen auch mitunter geredet wird, das aber, wenn Beides in Konflikt geräth, nur durch seinen Leib interessiert. Der Dichter lüftet zuweilen den Vorhang so weit, daß auch der Nimbus verschwindet, und wir unter der Geliebten solche Wesen entdecken, deren Liebe zu erwerben Jedermann nur mäßige Kosten verursachen dürfte. So ist denn die geschilderte Liebe weniger eine Schilderung der geistigen Verzückung, als des irdischen Genusses. Die Fleischpartien sind hier oft mit so lebendigen Farben gemalt, daß sich die Dichterzunft verwundert anblicken und fragen könnte: woher hat er sie entnommen? Auch hierbei kann man ihm übrigens eben so wenig als anderwärts vorwerfen, daß er überlüde, im Gegentheil ist mit den möglichst wenigen Worten das möglichst klare Bild wieder gegeben." Im weiteren Verfolg seiner Kritik tadelt Alexis die höhnende Verletzung des religiösen Gefühls in einzelnen Liedern, und schließt mit der Mahnung an den Dichter, sich durch den Erfolg seines ersten originellen Auftretens nicht verleiten zu lassen, in derselben Manier fortschreiten zu wollen. Zugleich wird vor Nachahmung der letzteren gewarnt: „Diese Manier läßt sich wohl am Ende erzwingen; aber ohne den lebendigen Geist, aus dem doch die Mehrzahl der Gedichte hervorgegangen ist, müßten die populären Formen, die seltsamen Wendungen (vorausgesetzt, daß man auch diese nachahmen kann) nur Widerwillen erregen, wo nicht gar lächerlich erscheinen. Noch viel weniger mögen aber Andere ein Beispiel aus diesen Gedichten daran nehmen, wie man sich über die Konvenienz des Lebens hinausschwingen könne. Wie das Leben in allen Verhältnissen, so hat auch die Kunst ihre einzwängenden Regeln, und wenn wir zur Beleuchtung einiger Auftritte der Spiegel bedürfen, um das Licht aufzufangen und verdoppelt wieder zu geben, müssen wir über andere einen Vorhang niederlassen."

Bei aller Bewunderung für die glänzende und originelle Form jener Lieder, können wir nicht umhin, uns dem Hauptvorwurfe anzuschließen, welchen Alexis gegen die erotische Poesie Heine's erhebt. Allerdings war durch die Nachahmungen orientalischer Dichtung, welche durch die romantische Schule in Schwung gekommen, und welchen auch Goethe im „Westöstlichen Divan" seinen Tribut gezollt, der bei den Völkern des Morgenlands herrschende, vorwiegend sinnliche Kultus der Frauenschönheit zum Theil in die deutsche Lyrik hinüber gegangen; aber der materialistische Eindruck wurde gemildert durch die künstliche Form und durch den fremdartigen Bilderschmuck, unter denen sich die verliebte Begehrlichkeit schamvoll verbarg. Wenn ein neumodischer Hafis an der Ilm oder Isar sein Liebchen unter dem Bilde einer flammenäugigen Suleika in zierlich gereimten Gaselen mit orientalisch aufgebauschten Metaphern besang, so schrieb der Leser die üppig brennenden Farben auf Rechnung des morgenländischen Kolorits, und vergaß die etwaige Frivolität des Gedankens über der seltsamen Hülle, in die er gekleidet war. Gerechten Anstoß jedoch mußte es erregen — und nicht bloß bei besonders prüden Naturen, sondern bei allen keuschen Gemüthern, — wenn die Heine'sche Muse zu Zeiten, sich jedes Bildergewandes entäußernd, in nacktester Natürlichkeit die Posituren einer Bajadere annahm, und ihr sinnliches Verlangen in den Schmeicheltönen der altbekannten Volkslieder aussprach. Es ist ein frecher Cynismus, wenn der Dichter dem Gegenstand seiner Liebe die Forderung zuruft:

> Du sollst mich liebend umschließen,
> Geliebtes, schönes Weib!
> Umschling mich mit Armen und Füßen
> Und mit dem geschmeidigen Leib!

und die angehängte Schlußvergleichung:

> Gewaltig hat umfangen,
> Umwunden, umschlungen schon
> Die allerschönste der Schlangen
> Den glücklichsten Laokoon —

welche, wie Alexis bemerkt, „dem Obscönen eine plastisch-antike Haltung geben soll, erhöht nur die Lüsternheit des Bildes, das man ohne die ge-

bildete Sprache nicht ertragen würde." Ebenso verletzend ist jenes andere
Gedicht [180]), welches die Geliebte in Leib und Seele zerlegt, und den ersteren auf Kosten der letzteren mit faunischem Bockshumor anpreist. Diese
und ähnliche Beleidigungen der Schicklichkeit und des guten Geschmacks
sind freilich beim Wiederabdruck des „Lyrischen Intermezzos" im „Buche
der Lieder" entfernt worden; aber die späteren Gedichte Heine's beweisen
nur allzusehr, daß er jener niedrigen orientalischen Ansicht, welche am
Weibe nur die Körperschönheit schätzt und geringen Werth auf dessen geistige
Vorzüge legt, auch nachmals unverändert treu blieb. —

Wir wenden uns jetzt zur Besprechung der Tragödien, die, wie gering
immer ihr dramatischer Werth sein möge, dennoch aus mehrfachen Gründen
eine ernstere Beachtung verdienen, als sie seither gefunden haben. Als Heine
den „Ratcliff" 1851 in die dritte Auflage seiner „Neuen Gedichte" hinüber-
nahm, begleitete er den erneuten Abdruck mit den Worten: „Dieser Tragödie
oder dramatisierten Ballade gewähre ich mit gutem Fug jetzt einen Platz
in der Sammlung meiner Gedichte, weil sie als eine bedeutsame Urkunde
zu den Proceßakten meines Dichterlebens gehört. Sie resümiert nämlich
meine poetische Sturm- und Drang-Periode, die sich in den „Jungen
Leiden" des „Buchs der Lieder" sehr unvollständig und dunkel kund giebt.
Der junge Autor, der hier mit schwerer, unbeholfener Zunge nur träumerische Naturlaute lallet, spricht dort, im „Ratcliff", eine wache, mündige
Sprache und sagt unverhohlen sein letztes Wort. Dieses Wort wurde
seitdem ein Losungswort, bei dessen Ruf die fahlen Gesichter des Elends
wie Purpur aufflammen und die rothbäckigen Söhne des Glücks zu Kalk
erbleichen. Am Herde des ehrlichen Tom im „Ratcliff" brodelt schon die
große Suppenfrage, worin jetzt tausend verdorbene Köche herumlöffeln, und
die täglich schäumender überkocht." Dies Hineinragen der socialen Frage
in die Tragödie, welches der Dichter in den angezogenen Worten so nachdrücklich betont, ist jedoch zunächst nur von sekundärer Bedeutung. Mehr
interessiert uns bei Beurtheilung des Gedichtes der Umstand, daß der Verfasser diesem selbst die wunderliche Benennung einer „dramatisierten Ballade" giebt. Nichts Anderes ist in der That der „Ratcliff," und darin
liegt seine Schwäche als Drama. Die bei den Romantikern übliche Ver-
mischung der verschiedenen Kunstformen hat den Dichter zu dem Irrthume
verlockt, einen Stoff von durchaus lyrischer Art mit Einflechtung einer
unheimlichen Ballade dramatisch zu behandeln. Selbst die Schicksalstra-

gödien, über welche Heine, bevor er den „Ratcliff" schrieb, sich in seiner Recension des Smets'schen Trauerspieles so mißbilligend äußerte, hatten den fatalistischen Spuk kaum so weit über alle Grenzen der Vernunft hinaus in Scene gesetzt, wie es im „Ratcliff" geschah, dessen Grundidee, nach der ausdrücklichen Versicherung des Verfassers [191]), ein Surrogat für das gewöhnliche Fatum sein sollte." Welch absonderlicher Natur diese Grundidee ist, sehen wir am besten aus einer Angabe des Inhalts.

Die kurze Handlung des Stückes, das eigentlich nur eine Schlußkatastrophe ist, hat zunächst, wie die meisten Schicksalsdramen, eine lange Vorgeschichte, die aus der Vergangenheit als tragisches Verhängnis in die Gegenwart hinübergreift. Die aus Herder's Übersetzung bekannte altschottische Ballade: „Was ist dein Schwert von Blut so roth?" hat ursprünglich alles Unheil verschuldet. Edward Ratcliff liebte Schön-Betty, die eines Tages allein in ihrem Zimmer saß und das Lied vor sich hinsang:

> „Was ist dein Schwert von Blut so roth?
> Edward? Edward?" —
> Da sprang ins Zimmer plötzlich Edward Ratcliff,
> Und sang im selben Tone trotzig weiter:
> „Ich habe geschlagen mein Liebchen todt, —
> Mein Liebchen war so schön, o!"

Darüber entsetzte sich Schön-Betty so sehr, daß sie Edward nimmer wiedersehn wollte; um ihn zu ärgern, heirathete sie den Laird Mac-Gregor, und Edward nahm aus Verzweiflungstrotz eine andere Frau, die ihm den Helden unseres Stückes, William Ratcliff, gebar. Auch Schön-Betty gab einem Kinde, Maria, das Leben, und bald nachher flammte in beiden Vermählten die alte Liebe auf. Edward Ratcliff nahte sich dem Schlosse Mac-Gregor's, Schön-Betty streckte ihm verlangend aus dem Fenster die Arme entgegen, aber Mac-Gregor war Zeuge dieser Scene; am andern Morgen lag Edward erschlagen an der Schloßmauer, und Schön-Betty starb vor Schreck. Beider Sinn und Schicksal, Leben und Lieben hat sich nun fatalistisch auf ihre Kinder vererbt, denen sie als zwei Nebelgestalten erscheinen, die sehnsüchtig die Arme nach einander ausstrecken, ohne sich erreichen zu können. Als Student besucht William Ratcliff auf einer Ferienreise zufällig Mac-Gregor's Schloß, er sieht Marien, und erkennt in ihr das Nebelbild seiner Träume; das dunkle Urgeheimnis seines Lebens ist ihm plötzlich erschlossen;

er liebt Marien mit aller Leidenschaft seiner jungen Seele, und sie scheint seine Liebe zu erwidern, sie spielt und scherzt mit ihm, sie küßt ihn und läßt sich küssen — doch als er endlich vor ihr niederkniet, und sie fragt: „Maria, liebst du mich?" da ist er ihr plötzlich ein unheimliches Gespenst, das dem Nebelmanne gleicht, den auch sie oftmals im Traum erblickte, mit seltsam scheuen Blicken und fast mit Widerwillen sieht sie ihn an,

> Und höhnisch knixend sprach sie frostig: Nein!

Der trotzig spröde Geist ihrer Mutter ist in sie gefahren, wie Edward's wilder Geist in seinen Sohn William. Dieser verläßt das Schloß und reist nach London. Vergebens sucht er im Gewühle der Hauptstadt die Qual seines Herzens zu übertäuben, vergebens stürzt er sich in das tollste Leben —

> Portwein, Champagner, Alles wollt' nicht fruchten,
> Nach jedem Glase ward mein Herz betrübter.
> Blondinen und Brünetten, keine konnt'
> Forttändeln und fortlächeln meinen Schmerz.
> Sogar beim Faro fand ich keine Ruh'.
> Maria's Aug' schwamm auf dem grünen Tische,
> Maria's Hand bog mir die Parolie,
> Und in dem Bild der eckigen Koeur-Dame
> Sah ich Maria's himmelschöne Züge!
> Maria war's, kein dünnes Kartenblatt;
> Maria war's, ich fühlte ihren Athem,
> Sie winkte: Ja! sie nickte: Ja! — va banque!
> Zum Teufel war mein Geld, die Liebe blieb.

Er wird Straßenräuber, und treibt in England sein Wesen; aber die Liebe läßt ihm keine Ruhe, sie zieht ihn oftmals, wie mit unsichtbaren Eisenarmen, nach Schottland hinüber, nur in Maria's Nähe kann er ruhig schlafen; denn er hat den fürchterlichen Schwur gethan, Jeden im Duell zu tödten, der sich mit Marien vermähle. Schon zweimal hat er den ihr angetranten Gatten in der Hochzeitsnacht erschlagen, und der Neuvermählten mit zierlicher Verbeugung den Verlobungsring überreicht. Das Stück beginnt in dem Augenblicke, wo der Segen des Priesters Marien mit ihrem dritten Gatten, dem Grafen Douglas, vereinigt hat. Ratcliff fordert auch Diesen zum Zweikampfe heraus, und das Duell findet, trotz aller von MacGregor getroffenen Vorsichtsmaßregeln statt. Diesmal jedoch verläßt das

Glück Ratcliff, Douglas verwundet ihn und schlägt ihm das Schwert aus der Hand, will ihn aber nicht tödten, da Jener ihm kurz vorher bei einem Überfall im Walde das Leben gerettet hat. Ratcliff wankt, geistig vernichtet, ins Schloß; als Maria ihn blutend und verwundet erblickt, nachdem die alte Amme Margaretha ihr eben die Geschichte ihrer Mutter erzählt hat, erwacht in ihr die alte Liebe, sie beschwört ihn, vor ihrem Gatten und ihrem Vater zu fliehen, die schon verfolgend heran nahen — da eilt Ratcliff mit ihr ins Brautgemach, ersticht Marien, erschlägt den auf ihren Hilferuf hereinstürzenden Mac-Gregor, und erschießt sich neben der blutigen Leiche der Geliebten. Die zwei Nebelgestalten aber erscheinen von beiden Seiten, stürzen einander hastig in die Arme, halten sich fest umschlungen, und verschwinden.

Mit verständigen Worten hat schon Alexis in seiner Kritik der Heine'schen Tragödien auf das Vernunftwidrige der fatalistischen Grundidee aufmerksam gemacht, welche sich in dieser schreckensvollen Handlung verkörpert. „Ein Zusammenhang ist zwischen dem Sonst und Jetzt; was liegt diesem Zusammenhang aber zu Grunde? Die Liebe wirkt zerstörend auf die Nachkommen fort! Schon oft sahen wir in Dichtungen den Haß zweier Individuen auf ihre Geschlechter fortwirken, wir sahen, wie die Liebe endlich den Riß verbinden will, wie sie kämpft mit den Vorurtheilen, mit dem Jahre, Jahrhunderte lang genährten Hasse, und endlich siegt oder unterliegt. Daß aber die Liebe, fortdernd, Verderben und Untergang der Geschlechter hervorbringt, ist eine neue Idee, und, wie frappant auch in der Ausführung, weder der Natur angemessen, noch ein Gegenstand, würdig einer künstlerischen Behandlung." Um dieser romantisch bizarren Idee ein dramatisches Leben einzuhauchen, hat der Dichter kaum minder seltsame romantische Mittel gewählt. Die Nebelgestalten, welchen eine so hervorragende Rolle zugetheilt ist, erscheinen nicht allein geistig dem Auge der Liebenden, deren Geschick sie bestimmen, sondern sie treten in den Hauptmomenten des Stückes, so zu sagen, körperlich auf, sie „schwanken über die Bühne," sie „nahen sich mit ausgestreckten Armen, fahren wieder auseinander und verschwinden," sie „erscheinen von entgegengesetzten Seiten, stellen sich am Eingang des Kabinetts," und „stürzen sich," wie wir sahen, zuletzt „hastig in die Arme, und halten sich fest umschlungen." Obschon die reale Vorführung dieser Nebelbilder — welche dem Publikum sichtbar wären, den Personen des Stückes aber, mit Ausnahme des William Rat-

cliff, unsichtbar bleiben sollten — statt des beabsichtigten Grausens eher
einen komischen Eindruck hervorbringen dürfte, hatte doch Heine seine Tragödie ausdrücklich für die Bühne bestimmt, und hoffte mit Zuversicht, daß
sie zur Darstellung gelangen würde [192]. Eine fast eben so spukhafte
Rolle, wie jene Nebelphantome, spielt die alte Margaretha, die stumpf und
starr, wie die Stammhexe eines Walter Scott'schen Romans, in ihrem
Winkel kauert, auf Nichts, was dem Leben angehört, Acht zu geben, und
nur über den unheimlichen Erinnerungen der Vergangenheit zu brüten
scheint. Sie hat einst Schön-Betty die Ballade vom blutrothen Schwerte
gelehrt, aus der so viel Unheil entsprungen ist; wahnwitzig murmelt sie
nun immer das verhängnisvolle Lied, und beschwört die finsteren Schatten
des Todes herauf in das blühende Leben der Gegenwart.

Zur Erklärung der Wahl dieses seltsamen Stoffes giebt Heine selbst
einen Fingerzeig, indem er bei Übersendung der Tragödien an Immermann
den „Ratcliff" eine „Hauptkonfession" nennt [193], und ein andermal [194]
es betont, daß er „bisher nur ein einziges Thema, die Historie von Amor
und Psyche, in allerlei Gruppierungen dargestellt" habe. In ein für seinen
Freund Friedrich Merckel bestimmtes Exemplar der „Tragödien," das sich
jetzt in meinem Besitze befindet, schrieb er die noch deutlichere Widmung:

> Ich habe die süße Liebe gesucht,
> Und hab' den bittern Haß gefunden,
> Ich habe geseufzt, ich habe geflucht,
> Ich habe geblutet aus tausend Wunden.
>
> Auch hab' ich mich ehrlich Tag und Nacht
> Mit Lumpengesindel herumgetrieben;
> Und als ich all' diese Studien gemacht,
> Da hab' ich ruhig den Ratcliff geschrieben.

In der That bildet der Wunsch einer poetischen Verklärung seines eigenen
Liebesunglücks die geheime Grundlage des „Ratcliff," so gut wie des
„Almansor" und des „Lyrischen Intermezzos." Auch Alexis bemerkt:
„Wir finden an mehreren Stellen Andeutungen, daß verschmähte Liebe,
die plötzliche Sprödigkeit einer Schönen, welche bis dahin vielleicht Hoff-
nungen begünstigt hat, dem Dichter eine Empfindung dünkt, die so mächtig
ist, um vorzüglich ein poetischer Hebel zu werden. Es ist ein schrecklicher
Moment, wenn der Liebeglühende, der von gewisser Hoffnung Berauschte,

in dem Augenblicke, wo er des Sieges gewiß sein kann, aus seinem Himmel herabgestürzt wird. Wenn Einer, der sonst vielleicht reineren und heiligeren Flammen fremd, durch die Liebe seine Gefühle geadelt glaubt, und diese reineren Gefühle zum ersten Male ohne Täuschung ausspricht; wenn Diesem dann der Gegenstand seiner Neigung kalt, höhnisch, schnippisch begegnet, so mag Dies einen Proceß erzeugen, wie wenn Wasser und Feuer sich mischen, und der kaum Emporgehobene mag noch tiefer durch die schnelle, schmerzliche Vernichtung doppelt kühner Hoffnungen herabgerissen werden — ist Dies aber ein Moment, einer dramatisch-tragischen Behandlung würdig? Kann ein solches Gefühl eine Begeisterung einflößen, um ein Kunstwerk zu erzeugen? Ist es endlich so gewichtig, um das Schicksal von Generationen, ein furchtbares, familienvernichtendes Fatum an den Trotz und die leichte Aufwallung einer Weiberlaune zu knüpfen?" Auch wir müssen diese Frage mit Nein beantworten. Die Empfindungen, welche durch ein solches Begegnis erzeugt werden — Zorn, Schmerz, unter Umständen sich steigernd zu Hohn und Verzweiflung — können sehr gewaltig sein und unser tiefstes Mitgefühl erregen, wenn sie sich im Liede ausklagen; aber sie sind nur traurig, nicht tragisch, und daher ungeeignet zu dramatischer Behandlung. Sich in einem Mädchenherzen getäuscht, sich falsche Hoffnungen auf Erwiderung einer glühenden Liebe gemacht zu haben, ist gewiß ein schmerzliches Unglück für Den, welchen ein solches Schicksal trifft; aber es ist nimmer eine tragische Schuld, welche den Untergang zweier Menschen, und gar, wie hier, zweier Generationen, herbeiführen darf. Im Liede, das uns die Stimmung eines einzelnen, bestimmten Momentes vor die Seele bringt, kann solch ein Weh uns mächtig bewegen; wir vermögen zu begreifen, daß im Augenblick der Enttäuschung dem Liebenden die ganze Natur entzaubert scheint, daß in seinem thränenfeuchten oder zornblitzenden Auge das Spiegelbild der Welt sich zu einer grauen Nebelmasse oder zu einem widrigen Schlangenknäul verzerrt. Der Held eines Trauerspiels aber darf nicht aus so weichem Stoffe geformt sein, daß solch eine lyrische Stimmung zum einzigen Hebel all' seiner Entschlüsse und Handlungen wird. Dies ist bei William Ratcliff der Fall. Weil Maria seinen Liebesantrag höhnisch knixend mit einem frostigen „Nein" zurückwies, ist ihm das Leben fortan ein finsteres Schattenspiel, ein Tanz von Larven, in dessen gespenstischen Reigen er wie ein Traumwandelnder hineingerissen wird. Die Verschmähung seiner Liebe nimmt ihm jeden sittlichen Halt, er sinkt

zum ruchlosen Bösewicht, zum Dieb und Straßenräuber herab, der sich mit
dem verworfensten Gesindel herumtreibt. Unverkennbar ist die Ähnlichkeit
mit der beliebten Byron'schen Gestalt des Abtrünnigen, des gefallenen
Engels, der zum Teufel wird. Aber dies Gefallensein ist ins Ungeheuerliche übertrieben, und wirkt um so abstoßender, je schärfer und deutlicher
der Hintergrund des realen Lebens in jenen Schlammpfützen der Gesellschaft gezeichnet ist, die der Held durchwatet, ohne sich dem Anschein nach
sehr vor ihrem Schmutze zu ekeln. Im Gegentheil, William Ratcliff sieht
seine verbrecherischen Spießgesellen fast für Helden und Märtyrer an, die
einen berechtigten Krieg gegen eine ungerechte Gesellschaftsordnung führen;
selbst den Galgenstrick Robin, der schon zehn Mordthaten auf der Seele
hat, nimmt er gegen die Befürchtung in Schutz, als werde er zur Strafe
seiner Sünden dereinst nach dem Hängen noch im Höllenfeuer brennen
müssen:

> Glaubt's nicht, der alte Robin wird nicht brennen.
> Dort oben giebt es eine andre Jury,
> Als hier in Großbritannien. Robert ist
> Ein Mann; und einen Mann ergreift der Zorn,
> Wenn er betrachtet, wie die Pfennigseelen,
> Die Buben, oft im Überflusse schwelgen,
> In Sammt und Seide schimmern, Austern schlürfen,
> Sich in Champagner baden, in dem Bette
> Des Doktor Graham's ihre Kurzweil treiben,
> In goldnen Wagen durch die Straßen rasseln,
> Und stolz herabsehn auf den Hungerleider,
> Der mit dem letzten Hemde unterm Arm
> Langsam und seufzend nach dem Leihhaus wandert.
> O seht mir doch die klugen, satten Leute,
> Wie sie mit einem Walle von Gesetzen
> Sich wohlverwahret gegen jeden Andrang
> Der schreiend überläst'gen Hungerleider!
> Weh Dem, der diesen Wall durchbricht!
> Bereit sind Richter, Henker, Stricke, Galgen, —
> Je nun, manchmal giebt's Leut', die Das nicht scheun.

Diese ersten wilden und rohen Kraftausbrüche des modernen Socialismus
durchblitzen, wie Heine hervorhebt, allerdings mehrfach den Gang des
Stückes, und nehmen mit ihrer Eintheilung der Menschen in „zwei Nationen, die sich wild bekriegen, nämlich in Satte und in Hungerleider,"
bestimmter, als bei Byron, den Charakter einer Anklage der Armen gegen

die Reichen, der niedern gegen die höheren Klassen der Gesellschaft an. Sie verfehlen aber einen Theil der beabsichtigten Wirkung, weil sie aus gar zu zweideutigen Motiven entspringen und gar zu verächtlichen Gesellen in den Mund gelegt werden. Da wenigstens bei William Ratcliff im Grunde nur die Zurückweisung seiner Liebe jene schwarzgallige Auffassung der Weltzustände verschuldet hat, so liegt der Gedanke zu nahe, daß die selbe, jetzt so finster sich ausnehmende Welt ihm wahrscheinlich als ein im Rosenlicht prangender Garten würde erschienen sein, wenn Maria, statt des spöttischen „Nein", ein freundliches „Ja" auf seine zärtliche Frage erwidert hätte, und wir sehen die „große Suppenfrage" schließlich auf den unberechenbarsten Zufall, auf das tel est mon plaisir einer Mädchenlaune, zurückgeführt.

Trotz all' dieser Ausstellungen, die sich vorherrschend auf die Wahl eines ungeeigneten Stoffes beziehen, verräth die Ausführung des „William Ratcliff" ein keineswegs geringes dramatisches Talent. Der Dialog ist gewandt und lebendig, die Sprache hält sich in edler Einfachheit frei von allem lyrischen Aufputz, die Geschichte der Nebelbilder ist geschickt in den Gang der Handlung verflochten, und wird in der Erzählung Margaretha's effektvoll als Hebel der dramatischen Steigerung benutzt; vor Allem aber ist es dem Dichter gelungen, in den meisten Personen des Stückes glaubwürdige, klar vor uns hintretende Gestalten zu schaffen. Selbst der träumerische Spielball der dunklen Mächte, William Ratcliff, ist, wie wenig er sich auch zum Helden eines Trauerspiels qualificiert, mit Zügen ausgestattet, die offenbar dem wirklichen Leben entnommen sind. Die resignierte Haltung Maria's prägt sich erkennbar genug als das Resultat ihrer Leiden und der überstandenen Schreckenserlebnisse aus. Die halb wahnsinnige Margaretha ist eine unheimliche, vielleicht etwas zu schablonenhaft behandelte, aber doch poetisch nicht unwahre Figur. Vernachlässigter erscheint Mac-Gregor, dessen Gestalt kein rechtes Leben gewinnt. Um so ansprechender berührt uns der verständige, tapfere Graf Douglas, der einzige edle, moralisch gesunde Charakter unter so vielen verschrobenen oder verworfenen Naturen. Aber auch die Nebenpersonen, der spitzbübische Wirth der Diebesherberge und seine räuberischen Gäste, sind mit wenigen Strichen trefflich individualisiert; ja, die Scenen, welche in der Diebsspelunke spielen, — der Auftritt, wo Tom, der Diebshehler und ehemalige Dieb, seinem Buben das Vaterunser abhört, und gleich darauf den schlafenden Gaunern das Geld aus der Tasche stibizt — sind von einer an Shakspeare erinnernden Lebenswahrheit und dramatischen Kraft. —

An einem ähnlichen Grundfehler, wie der „William Ratcliff," krankt auch das zweite Drama Heine's, „Almansor." Nicht als wäre die Fabel und der Grundgedanke des Stückes auch hier von einer grillenhaften Seltsamkeit, und als würden die Schicksale der auftretenden Personen durch das Hineingreifen phantastischer Nebelgestalten bestimmt — aber es fehlt auch diesem Trauerspiel jede fortschreitende Entwicklung der Charaktere und der aus dem Wechselspiele der Leidenschaften entstehenden Handlung. Eine tragische Schuld der Liebenden, die den Untergang Derselben rechtfertigte, ist so wenig wie im „Ratcliff" vorhanden, und, wie dort, wird auch hier die unheilvolle Katastrophe nicht durch eigenes Verschulden, sondern durch ein in früherer Zeit von den Eltern Beider geschaffenes Verhängnis herbeigeführt.

Die Wahl des Stoffes ist, wie aus einem kurzen Überblick des Inhalts hervorgeht, an sich keine durchaus ungünstige, aber der Dichter hat es nicht verstanden, sein Material mit dramatischer Geschicklichkeit zu verwerthen, und das lyrische Beiwerk erstickt vollends die ziemlich dürftige Handlung. Kurz vor der Eroberung Granada's durch Ferdinand den Katholischen und Isabella lebten dort zwei edle Mauren, Abdullah und Aly, in inniger Freundschaft. Aly's heißgeliebte Gattin starb, nachdem sie ihm einen Sohn geboren, und Abdullah, dessen Frau um dieselbe Zeit eines Töchterleins genesen war, nahm das verwaiste Kind des Freundes einstweilen zu sich ins Haus. Aly vermochte jedoch auch später nicht den Anblick des Schmerzenssohnes zu ertragen, und ging mit Freuden auf den Vorschlag Abdullah's ein, die beiden Kinder schon jetzt mit einander zu verloben, und Zuleima, das künftige Weib seines Sohnes, unter Ammenleitung in seinem Schlosse zu erziehen, während sein eigener Sohn, Almansor, unter der Obhut des Freundes verbliebe. Die Kinder ahnten in so zartem Alter Nichts von diesem Tausche, sie sahen sich oft und liebten einander herzlich. Da brach jenes Ungewitter aus, welches mit dem Falle Granada's und der Vertreibung der Mauren aus Spanien endete. Als die rohen Verfolgungen Ferdinand's und der Inquisition gegen die Muhamedaner begannen, und den Besiegten nur die Wahl blieb, sich entweder taufen zu lassen, oder nach Afrika zu fliehen,

Da wurde Aly Christ. Er wollte nicht
Zurück ins dunkle Land der Barbarei.
Ihn hielt gefesselt edle Sitte, Kunst
Und Wissenschaft, die in Hispanien blühte.
Ihn hielt gefesselt Sorge für Zuleima,
Die zarte Blume, die im Frauenkäfig
Des strengen Morgenlands hinwelken sollte.
Ihn hielt gefesselt Vaterlandesliebe,
Die Liebe für das liebe, schöne Spanien.
Doch was am meisten ihn gefesselt hielt,
Das war ein großer Traum, ein schöner Traum,
Anfänglich wüst und wild, Nordstürme heulten,
Und Waffen klirrten, und dazwischen rief's
„Quiroga und Riego!" tolle Worte!
Und rothe Bäche flossen, Glaubenskerker
Und Zwingherrnburgen stürzten ein in Gluth
Und Rauch, und endlich stieg aus Gluth und Rauch
Empor das ew'ge Wort, das urgeborne,
In rosenrother Glorie selig strahlend.

Mit diesen Worten deutet nämlich der in der Mitte des Stückes einge-
schobene Chor die Motive von Aly's Übertritte zum Christenthum an;
ein Verfahren, das allerdings Nichts weniger als dramatisch ist. Eben so
wunderlich — und durch den Charakter Aly's, wie er sich im Stücke zeigt,
nicht im mindesten begründet — ist der anachronistische Hinweis auf die
Verfassungs- und Glaubenskämpfe in Spanien zu Anfang der zwanziger
Jahre dieses Jahrhunderts, — eine Prophetie, welche obendrein durch die
Ereignisse der nächsten Zeit, durch die Hinrichtung Riego's und die Zurück-
nahme der vom Könige 1820 bewilligten Konstitution, keine Bestätigung
erhielt. Einleuchtender sind die andern Beweggründe für Aly's Übertritt,
um so mehr da auch Zuleima schon früher durch Einwirkung ihrer frommen
Amme dem Christenthume zugeführt worden war. — Anders handelt Ab-
dullah. Treu dem alten Glauben, verläßt er mit Weib und Pflegekind
und aller fahrenden Habe das Land seiner Väter, und setzt über nach
Marokko. Die eigene Tochter, „die Gottesleugnerin," will er nicht
wiedersehen, und um sich an dem abtrünnigen Aly zu rächen, erzieht er
Dessen Sohn Almansor, den er erst hat tödten wollen, als sein eigenes
Kind im Glauben Muhamed's und im Hasse gegen das Christenthum.
Bei der Landung in Afrika stirbt Abdullah's Weib; er selbst folgt ihr auf

der Wallfahrtsreise nach Mekka bald nachher ins Grab, ohne Almansor das Geheimnis seiner wahren Abstammung enthüllt zu haben. Sehnsucht nach Zuleima und das Gebot der sterbenden Mutter, Jener ihren letzten Kuß zu bringen, treiben jedoch Almansor nach Spanien zurück, wo Aly sich an Abdullah, von dem er wähnt, er habe ihm aus Glaubensfanatismus seinen Sohn ermordet, christlich gerächt hat, indem er Zuleima als seine Tochter anerkannte und sie sorglich in der Meinung, daß sie sein Kind sei, erhielt. Als Spanier verkleidet, um sich vor der Wuth der christlichen Verfolger zu schützen, wird der heimgekehrte Almansor in den Trümmern seiner Vaterburg von einem alten Diener, Hassan, erkannt, der mit einigen treuen Bekennern des Islam ins Gebirge geflüchtet ist, und von dort aus den Guerillakrieg gegen die siegreichen Kastilianer fortsetzt. Hassan beschwört den Sohn seines ehemaligen Herrn, sein Vorhaben aufzugeben und die abtrünnige Geliebte zu vergessen. Almansor aber will Diese noch einmal wiedersehen, und verfügt sich sofort nach Aly's Schlosse, wo eben die Verlobung Zuleima's mit einem windigen Industrieritter ge- feiert wird, der sich unter einem pompösen Ritternamen bei ihrem ver- meintlichen Vater eingeführt hat. Schon an der Pforte des Hauses be- grüßt den Fremdling in Gestalt des Dieners Pedrillo ein possenhaftes Beispiel des Renegatenthums. Almansor wird aus dem festlich erhellten Schlosse in das Wirthshaus gewiesen, denn

> — was die alte Gastlichkeit betrifft,
> So ist Das eine jener Heidensitten,
> Wovon dies christlich fromme Haus gesäubert.

Auch die alten Namen sind christlich umgetauft; der „gute Aly," wie er ehemals genannt wurde, heißt jetzt Don Gonzalvo, Zuleima heißt Donna Clara, selbst der Dienerschaft sind die Namen biblischer Heiligen beigelegt; der alte Glaube ist ausgezogen,

> — — — — — — die alte Liebe
> Hat man mit Hohn zur Thür hinausgestoßen
> Und laut verlacht ihr leises Todeswimmern.
> Verändert sind die Namen und die Menschen;
> Was ehmals Liebe hieß, heißt jetzo Haß.

Almansor wartet, bis die Gäste sich entfernt haben, und singt dann vor Zuleima's Fenster ein altes, ihr wohlbekanntes Lied. Zuleima erscheint auf dem Balkon, und erkennt an der Stimme den todtgesagten Geliebten, welcher ihr die Scheidegrüße der in der Fremde gestorbenen Mutter bringt. Der plötzlich dazwischen tretende Hassan fordert sie auf, mit Almansor nach Afrika zu entfliehen. Am Morgen überrascht Letzterer Zuleima im Garten, und Beide führen ein mystisch tiefsinniges Zwiegespräch, in welchem das Christenthum den unheimlich grellsten Kontrast zu der bilder- und farbenreichen Religion Muhamed's bildet. Almansor erinnert sich beim Anblick eines Christusbildes des Tages, wo er bei seiner Rückkehr nach Spanien zuerst eine christliche Kirche betrat:

Schon an der Pforte goß sich mir entgegen
Ein dunkler Strom gewalt'ger Orgeltöne,
Die hoch aufrauschten und wie schwarzer Sud
Im glühnden Zauberkessel qualmig quollen.
Und wie mit langen Armen zogen mich
Die Riesentöne in das Haus hinein,
Und wanden sich um meine Brust wie Schlangen,
Und zwängten ein die Brust, und stachen mich,
Als läge auf mir das Gebirge Kaff,
Und Simurgh's Schnabel picke mir ins Herz.
Und in dem Hause scholl, wie'n Todtenlied.
Das heisre Singen wunderlicher Männer
Mit strengen Mienen und mit kahlen Häuptern,
Umwallt von blum'gen Kleidern, und der feine
Gesang der weiß- und rothgeröckten Knaben,
Die oft dazwischen klingelten mit Schellen
Und blanke Weihrauchfässer dampfend schwangen.
Und tausend Lichter gossen ihren Schimmer
Auf all das Goldgefunkel und Geglitzer,
Und überall, wohin mein Auge sah,
Aus jeder Nische blickte mir entgegen
Dasselbe Bild, das ich hier wiedersehe.
Doch überall sah schmerzenbleich und traurig
Des Mannes Antlitz, den dies Bildnis darstellt.
Hier schlug man ihn mit harten Geißelhieben,
Dort sank er nieder unter Kreuzeslast,
Hier spie man ihm verachtungsvoll ins Antlitz,
Dort krönte man mit Dornen seine Schläfe,
Hier schlug man ihn ans Kreuz, mit scharfem Speer
Durchstieß man seine Seite — Blut, Blut, Blut
Entquoll jedwedem Bild. Ich schaute gar

Ein traurig Weib, die hielt auf ihrem Schoß
Des Martermannes abgezehrten Leichnam,
Ganz gelb und nackt, von schwarzem Blut umronnen —
Da hört' ich eine gellend scharfe Stimme:
„Dies ist sein Blut," und wie ich hinsah, schaut' ich
(schaudernd)
Den Mann, der eben einen Becher austrank.

Aber traumhaft süß weiß ihn Zuleima-Clara in das Christenthum als in
ein „Haus der Liebe" hineinzusingen, das ernster und besser als die heitere
Pracht der alten Heidentempel und als die Werkeltagsbequemlichkeit der
rumpfen Betstube des Moslems sei:

In diesem Hause werden Kinder mündig,
Und Münd'ge werden da zu Kindern wieder;
In diesem Hause werden Arme reich,
Und Reiche werden selig in der Armuth;
In diesem Hause wird der Frohe traurig,
Und aufgeheitert wird da der Betrübte.
Denn selber als ein traurig armes Kind
Erschien die Liebe einst auf dieser Erde.
Ihr Lager war des Stalles enge Krippe,
Und gelbes Stroh war ihres Hauptes Kissen;
Und flüchten mußte sie wie'n scheues Reh,
Von Dummheit und Gelehrsamkeit verfolgt.
Für Geld verkauft, verrathen ward die Liebe,
Sie ward verhöhnt, gegeißelt und gekreuzigt; —
Doch von der Liebe sieben Todesseufzern
Zersprangen jene sieben Eisenschlösser,
Die Satan vorgehängt der Himmelspforte;
Und wie der Liebe sieben Wunden klafften,
Erschlossen sich aufs Neu' die sieben Himmel,
Und zogen ein die Sünder und die Frommen.
Die Liebe war's, die du geschaut als Leiche
Im Mutterschoße jenes traur'gen Weibes.
O glaube mir, an jenem kalten Leichnam
Kann sich erwärmen eine ganze Menschheit:
Aus jenem Blute sprossen schönre Blumen,
Als aus Alraschid's stolzen Gartenbeeten,
Und aus den Augen jenes traur'gen Weibes
Fließt wunderbar ein süßres Rosenöl,
Als alle Rosen Schiras' liefern könnten.
Auch du hast Theil, Almansor ben Abdullah,

15*

> An jenem ew'gen Leib und ew'gen Blute;
> Auch du kannst dich zu Tisch mit Engeln setzen
> Und Himmelsbrot und Himmelswein genießen;
> 'Auch du bist durch die Liebe sündenfrei,
> Darfst freudig wohnen in der Sel'gen Halle,
> Und gegen Satan's starke Höllenmacht
> Schützt dich mit ew'gem Gastrecht Jesu Christ,
> Wenn du genossen hast sein „Brot und Wein."

Dies Sirenenlied der Liebe, vom Munde der Geliebten gepredigt, nimmt Almansor's ganzes Wesen gefangen; er ahnt nicht den lebensfeindlichen Sinn, der sich unter dem schmeichlerischen Worte verbirgt, er hört nur dessen verlockenden Klang:

> Du sprachest aus Zuleima jenes Wort,
> Das Welten schafft und Welten hält zusammen;
> Du sprachest aus das große Wörtlein „Liebe!"

Schon will er, seinen alten Glauben verschwörend, sich ganz dieser Religion der Liebe hingeben, schon ruft er aus:

> Dein Himmel nur, Zuleima's Himmel nur
> Sei auch Almansor's Himmel, und dein Gott
> Sei auch Almansor's Gott, Zuleima's Kreuz
> Sei auch Almansor's Hort, dein Christus sei
> Almansor's Heiland auch, und beten will ich
> In jener Kirche, wo Zuleima betet —

da tönen in der Ferne Glockengeläute und Kirchengesang, und auf Almansor's erschreckte Frage erklärt ihm Zuleima: .

> Hörst du, Almansor, was die Glocken murmeln?
> Sie murmeln dumpf: „Zuleima wird vermählt heut
> Mit einem Mann, der nicht Almansor heißt."

Die Religion der Liebe verwandelt sich plötzlich in eine Religion der unnatürlichsten Entsagung, Zuleima hält sich gebunden durch ihr vor dem Priester abgelegtes Versprechen, den ungeliebten Don Enrique zu heirathen, und Almansor's Geist bricht zusammen unter der Qual einer so grausamen Enttäuschung, — Wahnsinn umnachtet sein Hirn. Von ergreifender lyrischer Schönheit ist der Monolog des wahnwitzigen Almansor, der müd und gebrochen im Walde umherwankt, und den endlich Hassan dadurch aus seinen Selbstmordsgedanken weckt, daß er ihm die Aussicht erschließt, Zuleima am Hochzeitstage zu rauben. Nach blutigem Kampfe trägt Almansor die Geliebte von dannen, die sich bei ihrem Erwachen in den Himmel versetzt glaubt und sich nicht genug verwundern kann, auch Almansor dort zu finden, der nach dem Ausspruch ihres Beichtvaters zur ewigen Hölle verdammt sei. Hier,

> — — — — — — in dem Himmel
> Bedarf es der Verstellungskünste nicht,
> Und frei darf ich gestehn: Ich liebe dich,
> Ich liebe dich, ich liebe dich, Almansor!

Aber schon tönt das Waffengeklirr der Verfolger zu ihnen aus der Felsschlucht empor:

> Nenn's Eblis, nenn es Satan, nenn es Menschen,
> Die tückisch arge Macht, die wild hinauf steigt
> In meinen Himmel selbst!

Zuleima fordert ihn auf, mit ihr hinab in das Blumenthal zu fliehen, und mit den Worten:

> — — — — Die Jäger nahen schon,
> Mein Reh zu schlachten! dorten klirrt der Tod.
> Hier unten blüht entgegen mir das Leben,
> Und meinen Himmel halt' ich in den Armen!

stürzt sich Almansor mit seiner süßen Last vom Felsen hinab. Als der Christ aber, welcher erst eben von dem im Kampfe verwundeten, sterbenden Hassan erfahren hat, daß sein Sohn noch lebe, schließt, indem er all' seine Hoffnungen jählings zerschmettert sieht, mit der furchtbaren Anklage gegen das Christenthum:

> Jetzt, Jesu Christ, bedarf ich deines Wortes,
> Und deines Gnadentrosts und deines Beispiels.
> Der Allmacht Willen kann ich nicht begreifen,
> Doch Ahnung sagt mir: ausgereutet wird
> Die Lilje und die Myrte auf dem Weg,
> Worüber Gottes goldner Siegeswagen
> Hinrollen soll in stolzer Majestät.

Es ist zu bedauern, daß diese handlungsarme Tragödie nicht durch eine plastischere Ausprägung des im Stoffe liegenden Gedankenreichthums ein erhöhtes dramatisches Leben empfangen hat. Vielleicht freilich erweckt der Untergangskampf des Maurenreiches Granada, das in so glänzender Blüthe dahinsank und durch den rohen Fanatismus der Sieger aus einem lachenden Garten in eine schreckvolle Wüste verwandelt ward, allzu elegische Gefühle, um ein besonders fruchtbarer Gegenstand für ein Drama zu sein. Unsere Sympathien neigen sich fast mit Nothwendigkeit den Unterdrückten zu, die nach ihrer Niederlage so grausam verfolgt, unter Zurücklassung ihrer kostbarsten Habe zur Auswanderung gezwungen, oder, wenn sie im Fall ihres Dableibens nicht ihrem Glauben entsagen wollten, von den Ketzergerichten scharenweis zum Flammentode verurtheilt wurden. Daß man diese Gräuel im Namen der Religion — in majorem Dei gloriam — verübte, steigert noch unsern Abscheu vor der Immoralität der Mittel, die um so ruchloser erscheinen, je weniger der Erfolg bis auf den heutigen Tag ihre Anwendung gerechtfertigt hat. Der Geschichtsforscher mag sich über den Fall Granada's zur Noth durch die Erwägung trösten, daß das stolze Königreich zur Zeit, als es den kastilianischen Heeren erlag, schon durch inneren Zwist und Verrath den Keim des Todes in sich trug und nur noch ein Scheinleben äußeren Glanzes führte — aber der Dichter hat, in einseitiger Parteinahme für die Besiegten, selbst dies sich ihm darbietende Moment der inneren Zwietracht nur unerheblich benutzt, während er mit schärfster Bitterkeit die unsittlichen Motive der christlichen Sieger hervorhebt, und dadurch auch diesmal seinem Stoffe mehr einen traurigen, als einen tragischen Charakter giebt. Vor Allem die Hauptperson des Stückes leidet an diesem Fehler: Almanfor ist von Anfang an ein passiv Klagender statt eines thätig Handelnden, eignes und fremdes Leid haben ihm den stolzen Mannesmuth aufgezehrt — was darf man am Ende von einem Helden erwarten, der uns schon in der ersten Scene seine äußere Erscheinung mit den Worten schildert:

> Mein Antlitz trägt des Grames tiefe Furchen,
> Getrübt von salz'gen Thränen ist mein Aug',
> Nachtwandlerartig ist mein schwanker Gang,
> Gebrochen, wie mein Herz, ist meine Stimme.

Durch diese elegisch träumerische Haltung Almanfor's läßt sich der Verfasser die so nahe liegende Gelegenheit entgehen, eine wahrhaft dramatische Verwicklung herbeizuführen, indem er die Liebe des aus seiner Heimat verjagten, dem Koran treugebliebenen Mauren in leidenschaftlichen Konflikt brächte mit seinem Glauben und seinem berechtigten Hasse gegen die Partei der Unterdrücker, der seine Geliebte angehört. Man begreift kaum, daß Heine einen solchen Konflikt gar nicht eintreten, daß er die Liebe zur Renegatin jedes andre Gefühl in der Brust Almansor's ersticken läßt. Das bloße Wort „Liebe," von Zuleima in kirchlich-mystischem Sinne gesprochen, von Almansor in irdischem Sinne verstanden, genügt, ihn zum sofortigen Anerbieten des Übertritts zu ihrem Glauben zu bewegen, und die Enttäuschung seiner Liebeshoffnungen löscht in seinem Hirn und Herzen jeden andern Gedanken, außer dem einer thierisch-wilden Sinnlichkeit, aus.

Ganz denselben somnambülen Anstrich trägt die Gestalt Zuleima's, welche von Almansor nicht unrichtig einmal mit einer schönen Drahtfigur verglichen wird. Ihre willenlose Ergebung ist durchaus unnatürlich. „Ist denn," fragt schon Alexis in seiner vorhin angezogenen Kritik, „Zuleima's Furcht vor dem als so gütig gepriesenen Vater begründet, daß sie es nicht wagt, des heißgeliebten Almansor's Gegenwart ihm zu entdecken? ist ihre Religion von der Art, daß sie es nicht wagt, ihrem Abte entgegen zu handeln, als er ihr räth, einen Schurken zu heirathen, zumal da Almansor, von ihr überredet, Christ werden will, diesem Abte daher doppelt willkommen sein müßte?" Auf die letzte Frage müssen wir freilich erwidern, daß es in der bestimmten Absicht des Dichters lag, das Christenthum als eine Religion trübseligster Entsagung zu schildern, welche die Erde in „ein großes Golgatha" verwandelt, und „auf das Grab der Myrte die traurige Cypresse pflanzt." Auch ließe sich ein Übermaß von asketischem Eifer bei der zum Christenthum übergetretenen Maurin psychologisch sehr wohl erklären. Nur bleiben leider die religiösen Zwiegespräche der beiden Liebenden geistreiche Streckverse und lyrische Ergüsse ohne alle Einwirkung auf den Gang der Handlung und auf die Entwicklung der Charaktere.

Besser und kräftiger, als die Hauptpersonen, sind die Nebenfiguren gezeichnet. Sie haben dramatisches Leben, weil die an ihnen besonders hervorstechenden Züge fest angedeutet und durch keine breitere Ausführung lyrisch verwaschen sind. Nur die Gestalt Aly's bleibt unklar und schattenhaft, weil sie, wie vorhin bemerkt, nicht genügend durch sich selbst motiviert ist. Der völlig undramatische Chor — man erfährt nicht einmal, Wen und Was er nach der Intention des Verfassers repräsentieren soll — erzählt uns freilich von allerlei edlen Beweggründen, aus denen Aly

zum Christenthum übergetreten sei; aber aus seinen eigenen Worten und
Handlungen geht Nichts von Alledieſem hervor, nicht einmal ein ernſtes
Ringen um die Überzeugung und ein Verſuch, ſich zum Glauben zu
zwingen, wodurch die finſteren Schlußworte des Dramas ein bedeutungs-
volleres Relief erhielten. Weit lebensvoller tritt der ſtarre Anhänger an
den muhamedaniſchen Glauben, der alte Haſſan, vor uns hin; und das
dem Zuchthaus entſprungene Gaunerpaar, Enrique und Diego, ſowie der
ängſtliche 'Diener Pedrillo, ſind epiſodiſche Geſtalten, welche der Dichter
mit dem ergötzlichſten Humor ſkizziert. Überhaupt verrathen die komiſchen
Partien des Stückes, wie die Unterhaltungen der beiden Glücksritter oder
die Klatſchereien der vom Verlobungsfeſt heimkehrenden Gäſte, ein ungleich
achtungswertheres dramatiſches Talent, als die ernſthaften Scenen, in welchen
die Sprache zwar immer edel, aber doch ſelbſt für ein Drama, das ſich
auf ſpaniſch-orientaliſchem Boden bewegt, gar zu pomphaft und bildervoll
iſt, ja, manchmal in ſtörende Spielerei ausartet. Die Worte z. B., welche
der wahnſinnige Almanſor zu der ohnmächtig auf ſeinem Schoße ruhenden
Zuleima ſpricht, mögen als lyriſche Stimmungsmalerei von unbeſtreitbarer
Schönheit ſein — auf der Bühne würden ſie eindruckslos verhallen. Und
wenn Almanſor in einer früheren Scene, abwechſelnd nach dem feſtlich erhellten Schloſſe und nach ſeiner Bruſt zeigend, ausruft:

> Ich und dies Haus, wie paſſen wir zuſammen?
> Dort wohnt die Luſt mit ihren Harfentönen;
> Hier wohnt der Schmerz mit ſeinen gift'gen Schlangen,
> Dort wohnt das Licht mit ſeinen goldnen Lampen;
> Hier wohnt die Nacht mit ihrem dunklen Brüten.
> Dort wohnt die ſchöne, liebliche Zuleima; —
> Wir paſſen doch! — Hier wohnt Zuleima auch!

ſo läßt ſich dies Antitheſenſpiel noch ertragen; aber jede Wirkung geht
unter in der Unnatur der nachfolgenden Zeilen, die das Bild auf die
peinlichſte Art zu Tode hetzen:

> Zuleima's Seel' wohnt hier im engen Hauſe,
> Hier in den purpurrothen Kammern ſitzt ſie,
> Und ſpielt mit meinem Herzen Ball, und klimpert
> Auf meiner Wehmuth zarten Harfenſaiten,
> Und ihre Dienerſchaft ſind meine Seufzer, —
> Und wachſam ſteht auch meine düſtre Laune
> Als ſchwarzer Frauenhüter vor der Pforte.

Daß Heine sich der stillosen Vermengung der verschiedenen Kunstformen in seiner Tragödie recht wohl bewußt war, geht deutlich aus der
Stanze hervor, welche er dem „Almansor" voraufschickt:

> Glaubt nicht, es sei so ganz und gar phantastisch
> Das hübsche Lied, das ich euch freundlich biete!
> Hört zu: es ist halb episch und halb drastisch,
> Dazwischen blüht manch lyrisch zarte Blüthe;
> Romantisch ist der Stoff, die Form ist plastisch,
> Das Ganze aber kam aus dem Gemüthe.
> Es kämpfen Christ und Moslem, Nord und Süden,
> Die Liebe kommt am End' und macht den Frieden.

Aus einem solchen Mischmasch von Epos, Lyrik und Drama konnte denn
freilich unmöglich ein reines Kunstwerk entstehen, und der scharfe Verstand
des Dichters mußte zur Einsicht seines Fehlgriffs gelangen, bevor noch
seine Arbeit vollendet war. Schon von Göttingen aus schrieb er an
Steinmann[195]: „Ich habe mit aller Kraftanstrengung daran gearbeitet, kein
Herzblut und keinen Gehirnschweiß dabei geschont, habe bis auf einen
halben Akt das Ganze fertig, und zu meinem Entsetzen finde ich, daß
dieses von mir selbst angestaunte und vergötterte Prachtwerk nicht allein
keine gute Tragödie ist, sondern gar nicht mal den Namen einer Tragödie
verdient. Ja — entzückend schöne Stellen und Scenen sind drin; Originalität schaut überall draus hervor, überall funkeln überraschend poetische
Bilder und Gedanken, so daß das Ganze gleichsam in einem zauberhaften
Diamantschleier blitzt und leuchtet. So spricht der eitle Autor, der Enthusiast für Poesie. Aber der strenge Kritiker, der unerbittliche Dramaturg
trägt eine ganz anders geschliffene Brille, schüttelt den Kopf, und erklärt
das Ganze für — eine schöne Drahtfigur. „Eine Tragödie muß
drastisch sein," murmelt er, und Das ist das Todesurtheil der meinigen.
— Hab' ich kein dramatisches Talent? Leicht möglich. Oder haben die
französischen Tragödien, die ich sonst sehr bewundert habe, unbewußt ihren
alten Einfluß ausgeübt? Dies Letztere ist wahrscheinlicher. Denke dir,
in meiner Tragödie sind alle drei Einheiten höchst gewissenhaft beachtet,
fast nur vier Personen hört man immer sprechen, und der Dialog ist fast
so pretiös, geglättet und gerundet wie in der „Phèdre" oder in der
„Zaïre". Du wunderst dich? Das Räthsel ist leicht gelöst: ich habe versucht, auch im Drama romantischen Geist mit streng plastischer Form zu

verbinden. Deßhalb wird meine Tragödie ein gleiches Schicksal haben mit Schlegel's „Jon". Nämlich weil Letzterer ebenfalls in polemischer Absicht geschrieben ist."

Diese ehrliche Selbstkritik hebt in Lob und in Tadel eben so richtig die eigenthümlichen Vorzüge, wie den unverbesserlichen Grundfehler des Stückes hervor. Nur Eins müssen wir noch berühren, nämlich den Umstand, daß die polemische Absicht sich hier nicht, wie bei Schlegel's „Jon", vorherrschend nur auf die Form, sondern fast noch mehr auf den Inhalt der Tragödie bezog. Während die Romantiker in all' ihren Kunstschöpfungen die christliche Religion zu verherrlichen suchten, und sich dabei tiefer und tiefer in die katholische Mystik verirrten, war Heine's „Almansor" ein herausfordernd dreister Angriff auf das Christenthum, das, wie wir sahen, geradezu als ein finsteres, alle Lebensfreude erdrückendes Evangelium des Todes geschildert wird. Dieser Angriff gewann eine erhöhte Bedeutung durch die zwar verdeckte, aber doch leicht erkennbare Bezugnahme auf modernste Verhältnisse. Durch das ganze Stück zieht sich eine geheime Satire gegen die unter der Regierung Friedrich Wilhelm's III. immer häufiger werdenden Fälle des Übertrittes vermögender Judenfamilien zum Christenthum. Das Verlobungsfest im Schlosse des getauften Mauren erinnert deutlich genug an das Gastmahl irgend eines getauften Bankiers der Gegenwart, der sich in seiner neuen gesellschaftlichen Stellung zu befestigen glaubt, indem er einen geldarmen Avanturier aus hochadligem Geschlechte zu seinem Eidam erwählt. Die polemische Absicht tritt noch schärfer dadurch hervor, daß dieser Repräsentant der Aristokratie ein dem Zuchthaus entsprungener Dummkopf ist, der durch seinen Spießgesellen wie eine Marionette gelenkt wird. Eben so drastisch wirkt der Umstand, daß Aly's gleichfalls getaufte Dienerschaft im Eifer des Gesprächs noch oftmals die Namen der christlichen Heiligen mit dem Namen Allah's oder Muhamed's verwechselt, und beim Barte des Propheten statt bei der heiligen Elisabeth oder St. Jago von Compostella schwört. Am eindringlichsten aber klingt die ernste Mahnung des alten Hassan:

> — — .. — Pest-Ortern gleich
> Flieh jenes Haus, wo neuer Glaube keimt!
> Dort zieht man dir mit süßen Zangentönen
> Aus tiefer Brust hervor das alte Herz,
> Und legt dir eine Schlang' dafür hinein.

Dort gießt man dir Bleitropfen, hell und heiß,
Aufs arme Haupt, daß nimmermehr dein Hirn
Gesunden kann vom wilden Wahnsinnschmerz.
Dorten vertauscht man dir den alten Namen,
Und giebt dir einen neu'n, damit dein Engel,
Wenn er dich warnend ruft beim alten Namen,
Vergeblich rufe.

Trotz dieser polemischen Tendenz, welche dem Verfasser vielfache An-
fechtungen von Seiten der Kritik zuzog, und trotz des undramatischen
Charakters der ganzen Tragödie, hatte der Direktor des Nationaltheaters in
Braunschweig, August Klingemann, den Muth, eine Aufführung des
Stückes zu unternehmen. Es ist bekannt, mit welchem Eifer dieser wackere
Mann sich bemühte, die von ihm verwaltete Bühne zu einer Musteranstalt
deutscher Schauspielkunst zu erheben, und in uneigennützigster Weise den
Geistesprodukten junger talentvoller Dichter Eingang beim Publikum zu
verschaffen. Wie er der Erste war, welcher Goethe's „Faust" zur Darstellung brachte, so richtete er mit kundiger Hand auch Heine's „Almansor" für die Bühne ein, sich zumeist darauf beschränkend, die überwuchern-
den lyrischen Stellen des Dialogs zu verkürzen und den Chor ganz zu
entfernen. Nach sorgfältiger Einstudierung wurde das in zwei Aufzüge
getheilte Stück — (der erste Akt schloß mit der Aufforderung Hassan's
an die Liebenden, nach Afrika zu entfliehen) — am 20. August 1823 aufgeführt. Der jetzige Direktor des herzoglichen Hoftheaters in Braunschweig, Herr Eduard Schütz, wußte der Titelrolle durch edle Repräsentation und leidenschaftliches Feuer der Rede eine fast unerwartete Geltung
zu verschaffen, und Madame Meck unterstützte ihn als Zuleima durch ge-
fühlsinnigen Vortrag ihrer vorwiegend lyrischen Partie. Der alte Glaubens-
eiferer Hassan fand durch Herrn Köster eine lebenswahre Verkörperung,
und Herr Meck, ein tüchtiger Charakterdarsteller aus der Schröder'schen
Schule, bestrebte sich, der vom Dichter etwas nachläßig behandelten Figur
Aly's durch sein wohldurchdachtes Spiel eine kräftiger markierte Zeichnung
zu geben. In dem beliebten Komiker Karl Günther verfügte die Braunschweiger Bühne über einen Repräsentanten des Pedrillo, welcher der kleinen
Rolle die erheiterndste Wirkung sicherte; eben so glücklich wurde der Gauner
Don Diego durch den vielseitigen Gerber dargestellt, der sich als Schau-
spieler wie als Sänger eines gleich ausgezeichneten Rufes erfreute. Bei

so guter Besetzung der Haupt- und Nebenrollen war der Erfolg des Stückes bis gegen den Schluß hin ein keineswegs ungünstiger; die poesievollsten Stellen wurden von dem gebildeten Theile des Publikums sogar lebhaft applaudiert. Ein wunderlicher Zufall führte jedoch in der letzten Scene eine tumultuarische Störung herbei. Während der Vorhang über der Schlußverwandlung aufrollte, und Almansor sich mit der ohnmächtig auf seinem Schoße ruhenden Zuleima auf einen Felsen niederließ, trat ein roher Gesell, ein Stallmeister H., ins Parterre, machte spöttische Bemerkungen über die Situation, und erkundigte sich, wer der Verfasser des Stückes sei. „Der Jude Heine," flüsterte man ihm zu. In der irrigen Meinung, ein am Orte lebender Geldwechsler dieses Namens habe die Tragödie geschrieben, rief er entrüstet aus: „Was? den Unsinn des albernen Juden sollen wir anhören? Das wollen wir nicht länger dulden! Laßt uns das Stück auspochen!" Und damit begann er zu trampeln und zu pfeifen, der große Haufen stimmte mit ein, und jeder Versuch der Gebildeten, die Ruhe herzustellen, wurde durch den rohen Lärm übertäubt. Die Darstellerin der Zuleima wähnte Anfangs, daß ihre Lage auf dem Felsen die Veranlassung des plötzlichen Mißfallens sei, und gerieth dadurch außer Fassung; als das Pochen fortgesetzt wurde, machte Herr Schütz durch raschen Entschluß der unwürdigen Scene ein Ende, indem er sich mit Zuleima noch vor Beendigung des letzten Zwiegespräches vom Felsen herabstürzte und das Zeichen zum Niederlassen des Vorhangs gab. Klingemann, der seinen guten Willen in diesem wie in so manchem anderen Falle vom Publikum mit schnödem Undanke belohnt sah, war äußerst verstimmt über die brutale Unterbrechung des Stückes, und verzichtete nach solcher Erfahrung auf die ebenfalls von ihm beabsichtigte Aufführung des „William Ratcliff," der auch auf keiner anderen Bühne jemals zur Aufführung gelangte, — sehr zum Ärger Heine's, welcher von großen Erfolgen seiner Gespenster-Tragödie träumte, und stets mit Behagen an den „düstern, steinernen Ratcliff" dachte, während ihm der „helle, milde Almansor" im höchsten Grade unheimlich war. [196]).

Achtes Kapitel.

Das junge Palästina.

Die Betrachtung des im Wesentlichen schon in Bonn und Göttingen geschriebenen „Almansor" hat uns gezeigt, daß Heine, so wenig er auf den genannten Universitäten mit specifisch jüdischen Elementen in engere Berührung kam, oder es liebte, seine Ansichten über religiöse Dinge zur Schau zu tragen, dennoch im tiefsten Gemüth sehr erheblich durch die Einflüsse seiner israelitischen Abstammung und Erziehung bestimmt wurde. Diese Einwirkung dokumentierte sich bei dem jungen Freigeist, der von Glaubensskrupeln nicht sonderlich quälend beunruhigt ward, und „nur noch an den pythagoräischen Lehrsatz und ans königlich preußische Landrecht glaubte" [197]), allerdings minder durch eine zärtliche Vorliebe für das Judenthum, als durch einen bittern Unmuth über die rechtlosen Bedrückungen, unter denen seine Stammesgenossen — und er mit ihnen — leiden mußten. Er hatte in jener Tragödie seinem Groll gegen die Unterdrücker mit der rücksichtslosen Ehrlichkeit des Hasses Luft gemacht, die christenthumsfeindliche Tendenz des „Almansor" war in dem schneidenden Hohn der Schlußworte zu grellstem Ausbruch gelangt, und es empörte ihn in tiefster Seele, als Michael Beer, weniger stolz gesinnt, in seinem „Paria", statt die Sprache des Anklägers zu führen, nur auf die Thränendrüsen des Publikums zu wirken und ein schwächliches Mitleid für seinen durch den Übermuth einer bevorzugten Kaste mißhandelten Helden zu erregen suchte. „Die Zeiten sind so schlecht," heißt es in einem Briefe Heine's an Friederike Robert [198]), „alle Menschen klagen, und es ist sehr politisch von unfern Regierungen, daß sie allenthalben die Aufführung des „Paria" begünstigen, damit wir sehen, es giebt Leute in Indien, die noch mehr leiden und ausstehn, als wir Deutschen." — „Fatal, höchst fatal," schreibt er über dasselbe Thema derber und deutlicher an Moser [199]), „war mir die Hauptbeziehung des Gedichts, nämlich daß der Paria ein verkappter Jude ist. Man muß Alles aufbieten, daß es Niemand einfalle, Letzterer habe Ähnlichkeit mit dem indischen Paria, und es ist dumm, wenn man diese Ähnlichkeit geflissentlich hervorhebt. Am allerdümmsten und schädlichsten und stockprügelwertheſten ist die saubere Idee, daß der Paria muthmaßt: seine Vorfahren haben durch eine blutige Missethat ihren traurigen Zustand selbst verschuldet. Diese Anspielung auf Christus mag wohl manchen Leuten gefallen, besonders da ein Jude, ein Wasserdichter (will sagen: noch nicht Getaufter), sie ausspricht. Ich wollte, Michael Beer wäre getauft, und spräche sich derb, echt almansorig, in Hinsicht des Christenthums aus, statt daß er dasselbe ängstlich schont und sogar, wie oben gezeigt, mit demselben liebäugelt."

Ein talentbegabter Schriftsteller, der mit solchen Gesinnungen Anfangs der zwanziger Jahre nach Berlin kam, mußte den dortigen Vorkämpfern des Judenthums ein willkommener Waffenbruder sein. Zum Verständnis der jüdischen Reformbewegung, welche um jene Zeit von Berlin ausging und in welche H. Heine mit jugendlicher Begeisterung eintrat, ist es jedoch nöthig, daß wir uns die Anfänge dieses geistigen Umschwungs in raschem Überblicke vergegenwärtigen.

Die Befreiung des Judenthums aus dem starren Bann entwicklungsloser Gesetze geht parallel mit dem Erwachen und der Ausbildung des humanistischen Gedankens der Neuzeit; ja, sie ist zum größten Theile direkt als eine Frucht des letzteren anzusehn. So lange Haß und Verfolgung ihren Druck auf die Bekenner des mosaischen Glaubens übten, und ihnen jeden Antheil am Leben der Zeit und der Völker verwehrten: so lange war es gerechtfertigt, daß die verstoßenen und geächteten Israeliten das bedrohte Heiligthum ihrer Religion und Sitte mit dem schützenden Wall eines nach innen einigenden, nach außen absondernden Gesetzes umgürteten. Die lebendig bewegte Gegenwart wies sie ja zurück, und sperrte sie das ganze Mittelalter hindurch wie eine Horde Aussätziger in dumpfe Ghettos ein; — zu ohnmächtig, sich ihr Recht zu erkämpfen, aber zu treu ihrem Glauben, um demselben irdischer Vortheile willen zu entsagen, blieb ihnen

Nichts übrig, als sich in die traumhafte Erinnerung einer abgestorbenen Vergangenheit zu versenken, und Trost zu suchen bei der messianischen Hoffnung auf eine bessere Zukunft. Von der sie umgebenden Außenwelt wie durch eine Feuerlohe geschieden, spürten sie in ihrer hermetisch abgeschlossenen Isolierzelle Nichts von dem frischen Wehen der Geschichte, Nichts von den Fortschritten der Völker in Leben, Kunst und Wissenschaft. Seit mehr als einem Jahrtausend war das theokratische Gebäude ihrer Religion und Sitte fast unverändert sich gleich geblieben; die Vorschriften, die Moses unter ganz andern klimatischen Verhältnissen und in einem von kulturlosen Völkerschaften umgrenzten Lande seiner Nation gegeben hatte, zogen mit dieser als ein heiliges Vermächtnis ins Exil und hinüber ins Abendland; die lebendige Tradition des Prophetenzeitalters aber verknöcherte zu einem unwandelbaren Schriftenthum, das zu den Büchern des alten Testamentes noch die Mischna und den Talmud gefügt hatte, deren spitzfindige Auslegung und Erklärung die ganze Lebensaufgabe der jüdischen Gelehrten war.

Den ersten Lichtstrahl in dies mitternächtige Dunkel warf die sonnenhaft glänzende Erscheinung Moses Mendelssohn's. Ein Zeitgenosse und Freund Lessing's, kostete er muthvoll von den Früchten des verbotenen Baumes nichtjüdischer Bildung, in vollen Zügen trank er aus dem Quell des lebendigen Wissens der Gegenwart, und siehe da, die Besten und Edelsten der Christen ehrten und liebten ihn, und suchten ihn wohl gar, wie Lavater in seinem berühmten Sendschreiben, zu ihrer Religion hinüber zu ziehn. Aber Mendelssohn bewahrte dem Glauben seiner Väter die unverbrüchlichste Treue, er hielt streng das mosaische Gesetz, und gab seinen Genossen das Beispiel, daß man Jude bleiben und dennoch Antheil haben könne am Leben und Wissen der Gegenwart. Indem er die biblischen Bücher in treffliches Deutsch übertrug und seine Übersetzungen mit hebräischen Lettern drucken ließ, versetzte er dem berüchtigtem Schulwesen der polnischen Rabbinen einen tödlichen Stoß: er vermittelte die Bekanntschaft mit der unverfälschten deutschen Sprache, mit deutscher Nationalität und Literatur, und bewirkte, daß, statt der hebräisch-talmudischen, allmählich die reindeutsche Bildung zur Grundlage der israelitischen Jugenderziehung ward. Er hatte — und Dies ist die große Bedeutung seines Wirkens und Lebens — durch sein Vorbild gezeigt, daß es auch für den Juden ein Mittel gab, an der gemeinsamen Arbeit der Menschheit wie

an den Früchten derselben theilzunehmen, und sich Anerkennung und Geltung, Achtung und Liebe dort zu verschaffen, wo Hohn und Vorurtheil
bisher jeden Annäherungsversuch unmöglich gemacht. Die Freunde und
Jünger Mendelssohn's — wir nennen nur Hartwig Wessely, Herz Hom-
berg, David Friedländer und Lazarus Bendavid — wirkten, indem sie sich
besonders des Schulwesens annahmen, im Sinne des Meisters fort, und
suchten von Berlin aus, wo schon 1778 die erste israelitische Freischule auf
der Basis eines deutsch-nationalen Unterrichtes gegründet ward, mehr und
mehr die einseitig abgeschlossene polnisch-rabbinische Afterbildung zu ver-
drängen. Zwei große Monarchen begünstigten diese Erhebung des Judenthums aus jahrtausendjähriger Erstarrung durch humane Verordnungen.
Friedrich II., welcher den edlen Ausspruch gethan, daß in seinen Staaten
Jeder nach seiner eignen Façon selig werden könne, erließ am 17. April 1750
ein General-Privilegium, das die Behandlung seiner jüdischen Unterthanen,
statt der bisherigen Willkür, festen, freilich noch vielfach beschränkenden,
aber doch gesetzlich sicheren Bestimmungen unterwarf; und das Toleranz-
Edikt Joseph's II. vom Jahre 1781 setzte die Juden in Österreich nicht
allein in den Besitz der meisten bürgerlichen Rechte, sondern legte ihnen
geradezu die Pflicht auf, durch Gründung und Erhaltung planmäßiger
öffentlicher Anstalten für eine geordnete Erziehung ihrer Jugend zu sorgen.
Aber das damalige Geschlecht war noch nicht reif für den Genuß der
Wohlthaten, welche ein wohlmeinender Fürst ihm aus freiem Entschlusse
in den Schoß warf. Wie die Jesuiten ihren katholischen Mitbrüdern die
Toleranzbestrebungen des Kaisers als ein glaubensfeindliches Werk des
Antichrists verdächtigten, so schilderten auch die Rabbinen ihren Religions-
genossen die dargebotene Wohlthat einer zeitgemäßen Jugendbildung als
eine todbringende Gefahr für das Judenthum, und widersetzten sich hals-
starrig der Ausführung aller durchgreifenden Reformen. — Stärker und
mächtiger jedoch brauste der Sturm verjüngender Freiheitsgedanken durch
die Welt, und weckte die Menschheit aus bleiernem Todesschlaf. Fern
über dem Ocean streifte ein junges Volk in glorreichem Kampfe die Fesseln
ab, die sein aufblühendes Leben beengten, und feierte seinen Sieg durch
Verkündigung der Menschenrechte. Europa vernahm das Wort, das Amerika
gerufen, Frankreich rief es jauchzend nach, Throne sanken in Trümmer bei
seinem zaubergewaltigen Klange, und „Freiheit, Gleichheit, Brüderlichkeit!"
hieß die Losung der heraufglänzenden neuen Zeit. Auch die Bekenner des

Judenthums, durch die Schriften Rousseau's und Voltaire's mit den Gleichheitsideen der französischen Revolution vertraut geworden, lauschten hoch-
klopfenden Herzens der frohen Botschaft; aber bevor sie noch den ernstlichen Versuch gemacht, sich die langvorenthaltenen Menschenrechte zu erringen, fielen ihnen diese von selber zu. Allein abermals handelte es sich
nicht um eine Reform ihrer Satzungen und Sitten von innen heraus und
durch eigene Kraft, sondern ein kühner Günstling des Glückes, Napoleon,
der von ihnen fast wie der erharrte Messias begrüßt ward, nahm die Regeneration des israelitischen Lebens in seine stahlbewehrte Herrscherhand,
und suchte durch die Beschlüsse der von ihm nach Paris berufenen De-
putierten-Versammlung und des ihr nachfolgenden großen Sanhedrin den
Glauben und die Sitten der Juden mit ihren Pflichten als französische
Staatsbürger in Einklang zu bringen. Wie gering auch die unmittelbaren
Resultate dieses Reformversuches unter dem Einflusse der Staatsgewalt
gewesen sind, so hat er doch ungemein anregend gewirkt durch die ausdrückliche Erklärung des Sanhedrins, daß die religiösen Vorschriften des
biblischen Gesetzes zwar ihrer Natur nach unwandelbar, die politischen Anordnungen desselben aber von Zeit und Umständen abhängig, und mit der
Zerstörung des Reiches Israel hinfällig geworden seien. — Von noch
größerer Tragweite war der Einfluß der Freiheitskriege auf die Entwicklung des Judenthums. Die schweren Jahre der Fremdherrschaft und
nationalen Erniedrigung, welche der deutsche Jude gemeinsam mit dem
deutschen Volke ertrug, befestigten in Jenem das Gefühl der Vaterlandsliebe und die Erkenntnis seines Anrechts, an den Leiden und Freuden der
Nation theilzunehmen, während andererseits der christliche Theil der Bevölkerung im Schmerz der eigenen Unterdrückung gelernt hatte, für Unter-
drückte zu fühlen und Gerechtigkeit gegen sie zu üben. Das Edikt vom
11. März 1812 erkannte die jüdischen Staatsangehörigen rückhaltlos als
preußische Staatsbürger an; es verlieh ihnen den vollen Umfang aller
bürgerlichen Rechte und Pflichten, obschon es ihnen die politischen Rechte
zum Theil noch vorenthielt, und seine Ausführung in den nachfolgenden
Reaktionsjahren leider unduldsam genug beschränkt und verkürzt ward.
Eins aber, und das Wichtigste von Allem, ging nicht wieder verloren:
das Judenthum war aus seiner früheren stagnierenden Absonderung in den
lebendigen Strom der Zeitgeschichte hineingerissen worden, es kämpfte fortan
für sein Recht und für seine Weiterentwicklung mit und neben andern,

nichtjüdischen Vaterlandsgenossen, die von ähnlichen Fesseln bedrückt wurden, und mit denen es jetzt gemeinsame Sache wider den gemeinsamen Feind zu machen galt. Dieselben deutschthümelnden Fanatiker und legitimistischen Aristokraten, welche sich weigerten, die Juden als Deutsche und als freie Bürger anzuerkennen, waren ja die brutalen Restauratoren mittelalterlicher Staatskunst, die unerbittlichen Gegner jedes freiheitlichen Fortschritts auf religiösem, socialem und politischem Felde. Die Geschichte der Judenemancipation von 1815 bis auf den heutigen Tag ist daher untrennbar mit der Entwicklungsgeschichte des geistigen und staatlichen Lebens der Neuzeit verknüpft, und wie letzteres trotz aller Schwankungen und Rückschläge sich unaufhaltsam zu einer höheren Stufe entfaltet hat, so weist auch das Judenthum während dieses Zeitraums den Proceß eines gewaltigen, durch eigene Kraft vollzogenen Fortschrittes auf.

Zwei Männer sind es vor Allen, denen das Verdienst gebührt, die innere Befreiung des Judenthums von der starren Ausschließlichkeit talmudisch-rabbinischer Traditionen und die Befruchtung desselben mit den Kulturelementen der modernen Zeit kräftig gefördert zu haben. Der Erste von ihnen, David Friedländer, 1750 in Königsberg geboren, kam 1770 nach Berlin, wo er bis in sein hohes Greisenalter unermüdlich für die Verbesserung der bürgerlichen Stellung seiner Glaubensgenossen und für eine zeitgemäße Reform des jüdischen Erziehungswesens wirkte. Hauptsächlich ihm ist die Gründung der vorhin erwähnten Freischule zu verdanken, welche den segensreichsten Einfluß auf die Bildung der ärmeren Volksklasse hatte, und allmählich auch in anderen angesehenen Gemeinden Nachahmung fand. Das Haupthindernis dieser humanen Bestrebungen war der Gewissenszwang, welchen die Rabbinen, deren Mangel an weltlicher Bildung sie gänzlich unfähig machte, bei der Reform des Schulwesens persönlichen Antheil zu nehmen, durch die Androhung religiöser Ausschließung oder Rechtsverweigerung auf ihre Gemeindemitglieder übten. Die Denkschrift, welche bei den Verhandlungen der Judenschaft mit der preußischen Staatsregierung über die bürgerliche Stellung der Israeliten 1787 von Friedländer verfaßt wurde, verbreitete sich in einem besonderen Abschnitt aufs lichtvollste über die Nachtheile solcher rabbinischen Gewalt, und hatte den glücklichen Erfolg, daß durch eine königliche Verordnung vom 5. Juni 1792, neben einer Reihe gehässiger Bestimmungen früherer Zeit, jede gewissenbindende Machtbefugnis der Rabbinen aufgehoben ward. Im selben Jahre trat in

Berlin die „Gesellschaft der Freunde" zusammen, die mehr als ein Menschenalter hindurch rüstig die eingewurzelten Mißbräuche des rabbinischen Her-
kommens bekämpfen half. Das Vorurtheil, welches Jahrhunderte befestigt
hatten, ließ sich aber nur langsam überwinden, und es stellte sich bald das
Übel heraus, daß die große Masse der Israeliten in ihrer alten Unbildung
verharrte, während die kleinere Zahl der Strebenden, durch die Schriften
der französischen Encyklopädisten und durch die in Deutschland aufblühende
kritische Philosophie angeregt, mit den veralteten Formen der Synagoge in
innerlichen Konflikt gerieth, und von einem Fortschritt über das Judenthum hinaus zu einem freien Menschenthum und einer allgemeinen Ver-
nunftreligion träumte. Der Übertritt zur christlichen Kirche hätte diesen
aufgeklärten Denkern nothwendigerweise die Last eines neuen Ritus und
neuer Dogmen auferlegt, an die sie eben so wenig glaubten. In dieser
Gewissensnoth wandte sich Friedländer 1799 mit einem Sendschreiben an
den freisinnigen Probst Teller und erbat sich dessen Rath, wie es etwa
den gewissenhaften Juden ermöglicht werden könne, ohne Ablegung eines
heuchlerischen Bekenntnisses in die große Gemeinschaft Derer einzutreten,
die sich Christen nennen. So ungünstig dieser Schritt auch von beiden
Seiten beurtheilt ward, und so ablehnend kühl die Antwort des rationalistischen Theologen lautete, sprach sich doch in der naiven Anfrage Friedländer's deutlich das Verlangen der Aufgeklärtesten unter den Juden nach
einer Vereinigung mit den übrigen Elementen des modernen Staats- und
Kulturlebens aus, um gemeinsam mit Diesen ihren Antheil an der allgemeinen Weltbewegung zu übernehmen.

In ähnlichem Sinne, aber mit taktvollerer Rücksichtsnahme auf das
praktische Bedürfnis der Zeit, wirkte Israel Jacobson. Dieser edle Mann
benutzte nicht allein sein bedeutendes Vermögen und seinen persönlichen
Einfluß bei Fürsten und hohen Staatsbeamten (er war Kammeragent des
Herzogs von Braunschweig), um die äußere Lage seiner Glaubensgenossen
durch Befreiung von drückenden Abgaben und durch Aufhebung schimpf-
licher Verordnungen zu erleichtern, sondern er beförderte auch wesentlich
den inneren Regenerationsproceß des Judenthums. Im Jahre 1801 errichtete er aus eigenen Mitteln und mit einem Opfer von mehr als
100,000 Thalern die treffliche Bildungsanstalt in Seesen für unbemittelte
jüdische Kinder, und gestattete zugleich die Aufnahme christlicher Zöglinge,
deren das rasch aufblühende Institut nach wenigen Jahren schon zwanzig

16*

zählte. Eine Erziehungsanstalt nach gleichem Muster wurde 1807 von dem Schwager Jacobson's, Isaak Herz Samson, unter Leitung Ehrenberg's in Wolfenbüttel gegründet. Als König Jérome 1808, nach erfolgter Gleichstellung der israelitischen Bewohner des Königreichs Westfalen mit ihren christlichen Mitbürgern, ein jüdisches Konsistorium in der Hauptstadt Kassel einsetzte, berief er als Präsidenten desselben den wackern Jacobson. Dieser benutzte seine neue Stellung vor Allem dazu, die Anfänge einer Kultusreform zu versuchen. Sehr zweckmäßig ging er dabei vom Schulwesen aus. Es war schon ein erheblicher Fortschritt, daß in den genannten Erziehungsanstalten und in der 1809 zu Kassel gegründeten Schule der Religionsunterricht, welcher früher gänzlich den unwissenden Rabbinen überlassen gewesen, in geordneter Weise von tüchtigen Lehrern ertheilt ward. Folgenreicher noch war der Umstand, daß die Kasseler Gemeindeschule einen eigenen Betsaal erhielt, in welchem die Schüler sich allsabbathlich zu einer Andachtstunde vereinigten. Neben den hebräischen Hauptgebeten wurden hier deutsche Lieder und Gebete durch einen wohleingeschulten Chor vorgetragen, und die Mitglieder des Konsistoriums, namentlich der Präsident Jacobson, sprachen oftmals mit herzwarmer Beredsamkeit, feierlich predigend, zu den Zöglingen der Anstalt. Bald nachher nahmen auch die Eltern der Kinder an diesem neuen Gottesdienste Theil, der erhöhte Bedeutung gewann, als Jacobson hinter seinem Schulbau in Seesen einen schönen Tempel errichten und diesen mit einer Orgel versehen ließ. Derselbe ward am 17. Juli 1810 mit glänzender Feierlichkeit eröffnet als das erste jüdische Gotteshaus, in welchem ein würdevoll geordneter jüdischer Gottesdienst, in deutscher Sprache und unter deutschen Gesängen bei Orgelbegleitung, stattfand. Mit diesem Anfange trat die deutsche Sprache aus dem Gebiet der Schule in das Gebiet der Religionsübung ein, und wenn das gegebene Beispiel nicht eine · noch schnellere Nachahmung fand, so ist die Hauptschuld davon wohl den Zeitwirren beizumessen. Jacobson ermüdete indeß keinen Augenblick, seine Reformbestrebungen fortzusetzen, wenn auch der Umschwung der politischen Verhältnisse ihn nöthigte, den Schauplatz und die Form seiner Thätigkeit zu verändern. Nach Berlin übergesiedelt, richtete er dort schon 1815, nach dem Muster der Kultusordnung von Seesen und Kassel, zuerst in seiner eigenen Wohnung, später, als die Theilnahme sich vermehrte, in dem großen Saale von Herz Beer (Vater von Michael und Meyer-Beer), einen Privatgottesdienst ein, der zuerst von ihm selber, nachmals von andern frei-

sinnigen und begabten Rednern   Kley, Günsburg, Auerbach und Zunz
— geleitet ward.

Nachdem solchergestalt die Reform des Judenthums auf dem Gebiet
der Schule und des Kultus angebahnt war, entstand in den Köpfen einiger
jungen und begeisterten Israeliten, welche sich die Früchte deutscher Bildung
zu eigen gemacht, der kühne Gedanke, für eine Entwicklung, die bisher ohne
planmäßigen Zusammenhang auf vereinzelte Versuche beschränkt geblieben
war, einen gemeinsamen Mittelpunkt zu schaffen, und durch Fortführung
der begonnenen Bewegung auf geschichtlich haltbarer, wissenschaftlich gerecht-
fertigter Grundlage dem unsicher experimentierenden Umhertasten ein Ziel
zu setzen.   Die rohen Angriffe, die im Jahre 1819 von dem Straßenpöbel
mancher deutschen Städte gegen die Juden gerichtet wurden, gaben den
äußeren Anstoß zur Verwirklichung dieses Gedankens [200]).   Die Berath-
schlagung über die Mittel, wie der Rückkehr solcher Scenen vorzubeugen
und die Quelle des Hasses und Vorurtheils gegen die Bekenner des Judenthums dauernd zu verstopfen sei, führte zu der immer klareren Erkenntnis,
daß das jüdische Leben selbst einer gründlichen Läuterung bedürfe, um sich
mit den Erfordernissen des modernen Staates und mit den ideellen Ansprüchen des Jahrhunderts in Einklang zu setzen.   Zur Leitung und Förderung dieses Processes konstituierte sich am 7. November 1819 der „Verein
für Kultur und Wissenschaft der Juden", welcher seinen Centralsitz in
Berlin hatte, aber binnen Kurzem die eifrigsten Vorkämpfer der israelitischen
Reform in allen Gegenden Deutschlands zu seinen Mitgliedern zählte.
Obschon der Verein wenig länger als vier Jahre bestand, und seine ernste,
geräuschlose Thätigkeit selbst in den Darstellungen jüdischer Geschichtschreiber
bis auf den heutigen Tag kaum eine gerechte Würdigung gefunden hat,
gehen doch alle seither sichtbar gewordenen Erfolge der Regeneration des
jüdischen Lebens in Schule, Synagoge, Kultur und Wissenschaft auf
Vereinsmitglieder oder auf die von ihnen ausgestreute Saat zurück.
Als die Stifter und tonangebenden Lenker des Vereins sind Eduard
Gans, Leopold Zunz und Moses Moser zu nennen, in welchen Dreien
die bürgerliche Freiheit, die Wissenschaft und die Idee mit den praktischen
Reformen vertreten war.   Bevor wir die Thätigkeit Dieser und der hervorragendsten unter ihren Mitarbeitern näher ins Auge fassen, sei uns ein
Blick auf die allgemeine Tendenz des Vereins und auf die Einrichtungen
vergönnt, durch welche er seine leitende Grundidee auszuführen bestrebt

war. Diese Grundidee spricht sich am deutlichsten in den Einleitungsworten aus, welche den im Januar 1822 (Berlin, bei Ferd. Nietack) gedruckten Statuten vorangestellt sind. Es heißt dort: „Das Mißverhältnis des ganzen innern Zustandes der Juden zu ihrer äußeren Stellung unter den Nationen, seit vielen Jahrhunderten bestehend, aber stärker als je hervortretend in der neueren Zeit, welche durch einen allgewaltigen Ideenumschwung auch unter den Juden überall veränderte Bestrebungen hervorrief, die das drückende Gefühl des Widerspruchs täglich allgemeiner machen, fodert dringend eine gänzliche Umarbeitung der bis jetzt unter den Juden bestandenen eigenthümlichen Bildung und Lebensbestimmung, und ein Hinführen derselben auf denjenigen Standpunkt, zu welchem die übrige europäische Welt gelangt ist. Kann diese Umarbeitung wesentlich nur unmittelbar von den Juden selbst ausgehen, so kann sie auch wiederum nicht das Werk der Gesammtheit sein, sondern muß die geistesverwandten Gebildeteren Derselben zu Urhebern haben. Für diese Zwecke wirksam zu sein, beabsichtigt ein Verein, welcher sonach vorstellt: eine Verbindung derjenigen Männer, welche in sich Kraft und Beruf zu diesem Unternehmen fühlen, um die Juden durch einen von innen heraus sich entwickelnden Bildungsgang mit dem Zeitalter und den Staaten, in denen sie leben, in Harmonie zu setzen. So umfassend wie der hier angegebene Zweck des Vereins ist, muß auch die gesetzmäßige Wirksamkeit desselben gedacht werden. Um diesen selber in allen möglichen Richtungen zu verfolgen, wird der Verein daher eben so wenig verabsäumen dürfen, von oben herab durch möglichst große und gediegene wissenschaftliche Bestrebungen, denen er Eingang und ein lebhaft zugewandtes Interesse zu verschaffen suchen muß, eine sichere Grundlage für das in den neuen Kreis erhobene untere Leben zu gewinnen, als von unten herauf, durch Bearbeitung der Lebensansicht in den verschiedenen Ständen der Gesellschaft, den Boden für die Befruchtung durch reinere Erkenntnis empfänglich zu machen. Auf der einen Seite wird also Alles, was dazu dienen kann, das Reich der Intelligenz zu vergrößern, benutzt werden, als Errichtung von Schulen, Seminarien, Akademien, thätige Beförderung schriftstellerischer oder anderer öffentlicher Arbeiten jeglicher Art; auf der andern Seite soll aber auch durch Hinleitung der aufblühenden Generation zu Gewerben, Künsten, Ackerbau und wissenschaftlichen Ausübungen, und durch Unterdrückung der einseitigen Neigung zum Handel, sowie durch Umarbeitung des Tons und der geselligen Ver-

hältniſſe, allmählich jede dem Ganzen widerſtrebende Eigenthümlichkeit be-
zwungen werden."

Die Stifter des Vereins, denen ein ſo erhabenes Ziel vorſchwebte,
mußten bei kühlerer Betrachtung der für die Erreichung desſelben zu Gebot ſtehenden Mittel ſofort zu der Einſicht gelangen, daß es eine
chimäriſche Hoffnung ſei, das ganze Leben in ſeiner Vielſeitigkeit zu um-
faſſen. Sollte die Thatkraft der Mitglieder nicht in erfolgloſem Umhertappen nach allen möglichen Richtungen verpuffen, ſollte ein beſtimmtes
Reſultat auf irgend einem Gebiete errungen werden, ſo mußte der Verein
ſich vorderhand einen engeren, ſcharf umgrenzten Kreis ſeiner Thätigkeit
ziehen. Ohne ſeiner Grundidee zu entſagen, beſchränkte er ſich daher
zunächſt auf das Reinwiſſenſchaftliche ſeines Gegenſtandes und die ſich
unmittelbar daran knüpfenden praktiſchen Zwecke. „Es hat Sie," bemerkt
Gans in dem von ihm am 28. April 1822 den Mitgliedern erſtatteten
Berichte, „in dieſer Beſchränkung eine wahrhaft philoſophiſche Anſicht geleitet. Fühlten Sie gleich, daß es vorläufig nur die Wiſſenſchaft ſein
könne, der Sie nach der vorräthigen Summe von Kraft und Mitteln mit
Erfolg obliegen dürften, ſo hat keine Einſeitigkeit die anderen vielen Richtungen des Lebens vergeſſen laſſen. Die Totalität aller Erſcheinungen
des Lebens als die immer feſtzuhaltende Grundlage beizubehalten, haben
Sie nicht unterlaſſen. Wie der Eigenthümer keinen Theil ſeines Grundes
aufgiebt, weil er nicht alle zu gleicher Zeit betreten kann, alſo entſagten
Sie keiner Äußerung irgend einer Thätigkeit, weil mit allen zugleich an-
zufangen Ihnen unmöglich ſchien."

Die erſte Schöpfung, welche der Verein zur Verwirklichung ſeiner
Zwecke ins Leben rief, war das „wiſſenſchaftliche Inſtitut," eine vom
Verein ausgehende und ſeiner Geſetzgebung unterworfene Verbindung zu
einer gemeinſamen Bearbeitung aller auf Juden und Judenthum bezüglichen Gegenſtände. Eduard Gans definiert in dem oben angeführten Berichte mit nachfolgenden Worten den Gedanken, aus welchem dies Inſtitut
hervorging: „Derjenige Theil der Wiſſenſchaft, welcher die religiöſen, hiſto-
riſchen und philoſophiſchen Beſtrebungen der Juden umfaßt, war, wie er
bisher behandelt worden, entweder der Freiheit oder der Selbſtändigkeit
beraubt geweſen. Unwiſſende Rabbinen, ſchon im Voraus befangen in
Dem, wonach ſie erſt forſchen ſollten, das Judenthum nicht als Theil
eines großen Ganzen betrachtend, ſondern als eine ausſchließende und

isolierte Wissenschaft ohne allen Zusammenhang mit den andern Zweigen denkend und behandelnd, hatten eine treue Bearbeitung weder vorbereitet, noch war sie von ihnen zu erwarten, denen kein einziger Standpunkt außer dem zu bearbeitenden Felde zu Gebot stand. Was Gutes und Tüchtiges vorhanden ist, Das hat man größtentheils christlichen Gelehrten zu verdanken. Aber ermangelten Jene der Freiheit, so haben Diese es der Wissenschaft des Judenthums oft an der nothwendigen Selbständigkeit fehlen lassen: sie war nur zu häufig die dienende Magd christlicher Gottesgelahrtheit, nur in stetem Bezug auf diese studiert und behandelt. Eine Bearbeitung dieses Theils der Wissenschaft zu veranlassen, die, indem sie in keiner vorgefaßten Ansicht befangen, die vollkommene Freiheit der Forschung in Anspruch nehme, zugleich aber die Selbständigkeit behaupte, die jedem Theile des Ganzen, als solchem, auch zukommt: Das mußte Ihr erster Augenmerk sein. Sie haben diesen Gedanken verwirklicht, indem Sie eine Anstalt schufen, deren Mitglieder nach einem allgemeinen Plane, der jedoch der Freiheit der Einzelnen keinen Eintrag thut, die verschiedenen Theile dieser Wissenschaft bearbeiten." — Den Sitzungen des Instituts konnte als Zuhörer jedes Vereinsmitglied beiwohnen. Aus den schriftstellerisch begabten Kräften der Letzteren rekrutierten sich die Mitglieder des wissenschaftlichen Instituts, welche ihre neuesten Arbeiten in den regelmäßigen Sitzungen vortrugen, und über alle zur Sprache gebrachten Angelegenheiten in freier Diskussion verhandelten. Die genannten Stifter des Vereins gaben auch hier das Vorbild eines unermüdlichen Eifers und Fleißes. Gans erörterte in einem Cyklus von acht Vorträgen die Gesetzgebung über Juden in Rom; außerdem lieferte er Abhandlungen über die Geschichte der Juden in England und über das mosaisch-talmudische Erbrecht, sowie einen Aufsatz über die am 1. Januar 1822 durch kaiserlichen Ukas erfolgte Aufhebung der Kahals (Judenältesten) in Polen, welche sich jahrhundertelang die schmählichste Bedrückung ihrer ärmeren Glaubensgenossen erlaubt hatten. Der größere Theil dieser Abhandlungen wurde bald nachher in der Zeitschrift des Vereins abgedruckt, und zeigt, neben dem emsigsten Quellenstudium, schon dieselbe geistvoll philosophische Auffassung rechtswissenschaftlicher Fragen, durch welche sich Gans einige Jahre später einen so glänzenden Ruhm erwarb. Zunz führte in einer Reihe anziehender Vorträge jene Grundlinien einer künftigen Statistik der Juden aus, welche im dritten Hefte der Zeitschrift kurz angedeutet sind, legte eine Abhandlung über die literae liquidae der hebräischen Sprache vor, und gab ein Beispiel scharfsinnigster Kritik in dem von ihm verfaßten, gleichfalls in der Zeitschrift abgedruckten Aufsatze über die spanischen Ortsnamen in hebräisch-jüdischen Schriften. Neben diesen gelehrten Facharbeiten brillierte Moser durch seine gemeinverständlichen, aber von einer großartig tiefen Weltanschauung getragenen Vorlesungen über das Princip der jüdischen Geschichte, über den Einfluß des Christenthums auf die Juden, und über die äußere Geschichte Derselben in den occidentalischen Ländern. Während Ludwig Markus seine antiquarischen Forschungen über den Feldbau der Juden in Palästina zum Besten gab, und die Berechtigung der jüdischen Konfirmationen aus dem Geiste des Judenthums nachwies, sprach der Jurist Julius Rubo über jüdische Gemeindeverfassungen, und Immanuel Wolf (später Wohlwill) entwickelte als Programm für die Zeitschrift den Begriff einer Wissenschaft des Judenthums, woran sich ein zweiter Vortrag über das Judenthum in der Gegenwart schloß. Von auswärts sandte Maimon Fränkel in Hamburg dem Institut einen Aufsatz über neuere jüdische Geschichte ein, und Dr. med. Kirschbaum überreichte eine in hebräischer Sprache geschriebene Abhandlung über „die Gebräuche der messianischen Zeit." Fügen wir noch hinzu, daß das wissenschaftliche Institut 1821 auch eine deutsche Bibelübersetzung beabsichtigte, und dem Verein im folgenden Jahre einen Bericht über die Herausgabe der Werke Moses Mendelssohn's erstattete, so haben wir die äußeren Umrisse der Thätigkeit jener Anstalt ziemlich vollständig skizzirt. Die Wichtigkeit dieser vielseitigen Anregungen erhält jedoch erst die rechte Beleuchtung, wenn wir uns erinnern, wie selten in damaliger Zeit ein ernstes wissenschaftliches Streben unter den Juden zu finden war. Noch im ersten Decennium dieses Jahrhunderts kam es nur ausnahmsweise vor, daß jüdische Kinder ein Gymnasium besuchten oder einen Universitätskursus absolvierten · in Wolfenbüttel z. B. war Zunz 1809 der erste jüdische Gymnasiast, und auch in Berlin hielten bis zu den Freiheitskriegen sehr wenige israelitische Eltern es für wünschenswerth, ihren Kindern eine regelmäßige Gymnasialbildung zu geben, schon weil sich höchstens dem Arzte eine Aussicht auf die Anwendung wissenschaftlicher Studien bot. Selbst diejenigen Juden, welche sich durch Bücher und Umgang eine etwas freiere Bildung erworben hatten, legten in Folge dieser Zustände meistens eine hochmüthige Geringschätzung der geregelten Wissenschaft an den Tag, wie denn sogar ein Rath des

Kasseler Konsistoriums einem jungen Israeliten, der sich im Jahre 1812 um eine Unterstützung Behufs philologischer und pädagogischer Studien bewarb, die amtliche Antwort ertheilte: „man sehe nicht ab, was mit solchen Studien bezweckt werden dürfte." Das Bezeichnende dieses Beispiels für den Kulturzustand der Juden in damaliger Zeit wird nicht durch den Umstand aufgehoben, daß Präsident Jacobson, als ihm die Sache bekannt ward, die Zahlung des nachgesuchten Stipendiums aus eigener Tasche übernahm [201]). Wir sehen daraus im Gegentheil, wie sehr Alles, was zur Änderung jener Verhältnisse geschah, ausschließlich von der Thatkraft und Opferwilligkeit einzelner trefflicher Männer abhing. Es kann uns also nicht überraschen, daß auch die wissenschaftlichen Bestrebungen des Vereins keineswegs eine so ermunternde Theilnahme von Seiten der Glaubensgenossen fanden, wie sie es ohne Zweifel verdient hätten. Selbst der erste Versuch einer vollständigen „Geschichte der Israeliten," welche J. M. Jost, der ebenfalls dem Verein kurze Zeit angehörte, seit 1819 zu schreiben begann, wurde Anfangs ziemlich kühl aufgenommen, und das gleiche Schicksal hatte die „Zeitschrift für die Wissenschaft des Judenthums," welche der Verein unter Leitung des Dr. Zunz seit dem Frühjahr 1822 herausgab. Es sind nur drei Hefte derselben erschienen, und der Absatz war so gering, daß er nicht einmal die Druckkosten deckte.

Nichtsdestoweniger geben die Aufsätze der Zeitschrift Zeugnis dafür, daß Redakteur und Mitarbeiter sich über das zu erstrebende Ziel sehr klar gewesen sind, wenn sie sich auch über das Maß der Theilnahme täuschten, welche sie bei den Edleren und Gebildeteren unter ihren Glaubensgenossen voraussetzten. Die das erste Heft eröffnende Abhandlung von Immanuel Wolf definiert in klarer Weise den Begriff der in Anbau genommenen Wissenschaft des Judenthums. Als das geistige Princip des letzteren wird „die Idee der unbedingten Einheit im All" bezeichnet, wie sie in dem Worte „Jehovah" ausgesprochen liegt, sich in der mosaischen Theokratie verkörpert und theilweise entwickelt hat, später jedoch im Talmudismus unter dem lastenden Druck der Verfolgung zu einer scholastischen Formel erstarrt ist. Die Aufgabe der Wissenschaft muß nun sein, „das Judenthum darzustellen einmal historisch, wie es sich nach und nach in der Zeit entwickelt und gestaltet hat; dann aber philosophisch, seinem inneren Wesen und Begriffe nach. Beiden Darstellungen muß vorausgehen die philologische Erkenntnis der Literatur des Judenthums." Indem somit eine

Philologie, eine Geschichte und eine Philosophie desselben das Fachwerk der zu begründenden Wissenschaft bilden, wird aus solcher wissenschaftlichen Behandlung naturgemäß auch eine richtigere Erkenntnis des Standpunktes der Idee in der Gegenwart, im heutigen Judenthume, hervorgehn. Der europäischen Menschheit, welche noch unentschlossen über die Stellung rathschlagt, die sie den Juden einräumen will, muß die wissenschaftliche Kunde des Judenthums einen wichtigen Maßstab für den Werth und die Fähigkeit der Juden, den übrigen Staatsbürgern gleichgestellt zu werden, an die Hand geben. Die innere Welt der Juden selbst aber kann ebenfalls nur auf dem Wege der Wissenschaft zu einer zeitgemäßen Entwicklung gelangen; denn der Standpunkt der Wissenschaftlichkeit ist der eigenthümliche unserer Zeit. „Die Juden müssen sich wiederum als rüstige Mitarbeiter an dem gemeinsamen Werke der Menschheit bewähren; sie müssen sich und ihr Princip auf den Standpunkt der Wissenschaft erheben, denn Dies ist der Standpunkt des europäischen Lebens. Auf diesem Standpunkte muß das Verhältnis der Fremdheit, in welchem Juden und Judenthum bisher zur Außenwelt gestanden, verschwinden. Und soll je Ein Band das ganze Menschengeschlecht umschlingen, so ist es das Band der Wissenschaft, das Band der reinen Vernünftigkeit, das Band der Wahrheit."

In wie gründlicher Weise die Mitarbeiter der Zeitschrift dies Programm zur Ausführung zu bringen bemüht waren, zeigen vor Allem die schon erwähnten Beiträge von Gans und Zunz. Letzterer steuerte außerdem eine Abhandlung über Raschi, den Begründer der deutsch-französischen rabbinischen Literatur im elften Jahrhundert, bei, — eine Arbeit, die sich eben so sehr durch staunenswerthe Belesenheit im jüdischen Schriftthume des Mittelalters, wie durch geistvolle Anordnung und Verwerthung des rings zerstreuten Materials auszeichnet. — Der ehrwürdige David Friedländer betont in einer Reihe von Briefen über das Lesen der heiligen Schriften die Nothwendigkeit, der israelitischen Jugend, statt sie mit dem Studium des Hebräischen und mit unfruchtbarer rabbinischer Wortgelehrsamkeit zu quälen, gute Lehrbücher der Moral und Geschichte zu liefern, die in verständlicher, eindringlicher Sprache geschrieben seien, und er fügt eine Verdeutschung zweier Kapitel des Micha bei, unter der ausdrücklichen Erklärung, daß er die für die Betrachtung der Bibel aufgestellten Gesichtspunkte vorherrschend den Andeutungen Herder's und Eichhorn's verdanke. — Höchst interessant ist ein Aufsatz von Lazarus Ben-

David über den Messiasglauben bei den Juden, worin aufs scharfsinnigste nachgewiesen wird, daß die Erwartung eines Messias durchaus nicht zu den Fundamentalsätzen der jüdischen Religion gehöre. „Kein Mensch," so lautet die praktische Nutzanwendung dieser gelehrten Untersuchung, „verarge es daher dem Juden, wenn er seinen Messias darin findet, daß gute Fürsten ihn ihren übrigen Bürgern gleichgestellt und ihm die Hoffnung vergönnt haben, mit der völligen Erfüllung aller Bürgerpflichten auch alle Bürgerrechte zu erlangen." Ein zweiter Aufsatz desselben Verfassers eröffnet einer Reihe kritischer Forschungen über den Pentateuch, deren Resultat die fünf Bücher Mose's mit Sicherheit als nicht von Diesem geschrieben, sondern als ein nur auf mündlicher Überlieferung beruhendes Machwerk aus späterer Zeit darstellt. — Eine Abhandlung von Ludwig Markus über die Naturseite des jüdischen Staates bringt die Einleitung zu einer angekündigten ausführlichen Arbeit über den agrarischen Zustand Palästina's und über die Kenntnisse der palästinensischen Juden in den empirischen Naturwissenschaften. — L. Bernhardt macht den seltsamen, aber für die Geschichte der Erfahrungsseelenkunde nicht werthlosen Versuch, eine empirische Psychologie der Juden im talmudischen Zeitalter aus den betreffenden Schriften zusammen zu tragen. — Mit der Frage der bürgerlichen Gleichstellung der Juden beschäftigt sich eine, — o (Rubo?) unterzeichnete Recension der von Professor Lips in Erlangen verfaßten freisinnigen Schrift: „Über die künftige Stellung der Juden in den deutschen Bundesstaaten;" und die erwähnte Aufhebung der Kahals im Königreich Polen giebt Anlaß zu einer grellen Beleuchtung jener jüdischen Geldaristokratie, die neben der mit ihr verbündeten Rabbineraristokratie jahrhundertelang die entwicklungslose Unbildung ihrer Glaubensgenossen systematisch befördert hat.

Wenn wir diesen reichen Inhalt der Zeitschrift überblicken, so scheint in der That die kühle, fast ablehnende Aufnahme derselben in jüdischen Kreisen hauptsächlich nur durch den Umstand erklärlich zu sein, daß der Boden für eine so herrliche Gedankensaat noch nicht hinlänglich vorbereitet war. Das „junge Palästina," wie wir diese der trägen Zeit vorauseilenden Herolde neuer Ideen benennen möchten, hatte zudem nicht gelernt, seine Reformweisheit in eine so volksthümliche Sprache zu kleiden, wie Dies ein Decennium später das „junge Deutschland" so trefflich verstand. Heine, welcher seit Mitte des Jahres 1822 dem Verein gewonnen war,

spöttelt in einem Briefe an Zunz [202]) mit Recht über die stilistische Unbeholfenheit der meisten Aufsätze. „Ich habe," schreibt er, „die Zeitschrift
erhalten, und selbige bereits aufgeschnitten, durchblättert, und theilweise
mit Ärger gelesen. Ich will gar nicht in Abrede stellen, daß die Sachen
darin gut sind, aber ich muß freimüthig gestehen — und erführe es auch
der Redakteur: — der größte Theil, ja drei Viertel, des dritten Heftes
ist ungenießbar wegen der verwahrlosten Form. Ich will keine goethische
Sprache, aber eine verständliche, und ich bin fest überzeugt: was ich nicht
verstehe, versteht auch nicht David Levy, Israel Moses, Nathan Itzig,
ja vielleicht nicht mal Auerbach II. Ich habe alle Sorten Deutsch studiert, Sächsischdeutsch, Schwäbischdeutsch, Fränkischdeutsch — aber unser
Zeitschriftdeutsch macht mir die meisten Schwierigkeiten. Wüßte ich zufällig nicht, was Ludwig Markus und Doktor Gans wollen, so würde ich
gar Nichts von ihnen verstehen. Aber wer es in der Korruptheit des
Stils am weitesten gebracht hat in Europa, Das ist L. Bernhardt. Bendavid ist klar, aber was er schreibt, paßt weder für die Zeit, noch für die
Zeitschrift. Das sind Aufsätze, die Anno 1786 im theologischen Journal
passend gewesen wären. Ich weiß sehr gut, daß ich Ihnen diese Klagen
nicht vorbringen soll, ohne anzugeben, wo bessere Aufsätze zu haben sind;
ich weiß sehr gut, daß ich, der noch Nichts geliefert und noch Nichts zu
liefern bereit hat, ganz schweigen sollte. Außerdem weiß ich, daß Sie
Das Alle mit der gleichgültigsten Ruhe lesen, aber lesen sollen Sie's.
Dringen Sie doch bei den Mitarbeitern der Zeitschrift auf Kultur des
Stils. Ohne diese kann die andere Kultur nicht gefördert werden."

Suchten nun das wissenschaftliche Institut und die Zeitschrift, wie
es schon der Name besagt, vorherrschend der Erforschung und Verbreitung
der höheren Wissenschaft zu dienen, so war die ferner vom Verein begründete Unterrichtsanstalt dazu bestimmt, einem unmittelbar sich aufdrän-
genden praktischen Bedürfnisse gerecht zu werden. Alljährlich kam, meist
aus Polen und den angrenzenden Distrikten, eine Menge jüdischer Knaben
und Jünglinge nach Berlin, um dort Unterricht und Unterhalt zu finden.
Keiner einzigen Sprache mächtig, besaßen diese jungen Leute größtentheils
weder die Mittel, noch die Vorkenntnisse, um sonstige, für eine ganz
andere Bildungsstufe berechnete Erziehungsanstalten zu besuchen. Klagt
doch der Verein in einem von Bendavid verfaßten Sendschreiben an die
Mitglieder der jüdischen Gemeinde in Berlin [203]), daß selbst die dortige

Freischule unter ihren Zöglingen zahlreiche arme Knaben aus der Provinz habe, die nicht im Stande seien, regelmäßig die Lehrstunden zu besuchen, und deßhalb mit Unrecht als Müßiggänger gescholten würden, wenn man sie dann und wann während der Schulzeit auf den Straßen sehe. „Aber ihr kennet die Lage dieser armen Knaben nicht. Der Eine genießt einen Freitisch, den einzigen vielleicht in der ganzen Woche, wo er etwas Warmes ißt; darf er es seinem Wohlthäter abschlagen, einen Gang für ihn zu gehen? Der Andere, Dritte und Vierte erhält von einem guten Menschen eine monatliche Unterstützung, und muß sie zu einer bestimmten Stunde abholen, 2c. Sehet, ihr Tadler! es soll euch unverhohlen bleiben: — in den vierzehn Tagen vor Ostern werdet ihr fast keinen der größeren Knaben in der Schule finden. Wisset ihr auch, warum? Darum, weil sie so blutarm sind, daß sie sich bei dem Bäcker der Osterkuchen vermiethen müssen, um durch vierzehntägige, Tag und Nacht ununterbrochene schwere Arbeit einige Thaler zu erwerben, mit denen sie ihre Bekleidung für das ganze Jahr bestreiten!" — Die Erkenntnis vom Werth und Nutzen einer allgemeineren Bildung begann sich auch in entlegenen Ortschaften allmählich Bahn zu brechen, und selbst die jungen Talmudschüler in Polen wurden rebellisch, als ihnen die Rabbinen die Erlaubnis zur Erlernung jeder andern außer der hebräischen Sprache verweigerten. Einer dieser Schüler [204]), welcher die rabbinische Akademie zu Posen besuchte, und einstmals beim Abendgebete ein deutsches ABC-Buch in der Rocktasche trug, wurde ob dieses Vergehens vom Rabbi scharf zur Rede gestellt und auf seine Erklärung, daß er bei dem Vorsatze des Erlernens der deutschen Sprache beharre, in den Bann gethan. Dieser Vorfall hatte einen allgemeinen Bacharim-Aufstand zur Folge: mehr als zwanzig Talmudschüler kündigten dem strenggläubigen Rabbi den Gehorsam auf, und reisten gemeinschaftlich nach Berlin, um sich dort solidere Kenntnisse und eine minder exklusive Bildung zu erwerben. Wenn auch einzelne dieser strebsamen Jünglinge — wie der Anstifter jener Rebellion, der zunächst nach Hamburg ging, und sich trotz seiner zwanzig Jahre in der untersten Klasse der dort 1816 gestifteten israelitischen Freischule zu den kleinsten Kindern auf die Schulbank setzte, um Deutsch zu lernen — kein ehrenhaftes Mittel scheuten, das ihren Zweck zu fördern verhieß, lag es doch auf der Hand, daß für solche und zahlreiche ähnliche Fälle die vorhandenen Schulanstalten nicht ausreichten. Der Verein gründete nun für derartige junge Leute, die sich dem wissenschaftlichen Studium, dem Erziehungsfache, einer Kunst oder einem höheren Gewerbe (den Handel ausgenommen) zu widmen gedachten, eine Lehranstalt, in welcher, nach einem geregelten Plane und je nach dem Bedürfnisse der Schüler, von den Vereinsmitgliedern ein unentgeltlicher Unterricht ertheilt ward. Derselbe umfaßte, außer der deutschen, die griechische, lateinische, französische und hebräische Sprache; außerdem wurden Geographie, Geschichte, Arithmetik und Geometrie gelehrt und Deklamationsübungen mit den Zöglingen angestellt. In hervorragender Weise betheiligte sich der Verein gleichfalls an der Gründung der israelitischen Gemeindeschule in Berlin, mit welcher seit Ende des Jahres 1825 die bisherige Freischule vereinigt ward.

Um sich mit den praktischen Bedürfnissen des israelitischen Lebens allseitig bekannt zu machen, beschloß der Verein die Anlegung eines Archivs für die Korrespondenz mit den auswärtigen Mitgliedern, die um Einsendung regelmäßiger Berichte über die jüdischen Angelegenheiten in ihrer Provinz ersucht wurden. Neben diesem Archiv war auch die Gründung einer Bibliothek für die Wissenschaft und Geschichte des Judenthums in Aussicht genommen; doch fehlten zu sehr die Geldmittel, um ein so kostspieliges Unternehmen ernstlich ins Werk zu setzen. Es bedurfte nur weniger Jahre, um das betrübende Resultat festzustellen, daß der Verein zur Deckung der Unkosten seiner sämmtlichen Bestrebungen fast ausschließlich auf die Beiträge seiner meist wenig bemittelten ordentlichen Mitglieder angewiesen war, deren Zahl sich erst im Laufe des Jahres 1822 auf circa 50 erhob. Eduard Gans macht bei Darlegung der finanziellen Verhältnisse des Vereins in seinem mehrfach erwähnten zweiten Berichte die niederschlagende Mittheilung: „Von allen reichen Glaubensgenossen war Keiner, der, so sehr er auch unserem Streben seine Billigung werden ließ, so sehr er auch seine Begeisterung für Alles an den Tag legte, was von uns ausging, dem Verein oder einer seiner Anstalten zu bestimmtem oder unbestimmtem Zwecke irgend ein freiwilliges Geschenk hätte zukommen lassen." Das Einzige, was der Verein in dieser Beziehung erreichte, waren einige hundert Thaler, die ihm von vermögenden Berliner Mitbürgern zur Unterstützung jüdischer Studierenden zuflossen. Es wäre daher müßig, die Frage zu thun, weshalb zu einer Verwirklichung der übrigen Theile des allgemeinen Programms, wie namentlich zur Ablenkung der aufblühenden Generation von der einseitigen Neigung zum Handel und Hinleitung derselben zu anderen bürgerlichen Gewerben, kaum ein Versuch gemacht worden ist. Der Verein beabsichtigte allerdings im Jahre 1822 die Errichtung einer Ackerbau-Kommission, und war zu dem Ende bemüht, sich vorläufig eine Liste aller jüdischen Ökonomen zu verschaffen; aber auch für die Ausführung dieses Projektes erwies die mangelnde Theilnahme der Glaubensgenossen sich als ein unübersteigliches Hinderniß. Und doch zeigen die Briefe Heine's [204]), wie nützlich und nöthig es gewesen wäre, den jungen Israeliten, die sich der Landwirthschaft widmen wollten, aber wegen ihres Glaubens von christlichen Gutsbesitzern meist zurück gewiesen wurden, zur Unterbringung bei vorurtheilslosen Ökonomen behilflich zu sein.

Die Wirksamkeit des Vereins nach auswärts blieb unter solchen Umständen natürlich vorherrschend auf die Anregungen beschränkt, welche von einzelnen seiner Mitglieder ausgingen. In Berlin schlossen sich, wie wir sahen, die drei Hauptbeförderer einer Reform des israelitischen Schul- und Erziehungswesens — David Friedländer, Israel Jacobson und Lazarus Bendavid — eifrig den Vereinsbestrebungen an. Bendavid, welcher fast zwanzig Jahre lang die jüdische Freischule unentgeltlich leitete, verband mit Geist und Charakterstärke eine großartig urbane Bildung, einen liebenswürdig harmlosen Witz und einen ernsten philosophischen Sinn, der sich um die Lösung der tiefsten Welträthsel mühte. Er nährte sich Anfangs durch Glasschleifen, studirte dann in Göttingen Mathematik und Philosophie, hielt mehrere Jahre hindurch Vorlesungen in Wien, und nachmals in Berlin, wo er seit Ende des vorigen Jahrhunderts dauernd verblieb. 1802 löste er eine Preisfrage über den Ursprung der menschlichen Erkenntniß; im Ganzen aber sprach er weit besser, als er schrieb. Heine sagt von ihm [205]): „Er war ein Weiser nach antikem Zuschnitt, umflossen vom Sonnenlichte griechischer Heiterkeit, ein Standbild der wahrsten Tugend, und pflichtgehärtet wie der Marmor des kategorischen Imperativs seines Meisters Immanuel Kant. Bendavid war Zeit seines Lebens der eifrigste Anhänger der kantischen Philosophie; für dieselbe litt er in seiner Jugend die größten Verfolgungen, und dennoch wollte er sich nie trennen von der alten Gemeinde des mosaischen Bekenntnisses, er wollte nie die alte Glaubenskokarde ändern. Schon der Schein einer solchen Verleugnung erfüllte ihn mit Widerwillen und Ekel. Lazarus Bendavid war, wie gesagt, ein eingefleischter Kantianer, und ich habe damit auch die Schranken seines Geistes angedeutet. Wenn wir von Hegel'scher Philosophie sprachen, schüttelte er

jein kahles Haupt und sagte, Das sei Aberglaube." Ein Diogenes an
Bedürfnislosigkeit, starb er, siebzig Jahre alt, den 28. März 1832 an den
Folgen einer Brustwassersucht, in der er jede ärztliche Hilfe und jede
Krankenpflege eigensinnig ablehnte. Er bewies den ihn besuchenden Freun-
den a priori, daß sein Leiden ein bloßes rheumatisches Übel sei, und als
ihn zuletzt eine Ohnmacht niedergeworfen hatte, zog er beim Erwachen
seine Uhr hervor und berechnete genau, wie lange er bewusstlos am Boden
gelegen haben müsse. — Von Friedländer's Beiträgen war schon die Rede.
Ohne Gelehrter von Fach zu sein, hielt er es doch stets für Pflicht, seine
Gedanken und reichen Erfahrungen dem jüngeren Geschlechte mitzutheilen
und sie zur Fortsetzung der seit Mendelssohn begonnenen Reform des
Judenthums anzuspornen. — Jacobson stand besonders durch die von ihm
in Berlin, wie vormals in Seesen, versuchte Einführung eines geordneten
und geläuterten israelitischen Kultus mit dem Verein in Berührung, welchem
nicht allein er selbst und sein Sohn, der Dr. Jacobson, sondern auch fast
sämmtliche Redner angehörten, die bei dem von ihm eingerichteten Gottesdienste allsabbathlich predigten. Einer Derselben, Dr. Eduard Kley, folgte
schon 1816 einem Rufe nach Hamburg als Direktor der dort gegründeten
israelitischen Freischule, wo er alsbald den Tempelverein ins Leben rief,
aus dessen Schoß eine planmäßige, mehr auf wissenschaftlich-theologische
Principien basierte Reform des Gottesdienstes hervorging. Sowohl die
Prediger des neuen Hamburger Tempels, Dr. Kley und Dr. Gotthold
Salomon, wie die Direktoren des Tempelvereins, waren, mit einer einzigen Ausnahme, ordentliche Mitglieder des Berliner Vereins für Kultur
und Wissenschaft der Juden. Letzterer zählte in Hamburg und Altona
reichlich 20 Mitglieder, die sich am 18. Juli 1822 als dortiger Special-
verein konstituierten. — Unter den auswärtigen Ehrenmitgliedern des Vereins nennen wir den gelehrten Gottlob Euchel und den damaligen königlich
dänischen Katecheten J. N. Mannheimer in Kopenhagen, der sich später in
Wien den Ruf des ausgezeichnetsten jüdischen Kanzelredners seiner Zeit
erwarb; Ehrenberg, den Direktor der Wolfenbütteler Schulanstalt; die
Pädagogen Heß und Weil in Frankfurt; David Fränkel in Dessau, den
Herausgeber der (1806 begründeten) ersten jüdischen Zeitschrift: "Sulamith"; Joseph Perl in Tarnopol, welcher dort eine berühmte, später zu
einem Rabbinen-Seminar erweiterte Lehranstalt errichtete; Dr. Pinhas in
Kassel; den Prediger Francolm in Königsberg; Professor Wolfsohn in

Bamberg; den königlich-kaiserlichen Censor Herzfeldt in Wien; und den sonderbaren Schwärmer Mordachai Noah in New-York, welcher im Jahre 1825 mit dem abenteuerlichen Plane hervortrat, auf der großen Insel des Niagarastroms eine israelitische Kolonie Ararat zu gründen, und dort in einem freien Lande den seit achtzehnhundert Jahren untergegangenen jüdischen Staat zu erneuern [207]). Diese Namen bezeugen wenigstens, daß der Verein seine Verbindungen überallhin auszudehnen und sich in Nähe und Ferne die Mitwirkung aller bedeutenden geistigen Kräfte zu sichern bestrebt war. Auffälliger Weise scheinen sich jedoch gerade in Berlin manche der hervorragendsten Persönlichkeiten aus den höheren Gesellschaftskreisen jeder direkten Betheiligung an diesen Reformversuchen enthalten zu haben. Obgleich Eduard Gans und H. Heine in beständigem Verkehr mit Rahel und ihrem Bruder Ludwig Robert standen, finden wir doch in den zahlreichen Briefen, die zwischen ihnen gewechselt worden sind, nirgends eine Andeutung, daß Letztere ein thätiges Interesse für die ihnen so nahe liegenden Vereinszwecke bewiesen. Eduard Hitzig mag sich damals schon dem Christenthume zugeneigt haben, wie so manche der gebildeteren Israeliten, die mit der philosophischen Aufklärung zugleich einen Sinn der Indifferenz in religiösen Dingen einsogen, der ihnen den Übertritt zur Staatskirche lediglich als eine Zweckmäßigkeitsfrage erscheinen ließ — so Abraham Mendelssohn, den das Andenken und Beispiel seines edlen Vaters nicht abhielten, sich mit seiner ganzen Familie taufen zu lassen, um seinem musikbegabten Sohne die Künstlerkarriere zu erleichtern. Von Meyerbeer ist wenigstens bekannt, daß er, als im Herbst 1820 in Leipzig während der dortigen Meßzeit ein jüdischer Gottesdienst nach dem Ritus des Hamburger Tempels eingerichtet ward, die bei der Eröffnungsfeier am 29. September vorgetragenen Gesänge komponierte, während Zunz, und nach ihm Wohlwill, das Amt des Predigers übernahmen.

Heine wurde durch Gans dem Vereine zugeführt, und auf Dessen Vorschlag am 4. August 1822 als ordentliches Mitglied, und zugleich als Mitglied des wissenschaftlichen Instituts, aufgenommen. Was ihn bei den Vereinsbestrebungen anzog, war vor Allem ihr von jeder schismatischen Aufklärerei und jedem partikularistischen Glaubensdünkel freier Zusammenhang mit dem Geiste der modernen Wissenschaft, von der man annahm, daß sie im Laufe der Zeit zur Weltherrschaft gelangen würde [208]). Diesen Zusammenhang betont Gans u. A. sehr nachdrücklich in seinem zweiten

Berichte über die Thätigkeit des Vereins: „Wie sich das heutige Europa uns darstellt, so ist es nicht das Werk und die Geburt eines zufälligen Wurfes, der möglicherweise anders, besser oder schlechter hätte ausfallen können, sondern das nothwendige Ergebniß der vieltausendjährigen Anstrengungen des vernünftigen Geistes, der sich in der Weltgeschichte offenbart. Treten wir seinem Begriffe näher, so ist er, abstrakt ausgedrückt, der der Vielheit, deren Einheit allein im Ganzen ist. Dies aber haben wir jetzt auszuführen. Wenn wir die Eigenthümlichkeit des heutigen Europa's ins Auge fassen, so beruht diese hauptsächlich auf dem Reichthum seines vielgliedrigen Organismus. Da ist kein Gedanke, der nicht zu seinem Dasein und zu seiner Gestaltung gekommen wäre; da ist keine Richtung und keine Thätigkeit, die nicht ihre Dimensionen gewonnen hätte. Überall zeigt sich die fruchtbarste Mannigfaltigkeit von Ständen und Verhältnissen, das Werk des seiner Vollendung immer näher rückenden Geistes. Jeder dieser Stände ist ein geschlossenes, in sich vollendetes Ganzes, aber dennoch hat er seine Bedeutung nicht von sich, er hat sie nur von dem Anderen; jedes Glied hat sein besonderes Leben, und dennoch lebt es nur in dem organischen Ganzen — was Ein Stand ist, ist er nur durch alle; was alle sind, sind sie nur durch das Ganze. Darum ist kein Stand gegen den andern in scharfer Linie begrenzt, sondern alle haben sie sanfte, die Verschiedenheit und die Einheit zugleich bezeichnende Übergänge. Diese Totalität hervorzurufen, hat der Orient seinen Monotheismus, Hellas seine Schönheit und ideelle Freiheit, die römische Welt den Ernst des Staates dem Individuum gegenüber, das Christenthum die Schätze des allgemein-menschlichen Lebens, das Mittelalter seine Gliederung zu scharfbegrenzten Ständen und Abtheilungen, die neuere Welt ihre philosophischen Bestrebungen gespendet, damit sie alle als Momente wieder erscheinen, nachdem ihre geistige Alleinherrschaft aufgehört. Das ist des europäischen Menschen Glück und Bedeutung, daß er in den mannigfaltigen Ständen der bürgerlichen Gesellschaft frei den seinigen sich erwählen darf, daß er in dem erwählten alle übrigen Stände der Gesellschaft fühlt." Gegenüber diesem europäischen Leben, dieser „Vielheit, die ihre Einheit nur im Ganzen hat," wird nun von Gans das jüdische Leben als „die noch gar nicht zur Vielheit gekommene Einheit" bezeichnet. „In der frühesten Zeit als Bewahrer der Idee von der Einheit Gottes bestellt, bedurfte es dieser Idee nicht einmal, um auch Staat, Sitte, Gesetz und Religion als das eine ununter-

schiedene Selbe erscheinen zu lassen. Denn darin unterschieden sich die
Juden von keinem andern orientalischen Volke. Was sie unterschied, war
die fruchtbare Bildsamkeit, mit der sie eine neue Welt aus sich heraus
geboren, ohne selbst dieser Welt theilhaftig zu werden. Als ihr Staat
untergegangen war, haben sie, den Begriff dieser Einheit festzuhalten, sich
Eines Standes, des Handelsstandes, bemächtigt. In diesem lag jedoch
neben der Einheit, die er gewährte, wie in keinem andern, die Möglichkeit
der Entwicklung zu allen übrigen Ständen der Gesellschaft. Daß diese
sich dennoch Jahrtausende verzögerte, ist zunächst darin zu suchen, daß die
Gesellschaft selbst noch zu keiner vollständigen Entwicklung gekommen war;
daß die eine Besonderheit kaum als solche erschien, wo noch so viele nicht
zur Übereinstimmung gebrachte Massen vorhanden waren. Ausgeschlossen
und ausschließend gingen sie daher eine eigene Geschichte parallel neben
der Weltgeschichte her, gehalten durch das kunstreiche Ineinander ihres
häuslichen, politischen und religiösen Lebens sowohl, als durch das Auseinander aller übrigen Stände der Gesellschaft. Was aber die Sache der
Juden seit den letzten Decennien zur Sprache gebracht und als eine besonders wichtige Angelegenheit hat erscheinen lassen, Das findet seine Lösung in dem oben angegebenen Begriffe des heutigen Europa's. Dessen
Stärke und Kräftigkeit haben wir nämlich in den Reichthum und in die
üppige Fülle seiner vielen Besonderheiten und Gestaltungen gesetzt, die doch
alle in der Harmonie des Ganzen ihre Einheit finden. Je weniger es
nun der noch nicht zur Übereinstimmung gebrachten Einzelheiten giebt, desto
störender werden die wenigen, und es ist der Drang des Zeitalters, ein
nicht abzuweisender, auch jene Gestaltungen mit in die harmonische Übereinstimmung hinüberzuführen. Wo der Organismus die Wellenlinie verlangt, da ist die gerade Linie ein Gräuel. Also ist die Forderung des
heutigen Europa's, daß die Juden sich ihm ganz einverleiben sollen, eine
aus der Nothwendigkeit seines Begriffes hervorgehende. Wie aber ein
solches Aufgehen der jüdischen Welt in die europäische gedacht werden
müsse, Das folgt wiederum aus dem oben angeführten Begriffe. Aufgehen
ist nicht untergehen. Nur die störende und bloß auf sich reflektierende
Selbständigkeit soll vernichtet werden, nicht die dem Ganzen untergeordnete;
der Totalität dienend, soll es sein Substantielles nicht zu verlieren brauchen.
Das, worin es aufgeht, soll reicher werden um das Aufgegangene, nicht
bloß ärmer um den verlorenen Gegensatz. Auch würde Dies dem Begriffe

widersprechen, den wir den des heutigen Europa's genannt haben. Seine Eigenthümlichkeit war ja die Fülle und der Reichthum seiner Besonderheiten. Das aber, worin seine Kraft besteht, kann es nicht verschmähen, noch kann es Dessen genug haben. Keine Besonderheit schadet ihm; nur ihre Alleinherrschaft, ihr ausschließendes Recht muß aufhören; sie muß ein abhängiges Moment unter den vielen werden. Die haben ihre Zeit und die ganze Frage schlecht begriffen, denen es zwischen der Zerstörung und der hervorspringenden Abmarkung kein Drittes giebt; die das ewige Substrat der Idee für vergänglicher halten, als das der Materie; denen nicht in jedem Besonderen die Wahrheit des Ganzen, im Ganzen die Wahrheit eines jeden Besonderen erscheint, sondern denen ihr jedesmaliger Standpunkt das Absolute, der andere aber die Lüge ist. Das aber ist der wohlbegriffenen Geschichte tröstende Lehre, daß Alles vorübergeht, ohne zu vergehen, und daß Alles bleibt, wenn es längst vergangen heißt. Darum können weder die Juden untergehen, noch kann das Judenthum sich auflösen; aber in die große Bewegung des Ganzen soll es untergegangen scheinen und dennoch fortleben, wie der Strom fortlebt in dem Ocean. Gedenken Sie, meine Herren und Freunde, gedenken Sie bei dieser Gelegenheit der Worte eines der edelsten Männer des deutschen Vaterlandes, eines seiner größten Gottesgelehrten und Dichter; sie drücken kurz aus, was ich weitläufiger gesagt habe: „Es wird eine Zeit kommen, wo man in Europa nicht mehr fragen wird, wer Jude und wer Christ sei." Diese Zeit schneller herbeizuführen, als sie ohnedies sich herbeiführen möchte, mit aller Ihnen zu Gebot stehenden Kraft und Anstrengung sie herbeizuführen: Das ist die Aufgabe, meine Herren, die Sie sich durch Ihre Vereinigung gesetzt haben. Daß ich es wiederhole: Sie wollen die Scheidewand einreißen helfen, die den Juden vom Christen, und die jüdische Welt von der europäischen Welt getrennt hat; Sie wollen jeder schroffen Besonderheit ihre Richtung gegen das Allgemeine anweisen; Sie wollen, was Jahrtausende neben einander einher ging, ohne sich zu berühren, versöhnt einander zuführen. Es wird Menschen geben, die, da sie gegen den Gedanken Ihrer Vereinigung Nichts aufbringen können, nach Ihrem Patente und nach der Ausweisung Ihres Berufes fragen werden. Wollten Sie den kleinen Seelen wohl Antwort geben, die nach der Kompetenz fragen, wo es die Sache gilt; die, wo die gemeinsame Begeisterung einem ersehnten Ziele zutreiben läßt, sich noch nicht durch die

Eisrinde ihrer persönlichen Rücksicht haben durcharbeiten können? Was Sie thun, sind Sie als Menschen der Menschheit, als Brüder Ihren Glaubensgenossen, und als Bürger Ihrem König und Ihrem Vaterlande schuldig: es ist die Schuld der Dankbarkeit, die Sie abtragen." — „Lassen Sie," heißt es nach einer ähnlichen Betrachtung am Schlusse einer früheren Rede von Gans in demselben Vereine [209]), „die Reinheit des Gedankens, die jede sittliche Verbrüderung, am höchsten der Staat, vorstellt, auch in jedes Einzelnen Gemüth einheimisch werden. Keine Feuersäule giebt es jetzt mehr in Israel bei Nacht, aber Wolken in Menge bei Tage. Zerstreuen Sie diese Wolken! In einem Zeitalter, wo Erschlaffung über das Geschlecht hereingebrochen, wo kein Streben für Höheres mehr denkbar war, hat häufig die verirrte Kraft vergangener Zeiten, dafern nur eine solche sichtbar war, poetische Gemüther angesprochen. So hat man die Kreuzfahrer vergöttert, und die ersten Folger des Muhamed; denn sie haben ja Opfer für eine Idee gebracht, was keiner dieser Vergötterer begreifen konnte. Wir haben das bessere Theil erwählt. Wir huldigen dem reinsten und höchsten Gedanken, ohne die Mittel, die ihn entehren. Auf denn, Alle, die ihr des edlern Geistes seid; auf, die die hundertfache Fessel und ihre Einschnitte nicht zu Gefesselten machen konnte; auf, die ihr Wissenschaft und Liebe zu den Seinen und Wohlwollen über Alles setzet; auf, und schließt euch an diesem edlen Vereine, und ich sehe in der festen Verbrüderung solcher Guten die messianische Zeit herangebrochen, von der die Propheten sprechen, und die nur des Geschlechtes jederzeitige Verderbtheit zur Fabel gemacht!"

Diese Entwicklungen verrathen bis auf die Terminologie herab fast in jeder Zeile den bedeutenden Einfluß, welchen die Hegel'sche Philosophie schon damals auf Eduard Gans, den Präsidenten des Vereins für Kultur und Wissenschaft der Juden, ausübte. Unter demselben Einflusse standen zwei andere der hervorragendsten Vereinsmitglieder, Moser und Wohlwill, welche jahrelang regelmäßig die Vorlesungen Hegel's besuchten, und sich bis an ihr Lebensende aufs angelegentlichste mit dem Studium seiner Werke beschäftigten. Unseres Wissens sind diese Einwirkungen der Hegel'schen Philosophie auf die geistig fortgeschrittensten unter den damaligen Reformatoren des Judenthums niemals gebührend betont worden. Daß Bendavid Zeit seines Lebens ein hartnäckiger Anhänger Kant's geblieben und von Hegel Nichts wissen mochte, ward schon früher bemerkt; wir wollen gleich hinzufügen, daß auch Zunz, der seit 1820 sich mit der Hegel'schen Philosophie vertraut zu machen begann, darum keineswegs ein Anhänger derselben geworden ist. Desto bestimmter können wir Solches von den drei oben genannten Männern behaupten. Bei Eduard Gans brauchen wir diese Bezüge nicht nachzuweisen: sie sind allbekannt durch seine rechtswissenschaftlichen Werke, in denen er den weiteren Ausbau jener Hegel'schen Rechtsphilosophie unternahm, die er auch nach dem Tode des Meisters herausgab; die vorhin angeführten Stellen aus seinen Vereinsreden aber bezeugen, daß er sich die großen geschichtsphilosophischen Ideen Desselben schon zu einer Zeit angeeignet hatte, wo ihm noch jeder Gedanke eines Glaubenswechsels fernlag. Wenn er später, wie Zunz versichert, gerade durch Hegel für Juden und Judenthum erkaltete, so liegt hierin kein so greller Widerspruch, wie es auf den ersten Blick scheinen mag; denn sein Abfall von der erst so warm durch ihn befürworteten Sache seiner Glaubensgenossen wurde eben zumeist durch die Erkenntnis veranlaßt, daß ihn Letztere im Stich ließen, oder sich nicht zur Höhe der von ihm vertretenen Idee aufzuschwingen vermochten, sondern weit geringfügigere Zwecke verfolgten. Eben jene große geschichtsphilosophische Idee aber und das Streben nach ihrer Verwirklichung war für Gans die Hauptsache; — was sich nicht zum Bewußtsein seiner selbst und seines nothwendigen Zusammenhangs mit dem Ganzen erheben wollte oder konnte, Das gab er — freilich zu früh und vorschnell, und nicht ohne Mitwirkung selbstsüchtiger Motive — verloren. Moser und Wohlwill handelten insofern edler, als sie unerschütterlich bei ihren Leidensgenossen ausharrten und die unscheinbare Handlangerarbeit im Dienste eines langsamen Fortschritts nicht scheuten, nachdem es ihnen mißglückt war, als Baumeister den kühnen Vereinsplan rasch und erfolgreich ins Werk zu setzen. Im Übrigen aber dachten sie über das schließlich zu erreichende Endziel wie Gans, und schöpften ihre hohe Auffassung der weltgeschichtlichen Entwicklung, ganz wie Dieser, aus dem Quell der Hegel'schen Philosophie. Der mir vorliegende Briefwechsel zwischen Moser und Wohlwill legt ein beredtes Zeugnis hiefür ab. „Mein Hauptstudium," schreibt Ersterer kurz nach Eröffnung dieser geistvollen Korrespondenz, „ist gegenwärtig der Orient, und zunächst Ägypten. Ich lebe also in dem Reich der Räthsel und stehe vor der Sphinx, ein anderer Ödip, um nun zu deuten, was Dieser errathen. Es ist mir, um doch endlich Etwas in der Geschichte zu begreifen, dringendes Bedürfnis geworden, diesen ursprünglichen Boden der geschichtlichen Erzeugungen zu durchwühlen, und zugleich darin eine Zuflucht zu finden gegen die Substanzlosigkeit und das leere Räsonnieren des gegenwärtigen Zeitalters, sofern dasselbe noch nicht zu einer ausgebildeten Gestalt des Bewusstseins durchgedrungen ist, wozu ich allerdings die Vorstufe in der Hegel'schen Philosophie bereitet finde, in die ich ebenfalls einzubringen mich bemühe." — „Du bist mit der Gegenwart unzufrieden, lieber Freund," antwortet Wohlwill; „wer nicht? — Doch vielleicht thut man ihr Unrecht. Ist nicht jede Gegenwart Fragment, unendlich, an die Zeit gekettet nach hinten, abgebrochen nach vorne? Wer heißt uns die Hieroglyphe des letzten Knotens deuten, als hörte der Faden der Geschichte da auf? Ist es bloßer Hefen, der in der Krisis der Gegenwart gährt? moussiert nicht in ihr auch der Gäscht aller edlern, kräftigern Vergangenheit, wird sich nicht der lautere Trank der Zukunft aus ihr aufklären?" — „Ich frage dich," schreibt Moser ein anderes Mal, um den Freund aus einer allzu niedergeschlagenen Stimmung zu erneuter wissenschaftlicher Thätigkeit empor zu stacheln, „was anders einen Moment vom anderen unterscheidet, als die fortgesetzte Bewegung unseres Willens? Brahma würde wahrscheinlich noch jetzt, in seine gestaltlosen Meditationen vertieft, auf der Lotosblume einsam umherschwimmen, wenn nicht die Donnerstimme des Ewigen ihn einmal tüchtig erschüttert hätte. Darauf ging dieser Herr an das Schaffen und Bilden, und bequemte sich sogar, in die verworfene Hütte eines Tschandala's einzugehen, damit die Welt werde. Um zum Größten zu gelangen, lieber Freund, muß das Kleinste nicht zu klein sein. Nur Resignation giebt Vollgenuß. Das Ich muß sich entäußern, um zum wahrhaften Insichsein zu gelangen." — „Bei der jetzigen Ordnung der Dinge," heißt es in einem späteren Briefe Moser's vom Herbst 1824, „kommt wahrlich auf die individuellen Verhältnisse Wenig an. Sie ist von der Art, daß es überall eine erstaunliche Inkommensurabilität des persönlichen Daseins und Wirkens mit dem innersten Wollen des Geistes giebt, und Keiner in recht friedlicher Behausung wohnt. Ich zweifle, ob irgend ein Mensch sich in diesem Zeitalter auf andere Weise genügen kann, als indem er entweder ein Napoleon oder ein Pittschaft, d. h. Alexander oder Diogenes ist. Von welchem Spiritus der Weltgeist gesoffen haben mag, daß er sich so toll gebärdet! Ich weiß eine Menge Menschen, die dem Taumelnden in die Arme greifen, aber sie plumpsen nur mit ihm zusammen in den Rinnstein.

— Doch Dies schreibe ich nicht aus mir selbst, ich meine vielmehr, daß wir in einer sehr großen Zeit leben, und der eigentliche Übergang aus dem Mittelalter erst jetzt bei der Rückkehr in dasselbe sich vollbringt. — Studierst Du fleißig den Hegel? Ich habe lange nicht in seinen Werken gelesen, aber sein System bildet sich im Stillen immer mehr in mir aus, und bestätigt sich mit jeder neuen Eroberung, die ich im Gebiete der Idee gelegentlich mache. Gelegentlich - - denn zu einem zusammenhängenden Studium fehlt mir leider die zusammenhängende Zeit. Ich gehöre nicht zu den Glücklichen, denen das Leben als ein gediegenes und organisches Ganzes sich gestaltet; dazu liegen die Richtungen meiner Thätigkeit zu sehr auseinander, wenn ich dieses Hinschlendern, zu welchem ich durch meine Verhältnisse verdammt bin, noch Thätigkeit nennen kann. Ist doch mein Leben fast nur die Bewegung des Zeigers an der Uhr, von dem sich weiter Nichts sagen läßt, als auf welchem Punkte des Zifferblatts er stehe; und dieses Zifferblatt ist nicht der Weltgeist in seiner großen Umfassung, wie es eigentlich sein sollte, sondern der kleinste Kreis in der Verschlingung sämmtlicher Kreise des epicyklischen Systems. Wie herrlich wäre ein geistiges Zusammenleben in der Gemeinschaft gleichbegeisteter Freunde! aber Dies ist immer ein mangelhaft erfüllter Wunsch geblieben. Alles zerstreut sich in lauter leeren Außerlichkeiten, in denen das Mark des Lebens sich verzehrt. Ich sehne mich innigst aus dieser Zerstreuung nach einer wahren Vertiefung, — Koncentration, — daß alle die Voraussetzungen, nach denen man lebt, wirkt und leidet, einmal zur Realität kämen." — Damit aber dem Ernst dieser philosophischen Vertiefung das komische Gegenstück nicht fehle, sei noch im Vorübergehen erwähnt, daß selbst die Hamburger Reformjuden, deren kühnste Wünsche zu jener Zeit nicht über eine bescheidene Verbesserung des Gottesdienstes hinaus gingen, sich zur Rechtfertigung ihrer harmlosen Bestrebungen, die sich kaum über den Torf-dampf des städtischen Gebietes erhoben, auf Hegel'sche Lehrsätze beriefen. Darüber werden sie denn freilich von Moser weidlich gehänselt: „Hegel träumt nicht, was seine Philosophie dort wunderlicherweise für eine Rolle spielt. Sie brauchen ja indessen nur seine Werke durchzublättern, und sie werden den Tempel so wenig als irgend etwas Anderes darin finden. In seiner durch die ganze Encyklopädie sich fortleitenden Definition des Abso-luten heißt es freilich zuletzt: „Das Absolute ist der Geist," und nicht: „der Hamburger Tempel, oder seine Prediger, oder deren Zuhörer.""

Eben so sarkastisch bemerkt Zunz in einem nach Hamburg gerichteten Briefe: „Das viele haltlose Gepredige bei Ihnen wird nach und nach auch zu viel — also nicht übel, wenn einmal etwas Besonderes, eine ernste wissenschaftliche Arbeit, dazwischen fährt. Bei dieser Gelegenheit muß ich Ihnen eröffnen, daß Ihr Ausdruck: „Die Prediger werden reiche Leute, und können sich am Ende, wenn es schief geht, eine Gemeinde halten," köstlich und klassisch ist. Auch unser H. Heine, der in einem Finger mehr Geist und Sinn hat, als alle aufgeklärten Minjonim (Betgemeindchen) Hamburg's, hat ihn als solchen anerkannt."

Es war, wie vorhin bemerkt, sehr natürlich, daß der Verfasser des „Almansor" aufs lebhafteste mit einer Sache sympathisieren mußte, deren Träger so unzweifelhaft von den höchsten Ideen des Jahrhunderts erfüllt waren, und mit so edler Begeisterung das ihnen vorschwebende Ideal zu verkörpern suchten. War doch auch Heine aufs tiefste von der Ansicht durchdrungen, daß die Aufgabe der Juden in der Gegenwart nicht von der Aufgabe der heutigen Menschheit zu trennen sei, sondern sich überall mit derselben berühre. In diesem Sinne schrieb er noch 1854 bei dem Wiederabdruck seiner Denkworte auf Ludwig Markus in den „Vermischten Schriften" [210]): „Die Juden dürften endlich zur Einsicht gelangen, daß sie erst dann wahrhaft emancipiert werden können, wenn auch die Emancipation der Christen vollständig erkämpft und sicher gestellt worden. Ihre Sache ist identisch mit der des deutschen Volks, und sie dürfen nicht als Juden begehren, was ihnen als Deutschen längst gebührte." — Daß er kein Enthusiast für die jüdische Religion sei, spricht Heine mit bestimmten Worten schon in seinen Briefen an Moser und Wohlwill vom Jahre 1823 aus [211]). Die Berliner und Hamburger Bestrebungen für eine rationalistische Reform des Kultus und der Religionslehren des Judenthums erweckten daher eher seinen Spott, als sein Interesse; er mochte Nichts hören von den zaghaften Leisetretern, die jeden Anstoß nach rechts und links zu vermeiden trachteten, von den Auerbach I. und II., von den Kley und Salomon, noch andererseits von dem orthodoxeren Bernays, den Heine als einen geistreichen Charlatan charakterisiert. „Ich achte ihn nur," fügt er hinzu [212]), „insofern er die Hamburger Spitzbuben betrügt, doch den seligen Cartouche achte ich weit mehr." Aufrichtige Hochachtung dagegen bewies Heine der von Zunz an den Tag gelegten, auf reinwissenschaftlicher Basis ruhenden Thätigkeit. „Ich erwarte Viel von seinen nächstens erscheinenden Predigten," schreibt er im Frühjahr 1823 an Wohlwill [213]); „freilich keine Erbauung und sanftmüthige Seelenpflaster, aber etwas viel Besseres: eine Aufregung der Kraft. Eben an letzterer fehlt es in Israel. Einige Hühneraugen-operateurs (Friedländer & Co.) haben den Körper des Judenthums von seinem fatalen Hautgeschwür durch Aderlaß zu heilen gesucht, und durch ihre Ungeschicklichkeit und spinnwebige Vernunftsbandagen muß Israel verbluten. Möge bald die Verblendung aufhören, daß das Herrlichste in der Ohnmacht, in der Entäußerung aller Kraft, in der einseitigen Negation, im idealischen Auerbachthume bestehe. Wir haben nicht mehr die Kraft, einen Bart zu tragen, zu fasten, zu hassen und aus Haß zu dulden: Das ist das Motiv unserer Reformation. Die Einen, die durch Komödianten ihre Bildung und Aufklärung empfangen, wollen dem Judenthum neue Dekorationen und Koulissen geben, und der Souffleur soll ein weißes Beffchen statt eines Bartes tragen; sie wollen das Weltmeer in ein niedliches Bassin von Papiermaché gießen, und wollen dem Herkules auf der Kasseler Wilhelmshöhe das braune Jäckchen des kleinen Markus anziehen. Andere wollen ein evangelisches Christenthümchen unter jüdischer Firma, und machen sich ein Talles aus der Wolle des Lamm-Gottes, machen sich ein Wams aus den Federn der heiligen-Geisttaube und Unterhosen aus christlicher Liebe, und sie fallieren, und die Nachkommenschaft schreibt sich: „Gott, Christus & Co." Zu allem Glücke wird sich dieses Haus nicht lange halten, seine Tratten auf die Philosophie kommen mit Protest zurück, und es macht Bankerott in Europa, wenn sich auch seine von Missionarien in Afrika und Asien gestifteten Kommissionshäuser einige Jahrhunderte länger halten." Eben so scharf spricht Heine seine persönliche Abneigung gegen jede Antheilnahme an der religiösen Seite der Judenfrage in einem Briefe an Moser aus [214]): „Daß ich für die Rechte der Juden und ihre bürgerliche Gleichstellung enthusiastisch sein werde, Das gestehe ich, und in schlimmen Zeiten, die unausbleiblich sind, wird der germanische Pöbel meine Stimme hören, daß es in deutschen Bierstuben und Palästen wiederschallt. Doch der geborne Feind aller positiven Religionen wird nie für diejenige Religion sich zum Champion aufwerfen, die zuerst jene Menschenmäkelei aufgebracht, die uns jetzt so viel Schmerzen verursacht; geschieht es auf eine Weise dennoch, so hat es seine besonderen Gründe: Gemüthsweichheit, Starrsinn, und Vorsicht für Erhaltung eines Gegengifts." Im Einklange hiemit stehen die 1844 geschriebenen Bemerkungen

Heine's in den Denkworten auf Ludwig Markus [215]): „Ja, die Emancipation wird früh oder spät bewilligt werden müssen, aus Gerechtigkeits-
gefühl, aus Klugheit, aus Nothwendigkeit. Die Antipathie gegen die Juden
hat bei den obern Klassen keine religiöse Wurzel mehr, und bei den untern
Klassen transformiert sie sich täglich mehr und mehr in den socialen Groll
gegen die überwuchernde Macht des Kapitals, gegen die Ausbeutung der
Armen durch die Reichen. Der Judenhaß hat jetzt einen anderen Namen,
sogar beim Pöbel. Was aber die Regierungen betrifft, so sind sie endlich
zur hochweisen Ansicht gelangt, daß der Staat ein organischer Körper ist,
und daß derselbe nicht zu einer vollkommenen Gesundheit gelangen kann,
so lange ein einziges seiner Glieder, und sei es auch nur der kleine Zeh,
an einem Gebreste leidet. Ja der Staat mag noch so keck sein Haupt
tragen und mit breiter Brust allen Stürmen trotzen: das Herz in der
Brust, und sogar das stolze Haupt wird dennoch den Schmerz mitempfinden müssen, wenn der kleine Zeh an den Hühneraugen leidet — die
Judenbeschränkungen sind solche Hühneraugen an den deutschen Staats-
füßen. Und bedächten gar die Regierungen, wie entsetzlich der Grundpfeiler aller positiven Religionen, die Idee des Deismus selbst, von neuen
Doktrinen bedroht ist, wie die Fehde zwischen dem Wissen und dem
Glauben überhaupt nicht mehr ein zahmes Scharmützel, sondern bald eine
wilde Todesschlacht sein wird — bedächten die Regierungen diese verhüllten
Nöthen, sie müßten froh sein, daß es noch Juden auf der Welt giebt,
daß die Schweizergarde des Deismus, wie der Dichter sie genannt hat,
noch auf den Beinen steht, daß es noch ein Volk Gottes giebt. Statt
sie von ihrem Glauben durch gesetzliche Beschränkungen abtrünnig zu machen,
sollte man sie noch durch Prämien darin zu stärken suchen, man sollte
ihnen auf Staatskosten ihre Synagogen bauen, damit sie nur hineingehen,
und das Volk draußen sich einbilden mag, es werde in der Welt noch
Etwas geglaubt. Hütet euch, die Taufe unter den Juden zu befördern.
Das ist eitel Wasser und trocknet leicht. Befördert vielmehr die Beschnei-
dung. Das ist der Glaube, eingeschnitten ins Fleisch; in den Geist läßt
er sich nicht mehr einschneiden. Befördert die Ceremonie der Denkriemen,
womit der Glaube festgebunden wird auf den Arm; der Staat sollte den
Juden gratis das Leder dazu liefern, sowie auch das Mehl zu Mazzekuchen,
woran das gläubige Israel schon drei Jahrtausende knuspert. Fördert,
beschleunigt die Emancipation, damit sie nicht zu spät komme und über-

haupt noch Juden in der Welt antrifft, die den Glauben ihrer Väter dem
Heil ihrer Kinder vorziehen. Es giebt ein Sprichwort: „Während der
Weise sich besinnt, besinnt sich auch der Narr."‟

Wenn Heine, dieser Gesinnung entsprechend, sich wenig um die von
Jacobson ausgegangene Reform in der Synagoge bekümmerte, so fesselten
ihn desto eifriger die Bestrebungen des von Gans und Zunz geleiteten
Vereins. Er wohnte dessen Sitzungen seit dem 29. September 1822 regelmäßig bei, führte zum Theil die Protokolle, und verlas am 7. und 17.
November einen ausführlichen Bericht über einen zu stiftenden Frauen-
verein, der es sich zur Aufgabe machen sollte, die Kulturzwecke des Vereins in der Familie und in der Gesellschaft zu fördern. Im Winter 1822
auf 1823 jedoch meist unpäßlich, sah Heine sich außer Stande, das ihm
übertragene Rundschreiben über diesen Plan zu verfassen; so blieb derselbe
unausgeführt. Als am 23. Februar 1823 der Vorschlag gemacht wurde,
ein Religionsbuch für die israelitische Jugend ausarbeiten zu lassen, warnte
Heine eindringlich vor der Gefahr, das Judenthum in der Weise eines
modernen Pietismus zu behandeln. In der Unterrichtsanstalt des Vereins
gab er mehrere Monate hindurch wöchentlich drei Geschichtsstunden; unter
seinen Schülern befand sich der nachmals so berühmt gewordene, kürzlich in
Paris verstorbene Orientalist Salomon Munk, welcher ihm bis an sein
Lebensende ein treuer persönlicher Freund blieb. Der Vorsatz, für den
Verein thätig zu sein, ließ ihn auch in der rheinischen Heimat alte Verbindungen wieder anknüpfen, durch welche er u. A. seinen Oheim Simon
von Geldern in Düsseldorf dem Vereine als Mitglied gewann. Für die
Zeitschrift gedachte Heine ebenfalls Beiträge zu liefern, aber seine Kränklichkeit verwehrte es ihm, zur Ausführung dieses Vorhabens zu gelangen.
Im Sommer 1823 schrieb er an Moser ³¹⁶): „Sehr drängt es mich, in
einem Aufsatze für die Zeitschrift den großen Judenschmerz (wie ihn Börne
nennt) auszusprechen, und es soll auch geschehen, sobald mein Kopf es
leidet. Es ist sehr unartig von unserem Herrgott, daß er mich jetzt
mit diesen Schmerzen plagt; ja, es ist sogar unpolitisch von dem alten
Herrn, da er weiß, daß ich so Viel für ihn thun möchte. Oder ist der
alte Freiherr von Sinai und Alleinherrscher Judäa's ebenfalls aufgeklärt
worden, und hat seine Nationalität abgelegt, und giebt seine Ansprüche
und seine Anhänger auf, zum Besten einiger vagen, kosmopolitischen Ideen?
Ich fürchte, der alte Herr hat den Kopf verloren, und mit Recht mag ihm

le petit juif d'Amsterdam ins Ohr sagen: „Entre nous, Monsieur, vous n'existez pas“.“ Noch im Januar 1824, als er auf die Göttinger Universität zurückgekehrt war, beschäftigte ihn aufs lebhafteste der Wunsch, die Vereinszwecke zu fördern. „Vom Verein schreibst du mir Wenig,“ heißt es in einem Briefe an Moser von jenem Datum [317]). „Denkst du etwa, daß die Sache unserer Brüder mir nicht mehr so am Herzen liege wie sonst? Du irrst dich dann gewaltig. Wenn mich auch mein Kopf-übel jetzt niederdrückt, so hab' ich es doch nicht aufgegeben, zu wirken. „Verwelke meine Rechte, wenn ich deiner vergesse, Jeruscholayim!“ sind ungefähr die Worte des Psalmisten, und es sind auch noch immer die meinigen. Ich wollte, ich könnte mich eine einzige Stunde mit dir unter-halten über Das, was ich, meist durch die eigene Lage angeregt, über Israel gedacht, und du würdest sehen, wie — die Eselzucht auf dem Steinweg [318]) gedeiht, und wie Heine immer Heine sein wird und muß. Wenn es mir möglich ist, will ich gewiß einen guten Aufsatz für die Zeitschrift liefern. Wenigstens liefere ich bald einen Auszug aus dem Göttinger Reallexikon der Bibliothek über die Juden betreffende Literatur, im Fall dieser Artikel der Mühe werth ist abzuschreiben.“

Die Zeitschrift aber hatte um diese Zeit schon aufgehört zu erscheinen, und der Verein selber lag in den letzten Zügen. Friedrich Wilhelm III., der mit allen ihm zu Gebot stehenden Mitteln das Werk der evangelischen Union durchzuführen suchte, war kein Freund der jüdischen Reformbewe-gung, so bescheiden sie auch auftrat, und vor Allem widersprach die ange-strebte Kultusverbesserung seinem kurzsichtigen Willen. Schon in den ersten Tagen des Aprilmonats 1823 ließ er, auf Grund einer kläglichen Denun-ciation, den Berliner Tempel schließen; der an letzterem angestellte Pre-diger, Dr. Auerbach, durfte keine amtlichen Funktionen mehr verrichten, und Dr. Jacobson, der Sohn des oftgenannten Reformators, mußte sich mit seiner eben so aufgeklärten Braut von dem Vice-Ober-Land-Rabbiner nach altjüdischem Ritus trauen lassen. „Die wird ein sonderbares Gemisch von Hochzeitsgefühlen empfunden haben,“ lautet die Glosse, mit welcher Moser diesen unwürdigen Gewissenszwang kommentiert. Der Juden-bekehrungsverein gründete damals eine Zeitschrift: „Der Freund der Israe-liten,“ die er durch Professor Tholuck herausgeben ließ, und deren Debit bei der Censur keinen Anstoß fand. Als aber ein Beamter in Breslau (Bergis war sein Name) den König ersuchte, seiner Schrift, die den deutschen Gottesdienst der Juden empfahl, den ihr von der Censur verweigerten Druck zu erlauben, wurde ihm die Antwort zu Theil: „Die sogenannte Verbesserung des jüdischen Kultus würde nur zur Entstehung einer neuen Sekte führen, die der Staat nicht dulden könne; und bei aller Anerkennung der guten Absicht des Supplikanten könne daher doch das Vorhaben, eine solche Schrift ins Publikum zu bringen, nicht den Beifall Sr. Majestät haben." Ein gewisser Hoge, der zur napoleonischen Zeit an den Reformbestrebungen in Seesen betheiligt war, später als Censor in Warschau angestellt wurde, und 1823 nach Berlin kam, empfing, als er sich gleichfalls mit einer Vorstellung zu Gunsten des deutschen Gottesdienstes der Juden an den König wandte, den ähnlichen Bescheid: „Ein justificiertes Glaubensbekenntniß für Diejenigen, so weder dem Judenthume angehören, noch die Taufe annehmen wollten, könne nicht gestattet werden."

Hand in Hand mit diesen äußerlichen Hemmnissen einer Reform des Judenthums ging die innere Schlaffheit und Gleichgültigkeit der großen Mehrzahl der Israeliten gegenüber den ideellen Bestrebungen jener Feuergeister, welche den Verein für Kultur und Wissenschaft der Juden ins Leben gerufen. Eduard Gans ließ im dritten Berichte, den er am 4. Mai 1823 vor den Vereinsmitgliedern erstattete, in beredter Sprache seinen Weheruf über diese Apathie seiner Glaubensgenossen erschallen. Kurz zuvor hatte er schon seinem Freunde Wohlwill geschrieben: „Wenn solcher Unverstand, solcher Mangel an Enthusiasmus herrscht, wenn die Geist- und Gedankenlosigkeit so tief um sich greift, so ist es der Mühe nicht werth, sich ferner um solch Gesindel zu bekümmern. Das werde ich im Bericht gestehen müssen." In letzterem wies er zunächst wieder in philosophischer Weise auf die Nothwendigkeit hin, das Judenthum mit den Bedürfnissen der Zeit in Übereinstimmung zu bringen: „Fragt man mich aber, was die Zeit wolle, so antworte ich: sie will das Bewußtsein von sich erringen, sie will nicht bloß sein, sondern auch sich wissen. Kein Leben soll gelebt werden, von dessen Nothwendigkeit sie nicht auch zugleich überzeugt sei, keine Erscheinung soll sich zeigen, von der nicht die Gewißheit dasei, daß sie nur so und nicht anders erscheinen könne. Soll ich diese unabweisliche Forderung der Zeit auf unsern Verein anwenden, so war und bleibt es seine Aufgabe, das Judenthum als den Gegenstand, auf den er ausschließlich angewiesen ist, zum Bewußtsein zu bringen, die jüdische

Welt sich selbst vorstellig zu machen. Was sich vor dem Bewußtsein nicht rechtfertigen und verantworten kann, Das weist die Zeit als das Nichtige und Verschwindende von sich. Was sich vom Judenthume nicht vor der Wissenschaft in ihrer heutigen Gestaltung auszuweisen vermag, Das wird nicht erst fallen und eines besondern Umstoßens bedürfen, sondern es ist schon dadurch gefallen und umgestoßen, daß es seine Verantwortung der Wissenschaft schuldig blieb. Indem Sie das Seiende als Solches anerkennen und ehren, ist jede bestimmte Erscheinung geschwunden und aus dem Kreis des Lebens überhaupt getreten, welche auf diese Anerkennung keinen Anspruch macht." Nach dieser Umschreibung der Hegel'schen Doktrin, daß das Seiende vernünftig ist, eben deßhalb aber auch nur das Vernünftige ein wirkliches Sein haben kann, wendet sich Gans zu den Hindernissen, die sich der Wirksamkeit des Vereins entgegen gestellt. „Jene Hindernisse sind nicht etwa der Gedanke, der mit dem Gedanken kämpft; nein, sie bestehen eben in Dem, was von jeher sich als der unversöhnlichste Feind des Gedankens ausgewiesen hat, weil es gerade Das ist, was von jedem Gedanken entblößt geblieben, nämlich das rein Äußerliche und Materielle des Alltags- und Schlaraffenlebens." Diese Anklage wird durch den Nachweis begründet, wie seit den Tagen Moses Mendelssohn's zwar den Juden das Licht einer bessern Kultur aufgegangen und der Bruch mit der einseitig abgeschlossenen Gediegenheit des früheren Zustandes erfolgt sei, aber die nothwendige „tiefere Rückkehr zu der Innigkeit des alten Seins" nicht stattgefunden habe. „Die Begeisterung für Religion, die Gediegenheit der alten Verhältnisse ist geschwunden, aber es ist keine neue Begeisterung hereingebrochen, es hat sich kein neues Verhältnis erbaut. Es ist bei jener negativen Aufklärung geblieben, die in der Verachtung und Verschmähung des Vorgefundenen bestand, ohne daß man sich die Mühe gegeben hätte, jener leeren Abstraktion einen andern Inhalt zu geben. Es ist ein Zustand der vollendeten Auflösung. Sehen wir etwa auf die Einheit oder Innigkeit des Gemeindewesens, so finden wir weder Schutz und Vertheidigung gegen Angriffe von außen her, noch Kräftigkeit und Vernünftigkeit in der Verwaltung von innen. Sehen wir auf die Gemeindeglieder selbst, so sind es atome Theilchen zur Verfolgung unendlicher partikularer Zwecke, zerschnitten und aufgelöst, jedes sich auf sich stellend und sich für das Höchste haltend. Da ist keine gemeinsame Innigkeit, welche sie verbindet, als etwa die Furcht, kein höheres Interesse, wofür fie irgend Etwas von ihren zeitlichen Gütern zu opfern im Stande wären, als etwa die Mitleidigkeit: Das ist die Tugend, zu deren Fahnen sie geschworen haben, weil es eben die sinnlichste Tugend ist. Wo man fie angreift: es ist diese Tugend, die sich ins Mittel legen muß, und wenn man ihnen vorwirft, daß sie keine öffentliche Schulen und keine Verdienste um geistige Bildung haben, so ist es das öffentliche Lazareth, welches die Vertheidigung übernehmen soll. Sehen wir auf die Bildung der Einzelnen — wo sind die wissenschaftlichen Männer, die zeitgemäß Gebildeten, die an der Spitze der Verwaltung stehen? wo sind Die überhaupt, die würdig repräsentieren dürften? Was von europäischer Bildung gewonnen ist, Das ist nicht die echte Gediegenheit derselben, sondern jene schale und leere Außenseite, jenes Prunken mit den Formen und Ceremonien des Lebens, die um so unerträglicher werden, je weniger man vom Inhalte merkt. Daß nun dieses von innen ganz morsche Gebäude von außen etwas aufgeputzt erscheine, dazu hat man von guten alten Zeiten her das Schild der Aufklärung zum Aushängeschilde genommen, daß es wenigstens die Firma zeige, unter der man fortzuhandeln gedenkt." Selbst manchen der Vereinsmitglieder, namentlich der auswärtigen, wirft Gans am Schluße seines Berichtes vor, daß sie nicht die von ihrem Eifer erwartete Thätigkeit gezeigt, oder daß sie gar partikularistische Nützlichkeitszwecke untergeordneter Art dem Verein aufzudrängen gesucht hätten. „Wir müssen aber höher als diese Partikularitäten und diese Nützlichkeiten stehen. Die Idee soll die verschiedenen Gliederungen und Unterschiede, in denen sie sich bestimmt und äußert, hervorbringen, und wo sie das Erzeugende ist, da muß das Erzeugte allerdings, als Äußerung, gepflegt und gehütet werden, aber das zusammenhangslose Umhertappen in der Welt der äußeren Erscheinung, das Vollbringen dieses Einzelnen, ohne daß das Bewußtsein dabei sei, warum es vollbracht werde, gehört wenigstens, so lobenswerth es an sich sein mag, nicht zu dem Kreis unseres Wollens. Für den Zusammenhang, welcher in dem Gedanken liegt, haben wir gerungen und werden wir ringen. Wer sich aber keinen Begriff davon machen kann, wie man eine Idee festhalten und für sie kämpfen könne, Der thut besser, zu scheiden und in die Welt seiner Nützlichkeiten und Partikularitäten zurückzutreten."

Auch diese scharfe Sprache fruchtete Nichts. Die Zahl der Vereinsmitglieder vermehrte sich nicht, die Geldbeiträge liefen immer spärlicher ein, selbst auf wissenschaftliche Anfragen vermochte man oft monatelang von

befreundeten Männern in Hamburg kaum eine nothdürftige Antwort zu
erlangen. „Wenn mich die Besseren so ohne Unterstützung lassen," klagt
Zunz in einem Briefe vom Herbst 1823, „an die Schlechteren kann ich
nicht appellieren! Der Verein scheint mir auch nicht zum Ziele zu kommen,
und Das durch die Schuld des gräulichen Verfalls der Juden. Keine
seiner Institutionen will so recht gedeihen; ein großer Theil seiner Mitglieder rührt sich kaum; der über alle Epitheta erhabene David Fränkel,
selbst Vereinsmitglied, hat zwar, und wohl aus Spaß, allerlei puerilia,
jocosa, ludibria, nugas, scurrilia, ridicula, falsaria etc. in seine Ma-
dam Sulamith aufgenommen, aber vom Verein kein Wörtchen erzählt!
Ehe wir nicht einige begeisterte reiche Juden bekommen, kommen wir
nicht weiter; Solche jedoch brauchen wir nur für Geld sehen zu lassen, so
rar sind sie in Deutschland." — Noch herber spricht Zunz seine Enttäuschung in einem Briefe an Wohlwill vom Sommer 1824 aus: „Dahin
bin ich gekommen, an eine Juden-Reformation nimmermehr zu glauben;
der Stein muß auf dieses Gespenst geworfen und dasselbe verscheucht
werden. Die guten Juden, Das sind Asiaten oder die (ihrer unbewußt)
Christen, oder die Wenigen, wozu ich und noch ein Paar gehören — sonst
würde ich mich geschämt haben, so unbescheiden zu sein. Aber die bitterste
Ironie kennt diese kindischen Konvenienzen nicht mehr. Die Juden und
das Judenthum, das wir rekonstruieren wollten, ist zerrissen und die Beute
der Barbaren, Narren, Geldwechsler, Idioten und Parnasim [Gemeinde-
vorsteher]. Noch manche Sonnenwende wird über dieses Geschlecht hin-
wegrollen, und es finden wie heut: zerrissen, überfließend in die christliche
Nothreligion, ohne Halt und Princip, zum Theil im alten Schmutz, von
Europa bei Seite geschoben, fortvegetierend, mit dem trockenen Auge nach
dem Esel des Messias oder einem andern Langohr hinschauend, — zum
Theil blätternd in Staatspapieren und dem Konversations-Lexikon; bald
reich, bald bankerott; bald gedrückt, bald toleriert. Die eigne Wissenschaft
ist unter den deutschen Juden erstorben, und für die europäische haben sie
deßwegen keinen Sinn, weil sie sich selber untreu, der Idee entfremdet und
die Sklaven bloßen Eigennutzes geworden sind. Dieses Gepräge ihres
jämmerlichen Zustandes tragen denn auch ihre Skribenten, Prediger, Kon-
sistorialräthe, Gemeindeverfassungen, Parnasim, Titel, Zusammenkünfte,
Einrichtungen, Subskriptionen, ihre Literatur, ihr Buchhandel, ihre Repräsentation, und ihr Glück und ihr Unglück. Keine Institution, kein

Herz und kein Sinn! Alles ist ein Brei von Beten, Mark Banco und Rachmones [Mildthätigkeitssinn], nebst Brocken von Aufklärung und Chilluk [spitzfindigen Talmud-Disputationen]! — Nach diesem grausigen Umriß des Judenthums verlangen Sie wohl keine Erklärung, warum der Verein sammt seiner Zeitschrift eingeschlafen, und sie eben so wenig vermißt werden, als die Tempel, Schulen und das Bürgerglück. Der Verein ist nicht an den Special-Vereinen gestorben, welches bloß die Folge eines Verwaltungsfehlers hätte genannt werden dürfen, sondern er hat in der Wirklichkeit nie existiert. Fünf bis zehn begeisterte Menschen haben sich gefunden, und, wie Moses, auf die Fortpflanzung dieses Geistes zu hoffen gewagt. Das war Täuschung. Was allein aus diesem Mabul [Sündfluth] unvergänglich auftaucht, Das ist die Wissenschaft des Judenthums; denn sie lebt, auch wenn Jahrhunderte lang sich kein Finger für sie regte. Ich gestehe, daß, nächst der Ergebung in das Gericht Gottes, die Beschäftigung mit dieser Wissenschaft mein Trost und Halt ist. Auf mich selbst sollen jene Stürme und Erfahrungen keinen Einfluß haben, der mich mit mir selber in Zwiespalt bringen könnte. Ich habe gethan, was ich zu thun für meine Pflicht hielt. Weil ich gesehn, daß ich in der Wüste predigte, habe ich aufgehört zu predigen, doch nicht um dem Inhalt meiner Worte treulos zu werden. Sapienti sat. — Nach dem Bisherigen werden Sie leicht schließen, daß ich für keine geräuschvolle Auflösung des Vereins stimmen kann. Eine solche, wenn sie nicht aus bloßer Eitelkeit eingegeben sein und an die Fabel des berstenden Frosches erinnern soll, wird vor den Augen der Juden u. s. w. ebenso wirkungslos wie alles Bisherige vorüber gehn. Nichts bleibt den Mitgliedern, als treu sich selber in ihren beschränkten Kreisen zu wirken, und Gott das Weitere zu überlassen."

Das ganze spätere Wirken des trefflichen Mannes stand in wahrhaft seltenem Einklange mit obigen Vorsätzen, und rechtfertigt das Lob Heine's, der von ihm sagt [219]), daß Zunz „in einer schwankenden Übergangsperiode immer die unerschütterlichste Unwandelbarkeit offenbarte, und trotz seinem Scharfsinn, seiner Skepsis, seiner Gelehrsamkeit, dennoch treu blieb dem selbstgegebenen Worte, der großmüthigen Grille seiner Seele. Mann der Rede und der That, hat er geschafft und gewirkt, wo Andere träumten und muthlos hinsanken." Der Gelehrtenwelt ist bekannt, daß Leopold Zunz durch seine großartigen Forschungen auf sprachwissenschaftlichem, kultur- und literarhistorischem Felde [220]) einer der Hauptbegründer jener wissenschaftlichen Behandlung der jüdischen Literatur geworden ist, die einen so wesentlichen Einfluß auf die Reform des Judenthums übte. Kaum minder hoch sind seine pädagogischen Verdienste anzuschlagen. Die Gründung der israelitischen Gemeindeschule in Berlin, deren Leitung er 1825 übernahm, ist im Wesentlichen als sein und Moser's Werk anzusehn. 1835 als Prediger nach Prag berufen, trat er 1839 an die Spitze des in Berlin errichteten Seminars zur Ausbildung jüdischer Lehrer, das bis zum Jahre 1850 bestand; und noch heute, im hohen Greisenalter, hat er sich das jugendlich warme Herz und denselben unbestechlich freien Blick bewahrt, mit dem er vor nunmehr fünfzig Jahren von der Höhe einer edlen Idee herab die geistige Bewegung des Jahrhunderts überschaute, und seinen verwahrlosten Stammgenossen das Ziel und die Wege europäischer Bildung wies.

Solches uneigennützige Festhalten an der einmal ergriffenen Richtung läßt sich am wenigsten dem Präsidenten des Vereins, Eduard Gans, bezeugen. Heine fällt über ihn in seinen Denkworten auf Ludwig Markus ein sehr bitteres Urtheil, das wir nicht unbedingt unterschreiben möchten, obgleich es auch heute noch wohl von den Meisten getheilt wird. Er sagt nämlich [221]: „Dieser hochbegabte Mann kann am wenigsten in Bezug auf bescheidene Selbstaufopferung, auf anonymes Märtyrerthum gerühmt werden. Ja, wenn auch seine Seele sich rasch und weit erschloß für alle Heilsfragen der Menschheit, so ließ er doch selbst im Rausche der Begeisterung niemals die Personalinteressen außer Acht ... Mit Bekümmerniß muß ich erwähnen, daß Gans in Bezug auf den erwähnten Verein für Kultur und Wissenschaft des Judenthums Nichts weniger als tugendhaft handelte, und sich die unverzeihlichste Felonie zu Schulden kommen ließ. Sein Abfall war um so widerwärtiger, da er die Rolle eines Agitators gespielt und bestimmte Präsidialpflichten übernommen hatte. Es ist hergebrachte Pflicht, daß der Kapitän einer der Letzten sei, der das Schiff verläßt, wenn dasselbe scheitert — Gans aber rettete sich selbst zuerst." So wahr diese Bemerkungen im Allgemeinen sind, und so wenig das Benehmen von Eduard Gans in der beregten Angelegenheit eines charaktervollen Mannes würdig erscheint, dient ihm doch Manches zur Entschuldigung. Vor Allem ist es nicht richtig, daß Gans, wie Heine und u. A. auch Jost [222] andeuten, die gemeinschaftliche Sache zu einer Zeit verließ, als der Verein im Sinken war. Er harrte getreulich bei demselben aus, so lange der Verein bestand, und es war seit der Selbstauflösung des letzteren mehr denn ein volles Jahr verflossen, als Gans im Herbste 1825 zum Christenthum übertrat. Er hatte sich lange gegen diesen Schritt gesträubt, und der Minister Hardenberg hatte sich ernstlich bei dem orthodoxen Könige bemüht, dem talentvollen jungen Manne die Erlaubnis zum Eintritt in den Staatsdienst ohne die Auferlegung eines solchen Gewissenszwanges zu erwirken. Aber Se. Majestät „liebte keine Neuerungen." Und als mit Hardenberg's Tode für Gans jede Aussicht geschwunden war, als Jude eine Universitäts-Professur zu erlangen, machte er erst in Frankreich und England vergebliche Versuche, sich eine unabhängige Stellung zu verschaffen, ehe er sich zu dem aufgedrungenen Glaubenswechsel entschloß. Er dachte sogar damals, wie aus einem Briefe an Wohlwill hervorgeht, alles Ernstes daran, nicht bloß Deutschland, sondern vielleicht gar Europa zu verlassen und nach der Neuen Welt auszuwandern. Daß ihn an das Judenthum Nichts mehr fesseln konnte, seit die Ausführung der großen Vereinsidee an der Theilnahmlosigkeit der Israeliten selber gescheitert war, haben wir schon früher betont. Ähnliches bezeugt auch Moser, wenn er im September 1824 bei Gelegenheit der Taufe eines andern Freundes, des Schriftstellers Daniel Leßmann, schreibt: „Es gab eine Zeit für mich, wo ein solcher Schritt mir als ein Freundschaftsbruch gegolten hätte. Jetzt aber kenne ich in der jüdischen Gemeinschaft nichts Geistiges, das einen edlen Kampf geböte. In dieser allgemeinen Vereinzelung hat ein Jeder zu sehen, wie er sich mit den Partikularitäten der Familienbande ꝛc., die ihn etwa fesseln, abfinden könne. Es ist eine große Thorheit der Regierungen, nicht vorausseßen zu wollen, daß die Juden, sofern sie in das Staatsbürgerleben einschreiten, dadurch unmittelbar Christen geworden sind, und nicht als vorhanden anzunehmen, was sie durch viele, oft eben so fruchtlose als harte Mittel zu erreichen streben. Die preußischen Juden zumal stehen in keinem solchen Verbande, der sie zu einer lange fortvegetierenden Sekte machen könnte. Die allgemeine Auflösung läßt sich auch in den Provinzen spüren. Das jüdische Wesen lebt dort sicher nur als Gewohnheit fort. Das Chimärische aller Reformationsideen läßt sich dort mit Händen greifen. Die Hamburger täuschen sich gewaltig, wenn sie ihren Tempelbestrebungen eine universelle Bedeutung beilegen, aber es ist eine Täuschung, die man ihnen lassen kann. Was brauchen sie zu wissen, daß sie selbst im Übergange sind?" — Das richtigste Urtheil über die Motive, welche Gans zum Übertritte veranlaßten, spricht Moser wohl in nachfolgenden Worten eines Briefes vom 29. August 1825 aus: „Die Gerüchte über Gans machen mich wankend über die Bestimmtheit seines Entschlusses, so bald die Uniform zu wechseln. Wiewohl er hierin nur einem mächtigen Zuge seines Geistes folgen würde, in welchem Nichts sich natürlicher entwickeln könnte, als aus dem lebhaftesten Ergreifen der im Judenthume vorausgesetzten Substanz ein gleich starker Widerwille gegen dasselbe, nachdem es sich ihm als ein Schales, Ungeistiges erwiesen, so glaubte ich doch aus manchen persönlichen Rücksichten die Sache noch etwas fern. So natürlich wie dieser Übergang (im Geiste nämlich, die dazu gehörige Ceremonie ist nur ein unwesentliches Accidens) sich bei Gans gemacht hat, ebenso natürlich finde ich die Exklamationen der Hamburger dagegen. Das Mißverständnis über die beiderseitigen Richtungen war schon ursprünglich vorhanden, als sie noch zusammen zu laufen schienen, und ist nur jetzt erst zur Offenbarung gekommen, sowie auch im Verfolg der Zeit die Natur der Sache, welche an sich nur Eine ist, ihre verborgene Macht darin kundgeben wird, daß sie beide Richtungen dereinst wieder auf einen ganz identischen Punkt hinführt." Es darf ferner wohl daran erinnert werden, wie in dem traurigen Jahrzehnt, welches der Julirevolution voranging, das öffentliche Leben in Deutschland so siech und elend war, daß eine charakterfeste Gesinnung zu den seltensten Ausnahmen gehörte. Und wenn Eduard Gans von dem Vorwurfe nicht freizusprechen ist, daß er seit seinem Religionswechsel, der ihm eine Professur an der Berliner Universität eintrug, wenig Interesse mehr für die Sache seiner früheren Glaubens- und Leidensgenossen bewies, so blieb er doch ein rüstiger Vorkämpfer der freien Wissenschaft und der politischen Freiheit in einer Zeit, die solchen Kampf wahrlich nicht leicht machte, sondern jedem Fortschrittsbestreben mit blinder Restaurationswuth und gehässiger Verfolgungssucht entgegentrat. Die Verdienste, welche sich Gans nach dieser Richtung erwarb, hat auch Heine in nachstehenden Worten [223]) aufs freudigste anerkannt: „Gans war einer der rührigsten Apostel der Hegel'schen Philosophie, und in der Rechtsgelahrtheit kämpfte er zermalmend gegen jene Lakaien des altrömischen Rechts, welche, ohne Ahnung von dem Geiste, der in der alten Gesetzgebung einst lebte, nur damit beschäftigt sind, die hinterlassene Garderobe derselben auszustäuben, von Motten zu säubern, oder gar zu modernem Gebrauche zurecht zu flicken. Gans fuchtelte solchen Servilismus selbst in seiner elegantesten Livree.

Wie wimmert unter seinen Fußtritten die arme Seele des Herrn von Savigny! Mehr noch durch Wort als durch Schrift förderte Gans die Entwickelung des deutschen Freiheitssinnes, er entfesselte die gebundensten Gedanken und riß der Lüge die Larve ab. Er war ein beweglicher Feuer-
geist, dessen Witzfunken vortrefflich zündeten, oder wenigstens herrlich
leuchteten."

Die interessanteste Gestalt in diesem Kreise strebender Jünglinge,
dessen Geschichte wir hier zu skizzieren versuchten, war Moses Moser.
Von seinem äußeren Leben ist Wenig zu berichten. Gegen Ende des
vorigen Jahrhunderts zu Lippehne, einem Städtchen der Neumark, geboren,
kam er früh nach Berlin, wo er in dem Bankier-Geschäfte des Herrn
M. Friedländer eine dauernde, gut salarierte Anstellung fand. Im August
1838 starb er in seiner Geburtsstadt, wohin er zum Besuch seines alten
Vaters gereist war. Trotz der Hindernisse, welche die zeitraubende, Tag
für Tag sich gleichbleibende Komptoirarbeit einem ernsten wissenschaftlichen
Studium entgegensetzte, hatte sich Moser durch unermüdlichen Fleiß eine
wahrhaft universelle Bildung anzueignen gewusst. Wir erfuhren bereits
von seinen philosophischen und geschichtlichen Studien, die er nicht etwa
mit oberflächlicher Genäschigkeit, bald hier, bald da umhertastend, sondern
möglichst planmäßig und methodisch betrieb. Ein vorzüglicher Mathema-
tiker, und eben so bewandert in den modernen wie in den altklassischen
Literaturen, besuchte er mit gleichem Interesse die Kollegia Hegel's über
Logik und Philosophie der Geschichte, wie Friedrich August Wolf's Homer-
Vorlesungen oder Franz Bopp's Erklärungen der indischen Sprache und
Poesie. Das Studium des Sanskrit war mehrere Jahre hindurch seine
Lieblingsbeschäftigung, und die Vorträge, welche er im Verein für Kultur
und Wissenschaft der Juden hielt, lieferten den Beweis, daß er auch der
politischen und Kultur-Geschichte seiner Glaubensgenossen eine specielle
Aufmerksamkeit zugewandt und sich eine fast künstlerische Form des Ausdrucks zu eigen gemacht. Fragen wir nun, warum ein so vielseitig gebildeter, von echt wissenschaftlichem Geiste beseelter Mann, der zudem einen
ungestümen Drang des Wirkens und Schaffens empfand, niemals zur
Ausarbeitung eines größeren Werkes gelangte und kaum hie und da zur
Abfassung eines kleinen Zeitungsartikels oder einer kurzen Buchrecension
zu bewegen war, so finden wir in der That keine andere Antwort, als daß
die „atomistische Zersplitterung" seines Daseins, welche durch das Komptoir-

leben verursacht ward, und über welche er in seinen Briefen beständig
klagt, ihm wirklich nicht die Ruhe und Stimmung zu einer kunstvollen
Gestaltung seiner Ideen vergönnte. „Ich kann nicht dazu kommen,“
schreibt er einmal, „etwas Tüchtiges in mir auszubilden, und aus den
chaotisch unter einander gemischten Elementen meines Geistes nur eine
einzige erfreuliche Gestalt hervorzubringen. Es sind nicht einmal anstrengende
praktische Arbeiten, in denen meine Zeit aufgeht, die doch wenigstens den
Genuß geistiger Erholung übrig ließen, sondern ein Ineinanderfließen
nichtiger, mit der Schlaffheit des Müßiggangs behafteter Beschäftigungen,
bei denen der Geist einem unruhigen Umherschweifen überlassen bleibt, das
ihn in sich selbst entzweit. . . Im Gefühle dieses Zustandes rette ich mich
in irgend eine Schublade des wissenschaftlichen Fachwerks hinein, und gucke
nur je bisweilen heraus. Dann kommt aber leicht wieder die alte Lust,
im Chaos zu wirthschaften, und ich springe dann wie toll herum. Es ist
ein furchtbarer Kampf des Universellen und Individuellen in mir, der mich
ganz und gar aufreiben würde, wenn ich nicht bis 9 Uhr des Morgens
schliefe und Abends Besuche machte.“ — „Ich habe noch immer große
Ideen von wissenschaftlichen Arbeiten,“ heißt es in einem späteren Briefe,
„obschon ich meiner Augen wegen des Abends nicht arbeite, und am Tage
zu Nichts kommen kann. Bei der großen Beschränktheit meiner äußern
Verhältnisse erhält mich, wenn auch nicht mein Geist, denn der will ange-
messene Wirklichkeit, doch meine Phantasie in der Sphäre der unendlichen
Freiheit schwebend; und die ungestillte Sehnsucht, statt mein Gemüth zu
trüben und niederzubeugen, erhält es vielmehr immer frisch und regsam,
und ich habe ein Bewußtsein, das nimmer altert, aus dem sich in jedem
Augenblick ein neues Leben erschaffen läßt. — „Ich möchte reisen,“ schreibt
er ein anderes Mal, „bin aber an eine eiserne Kette gebannt. Es ist
übrigens eine Zeit, wo auch das Reisen nicht so recht erfrischen kann. Überall
Apathie und Trostlosigkeit. Könnte man im Monde spazieren gehn, wo
die Erde nur das weiße Sonnenlicht reflektiert und Nichts von dem Staube
sichtbar ist, der um uns herum wirbelt! Das ist der gescheiteste Gedanke,
der mir in der Börsenstunde einfällt und sich mit den Fonds- und Wech-
selkoursen in meinem Kopfe vereinigt.“ Wie aber Moser sich stets in ge-
sunder Resignation mit den Anforderungen einer oft unersprießlichen Gegenwart zu vertragen verstand, so ist auch dieser Wunsch Nichts als die
Äußerung des vorübergehenden Unmuths einer edlen Seele, und es bleibt

ihm wohlbewußt, daß sich's heut zu Tage an jedem nicht ganz unbedeu-
tenden Orte leben und wirken läßt: „Überall suchen sich die Menschen
ein Dasein auszubilden, das ihnen zusagt, und der Ort bedingt keine bedeutende Verschiedenheit der Naturen, besonders in unsern Zeiten, wo die
individuellen Formationen des geistigen Wesens sich alle mit einander versöhnen und der Erdboden sich zu einer allumfassenden Heimat für jeden
Einzelnen allmählich ausgleicht." Dieser kräftige Sinn, welcher den
Zufälligkeiten des äußeren Lebens nicht den Sieg läßt, weil er sich auf
die Höhe der allein wesenhaften Idee stellt, findet einen herrlichen Ausdruck in nachfolgenden Worten, mit denen Moser einem hypochondrischen
Freunde den Text liest: „Ich lebe auch eben nicht in der vollen Verwirklichung meiner Wiegenlieder und Jugendträume, aber das Ächzen und
Krächzen habe ich immer von mir fern gehalten. Was ein Stein, der
vom Dache fällt, während ich vorübergehe, ändern und bestimmen kann,
ist meine Sorge nicht. Die Wirklichkeiten, die nicht aus mir selbst geboren sind, verachte ich. Ich mag Nichts von der Knechtschaft der Glück-
seligkeits-Philosophie wissen. Das passive Princip erhält nur vom aktiven
Leben und Wärme — und so könnte ich dir eine Menge solcher Thesen
aufstellen, die du alle eben so gut weißt, aber nicht als die That und die
Wirklichkeit deines Lebens besitzest. So arbeite denn, wenn du Nichts
zu genießen findest. Mit dem ersten Gedanken einer wahrhaft wissenschaftlichen Abhandlung bist du über alle solche Beschränktheiten und Einzelheiten, als dich etwa drücken mögen, hinaus." — Solchen Ermahnun-
gen entsprechend, vertiefte denn auch Moser selbst sich in trüben, einförmig
dahinschleichenden Zeiten immer aufs Neue in anregende wissenschaftliche
Studien. „Mein einziger Trost," sagt er in einem späteren Briefe, „ist
die Wissenschaft, nicht jene verkümmerte, verwachsene, welche Gelehrsamkeit
heißt, sondern die freie, hohe, die das Haupt emporhält, die Himmel und
Erde in Einem schauen läßt, und die ganze Persönlichkeit mit dem Bewußtsein der Welt durchdringt. Mein gegenwärtiger Aufenthalt ist am
Ganges; ich höre einen uralten Geist, der dort heimisch war, in seinen
eigenen Tönen sprechen, und die großartig mystisch phantastischen Gestalten,
die eine frühe Welt gleich jenen untergegangenen Thierorganisationen gebar,
steigen aus tiefem Schachte vor mir herauf. Zu dieser geistigen Bergwerks-
arbeit hat mich der Widerwille gegen die einstweilige Wendung der politischen Dinge getrieben." — „Ist es nicht ein Unglück," fragt er ein anderes

Mal, daß unſer Geiſt ſo univerſell geworden iſt, und wir doch in den engſten Verhältniſſen uns abtreiben müſſen? ſo als gemeine Statiſten im Hintergrunde der Bühne ſtehen, während elende Schauſpieler ſich vorne ſpreizen und dem lieben Gott ſeine Welttragödie verhunzen? Könnte man allenfalls, um ſich thätiger zu erweiſen, das Lampenputzeramt übernehmen, ſo dient es nur dazu, damit ihr ſchlechtes Spiel beſſer geſehen werde — auch iſt der Docht mächtiger als die Schere, und du haſt kaum geputzt, ſo iſt gleich wieder eine neue Schnuppe da . . . Eben höre ich Muſik in der Ferne — es iſt Alles dummes Zeug, was ich geſchrieben habe, das Leben iſt doch ſchön, wenn wir es uns nur gehörig bereiten.“

Es kann nicht befremden, daß ein Mann, der ſo freien, vorurtheilsloſen Blickes in die Geſchichte der Zeiten und Völker ſah, und ſeine Begeiſterung für die Erhebung des Judenthums auf den Standpunkt der modernen Kultur und Wiſſenſchaft aus dem humaniſtiſchen Gedanken des Jahrhunderts ſchöpfte, mit derſelben Bitterkeit wie Gans und Zunz erfüllt wurde, als die hochfliegenden Beſtrebungen des Vereins an der Lauheit und Flauheit der eigenen Glaubensgenoſſen ſcheiterten. War doch die angeſtrebte Kultusverbeſſerung in der Synagoge neben der Schulfrage das Einzige, wofür in Berlin und Hamburg unter dem Gros der gebildeten Israeliten ſich einige Theilnahme kundgab, und ſelbſt für erſtere war in Berlin das Intereſſe ſo gering, daß ſich nach Schließung des Tempels die widerwärtigſten Streitigkeiten unter der jüdiſchen Gemeinde erhoben, zu deren Schlichtung man zuletzt gar die Staatsbehörde anrief, — freilich nur um vom Miniſter Schuckmann die kauſtiſche Antwort zu erhalten: da die jüdiſche Gemeinde nur eine tolerirte ſei, habe ſie nicht das Recht zu fordern, daß der Staat ſich um ihre Angelegenheiten bekümmere! „Es giebt für mich nichts Läſtigeres, als von Judenſachen zu reden,“ ſchrieb Moſer einige Wochen, nachdem Gans ſeinen geharniſchten Bericht über die Hinderniſſe eines durchgreifenden Erfolgs der Vereinsthätigkeit erſtattet hatte. „Iſt Weißbier das Bild des berliniſchen Weſens, ſo ſind die Juden darin das Schalgewordene. Wer mag den abgeſchmackten Trank nur anſehen! Wir Andern müſſen es zu Eſſig werden laſſen, Das iſt die einzige Weiſe ſeiner Genießbarkeit! Der Verein iſt auf Gedanke und Wort beſchränkt, von allen andern Beſtrebungen muß er ſich zurückziehen, in dieſe aber alle Kraft und Fülle hineinlegen. Der zweite Band der Zeitſchrift wird einen andern Ton anſtimmen, als der erſte. Wir gelangen in uns ſelbſt immer mehr zur Entscheidung Dessen, was wir wollen, und Das ist: sprechen, wie es uns ums Herz ist, und Nichts weiter. Es giebt keine andere Klippe mehr in dieser Hinsicht, als etwa die Censur." — „Die Juden! die Juden!" klagt er ein paar Monate später; „es macht mich traurig, an sie zu denken. Es giebt keinen bitteren Kampf der Liebe und des Hasses in einer und derselben Sache, als diesen. Ich sehe aber die nahende Nothwendigkeit, daß ihre Besseren als erklärte Apostel des Christenthums das Werk werden vollbringen müssen. An sich war es schon der Erste, der auf das lateinische Alphabet am Rande der Talmudfolien aufmerksam wurde." Und bei der Auflösung des Vereins schrieb er im Mai 1824: „Es ist vom Judenthum Nichts weiter übrig, als der Schmerz in einigen Gemüthern. Die Mumie zerfällt in Staub bei der Berührung mit der freien Atmosphäre, und der bedeutende Sinn der Hieroglyphe, die sie an sich trägt, wird noch dazu zur neuesten Stammbuch-Sentenz verkehrt, gerade als wenn Moses auf dem Burstah [224] geboren und erzogen wäre, und es im Stil so weit gebracht hätte, daß er an der Leipziger Literaturzeitung mitarbeiten könnte. Es ist kein Eifer für das Judenthum, was sich von dieser Seite so nennt — an einem ausgestopften Rabbi im zoologischen Museum wäre noch mehr Judenthum zu studieren, als an den lebenden Tempelpredigern. Das Judenthum hört nothwendig da auf, wo das Volk anfängt, sein Bewußtsein von sich als Gottes Volk zu verlieren und zu vergessen. Von da an giebt es keine andere Religion, als die Weltreligion, wie Christus und Muhamed zeugen. Der Verein hat es versucht, den harten Übergang in die Sphäre des freien Bewusstseins zu ziehen, aber er wurde nicht verstanden, noch viel weniger unterstützt. Es wird indessen, was insbesondere nothwendig ist, auch durch das Organ der Einzelnen ausgesprochen werden. Mag man es nicht als eine Inkonsequenz betrachten, daß der Verein sich auflöst. Was wir in Wahrheit gewollt haben, wollen wir auch noch jetzt, und könnten wir wollen, wenn wir Alle getauft wären. Den Inhalt der Weltreligion aus uns oder dem Geiste der Juden (wenn ein solcher über Sprache und Sitte auch hinausginge) zu bestimmen — eine solche Chimäre lag wohl nie in unserm Sinn. Die jüdische Reflexion der Gegenwart tritt aus ihrer Wahrheit heraus, und wird Sektengeist, ästhetischer Kram u. s. w., wenn sie sich selbst als ein allgemeines, objektives Princip gebärdet, da sie doch ein rein subjektives ist, das sich bloß aus dem Boden der Volksreligion auf den der Weltreligion zu versetzen hat. Das In-der-

Mitteschweben ist die nothwendige Erscheinung einer gewissen Weise dieser Bewegung, nur darf es nicht für Etwas gelten, wenn sich dieses für das Letzte und Höchste ausgeben will." Trotz dieser klaren Erkenntnis des untergeordneten Werthes aller specifisch-jüdischen Bestrebungen wechselte Moser nicht, wie Gans, die Glaubensuniform, sondern harrte in stolzer Treue bei seinen Leidensgenossen aus, und betheiligte sich nach. wie vor eifrig an allen Versuchen, die Erziehung sowie die bürgerliche und politische Lage Derselben zu verbessern. In wie hoher Achtung er bei ihnen stand, beweist u. A. seine später erfolgte Wahl zum Präsidenten der „Gesellschaft der Freunde," –– ein Ehrenamt, das er bis an seinen Tod bekleidete. Seine Gefälligkeit und Aufopferung für Andere war fast ohne Gleichen; der „Marquis Posa seiner Freunde," wie die Doktorin Zunz ihn nannte, öffnete er ihnen allzeit bereitwillig sein Herz wie seine Börse, und trug ihre Schwächen mit so freundlicher Nachsicht, daß Heine einmal scherzt[225]): „Wohlwill hat kürzlich geäußert, daß du, wenn dich ein Freund bestiehlt, ihm doch deine Freundschaft bewahren und bloß sagen würdest: „Er hat nun mal diesen Fehler, und man muß Das wegen seiner bessern Eigenschaften übersehen." Der dicke Monasverehrer[226]) weiß selbst nicht, wie treffend er dich bezeichnet hat, dich und jene Geisteshöhe, zu der man sich mit Kopf und Herz hinaufgeschwungen haben muß, um jener Toleranz fähig zu sein. Ich hab' es wohl zu einer ähnlichen Toleranz gebracht, nicht weil ich von oben herab, sondern von unten hinauf sehe." — Von allen Freunden, die Heine besessen, hat Keiner lange Jahre hindurch einen so mächtigen und wohlthätigen Einfluß auf ihn geübt, wie dieser edle Mann, dem er mit rückhaltslosem Vertrauen seine ganze Seele erschloß, den er in seine ernsthaftesten literarischen Pläne wie in seine thörichtesten Herzensgeheimnisse einweihte, und vor dessen Güte und Tugend er so oftmals in bescheidener Demuth die Stirn senkte. „Wahrhaftig, du bist der Mann in Israel, der am schönsten fühlt!" ruft er bewundernd aus[227]). „Ich kann nur das Schöngefühlte anderer Menschen leiblich ausdrücken. Deine Gefühle sind schwere Goldbarren, die meinigen sind leichtes Papiergeld. Letzteres empfängt bloß seinen Werth vom Zutrauen der Menschen; doch Papier bleibt Papier, wenn auch der Bankier Agio dafür giebt, und Gold bleibt Gold, wenn es auch als scheinloser Klumpen in der Ecke liegt." Ein anderes Mal, als Moser eine Bemerkung Heine's falsch ausgelegt, schrieb ihm Dieser[228]): „Um des lieben Himmels willen,

ein Menſch, der den Hegel und den Valmiki im Original lieſt und verſteht, der Sonntags früh den Homer vor ſich hinbrümmelt, wie unſere
Vorfahren den Tausves Jontof, kann eine meiner gewöhnlichſten Geiſtes-
abbreviaturen nicht verſtehen! Um Gotteswillen, wie müſſen mich erſt die
übrigen Menſchen mißverſtehen, wenn Moſer, ein Schüler Friedländer's
und Zeitgenoſſe von Gans, Moſer, Moſes Moſer, mein Erzfreund, der
philoſophiſche Theil meiner ſelbſt, die korrekte Prachtausgabe eines wirklichen
Menſchen, l'homme de la liberté et de la vertu, der sécretaire per-
pétuel des Vereins, der Epilog von Nathan dem Weiſen, der Normal-
humaniſt — wo halte ich? — ich will nur ſagen, wie ſchlimm es für
mich ausſieht, wenn auch Moſer mich mißverſteht." Das ſchönſte Denkmal aber ſetzt Heine ſeinem Freunde in den Worten, mit denen er ſeiner
bei Schilderung der Vereinsbeſtrebungen im Nekrolog des am 15. Juli
1843 zu Paris verſtorbenen Ludwig Markus erwähnt[229]: „Das thätigſte
Mitglied des Vereins, die eigentliche Seele desſelben, war M. Moſer, der
ſchon im jugendlichen Alter nicht bloß die gründlichſten Kenutniſſe beſaß,
ſondern auch durchglüht war von dem großen Mitleid für die Menſchheit,
von der Sehnſucht, das Wiſſen zu verwirklichen in heilſamer That. Er
war unermüdlich in philanthropiſchen Beſtrebungen, er war ſehr praktiſch,
und hat in ſcheinloſer Stille an allen Liebeswerken gearbeitet. Das große
Publikum hat von ſeinem Thun und Schaffen Nichts erfahren, er focht
und blutete inkognito, ſein Name iſt ganz unbekannt geblieben, und ſteht
nicht eingezeichnet in dem Adreßkalender der Selbſtaufopferung. Unſere
Zeit iſt nicht ſo ärmlich, wie man glaubt; ſie hat erſtaunlich viele ſolcher
Märtyrer hervorgebracht."

Ebenſo treulich, wie Zunz und Moſer, bewahrte Immanuel Wolf der
Sache des Judenthums ſeine Anhänglichkeit, obſchon er, ganz wie Jene,
die Unzulänglichkeit und Schalheit aller Bemühungen empfand, ein jahr-
tauſendjähriges Siechthum mit kleinen Hausmitteln kurieren zu wollen.
„Das iſt das Unglückſeligſte," ruft er in einem ſeiner Briefe aus, „daß
die empfindſamen Nerven in dem längſt amputierten, aber dennoch in einem
chroniſch-krankhaften Partialleben polypenartig fortlebenden Gliede —
Judenthum genannt — die Leiden des ganzen Organismus in einer Art
von Wiederſchmerz doppelt empfinden." — Im Städtchen Harzgerode von
mittelloſen Eltern geboren, die er Beide ſchon im achten Lebensjahre verlor,
hatte er den erſten Unterricht in der Seeſener Erziehungsanſtalt des Prä-

sibenten Jacobson genossen, der ihm auch später zum Theil die Mittel gab, in Berlin die Klosterschule zu besuchen und auf der dortigen Universität Philologie und Philosophie zu studieren. Seit dem Juni 1820 gehörte er dem Verein für Kultur und Wissenschaft der Juden an, für den er sich aufs lebhafteste interessierte. Nachdem er in Folge einer Kabinettsordre, die den Juden befahl, sich feste Familiennamen zu wählen, den Namen Wohlwill angenommen hatte, ward er im Frühjahr 1823 als Tempelprediger-Adjunkt und Lehrer an der israelitischen Freischule nach Hamburg berufen, wo er aufs segensreichste für die Verbesserung des jüdischen Erziehungswesens wirkte. Wie sehr er von dem aufopferungsvollen Ernste seines Berufes erfüllt war, sehen wir u. A. aus den Worten, mit denen er eine Anfrage Moser's, ob er eventuell die Direktion der in Berlin zu gründenden Gemeindeschule übernehmen wolle, beantwortete: „Daß es gerade kein Glück ist, in Diensten einer jüdischen Gemeinde zu stehen, geb' ich gerne zu; ich kenne ihre Kleingeisterei, Engherzigkeit und Gehaltlosigkeit hinlänglich. Aber was kümmert Das Denjenigen, der ein Institut leitet, das den Geist und das Leben vieler Menschen bestimmt, und in sich selber die Mittel hat, sich eine achtungswerthe Stellung zu erzwingen? Am Ende ist es doch lohnender, ein solches Seelen-Rettungs-Institut unter verwahrlosten, verkrüppelten Menschen zu dirigieren, als unter Solchen, die schon längst im abgeschliffenen Gleise der Kultur rollen." Das Studium der Hegel'schen und der altgriechischen Philosophie setzte er auch in Hamburg mit Eifer fort, und Moser konnte ihm zu seiner Hochzeit in der That kein sinnigeres Geschenk machen, als ein Exemplar der Bipontiner Ausgabe von Platon's Werken, das einst der Vater Theodor Körner's und Freund Schiller's besessen. Mit der höchsten Begeisterung aber erfüllten ihn die Freiheitsbestrebungen der Völker, der Unabhängigkeitskampf der Griechen und vor Allem die großen Ereignisse in Südamerika um die Mitte der zwanziger Jahre. „Ich wollte, ich hätte Bolivar's Bewußtsein, — oder wäre wenigstens sein Sohn!" lautet sein Wunsch bei dem langsamen Fortschritt Europa's in dieser traurigen Zeit. Die Julirevolution begrüßte er mit stürmischem Jubel. Schien es doch für einen Augenblick, als ob nun endlich seine Jugendträume zur Wahrheit werden, als ob auch die Juden als gleichberechtigte Mitbürger ins Staatsleben eintreten, und mit den politischen Schranken auch die hemmenden Fesseln eines freien Aufschwungs des geistigen Lebens fallen sollten! Um diese Zeit ließ Wohlwill in der

Univerſitäts-Buchhandlung zu Kiel eine merkwürdige Broſchüre erſcheinen, welche unter dem Titel: „Grundſätze der religiöſen Wahrheitsfreunde oder Philalethen", nach Art der ſpäteren freien Gemeinden ein allgemeines Glaubensbekenntnis Solcher zu formulieren ſucht, die ſich durch ein aufrichtiges Wahrheitsſtreben zum Ausſcheiden aus den bisherigen Kirchen bewogen fühlen. Es wird in dieſer deiſtiſchen Schrift, welche vollſte Gewiſſensfreiheit für alle Staatsbürger, Selbſtverwaltung der Gemeinden in religiöſen Dingen, und möglichſte Vereinfachung des Gottesdienſtes verlangt, die Wahrheit als das höchſte Gut proklamiert, dem nachzuſtreben die Aufgabe aller Menſchen ſei. Durch die raſch erfolgenden Rückſchläge der Reaktion abermals in der Erfüllung ſeiner Hoffnungen auf den Anbruch eines ſchöneren Menſchheitsmorgens getäuſcht, faßte Wohlwill mit mehreren ſeiner Hamburger Freunde im Jahre 1831 den Entſchluß, einen Welttheil zu verlaſſen, deſſen ſtaatliche Inſtitutionen ſo wenig den Grundſätzen politiſcher und religiöſer Freiheit entſprachen. Als Pionier dieſer europamüden Genoſſen reiſte ein Vorſtandsmitglied des Hamburger Tempels und früheres Mitglied des Vereins für Kultur und Wiſſenſchaft der Juden, Dr. Leo Wolf, nach Amerika, aber ſeine Erfahrungen fielen ſo wenig ermuthigend aus, daß er ſelber zuletzt gebrochen und verzweifelnd zurückkam und auch Wohlwill ſeinen Auswanderungsplan aufgab. Wie Letzterer über die Weltlage dachte, als Polen nach heldenmüthigem Kampfe blutend in den Staub geſunken war, und auch in Deutſchland wieder das alte Ränkeſpiel der Kabinette gegen jede freiere Regung begann, zeigt uns die Frage, die er ſeinem Freunde Moſer ſtellt: „Wie berühren dich die politiſchen Umtriebe der Fürſten gegen die Völker? Denn fürſtliche Umtriebe gegen die Bürger möchte ich die Bundestagsbeſchlüſſe nennen. Der Gegenſatz zwiſchen Fürſt und Volk iſt nun entſchiedener als je ausgeſprochen. Indeß, was ſich entſchieden ausſpricht, iſt immer förderſam — auch für das Widerſpiel. Nur das Mißverſtändnis kränkt und tödtet; nur die Halbheit unterdrückt die Geſammtentwickelung. Was die ſo ſehr vergrößerte Kluft ausfüllen wird, ob Liebe und Verſöhnung, ob Schwert und Verheerung, wer mag es vorherſehen? Sollten wir die Kriſis erleben? Wir Übergangs-Geſchöpfe zwiſchen Thierheit und Geiſtigkeit verbringen unſer ſchwankendes Daſein nun vollends in einer Übergangs-Epoche. Eigentlich iſt wohl jede Zeit eine ſolche, aber nicht ſo markiert. Es wäre vielleicht der Mühe werth, die hauptſächlichſten Erſcheinungen der Gegenwart herzuleiten aus dem

eigenthümlichen Charakter einer solchen Gährungsstufe und durch Vergleichung ähnlicher Zeitpunkte in der Geschichte die Gesetze der Entwickelung zu begreifen." Daß Wohlwill es aber in seiner steten Beschäftigung
mit den hohen und ernsten Fragen der Menschheit nicht bei bloßen theo-
retischen Spekulationen bewenden ließ, sondern sich zugleich aufs eingehendste
mit den praktischen Anforderungen des unmittelbaren Bedürfnisses befaßte,
das beweisen nicht allein seine pädagogischen Abhandlungen in den Pro-
grammen der israelitischen Freischule, sondern auch seine preisgekrönten
Schriften über das Armen- und Gesindewesen, für welche er von der Hamburger „Patriotischen Gesellschaft" im Jahre 1834 zu ihrem Ehrenmitgliede
ernannt wurde, — der erste Jude, dem diese Auszeichnung widerfuhr. Im
Jahre 1838 übernahm Wohlwill als Direktor die Leitung derselben Erziehungsanstalt in Seesen, der er die Anfänge seiner Bildung verdankte,
und die der ausgezeichnete Schulmann binnen weniger Jahre zum Range
eines der ersten Bildungsinstitute erhob. Er starb dort 1847, nachdem er
in seinen letzten Lebensjahren noch den Beginn der freireligiösen Bewegung
in Deutschland mit hoffnungsfreudigster Theilnahme begrüßt hatte.

Wir würden ungerecht handeln, wenn wir bei diesem Rückblick auf
die ehrenhaften und hochherzigen Männer, welche die Kraft ihrer Jugend
an die Verwirklichung einer großen Idee setzten, der sie mit wenigen Aus-
nahmen bis an ihr Lebensende treu blieben, nicht auch des wackern Ludwig
Markus gedächten, dem Heine einen so rührenden Nachruf gewidmet hat.
Zu Dessau geboren, kam er, wie Letzterer erzählt[230]), Anno 1820 nach
Berlin, um Medicin zu studieren, verließ aber bald diese Wissenschaft. „Er
war damals zweiundzwanzig Jahre alt, doch seine äußere Erscheinung war
Nichts weniger als jugendlich. Ein kleiner schmächtiger Leib, wie der eines
Jungen von acht Jahren, und im Antlitz eine Greisenhaftigkeit, die wir
gewöhnlich mit einem verbogenen Rückgrat gepaart finden. Eine solche
Mißförmlichkeit war aber nicht an ihm zu bemerken, und eben über diesen
Mangel wunderte man sich. Während seine Gesichtszüge die auffallendste
Ähnlichkeit mit denen des verstorbenen Moses Mendelssohn darboten, war
Markus auch dem Geiste nach ein naher Verwandter jenes großen Refor-
mators der deutschen Juden, und in seiner Seele wohnte ebenfalls bi,
größte Uneigennützigkeit, der duldende Stillmuth, der bescheidene Rechtsinne
lächelnde Verachtung des Schlechten, und eine unbeugsame, eiserne Liebe
für seine unterdrückten Glaubensgenossen. Das Schicksal Derselben war,

wie bei jenem Mofes, auch bei Marfus der fchmerzlich glühende Mittelpunkt aller feiner Gedanken, das Herz feines Lebens. Schon damals in
Berlin war Marfus ein Polyhiftor, er ftöberte in allen Bereichen des
Wiffens, er verfchlang ganze Bibliotheken, er verwühlte fich in allen Sprach-
fchätzen des Alterthums und der Neuzeit, und die Geographie, im gene-
rellften wie im partifularften Sinne, war am Ende fein Lieblingsftudium
geworden; es gab auf diefem Erdball fein Faktum, keine Ruine, fein
Jdiom, keine Narrheit, keine Blume, die er nicht kannte — aber von allen
feinen Geiftesexkurfionen kam er immer gleichfam nach Haufe zurück zu der
Leidensgefchichte Israel's, zu der Schädelftätte Jerufalem's und zu dem
kleinen Väterdialekt Paläftina's, um deffentwillen er vielleicht die femitifchen
Sprachen mit größerer Vorliebe als die andern betrieb. Aber Alles, was
Markus wufste, wufste er nicht lebendig organifch, fondern als todte Ge-
fchichtlichkeit, die ganze Natur verfteinerte fich ihm, und er kannte im Grunde
nur Foffilien und Mumien. Dazu gefellte fich eine Ohnmacht der künft-
lerifchen Geftaltung — ungenießbar, unverdaulich, abftrus waren daher
die Artikel und gar die Bücher, die er gefchrieben." Schon während feines
damaligen Aufenthaltes in Berlin wurde Markus von einer Geifteskrank-
heit befallen. Da fich ihm als Juden weder in Preußen, noch in feinem
engeren Vaterländchen eine Ausficht auf Beförderung bot, überfiedelte er
nach feiner Herftellung im Jahre 1825 nach Paris, wo ihn der berühmte Aftronom Laplace mit mathematifchen Arbeiten befchäftigte und
ihm fpäter eine Profeffur in Dijon verfchaffte. Gegen Ende der dreißiger
Jahre gab Markus diefe Stelle wegen einer ihm angeblich widerfahrenen
minifteriellen Unbill auf und kehrte nach Paris zurück, um die Hilfsquellen
der Bibliothek für ein geographifch-hiftorifches Werk über Abeffinien, das
er als feine Lebensaufgabe betrachtete, zu benutzen. Auf Verwendung
Heine's fetzte ihm die Baronin Rothfchild ein anfehnliches Jahrgehalt aus.
Im Sommer 1843 umnachtete plötzlich ein unheilbarer Wahnfinn fein
Hirn, und er ftarb nach furchtbaren Leiden in der Irrenanftalt zu Chaillot.

Mit all' diefen begabten und begeifterten Jünglingen pflog Heine zur
Zeit feines Berliner Aufenthalts, und zum Theil noch in fpäteren Jahren,
den anregendften Verkehr. Zu feinen intimeren Freunden gehörte auch das
jüngfte Mitglied des genannten Vereins, Jofeph Lehmann, mit dem er zu
Anfang des Jahres 1822 im Kollegium Hegel's über Äfthetik bekannt
wurde. Lehmann, welcher fchon damals von jenem feinfinnigen Intereffe

für Kunst und Literatur durchdrungen war, das er in sechsunddreißigjähriger Leitung des durch ihn begründeten „Magazins für die Literatur des Auslandes" mit so rüstiger Kraft bethätigt hat, wußte sich insbesondere das literarische Vertrauen Heine's zu erwerben. Dieser pflegte ihm nicht allein häufig früh Morgens, noch im Bette liegend, seine neuesten, über Nacht entstandenen Lieder in halb singender Deklamation vorzutragen und ihn um sein kritisches Urtheil darüber zu bitten, sondern vertraute ihm auch die Korrektur seiner „Tragödien" an, und unterhielt nach seinem Fortgange von Berlin mit ihm eine lebhafte Korrespondenz. „Sie sind fast der Erste in Berlin gewesen," schrieb Heine am 26. Juni 1823 aus Lüneburg, „der sich mir liebreich genaht und bei meiner Unbeholfenheit in vielen Dingen sich mir auf die uneigennützigste Weise freundlich und dienstfertig erwies. Es liegt in meinem Charakter, oder besser gesagt: in meiner Krankheit, daß ich in Momenten des Mißmuthes meine besten Freunde nicht schone, und sie sogar auf die verletzendste Weise persiffliere und maltraitiere. Auch Sie werden bei mir diese liebenswürdige Seite kennen gelernt haben und hoffentlich in der Folge noch mehr kennen lernen. Doch müssen Sie nicht vergessen, daß Giftpflanzen meistens dort wachsen, wo ein üppiger Boden die freudigste und kräftigste Vegetation hervorbringt, und daß dürre Haiden, die von solchen Giftpflanzen verschont sind — auch nur dürre Haiden sind."

Wir werden im Verlaufe des nächsten Kapitels erfahren, wie fruchtbar und tief eingreifend die Anregungen dieses jüdischen Kreises auf Heine's geistige und literarische Entwicklung gewirkt haben, wie sie ihn über Berlin hinaus nach Lüneburg und Göttingen begleiteten, ihn zu einem gründlichen Studium der israelitischen Geschichte veranlaßten, und ihm den leidenschaftlichen Wunsch erweckten, in einer herzbewegenden Dichtung das jahrtausendalte Weh des Judenthums auszusprechen. Die Beziehungen Heine's zu letzterem haben bis auf den heutigen Tag den Gegnern des Dichters meist nur als Folie zu unverständiger Schmähung seines schriftstellerischen Charakters gedient, während seine jüdischen Stammgenossen sich gewöhnt haben, ihn fast eher als einen Feind denn als einen Freund ihres Glaubens zu betrachten. Wir hoffen, daß unsere Darstellung dazu beitragen wird, das wirkliche Verhältnis Heine's zum Judenthum in ein klareres Licht zu setzen und die Nebel zu zerstreuen, welche bisher dies Verhältnis bis zur Unkenntlichkeit verschleierten und entstellten.

Neuntes Kapitel.

Abschluß der Universitätsjahre.

Als Harry Heine zuerst die Universität bezog, um sich dem Studium
der Rechte zu widmen, konnte er sich schwerlich verhehlt haben, daß nur
der Übertritt zum Christenthum ihm die Advokaten-Karrière oder die Aussicht auf ein Staatsamt eröffne. Seine Abneigung gegen den Kaufmanns-
beruf, dem er durch das Ergreifen einer wissenschaftlichen Laufbahn entronnen war, ließ ihm vielleicht Anfangs das Widerwärtige eines durch
äußerliche Gründe aufgenöthigten Glaubenswechsels als ein geringeres Übel
erscheinen — aber schon der „Almansor" verrieth, daß Heine seitdem ernstlich
über Religionsfragen nachgedacht, und daß ihn das Ergebnis seiner philosophischen Betrachtungen keineswegs zu der Überzeugung von der inneren
Wahrheit und Heilsamkeit der christlichen Lehre hingeführt. Seine rege
Theilnahme an den Bestrebungen des Vereins für Kultur und Wissenschaft
der Juden und der tägliche Umgang mit den charakterfesten, der Verwirklichung einer großen Idee nachringenden Männern dieses Kreises erfüllten
auch ihn mit steigender Bitterkeit gegen einen Staat und eine Gesellschaft,
welche die Ausübung bürgerlicher und politischer Rechte an die Ablegung
eines bestimmt vorgeschriebenen konfessionellen Bekenntnisses knüpften. Wie
Gans und Ludwig Markus, trug auch Heine sich in Berlin eine Zeitlang
mit dem Plane, wenn es ihm nicht gelingen sollte, sich etwa am Rhein
zu fixieren, Deutschland den Rücken zu kehren und nach Paris zu wandern,
wo ihm der „Jude" nicht beständig zum Vorwurf und Hindernis gereichen

19*

würde. Er gedachte dort, wie aus seinen Briefen an Wohlwill, Immermann und Schottky hervorgeht [231]), noch eine Zeitlang zu studieren, und sich dann als französischer Schriftsteller durch Aufsehen erregende politische Broschüren einen Weg in die Diplomatie zu bahnen, zugleich aber für die Verbreitung und das Verständnis der deutschen Literatur, die eben in Frankreich Wurzel zu schlagen begann, als internationaler Vermittler thätig zu sein. Um die nöthigen Vorbereitungen zur Ausführung dieses Projektes zu treffen, vor Allem jedoch um seine krankhaft überreizten Kopfnerven in der geräuschlosen Stille und Zurückgezogenheit des Familienlebens zu stärken, reiste er in den ersten Tagen des Mai 1823 nach Lüneburg. Dies freundliche Städtchen hatten seine Eltern seit reichlich einem Jahre zum Wohnsitz erwählt, nachdem der Vater durch zunehmende Kränklichkeit zur Liquidation seines Geschäftes in Düsseldorf veranlaßt worden war. Aus dem Erlös der Masse und dem Verkauf des Hauses erwuchs der Familie ein kleines Kapital, von dessen Zinsen sie bei bescheidenen Ansprüchen nothdürftig leben konnte.

Harry's Eltern waren von Düsseldorf zuerst nach der Stadt Oldesloe im südöstlichen Holstein übergesiedelt, hatten dort aber nur kurze Zeit gewohnt. Manchen alten Leuten in Lüneburg ist es noch erinnerlich, daß Salomon Heine im Frühjahr 1822 zum Erstaunen der Bewohner in einer mit vier Pferden bespannten Equipage in die Hauptstadt des alten Fürstenthums einfuhr, um dort eine Wohnung für die Familie seines Bruders auszusuchen. Er miethete für letztere den zweiten Stock eines alterthümlichen Hauses am Marktplatz, welches damals einem Herrn Ahrons gehörte, 1825 jedoch in den Besitz des Buchhändlers Wahlstab überging. In früheren Jahrhunderten bildete dasselbe den Theil eines Komplexes von öffentlichen Gebäuden, in welchen auf Stadtkosten die Bewirthung der Herzoge von Lüneburg beschafft wurde, wenn dieselben im anstoßenden „Hertogenhuus" Hoflager hielten. Auch soll in diesem Hause der berühmte Schauspieler Eckhof 1740 als Mitglied der Schönemann'schen Truppe zuerst die Bühne betreten haben. Da die Familie Heine erst kürzlich hergezogen war und in ziemlich ärmlichen Verhältnissen lebte, hatte sie nur wenige Bekanntschaften, und auch diese meist nur in jüdischen Kreisen, angeknüpft. Die Kinder waren mittlerweile alle herangewachsen. Der zweite Sohn, Gustav, erlernte seit mehreren Jahren praktisch die Landwirthschaft; die Schwester, Charlotte, welche mit dem Hamburger Kaufmanne Moritz

Embden verlobt war, und der jüngste Bruder, Maximilian, der als Primaner
das Lüneburger Gymnasium besuchte, verweilten noch im elterlichen Hause.
Im Gegensatz zu dem geistig angeregten Leben der preußischen Hauptstadt
mochte das Treiben in dem hannövrischen Provinzstädtchen dem jungen Dichter
einförmig und todt genug vorkommen; er nennt das freundliche Lüneburg
apodiktisch „die Residenz der Langeweile" [282]), und klagt schon in einem seiner
ersten Briefe an Moser [283]): „Ich lebe hier ganz isoliert, mit keinem einzigen
menschlichen Menschen komme ich zusammen, weil meine Eltern sich von allem
Umgang zurückgezogen. Juden sind hier, wie überall, unausstehliche Schacherer
und Schmutzlappen, die christliche Mittelklasse unerquicklich, mit einem ungewöhnlichen Rischeß [religiöses Vorurtheil], die höhere Klasse eben so im
höheren Grade. Unser kleiner Hund wird auf der Straße von den andern
Hunden auf eine eigene Weise berochen und maltraitiert, und die Christen-
hunde haben offenbar Rischeß gegen den Judenhund. Ich habe also hier
bloß mit den Bäumen Bekanntschaft gemacht, und diese zeigen sich jetzt
wieder in dem alten grünen Schmuck, und mahnen mich an alte Tage,
und rauschen mir alte vergessene Lieder ins Gedächtnis zurück, und stimmen
mich zur Wehmuth. So vieles Schmerzliche taucht jetzt in mir auf und
überwältigt mich, und Dies ist es vielleicht, was meine Kopfschmerzen vermehrt oder, besser gesagt, in die Länge zieht; denn sie sind nicht mehr so
stark wie in Berlin, aber anhaltender. Studieren kann ich wenig, schreiben
noch weniger." — Von Seiten seiner Familie durfte Harry freilich keine
ermunternde Anregung zu poetischen Arbeiten erhoffen. Das unerwartete
Erscheinen seiner „Gedichte" hatte im elterlichen Hause fast Bestürzung
erregt, und erst die günstigen öffentlichen Recensionen milderten allmählich
den Eindruck des Schreckens über die Kühnheit, mit welcher der zweiund-
zwanzigjährige Jüngling sich unter voller Namensnennung in die schrift-
stellerische Laufbahn gewagt hatte. Zumal der Vater schüttelte besorglich
den Kopf, und was Maximilian Heine von ihm erzählt, kennzeichnet in
drolliger Art seine naive Auffassung literarischer Dinge. „Der Ruhm
Goethe's," heißt es in Maximilian's anekdotischen Erinnerungen an
seinen Bruder [234]), „stand damals in höchster Blüthe, sein vergötterter Name
schien Alles zu verschlingen, was nur in der deutschen Literatur auftauchen
wollte. Die Literaturgeschichte weiß Viel von den sogenannten Goetho-
foraxen damaliger Zeit zu erzählen, die Alles verneinten, was nicht von
dem hohen Meister herrührte. Man sprach und schrieb nur über Goethe,

und die fast kindische Abgötterei mit seinem Namen, der Anfang und Ende aller Literaturblätter bildete, machte nach Ansicht unseres Vaters die Konkurrenz seines Sohnes mit dem großen Goethe doch bedenklich. „Wie soll mein Junge aufkommen," fragte er oft, „wenn man immer und immer nur von Goethe sprechen will?" Dieser Umstand erregte dem guten Vater die größte Pein; er hatte sich zuletzt, ohne es zu wissen, in einen wahren Haß gegen Goethe hineingelebt. Nun wollte es noch der böse Zufall, daß unser ganzes Haus selbst für Goethe schwärmte, und allüberall ein Band von Goethe's Gedichten zu finden war. So oft der Vater unwillkürlich einen dieser Bände öffnete und ihm der verhaßte Name ins Auge fiel, verfinsterte sich sein sonst so heiteres, freundliches Antlitz. Wir aber konnten nicht ohne Goethe sein. Die Mutter erfreute sich an den Elegien, Harry las immer wieder die kleinen reizenden Lieder, und ich lernte die „Braut von Korinth" und den „Gott und die Bajadere" auswendig. Da verfiel mein Bruder auf einen absonderlichen Gedanken, um dem Kummer des Vaters ein Ende zu machen. Plötzlich waren die elegant eingebundenen Werke Goethe's von ihren respektiven Plätzen verschwunden, und an ihrer Stelle lagen scheinlose Bücher, deren Titel lautete: „Gedichte von Schulze." Harry hatte die Bücher umbinden, den Namen Goethe's sanft auskratzen und die Lücke mit „Schulze" überkleben lassen. Als der Vater nun einen Band öffnete, und den Verfassernamen Schulze las, legte er vergnüglich das Buch wieder hin, und dachte: „Weder dieser Schulze, noch ein Müller oder Meier werden dem Aufkommen meines Sohnes hinderlich sein." Die Mutter aber, die sofort den schalkhaften Streich bemerkt hatte, schlug in Abwesenheit des Vaters das Titelblatt eines dieser Bücher auf, und sagte, indem sie den Finger auf den hinein geschmuggelten Namen legte: „Mein Sohn, möchtest du einst nur halb so berühmt werden wie Schulze, der Verfasser dieser Gedichte!" — Daß auch die zweite Publikation H. Heine's den Zweifel der Familie an der erfolgreichen Kraft seines dichterischen Talentes keineswegs verscheuchte, sehen wir aus den Andeutungen seines ersten Briefes an Moser, nachdem er in Lüneburg eingetroffen war [235]): „In Hinsicht der Aufnahme meiner Tragödien habe ich hier meine Furcht bestätigt gefunden. Der Succeß muß den üblen Eindruck verwischen. Was die Aufnahme derselben bei meiner Familie betrifft, so hat meine Mutter die Tragödien und Lieder zwar gelesen, aber nicht sonderlich goutiert, meine Schwester toleriert sie bloß, meine Brüder verstehen sie nicht, und mein

Vater hat sie gar nicht gelesen." — In liebevollster Weise interessirte sich übrigens Harry für die Ausbildung und das Lebensschicksal seiner Geschwister. Seiner Bemühungen, durch Moser seinem Bruder Gustav, dem überall der „Jude" im Wege war und der schließlich unter dem abligen Familiennamen der Mutter Kriegsdienste in Österreich nahm, eine Inspektorsstelle auf den Jacobson'schen Gütern in Mecklenburg zu verschaffen, haben wir schon früher gedacht. Mit seiner Schwester Charlotte unterhielt er, wie auf der Universität, so noch von Paris aus bis an sein Lebensende die herzlichste Korrespondenz; auch ward ihr später der „Neue Frühling" gewidmet. Seinem Bruder Max hatte er bereits vor einigen Jahren ein Exemplar des ersten Theiles von Goethe's „Faust" geschenkt, um durch edlere Lektüre ihm den Geschmack an Kotzebue'schen Ritterschauspielen zu verleiben, und als der dreizehnjährige Knabe verständnislos die tiefsinnigen Worte des Prologs anzustarren begann, hatte ihm der junge Poet das Buch aus der Hand genommen, und die Widmung hineingeschrieben [236]):

> Dies Buch sei dir empfohlen.
> Lies nur, wenn du auch irrst:
> Doch, wenn du es verstehen wirst,
> Dann wird dich auch der Teufel holen.

Harry freute sich aufrichtig, als er seinen Bruder jetzt mit Eifer das Studium der klassischen Autoren betreiben sah. Maximilian hatte durch vielfache prosodische Übungen damals eine große Gewandtheit in der Anfertigung deutscher Distichen erlangt, während sein poetischer Bruder sich niemals in diesem Metrum versuchen mochte. „Ich gestehe," schrieb er kurz vor seiner Abreise von Berlin an Immermann, der ihm einige Elegien gesandt hatte [237], „daß ich in meinem ganzen Leben nicht sechs Zeilen in dieser antiken Versart zu Stande bringen konnte, theils weil das Nachahmen des Antiken meinem inneren Wesen widerstrebt, theils weil ich zu strenge Forderungen an den deutschen Hexameter und Pentameter mache, und theils weil ich zur Verfertigung derselben zu unbeholfen bin." Die wiederholten Aufforderungen Maximilian's, doch einmal nach Goethe'scher Weise einen Gegenstand im elegischen Versmaße der Alten zu behandeln, veranlaßten ihn endlich, einige Hexameter zu schreiben, die er mit freudiger Miene zu recitieren begann. Schon beim dritten Verse jedoch fiel ihm sein Bruder mit skandierender Schulweisheit in die Rede: „Um Gotteswillen, dieser

Hexameter hat ja nur fünf Füße!" Mit den ärgerlichen Worten: „Schuster,
bleib bei deinem Leisten!" zerriß Harry das Papier. Ein paar Tage nach
dieser Begebenheit weckte er eines Morgens seinen Bruder mit den Worten
aus dem Schlafe [238]): „Ach, lieber Max, was für eine schauerliche Nacht
hab' ich gehabt! Denke dir, gleich nach Mitternacht, als ich eben eingeschlafen war, drückte es mich wie ein Alp; der unglückliche Hexameter mit
fünf Füßen kam an mein Bett gehinkt, und forderte von mir unter fürchterlichen Jammertönen und entsetzlichen Drohungen seinen. sechsten Fuß.
Ja, Shylock konnte nicht hartnäckiger auf sein Pfund Fleisch bestehen,
als dieser impertinente Hexameter auf seinen fehlenden Fuß. Er berief sich
auf sein urklassisches Recht und verließ mich mit schrecklichen Gebärden nur
unter der Bedingung, daß ich nie wieder im Leben mich an einem Hexameter vergreife." Heine hat Wort gehalten, denn kein einziges Mal hat
er je wieder in antiken Versmaßen gedichtet.

Bei der völligen Abgeschiedenheit von der literarischen Welt, zu welcher
er sich in Lüneburg verurtheilt sah — von Zeitungen kam ihm nur der
Hamburger „Unparteiische Korrespondent" zu Gesichte — unterhielt Harry
eine lebhafte Korrespondenz mit seinen Berliner Freunden, mit Varn-
hagens und Roberts, mit Lehmann und Moser. Namentlich die bekannte
Gefälligkeit des Letzteren setzte er beständig in Kontribution, um sich Berichte über die neuesten Erscheinungen auf dem Felde der Kunst, Literatur
und Politik, oder die Bücher und Journale zu verschaffen, deren er zu
seinen Studien bedurfte. Wiederholentlich scherzt er darüber, daß man
Moser nur immer Kommissionen geben müsse, um ihn zum promptesten
Brief-Beantworter zu machen. Das eine Mal sagt er humoristisch: „Ich
würde dir heute nicht schreiben, wäre es nicht aus eigennütziger Absicht;
ewige Freundschaftsdienste, ewige Plackereien, Unruh', Beschwerde — ich
rathe dir, gieb die Freundschaft mit mir auf." Das andere Mal schreibt
er [239]): „Behalte mich, denn du findest wirklich keinen Freund, an dem
du alle Geduld und Mühen der Freundschaft besser ausüben kannst, als
an mir. Wahrhaftig, mein theurer, lieber Marquis!" In der kleinen
Bibliothek seines Bruders Max fand er Nichts als lateinische und griechische
Klassiker, mit deren Lektüre er sich aus Mangel an anderen Büchern beschäftigte. Von Moser ließ er sich während seines Aufenthaltes in Lüneburg zahlreiche Werke des verschiedensten Inhalts senden, u. A. die Histoire
de la réligion des Juifs von Basnage de Beauval, Montesquieu's

Esprit des lois, Gibbon's Geschichte des Verfalls von Rom, und einige italiänische Schulbücher, um sich durch Selbststudium mit dieser, ihm bisher unbekannten Sprache vertraut zu machen [240]). Auch las er viel in Goethe's Werken, und die Lektüre von Madame de Staël's „Corinna" führte ihm aufs lebendigste das Bild seiner Freundin Rahel vor die Seele. „Ich hätte," schreibt er an Ludwig Robert [241]), dieses Buch gar nicht verstehen können vor jener großen Lebensepoche, als ich Ihre Schwester kennen lernte."

Am 22. Juni wohnte H. Heine mit seiner Familie der Hochzeit seiner Schwester Charlotte bei, die auf dem Zollenspieker in den Vierlanden gefeiert ward. Auch die Hamburger Verwandten, Onkel Salomon und Onkel Henry, hatten sich zu der Festlichkeit eingestellt. Ersterer war in der rosigsten Laune, und Harry schöpfte aus seiner zuvorkommenden Freundlichkeit die beste Hoffnung, ihn günstig für seine Lebenspläne zu stimmen. Um diese ausführlich mit ihm zu besprechen, reiste er in der ersten Woche des Julimonats nach Hamburg. Unglücklicherweise traf er seinen reichen Oheim eben im Begriff, eine mehrwöchentliche Geschäfts- und Erholungsreise anzutreten. Es kam daher nicht zu der gewünschten eingehenden Erörterung, und Harry mußte sich mit unsicheren Vertröstungen begnügen. Mit Ausnahme seines Onkels Henry, der ihm stets sehr herzlich zugethan war, stand er ohnehin mit seinen Hamburger Verwandten nicht auf dem besten Fuße. Sie zuckten meistens die Achseln über seinen „poetischen Unfug" und stellten ihn in den Augen Salomon Heine's als einen leichtfertigen jungen Menschen dar, von dessen Zukunft wenig Erfreuliches zu hoffen sei. Die Briefe Harry's strotzen von bitteren Klagen über die Klatschereien, durch welche man ihm die Gunst des reichen Onkels zu entziehen suche. „Ein mir feindliches Hundepack umlagert meinen Oheim," schrieb er bereits von Lüneburg aus an Moser [242]). „Ich werde vielleicht Bekanntschaften in Hamburg machen, die in dieser Hinsicht ein Gegengewicht bilden können. Nur ahnt's mir, daß ich mit meiner abstoßenden Höflichkeit und Ironie und Ehrlichkeit mir mehr Menschen verfeinden als befreunden werde." Zur selben Zeit bat er Varnhagen um Empfehlungen nach Hamburg [243]): „Ich beabsichtige, dort viele Bekanntschaften zu machen, wovon vielleicht eine oder die andere mir durch Vermittlung in der Folge von Wichtigkeit sein mag. Obschon dieses für mich bekanntschaftsscheuen Menschen durchaus nicht amüsant ist, so rathet mir doch die Klugheit, der Sicherheit in der Folge wegen, Dergleichen nicht zu übersehen. Haben Sie, Herr von Varnhagen, einen

Freund in Hamburg, dessen Bekanntschaft mir in dieser Hinsicht nützlich sein möchte, so wär' es mir lieb, wenn Sie mir solche vermittelten." Aber nicht allein seine Verwandten schadeten ihm durch nachtheilige Insinuationen, sondern auch die Hamburger Tempeljuden konnten es ihm nicht verzeihen, daß er über die unsichere Halbheit ihrer Reformbestrebungen gelegentlich ein witziges Impromptu fallen ließ, und dem konsequenten, rigorösen Rabbinenthum fast mehr Hochachtung, als den neumodisch aufgeklärten Phrasenhelden bezeigte. Während die christenthumsfeindliche Tendenz des „Almansor" den Zeitungen Stoff zu gehässigen Ausfällen wider den Verfasser bot, und sein Oheim Simon von Geldern ihm aus Düsseldorf schrieb, daß er jetzt am ganzen Rheinstrome eben so verhaßt, wie früher beliebt gewesen sei, weil man dort sage, daß er sich für die Juden interessire, verdächtigten die Hamburger Synagogen-Reformer Heine's Interesse für das Judenthum und seine „koschere" Gesinnung. „Ich werde auf vielfache Weise gereizt und gekränkt," berichtete er an Moser [214], „und bin ziemlich erbittert jetzt auf jene fade Gesellen, die ihren reichlichen Lebensunterhalt von einer Sache ziehen, für die ich die größten Opfer gebracht und lebenslang geistig bluten werde. Mich, mich muß man erbittern! Just zu einer Zeit, wo ich mich ruhig hingestellt habe, die Wogen des Judenhasses gegen mich anbranden zu lassen. Wahrlich, es sind nicht die Kleys und Auerbachs, die man haßt im lieben Deutschland. Von allen Seiten empfinde ich die Wirkungen dieses Hasses, der doch kaum emporgekeimt ist. Freunde, mit denen ich den größten Theil meines Lebens verbracht, wenden sich von mir. Bewunderer werden Verächter; die ich am meisten liebe, hassen mich am meisten, Alle suchen zu schaden. Von der großen lieben Rotte, die mich persönlich nicht kennt, will ich gar nicht sprechen."

Der Hauptzweck, weßhalb Harry nach Hamburg gekommen, war durch die plötzliche Abreise seines Oheims Salomon einstweilen vereitelt worden. Er hatte gehofft, sich mit Diesem auf einen bessern Fuß zu stellen, die ihm nachtheiligen Einflüsse durch das Gewicht seines persönlichen Auftretens zu paralysieren, und den wohlwollend verständigen Mann, durch offenherzige Darlegung seiner Pläne für die Zukunft, von dem Ernste seines Strebens zu überzeugen. Von Alledießem hatte er Nichts erreicht, Salomon Heine hatte seinem Neffen zwar als Beisteuer zu den Kosten einer Badereise, die ihm der Arzt angerathen, zehn Louisd'or zum Geschenk gemacht, sich weiter jedoch für den Augenblick auf keine bestimmten Ver-

sprechungen eingelassen. Auch noch andere Umstände trugen dazu bei,
Harry den Aufenthalt in Hamburg ungewöhnlich peinlich zu machen. Er
traf dort mit Varnhagen zusammen, der ihm zu einer Zeit, wo er besonders reizbar und aufgeregt war, einige verletzende Vorstellungen über
seinen Besuch in Hamburg machte, und ihn sogar in ganz unbegründeter
Weise einer kleinen Unwahrheit beschuldigte. Wir erwähnen dieses Vor-
falls, weil das Benehmen Heine's ein ehrendes Zeugniß dafür giebt, mit
wie zarter Rücksicht er solche Freundschafts-Differenzen behandelte. An
Moser berichtet er Nichts über diese Begegnung, außer den schonenden
Worten [245]): „Varnhagen habe ich in Hamburg gesprochen; wir sind keine
guten Freunde mehr, deßhalb darf ich auch nichts Ungünstiges über ihn
schreiben. Es war ihm nicht lieb, daß ich in Hamburg war." Dem
Schwager Varnhagen's, Ludwig Robert, gegenüber konnte er jene Mißhelligkeit nicht ganz übergehen, ohne den Schein der Affektation auf sich zu
laden; die Zeilen, in denen er sich über das unerquickliche Thema aussprach,
lauten indeß versöhnlich genug [246]): „Ich möchte gern an Frau von Varnhagen schreiben, aber es würde mir zu viel Schmerzen machen; ohne falsch
zu sein, könnte ich Herrn von Varnhagen nicht unerwähnt lassen. Dieser
Mann hat mir viel Gutes und Liebes erwiesen, mehr als ich ihm je
danken kann, und ich werde gewiß lebenslänglich gegen ihn dankbar sein;
aber ein Schmerz, wogegen der Zahnschmerz, den ich in diesem Augenblick
empfinde, ein wahres Wonnegefühl ist, zerreißt mir die Seele, wenn ich
an Varnhagen denke. Er selbst ist wohl wenig Schuld daran, er hat
bloß mal den Einfall gehabt, gegen mich den Antonio spielen zu wollen.
Ich kann Viel vertragen und hätte auch Das, wie gewöhnlich, abgeschüttelt
— aber Dieses ereignete sich just zu einer Stunde, wo ich gar Nichts vertragen konnte, und wo jedes Unsänftigliche, sei es nur ein Wort, ein Blick,
eine Bewegung, mir eine unheilbare Wunde verursachen mußte. Sie
kennen das Leben, lieber Robert, und Sie wissen, daß es solche Stunden
im Leben giebt, wo uns die Liebsten am tiefsten verletzen können, daß
diese Verletzung ein unvergeßliches Gefühl in uns allmählich aufkommen
läßt, für welches unsere Sprache kein Wort hat, ein Gefühl, worin die
alte Liebe noch immer lebt, aber mit Rhabarber, Unwillen und Tod vermischt ist." Als Heine jedoch im Frühjahr 1824 wieder nach Berlin
kam, drängte es ihn, die Differenz mit dem alten Freunde ganz beizulegen;
obgleich er der beleidigte Theil war, that er den ersten entgegenkommenden

Schritt, und schrieb an Varnhagen nachstehenden würdevollen Brief, durch welchen das frühere innige Verhältnis ganz wiederhergestellt ward und bis an den Tod des Dichters ungestört fortdauerte [247]): „Als ich voriges Jahr mit Ihnen in Hamburg zusammentraf, war mir's wohl fühlbar, daß in Ihrem Benehmen gegen mich etwas Verletzendes lag; aber ich war damals sehr gemüthsbeschäftigt und ließ Alles traumhaft an mir vorübergehen, und konnte erst später, als ich ruhiger und wachender wurde, zum klaren Bewusstsein gelangen, daß Sie sich wirklich auf eine beleidigende Weise gezeigt, und Dieses sich sogar in einem Faktum ausgesprochen. Letzteres bestand darin, daß Sie es unumwunden eine Unwahrheit nannten, als ich Ihnen die Versicherung gab: daß ich bei Fouqué um die besondere Erlaubnis angefragt, sein mir gewidmetes Gedicht meinen Freunden mittheilen zu dürfen. Es ist überflüssig, hier zu sagen, wie viele trübe Stunden mir Dieses verursacht und wie sogar die Erinnerung an all das sehr viele Liebe und Gütige, das Sie mir früher erwiesen, dadurch getrübt werden musste. Noch überflüssiger ist es, zu sagen, daß ich es nicht geeignet fand, in dieser Sache mit den gewöhnlichen Hansnarren-Formalitäten, die unserm beiderseitigen Charakter und Verhältnis so unangemessen sind, zu verfahren, und daß ich es vorzog, der großen Mittlerin Zeit Alles zu überlassen. Diese wird bereits Etwas gethan, und Sie, wenn Sie beiliegendes Blatt*) gelesen, zur Einsicht eines großen Unrechts gebracht haben. — Obiges ist auch die Ursache, warum ich Ihnen nicht früher geschrieben, und warum ich mich jetzt nicht mehr mit der alten Zutraulichkeit Ihnen erschließen kann. Dennoch können Sie versichert sein, daß die Gefühle der Liebe und Dankbarkeit, die ich früher gegen Sie hegte, sich ungeschwächt in meiner Brust erhalten, und daß der Beisatz von Mißbehagen und Schmerz, den Sie später in mir erregt, jeden Tag, ja sogar während ich Dieses schreibe, mehr und mehr verschwindet. Ich verlange deßhalb auch keine Erörterung von Ihnen, ich weiß, was Sie denken, und Das genügt mir, und ich wünsche sogar, daß von dem Inhalte dieses Briefes, den ich aus natürlichem Bedürfnis schreibe, nie zwischen uns die Rede sei,

----

*) In dem angeschlossenen Billette bezeugte Fouqué, daß Heine ihm gleich nach Empfang des in Rede stehenden Gedichtes geschrieben: er verlange zur Mittheilung desselben an seine Freunde noch die besondere Erlaubnis des Verfassers, weil er nicht dafür stehen könne, daß nicht Einer oder der Andere das Gedicht abdrucken lasse.

wenn sich Dieses ohne Zwang machen läßt. — Von der großen Mittlerin Zeit erwarte ich noch sehr Viel, und ich hoffe, daß Sie durch dieselbe in den Stand gesetzt werden, mich besser kennen zu lernen und sich zu überzeugen, wie sehr ich bin — Ihr Freund und H. Heine."

Die reizbare Stimmung Heine's während seines Besuches in Hamburg hatte freilich noch einen besonderen Grund. Schon vor Antritt dieser Reise hatte er in seinen Briefen an Varnhagen und Moser [248] die Befürchtung ausgesprochen, daß der Anblick jener Stadt die peinlichsten Erinnerungen in ihm aufregen werde, und er hatte in seinem Schreiben an Letzteren hinzugefügt: „Hamburg? Sollte ich dort noch so viele Freuden finden können, als ich schon Schmerzen dort empfand? Dieses ist freilich unmöglich!" — Varnhagen mag somit in der Sache selbst Recht gehabt haben, als er seinen jungen Freund tadelte, daß er in solcher Stimmung überhaupt nach Hamburg gekommen sei. Wohl waren zwei Jahre verflossen, seit Harry die Jugendgeliebte verloren; wohl hatte er die Erinnerung dieser Liebe mit allen Waffen des Geistes, mit kluger Vernunft, mit männlichem Zorn oder mit witzelndem Spotte bekämpft, und bald in wilden Zerstreuungen, bald in der ernsten Wissenschaft, bald in der Begeisterung für eine große Idee, bald in den Armen der Muse Trost und Balsam für sein wundes Herz gesucht — aber seine Lieder und Tragödien zeigten uns schon, wie wenig er sein Leid verwunden oder seine Liebe vergessen. Und was war seine Furcht vor dem Wiederaufbrechen alter Wunden an der Stätte seiner jugendlichen Leiden anders, als ein geheimes Bewußtsein, daß sein Herz noch immer nicht geheilt sei von der hoffnungslosen Liebe? Ohne Zweifel handelte er thöricht, ganz so thöricht wie der arme Schmetterling, der ins Licht flattert, statt die verderbliche Flamme zu meiden, und ein besonnener Freund hatte Anlaß genug, ihm gegenüber „den Antonio zu spielen," — auf die Gefahr hin, keinen bessern Dank wie Antonio zu ernten. Stumpfsinnige Roués, denen die mächtigste aller Mächte, die Liebe, für ein Ammenmärchen gilt, mögen über die Leidenschaft spötteln, mit welcher Heine an dem Gegenstand seiner ersten Liebe hing; sie mögen in seinen Liedern Nichts als die willkürliche Darstellung erlogener Gefühle erblicken, weil ihre eigene marklose Blasirtheit längst die Kraft jeder starken Empfindung eingebüßt. Wer aber vorurtheilslosen Sinnes den Entwicklungsgang unsres Dichters zu verfolgen und zu begreifen sucht, Dem drängt sich mit Nothwendigkeit die Bemerkung auf, daß zwischen seinem äußeren

und inneren Leben und der Rückspiegelung desselben im Liede die vollkommenste Übereinstimmung stattfand, daß er lebte, was er sang, und
sang, was er litt und erlebte. Den Stoff zu den schmerzlich bewegten
Liedern der „Heimkehr" flößte ihm diese Hamburger Reise als qualvollste
Wirklichkeit ins Herz. Kaum war er in der Stadt angelangt, von welcher
er ausruft [249]): „Hamburg!!! mein Elysium und Tartarus zu gleicher
Zeit! Ort, den ich detestiere und am meisten liebe, wo mich die abscheu-
lichsten Gefühle martern und wo ich mich dennoch hinwünsche!" so schrieb
er an seinen Freund Moser [250]): „Ich bin in der größten Unruhe, meine
Zeit ist spärlich gemessen, und ich habe heute keine Kommission für dich,
und ich schreibe dir doch. Auch hat sich noch nichts Äußerliches mit mir
zugetragen; ihr Götter! desto mehr Innerliches. Die alte Leidenschaft
bricht nochmals mit Gewalt hervor. Ich hätte nicht nach Hamburg gehn
sollen; wenigstens muß ich machen, daß ich so bald als möglich fortkomme.
Ein arger Wahn kömmt in mir auf, ich fange an, selbst zu glauben, daß
ich anders organisiert sei und mehr Tiefe habe, als andere Menschen. Ein
düsterer Zorn liegt wie eine glühende Eisendecke auf meiner Seele. Ich
lechze nach ewiger Nacht. — Wohlwill hab' ich noch wenig gesprochen.
Vorgestern nach Mitternacht, als ich mit meinem infernalen Brüten die
bekannten Schmutzgassen Hamburg's durchwandelte, schlägt mir Jemand
auf die Schulter, und es ist Wohlwill. Ich habe ihm ehrlich weiß gemacht, die Sommernacht habe mich zu einem Spaziergang auf die Straße
gelockt, und es sei eine allerliebste Kühle. Charmant!"

Seine Furcht hatte sich also nur zu rasch bestätigt. Die alte Leidenschaft brach mit erneuter Gewalt hervor, als er die Stätten wieder betrat,
wo er geliebt und gehofft und das Liebste verloren. Er sah das Haus,
in welchem die Unvergessene gewohnt, er stand vor ihrem Bilde, er durchirrte Nachts die mondlichterhellten Straßen und Plätze, die er einst mit
ihr durchwandelt. und seine den unmittelbaren Eindruck seiner Gefühle
abschildernden Briefe weichen höchstens darin von den bald nachher entstandenen Liedern ab, daß in letzteren der wilde Schmerz ein wenig ge-
dämpft erscheint durch den Zauber der künstlerischen Form.

> Am fernen Horizonte
> Erscheint, wie ein Nebelbild,
> Die Stadt mit ihren Thürmen,
> In Abenddämmrung gehüllt.

Ein feuchter Windzug kräuselt
Die graue Wasserbahn;
Mit traurigem Takte rudert
Der Schiffer in meinem Kahn.

Die Sonne hebt sich noch einmal
Leuchtend vom Boden empor,
Und zeigt mir jene Stelle,
Wo ich das Liebste verlor.

———

So wandl' ich wieder den alten Weg,
Die wohlbekannten Gassen,
Ich komme vor meiner Liebsten Haus,
Das steht so leer und verlassen.

Die Straßen sind doch gar zu eng!
Das Pflaster ist unerträglich!
Die Häuser fallen mir auf den Kopf!
Ich eile so viel als möglich.

———

Ich trat in jene Hallen,
Wo sie mir Treue versprochen;
Wo einst ihre Thränen gefallen,
Sind Schlangen hervorgekrochen.

———

Still ist die Nacht, es ruhen die Gassen,
In diesem Hause wohnte mein Schatz;
Sie hat schon längst die Stadt verlassen,
Doch steht noch das Haus auf demselben Platz.

Da steht auch ein Mensch und starrt in die Höhe,
Und ringt die Hände vor Schmerzensgewalt;
Mir graust es, wenn ich sein Antlitz sehe —
Der Mond zeigt mir meine eigne Gestalt.

Du Doppelgänger, du bleicher Geselle!
Was äffst du nach mein Liebesleid,
Das mich gequält auf dieser Stelle
So manche Nacht in alter Zeit?

———

Wie kannst du ruhig schlafen,
Und weißt, ich lebe noch?
Der alte Zorn kommt wieder,
Und dann zerbrech' ich mein Joch.

Kennst du das alte Liedchen:
Wie einst ein todter Knab'
Um Mitternacht die Geliebte
Zu sich geholt ins Grab?

Glaub mir, du wunderschönes,
Du wunderholdes Kind:
Ich lebe und bin noch stärker,
Als alle Todten sind!

———

Ich stand in dunklen Träumen,
Und starrte ihr Bildnis an,
Und das geliebte Antlitz
Heimlich zu leben begann.

Um ihre Lippen zog sich
Ein Lächeln wunderbar,
Und wie von Wehmuthsthränen
Erglänzte ihr Augenpaar.

Auch meine Thränen flossen
Mir von den Wangen herab —
Und ach, ich kann es nicht glauben,
Daß ich dich verloren hab'!

Diesen aufreibenden Gemüthsbewegungen suchte sich Heine gewaltsam zu entreißen, indem er am 22. Juli die beabsichtigte Badereise antrat. Das Seebad, welches er in Curhaven gebrauchte, stärkte seine Nerven, und er gewann allmählich die Ruhe, sich wieder mit der Konception poetischer Pläne zu beschäftigen. Wie schwer und langsam er jedoch das von Neuem so heftig erschütterte Gleichgewicht seiner Seele wiederfand, sagen uns die Anfangszeilen eines Briefes an Moser vom 23. August [241]): „Sei froh, daß ich dir so lange nicht geschrieben. Ich hatte nicht viel Erfreuliches mitzutheilen. Ich war zu einer schlimmen Zeit in Hamburg. Meine Schmerzen machten mich unerquicklich, und durch den Todesfall einer Kousine und die dadurch entstandene Bestürzung in meiner Familie fand ich auch nicht viel Erquickliches bei Andern. Zu gleicher Zeit wirkte die Magie des Ortes furchtbar auf meine Seele, und ein ganz neues Princip tauchte in derselben auf; dieses Gemüthsprincip wird mich wohl eine Reihe Jahre lang leiten und mein Thun und Lassen bestimmen. Wär' ich ein Deutscher — und ich bin kein Deutscher, siehe Rühs, Fries a. v. O.[252]) — so würde ich dir über dieses Thema lange Briefe, große Gemüthsrelationen schreiben; aber doch sehne ich mich danach, dir in vertrauter Stunde meinen Herzensvorhang aufzudecken, und dir zu zeigen, wie die neue Thorheit auf der alten gepfropft ist." Derselbe Brief erzählt uns, wie Heine in einem furchtbaren Unwetter nach Helgoland fahren wollte, eine ganze Nacht auf der Nordsee herumschwamm, das Schiff aber endlich in der Nähe der Insel wieder umkehren mußte, weil der Sturm gar zu entsetzlich war. Heine machte bei dieser Gelegenheit die erste Bekanntschaft mit dem Meere, das er nachmals so unvergleichlich besungen hat, und der Brief an Moser giebt uns auch in diesem Falle in derben Kontouren ein Bild jener Eindrücke, die sich einige Wochen später zu originellen Liedern gestalteten [253]): „Es hat ganz seine Richtigkeit mit Dem, was man von der Wildheit des Meeres sagt. Es soll einer der wildesten Stürme gewesen sein, die See war eine bewegliche Berggegend, die Wasserberge zerschellten gegen einander, die Wellen schlagen über das Schiff zusammen und schleudern es herauf und herab, Musik der Kotzenden in der Kajüte, Schreien der Matrosen, dumpfes Heulen der Winde, Brausen, Summen, Pfeifen, Mordspektakel, der Regen gießt herab, als wenn die himmlischen Heerscharen ihre Nachttöpfe ausgössen — und ich lag auf dem Verdecke, und hatte Nichts weniger als fromme Gedanken in der Seele. Ich sage dir: obschon ich im Winde die Posaunen des jüngsten Gerichts hören konnte und in den Wellen Abraham's Schoß weit geöffnet sah, so befand ich mich doch weit besser, als in der Societät mauschelnder Hamburger und Hamburgerinnen."

> Eingehüllt in graue Wolken,
> Schlafen jetzt die großen Götter,
> Und ich höre, wie sie schnarchen,
> Und wir haben wildes Wetter.

> Wildes Wetter, Sturmeswüthen
> Will das arme Schiff zerschellen —
> Ach, wer zügelt diese Winde
> Und die herrenlosen Wellen!

Kann's nicht hindern, daß es stürmet,
Daß da dröhnen Mast und Bretter,
Und ich hüll' mich in den Mantel,
Um zu schlafen wie die Götter.

———

Der Wind zieht seine Hosen an,
Die weißen Wasserhosen!
Er peitscht die Wellen, so stark er kann,
Die heulen und brausen und tosen.

Aus dunkler Höh', mit wilder Macht,
Die Regengüsse träufen;
Es ist, als wollt' die alte Nacht
Das alte Meer ersäufen.

An den Mastbaum klammert die Möwe sich
Mit heiserem Schrillen und Schreien;
Sie flattert und will gar ängstiglich
Ein Unglück prophezeien.

———

Der Sturm spielt auf zum Tanze,
Er pfeift und saust und brüllt;
Heisa, wie springt das Schifflein!
Die Nacht ist lustig und wild.

Ein lebendes Wassergebirge
Bildet die tosende See;
Hier gähnt ein schwarzer Abgrund,
Dort thürmt es sich weiß in die Höh'.

Ein Fluchen, Erbrechen und Beten
Schallt aus der Kajüte heraus;
Ich halte mich fest am Mastbaum,
Und wünsche: Wär' ich zu Haus!

In ähnlicher Weise gab der Curhavener Aufenthalt, das Umherstreifen am seebespülten Strande, der freie Blick gen Westen auf das unbegrenzte, in stets wechselnder Beleuchtung erzitternde, bald von schwarzen Wolkenzügen gefärbte, bald von weißdampfenden Abendnebeln umhüllte, bald im geheimnisvollen Mondenlicht glänzende Meer, auf dessen Fluth die großen Schiffe wie riesige Schwäne einherzogen, dem Dichter das Thema zu zahlreichen andern Liedern, die er alle im Herbst 1823 aufzeichnete: „Wir saßen am Fischerhause," „Du schönes Fischermädchen," „Der Mond ist aufgegangen," „Auf den Wolken ruht der Mond," „Der Abend kommt gezogen," „Wenn ich an deinem Hause," „Das Meer erglänzte weit hinaus," ꝛc. [254]). Vor Allem jedoch beschäftigte ihn der Plan einer neuen Tragödie, deren er zuerst kurz vor der Abreise von Lüneburg gegen seinen Freund Lehmann erwähnt: „Eine ganze, neue fünfaktige und gewiß in jeder Hinsicht originelle Tragödie steht dämmernd, doch mit ihren Hauptumrissen, vor mir." Näheres darüber berichtet der vorhin angezogene Brief an Moser: „Die Tragödie ist im Kopfe ausgearbeitet, ich gebe mich ans Niederschreiben, sobald ich kann und Ruhe hab'! Sie wird sehr tief und düster. Naturmystik. Weißt du nicht, wo ich Etwas über Liebeszauber, über Zauberei überhaupt, lesen kann? Ich habe nämlich eine alte Italiänerin, die Zauberei treibt, zu schildern. Ich lese Viel über Italien. Denke an mich, wenn dir Etwas in die Hände fällt, was Venedig betrifft, besonders den venetianischen Karneval." Es wäre müßig, aus dieser dürftigen Notiz bestimmte Muthmaßungen über den Stoff des beabsichtigten Dramas herleiten zu wollen, da sich weitere Andeutungen nirgends finden. Im nächsten Briefe bemerkt Heine freilich noch, daß es ihn dränge, seine Tragödie zu schreiben, aber mit dem letzten Gruße aus Lüneburg vom 9. Januar 1824 gesteht er seinem Freunde, daß noch keine Zeile derselben geschrieben sei.

Nach sechswöchentlichem Gebrauche des Seebades in Curhaven kehrte H. Heine Anfangs September nach Hamburg zurück. Es hatte sich mittlerweile zwischen ihm und seinem Oheim Salomon eine verstimmende Differenz über Geldangelegenheiten erhoben, die Harry den Muth benommen zu haben scheint, sein Projekt einer Übersiedelung nach Paris vertrauensvoll mit Demselben zu bereden. Salomon Heine hatte ihm bisher, solange er die Universität besuchte, vierteljährlich die Summe von einhundert Thalern gezahlt und ihm im Oktober 1822 durch den Bankier Lipke in Berlin diese Unterstützung auf weitere zwei Jahre zugesagt. Der Neffe, welcher mit dem kargen Wechsel nie hatte auskommen können, und in Curhaven recht flott gelebt haben mag — er schreibt an Moser, daß die sechs Wochen im Seebade ihn 30 Louisd'or gekostet, — ließ von dort aus die nächsten hundert Thaler, welche erst ein paar Monate später fällig waren, in Berlin für sich einkassieren. Zu seiner Bestürzung empfing

20*

er sofort einen Brief seines Oheims, worin Dieser ihm schrieb: „Ich hoffe, du bist wohl und munter. Zu meinem Verdruß haben die Herren Lipke & Co. die letzten hundert Thaler auf mich angewiesen, die zufolge meiner Ordre erst den 1. Januar 1824 hatten gegeben werden sollen. Ich weiß es Herrn Lipke keinen Dank, daß er gegen meine Ordre gehandelt; indessen, ich gab derzeit mein Wort, fünfhundert Thaler zu geben, und als redlicher Mann habe ich mein Wort gehalten." Auch in dem übrigen Theile des Briefes schien die Andeutung zu liegen, daß Harry von dieser Seite hinfort kein Geld mehr zu erwarten habe. In ziemlich gereiztem Tone beantwortete er das Schreiben, und das Zeugniß Lipke's rief dem Oheim die Thatsache ins Gedächtnis zurück, daß die Geldzusicherung allerdings auf zwei Jahre gegeben worden sei. Schon vor der Abreise ins Seebad hatte Harry an Moser geschrieben [255]): „Ich habe mich entschlossen, à tout prix es einzurichten, daß ich meinen Oheim nicht mehr nöthig habe, da es so ganz unter meiner Würde ist." Bei der Schilderung seiner jetzigen Mißhelligkeit wiederholte er demselben Freunde [256]): „Ich kenne sehr gut die getauften und noch ungetauften Quellen, woraus dieses Gift eigentlich herkömmt, auch weiß ich, daß mein Oheim zu andern Zeiten die Generosität selbst ist; aber es ist doch in mir der Vorsatz aufgekommen, Alles anzuwenden, um mich so bald als möglich von der Güte meines Oheims loszureißen. Jetzt hab' ich ihn freilich noch nöthig, und wie knickerig auch die Unterstützung ist, die er mir zufließen läßt, so kann ich dieselbe nicht entbehren . . . Wo ich diesen Winter zubringen werde, weiß ich noch nicht; du siehst aus Obigem, daß ich jetzt ein Mann bin, der heute nicht weiß, wovon er übermorgen leben soll." Der folgende Brief aus Lüneburg zeigt uns, wie die Differenz zwar ausgeglichen ward, aber doch einen bittern Stachel in der Seele des stolzen Jünglings zurückließ [257]): „Meine Familien- und Finanzumstände sind jetzt die schlechtesten. Du nennst mein Verfahren gegen meinen Oheim Mangel an Klugheit. Du thust mir Unrecht; ich weiß nicht, warum ich just gegen meinen Oheim jene Würde nicht behaupten soll, die ich gegen alle andere Menschen zeige. Du weißt, ich bin kein delikater, zartfühlender Jüngling, der roth wird, wenn er Geld borgen muß, und stottert, wenn er von dem besten Freunde Hilfe verlangt. Ich glaube, dir brauche ich Das nicht zu beschwören, du hast es selbst erlebt, daß ich in solchen Fällen ein dickhäutiges Gefühl habe, aber ich habe doch die Eigenheit: von meinem Oheim, der zwar viele Millionen besitzt, aber nicht gern einen Groschen misst, durch keine freundschaftliche und gönnerschaftliche Verwendungen Geld zu erpressen. Es war mir schon fatal genug, das mir zugesagte Geld für das Jahr 1824 zu vindicieren, und ich bin ärgerlich, über diese Geschichte weiter zu schreiben. Ich bin mit meinem Oheim überein gekommen: daß ich nur 100 Louisd'or zum Studieren von Januar 1824 bis 1825 von ihm nehme, weil ich darauf gerechnet habe, und daß er übrigens sicher sein könne, von meiner Seite nie in Geldsachen belästigt zu werden. Für solche Genügsamkeit bin ich auch dadurch belohnt worden, daß mein Oheim mich in Hamburg, wo ich viele Tage auf seinem Landhause verbrachte, sehr ehrte und sehr auszeichnete und gnädig ansah. Und am Ende bin ich doch der Mann, der nicht anders zu handeln vermag, und den keine Geldrücksicht bewegen sollte, Etwas von seiner innern Würde zu veräußern. Du siehst mich daher, trotz meiner Kopfleiden, in fortgesetztem Studium meiner Juristerei, die mir in der Folge Brot schaffen soll." Auch später kommt H. Heine oftmals auf dies gespannte Verhältnis zurück. Aus Göttingen schreibt er an Moser im Februar 1824 [258]): „Ich will aus der Wagschale der Themis mein Mittagsbrot essen, und nicht mehr aus der Gnadenschüssel meines Oheims. Die Vorgänge von vorigem Sommer haben einen düsteren, dämonischen Eindruck auf mich gemacht. Ich bin nicht groß genug, um Erniedrigung zu ertragen." Und Ende Juni desselben Jahres ruft er aus [259]): „Meine Zeit wird von meinen Kopfschmerzen und Studien in Beschlag genommen. Und Gott weiß, ob ich dies Jahr fertig werde! Und Gott stehe mir bei, wenn es nicht der Fall ist! Ich will auf keinen Fall meinen Oheim weiter angehn mit captationes benevolentiae, hab' ihm auch seit neun Monaten nicht geschrieben." Und als Harry wirklich durch beständiges Kränkeln mit seinen Vorbereitungen für das Doktor-Examen nicht zum festgesetzten Termine fertig ward und den reichen Verwandten um eine fernere Unterstützung bitten musste, theilte er Moser das Resultat seines Briefes in den Worten mit [260]): „Mein Oheim in Hamburg hat mir noch ein halb Jahr zugesetzt. Aber Alles, was er thut, geschieht auf eine unerfreuliche Weise. Ich habe ihm bis auf diese Stunde noch nicht geantwortet; denn es ist mir zu ekelhaft, ihm zu zeigen, wie läppisch und erbärmlich man mich bei ihm verklatscht." Wenn Salomon Heine, wie es allerdings wohl der Fall war, den Einflüsterungen seiner Schwiegersöhne und anderer Personen seines täglichen Umgangs, mit denen sein Neffe auf feindseligem Fuße stand, ein zu bereitwilliges Ohr lieh, so mag doch auch Letzterer durch ein hochmüthiges Pochen auf seinen Dichterruhm einen Theil der Schuld an den häufigen Mißhelligkeiten getragen haben. Wir wissen nicht, ob die Anekdote verbürgt ist, daß er in muthwilliger Laune einmal seinem Oheim die humoristische Aufforderung schrieb:

> „Schicken Sie mir eine Million,
> Und vergessen auf ewig Ihren Brudersohn!"

Jedenfalls aber erzählt sein Bruder Max einen Vorfall, der das Verhältnis zwischen Oheim und Neffen in ein possierliches Licht stellt[261]). Als Harry im Frühling 1827 eine Reise nach England antrat, gab Salomon Heine, der ihm erst kürzlich ein hübsches Sümmchen geschenkt hatte, ihm auf seinen besonderen Wunsch, der Repräsentation halber, einen Kreditbrief von vierhundert Pfund Sterling sammt einer dringenden Empfehlung an den Baron Rothschild in London mit. Die Abschiedsworte des Onkels lauteten noch: „Der Kreditbrief ist nur zur formellen Unterstützung der Empfehlung; mit deinem baren Reisegeld wirst du schon auskommen. Auf glückliches Wiedersehen!" — Kaum war der Dichter vierundzwanzig Stunden in London, als er bereits auf dem Komptoir Rothschild's seinen Kreditbrief präsentierte und die vierhundert Pfund einstrich. Dann fuhr er zum Chef des Hauses, Baron James von Rothschild, der ihn sofort zu einem solennen Diner einlud. Onkel Salomon saß eines Morgens gemüthlich beim Kaffe, rauchte seine lange Pfeife, und öffnete die von London eingelaufenen Geschäftsbriefe. Es war grade so viel Zeit seit der Abreise seines Neffen aus Hamburg verstrichen, wie die nächste Post aus London zur Meldung seiner glücklichen Ankunft nöthig hatte. Der erste Brief, den der Onkel öffnete, war die Anzeige Rothschild's, daß er das Vergnügen gehabt, seinen berühmten, charmanten Neffen persönlich kennen zu lernen, und die Ehre genossen, den Kredit von vierhundert Pfund auszuzahlen. Die Pfeife fiel dem Alten aus dem Munde, hoch sprang er von seinem Lehnstuhl auf, und rannte schäumenden Mundes im Zimmer auf und ab. Die Tante sah erschrocken auf ihren Mann, der nur von Zeit zu Zeit die Worte ausstieß: „Der Teufel hole Rothschild sammt seinem Vergnügen und der Ehre, die er gehabt hat, mein Geld auszuzahlen!" Dann wandte er sich zu seiner Frau: „Ich sage dir, Betty, Der kann mich ruinieren!" Jedem Bekannten an der Börse erzählte er die große Begebenheit, und schrieb Abends noch an Harry's Mutter einen Brief voll der bittersten Klagen. Die gute Frau sandte sofort eine strenge Epistel an den sich in London aufs beste amüsierenden Sohn, und bat um Aufklärung, um Rechtfertigung. Diese kam auch mit der folgenden Post, aber in sonderbarster Weise. Eine Stelle des Schreibens lautete: „Alte Leute haben Kapricen; was der Onkel in guter Laune gab, konnte er in böser wieder zurücknehmen. Da mußte ich sicher gehen; denn es hätte ihm im nächsten Briefe an Rothschild einfallen können, Demselben zu schreiben, daß der Kreditbrief nur eine leere Form gewesen, wie die Annalen der Komptoirs der großen Bankiers Beispiele genug aufzuführen wissen. Ja, liebe Mutter, der Mensch muß immer sicher gehen — der Onkel selbst wäre nie so reich geworden, wenn er nicht immer sicher ge- gangen wäre." Originell genug war die Scene, als der geniale Neffe zum ersten Mal wieder vor den erzürnten Oheim trat. Vorwürfe über maßlose Verschwendung, Drohungen, sich nie wieder mit ihm zu versöhnen — alles Dies hörte Jener mit der gelassensten Ruhe an. Als der Onkel endlich mit seiner Strafpredigt fertig war, hatte der Neffe nur die eine Er- widerung: „Weißt du, Onkel, das Beste an dir ist, daß du meinen Namen trägst," und schritt stolz aus dem Zimmer. Diese kecke Äußerung ver- mochte der Millionär lange nicht zu verwinden. „Er rechnet es sich gar noch zur Tugend, daß ich ihm für seine Briefe an mich kein specielles Honorar zu zahlen brauche," sagte er einst, als er obigen Vorfall erzählte; denn Harry hatte ihm wirklich einmal im Übermuthe geschrieben: „Jedes meiner Worte ist bares Geld für mich." In ähnlich stolzem Selbstgefühl und nicht ohne leichte Persifflage schrieb er an Salomon Heine 1828 aus den Bädern von Lucca [262]): „Ich will nicht denken an die Klagen, die ich gegen Sie führen möchte, und die vielleicht größer sind, als Sie nur ahnen können. Ich bitte Sie, lassen Sie daher auch etwas ab von Ihren Klagen gegen mich, da sie sich doch alle auf Geld reducieren lassen, und, wenn man alle bis auf Heller und Pfennig in Banco-Mark ausrechnet, doch am Ende eine Summe herauskäme, die ein Millonär wohl wegwerfen könnte — statt daß meine Klagen unberechenbar sind, unendlich, denn sie sind geistiger Art, wurzelnd in der Tiefe der schmerz- lichsten Empfindungen. Hätte ich jemals auch nur mit einem einzigen Worte, mit einem einzigen Blick die Ehrfurcht gegen Sie verletzt oder Ihr Haus beleidigt — ich habe es nur zu sehr geliebt! — dann hätten Sie

Recht, zu zürnen. Doch jetzt nicht; wenn alle Ihre Klagen zusammenge-
zählt würden, so gingen sie doch alle in einen Geldbeutel hinein, der nicht
einmal von allzu großer Fassungskraft zu sein brauchte, und sie gingen
sogar mit Bequemlichkeit hinein. Und ich setze den Fall, der graue Sack
wäre zu klein, um Salomon Heine's Klagen gegen mich fassen zu können,
und der Sack risse — glauben Sie wohl, daß Das eben so Viel bedeutet,
als wenn ein Herz reißt, das man mit Kränkungen überstopft hat? Doch
genug, die Sonne scheint heute so schön, und wenn ich zum Fenster hinaus-
blicke, so sehe ich Nichts, wie lachende Berge mit Weinreben. Ich will
nicht klagen, ich will Sie nur lieben, wie ich immer gethan, ich will nur
an Ihre Seele denken und will Ihnen gestehen, daß diese doch noch schöner
ist, als all die Herrlichkeit, die ich bis jetzt in Italien gesehen . . . Und
nun leben Sie wohl! Es ist gut, daß ich Ihnen nicht sagen kann, wo
eine Antwort von Ihnen mich treffen würde; Sie sind um so eher überzeugt, daß dieser Brief Sie in keiner Weise belästigen soll. Er ist
bloß ein Seufzer. Es ist mir leid, daß ich diesen Seufzer nicht frankieren
kann, er wird Ihnen Geld kosten — wieder neuer Stoff zu Klagen.
Abieu, theurer, großmüthiger, knickriger, edler, unendlich geliebter Onkel!"
— Niemand wird sagen können, daß ein Neffe, der seinem reichen Oheim
solche Briefe schrieb, sich durch unwürdige Schmeicheleien Ansprüche auf
Dessen Großmuth zu erwerben gesucht hätte. Daß der Dichter, trotz dieser
oftmaligen Nergeleien, die innigste Liebe und Verehrung für den launen-
haften Millionär empfand, beweisen, außer dem Umstande, daß er ihm seine
Tragödien nebst dem lyrischen Intermezzo widmete, zahlreiche Aeußerungen
seiner Briefe. Im April 1823 schrieb er an Wohlwill [263]): „Mein Oheim
Salomon Heine ist einer von den Menschen, die ich am meisten achte;
er ist edel und hat angeborne Kraft. Du weißt, Letzteres ist mir das
Höchste." Anderthalb Jahre später bemerkte er in einem Briefe an Friederike Robert [264]): „Mit Vergnügen habe ich vernommen, schöne Frau,
daß Sie meinen Oheim Salomon Heine kennen gelernt. Wie hat er Ihnen
gefallen? Sagen Sie, sagen Sie!? Es ist ein bedeutender Mensch, der bei
großen Gebrechen auch die größten Vorzüge hat. Wir leben zwar in beständigen Differenzen, aber ich liebe ihn außerordentlich, fast mehr als
mich selbst. Dieselbe störrige Keckheit, bodenlose Gemüthsweichheit
und unberechenbare Verrücktheit — nur daß Fortuna ihn zum Millionär und mich zum Gegentheil, d. h. zum Dichter gemacht, und uns

daburch äußerlich in Gesinnung und Lebensweise höchst verschieden ausgebildet hat."

Gegen Ende September finden wir unsern jungen Freund wieder in
Lüneburg, eifrig vertieft in jene juristischen Studien, die ihm nach seiner
damaligen Hoffnung in der Folge das tägliche Brot und die ersehnte
Unabhängigkeit von den Geldzuschüssen des reichen Oheims verschaffen
sollten. Er versichert seinem Freunde Moser wiederholentlich[265]), daß er
sich à tout prix eine feste, lukrative Stellung verschaffen, und sich nicht
weiter in Armuth und Drangsal herumschleppen wolle. „Ich denke Neu-
jahr nach Göttingen zu reisen, und dort ein Jahr zu bleiben, ich muß
mein jus mit mehr Fleiß als jeder Andere studieren, da ich — wie ich
voraussehe — nirgends angestellt werde und mich aufs Advocieren legen
muß." — „Ich stehe bis am Hals im Moraste römischer Gesetze," schreibt
er im November 1823 an Ludwig Robert[266]). „Ich habe kein Privat-
vermögen und muß fürs liebe Brot sorgen; und bin dabei so vornehm,
wie Ihnen der gute, gelehrte Moser geklagt haben wird." Auch in einem
Briefe an Joseph Lehmann heißt es um dieselbe Zeit: „Was mich betrifft,
so arbeite ich jetzt viel, freilich bloß ernsthafte Sachen und Brotstudien.
Das Versemachen hab' ich auf bessere Zeiten verspart; und wozu soll ich
sie auch machen? Nur das Gemeine und Schlechte herrscht, und ich will
diese Herrschaft nicht anerkennen. Noch viel weniger aber gelüstet mich's
nach Martyrkronen. Was ich für die Zukunft beabsichtige, kann Ihnen
Moser sagen, Der weiß es eben so gut als ich selbst." — Daß übrigens,
trotz dieser gelehrten Studien, nebenher der in Kopf und Herz während
der Sommerreise aufgespeicherte Stoff poetisch verarbeitet ward, sagt uns
schon die Bemerkung in einem Schreiben an Moser vom 5. November[267]):
„Eine Menge kleiner Lieder liegen fertig, werden aber so bald nicht gedruckt werden." In der That ist die größere Hälfte des Liedercyklus:
„Die Heimkehr" im Herbst 1823 in Lüneburg entstanden. Außer den
vorhin angeführten Reminiscenzen des Aufenthaltes in Hamburg und
Curhaven, erwähnen wir noch das Gedicht: „Mein Herz, mein Herz ist
traurig," dessen Schilderung sich auf eine damals noch vorhandene Partie
des jetzt in eine Promenade verwandelten Lüneburger Festungswalles bezieht, - die Lieder: „Du hast Diamanten und Perlen," „Was will die einsame Thräne?" — und die durch Silcher's Komposition zum Volkslied gewordene Lorelei-Ballade[268]). Nur Wenigen mag es bekannt sein, daß die

Sage von der Lorelei keineswegs „ein Märchen aus alten Zeiten" ist, sondern erst aus diesem Jahrhundert stammt. Die sorgfältigsten Nachforschungen [269]) haben festgestellt, daß kein einziger Schriftsteller früherer Zeit das Mindeste von einem „Lohra"-Kultus oder von der verführischen Nixe weiß, welche am Lurleifelsen bei St. Goar dem vorüberfahrenden Schiffer so verderblich gewesen sei. Den ersten Keim zu der Sage legte Clemens Brentano durch eine dem zweiten Theil seines Romanes „Godwi"[270]) eingefügte Ballade, deren Stoff nach seiner ausdrücklichen Erklärung frei von ihm erfunden war. Dies Gedicht handelt weder von Nixen noch Sirenen, sondern von einer jungen Bürgerstochter in Bacharach, die vom Bischof der Zauberei beschuldigt wird, weil viele Männer sich wegen ihrer Schönheit in sie verlieben. Sie selbst aber fühlt sich unglücklich, weil ihr Schatz sie betrogen und verlassen hat, und erfleht den Tod. Der Bischof, von ihrer Schönheit gerührt, giebt Befehl, sie ins Kloster zu führen; unterwegs aber blickt sie noch einmal vom Felsen nach ihres Liebsten Schloß, und stürzt sich dann in den Rhein. Lediglich auf Grund des Namens „Lurlei" (Lei bedeutet Schieferfels) hatte Brentano das Mädchen Lore Lay genannt. Dies genügte dem auf Rheinsagen erpichten Nikolaus Vogt, um daraus mit souveräner Phantasie eine ganz neue Geschichte zu spinnen und 1811 frischweg zu behaupten, das Echo an der Lurlei solle die Stimme eines Weibes sein, das durch außerordentlichen Liebreiz alle Männer bezaubert habe, nur nicht den Mann ihrer eigenen Liebe; die Unglückliche sei deßhalb ins Kloster gegangen, auf dem Wege dahin aber ihres auf dem Rheine dahinfahrenden Geliebten ansichtig geworden und aus Schmerz und Verzweiflung von der Höhe des Felsens in die Tiefe gesprungen; drei ihrer Anbeter aber, die sie begleitet, seien ihr gefolgt, und deßhalb heiße auch der vordere Felsen mit dem dreifachen Echo der Dreiritterstein. So hatte also Vogt aus dem selbständig erfundenen Gedichte Brentano's, auf das er sich obendrein zur Beglaubigung seiner Erzählung berief, unter willkürlichen Zusätzen der eigenen Phantasie eine angebliche „Volkssage" gemodelt, deren sich bald zahlreiche Poeten zu weiterer Ausschmückung des romantischen Stoffes bemächtigten. Graf Otto Heinrich von Loeben verwandelte in seiner, zuerst in der „Urania" für 1821 abgedruckten „Loreley; eine Sage vom Rhein"[271]) die Selbstmörderin von Bacharach in eine Stromnixe, die, auf dem höchsten Felsgestein sitzend, den vorüberfahrenden Schiffer durch holde Lieder bethört und in die Tiefe verlockt. Es leidet wohl keinen Zweifel, daß Heine dies Loeben'sche Gedicht gekannt und bei Abfassung seiner Lorelei-Ballade benutzt hat. Nicht allein der Inhalt ist fast ein gleicher, sondern auch die Form beider Lieder hat eine gewisse Ähnlichkeit in Versschema, Tonfall und einzelnen Wendungen. Es wäre lächerlich, Heine, der aus einigen saloppen Bänkelsängerreimen eine unsterbliche Dichtung schuf, eines Plagiates zu beschuldigen, weil er dem schlecht behandelten Stoff eine neue, würdigere Fassung gab. — Die Loreleisage nahm später unter den Händen anderer Dichter noch verschiedene Wandlungen an. Eichendorff [272]) machte sie zur Waldhexe, Simrock [273]) mit gelehrt erkünstelter Allegorie zur Muse des Rheinlands, Geibel wählte sie zum Gegenstande dramatischer Behandlung für ein Opern-Libretto, Hermann Hersch für ein fünfaktiges Trauerspiel, und Herzog Adolf von Nassau wollte der Rheinnixe Anfangs der fünfziger Jahre gar auf dem Lurleifelsen, als der Stätte des „uralten Lohra-Kultus", ein riesiges Standbild errichten, dessen Modell schon von Professor Hopfgarten angefertigt war, als plötzlich die unbarmherzige Kritik die ganze Sage in ihr Nichts zerblies. Das Modell verwittert langsam im Schloßpark zu Bieberich, und von den unzähligen Lorelei-Gedichten [274]) wird nur das Heine'sche Lied ewig im Volksmunde leben.

Auch die höhnisch bittere Romanze „Donna Clara" [275]), welche die judenfeindliche Alkadentochter sich in einen unbekannten Ritter verlieben läßt, der sich, nachdem er ihrer Liebe genossen, als der Sohn des gelehrten Rabbi Israel von Saragossa entpuppt, wurde im Herbst 1823 geschrieben Die Begleitworte an Moser [276]) verrathen uns, daß die herbe Tendenz des Gedichtes keineswegs der Ausfluß eines übersprudelnden Humors, sondern das Resultat eines wirklichen Erlebnisses in Berlin und eines tiefverletzten Gemüthes war: „Es giebt einen Abraham von Saragossa, aber Israel fand ich bezeichnender. Das Ganze der Romanze ist eine Scene aus meinem eigenen Leben, bloß der Thiergarten wurde in den Garten des Alkaden umgewandelt, Baronesse in Sennora, und ich selbst in einen heiligen Georgen oder gar Apoll! Es ist bloß das erste Stück einer Trilogie, wovon das zweite den Helden von seinem eigenen Kinde, das ihn nicht kennt, verspottet zeigt, und das dritte zeigt dieses Kind als erwachsenen Dominikaner, der seine jüdischen Brüder zu Tode foltern läßt. Der Refrain dieser beiden Stücke korrespondiert mit dem Refrain des ersten Stücks; — aber es kann noch lange dauern, ehe ich sie schreibe. Auf jeden Fall werde ich diese Romanze in meiner nächsten Gedichtsammlung aufnehmen. Aber ich habe sehr wichtige Gründe, zu wünschen, daß sie früher in keine christliche Hände gerathe." Es war Heine gar nicht angenehm, durch sein Gedicht bei dem Freunde einen spaßigen Eindruck erregt zu haben: „Daß dir die Romanze gefallen, ist mir lieb. Daß du darüber gelacht, war mir nicht ganz recht. Aber es geht mir oft so, ich kann meine eigenen Schmerzen nicht erzählen, ohne daß die Sache komisch wird." Eben so schrieb er an Ludwig Robert [277]), welcher ihn um das Gedicht für die „Rheinblüthen," einen von seinem Schwiegervater, dem Buchhändler Braun in Karlsruhe, herausgegebenen Almanach, ersuchte: „Es war mir lieb, daß es Ihnen nicht mißfiel, da ich am Werthe desselben zweifelte. Das Gedicht drückt nämlich nicht gut aus, was ich eigentlich sagen wollte, und sagt vielleicht gar etwas Anderes. Es sollte wahrlich kein Lachen erregen, noch viel weniger eine moquante Tendenz zeigen. Etwas, das ein individuell Geschehenes und zugleich ein Allgemeines, ein Weltgeschichtliches ist, und das sich klar in mir abspiegelte, wollte ich einfach, absichtlos und episch-parteilos zurückgeben im Gedichte; — und das Ganze hatte ich ernst-wehmüthig, und nicht lachend, aufgefaßt, und es sollte sogar das erste Stück einer tragischen Trilogie sein."

Im Ganzen verlebte Heine die Herbstmonate in Lüneburg in sehr verdrießlicher Stimmung; die Reise nach Hamburg hatte ihm mehr Trübes als Erfreuliches gebracht, sein Kopfleiden war durch den Aufenthalt im Seebade nur unmerklich gebessert worden, im täglichen Verkehr fehlte ihm jede geistige Anregung, und der Mißerfolg der Aufführung des „Almansor" hatte seine hochfliegenden Hoffnungen bis zur Verzagnis herabgestimmt. „Braunschweiger Meßjuden," schrieb er an Moser [278]), „haben diese Nachricht in ganz Israel verbreitet, und in Hamburg bin ich ordentlich kondoliert worden. Die Geschichte ist mir sehr fatal, sie influenziert schlecht auf meine Lage, und ich weiß nicht, wie Dieses zu repariren ist. Die Welt mit ihren dazu gehörigen Dummheiten ist mir nicht so gleichgültig, wie du glaubst." Die anerkennenden Recensionen seiner Tragödien und Gedichte in den meisten Zeitschriften trösteten ihn freilich in Etwas über das ärgerliche Ereignis, und er bemerkte bei der Nachricht, daß Beer's „Paria" in Berlin zur Ausführung kommen solle, mit erhobnerem Selbstgefühl [279]): „Daß eine Tragödie nothwendig schlecht sein muß, wenn ein Jude sie geschrieben hat, dieses Axiom darf jetzt nicht mehr aufs Tapet gebracht werden. Dafür kann mir Michael Beer nicht genug danken." Ein treues Spiegelbild des Unmuths, mit welchem der junge Dichter die todte Stille des von jedem anregenden Verkehr mit der Außenwelt abgeschlossenen Familienlebens ertrug, gewährt uns der Anfang eines Briefes an Ludwig Robert [230]): „Es giebt nichts Neues zu hören, lieber Robert, außer daß ich noch lebe und Sie liebe. Letzteres wird eben so lange dauern, als das Erstere, dessen Dauer sehr unbestimmt ist. Über das Leben hinaus verspreche ich Nichts. Mit dem letzten Odemzuge ist Alles vorbei, Freude, Liebe, Ärger, Lyrik, Makaroni, Normaltheater, Linden, Himbeerbonbons, „Macht der Verhältnisse", Klatschen, Hundegebell, Champagner — und von dem mächtigen Talbot, der die Theater Deutschlands mit seinem Ruhm erfüllte, bleibt Nichts übrig, als eine Handvoll leichter Makulatur. Die aeterna nox des Käseladens verschlingt „die Tochter Jephtha's" mitsammt dem ausgepfiffenen „Almansor." Es ist wahrlich eine düstere Stimmung, in der ich seit zwei Monaten hinbrüte; ich sehe Nichts, als offene Gräber, Dummköpfe und wandelnde Rechenexempel."

Nachdem sich Heine am 24. December in Berlin hatte exmatrikulieren lassen, trat er am 19. Januar 1824 die Reise nach Göttingen an. Wir erfahren aus einem Briefe, den er unterwegs in Hannover seinem Freunde Moser schrieb [231]), daß er auch an seinem neuen Bestimmungsorte nicht viel Freude zu finden erwartete, und sich, trotz seiner vielen Klagen, zuletzt doch so leidlich in Lüneburg eingelebt, ja, fast ungern von den hübschen Lüneburgerinnen getrennt hatte: „Aus dem Datum oben ersiehst du, daß ich jetzt in derjenigen Stadt bin, wo man die Folter erst vor einigen Jahren abgeschafft hat. Ich bin gestern Abend angekommen und blieb heute hier, weil ich mich gar zu erschöpft fühle von der Nacht, die ich durchgefahren, in sehr schlechtem Wetter und noch schlechterer Gesellschaft. Ich bin übermorgen in Göttingen und begrüße wieder den ehrwürdigen Karcer, die läppischen Löwen auf dem Weenderthore und den Rosenstrauch auf dem Grab der schönen Cäcilie. Ich finde vielleicht keinen einzigen meiner früheren Bekannten in Göttingen; Das hat etwas Unheimliches. Ich glaube auch, daß ich die erste Zeit sehr verdrießlich leben werde, dann gewöhne ich mich an meinen Zustand, befreunde mich peu-à-peu mit dem Unabwendbaren, und am Ende ist mir der Platz ordentlich lieb geworden, und es macht mir Schmerzen, wenn ich davon scheiden muß. Es ist mir immer so gegangen, so halb und halb auch in Lüneburg. Lorsque mon départ de cette ville s'approchait, les hommes et les femmes, et principalement les belles femmes, s'empressaient de me plaire et de me faire regretter mon séjour de Lunebourg. Voilà la perfidie des hommes, ils nous font des peines même quand ils semblent nous cajoler. Das Licht ist tief herabgebrannt, es ist spät, und ich bin zu schläfrig, um deutsch zu schreiben. Eigentlich bin ich auch kein Deutscher, wie du wohl weißt (vide Rühs, Fries a. m. D.). Ich würde mir auch Nichts darauf einbilden, wenn ich ein Deutscher wäre. O ce sont des barbares! Es giebt nur drei gebildete, civilisierte Völker: die Franzosen, die Chinesen und die Perser. Ich bin stolz darauf, ein Perser zu sein. Daß ich deutsche Verse mache, hat seine eigene Bewandtnis. Die schöne Gulnare hat nämlich von einem gelehrten Schafskopfe gehört, daß das Deutsche Ähnlichkeit habe mit ihrer Muttersprache, dem Persischen, und jetzt sitzt das liebliche Mädchen zu Ispahan und studiert deutsche Sprache, und aus meinen Liedern, die ich in ihren Harem einzuschmuggeln gewußt, pflegt sie, zur grammatischen Übung, Einiges zu übersetzen in ihre süße, rosige, leuchtende Bulbul-Sprache. Ach, wie sehne ich mich nach Ispahan! Ach, ich Armer bin fern von seinen lieblichen Minarets und duftigen Gärten! Ach, es ist ein schreckliches Schicksal für einen persischen Dichter, daß er sich abmühen muß in eurer niederträchtig holprigen deutschen Sprache, daß er zu Tode gemartert wird von euren eben so holprigen Postwägen, von eurem schlechten Wetter, euren dummen Tabacksgesichtern, euren römischen Pandekten, eurem philosophischen Kauderwelsch und eurem übrigen Lumpenwesen. O Firdusi! O Ischami! O Saadi! wie elend ist euer Bruder! Ach, wie sehne ich mich nach den Rosen von Schiras! Deutschland mag sein Gutes haben, ich will es nicht schmähen. Es hat auch seine großen Dichter: Karl Müchler, Clauren, Gubitz, Michel Beer, Auffenbach, Theodor Hell, Laun, Gehe, Houwald, Rückert, Müller, Immermann, Uhland, Goethe. Aber was ist alle ihre Herrlichkeit gegen Hafis und Nisami! Aber obschon ich ein Perser bin, so bekenne ich doch: der größte Dichter bist du, o großer Prophet von Mekka, und dein Koran, obschon ich ihn nur durch die schlechte Boysen'sche Übersetzung kenne, wird mir so leicht nicht aus dem Gedächtnis kommen!"

Am 30. Januar ließ sich H. Heine zum zweiten Mal in Göttingen als akademischer Bürger immatrikulieren, und bezog eine Wohnung im ersten Stock des Eberwein'schen Hauses auf der Groner Straße [282]). Wie er vorausgesehen, fand er nur wenige seiner früheren Universitätsbekannten mehr vor, und seine Briefe an Moser eröffnet sofort wieder ein Lamento über das sterile Einerlei seines Lebens [283]: „Ich bin jetzt schon neun Tage hier, d. h. die Langeweile verzehrt mich schon. Aber ich hab' es ja selbst gewollt, und es ist gut, und still davon! Ich will nie mehr klagen. Ich las gestern Abend die Briefe Jean Jacques Rousseau's und sah, wie langweilig es ist, wenn man sich beständig beklagt. Aber ich klage ja nur meiner Gesundheit wegen, und — Das mußt du mir bezeugen — die Schufte, die durch Machinationen mir das Leben zu verpesten suchen, haben mir selten Klagen entlockt . . . Hier ist Alles still, und in der Hauptsache anders als bei euch. Wie du weißt, in der ganzen Welt verbringen die Menschen ihr Leben damit, daß sich Einer mit dem Andern beschäftigt, und Dessen Thun und Lassen, Wollen und Können beobachtet oder kreuzt oder (des eignen Vortheils halber) befördert. In Berlin bekümmert man sich mehr um die lebendigen Menschen, hier in Göttingen mehr um die Todten. Dort beschäftigt man sich auch mehr mit Politik, hier mehr mit der Literatur derselben. Um mit meinem Freunde Rousseau zu sprechen: à Berlin on est plus curieux des sottises qui se font dans ce monde, ici on est plus curieux de celles qu'on imprime dans les livres." Obschon er versichert, daß er jetzt ganz in seinem juristischen Fachstudium lebe und das Corpus juris sein Kopfkissen sei, scheint Heine doch nebenher auch die geselligen Freuden des Umganges aufgesucht und die sich ihm darbietenden Zerstreuungen nicht verschmäht zu haben, wie die humoristische Andeutung besagt [284]: „Dennoch treibe ich noch manches Andere, z. B. Chronikenlesen und Biertrinken. Die Bibliothek und der Rathskeller ruinieren mich. Auch die Liebe quält mich. Es ist nicht mehr die frühere, die einseitige Liebe, sondern, wie ich mich zum Doppelbier hinneige, so neige ich mich auch zu einer Doppelliebe. Ich liebe die medicäische Venus, die hier auf der Bibliothek steht, und die schöne Köchin des Hofrath Bauer. Ach, und bei Beiden liebe ich unglücklich!" — Vor Allem besuchte er gern eine kleine Wirthschaft, „die Landwehr" genannt, welche ein Stündchen von der Stadt entfernt lag, und des hübschen Schenkmädchens halber vielen Zuspruch von den Studenten erhielt. Das Lottchen von der Landwehr war eine reizende Erscheinung. Höchst anständig, von gleicher Freundlichkeit gegen alle Gäste, bediente sie alle mit wunderbarer Schnelligkeit und graciöser Behendigkeit. Heine schlenderte oftmals mit andern Musensöhnen nach dieser Schenke hinaus, um dort sein Abendessen einzunehmen, gewöhnlich eine Taube oder ein Entenviertel mit Apfelkompott. Er liebte es, mit dem Mädchen zu scherzen, obschon sie dazu weder Veranlassung noch Erlaubnis gab, und einstmals umfaßte er gar ihre Taille und suchte ihr einen Kuß zu rauben. Glühend vor Zorn und Scham riß sich das Mädchen los, und verwies dem lecken Studenten mit so strafendem Ernst sein Benehmen, daß er beschämt davonschlich. Längere Zeit vermied er die Schenke, durch diese Erfahrung belehrt, daß ein junges, seiner Würde bewußtes Mädchen allezeit den kräftigsten Schutz gegen jede Frivolität in sich selbst berge. Bald jedoch zog es ihn wieder nach der Landwehr, und er ging in der eitlen Absicht hinaus, das hübsche Mädchen völlig zu ignorieren. Wie sehr aber war er erstaunt, als ihm Lottchen mit dem heitersten Lächeln entgegen kam, ihm die Hand reichte, und unbefangen sagte: „Mit Ihnen ist Das etwas ganz Anderes als mit den übrigen Herrn Studiosen, Sie sind ja schon so berühmt wie unsre Professoren. Ich habe Ihre Gedichte gelesen — ach, wie sind die schön! das Gedicht vom Kirchhof weiß ich fast auswendig — und jetzt, Herr Heine, mögen Sie mich küssen in Gegenwart von all diesen Herren. Sein Sie aber auch recht fleißig und schreiben Sie noch mehr so schöne Gedichte!" Als Heine seinem Bruder Max nach dreißig Jahren diese Geschichte erzählte [245], sagte er wehmüthig: „Dies kleine Honorar hat mir mehr Freude verursacht, als späterhin alle blinkenden Goldstücke von Hoffmann und Campe."

Kaum zwei Monate hatte H. Heine in Göttingen verbracht, als ihn sein unruhiger Geist schon wieder den Plan zu einem Ausfluge nach Berlin fassen ließ. „Wir haben nämlich vier Wochen Ferien," schrieb er an Moser [246], „das Leben hier macht mich bis zur Entsetzlichkeit melancholisch, für meine Kopfschmerzen, die mich wieder anhaltend plagen, ist eine durchrüttelnde Reise heilsam, und dann — ich könnte dir wohl glauben machen, daß du endlich es bist, der mich am meisten nach Berlin zieht, und ich habe es mir auch gestern den ganzen Tag eingebildet, aber diesen Morgen im Bette frug ich mich selbst, ob ich wohl nach Göttingen reisen würde, wenn du in Göttingen und ich in Berlin wäre? Aber was soll ich mir den Kopf zerbrechen, um die Ursachen aufzufinden, warum ich nach Berlin reise — genug, ich komme hin. Es ärgert mich, daß du mir schreibst, daß Roberts schon diesen Monat nach Wien gehen. Wäre Dies nicht, so würde ich mir einbilden, ich reiste Madame Robert's wegen nach Berlin. Aber Frau von Varnhagen? Ja, ich freue mich, die herrliche Frau wieder-zusehen, aber was breche ich mir den Kopf? genug, ich komme ... Du wirst sehen, wie es mit meinem armen Kopfe aussieht, wie ich besorgt sein muß, ihn vor allen Anreizungen zu bewahren. Ich bitte dich schon im Voraus, laß mich, wenn wir zusammenkommen, kein Hegel'sches Wort hören, nimm Stunden bei Auerbach, damit du mir recht viel Mattes und Wäßrichtes sagen kannst, laß dir dünken, ich sei ein Schafskopf wie Cajus und Titius 2c. Verlange überhaupt keine Kraftäußerungen von mir, wie du in deinem Briefe verlangst; mag es mit meiner Poesie aus sein oder nicht, und mögen unsere ästhetischen Leute in Berlin von mir sagen, was sie wollen — was geht Das uns an? Ich weiß nicht, ob man Recht hat, mich als ein erloschenes Licht zu betrachten, ich weiß nur, daß ich Nichts schreiben will, so lange meine Kopfnerven mir Schmerzen machen, ich fühle mehr als je den Gott in mir, und mehr als je die Verachtung gegen den großen Haufen; — aber früh oder spät muß ja die Flamme des Geistes im Menschen erlöschen; von längerer Dauer — vielleicht von ewiger Dauer — ist jene Flamme, die als Liebe (die Freundschaft ist ein Funken derselben) diesen morschen Leib durchströmt. Ja, Moser, wenn diese Flamme er-löschen wollte, dürftest du ängstlich werden. Noch hat's keine Gefahr; ich fühle ihren Brand ... Lebe wohl, behalte mich lieb, und begnüge dich mit Dem, was ich bin und sein will, und grüble nicht darüber, was ich sein könnte." Wenn Moser, wie aus diesen Bemerkungen hervorzu-gehen scheint, sich in seinen Briefen geäußert hatte, als hielte man in Berlin Heine's poetische Kraft für erloschen, so beeilte sich Letzterer, eine brillante Visitenkarte seines Genius abzugeben, indem er noch vor seiner Ankunft in Berlin dreiunddreißig der schönsten, im Herbste gedichteten Lieder aus dem Cyklus „Die Heimkehr" im „Gesellschafter" abdrucken ließ [237]). — In den letzten Märztagen trat er die Ferienreise an. Auf dem Harze verbrachte er eine schlechte Nacht, und sein unmuthiger Ausruf [238]): „Nichts als Schneeberge, hol' der Teufel seinen geliebten Blocksberg!" ließ nicht ahnen, welch ein Bad geistiger Erfrischung ihm sechs Monate später die Fußwanderung durch dasselbe Gebirge gewähren sollte. Fern gen Süden sah er den Kyffhäuser liegen — „die Raben flattern noch um den Berg herum, und der alte Herr mit dem rothen Bart wird sich noch einige Zeit gedulden müssen," dachte er bei dem Anblick des sagenumklungenen Felsfegels [289]), und über Quedlinburg und Halberstadt traf er am 1. April in Magdeburg ein, wohin sein Freund Immermann seit Kurzem übergesiedelt war. Er machte dort endlich die persönliche Bekanntschaft des Dichters, mit dem er seit anderthalb Jahren eine so lebhafte Korrespondenz unterhalten, und in anregendstem Gespräch ward der literarische Bruderbund besiegelt, den sie aus der Ferne mit einander geschlossen. Es war dies unseres Wissens zugleich das erste und das einzige Mal, daß Heine persönlich mit Immermann zusammen traf. „Von Magdeburg wüßte ich dir Nichts zu sagen," schrieb er an Moser [289]), „als daß es einen prächtigen Dom hat und in diesem Augenblick zwei sehr bedeutende Dichter mit seinen Mauern umschließt. Der Eine ist dein Freund H. Heine." In demselben Billett bittet er Moser [289]), ihm in Berlin auf einige Wochen ein Zimmer zu miethen, „nicht zu theuer, aber auch nicht schlecht. Bei keinem Juden, wegen — —, und nirgends wo in der Nähe ein Schlosser oder überhaupt ein klopfender Handwerker wohnt; auch siehe, daß das Zimmer an kein anderes Zimmer grenzt, worin laut gesprochen wird." Diese ängstlichen Vorschriften lassen genügend erkennen, daß Heine's Kopfübel ihn immer noch störend belästigte. Sein Vetter Schiff erzählt eine ergötzliche Geschichte, die jener Besuch in Berlin zur Folge hatte. Ein eleganter Student, Namens Schlegel, der später eine Hofcharge bei einem deutschen Duodezfürsten bekleidete, traf eines Tages bei Schiff mit Heine zusammen, und Dieser klagte, wie gewöhnlich, über Kopfschmerz. Schlegel, welcher an demselben Übel litt, hatte die Artigkeit, dem Dichter ein unfehlbares Recept anzubieten, das ihm selbst jederzeit Linderung verschaffte. Heine nahm das probate Heilmittel dankbar an, und versprach das Recept zurück zu geben, sobald er es habe kopieren lassen; in der Zerstreuung nahm er dasselbe aber nach Göttingen mit. Einige Tage nachher kam Schlegel mit hochgeschwollenem Gesichte, den Kopf mit einem Backentuche umwunden, zu Schiff gestürzt. „Ums Himmelswillen! wo ist Ihr Vetter? Ich muß sofort mein Recept haben." — „Beide in Göttingen!" lachte Schiff, den der possierliche Anblick des Patienten und der Gedanke an das Schicksal des Receptes, welches einem wirklich Leidenden durch einen Kranken in der Einbildung entführt worden sei, zu unwillkürlicher Heiterkeit fortriß. Denn Schiff, der sich bis in sein hohes Alter, trotz der unmäßigsten Ausschweifungen, einer unverwüstlichen Gesundheit erfreute, glaubte mit Unrecht niemals an den Ernst der

Heine'schen Kopfschmerzen, und war sehr geneigt, dieselben lediglich für einen Vorwand zu halten, durch Aufstützen des Kopfes oder kokettes Hinstreichen über die Stirn eine schöngeformte Hand in vortheilhafter Beleuchtung zu präsentieren. — Heine fand in Berlin noch die meisten seiner intimeren Freunde vor; Roberts hatten ihre Abreise aufgeschoben, mit Varnhagen stellte sich das alte herzliche Einvernehmen wieder her, Moser, Zunz, Gans und Lehmann tauschten in gewohnter Weise ihre Ideen in geistvollem Wechselgespräch mit ihm aus, seine im „Gesellschafter" abgedruckten neuen Gedichte hatten die größte Bewunderung erregt, in allen Kreisen der Residenz sah er sich aufs zuvorkommendste empfangen, neue Bekanntschaften, wie mit dem Schriftsteller Daniel Leßmann, der später so tragisch endete, wurden angeknüpft, und nach vierwöchentlichem Aufenthalt kehrte er geistig erfrischt, und auch körperlich in etwas besserem Wohlsein, nach Göttingen zurück.

Kaum dort angelangt, begann er jedoch sofort wieder zu klagen. „Ich bin in zweimal vierundzwanzig Stunden von Berlin hergereist," berichtete er an Moser [290]); „Mittwoch um 6 Uhr hörte ich noch im Wagen den lieben Ton deiner Stimme, und Sonnabend um 6 Uhr klangen schon in mein Ohr die ennuyanten Laute Göttinger Philister und Studenten. Ich mußte durch Magdeburg reisen, ohne Immermann gesprochen zu haben. Die Post hielt sich dort nur eine halbe Stunde auf; ich hätte dort mehrere Tage liegen bleiben müssen, wenn ich sie versäumte, und es drängte mich gar zu sehr, hier wieder ans Arbeiten zu kommen. So bin ich nun hier und lebe ganz isoliert und höre Pandekten, und sitze jetzt auf meiner Kneipe mit der Brust voll unverstandener Sehnsucht und dem Kopfe voll von noch unverstandenerem juristischen Wischiwaschi. Ich befinde mich ziemlich gut, der Kopf ist noch nicht ganz frei, aber wenigstens schmerzt er nicht." — Sehr bewegte ihn die unerwartete Nachricht von dem am 19. April 1824 in Missolunghi erfolgten Tode Lord Byron's. „Er war der einzige Mensch, mit dem ich mich verwandt fühlte," schrieb er an Moser [291]), „und wir mögen uns wohl in manchen Dingen geglichen haben. Ich las ihn selten seit einigen Jahren; man geht lieber um mit Menschen, deren Charakter von dem unsrigen verschieden ist." In den ersten Tagen seiner Rückkehr nach Göttingen wurde der artige Sonettenkranz an Friederike Robert [292]) verfaßt, den er ihr durch seinen Freund Moser zustellen ließ. „Ich hatte versprochen," bemerkt er dabei [293]), „der schönen Frau ein Gedicht zu machen, und für ein solches aufgegebenes Gelegenheitsgedicht, wo die Konvenienz (die Macht der Verhältnisse) den wirklichen Ernst theils heischte, theils verbot, dafür ist das Gedicht noch immer gut genug, und es wird der schönen Frau gefallen und sie erfreuen, und könnte dem Überbringer, wenn er nicht zu blöde wäre, ein zärtliches Trinkgeld eintragen. Etwas wenigstens wirst du bekommen, vielleicht ein extraordinäres Lächeln." Eben so geringen Werth legt Heine auf diese Gedichte in einem Schreiben an Ludwig Robert [294]): „Wenn Ihnen die Sonette an Ihre Frau nicht ganz und gar missfallen, so lassen Sie solche in den „Rheinblüthen" abdrucken, mit der Chiffre H. unterzeichnet, und mit einer Ihnen beliebigen Überschrift. Wahrlich, für mich sind diese Sonette nicht gut genug, und ich darf auf keinen Fall meinen Namen drunter setzen. Ich habe mir jetzt überhaupt zum Grundsatz gemacht, nur Ausgezeichnetes zu unterzeichnen; und meine wahren Freunde werden dieses sicher billigen." Demselben Briefe waren einige andere Gedichte für die „Rheinblüthen" beigefügt, die gleichfalls nur mit einer Chiffre unterzeichnet werden sollten. „Ein Hundsfott ist, wer mehr giebt, als er hat, und ein Narr ist, wer Alles mit seinem Namen giebt. Ich will Beides nicht sein. Ich verspreche Ihnen aber schriftlich, für den folgenden Jahrgang des Almanachs etwas recht gutes Großes zu liefern, und ich bin wohl der Mann, der es vermag. Der Abgang der Post ist zu nahe, als dass ich heute Viel schreiben könnte, außerdem bin ich sehr verstimmt, ich muss mich mit langweiligen, mühsamen Arbeiten abquälen, der Todesfall meines Vetters zu Missolunghi hat mich tief betrübt, das Wetter ist so schlecht, dass ich fast glaube, es ist von Clauren, ich habe betäubende Anwandlungen von Pietismus, Tag und Nacht rappeln in meinem Zimmer die Mäuse, mein Kopfübel will nicht weichen, und in ganz Göttingen ist kein Gesicht, das mir gefällt."

Auch mit Johann Baptist Rousseau, der seit Anfang des Jahres in Köln eine „Zeitschrift für Poesie, Literatur, Kritik und Kunst" unter dem Titel „Agrippina" begründet hatte, trat Heine von Göttingen aus wieder in Korrespondenz. Obschon ihm das hohle journalistische Treiben des Freundes und Dessen Hinneigung zu deutschthümelnd mittelalterlichen Tendenzen von Herzen zuwider war — Rousseau gab in den Jahren 1824 und 1825 in Köln und Aachen nicht weniger als drei verschiedene belletristische Journale heraus, die es sämmtlich nicht über einen halben Jahrgang brachten [295]), — sandte er ihm doch als bereitwillige Unterstützung manche poetische Beiträge ein, die freilich, getreu der oben ausgesprochenen Maxime, in Zukunft nur Vorzügliches unter seinen Namen veröffentlichen zu wollen, meistens bloß mit der Chiffre ****e unterzeichnet wurden. Einige derselben haben in dem Cyklus: „Die Heimkehr," andere erst in den „Neuen Gedichten" und im „Romancero" Aufnahme gefunden; manche jedoch sind nie wieder abgedruckt worden, obschon die folgenden beiden Lieder wohl der Einreihung in eine der späteren Gedichtsammlungen werth gewesen wären [296]):

> Die Wälder und Felder grünen,
> Es trillert die Lerch' in der Luft,
> Der Frühling ist erschienen
> Mit Lichtern und Farben und Duft.
>
> Der Lerchensang erweicht mir
> Das winterlich starre Gemüth,
> Und aus dem Herzen steigt mir
> Ein trauriges Klagelied.
>
> Die Lerche trillert gar feine:
> „Was singst du so trüb und bang?"
> Das ist ein Liedchen, o Kleine,
> Das sing' ich schon Jahre lang!
>
> Das sing' ich im grünen Haine,
> Das Herz von Gram beschwert;
> Schon deine Großmutter, o Kleine,
> Hat dieses Lied gehört!

> Es faßt mich wieder der alte Muth,
> Mir ist, als jagt' ich zu Rosse,
> Und jagte wieder mit liebender Gluth
> Nach meiner Liebsten Schlosse.
>
> Es faßt mich wieder der alte Muth,
> Mir ist, als jagt' ich zu Rosse,
> Und jagte zum Streite mit hassender Wuth,
> Schon harret der Kampfgenosse.
>
> Ich jage geschwind wie der Wirbelwind,
> Die Wälder und Felder fliegen!
> Mein Kampfgenoß und mein schönes Kind,
> Sie müssen Beide erliegen.

Ein anderer Beitrag desselben Poeten sollte der „Agrippina," die ohnedies nur ein sieches Dasein hinschleppte, zu jähem Ende verhelfen. Nachdem Heine am 1. August in No. 93 der genannten Zeitschrift das von ihm verfaßte „Klagelied eines altdeutschen Jünglings" [297]) unter der Überschrift „Elegie" und mit der Bemerkung, daß es „ein noch nirgends abgedrucktes Volkslied" sei, veröffentlicht hatte, schickte er seinem Freunde Rousseau nachfolgendes Soldatenlied ein, das ohne Zweifel gleichfalls von ihm selber gedichtet war, mit Absicht den nachlässig burschikosen Volksliedton anschlug, und sich der Preßpolizei gegenüber durch die schalkhaft-ernste Notiz zu decken suchte: „Dieses Volkslied, welches, wie die Prügel-Erwähnung andeutet, aus früheren Zeiten herstammt, ist im Hannöbrischen aus dem Munde des Volkes aufgeschrieben worden."

Berlin.

Berlin! Berlin! du großes Jammerthal,
Bei dir ist Nichts zu finden, als lauter Angst und Qual.
Der Offizier ist hitzig, der Zorn und der ist groß —
Miserabel ist das Leben, das man erfahren muß.

Und wenn's dann Sommer ist,
So ist eine große Hitz';
So müssen wir exercieren,
Daß uns der Buckel schwitzt.

Komm' ich auf Wachtparad'
Und thu' einen falschen Schritt,
So ruft der Adjutant:
„Den Kerl dort aus dem Glied!

„Die Tasche herunter,
Den Säbel abgelegt,
Und tapfer drauf geschlagen,
Daß er sich nicht mehr regt!"

Und wenn's dann Friede ist,
Die Kräfte sind dahin;
Die Gesundheit ist verloren,
Wo sollen wir denn nun hin?

Alsdann so wird es heißen:
Ein Vogel und kein Nest.
Nun, Bruder, häng den Schnappsack an,
Du bist Soldat gewest.

Kaum war dies, in Nr. 97 der „Agrippina“ am 11. August 1824 mitgetheilte Lied in Berlin bekannt geworden, als der Befehl zur sofortigen
Unterdrückung der Zeitschrift nach Köln erging. —

Was Heine's juristische Studien betrifft, so wurden die für das heran-
drohende Examen unerläßlichen Kollegien jetzt zwar pflichtschuldigst besucht,
aber zumeist nur als Nothsache und ohne inneres Interesse. „Ich lebe
hier im alten Gleise,“ heißt es in einem Briefe an Moser [298], „d. h. ich
habe acht Tage in der Woche meine Kopfschmerzen, stehe des Morgens
um halb fünf auf und überlege, was ich zuerst anfangen soll; unterdessen
kommt langsam die neunte Stunde herangeschlichen, wo ich mit meiner
Mappe nach dem göttlichen Meister eile — ja, der Kerl ist göttlich, er
ist idealisch in seiner Hölzernheit, er ist der vollkommenste Gegensatz von
allem Poetischen, und eben dadurch wird er wieder zur poetischen Figur;
ja, wenn die Materie, die er vorträgt, ganz besonders trocken und ledern
ist, so kommt er ordentlich in Begeisterung. In der That, ich bin mit
Meister vollkommen zufrieden, und werde die Pandekten mit seiner und
Gottes Hilfe loskriegen.“ Aber vergebens bemühte er sich, den in so geist-
los todter Weise an sein Ohr schallenden Wust deutscher und römischer
Gesetze zu bewältigen. Unmuthig klagte er dem Freunde [299], daß er die
Processe, die er zur Übung jetzt führe, stets verliere. „Seit ich Jurist
bin, werde ich noch mehr geprellt, als sonst. Ich komme den ganzen Tag
nicht vom Forum, ich höre von Nichts sprechen als von Stillicidium, Te-
stamenten, Emphyteusis u. s. w., ich habe mich mit dem Jus wie ein Ver-
zweifelnder abgequält, und doch mag Gott wissen, ob ich Was los habe.
Wenn Meister das diesmalige Dekanat ausschlägt, so bin ich ein verlorener
Mann! Denn alsdann wird Hugo, der Freund meiner bittersten Feinde,
Dekan. Du mußt wissen, ich habe mich hier auch schon hinlänglich verfeindet.
Das liegt in der Natur der Sache.“ Je näher die Zeit des Examens
kommt, desto unruhiger und besorgter wird Heine ob seiner juristischen
Zukunft. Während er in Hugo's, Bauer's und Meister's Kollegien
schmachtet, und die widerspänstig trockne Materie ihm durchaus nicht in
den Kopf will, zweifelt er zuletzt an seinen Anlagen zur Jurisprudenz so
gut wie zur Poesie. „Wenn ich sage,“ schreibt er im Januar 1825 [300],
„daß ich kein Esel und kein Genie bin, so will ich damit nicht renommieren.
Wäre ich Ersteres, so wäre ich längst befördert, z. B. zum Professor
extraordinarius in Bonn. Und was das Genie betrifft — ach Gott, ich

habe die Entdeckung gemacht: alle Leute in Deutschland sind Genies, und ich, just ich, bin der Einzige, der kein Genie ist. Ich scherze nicht, es ist Ernst. Was die ordinärsten Menschen zu fassen vermögen, wird mir schwer. Ich bewundre, wie die Menschen das Halbbegriffene, das aus dem Zusammenhang des Wissens Gerissene, im Kopf behalten und mit treuherziger Miene in ihren Büchern oder von ihren Kathedern herab wieder erzählen können. Wer Dieses kann, Den halte ich für ein Genie. Indessen, wegen der Rarität wird jenen Menschen, die es nicht können, der Name eines Genies beigelegt. Das ist die große Ironie. Das ist der letzte Grund meiner Genialität. Das ist auch der letzte Grund, warum ich mich mit meiner Jurisprudenz zu Tode quäle, warum ich noch nicht damit fertig bin und erst zu Ostern fertig werde. Mit der Genialität in der Poesie ist es auch so eine ganz zweideutige Sache. Das Talent ist mehr werth. Zu jeder Vollbringung gehört das Talent. Um ein poetisches Genie zu sein, muß man erst das Talent dazu haben. Das ist der letzte Grund der Goethe'schen Größe. Das ist der letzte Grund, warum so viele Poeten zu Grunde gehen, z. B. ich!" So breitete die verhaßte Jurisprudenz allmählich ihre finsteren Schatten auch über Heine's dichterische Pläne, und erfüllte ihn mit selbstquälerischem Mißtrauen in die eigene Kraft. Die begonnenen Entwürfe blieben liegen, und wurden zum Theil erst nach Jahren in veränderter Gestalt wieder aufgenommen.

Die Hauptarbeit, mit welcher sich Heine im Sommer 1824 neben seinen juridischen Fachstudien beschäftigte, war ein Roman, „Der Rabbi von Bacharach," in welchem der Dichter, angeregt durch die Bestrebungen des Berliner Vereins für Kultur und Wissenschaft der Juden, die zweitausendjährige Verfolgung und Unterdrückung des Judenthums mit aller Schmerzensgewalt der Poesie verkörpern wollte. Den ersten Gedanken zu diesem Werke scheint er bereits 1823 in Berlin gefaßt zu haben; denn er ließ sich, wie wir sahen, die Geschichte der Juden von Basnage sofort durch Moser nach Lüneburg senden, und am 25. Juni 1824 schrieb er dem Freunde [301]): „Ich treibe viel Chronikenstudium, und ganz besonders viel historia judaica. Letztere wegen der Berührung mit dem „Rabbi," und vielleicht auch wegen inneren Bedürfnisses. Ganz eigene Gefühle bewegen mich, wenn ich jene traurige Annalen durchblättere; eine Fülle der Belehrung und des Schmerzes. Der Geist der jüdischen Geschichte offenbart sich mir immer mehr und mehr, und diese geistige Rüstung wird mir

gewiß in der Folge sehr zu Statten kommen. An meinem „Rabbi" habe
ich erst ein Drittel geschrieben, und Gott weiß, ob ich ihn bald und gut
vollende., Bei dieser Gelegenheit merkte ich auch, daß mir das Talent des
Erzählens ganz fehlt; vielleicht thue ich mir auch Unrecht und es ist bloß
die Sprödigkeit des Stoffes. Die Paschafeier ist mir gelungen, ich bin
dir für die Mittheilung der Agade Dank schuldig, und bitte dich, noch
außerdem mir das Geho Lachma Anja und die kleine Legende Maasse
b' Rabbi Elieser wörtlich übersetzt zukommen zu lassen, auch die Psalm-
stelle im Nachtgebete: „Zehntausend Gewaffnete stehn vor Salomon's
Bette" mir wörtlich übersetzt zu schicken. Vielleicht gebe ich dem „Rabbi"
einige Druckbogen Illustrations auf englische Weise als Zugabe, und
zwar originalen Ideenextrakt über Juden und ihre Geschichte. Benjamin
von Tudela [302], der jetzt auf meinem Tisch herumreist, läßt dich herzlich
grüßen. Er wünscht, daß ihn Zunz mal bearbeite und mit Übersetzung
herausgebe. Die Übersetzung und Bearbeitung vom französischen Dr. Witte,
die ich vor mir habe, ist unter aller Kritik schlecht, Nichts als Schul-
knabenwitz. Über die Frankfurter Juden war mir der Schudt [303] sehr
nützlich; ich habe beide Quartbände ganz durchgelesen und weiß nicht, ob
ich mich mehr geärgert über das Rischeß, das über jedes Blatt ausge-
gossen, oder ob ich mich mehr amüsiert habe über die Rindviehhaftigkeit,
womit das Rischeß vorgebracht wird. O wie haben wir Deutsche uns
vervollkommnet! Es fehlen mir jetzt nur noch Notizen über die spanischen
Juden im fünfzehnten Jahrhundert, und besonders über ihre Akademien
in Spanien zu dieser Zeit; wo finde ich was? oder, besser gesagt, fünfzig
Jahre vor ihrer Vertreibung. Interessant ist es, daß dasselbe Jahr, wo
sie vertrieben worden, das neue Land der Glaubensfreiheit, nämlich Amerika,
entdeckt worden." Während Moser sich der Hoffnung hingab, daß der
„Rabbi" inzwischen fast vollendet sei, belehrte ihn ein Brief Heine's vom
25. Oktober desselben Jahres [304], daß der Roman noch immer nicht über
das erste Drittheil hinausgekommen: „Er wird aber sehr groß, wohl ein
dicker Band, und mit unsäglicher Liebe trage ich das ganze Werk in der
Brust. Ist es ja doch ganz aus der Liebe hervorgehend, nicht aus eitel
Ruhmgier. Im Gegentheil, wenn ich der Stimme der äußeren Klugheit
Gehör geben wollte, so würde ich es gar nicht schreiben. Ich sehe voraus,
wie Viel ich dadurch verschütte und Feindseliges herbeirufe. Aber eben
auch weil es aus der Liebe hervorgeht, wird es ein unsterbliches Buch

werden, eine ewige Lampe im Dome Gottes, kein verprasselndes Theater-
licht. Ich habe viel Geschriebenes in diesem Buche wieder ausgelöscht,
jetzt erst ist es mir gelungen, das Ganze zu fassen, und ich bitte nur Gott,
mir gesunde Stunden zu geben, es ruhig niederzuschreiben. Lächele nicht
über dieses Gackern vor dem Eierlegen. Lächele auch nicht über mein
langes Brüten; so ein gewöhnliches Gänseei (ich meine nicht Dr. Gans)
ist schneller ausgebrütet, als das Taubenei des heiligen Geistes. Du hast
vergessen, mir ein paar Notizen mitzutheilen, die ich in meinem letzten
Briefe zum Behuf des „Rabbi" verlangte. Dem Dr. Zunz lasse ich für
seine Mittheilung über die spanischen Juden tausendmal danken. Obschon
sie höchst dürftig ist, so hat Zunz mir doch mit einem einzigen scharfsinnigen Wink mehr genützt, als einige vergeblich durchstöberte Quartbände,
und er wird unbewußt auf den „Rabbi" influenziert haben. Ich wünsche,
er hätte die Güte, mir anzuweisen, wo ich gute Notizen finde über die
Familie der Abarbanels. — Im Basnage habe ich Wenig gefunden. Die
schmerzliche Lektüre des Basnage ward Mitte des vorigen Monats endlich
vollendet. Was ich speciell suchte, habe ich eigentlich nicht darin gefunden,
aber viel Neues entdeckte ich, und viel' neue Ideen und Gefühle wurden
dadurch in mir aufgeregt. Das Ganze des Buches ist großartig, und
einen Theil des Eindrucks, den es auf mich gemacht, habe ich den 11.
September in folgender Reflexion angedeutet:

An Edom!

Ein Jahrtausend schon und länger
Dulden wir uns brüderlich,
Du, du duldest, daß ich athme,
Daß du rasest, dulde ich.

Manchmal nur, in dunkeln Zeiten,
Ward dir wunderlich zu Muth,
Und die liebefrommen Tätzchen
Färbtest du mit meinem Blut!

Jetzt wird unsre Freundschaft fester,
Und noch täglich nimmt sie zu;
Denn ich selbst begann zu rasen,
Und ich werde fast wie du!

Aber wie ein Wort das andere giebt, so giebt auch ein Vers den andern,
und ich will dir zwar unbedeutendere Verse mittheilen, die ich gestern

Abend machte, als ich über die Weenderstraße trotz Regen und Wetter
spazieren ging und an dich dachte, und an die Freude, wenn ich dir mal
den „Rabbi" zuschicken kann, und ich dichtete schon die Verse, die ich auf
den weißen Umschlag des Exemplars als Vorwort für dich schreiben
würde, — und da ich keine Geheimnisse für dich habe, so will ich dir
schon hier jene Verse mittheilen:

Brich aus in lauten Klagen,
Du düstres Martyrerlied,
Das ich so lang getragen
Im flammenstillen Gemüth!

Es dringt in alle Ohren,
Und durch die Ohren ins Herz;
Ich habe gewaltig beschworen
Den tausendjährigen Schmerz.

Es weinen die Großen und Kleinen,
Sogar die kalten Herrn,
Die Frauen und Blumen weinen,
Es weinen am Himmel die Stern'!

Und alle die Thränen fließen
Nach Süden im stillen Verein,
Sie fließen und ergießen
Sich all' in den Jordan hinein."

Wir sehen aus einem Briefe vom Januar 1825, daß Heine seine Studien
für den Roman immer weiter ausdehnte. „Ich lese Viel" schreibt er [305]);
„immer noch Chroniken und Quellenschriftsteller. Ich bin, ehe ich mich
Dessen versah, in die Reformationsgeschichte gerathen, und in diesem Augenblick liegt der zweite Folioband von Von der Hardt's Hist. liter. refor-
mationis auf meinem Tische; ich habe gestern Abend darin die Reuch-
lin'sche Schrift gegen das Verbrennen der hebräischen Bücher mit großem
Interesse gelesen. Für dein Studium der Religionsgeschichte kann ich
Schröckh's Kirchengeschichte mit Enthusiasmus, wegen der gründlichen Zusammenstellung, dir empfehlen. Seit den Ferien habe ich schon zwei
Dutzend Bände davon verknopert. An die Fortsetzung meines armen
„Rabbi" darf ich in diesem Augenblick nicht gehen." Die nöthige Vorbereitung zum Examen hinderte allerdings den Dichter, ununterbrochen an
diesem Lieblingswerke zu arbeiten. Ein drei Wochen vor seiner Doktor-
Promotion geschriebener Brief zeigt uns jedoch, daß er mittlerweile fort-
fuhr, die eifrigsten Studien für dasselbe zu machen und es mit unge-
schwächter Liebe im Herzen zu tragen [306]): „Der „Rabbi" schreitet nur
langsam vorwärts, jede Zeile wird abgekämpft, doch drängt's mich unver-
drossen weiter, indem ich das Bewußtsein in mir trage, daß nur ich dieses
Buch schreiben kann, und daß das Schreiben desselben eine nützliche, gott-
gefällige Handlung ist. Doch ich breche hiervon ab, indem dieses Thema
mich leicht dazu bringen kann, von der eigenen Seelengröße selbstbespiegelnd

zu renommieren. Zunz hat mir zwar schon mal durch dich geschrieben, wo im fünfzehnten Jahrhundert die vornehmste Schule der spanischen Juden war, nämlich in Toledo, aber ich möchte wissen, ob dieses auch vom Ende des fünfzehnten Jahrhunderts zu verstehen ist? Er nannte mir auch Sevilla und Granada, aber ich glaube im Basnage gelesen zu haben, daß sie früher schon mal aus Granada vertrieben worden. Auch, wie ich dir notiert, möchte ich über die Abarbanels Etwas erfahren, was ich nicht aus christlichen Quellen schöpfen kann. Bagl ist dürftig. Schudt hat ebenfalls Etwas zusammengerafft. Bartolocci hab' ich noch nicht gelesen. Wenig, unbegreiflich Wenig enthalten die spanischen Historiker von den Juden. Überhaupt ist hier ägyptische Finsternis. Ende dieses Jahres denke ich den „Rabbi" fertig zu haben. Es wird ein Buch sein, das von den Zunzen aller Jahrhunderte als Quelle genannt werden wird." Sofort nach der Promotion wurde der „Rabbi" wieder aufgenommen. „Grüße mir Zunz recht herzlich," heißt es in einem Briefe vom 22. Juli 1825 [307]), sage ihm, daß ich ihm recht sehr danke für seine Notizen. In Granada haben 1492 wirklich Juden gewohnt, denn sie werden in der Kapitulation dieser Stadt ausdrücklich erwähnt. Über Abarbanel habe ich die Disser-tation von Majus (vita Abarbanelis) über ihn aufgetrieben, alle christ-lichen Quellen zusammengestellt, aber sehr dürftig." Obschon Heine im Frühling und Sommer 1826 wiederholentlich die bestimmte Absicht aus-sprach, den „Rabbi" für den zweiten Theil der „Reisebilder" zu vollenden [308]), scheint es doch, daß er auf Anrathen Moser's diesen Plan fallen ließ, um nicht durch ein leidenschaftliches Parteinehmen für die zu jener Zeit höchst unpopuläre Judensache seinem rasch aufgeblühten Dichterruhme zu schaden. Anfangs murrt er zwar über die „engherzige Mahnung" des Freundes, will von solchen praktischen Bedenken Nichts hören, und citiert mit trotzi-gem Stolze seinen eigenen Vers: „Und dich hat niemals rathend beschützt die Göttin der Klugheit, Pallas Athene!" — aber der „Rabbi" blieb unvollendet, und das fertige Bruchstück wurde erst 1840 im vierten Bande des „Salon" gedruckt [309]).

Der uns erhaltene Torso rechtfertigt vollkommen das Selbstgefühl, mit welchem sich Heine in den angeführten Briefstellen über den bedeu-tenden Werth dieser Arbeit äußert. Kein anderes seiner Werke ist so großartig angelegt, und trotz der umfassenden Studien, welche der Dichter, wie wir eben erfuhren, in der Literatur des spanisch-jüdischen Mittelalters gemacht hatte, stört uns nirgends ein ostensibles Auskramen gelehrter Kenntnisse. Der kulturgeschichtliche Hintergrund des Bildes, welches die Erzählung vor uns aufrollt, ist mit den tiefsten und sattesten Farben gemalt, und das unheimliche Grausen, das der geschilderte Vorgang im Hause des Rabbi Abraham in uns erregt, wird echt künstlerisch gemildert durch das besänftigende Weben der Frühlingsnacht auf dem Rheinstrome und das kaleidoskopisch bunte Gewirr der Frankfurter Messe. Mit genialer Intuition erspart uns der Verfasser den leibhaftigen Anblick der Gräuelscenen bei der Judenermordung in Bacharach, während er uns den Eindruck derselben auf die handelnden Personen sympathisch mitempfinden läßt in der eisigen Verzerrung der Züge des Rabbi beim Anblick des Kinderleichnams unter dem Tische und in der Ohnmacht der schönen Sara, als sie ihren Gatten in der Synagoge aus dem Ton der Danksagung für ihre Rettung allmählich in das trübe Gemurmel des Todtengebetes für die erschlagenen Verwandten übergehen hört. Die vorgeführten Gestalten sind ungemein scharf und lebensvoll gezeichnet; der Ton der Erzählung ist ein anmuthig bewegter, und hält sich in glücklichster Weise frei von dem beliebten romantischen Unfug eingestreuter Reflexionen. Gerade in dieser Enthaltsamkeit verräth sich der wahre Künstler, der unmittelbar durch die Gewalt des Stoffes zu wirken sucht, und nicht durch erklärendes Raisonnement, sondern durch die Handlung selber die Tendenz seiner Dichtung sich aussprechen läßt. Der Auftritt am Gitterthore des Frankfurter Judenquartiers im zweiten Kapitel giebt ein vorzügliches Beispiel dieser objektiven Bewältigung des Stoffes [310]. Nachdem der polternde Stadtsoldat, der ängstliche Nasenstern und der neugierige Lustigmacher sich uns mit ihren Eigenthümlichkeiten in einer ergötzlich dramatischen Scene bekannt gemacht haben, enträthselt der Dichter auf natürliche Art die Signatur dieser Gestalten in den seufzenden Worten, die der geflüchtete Rabbi zu seinem sanftmüthigen Weibe spricht: „Sieh, schöne Sara, wie schlecht geschützt ist Israel! Falsche Freunde hüten seine Thore von außen, und drinnen sind seine Hüter Narrheit und Furcht!" Der uns vorliegende Anfang gestattet keine sichere Muthmaßung über den vom Verfasser beabsichtigten Gang der Erzählung; nur so Viel läßt sich annehmen, daß die im dritten Kapitel eingeführte Figur des Don Jsaak Abarbanel dazu bestimmt war, dem treu am Judenthume festhaltenden Rabbi einen Konvertiten gegenüber zu stellen, der sich mit leichtfertigem Witz über das Gewissenlose eines aus

Nützlichkeitsgründen unternommenen Glaubenswechsels zu täuschen sucht, und sich mit seinem genußsüchtigen Streben in der neuen Religion eben so unbehaglich wie einst in der alten fühlt. Dem jüdischen Glauben hat er entsagt, aber die jüdische Küche lockt den frivolen Sausewind Tag für Tag in die Judengasse zurück. „Ich bin ein Heide," lästert er [311]) „und eben so zuwider wie die dürren, freudlosen Hebräer sind mir die trüben, qualsüchtigen Nazarener. Unsere liebe Frau von Sidon, die heilige Astarte, mag es mir verzeihen, daß ich vor der schmerzenreichen Mutter des Gekreuzigten niederknie und bete ... Nur mein Knie und meine Zunge huldigt dem Tode, mein Herz blieb treu dem Leben!" — Es ist wahrscheinlich, daß Heine, den es von jeher ärgerte, seine jüdische Abstammung ihm von Seiten einer bornierten Kritik zum beständigen Vorwurfe gemacht zu sehen, in späterer Zeit, nachdem er sich selbst hatte taufen lassen, die Lust zur Fortsetzung des „Rabbi" um so mehr verlor, als die Befürchtung nahe lag, daß ihm so äußerst fatale Thema seines eignen Übertrittes zum Christenthum werde durch die Veröffentlichung jenes Romans aufs Neue in allen Tagesblättern zu unliebsamer Besprechung gelangen. In diesem Sinne mochte sein Freund Moser Recht haben, als er ihn mahnte, die Folgen einer solchen Publikation wohl zu überlegen. Heine gerieth durch seinen Religionswechsel mit Nothwendigkeit in eine schiefe Stellung zu seinen früheren Glaubensgenossen und zu dem dichterischen Werke, das ihre Interessen vertreten, ihre Leiden und ihren hartnäckigen Kampf gegen die christlichen Unterdrücker verherrlichen sollte. Was früher unzweifelhaft als eine That uneigennütziger Liebe erschienen wäre, konnte leicht eine sehr zweideutige Beleuchtung erhalten, nachdem der Vorkämpfer der Judensache wenigstens äußerlich die Glaubensuniform gewechselt hatte. Wir glauben daher nicht zu irren, wenn wir das schließliche Aufgeben der Vollendung eines mit so vielem Eifer begonnenen Werkes hauptsächlich diesem unseligen Schritte zuschreiben, der weder für Heine, noch für die kirchliche Gemeinschaft, in die er dem Namen nach eintrat, von dem geringsten Nutzen war.

Neben andern poetischen Plänen trug sich Heine in der Zeit seines Göttinger Aufenthalts auch mit dem Gedanken an eine „Faust"Tragödie, von der in den Jahren 1825 und 1826 einzelne Scenen skizzirt wurden [312]). Bei Übersendung des ersten Bandes der „Reisebilder" schrieb er an Varnhagen [313]): „Ihnen ist es nicht hinreichend, daß ich zeige, wie viel Töne ich auf meiner Leier habe, sondern Sie wollen auch die Verbindung aller dieser Töne zu einem großen Koncert — und Das soll der „Faust" werden, den ich für Sie schreibe. Denn wer hätte größeres Recht an meinen poetischen Erzeugnissen, als Derjenige, der all mein poetisches Dichten und Trachten geordnet und zum Besten geleitet hat!" Statt der Ausführung dieser Tragödie, hat der Dichter den Stoff zwanzig Jahre später zur Unterlage eines phantastischen Tanzpoems benutzt, von dem seiner Zeit die Rede sein wird. — Außer einer Novelle, die er für die „Rheinblüthen" begann, aber gleichfalls nicht vollendete[314]), schrieb Heine gelegentlich an seinen „Zeit-Memoiren," deren er zuerst 1823 in einem Briefe an Wohlwill erwähnt, und die er in einem Schreiben an Ludwig Robert eine Art „Wahrheit und Dichtung" nennt, die erst in sehr späteren Zeiten erscheinen dürfe. „Vielleicht erleben Sie es noch," heißt es an einer anderen Stelle[315]), „meine Bekenntnisse zu lesen, und zu sehen, wie ich meine Zeit und meine Zeitgenossen betrachtet, und wie mein ganzes trübes, drangvolles Leben in das Uneigennützigste, in die Idee, übergeht. Es liegt mir Viel, sehr Viel an der Anerkennung der Masse, und doch giebt's Niemand, der wie ich den Volksbeifall verachtet und seine Persönlichkeit vor den Äußerungen desselben verbirgt." Es sind Dies ohne Zweifel dieselben „Memoiren", an welchen Heine mit oftmaliger Unterbrechung bis an sein Lebensende schrieb, und welche er, nach einer Äußerung gegen seinen Verleger im Frühling 1851, in einer Geldnoth seinem Bruder Gustav verpfändet hatte. Herr Gustav Heine bestätigte mir im Juli 1861, daß er wirklich im Besitz dreier Bände der „Memoiren" seines Bruders sei, dieselben aber vorerst nicht veröffentlichen wolle, da noch lebende Personen durch einzelne Äußerungen verletzt werden möchten. Wenn es wahr ist, wie mehrfach in der Presse behauptet[216]) und bis jetzt nicht dementiert wurde, daß die Familie Heine's neuerdings jene „Memoiren" und den ganzen literarischen Nachlaß des Dichters durch Vermittlung des Fürsten Richard Metternich der kaiserlichen Hofbibliothek in Wien verkauft hat, so würden die kostbarsten Geistesschätze durch solchen Akt schmählicher Habsucht wohl auf immer der Welt entzogen sein, oder doch niemals in unverstümmelter Gestalt an das Licht der Öffentlichkeit gelangen.

Im Sommer 1824 wurde H. Heine durch Sartorius auch mit dem Professor Eichhorn bekannt, der ihn zur Mitarbeiterschaft an den „Göttinger gelehrten Anzeigen" aufforderte, und ihn zunächst um Besprechung

der von Franz Bopp aus dem „Mahabarata" überſetzten „Reiſe Ardſchuna's
zu Indra's Himmel" erſuchte. Heine bat Moſer, der ſich beſonders eifrig
dem Sanskritſtudium zugewandt, die Recenſion ſtatt ſeiner zu verfaſſen,
da er ſelbſt es um dieſe Zeit übernommen hatte, für einen vor dem Examen
ſtehenden Freund eine Diſſertation anzufertigen. „Und dieſe Diſſertation,"
fügte er hinzu [317]), „muß ich durchaus unternehmen, ſonſt kommt ein ſehr
liebenswürdiger Menſch in die größte Miſère. Spaßhaft genug, mich
quälen Andere, um für ſie zu ſchreiben, und ich quäle wieder dich, um
für mich zu ſchreiben; ſo quälen die Menſchen Einer den Andern nach
der bekannten Bell- und Lancaſter'ſchen Methode." Außerdem ſprach Heine
die Abſicht aus, eine lateiniſche Abhandlung über die Todesſtrafe zu verfaſſen [318]). „Verſteht ſich: dagegen. Beccaria iſt todt, und kann mich
nicht mehr des Diebſtahls anklagen. Ich werde ſyſtematiſch auf den Ge-
dankendiebſtahl ausgehen," ſcherzt er mit Anſpielung auf ſeine Bitte an
Moſer, für ihn die Recenſion über das Bopp'ſche Buch zu ſchreiben.

Mit den Profeſſoren unterhielt Heine, außer mit Eichhorn und Sartorius, geringen Verkehr. Auch mit ſeinen Kommilitonen pflog er im
Ganzen nur einen oberflächlichen Umgang, obſchon er als „alter Burſch"
bei den meiſten Studentenhändeln hinzugezogen ward, und der Zerſtreuung
halber manches Duell und manche fidele Suite nach den umliegenden Ort-
ſchaften mitmachte. „Ich treibe mich viel herum in Studenten-Angelegen-
heiten," ſchrieb er im Sommer 1824 [319]). „Bei den meiſten Duellen hier
bin ich Sekundant oder Zeuge oder Unparteiiſcher oder wenigſtens Zu-
ſchauer. Es macht mir Spaß, weil ich nichts Beſſeres habe. Und im
Grunde iſt es auch beſſer, als das ſeichte Gewäſche der jungen und alten
Docenten unſerer Georgia Auguſta. Ich weiche dem Volk überall aus."
Am häufigſten verkehrte er mit dem Dr. Donndorf, welcher ſpäter nach
Paris überſiedelte und dort einer ſeiner vertrauteſten Freunde blieb, —
mit dem nachmaligen Obergerichtsſekretär Dr. Knille, welcher jetzt noch in
Göttingen lebt, — und mit einem Studenten F. Peters, der von Heine
oftmals wegen ſeiner markloſen Sentimentalität ironiſch gehänſelt ward,
und ſich an ihm für die erlittenen Neckereien durch eine einfältige Kritik
ſeiner Dichtungen im „Geſellſchafter" rächte, die ein kägliches Lamento
über den Mißbrauch des ihm verliehenen Witzes erhebt [320]).

Wie bei ſeinem erſten Aufenthalte in Göttingen, ſpeiſte Heine auch
jetzt wieder bei dem Gaſtwirth Michaelis im „Engliſchen Hofe" zu Mittag,

und auch diesmal sollte ihm in demselben Lokal durch die Roheit eines Studenten eine Unannehmlichkeit widerfahren. Sehr wählerisch im Essen, hielt er manchmal den Fleischteller lange in Händen, bis er sich endlich ein ihm zusagendes Stück Braten herausgesucht. Solche Gourmandise ärgerte seine Tischnachbarn, und als er eines Tages wieder an dem Inhalt der Bratenschüssel herum experimentierte, geschah es, daß ein neben ihm sitzender Student, dem in Erwartung des verzögerten Fleischgenusses der Geduldsfaden riß, mit den Worten: „Ich will Ihnen zeigen, wie man Rindfleisch spießt!" nicht eben sanft mit der Gabel in die frevelhafte Hand des Feinschmeckers fuhr. So gern Heine Andere neckte, so ungern mochte er selbst die Zielscheibe eines maliziösen Witzes abgeben; er forderte seinen Beleidiger zum Duell, und ließ seit jenem Tage sich nie wieder im „Englischen Hofe" blicken [321]).

Weit größere Erquickung, als der Umgang mit Göttinger Professoren und Studenten, gewährte dem Dichter eine vierwöchentliche Fußwanderung durch den Harz und Thüringen, welche er im September 1824 unternahm. Angesichts der hehren Natur, von dunklen Tannen und freien Berglüften umrauscht, befreite sich seine Seele von allem kleinlichen Ungemach, das ihm drunten in der dumpfen Stadt so lange die Brust eingeengt, der Humor regte lebenslustig die Schwingen, und das abderitische Treiben der Menschen erschien ihm auf seinem erhöhten Standpunkte nur noch wie der narrische Spuk eines winzigen Zwergengeschlechts. Heine bestrebte sich, den tröstenden und erfrischenden Eindruck dieser Reise festzuhalten, indem er seine Erinnerungen sofort bei der Rückkehr nach Göttingen aufzuzeichnen begann. Den ersten Bericht darüber finden wir in einem Briefe an Moser vom 25. Oktober 1824 [322]): „Sie war mir sehr heilsam, und ich fühle mich durch diese Reise sehr gestärkt. Ich habe zu Fuß, und meistens allein, den ganzen Harz durchwandert, über schöne Berge, durch schöne Wälder und Thäler bin ich gekommen und habe wieder mal frei geathmet. Über Eisleben, Halle, Jena, Weimar, Erfurt, Gotha, Eisenach und Kassel bin ich wieder zurückgereist, ebenfalls immer zu Fuß. Ich habe viel Herrliches und Liebes erlebt, und wenn nicht die Jurisprudenz gespenstisch mit mir gewandert wäre, so hätte ich wohl die Welt sehr schön gefunden ... Ich hätte dir Vieles von der Harzreise zu erzählen; aber ich habe schon angefangen, sie niederzuschreiben, und werde sie wohl diesen Winter für Gubitz schicken. Es sollen auch Verse drin vorkommen, die dir gefallen,

schöne edle Gefühle und dergleichen Gemüthskehricht. Was soll man thun!
Wahrhaftig, die Opposition gegen das abgedroschene Gebräuchliche ist ein
undankbares Geschäft . . . Ich war in Weimar, es giebt dort sehr gutes
Bier . . . Ergötzlich ist, wie ich auf dem Harz einen Theologen gefunden, der meine „Tragödien" mit sich schleppte, um sie, während der schönen
Reisemuße, zu seinem Vergnügen — zu widerlegen. Täglich passieren mir
ähnliche Possen, die manchmal mich sehr flattieren, manchmal auch sehr
bemüthigen. Auf der Reise und auch hier merkte ich, daß meine kleinen
Gedichte sich auf eine sonderbare Art verbreiten . . . Ich war in Weimar; es giebt dort auch guten Gänsebraten. Auch war ich in Halle,
Jena, Erfurt, Gotha, Eisenach und in Kassel. Große Touren, immer zu Fuß,
und bloß mit meinem schlechten braunen abgeschabten Überrock. Das Bier in
Weimar ist wirklich gut, mündlich mehr darüber. Ich hoffe, dich wohl
nächstes Frühjahr wiederzusehen und zu umarmen und zu necken und ver-
gnügt zu sein." Ohne Unterbrechung arbeitete Heine an der Aufzeichnung
seiner „Harzreise" fort. Schon Ende November war dieselbe vollendet
und wurde nach Hamburg an den Onkel Henry geschickt, „um diesem und
den Weibern ein Privatvergnügen damit zu machen." „Sie enthält viel
Neues," lautet die halb spöttische Selbstkritik des Verfassers [323], „besonders
eine neue Sorte Verse, ist in einem lebendigen enthusiastischen Stil geschrieben, wird, wenn ich sie von Hamburg zurückerhalte, gedruckt werden,
wird sehr gefallen, und ist im Grunde ein zusammengewürfeltes Lappen-
werk." Ebenso wegwerfend bemerkt er dem Freunde im Sommer des folgenden Jahres [324]: „Nochmals wiederhole ich dir, daß du auf die Lektüre
meiner „Harzreise" nicht begierig sein brauchst. Ich schrieb sie aus peku-
niären und ähnlichen Gründen." Etwas günstiger äußert sich Heine über
diese Arbeit, die eine so glänzende Aufnahme finden sollte, in einem Briefe
an Ludwig Robert, dessen Frau von ihm einen Beitrag für die „Rheinblüthen" erbeten hatte. Er offerierte ihr die „Harzreise" mit den Worten [325]: „Das Hübscheste, was ich unterdessen schrieb, ist die Beschreibung
einer Harzreise, die ich vorigen Herbst gemacht, eine Mischung von Natur-
schilderung, Witz, Poesie und Washington Irving'scher Beobachtung. Ich
bin überzeugt, daß Sie sie eben so gern lesen werden, wie ich sie ungern
schicke; denn es wird nöthig sein, daß ich in meinem Manuskript Manches
ändre und auslasse." Im folgenden Briefe heißt es [326]: „Ich habe mein
Manuskript so viel als möglich für die „Rheinblüthen" zugestutzt. Vieles

mußt' ich streichen, und zur Füllung mancher Lücke, besonders am Ende der großen Gedichte, fehlte mir die Muße. Doch ist Dieses nicht bemerkbar. Erscheint die Persifflage des Balletts etwas zu stark, so erlaube ich gern, die ganze Partie, die damit zusammenhängt, ausfallen zu lassen. Muß aus ähnlichem politischen Nothwendigkeitsgrunde irgend eine andre Stelle meines Manuskripts wegbleiben, so bitte ich die Lücke mit den üblichen Strichen zu füllen. Außerdem bitte ich aber die Redaktion der „Rheinblüthen", bei Leibe keine eigenmächtigen Veränderungen oder Auslassungen aus ästhetischen Gründen in meiner „Harzreise" zu gestatten. Denn da diese im subjektivsten Stile geschrieben ist, mit meinem Namen in der Welt erscheint, und mich also als Mensch und Dichter verantwortlich macht, so kann ich dabei eine fremde Willkürlichkeit nicht so gleichgültig ansehen wie bei namenlosen Gedichtchen, die zur Hälfte rebuciert werden . . . Die Verse in meiner „Harzreise" sind eine ganz neue Sorte und wunderschön. Indessen, man kann sich irren." — Nur mit Widerstreben hatte Heine die „Harzreise" für die „Rheinblüthen" zur Verfügung gestellt — „das Almanachwesen," schrieb er an Moser, „ist mir im höchsten Grade zuwider; doch ich habe nicht das Talent, schönen Weibern Etwas abzuschlagen." Um so verdrießlicher war es ihm, daß der Almanach zuletzt gar nicht herauskam, und der Abdruck seines Manuskriptes dadurch um ein volles Jahr verzögert ward. „Dies ist mir recht fatal," klagte er in einem Briefe an Friederike Robert [327]), „indem meine Einsendung, die „Harzreise," wegen ihres vielfältig die Gegenwart anspielenden Inhalts, eigentlich als Novität gedruckt werden mußte, wie ich denn auch nur ungern mich dazu entschloß, sie in einem erst zum Herbste erscheinenden Almanache abdrucken zu lassen. Dazu kommt noch, ich schreibe so Weniges, was für die Gegenwart paßt, daß, wenn ich mal Etwas der Art ausgeheckt habe, manches Familien- und Publikums-Verhältnis mich bedrängt, den Abdruck nicht zu ajournieren." Nachdem der allzu gefällige Verfasser solchermaßen „um den Ruhm von 1825 geprellt war," erhielt er im December des Jahres endlich das Manuskript der „Harzreise" zurück, und sandte es nun sofort nach Berlin, wo es im „Gesellschafter" — freilich arg beschnitten und mißhandelt — abgedruckt ward [328]). — Eine scherzhafte Reklamation sollte dieser ersten Veröffentlichung der „Harzreise" folgen. Wer entsänne sich nicht der Begegnung des Dichters mit dem reisenden Schneidergesellen, welche Heine mit so köstlichem Humor geschildert hat? Plötzlich erschien jetzt im „Gesellschafter" [329]) ein launiger Aufsatz, in welchem ein Herr Carl D . . . e sich als Reisegesellschafter Heine's zu erkennen gab, und jede Verbindung mit der löblichen Schneiderzunft entschieden zurückwies. Er hatte seiner Erklärung zufolge die Rolle des Handwerksburschen nur übernommen, um den jungen Studenten, der sich einen lustigen Spaß mit ihm erlaubt, seinerseits wieder ein bischen zu mystificieren. In jovialstem Tone und mit bestem Danke für das Vergnügen, das ihm die Lektüre der „Harzreise" gewährt, erzählt er das kleine Reiseabenteuer: „Im Herbst 1824 kehrte ich von einer Geschäftsreise von Osterode nach Klausthal zurück. Durch eine Flasche Serons de Salvanette, die ich bei meinem alten Freunde St. getrunken, waren meine Lebensgeister dergestalt exaltiert, daß man mich hätte für ausgelassen halten können. Etwa auf der Hälfte des Weges traf ich mit einem jungen Manne zusammen, den ich genau beschreibe, damit er sich überzeugt, daß ich ihn wirklich damals gesehen. Er war etwa 5 Fuß 6 Zoll groß, konnte 25 bis 27 Jahr' alt sein, hatte blondes Haar, blaue Augen, eine einnehmende Gesichtsbildung, war schlank von Gestalt, trug einen braunen Überrock, gelbe Pantalons, gestreifte Weste, schwarzes Halstuch, und hatte eine grüne Kappe auf dem Kopfe und einen Tornister von grüner Wachsleinwand auf dem Rücken. Der Serons de Salvanette war lediglich Schuld daran, daß ich den Reisenden sogleich nach der ersten Begrüßung anredete, und nach Namen, Stand und Woher und Wohin fragte. Der Fremde sah mich mit einem sardonischen Lächeln von der Seite an, nannte sich Peregrinus und sagte, er sei ein Kosmopolit, der auf Kosten des türkischen Kaisers reise, um Rekruten anzuwerben. „Haben Sie Lust?" fragte er mich. — „Bleibe im Lande und nähre dich redlich," erwiderte ich, und dankte sehr. Um indessen Gleiches mit Gleichem zu vergelten, gab ich mich für einen Schneidergesellen aus, und erzählte dem türkischen Geschäftsträger, daß ich von Braunschweig komme, woselbst ein Gerücht sich verbreitet, daß der junge Landesherr auf einer Reise nach dem gelobten Lande von den Türken gefangen sei, und ein ungeheures Lösegeld bezahlen solle. Herr Peregrinus versprach, sich diesethalb bei dem Sultan zu verwenden, und erzählte mir von dem großen Einflusse, den er bei Sr. Hoheit habe. Unter dergleichen Gesprächen setzten wir unsere Reise fort, und um meine angefangene Rolle durchzuführen, sang ich allerlei Volkslieder, und ließ es an Korruptionen des Textes nicht fehlen, bewegte mich auch überhaupt ganz im Geiste eines reisenden Handwerksburschen. Die Redensarten, welche mir Herr Heine in den Mund legt, sind wörtlich richtig, und gehörten mit zu meiner Rolle. Was die doppelte Poesie anbetrifft, die ich einem Kameraden zu Kassel beimaß, und von welcher Herr Heine glaubt, daß ich darunter doppelt gereimte Verse oder Stanzen verstanden, so muß ich zur Steuer der Wahrheit bekennen, daß ich nicht daran dachte, vielmehr nur sagen wollte: „Der Kamerad ist von Natur ein Dichter, und wenn er getrunken hat, sieht er Alles doppelt und dichtet also mit doppelter Poesie." Ich vertraute auch dem Gefährten, daß ich ein hübsches Sümmchen bei mir trage, Mutterpfennige, es mir daher um so angenehmer sei, einen mannhaften Gesellschafter gefunden zu haben, auf den ich mich, falls wir von Räubern sollten angefallen werden, verlassen könnte. Der Ungläubige versicherte mich unbedenklich seines Schutzes. „Hier will es mit den Räubern nicht Viel sagen," fuhr er fort; „aber Sie sollten nach der Türkei kommen, da kann man fast keinen Fuß vor den andern setzen, ohne auf große bewaffnete Räuberscharen zu stoßen; jeder Reisende führt daher in jenen Gegenden zu seinem Schutze Kanonen von schwerem Kaliber mit sich, und kommt dessenungeachtet oft kaum mit dem Leben davon." Ich bezeigte dem Geschäftsträger Sr. Hoheit mein Erstaunen, und lobte beiläufig die deutsche Polizei, deren Thätigkeit es gelungen, daß ein armer Reisender ganze Stunden Weges zurückzulegen im Stande sei, ohne gerade von Räubern ausgeplündert zu werden. „Was wollten wir machen," fuhr ich fort, „wenn hinter jedem Busche und aus jedem Graben mehrere gefährliche Kerle hervorsprängen und sich von dem erschrockenen Wanderer Alles ausbäten, wie der Bettler in Gellert's Fabel?" — „Haben Sie Gellert gelesen?" fragte mich mein Begleiter. — „Ja," erwiderte ich; „ich habe in meiner Jugend Lesen und Schreiben gelernt, meine Lehrjahre bei dem Schneidermeister Sander zu Halberstadt im lichten Graben ausgestanden und seitdem bei mehreren Meistern in Kassel und Braunschweig gearbeitet, um den eigentlichen Charakter der männlichen Kleidung wegzukriegen, welcher oft schwerer zu studieren ist, als des Mannes Charakter, der den Rock trägt." Hier sah mich Herr Peregrinus wieder von der Seite an, wurde nach und nach einsilbiger, und verstummte endlich gar. Er hatte überhaupt eine hofmännische Kälte an sich, die mich immer in einiger Entfernung von ihm hielt, und um den Scherz zu enden, klagte ich über Müdigkeit, ließ mich auf einen Baumstamm nieder und lud meinen Begleiter ein, ein Gleiches zu thun.

Der aber antwortete, wie ich vermuthet hatte, es bleibe ihm für heute keine Zeit zur Ruhe übrig, lüftete seine Kappe und ging seines Weges, mich zum baldigen Nachkommen einladend."

Wir sehen aus dieser humoristischen Reise-Episode, daß H. Heine, wie in seinen Schriften, so auch im geselligen Leben stets den Schelm im Nacken trug, und daß ihm die launigen Einfälle ungesucht, ohne lange Vorbereitung, entquollen, wie es ihm denn auch unmöglich war, den kürzesten Freundschaftsbrief ohne Hineinflechtung einiger witzigen Bemerkungen abzufassen. — In seiner Denkschrift auf Ludwig Börne erzählt er, daß jene Fußwanderung durch Thüringen ihn auch nach der Wartburg führte, wo er mit andächtigen Gefühlen die Zelle sah, in der einst Doktor Luther gehaust. „Ich besuchte dort auch die Rüstkammer," fügt er hinzu [330]), „wo die alten Harnische hängen, die alten Pickelhauben, Tartschen, Hellebarden, Flamberge, die eiserne Garderobe des Mittelalters. Ich wandelte nachsinnend im Saale herum mit einem Universitätsfreunde, einem jungen Herrn vom Adel, dessen Vater damals einer der mächtigsten Viertelfürsten in unserer Heimat war und das ganze zitternde Ländchen beherrschte. Auch seine Vorfahren sind mächtige Barone gewesen, und der junge Mann schwelgte in heraldischen Erinnerungen bei dem Anblick der Rüstungen und Waffen, die, wie ein angeheftetes Zettel meldete, irgend einem Ritter seiner Sippschaft angehört hatten. Als er das lange Schwert des Ahnherrn von dem Haken herablangte und aus Neugier versuchte, ob er es wohl handhaben könnte, gestand er, daß es ihm doch etwas zu schwer sei, und er ließ entmuthigt den Arm sinken. Als ich Dieses sah, als ich sah, wie der Arm des Enkels zu schwach für das Schwert seiner Väter, da dachte ich heimlich in meinem Sinn: Deutschland könnte frei sein."

Der Brief, in welchem Heine seinem Freunde Moser die erste Nachricht von jener Reise giebt, erwähnt, wie wir sahen, in einer wunderlich versteckten und zugleich die Neugier herausfordernden Weise seines Besuches in Weimar. Bier und Gänsebraten der Musenstadt werden gelobt — von Goethe wird gar nicht gesprochen. Dennoch hatte der junge Dichter dem Nestor der deutschen Poeten seinen Besuch gemacht, und er gedenkt dieses Faktums auch in der „Romantischen Schule," wo er die äußere Erscheinung Goethe's — sein ruhig unbewegtes Auge, sein stolz erhobenes Haupt und den kalten Zug von Egoismus, der auf seinen Lippen thronte — mit dem Anblick des Vaters der Götter, des großen Jupiter, vergleicht [331]):

„Wahrlich, als ich ihn in Weimar besuchte und ihm gegenüber stand, blickte ich unwillkürlich zur Seite, ob ich nicht auch neben ihm den Adler sähe mit den Blitzen im Schnabel. Ich war nahe dran, ihn griechisch anzureden; da ich aber merkte, daß er Deutsch verstand, so erzählte ich ihm auf Deutsch, daß die Pflaumen auf dem Wege zwischen Jena und Weimar sehr gut schmeckten. Ich hatte in so manchen langen Winternächten darüber nachgedacht, wie viel Erhabenes und Tiefsinniges ich dem Goethe sagen würde, wenn ich ihn mal sähe. Und als ich ihn endlich sah, sagte ich ihm, daß die sächsischen Pflaumen sehr gut schmeckten. Und Goethe lächelte. Er lächelte mit denselben Lippen, womit er einst die schöne Leda, die Europa, die Danae, die Semele und so manche andere Prinzessinnen oder auch gewöhnliche Nymphen geküßt hatte." Allerdings mag Heine, wie aus diesen Worten hervorleuchtet, in der Unterhaltung mit Goethe ziemlich befangen gewesen sein, da ihm Dessen kühle, vorwiegend artistische Behandlung der großen Menschheitsfragen, gegen die er sich später so unumwunden aussprach [332]), schon damals einen erkältenden Eindruck verursachte. Es scheint jedoch, daß eine gewisse Pietät gegen den Groß- meister der Dichtkunst ihn zur Zeit noch abhielt, seine Ansichten über dies Thema selbst dem vertrautesten Freunde unaufgefordert zu enthüllen; denn erst nach wiederholtem Drängen Moser's kommt Heine endlich in einem Briefe vom 1. Juli 1825 auf seinen Besuch in Weimar zurück [333]): „Daß ich dir von Goethe Nichts geschrieben, und wie ich ihn in Weimar ge- sprochen, und wie er mir recht viel Freundliches und Herablassendes gesagt, daran hast du Nichts verloren. Er ist nur noch das Gebäude, worin einst Herrliches geblüht, und nur Das war's, was mich an ihm interessierte. Er hat ein wehmüthiges Gefühl in mir erregt, und er ist mir lieber ge- worden, seit ich ihn bemitleide. Im Grunde aber sind ich und Goethe zwei Naturen, die sich in ihrer Heterogenität abstoßen müssen. Er ist von Haus aus ein leichter Lebemensch, dem der Lebensgenuß das Höchste, und der das Leben für und in der Idee wohl zuweilen fühlt und ahnt und in Gedichten ausspricht, aber nie tief begriffen und noch weniger ge- lebt hat. Ich hingegen bin von Haus aus ein Schwärmer, d. h. bis zur Aufopferung begeistert für die Idee, und immer gedrängt, in dieselbe mich zu versenken. Dagegen aber habe ich den Lebensgenuß begriffen und Gefallen daran gefunden, und nun ist in mir der große Kampf zwischen meiner klaren Vernünftigkeit, die den Lebensgenuß billigt und alle aufopfernde Begeisterung als etwas Thörichtes ablehnt, und zwischen meiner schwärmerischen Neigung, die oft unversehens aufschießt, und mich gewaltsam ergreift, und mich vielleicht einst wieder in ihr uraltes Reich hinabzieht, wenn es nicht besser ist zu sagen: hinaufzieht; denn es ist doch noch die große Frage, ob der Schwärmer, der selbst sein Leben für die Idee hingiebt, nicht in einem Momente mehr und glücklicher lebt, als Herr von Goethe während seines ganzen sechsundsiebzigjährigen egoistisch behaglichen Lebens." Das ist freilich eine verwegene und anmaßliche Sprache im Munde eines fünfundzwanzigjährigen Jünglings, der den Werken eines Goethe erst zwei Bändchen Gedichte und Tragödien gegenüber zu stellen hatte, in denen die opfermuthige Begeisterung für die „Idee" mindestens nicht das hervorragendste Moment war! Nichtsdestoweniger lag diesen Äußerungen das richtige Gefühl eines tiefwurzelnden Gegensatzes in den Naturen beider Dichter zu Grunde, der sehr bald zum deutlichen Ausdruck kommen sollte, und wir müssen außerdem daran erinnern, daß Heine, als er jene von so großem Selbstgefühl zeugenden Worte schrieb, mit allem Enthusiasmus am „Rabbi" arbeitete, und die „Harzreise" schon vollendet hatte. Er steuerte also bereits mit vollen Segeln auf das stürmisch bewegte Meer der Gegenwart hinaus, während Goethe, „das große Zeitablehnungsgenie", wie ihn Heine in einem Briefe an Varnhagen nennt, sich in beschaulichem Quietismus mehr und mehr von der aufregenden Beschäftigung mit den großen Menschheitsfragen in osteologische, botanische und physikalische Studien zurückzog. Es kann uns daher nicht wundern, daß Letzterer sich durch die unruhig prickelnde, leidenschaftlich erregte, an allem altehrwürdig Bestehenden rüttelnde Dichtweise Heine's eben so sehr abgestoßen fühlte, wie Dieser durch die vornehme Kälte der Goethe'schen Kunstbehaglichkeit. Das Urtheil Goethe's über Heine ist in der That um so merkwürdiger, als es Diesem fast denselben Mangel vorwirft, welchen Heine Jenem in dem Briefe an Moser vorgeworfen hat: den Mangel an echter Liebe zur Menschheit. „Es ist nicht zu leugnen," sagte Goethe am 25. December 1825 in einem Gespräche mit Eckermann[384]), „er besitzt manche glänzende Eigenschaften; allein ihm fehlt — die Liebe. Er liebt so wenig seine Leser und seine Mit-Poeten als sich selber, und so kommt man in den Fall, auch auf ihn den Spruch des Apostels anzuwenden: „Und wenn ich mit Menschen- und mit Engelzungen redete, und hätte der Liebe nicht, so wäre ich ein tönendes Erz oder eine klingende

Schelle." Noch in diesen Tagen habe ich Gedichte von ihm gelesen, und sein reiches Talent nicht verkennen können. Allein, wie gesagt, die Liebe fehlt ihm, und so wird er auch nie so wirken, als er hätte müssen. Man wird ihn fürchten, und er wird der Gott Derer sein, die gern wie er negativ wären, aber nicht wie er das Talent haben."

Im Frühjahr 1825 entschloß sich H. Heine endlich auf das Drängen seines Oheims Salomon, der keine neuen Gelder herausrücken wollte, bevor ihm der Neffe die glücklich erfolgte Doktor-Promotion anzeigen würde, sein juristisches Examen zn machen. Eine Dissertation war zu jener Zeit nicht erforderlich; sie wurde meist nur von Solchen verfaßt, die sich als Privatdocenten zu habilitieren gedachten. Heine sandte daher üblichermaßen an Professor Hugo, den Dekan der juristischen Fakultät, unterm 16. April nur eine sogenannte litera petitoria[335]), einen lateinisch geschriebenen Brief, worin er um Zulassung zum Promotions-Examen und gleichzeitig um Angabe der von ihm zu erklärenden Gesetze bat. Zur Erläuterung dieses Ansuchens sei bemerkt, daß jedem Kandidaten zwei Stellen aus den Rechtsquellen zur Interpretation aufgegeben werden, und zwar jetzt zu ausführlichen schriftlichen Arbeiten, deren Prüfung die Zulassung zum Examen bedingt. Früher jedoch las der Kandidat im Beginn des Examens selbst eine kurze Exposition dieser Stellen vor, die nicht zu den Akten gelegt wurde. Nur die betreffenden Gesetzesstellen sind in den Fakultätsakten bezeichnet, als Cap. 28 Extra. De jarejurando 2. 24., und Lex 18 Digestorum. De pignoribus (20. 1). Das Amt eines Prorektors — ständiger Rektor der Universität war der König von England und Hannover — bekleidete damals der kürzlich von Berlin nach Göttingen berufene Professor Johann Friedrich Ludwig Göschen; die engere Fakultät bildeten die Professoren Meister, Hugo, Bauer und Eichhorn, deren Vorlesungen Heine in letzter Zeit fleißig besucht hatte. Daß der gefürchtete Hugo als Dekan an der Spitze der Fakultät stand, trug nicht eben dazu bei, Heine's Selbstvertrauen auf die mühsam und widerwillig erworbenen juristischen Kenntnisse zu erhöhen. In dem Gefühl, daß es um diese Kenntnisse ziemlich schwach bestellt sei, schloß er denn auch seinen im herkömmlich schnörkelhaften Kurialstile verfaßten Anmeldungsbrief mit den zaghaft bescheidenen Worten: "Obwohl ich in jenen sechs Jahren, in denen ich meinen Studien oblag, mich stets zum juridischen Fache hielt, war es doch nie meine Absicht, die Rechtskunde zum einstigen Broterwerb zu erwählen, vielmehr suchte ich Geist und Herz für die Humanitätsstudien wissenschaftlich auszubilden. Nichtsdestoweniger hatte ich mich in dieser Hinsicht keines sehr günstigen Erfolgs zu erfreuen, da ich manche sehr nützliche Disciplinen hintanseßte und mit zu großer Vorliebe die Philosophie, die Literatur des Morgenlandes, die deutsche des Mittelalters und die belletristische der neueren Völker studierte. In Göttingen befleißigte ich mich ausschließlich der Rechtswissenschaft, allein ein hartnäckiges Kopfleiden, das mich zwei Jahre lang bis heute gequält, war mir immer ein großes Hemmnis und trägt die Schuld, daß meine Kenntnisse nicht meinem Fleiß und Eifer entsprechen. Daher hoffe ich, hochwohlgeborner Herr Dekan und hochberühmte Mitglieder der hochpreis=lichen Fakultät, sehr auf Ihre Nachsicht, deren ich mich künftig mit der größten Geistesanstrengung nicht unwürdig zu erweisen gelobe." Das Promotions=Examen, zu welchem sich Heine in diesem Briefe meldete, fand am 3. Mai 1825 statt. Wie aus seinem Doktor=Diplom [236]) und den Dekanats=Akten hervorgeht, erlangte er im juristischen Examen nur den dritten Grad. Die Promotions=Thesen, welche er am 20. Juli in öffentl. Disputation gegen seine Opponenten, den Privatdocenten der Philologie Dr. E. F. Culemann und den Stud. jur. Th. Geppert, vertheidigte, waren folgende:

1) Der Ehemann ist Herr der Mitgift.
2) Der Gläubiger muß eine Quittung ausstellen.
3) Alle Rechtsverhandlungen sind öffentlich zu führen.
4) Aus dem Eid erwächst keine Verpflichtung.
5) Die confarreatio war bei den Römern die älteste Art einer recht=lichen Eheverbindung.

Wir sehen aus der dritten Thesis, daß Heine auch bei Gelegenheit seiner Doktor=Promotion wieder für jene Öffentlichkeit der Gerichte in die Schran=ken trat, deren Segen er in seiner rheinischen Heimat kennen gelernt und für die er bereits in den „Briefen aus Berlin" [237]) als Publicist das Wort ergriffen hatte. Besonders eifrig mußte er die vierte und fünfte Thesis gegen die Einwendungen seiner Opponenten verfechten, und wir dürfen aus dem Stil seiner litera petitoria und der Mittheilung eines Ohrenzeugen schließen, daß Solches nicht in besonders klassischem Latein geschah. Ja, es soll zur Genugthuung des biederen Maßmann, dem Heine so oft „seine Lateinlosigkeit, seine lateinische Impotenz, seine magna linguae romanae ignorantia" vorwarf, nicht verschwiegen bleiben, daß der junge Doktorand sich im Eifer der Disputation an jenem Tage sogar eines groben Gram=

matikalschnitzers schuldig machte. Es passierte ihm nämlich das Mißgeschick, zu sagen: „Legitur hoc in caput 7," worauf alle Zuhörer unbarmherzig lachten [338]). Mit solchen kleinen Verstößen nimmt man's indessen bekanntlich bei Promotions-Disputationen nicht allzu genau, und so ließ selbst der grimme Hugo sich herbei, in den einleitenden Worten, welche er, wie gewöhnlich, der feierlichen Proklamation der Doktorwürde voraussandte, dem Doktoranden zwar minder über seine juristischen, desto mehr jedoch über seine poetischen Leistungen vielfache Elogen zu machen. Er verglich ihn mit Goethe, welcher auch früher und besser als Dichter denn als Jurist sich bewährt habe, und äußerte sogar, die Verse Heine's seien nach dem allgemeinen Urtheil den Goethe'schen an die Seite zu setzen. „Und Dieses," berichtet Heine seinem Freunde Moser [339]), „sagte der große Hugo aus der Fülle seines Herzens, und privatim sagte er noch viel Schönes denselben Tag, als wir Beide mit einander spazieren fuhren und ich von ihm auf ein Abendessen gesetzt wurde. Ich finde also," fügt er scherzend hinzu, „daß Gans Unrecht hat, wenn er in geringschätzendem Tone vom Hugo spricht. Hugo ist einer der größten Männer unseres Jahrhunderts."

Zwischen die Zeit des Examens und den Tag seiner Doktor-Promotion fiel ein anderer, ungleich wichtigerer Akt in Heine's Leben: — der Akt seines nominellen Übertrittes zur evangelischen Religion. Daß ihn kein starkes religiöses Band an das Judenthum fesselte, haben wir zur Genüge erfahren. Auch mit dem Kulturleben seiner Stammgenossen fühlte sich Heine nur lose verknüpft; schon im Februar 1822 hatte er an Wohlwill geschrieben [340]): „Auch ich habe nicht die Kraft, einen Bart zu tragen und mir „Judenmauschel" nachrufen zu lassen und zu fasten ꝛc." Dennoch sträubte sich in ihm ein edles Gefühl gegen das Unwürdige eines Religionswechsels aus rein äußerlichen Gründen. Er berührte dies Thema zuerst in einem Briefe an Moser nach der Rückkehr von dem Besuche in Hamburg im Sommer 1823. „Wie du denken kannst," schrieb er mit Rücksicht auf seine juristischen Pläne [341]), „kommt hier die Taufe zur Sprache. Keiner von meiner Familie ist dagegen, außer ich. Und dieser ich ist sehr eigensinniger Natur. Aus meiner Denkungsart kannst du es dir wohl abstrahieren, daß mir die Taufe ein gleichgültiger Akt ist, daß ich ihn auch symbolisch nicht wichtig achte, und daß ich mich der Verfechtung der Rechte meiner unglücklichen Stammesgenossen mehr weihen würde. Aber dennoch halte ich es unter meiner Würde und meine Ehre befleckend, wenn ich, um ein Amt in Preußen anzunehmen, mich taufen ließe. Im lieben Preußen!!! Ich weiß wirklich nicht, wie ich mir in meiner schlechten Lage helfen soll. Ich werde noch aus Ärger katholisch und hänge mich auf. Wir leben in einer traurigen Zeit, Schurken werden zu den Besten, und die Besten müssen Schurken werden. Ich verstehe sehr gut die Worte des Psalmisten: „Herr Gott, gieb mir mein täglich Brot, daß ich deinen Namen nicht lästre!" . . . Es ist fatal, daß bei mir der ganze Mensch durch das Budget regiert wird. Auf meine Grundsätze hat Geldmangel oder Überfluß nicht den mindesten Einfluß, aber desto mehr auf meine Handlungen. Ja, großer Moser, der H. Heine ist sehr klein. Wahrlich, der kleine Markus ist größer als ich! Es ist Dies kein Scherz, sondern mein ernsthaftester, ingrimmigster Ernst. Ich kann dir Das nicht oft genug wiederholen, damit du mich nicht mißt nach dem Maßstabe deiner eigenen großen Seele." — Es scheint, daß Heine sich, wie Gans, eine Zeitlang mit der Illusion trug, als werde ihm die preußische Regierung den Eintritt in den Staatsdienst ohne vorherigen Übertritt zum Christenthume gestatten, und daß er solche Vergünstigung durch eine Eingabe an das Kultus-Ministerium zu erlangen hoffte. Hierauf bezieht sich nachfolgende Stelle eines Briefes an Moser vom Sommer 1824[342]): „Deine Mittheilungen über die Veränderungen im Ministerium des Kultus haben mich sehr interessiert; du kannst wohl denken, in welcher Hinsicht. Es ist Alles jetzt so verwirrt im preußischen Staat, daß man nicht weiß, wer Koch oder Kellner ist. Ich möchte wohl wissen, an Wen ich mich mit Erfolg wenden könnte bei meinem Gesuch an das Ministerium. Ich habe schon in Berlin mit dir darüber gesprochen, die Zeit rückt heran, wo ich solche Vorsätze zur Ausübung bringen sollte, und ich kann's dir nicht genug empfehlen, diese Sache im Augenmerk zu behalten. Du weißt ja, ich selbst bin nicht im Stande, dergleichen Demarchen selbst zu machen und zu überdenken; meine Freunde sind immer meine natürlichen Vormünder. Ja, säßen Weiber am Staatsruder, so wäre ich Mann genug, bald ein gemachter Mann zu sein!" — Bei der ersten Nachricht, daß die Bemühungen seines Freundes Gans, eine Professur ohne vorgängigen Religionswechsel zu erhalten, vergeblich gewesen, und er sich nun den Umständen fügen wolle, spricht sich Heine ziemlich milde über Dessen beabsichtigte Taufhandlung aus. Er bittet sogar Moser, Gans die Versicherung zu ertheilen, daß er ihn jetzt nicht weniger als vormals liebe. „Ungern," fügt er hinzu[343]), „vermisse ich in deinem Briefe Nachricht über den Verein.

Hat derselbe schon Karten herumgeschickt pour prendre congé? oder wird
er sich halten? wird Gott stark sein in den Schwachen, in Auerbach und
Konsorten? wird ein Messias gewählt werden? Da Gans sich taufen lassen
will, so wird er es wohl nicht werden können, und die Wahl eines Messias
hält schwer. Die Wahl des Esels wäre schon weit leichter." Und als
Gans im folgenden Jahre die Reise nach Frankreich und England angetreten hatte, spöttelte Heine[344]): „Ich sehe mit Spannung seiner Rückkunft
entgegen. Ich glaube wirklich, daß Gans als Eli-Ganz zurückkehrt. Auch
glaube ich, daß, obgleich der erste Theil des „Erbrechtes" mit vollem
Recht, nach Zunzischer Bibliothekseintheilung, als Quelle zur jüdischen Geschichte betrachtet werden kann, dennoch der Theil des Erbrechts, der nach
Gans' Zurückkunft von Paris erscheint, keine Quelle zur jüdischen Geschichte
sein wird, eben so wenig wie die Werke Savigny's und anderer Gojim und
Reschoim. Kurz, Gans wird als Christ, im wässerigsten Sinne des Worts,
von Paris zurückkehren."

Als Heine diese ironischen Auslassungen schrieb, war an ihm selber
der Taufakt bereits vollzogen. Es versteht sich, daß Solches in aller
Stille und mit sorglicher Vermeidung jedes öffentlichen Aufsehens geschehen
war. In dem kleinen preußischen Orte Heiligenstadt, einige Meilen von
Göttingen entfernt, hatte sich Harry Heine am 28. Juni 1825 in der Dienst-
wohnung des Pfarrers zu St. Martini, des Superintendenten Magister
Gottlob Christian Grimm, durch Diesen in die Gemeinschaft der evangelischen Kirche aufnehmen lassen und, mit Beibehaltung des Familiennamens,
bei der Taufe die Vornamen Christian Johann Heinrich empfangen.
Als einziger Taufpathe fungirte der Superintendent in Langensalza, Dr.
theol. Karl Friedrich Boniß, welcher am folgenden Tage auch bei der
Taufe von Zwillingskindern des Magisters Grimm Gevatter stand, und
vermuthlich zu diesem Zwecke nach Heiligenstadt gekommen war. Wegen
seiner zufälligen Anwesenheit mag er von Heine, dem es sicher erwünscht
war, die Kirche selbst mit dem ganzen Odium der vorschriftsmäßigen For-
malitäten zu belasten, ersucht worden sein, ebenfalls an ihm Pathenstelle
zu vertreten[345]). Mit welchen Gefühlen der Proselyt die ihm durch
Familien- und Erwerbsrücksichten aufgenöthigte Taufhandlung hatte über
sich ergehen lassen, sagen uns die ergrimmten Worte, in denen er seinem
Freunde Moser die erste verschämte Andeutung von dem geschehenen
Schritte giebt[346]): „Ich empfehle dir Golowin's Reise nach Japan. Du
ersiehst daraus, daß die Japaner das civilisirteste, urbanste Volk auf der

Erbe sind. Ja, ich möchte sagen: das christlichste Volk, wenn ich nicht
zu meinem Erstaunen gelesen, wie eben diesem Volke Nichts so sehr verhaßt und zum Gräuel ist, als eben das Christenthum. Ich will ein
Japaner werden. — Es ist ihnen Nichts so verhaßt wie das Kreuz. Ich
will ein Japaner werden. — Vielleicht schicke ich dir heute noch ein Gedicht
aus dem „Rabbi," worin ich leider wieder unterbrochen worden. Ich bitte
dich sehr, das Gedicht, sowie auch was ich dir von meinen Privatverhält-
nissen sage, Niemanden mitzutheilen. Ein junger spanischer Jude, von
Herzen ein Jude, der sich aber aus Luxusübermuth taufen läßt, korrespondiert mit dem jungen Jehuda Abarbanel und schickt ihm jenes Gedicht, aus
dem Maurischen übersetzt. Vielleicht scheut er es doch, eine nicht sehr
noble Handlung dem Freunde unumwunden zu schreiben, aber er schickt
ihm jenes Gedicht. — Denk nicht darüber nach." — — Bitterer noch
klingen die selbstanklagenden Außerungen eines fünf Wochen später geschriebenen Briefes [347]): „Ich weiß nicht, was ich sagen soll, Cohen versichert
mich, Gans predige das Christenthum und suche die Kinder Israel zu be-
kehren. Thut er Dieses aus Überzeugung, so ist er ein Narr; thut er es
aus Gleißnerei, so ist er ein Lump. Ich werde zwar nicht aufhören ihn
zu lieben; dennoch gestehe ich, weit lieber wär's mir gewesen, wenn ich
statt obiger Nachricht erfahren hätte, Gans habe silberne Löffel gestohlen.
Daß du, lieber Moser, wie Gans denken sollst, kann ich nicht glauben,
obschon es Cohen versichert und es sogar von dir selber haben will. Es
wäre mir sehr leid, wenn mein eigenes Getauftsein dir in einem günstigen
Lichte erscheinen könnte. Ich versichere dich: wenn die Gesetze das Stehlen
silberner Löffel erlaubt hätten, so würde ich mich nicht getauft haben. —
Vorigen Sonnabend war ich im Tempel, und habe die Freude gehabt,
eigenohrig anzuhören, wie Dr. Salomon gegen die getauften Juden los-
zog, und besonders stichelte: „wie sie von der bloßen Hoffnung, eine
Stelle (ipsissima verba) zu bekommen, sich verlocken lassen, dem Glauben ihrer Väter untreu zu werden." Ich versichere dir, die Predigt war
gut, und ich beabsichtige, den Mann diese Tage zu besuchen. — Wenn
ich Zeit hätte, würde ich der Doktorin Zunz einen hübschen jüdischen Brief
schreiben. Ich werde jetzt ein rechter Christ; ich schmarotze nämlich bei
den reichen Juden." Aufs schmerzlichste variieren die Klagen vom Frühjahr 1826 dasselbe Thema [348]. „Das war eine gute Zeit, als der „Ratcliff" und „Almansor" bei Dümmler erschienen, und du, lieber Moser, die
schönen Stellen daraus bewundertest, und dich in deinen Mantel hülltest

und pathetisch spracheſt, wie der Marquis Poſa. Es war damals Winter, und der Thermometer war bis auf Auerbach gefallen, und Dithmar fror troß ſeiner Nankinghoſen — und doch iſt es mir, als ob es damals wärmer geweſen ſei, als heute den 23. April, heute wo die Hamburger ſchon mit Frühlingsgefühlen herumlaufen, mit Veilchenſträußern u. ſ. w. u. ſ. w. Es iſt damals viel wärmer geweſen. Wenn ich nicht irre, war Gans damals noch nicht getauft und ſchrieb lange Vereinsreden, und trug ſich mit dem Wahlſpruch: „Victrix causa Diis placuit, sed victa Catoni.“ Ich erinnere mich, der Pſalm: „Wir ſaßen an den Flüſſen Babel's“ war damals deine Force, und du recitierteſt ihn ſo ſchön, ſo herrlich, ſo rührend, daß ich jeßt noch weinen möchte, und nicht bloß über den Pſalm. Du hatteſt damals auch einige ſehr gute Gedanken über Judenthum, chriſtliche Niederträchtigkeit der Proſelytenmacherei, Niederträchtigkeit der Juden, die durch die Taufe nicht nur die Abſicht haben, Schwierigkeiten fortzuräumen, ſondern durch die Taufe Etwas erlangen, Etwas erſchachern wollen, und dergleichen gute Gedanken mehr, die du gelegentlich mal aufſchreiben ſollteſt. Du biſt ja ſelbſtändig genug, als daß du es wegen Gans nicht wagen dürfteſt, und was mich betrifft, ſo brauchſt du dich wegen meiner gar nicht zu genieren. Wie Solon ſagte, daß man Niemanden vor ſeinem Tode glücklich neynen könne, ſo kann man auch ſagen, daß Niemand vor ſeinem Tode ein braver Mann genannt werden ſollte. Ich bin froh, der alte Friebländer und Bendavid ſind alt, und werden bald ſterben, und Dieſe haben wir dann ſicher, und man kann unſerer Zeit nicht den Vorwurf machen, daß ſie keinen einzigen Untadelhaften aufzeigen kann. Verzeih mir den Unmuth, er iſt zumeiſt gegen mich ſelbſt gerichtet. Ich ſtehe oft auf des Nachts und ſtelle mich vor den Spiegel und ſchimpfe mich aus. Vielleicht ſeh' ich des Freundes Seele jeßt für einen ſolchen Spiegel an . . . Grüß mir unſern „außerordentlichen“ Freund, und ſag ihm, daß ich ihn liebe. Und Dieſes iſt mein ſeelenvollſter Ernſt. Er iſt mir noch immer ein liebes Bild, obſchon kein Heiligenbild, noch viel weniger ein verehrliches, ein wunderthätiges. Ich denke oft an ihn, weil ich an mich ſelbſt nicht denken will. So dachte ich dieſe Nacht: mit welchem Geſicht würde wohl Gans vor Moſes treten, wenn Dieſer plößlich auf Erden wieder erſchiene? Und Moſes iſt doch der größte Juriſt, der je gelebt hat, denn ſeine Geſeßgebung dauert noch bis auf heutigen Tag. Ich träumte auch, Gans und Mordachai Noah kamen in Stralau zuſammen, und Gans war, o Wunder! ſtumm wie ein Fiſch. Zunz ſtand far-

kaſtiſch lächelnd dabei und ſagte zu ſeiner Frau: „Siehſt du, Mäuschen?"
Ich glaube, Lehmann hielt eine lange Rede, im vollen Tone, und geſpickt mit
„Aufklärung," „Wechſel der Zeitverhältniſſe," „Fortſchritte des Weltgeiſtes,"
eine lange Rede, worüber ich nicht einſchlief, ſondern im Gegentheil, worüber
ich erwachte." — „Wie tief begründet iſt doch der Mythos des ewigen
Juden!" heißt es in einem anderen Briefe [349]). „Im ſtillen Waldthal
erzählt die Mutter ihren Kindern das ſchaurige Märchen, die Kleinen
drücken ſich ängſtlicher an den Herd, draußen iſt Nacht — das Poſthorn
tönt — Schacherjuden fahren nach Leipzig zur Meſſe. — Wir, die wir
die Helden des Märchens ſind, wir wiſſen es ſelbſt nicht. Den weißen
Bart, deſſen Saum die Zeit wieder verjüngend geſchwärzt, kann kein Barbier abraſieren." — Im Herbſt 1825 erſchien in den „Wiener Jahrbüchern"
die an einer früheren Stelle erwähnte Recenſion der Heine'ſchen „Tragödien" von Wilhelm Häring, worin die chriſtenthumsfeindliche Tendenz
des „Almanſor" ziemlich deutlich auf die jüdiſche Abſtammung des Dichters
zurückgeführt wurde. Dies Hineinziehen konfeſſioneller Erörterungen mußte
für Heine um ſo peinlicher ſein, je mehr er zur Klarheit darüber gelangte,
daß er ſich durch den im Widerſpruch mit ſeiner innern Überzeugung
unternommenen Religionswechſel in die zweideutigſte Lage gebracht. „Ich
ſehe noch ſchlimmeren Ausfällen entgegen," ſchrieb er an Moſer [350]). „Daß
man den Dichter herunter reißt, kann mich wenig rühren; daß man aber
auf meine Privatverhältniſſe ſo derbe anſpielt oder, beſſer geſagt, anprü-
gelt, Das iſt mir ſehr verdrießlich. Ich habe chriſtliche Glücksritter in
meiner eigenen Familie u. ſ. w. . . . Iſt es nicht närriſch? kaum bin
ich getauft, ſo werde ich als Jude verſchrieen . . . Ich bin jetzt bei Chriſt
und Jude verhaßt. Ich bereue ſehr, daß ich mich getauft hab'; ich ſeh'
noch gar nicht ein, daß es mir ſeitdem beſſer ergangen ſei — im Gegentheil, ich habe ſeitdem Nichts als Widerwärtigkeiten und Unglück." In
der That ſollte Heine, wie die Erfahrung ihn bald genug belehrte, durch
ſeinen formellen Übertritt zum chriſtlichen Glauben Nichts von Allem,
was er gehofft hatte, erreichen: keine Staatsanſtellung und keine Unabhängigkeit von den Geldzuſchüſſen des reichen Oheims. Vor dem Kampfe
noch war er abgefallen von der Idee, die ihn zu ihrem Streiter erkoren;
die Taufe hatte ihn im innerſten Gewiſſen mit ſich ſelbſt entzweit, von
Herzen wurde er niemals ein Chriſt, und bei ſeinen Feinden hieß er:
der Jude.

Anmerkungen.

r Fau

Familie sind noc

rh Heine,
774,
t. 1855;
mit
Embden,
787.

Emilie Heine,
b. 21. Okt. 1818;
verh. mit
S. Oswalt.

tte Heine,
1805;
seit
1822 mit
Embben,
Dec. 1780,
rz 1866.

Dr. m
milian
geb. c
verb. mit
des Leib
Kaiser 9

Therese Heine,
geb. 1808;
verh. seit
mit Dr. jur.
stian Hermann
Adolf Halle,
geb. 1798,
6. Jan. 1866.

ig H.
en,
824.

Bertha Oppenhe
1866; verh
mit Dr. jur
J. E. N. Gab

Anmerkungen.

Die Citate aus H. Heine's Schriften beziehen sich stets auf die kritische Gesammtausgabe seiner Werke, welche in 21 Bänden (Hamburg, 1861—1866) von mir herausgegeben ward. Für die Besitzer der neuesten, billigeren Ausgabe sind die hin und wieder abweichenden Seitenzahlen der letzteren in eckigen Klammern [ ] beigefügt.

¹) Die Notizen über die Vorfahren und Verwandten des Dichters entnahm ich größten Theils den Mittheilungen der Broschüre seines Vetters, des Dr. Hermann Schiff: „Heinrich Heine und der Neuisraelitismus; Briefe an Adolf Strodtmann" (Hamburg, J. P. F. E. Richter, 1866), S. 6—9, da mir Schiff die Versicherung gab, daß er die gründlichsten Nachforschungen in dieser Hinsicht angestellt habe. Seit der Druck des vorliegenden Buches begonnen ward, ließ ich es mir jedoch angelegen sein, die Angaben Schiff's durch Vergleichung der Inschriften auf zahlreichen Grabsteinen und Durchforschung vieler Geburts-, Sterbe- und Heiraths-Register nach Möglichkeit sorgfältigt zu prüfen, und ich gelangte bald zu der Erkenntnis, daß Schiff sich in verschiedenen Punkten nicht unerheblich geirrt hat. Aus wiederholten Anführungen in den officiellen Büchern der deutsch-israelitischen Gemeinde zu Hamburg ergab sich mit Bestimmtheit, daß der erst in Altona, später in Hannover ansässige Großvater H. Heine's mit Vornamen nicht Lob, sondern Hermann (חײם) hieß. Derselbe stammte, nach einer Stelle im „Wintermärchen" (H. Heine's sämmtl. Werke, Bd. XVII., S. 189 [179]) zu schließen, aus Bückeburg. Von seinen Söhnen war Samson Heine, der Vater des Dichters, nicht der jüngste, sondern der zweitälteste; Herz Heine, der jüngste unter den Brüdern, nahm später den Vornamen Henry an, und ist mit Diesem identisch; dagegen lebte in Bordeaux ein sechster, erstgeborener Bruder, Isaak Heine, der ein ansehnliches Vermögen hinterließ, und dessen Söhne gegenwärtig Associés der börsenbekannten Bankfirma Fould & Co. in Paris sind. — So schwer es mir geworden ist, Zuverlässiges über die Verwandtschaftsverhältnisse, Geburts- und Sterbedaten der einzelnen Mitglieder einer so weitverzweigten Familie zu ermitteln, glaube ich doch die Richtigkeit der angefügten genealogischen Tabelle in allen wesentlichen Stücken verbürgen zu können.

23*

*) Diese Notiz verdanke ich dem Herrn Kaufmanne Michel Simons in Düsseldorf, dessen Schwiegermutter gleichfalls eine geborne von Geldern war. Bei einer früheren Revision der alten Familienpapiere fand sich der betreffende Adelsbrief nicht vor, und da die männliche Descendenz des Geschlechtes von Geldern erloschen ist, wurden keine weiteren Nachforschungen nach dem Dokumente angestellt. — Auch der Onkel H. Heine's, Simon von Geldern, liegt auf dem israelitischen Friedhofe in Düsseldorf begraben.

*) Trotz aller aufgewandten Mühe hat es mir nicht gelingen wollen, den Geburtschein des Dichters in amtlich beglaubigter Abschrift zu erlangen. Da die betreffenden Geburtsregister in Düsseldorf bei einer Feuersbrunst vernichtet worden sind, suchte ich mir einen Auszug aus den Beschneidungsprotokollen zu verschaffen; aber auch diese waren nur noch bis zum Jahre 1784 aufzufinden, und die folgenden Bände bis zum Anfang des neunzehnten Jahrhunderts scheinen verloren gegangen zu sein. Der Witz H. Heine's in den „Reisebildern" (Sämmtl. Werke, Bd. II., S. 212), daß er in der Neujahrsnacht 1800 geboren, also „einer der ersten Männer seines Jahrhunderts" sei, hat manche irrigen Notizen in Betreff seines Geburtsdatums zur Folge gehabt. Aber auch im Übrigen widersprechen sich die ernsthafteren Angaben des Dichters über diesen Gegenstand. In einem Briefe an Friedrich Kalkmann vom 20. Oktober 1821 behauptet H. Heine, 24 Jahre alt, folglich 1797 geboren zu sein. Ein heute noch in den Fakultätsakten der Universität Göttingen aufbewahrtes, in lateinischer Sprache abgefaßtes Schreiben an Professor Hugo vom 16. April 1825 enthält gar den wunderlichen Schreibfehler: „Natus sum mense Decembri anni 1779." Die 1835 an Philarète Chasles gesandte autobiographische Skizze wiederholt die Angabe der „Reisebilder," und erst ein Brief an St. René Taillandier vom 3. November 1851 giebt mit nachstehenden Worten das als richtig erscheinende Jahr an: „Ich beschränke mich darauf, Ihnen zu sagen, daß das Datum meiner Geburt in den mich betreffenden biographischen Notizen nicht eben genau angegeben ist. Diese Ungenauigkeit mag die Folge eines absichtlichen Irrthumes sein, den man zu meinen Gunsten während der preußischen Invasion beging, um mich dem Dienste Sr. Majestät des Königs von Preußen zu entziehen. Seitdem sind all' unsre Familien-Archive durch wiederholte Feuersbrünste in Hamburg vernichtet worden. Indem ich meinen Taufschein zu Rathe ziehe, finde ich den 13. December 1799 als mein Geburtsdatum verzeichnet." Auch in den 1854 veröffentlichten „Geständnissen" (Sämmtl. Werke, Bd. XIV., S. 234) berichtet Heine, daß er „im letzten Jahre des vorigen Jahrhunderts" geboren sei." Ein noch lebender Schulkamerad und Universitätsfreund des Dichters, Herr Dr. med. Joseph Neunzig in Gerresheim, dem ich manche interessante Nachricht über H. Heine's Jugendjahre verdanke, und der 1797 geboren ist, will freilich, nach Aussage seiner Mutter, in gleichem Alter mit Demselben gestanden haben, und auch ein anderer Schulgefährte Heine's, der Bankier und Stadtrath S. H. Prag in Düsseldorf, spricht in einem mir vorliegenden Briefe die Meinung aus, daß Jener spätestens im Jahre 1798 geboren sei. Wollte

man dem höchst unzuverlässigen Friedrich Steinmann Glauben schenken, so
würde sich ein ferneres Zeugnis zu Gunsten des Jahres 1797 ergeben; denn
Steinmann behauptet, daß ihm Heine nicht nur wiederholentlich dies Jahr als
das seiner Geburt genannt, sondern dasselbe auch als solches in sein Stamm=
buch eingetragen habe. Da jedoch Steinmann seinem Buche über Heine ein
Autograph des betreffenden Stammbuchblattes beifügt, und auf diesem eine An=
gabe des Geburtsjahres keineswegs vorhanden ist, dürfte der Versicherung eines
so unglaubwürdigen Zeugen so wenig in diesem wie in den meisten übrigen
Fällen Gewicht beizumessen sein. Dagegen verdanke ich der Güte des Herrn
Superintendenten W. Felgenhäuer zu Heiligenstadt ein weiteres Zeugnis für
die Richtigkeit des von H. Heine zuletzt angegebenen Datums. Im Kirchenbuche
der evangelischen Gemeinde zu St. Martini in Heiligenstadt findet sich nämlich
unter den vom Magister Gottlob Christian Grimm eingetragenen Notizen über
Harry Heine's Taufakt die ausdrückliche Bemerkung, daß der Proselyt am 13.
December 1799 geboren sei. Da die Notiz des Kirchenbuches unzweifelhaft auf
den Angaben des Taufscheines beruht, dürfte die Richtigkeit dieses Datums hin=
fort nicht mehr anzufechten sein.

⁴) Bei Gelegenheit der Denkschrift über Ludwig Börne. Vgl. den Brief
Heine's an Julius Campe vom 24. Juli 1840. — H. Heine's sämmtliche
Werke, Bd. XX., S. 276.

⁵) Dasselbe wird zur Zeit von dem gegenwärtigen Eigenthümer, dem
Kappenmacher Joseph Hürter, bewohnt.

⁶) Jetzt Eigenthum und Wohnhaus des Schreib= und Zeichenmaterialien=
händlers Stephan Schönfeld. Der vor einigen Jahren ausgebrochene Streit
über die Geburtsstätte des Dichters wurde nach vielfältigen Zeugnissen zu Gunsten
des Schönfeld'schen Hauses entschieden.

⁷) Vgl. die oben angeführte Broschüre von Dr. Hermann Schiff, S. 3,
und die „Erinnerungen an Heinrich Heine" von Dessen Bruder Maximilian, in
der „Gartenlaube," Jahrgang 1866, S. 75.

⁸) Wenn H. Heine in dem Briefe an Professor Hugo vom 16. April 1825
seinem Curriculum vitae die Bemerkung einfügt, daß sein Vater (dem er gleich=
zeitig in einem Anfall muthwilliger Laune den romantischer klingenden Vor=
namen Siegmund ertheilt) früher Soldat gewesen sei, so kann Dies nur in
scherzhafter Anspielung auf seinen Dienst in der Bürgerwehr geschehen sein.

⁹) Vergleiche vor Allem die beiden Sonette „An meine Mutter" (Sämmtl.
Werke, Bd. XV., S. 108 [77]), „Nachtgedanken" (Bd. XVII., S. 270 [248]),
und Kaput XX. des Wintermärchens „Deutschland" (Bd. XVII., S. 192 [181]).

¹⁰) In den „Geständnissen." — Sämmtliche Werke, Bd. XIV., S. 322.

¹¹) In seinen der „Gartenlaube" mitgetheilten Erinnerungen an Heinrich
Heine, a. a. O.

¹²) Ein Beispiel ihrer Erziehungsweise berichtet Maximilian Heine a. a. O.:
„Unsere Mutter, die überhaupt für eine ziemlich strenge Erziehung war, hatte
von unserer ersten Jugend an uns daran gewöhnt, wenn wir irgendwo zu Gast

waren, nicht Alles, was auf unseren Tellern lag, aufzuessen. Das, was übrig bleiben mußte, wurde „der Respekt“ genannt. Auch erlaubte sie nie, wenn wir zum Kaffee eingeladen waren, in den Zucker so einzugreifen, daß nicht wenigstens ein ansehnliches Stück zurückblieb. Einstmals hatten wir, meine Mutter und ihre sämmtlichen Kinder, an einem schönen Sommertage außerhalb der Stadt Kaffe getrunken. Als wir den Garten verließen, sah ich, daß ein großes Stück Zucker in der Dose zurückgeblieben sei. Ich war ein Knabe von sieben Jahren, glaubte mich unbemerkt, und nahm hastig das Stück Zucker aus der Dose. Mein Bruder Heinrich hatte Das bemerkt, lief erschrocken zur Mutter, und sagte ganz eilig: „Mama, denke dir, Max hat den Respekt aufgegessen!“ Ich bekam dafür eine Ohrfeige, vor der ich mein ganzes Leben Respekt behalten habe.“

¹³) Abgedruckt in Wilhelmi's „Panorama der Stadt Düsseldorf.“

¹⁴) In den „Geständnissen,“ — Sämmtl. Werke, Bd. XIV., S. 235.

¹⁵) Siehe die von mir als Hauptquelle dieser Schilderung benützte Regenten- und Volks-Geschichte der Länder Cleve, Mark, Jülich, Berg und Ravensberg, von Dr. J. F. Knapp, Bd. III., S. 395.

¹⁶) Vgl. Dr. Schiff's oben erwähnte Broschüre, S. 3 und 4.

¹⁷) Heine's Werke, Bd. I., S. 225, und Bd. XVIII., S. 164 [150]. Wenn Heine den Knaben dort Wilhelm nennt, so verwechselt er ihn in der Erinnerung mit dem jüngeren Bruder. Der Ertrunkene hieß, wie mir aus sicherer Quelle berichtet ward, Ferdinand.

¹⁸) Heine's Werke, Bd. II., S. 392 und 393; Bd. IV., S. 149; Bd. XXI., S. 210; Bd. III., S. 319 und 320; Bd. XIV., S. 296 und 303—308.

¹⁹) Clemens Theodor Perthes: Politische Zustände und Personen in Deutschland zur Zeit der französischen Herrschaft, S. 321.

²⁰) Vgl. H. Heine's „Geständnisse,“ — Sämmtl. Werke, Bd. XIV., S. 317 und 320. — Auch bei einem Besuche Adolf Stahr's im Oktober 1850 erzählte Heine diesem Mancherlei von den Einflüssen katholischer Geistlichen auf seine Erziehung. „Ich habe,“ sagte er — wie Stahr in seinem Reisewerke „Zwei Monate in Paris,“ Bd. II., S. 334 ff. berichtet — „eigentlich immer eine Vorliebe für den Katholicismus gehabt, die aus meiner Jugend herstammt, und mir durch die Liebenswürdigkeit katholischer Geistlichen eingeflößt ist. (Einer von Diesen war ein Freund meines Vaters und Lehrer der Philosophie an unserer Schule. Er machte es durch allerhand kleine Kunstgriffe möglich, daß ich schon mit vierzehn Jahren seine philosophischen Stunden mit besuchte, und ich verstand auch all' seine Sachen ganz gut. Er war wirklich freisinnig; trotzdem las er doch, wenn er Tags zuvor die freiesten Dinge gelehrt hatte, am Tage darauf im Ornate Messe wie die Andern. Und weil ich so von Jugend auf gewohnt war, Freisinnigkeit und Katholicismus vereint zu sehen, sind mir die katholischen Riten immer nur als etwas Schönes, als eine liebliche Jugenderinnerung entgegen getreten, und niemals als Etwas erschienen, was dem Gedanken der Menschheitsentwickelung schädlich sei. Ich weiß nicht, ob Sie so recht verstehen mögen, wie ich Das meine, aber es ist für mich ein unabweis-

bares, ganz individuelles Empfinden. Zudem knüpft sich auch noch eine andere Jugenderinnerung daran. Als meine Eltern das kleine Haus verließen, in welchem wir zuerst gewohnt hatten, kaufte mein Vater eines der stattlichsten Häuser in Düsseldorf, welches das Onus hatte, bei den Processionen einen Altar zu errichten, und er setzte eine Ehre darin, diesen Altar so schön und reich wie möglich auszustatten. Das waren dann immer Feiertage und große Vergnügungen für mich, diese Ausstaffierungen des Passionsaltars. Es dauerte aber nur, bis die Preußen nach Düsseldorf kamen, da nahm man uns das Recht."

21) In den „Reisebildern," — Sämmtl. Werke, Bd. I., S. 240.

22) „Gartenlaube," Jahrgang 1866, a. a. O.

23) Heine's Werke, Bd. II., S. 406—416; Bd. VI., S. 150—153; Bd. XIV., S. 114—118.

24) Heine's Werke, Bd. III., S. 54.

25) In den Briefen an Philaréte Chasles und Professor Hugo, — Sämmtl. Werke, Bd. XIII., S. 5, und Bd. XIX., S. 208.

26) und 27) „Gartenlaube," a. a. O.

28) Heine's Werke, Bd. II., S. 154.

29) Ebendas. Bd. I., S. 251—253, und Bd. III., S. 140.

30) Vgl. den Brief Heine's an Professor Hugo, — Sämmtl. Werke, Bd. XIX., S. 208.

31) Heine's Werke, Bd. IV., S. 92—110.

32) Vgl. den Brief an Heinrich Laube v. 23. Novbr. 1835, — Heine's Werke, Bd. XX., S. 49. Das betreffende Gedicht findet sich in Bd. XVI., S. 226 [199].

33) „Über Heinrich Heine," von Schmidt-Weißenfels, S. 14.

34) Im Manuskript dieses Gedichtes lautet die Schlußzeile der ersten Strophe: „Mit mir mein muntres Mühmchen Hand in Hand." In der vorletzten Strophe stand ursprünglich „Blume" statt „Lilje," und der dritte Vers ebendaselbst lautete: „Heirathe mich, du allerliebste Muhme."

35) A. a. O., S. 18.

36) Heine's Werke, Bd. XIX., S. 83.

37) Deutschland, ein Traum, — Sämmtl. Werke, Bd. XVII., S. 227 ff. [Bd. XV., S. 263].

38) Heine's Werke, Bd. XV., S. 64 und 96 [273 und 276].

39) Ebd. Bd. XV., S. 28 ff. [21 ff.].

40) Ebd. Bd. XV., S. 55 und 56 [42 und 44].

41) Ebd. Bd. XV., S. 76—84 [57—62].

42) Wie das Bonner Universitäts-Album besagt, erhielt Heine von der Prüfungs-Kommission das Zeugnis Nr. III. Nach Inhalt dieses vom 16. November 1819 datierten Zeugnisses, soll er „in der Geschichte nicht ohne alle Kenntnisse" gewesen sein, und seine deutsche Ausarbeitung, „wiewohl auf wunderliche Weise gefaßt," soll „ein gutes Bestreben bewiesen haben." — Der Aufsatz selbst wurde vermuthlich in späterer Zeit mit anderen Universitätsakten nach Köln an das Konsistorium geschickt, und war bisher nicht zu erlangen.

⁴³) Heine's Werke, Bd. XII., S. 8.

⁴⁴) H. Heine; Denkwürdigkeiten und Erlebnisse aus meinem Zusammen-leben mit ihm; von Friedrich Steinmann (Prag, I. L. Kober, 1857), S. 50.

⁴⁵) Heine's Werke, Bd. XIX., S. 7—10, 13—18, 50—52 und 380—402.

⁴⁶) Minder glaubwürdig ist die von Max Heine in der „Gartenlaube" a. a. O. erzählte Anekdote, wie sein Bruder in Bonn um einen nagelneuen blauen Sammtrock gekommen sei, den sein Barbier anstatt des ihm geschenkten alten Studentenrocks von schwarzem Sammt mitgenommen habe. „Hat das Barbierchen Glück!" soll Heine ausgerufen und gelassen den alten Rock ange-zogen haben. — Wir erwähnten schon, daß Heine, nach dem Zeugnisse Neunzig's, Steinmann's und anderer Universitätsgenossen, niemals einen sogenannten alt-deutschen Rock, am wenigsten wohl einen schwarzen oder blauen Sammtrock, trug.

⁴⁷) „Zur Würdigung H. Heine's," in I. B. Rousseau's „Kunststudien" (München, Fleischmann, 1834), S. 242 ff. — Nachdem Rousseau jahrelang das unstäte Wanderleben eines fahrenden Literaten geführt, bald für Zeitungen arbeitend, bald Vorträge haltend oder deklamatorisch-musikalische Unterhaltungen arrangirend, setzte er sich endlich 1864 in Köln zur Ruhe, wo er in dürftigsten Umständen am 8. Oktober 1867 verstarb.

⁴⁸) Aus einem Briefe an Moses Moser vom 27. Juni 1831, — Heine's Werke, Bd. XIX., S. 410. Die nachfolgenden Stellen sind gleichfalls aus Briefen an Moser, ebendaselbst S. 185, 154, 141 und 117.

⁴⁹) A. a. O., S. 34.

⁵⁰) In den „Reisebildern," — Sämmtliche Werke, Bd. I., S. 155.

⁵¹) Sämmtl. Werke, Bd. VI., S. 201.

⁵²) Mit welcher Begeisterung H. Heine schon in damaliger Zeit sich in das Lied der Nibelungen versenkte, zeigt nachstehendes Gedicht Rousseau's, das von Ersterem so hoch bewundert ward. „Rousseau's Apologie des Nibelungen-liedes enthält wahre poetische Schönheiten und ergreifende Stellen," schreibt Heine unterm 29. Oktober 1820 an Steinmann, und im nächsten Briefe fragt er: „Wie hat dir des Poeten Gedicht über die Nibelungen gefallen? Ich habe es vor einigen Tagen gedruckt erhalten, und kann mich nicht satt daran ergötzen. Ich habe es wenigstens schon zwanzigmal laut vorgelesen und die Schönheiten desselben mit gewaltig kritischer Miene entwickelt." (Sämmtl. Werke, Bd. XIX., S. 8 und 17.) — Mag uns der poetische Werth des Rousseau'schen Gedichtes auch in zweifelhafterem Lichte erscheinen, so wird die Mittheilung desselben doch gerechtfertigt sein, da es ein Bild der enthusiastischen Stimmung giebt, welche das Wiederaufgraben der Schätze unserer mittelalter-lichen Literatur in den Herzen der Jugend erweckte.

Das Lied der Nibelungen.

Nun ist es Maie worden im leuchtenden Gefild,
Nun zeigt sich aller Orten ein blühend helles Bild;
Nun fangen die Sangesweisen auch wieder lustig an,
Und Jeder will singen und preisen, wie er's am besten kann.

So will auch ich denn singen ein Liedel wohlgemuth
Gar frisch soll es ertlingen in Wald und Frühlingsbluth'
Die Vögelein mit ihren geschliffnen Schnäbelein
Die sollen musicieren und lustig pfeifen drein. —

O deutsche Kunst und Rede! o heimischer Gesang!
Sag an, was sich den höchsten Palmzweig in dir erschwang?
Schlag ein mit Flammenblitzen, bis Alles flammend glüht,
Du Höchstes, Schönstes, Größtes: der Nibelungen Lied!

Es war in alten Tagen ein Sänger kühn und gut,
Der hat dies Lied gesungen von Siegfried's Löwenmuth:
Das soll auch ewig dringen an jedes deutsche Ohr,
Heinrich von Ofterdingen steh' allen Sängern vor.

Es war in alten Tagen ein Held gar wohl bekannt,
Das war der Herre Siegfried, der Held von Niederland:
Der schlug euch Lindwürm', Drachen, als wär's nur Kinderland;
Hei, wie der wackre Degen die größten Riesen band!

Ihn selber band Chriemhilde, das große hohe Weib.
Wie minniglich da Siegfried pflegt' ihren süßen Leib!
Deß hat sie auch gedenket nach seinem Jammertod,
Da mußten viele Klingen noch werden blutesroth.

Und Alles mußte sterben, die Brüder und das Kind —
So war sie ihm ergeben, so treu war sie gesinnt! —
Bis daß der Mörder nieder, und das Geschick erfüllt:
So rächte sich kein Weib noch, so gräßlich und so wild.

Von dir auch wird man singen, du lichter Heldenstern,
So lang noch Schwerter blitzen, o Dieterich von Bern!
Wie du so keck geschaltet mit Wort und hellem Schwert,
Das war wohl hohen Klanges, war solcher Mühe werth.

An Hagen's Heldengröße sehn schwindelnd wir hinauf,
Der trug das rechte Waffen und faßte recht den Knauf:
Wir Zwerge wolln's nicht glauben, und staunen ihn nur an,
Uns grauft es vor dem grimmen, dem langen Schreckensmann. —

O helle grelle Tage! o muth'ger blut'ger Schein!
Wann brecht ihr wieder weckend in unsre Nacht hinein?
Die Helden stehn so ferne, und heben bleich den Arm:
Heda, ist denn im Volke nicht mehr ein Herze warm?

O Jugend, faule Jugend! hör diesen Wehschrei,
Und stähle deine Glieder, und mach das Herz dir frei.
Willst du ein Vorbild wissen, zu prüfen deine Kraft?
Lies nur dies Lied von Tugend, von Muth und Ritterschaft.

Nach jenem theuren Horte, im tiefen Strom versenkt,
Sei jedes deutsche Auge in Freud' und Lust gelenkt.
Wollt ihr den Schatz erkunden? der ist euch nicht mehr weit:
Lest nur das Lied von Siegfried und von Chriemhildens Leid.

Und dann, ihr neugelehrten, ihr flinken Dichterlein,
Wollt ihr die ehrenwerthen, die alten Dichter sein,
Hei, streicht die Fiedeln muthig, und frisch zum Tanz heran!
Herr Volcher hat's euch blutig weiland zuvorgethan. —

Wo solch ein Lied entsprungen, am alten hohen Rhein,
Da soll es auch gesungen von Alt' und Jungen sein.
Auf allen Rebenbergen, das Stromesbett entlang
Soll kräftiglich erschallen der Nibelungen Sang.

Die alten Heldengeister entsteigen dann der Gruft,
Das seltsame Gezwerge entschleichet öder Kluft;
Die Geisterschar schlägt freudig an ihren rost'gen Schild,
Die Zwerge hüpfen dazwischen: Das rauscht so schön, so wild!

Sind so die alten Zeiten uns wiederum erneut,
Dann liegt das Hohe, Große nicht mehr so dumpf und weit;
Wir wandeln wieder zu Einem altdeutschen großen Dom,
Es lebt in hohen Ehren der alte heil'ge Strom. — —

Dies hab' ich, mein Heine! gesungen mit dir auf der Drachenburg,
Es schaute die Abendsonne an allen Ritzen durch:
Da stiegen die Heldengeister zu uns herauf, herab,
Auch kam ein grauer Meister, der uns die Harfe gab.

Wie schlugen wir drein um die Wette, bis daß es wurde Nacht!
Die haben wir bei den Geistern da droben zugebracht.
Sie tanzten leicht und luftig im Mondenlicht herum;
Wir lagen allein dazwischen, im Mantel still und stumm.

53) Heine's Werke, Bd. VI., S. 126 und 127.
54) Abgedruckt in den Sämmtl. Werken, Bd. XV., S. 103 ff. [75 ff.].
55) Heine's Werke, Bd. XIX., S. 172.
56) „Die Romantik," abgedruckt ebendaselbst, Bd. XIII., S. 15—19.

⁵⁷) Ebendaselbst, Bd. XV., S. 113—120 [79—84].

⁵⁸) Am 26. Januar 1822. Sämmtl. Werke, Bd. XIII., S. 23.

⁵⁹) Für die Mittheilungen über die Geschichte der Universität Göttingen hat mir die ausführliche Abhandlung in den „Deutschen Jahrbüchern für Wissenschaft und Kunst," Jahrgang 1841, No. 61—68 und 133—149, als verläßlichste Quelle gedient.

⁶⁰) In der „Harzreise," — Sämmtl. Werke, Bd. I., S. 117.

⁶¹) Ebendaselbst, S. 8 und 9.

⁶²) Ebendaselbst, S. 7 und 14 ff.

⁶³) Anton Bauer, auf den sich diese Anspielung bezieht, wurde von der hannövrischen Regierung vielfach mit juristischen Arbeiten betraut; u. A. fertigte er den Entwurf zum hannövrischen Strafgesetz und Strafproceßkoder an.

⁶⁴) Professor Hugo, der in seinen Vorlesungen häufig, und mit sonderbarer Aussprache des Namens, den berühmten französischen Rechtslehrer Cujacius citierte, wurde von den Studenten deßhalb scherzweise „der alte Cujaz" genannt. Er war so gewohnt, seine Vorträge mit witzigen Bemerkungen zu verbrämen, daß er in späteren Jahren, als sein Gedächtnis schwächer geworden, einmal ganz naiv im Kolleg gesagt haben soll: „Meine Herren, an dieser Stelle pflegte ich sonst einen Witz zu machen; aber heute fällt er mir nicht ein." Zum Übrigen ist der Scherz Heine's eine Anspielung auf den lächerlich ernsthaften Streit, welchen Hugo mit dem Professor Thibaut in Heidelberg über die Auslegung des Interdiktes de arboribus scaedendis, ne luminibus officiatur, führte. Thibaut wollte, falls das Wachsthum der Bäume dem Besitzer eines angrenzenden Grundstücks die Fensteraussicht versperre, das Laubwerk von unten herauf gestutzt wissen; Hugo aber behauptete in dieser gelehrten, mit höchster Erbitterung geführten Kontroverse, daß die Procedur des Baumbeschneidens von oben herab vorzunehmen sei.

⁶⁵) In den „Bädern von Lucca," — Heine's Werke, Bd. II., S. 202.

⁶⁶) Heine's Werke, Bd. XIX., S. 4.

⁶⁷) Ebendaselbst, S. 18.

⁶⁸) Unseres Wissens hat nur Friedrich Steinmann in seiner Broschüre: „Waldeck; Lebensbild für das Volk." (Berlin, Verlag von Friedrich Gerhard, 1849) einige Jugendgedichte des trefflichen Mannes mitgetheilt. Wie sehr dieser übrigens schon in seinen Jünglingsjahren von derselben volksfreundlichen Freiheitsliebe durchdrungen war, der er in einem langen, dornenvollen Leben unerschütterlich treu blieb, sehen wir aus folgendem, 1820 in Göttingen gedichteten Liede:

Drei Wünsche.

O, möcht' in meinem Vaterlande
Die alte Freiheit friedlich blühn,
Und ich in irgend einem Stande
Für meines Volkes Wohl erglühn!

In sel'ger Stille würd' ich leben,
Rund um mich Freiheit und Genuß.
Und Friede würde mich umschweben
Und Glück und Ruh' und Überfluß.

Und wär' mir dann ein Weib beschieden
Von hohem, züchtigem Gemüth,
Mit Gott und mit der Welt in Frieden,
Und edel wie ein hohes Lied;
Nicht in dem Stande aufgezogen,
Der nimmermehr die Seele füllt,
Doch heiter wie der Himmelsbogen
Und wie der Mond so sanft und mild!

Doch kehrt die Freiheit nicht im Frieden
Zu unserm deutschen Volk zurück;
Ist nur dem Kampf der Sieg beschieden,
Dann gönne, Himmel, mir das Glück,
Daß ich die Morgenröthe sehe
Des Kampfes für das höchste Gut,
Und, siegen wir nicht, untergehe
Mit Freudigkeit und festem Muth.

⁶⁹) Heine's Werke, Bd. XIX., S. 7, 8, 9 und 51. — Vgl. auch die Anmerkung ⁵²).

⁷⁰) Ebendaselbst, S. 7, 13, 16 und 50.

⁷¹) Heine's Werke, Bd. XIII., S. 204—240.

⁷²) In dem (Mitte 1823 geschriebenen) Aufsatze über J. B. Rousseau's Gedichte, — ebendaselbst, S. 200.

⁷³) Die Details dieser Erzählung sind den Göttinger Universitätsakten entnommen. Ich verdanke den mir vorliegenden, von Herrn Professor Hermann Sauppe angefertigten Auszug aus den Verhandlungen des Universitätsgerichts der gütigen Vermittlung des Herrn Hofraths Dr. W. Francke, welcher sich gleichfalls mit der freundlichsten Zuvorkommenheit bemüht hat, mir jede heutigen Tags noch zu erlangende Auskunft über das Doktor-Examen und die Promotion Heine's zu verschaffen. Ich erfülle nur eine angenehme Pflicht der Dankbarkeit, indem ich öffentlich konstatiere, wie bereitwillig die erbetenen Notizen über Heine's zeitweilige Verbannung von Göttingen und seine Erlangung der Doktorwürde mir von den jetzigen Vertretern einer Universität mitgetheilt wurden, der sein muthwilliger Humor vor vier Decennien einen so lustig klingelnden Schellenschwanz in die ehrsame Perücke gehängt hatte. —

Hoffmann von Fallersleben, der 1817 und 1818 auf jener Universität studierte, giebt in seinen eben erschienenen Memoiren ("Mein Leben; Aufzeichnungen und Erinnerungen." Hannover, Karl Rümpler, 1868. Bd. I.

S. 108 ff.) eine charakteristische Schilderung des damaligen Studentenlebens in Göttingen, der wir zur Ergänzung des von uns gelieferten Bildes folgende Stelle entnehmen: „Um das Studentenleben hatte ich mich bisher wenig bekümmert; es gehörte ja auch mit zum feinen Tone, so wenig als möglich Studenten zu kennen. Und dabei stand man sich gut: man war sicher vor diesen kalten, vornehmen, empfindlichen Musensöhnen, wie sie damals massenhaft nur in Göttingen gediehen und gedeihen konnten. Ein Vereinsleben war kein Bedürfnis, ein paar hundert Landsmannschafter beherrschten das große Heer der Wilden, das doch wohl über anderthalb tausend stark sein mochte. Die Korps bestimmten den Komment, hielten Kommerse und maßten sich das Recht an, in allen Studentenangelegenheiten, bei öffentlicher Vertretung, Ehren- und Duellsachen die einzige Behörde zu sein. Seitdem, durch die Feier des Wartburgfestes angeregt, die Gründung deutscher Burschenschaften eifriger betrieben wurde, machten wir auch in Göttingen Versuche damit. Aber unsere Versammlungen waren erfolglos, Göttingen war einmal kein Boden für Burschenschaften. Die Korpsburschen, die doch gesetzlich verboten waren, wurden vom Prorektor zum Thee eingeladen, und — es blieb Alles beim Alten. Wie hätte auch so Etwas entstehen können an einem Orte, wo noch nie in die Seele eines königlich großbritannisch hannöverischen Hofraths der Gedanke „Deutschland" gedrungen war! — Feinheit in der Tracht und im Benehmen wurde den Göttinger Studenten nachgerühmt, und freilich mit Recht, aber man ging oft in beiden Dingen zu weit; daran waren jedoch auch die Professoren mit Schuld. Bei gewissen konnte man nur im Frack und mit dem Cylinder einen Besuch machen, und hatte man gar das große Glück, zum Thee eingeladen zu werden, so mußte man ballmäßig erscheinen. Es war schwer, mit den Professoren bekannt zu werden; fremd wie man ihnen blieb, so blieben sich auch die Studenten: man saß ein halbes Jahr lang in demselben Kollegium und hatte mit seinen Nachbarn nie ein Wort gesprochen, man wohnte Jahr und Tag in ein und demselben Hause, ja in demselben Stockwerk mit Vielen zusammen und erfuhr kaum Etwas von ihnen, ja man bekam sie oft nicht einmal zu Gesicht. — Daß man sich anständiger und rücksichtsvoller gegen einander benahm, als auf andern Universitäten, war ganz hübsch, doch geschah es oft mehr aus Besorgnis anzustoßen, als aus Neigung und Überzeugung. Eine gewisse Harmlosigkeit im Verkehr mit Studenten, die man wenig oder gar nicht kannte, hörte ganz auf. Wie es Einem gehen konnte, der nicht die mindeste Absicht hatte, Jemanden zu beleidigen, mußte ich selbst erfahren. Eines Tages hatte ich bei Fiorillo mich ein klein wenig übergebogen, um den Kupferstecher eines schönen Blattes zu erfahren. Mein Nachbar fühlte sich dadurch gekränkt. Ich sagte ihm zu meiner Entschuldigung: „Ich wollte ja nur den Namen des Kupferstechers lesen." Gott weiß, was er verstand! Ich sitze des Nachmittags auf meiner Stube, da klopft's. Wie ein Blitz aus heiterem Himmel kommt ein Student, mit dem Hut auf dem Kopfe und den Ziegenhainer in der Rechten. Es ist Christiani. Ich freue mich sehr seines Besuchs, er verstand gut Dänisch und hatte eben

damals seine Übersetzung von Öhlenschläger's „Hugo von Rheinberg" drucken
lassen. Ich bitte ihn, Platz zu nehmen. Er steht wie eine Säule, und spricht
dann ein großes Wort gelassen aus: „Ich muß Sie koramieren: haben Sie
meinen Freund beleidigen wollen?" — „Durchaus nicht. So und so ist die
Sache gewesen." Nachdem der Kartellträger sich damit befriedigt erklärte,
glaubte ich, er würde bei mir verweilen. Keineswegs, Das wäre wider den
Komment gewesen. Er ging. „'n Morgen!"

74) Steinmann theilt auf S. 168 seines Buches: „H. Heine 2c." aus damaliger Zeit folgendes Spottsonett Heine's auf die Dresdener Literaturkreise
mit, das ich aus inneren Gründen für echt halte, obschon ich mir die Aufnahme
des Gedichtes in die Gesammtausgabe der Heine'schen Werke versagen mußte,
da mir die Echtheit desselben durch kein anderes Zeugnis verbürgt worden ist:

Dresdener Poesie.

Zu Dresden, in der schönen Stadt der Elbe,
Wo's giebt Taback- und Stroh- und Versfabriken,
Erhebt sich, um die Köpfe zu berücken,
Ein Liederkränzlein und ein Liedgewölbe.

Ist nun mit Herrn und Fraun besetzt dasselbe,
So lesen vor, Gluth-Muth-Blut in den Blicken,
Herr Kuhn und Fräulein Nostiz — o Entzücken!
Ha! Herrlich! Weg, Kritik, du fade, gelbe!

Am andern Tage steht es in der Zeitung,
Hell's Hellheit schwademt, Kind's Kindheit ist kindisch,
Dazwischen kriecht das krit'sche Beiblatt hündisch.

Arnoldi sorgt fürs Geld und die Verbreitung,
Zuletzt kommt Böttiger und macht Spektakel,
Die Abendzeitung sei das Weltorakel. •

75) Heine's Werke, Bd. I., S. 179 ff.

76) Ebendaselbst, Bd. VI., S. 136 ff.

77) Ebendaselbst, Bd. XIII., S. 52.

78) Gespräche mit Goethe, von J. P. Eckermann. Erster Theil, S. 102.

79) Heine's Werke, Bd. III., S. 189.

80) Über die ängstlich übertriebene Sorgfalt, welche Graf Brühl auf die
historische Treue der Garderobe verwandte, macht sich auch Heine in der „Harzreise" (Bd. I., S. 87) lustig: „Da in Berlin überhaupt der Schein der Dinge
am meisten gilt, was schon die allgemeine Redensart „man so duhn" hinlänglich
andeutet, so muß dieses Scheinwesen auf den Brettern erst recht florieren, und
die Intendanz hat daher am meisten zu sorgen für die „Farbe des Barts, womit eine Rolle gespielt wird," für die Treue der Kostüme, die von beeidigten
Historikern vorgezeichnet und von wissenschaftlich gebildeten Schneidern genäht

werden. Und Das ist nothwendig. Denn trüge mal Maria Stuart eine Schürze, die schon zum Zeitalter der Königin Anna gehört, so würde gewiß der Bankier Christian Gumpel sich mit Recht beklagen, daß ihm dadurch alle Illusion verloren gehe; und hätte mal Lord Burleigh aus Versehen die Hose von Heinrich IV. angezogen, so würde gewiß die Kriegsräthin von Steinzopf, geb. Lilienthau, diesen Anachronismus den ganzen Abend nicht aus den Augen lassen."

81) Heine's Werke, Bd. XIII., S. 46.

82) Ebendaselbst, Bd. I., S. 182 ff.

83) Ebendaselbst, Bd. XIII., S. 63.

84) Ebendaselbst, S. 53 ff.

85) Wie Heine in den „Briefen aus Berlin" (Sämmtliche Werke, Bd. XIII., S. 64) erzählt, wurde Weber am Abend der ersten Vorstellung seiner Oper von der antispontinischen Partei aufs glänzendste gefeiert. „In einem recht schönen Gedichte, das den Doktor Förster zum Verfasser hatte, hieß es vom Freischützen: „er jage nach edlerm Wilde, als nach Elefanten." Weber ließ sich über diesen Ausdruck den andern Tag im Intelligenzblatte sehr kläglich vernehmen, und kajolierte Spontini und blamierte den armen Förster, der es doch so gut gemeint hatte. Weber hegte damals die Hoffnung, hier bei der Oper angestellt zu werden, und würde sich nicht so unmäßig bescheiden gebärdet haben, wenn ihm schon damals alle Hoffnung des Hierbleibens abgeschnitten gewesen wäre. Er verließ uns nach der dritten Vorstellung seiner Oper, und reiste nach Dresden zurück."

86) Mit der Unterschrift „H." nur abgedruckt im Berliner „Zuschauer" vom 14. März 1822, und in Heine's Werken, Bd. XV., S. 111 [281].

87) Das mehrfach lautgewordene Gerücht, als hätte H. Heine den Text einer Arien-Einlage für den Komponisten der „Dido" geschrieben, beruht auf einem Irrthume, wie mir Herr Parthey in Berlin, der Schwager Klein's und Inhaber seines musikalischen Nachlasses, ausdrücklich versichert hat. Der Text der „Dido" ist ausschließlich von Ludwig Rellstab verfaßt.

88) Völlig unwahr ist die Angabe Steinmann's, daß Heine während seines Berliner Aufenthaltes einen Operntext: „Der Batavier" für Joseph Klein geschrieben habe. Der noch lebende Bruder des Letzteren, Herr Stadtrath Klein in Köln, und sein Schwager, Herr Parthey in Berlin, wissen bestimmt, daß Joseph Klein niemals einen Operntext aus Heine's Feder besessen hat.

89) Heine's Werke, Bd. XIII., S. 110.

90) Ebendaselbst, S. 87. — Heine wohnte in Berlin zuerst in der Behrenstraße, No. 71, dritte Etage, dann unter den Linden No. 24, später in der Taubenstraße No. 32, und zuletzt in der Mauerstraße, unweit der Französischen Straße.

91) In der „Reise von München nach Genua," — Sämmtl. Werke, Bd. II., S. 10 ff.

92) Heine's Werke, Bd. XIII., S. 35.

93) Ebendaselbst, S. 69 ff.

94) „Aus dem Nachlaß Varnhagen's von Ense. Briefe von Stägemann,

Metternich, Heine und Bettina von Arnim" (Leipzig, F. A. Brockhaus, 1865),
S. 134 und 159.

⁹⁵) „Mit Verwunderung höre ich, daß wir ausgezogen sind," schreibt
Heine noch von München aus unterm 28. November 1827 an Varnhagen; „ich
habe noch immer geglaubt, mein Vaterland sei Französische Straße No. 20."
Ebendaselbst, S. 177.

⁹⁶) Ebendaselbst, S. 161 und 168.

⁹⁷) Ebendaselbst, S. 127.

⁹⁸) Ebendaselbst, S. 128.

⁹⁹) Ebendaselbst, S. 234.

¹⁰⁰) In der Schrift über Ludwig Börne, — Heine's Werke, Bd. XII.,
S. 9 und 10.

¹⁰¹) In einem Briefe an Ludwig Robert, vom 27. November 1823; —
„Briefe von Stägemann, Metternich, Heine zc.", S. 134.

¹⁰²) Ebendaselbst, S. 136.

¹⁰³) Ebendaselbst, S. 178.

¹⁰⁴) Ebendaselbst, S. 128. Vgl. Heine's Werke, Bd. XIX., S. 88
und 110.

¹⁰⁵) Siehe das Gedicht Fouqué's in Heine's Werken, Bd. XIX., S. 74.

¹⁰⁶) Ebendaselbst, S. 84.

¹⁰⁷) Ebendaselbst, Bd. XVI., S. 251 ff. [220 ff.]. — „Nicht wahr, die
Robert ist schön?" schreibt Heine u. A. in einem Briefe an Moser (Sämmtl.
Werke, Bd. XIX., S. 133). „Hab' ich dir zu Viel gesagt? Sie vereinigt in
sich die Jokaste und die Julia, das Antikste und Modernste."

¹⁰⁸) Briefe von Stägemann, Metternich, Heine zc., S. 147.

¹⁰⁹) Magazin für die Literatur des Auslandes, Jahrg. 1853, No. 34, S. 134.

¹¹⁰) Die Erzählerin irrt sich: das mit den Worten „Allnächtlich im
Traume seh' ich dich" beginnende Gedicht (Heine's Werke, Bd. XV., S. 184
[117]) wurde schon im Berliner „Gesellschafter" von 9. Oktober 1822, dann
wieder im „Lyrischen Intermezzo" der Tragödien, und in sämmtlichen Auflagen
des „Buch der Lieder" abgedruckt.

¹¹¹) Ein Theil der von dem kürzlich verstorbenen Dr. Hermann Schiff auf
meinen Wunsch niedergeschriebenen Erinnerungen seines Verkehrs mit H. Heine
ist 1866 unter dem Titel „Heinrich Heine und der Renifractitismus" (Hamburg,
J. P. F. E. Richter) veröffentlicht worden. Der ungedruckte Rest seiner Aufzeichnungen, welchem die angeführte Schilderung entnommen ist, befindet sich in
meinen Händen.

¹¹²) Grabbe's Leben und Charakter, von Karl Ziegler (Hamburg, Hoffmann & Campe, 1855), S. 47.

¹¹³) Reisenovellen von Heinrich Laube (Mannheim, Heinrich Hoff, 1837),
Bd. V., S. 356.

¹¹⁴) Ebendaselbst, S. 367.

¹¹⁵) Grabbe's Leben von Ziegler, S. 48 und 49.

[116]) In einem Briefe an Immanuel Wohlwill, vom 7. April 1823, — Heine's Werke, Bd. XIX., S. 45.

[117]) Siehe den Brief aus Berlin vom 16. März 1822, — Sämmtl. Werke, Bd. XIII., S. 51.

[118]) Ebendaselbst, S. 74.

[119]) „Berichtigung einer Stelle in der Venturini'schen Chronik für das Jahr 1808." (Berlin, 1815.)

[120]) Heine's Werke, Bd. XIV., S. 280 ff.

[121]) Man vergleiche beispielsweise die Scherze in den Briefen an Moser, — Heine's Werke, Bd. XIX., S. 68 und 90.

[122]) In der von Dr. C. L. Michelet zu Berlin herausgegebenen philosophischen Zeitschrift: „Der Gedanke," Bd. II., Heft 1. S. 77.

[123]) Heine's Werke, Bd. XIV., S. 278.

[124]) Ebendaselbst, Bd. XIX., S. 45.

[125]) Zu fragmentarisch ist Welt und Leben —
Ich will mich zum deutschen Professor begeben,
Der weiß das Leben zusammen zu setzen,
Und er macht ein verständlich System daraus;
Mit seinen Nachtmützen und Schlafrockfetzen
Stopft er die Lücken des Weltenbaus.

[126]) Vgl. den Brief an Wohlwill in Heine's Werken, Bd. XIX., S. 47.

[127]) Heine's Werke, Bd. XIII., S. 51 und 52.

[128]) Vgl. den Brief Heine's an Eugen von Breza in den aus Varnhagen's Nachlasse herausgegebenen „Briefen von Stägemann, Metternich, Heine und Bettina von Arnim," S. 242. — Eugen von Breza begann 1834 in Paris die Herausgabe eines Werkes: „Die ausgezeichneten Israeliten aller Jahrhunderte; ihre Porträts und Biographien", mit deutschem und französischem Texte (Berlin, Gropius); doch ist nur eine Lieferung davon erschienen. In den Jahren 1845 und 1846 veröffentlichte er zwei Broschüren: „Monsieur le Marquis de Custine en 1844" (Leipzick, Librairie étrangère) und „De la Russomanie dans le grand-duché de Posen" (Berlin, Schröder).

[129]) In einem Briefe an Moser schreibt Heine (Sämmtl. Werke, Bd. XIX., S. 237) um dieselbe Zeit: „Hast du schon gehört, daß mein Vetter Schiff Hoffmann's „Kater Murr" fortgesetzt? Ich habe von dieser Schreckensnachricht fast den Tod aufgeladen."

[130]) Siehe den Brief an Wohlwill, — Heine's Werke, Bd. XIX., S. 46, und die Briefe an Immermann und Schottky, ebendaselbst, S. 23, 36, 39, 61 und 65.

[131]) Heine's Werke, Bd. XIII., S. 7.

[132]) Ebendaselbst, Bd. XIX., S. 19.

[133]) Im „Gesellschafter" vom 19. Januar 1822.

[134]) „Kunst- und Wissenschaftsblatt" No. 23, vom 31. Mai 1822.

[135]) In Bd. XV. der Gesammtausgabe der Heine'schen Werke sind die von

Immermann angezogenen Fresko-Sonette mit den Nummern III., IV., VII., IX. und XI. bezeichnet.

¹³⁶) Im „Zuschauer," No. 5, vom 10. Januar 1822, findet sich eine warme, freilich ziemlich geistlose und im albernsten Zopfgeschmack stilisirte Empfehlung der Heine'schen Gedichte. Die lobenden Besprechungen in den von Heine (Sämmtl. Werke, Bd. XIX., S. 30) namhaft gemachten süddeutschen Blättern sind mir nicht zu Gesichte gekommen.

¹³⁷) Bei einem Besuche Adolf Stahr's in Paris im Oktober 1850 kam Heine auf dasselbe Thema zu sprechen. Stahr erwähnte des wundervollen, im echten Volksliedtone verfaßten Gedichtes: „Entflieh mit mir, und sei mein Weib!" — „Es ist aber keine Originalerfindung," bemerkte Heine, „und ich habe Das auch ausdrücklich dabei gesagt. Ich bin in solchen Dingen immer von der peinlichsten literarischen Ehrlichkeit gewesen. Andere, selbst Goethe, haben sich weit mehr Benutzung des Vorhandenen erlaubt, und sie haben Recht daran gethan. Ich bereue es oft, daß ich es nicht eben so gemacht habe, denn ich hätte manches Schöne, Volksthümliche dadurch schaffen können." (Zwei Monate in Paris, von Adolf Stahr. Zweiter Theil, S. 330).

¹³⁸) In dies Lob der Übersetzungen Byron'scher Poesien vermögen wir freilich durchaus nicht einzustimmen. In der Vorbemerkung zu denselben sagt Heine selbst, daß einige dieser Gedichte von ihm in frühester Zeit, „und zwar in unreifer, fehlerhafter Form" übersetzt, und „aus bloß zufälligen Gründen" abgedruckt worden sind. Die Sprache ist in der That häufig sehr ungelenk und steif, selbst in den Geisterliedern aus „Manfred," die Heine in Bonn zu übertragen suchte, weil A. W. Schlegel behauptet hatte, daß man sie nicht verdeutschen könne, ohne ihren zarten Duft und die Elfenmusik ihrer Rhythmen zu zerstören. Vgl. Heine's Äußerungen in Adolf Stahr's „Zwei Monate in Paris," Bd. II., S. 327.

¹³⁹) Heine giebt in der Vorrede zur dritten Auflage der „Neuen Gedichte" (Sämmtl. Werke, Bd. XVI., S. 5) irrthümlich an, daß der „William Ratcliff" in den letzten drei Tagen des Januar 1821 unter den Linden in Berlin geschrieben worden sei. Da Heine jedoch um diese Zeit noch in Göttingen verweilte, und in dem Briefe an Steinmann vom 4. Febr. 1821 nur von seiner Tragödie „Almansor" spricht, ist es wohl außer Zweifel, daß der „Ratcliff" erst im Januar 1822 verfaßt wurde, zu welcher Zeit der Dichter auch unter den Linden No. 24 wohnte.

¹⁴⁰) Bei dem ältesten Abdruck im „Gesellschafter" am 10. Juni 1822 war „Die Wallfahrt nach Kevlaar" von folgender Nachbemerkung begleitet: „Der Stoff dieses Gedichtes ist nicht ganz mein Eigenthum. Es entstand durch Erinnerung an die rheinische Heimat. — Als ich ein kleiner Knabe war und im Franciskanerkloster zu Düsseldorf die erste Dressur erhielt, und dort zuerst Buchstabieren und Stillsitzen lernte, saß ich oft neben einem andern Knaben, der mir immer erzählte: wie seine Mutter ihn nach Kevlaar (der Accent liegt auf der ersten Silbe, und der Ort selbst liegt im Geldernschen) einstmals mitgenommen, wie sie dort einen wächsernen Fuß für ihn geopfert, und wie sein

eigener schlimmer Fuß dadurch geheilt sei. Mit diesem Knaben traf ich wieder zusammen in der obersten Klasse des Gymnasiums, und als wir im Philosophen=Kollegium bei Rektor Schallmeyer neben einander zu sitzen kamen, erinnerte er mich lachend an jene Mirakel=Erzählung, setzte aber doch etwas ernsthaft hinzu: jetzt würde er der Mutter=Gottes ein wächsernes Herz opfern. Ich hörte später, er habe damals an einer unglücklichen Liebschaft laboriert, und endlich kam er mir ganz aus den Augen und aus dem Gedächtnis. — Im Jahr 1819, als ich in Bonn studierte, und einmal in der Gegend von Godesberg am Rhein spa=zieren ging, hörte ich in der Ferne die wohlbekannten Kevlaar=Lieder, wovon das vorzüglichste den gedachten Refrain hat: „Gelobt seist du, Maria!" und als die Procession näher kam, bemerkte ich unter den Wallfahrtern meinen Schulkameraden mit seiner alten Mutter. Er sah aber sehr blaß und krank aus." — Bei dem Wiederabdruck in der ältesten Auflage des ersten Bandes der „Reisebilder" schloß sich an diese Angaben über den Stoff des Gedichtes noch die nachstehende Erklärung: „Auf keinen Fall will ich irgend eine Vor=neigung andeuten, eben so wenig wie irgend eine Abneigung durch das vorher=gehende Gedicht ausgesprochen werden soll. Dieses, „Almansor" überschrieben, wird im Roman, dem es entlehnt ist, von einem Mauren, einem unmuthigen Bekenner des Islams, gedichtet und gesungen. „Und wahrlich, — so spricht ein englischer Schriftsteller, — „wie Gott, der Urschöpfer, stehe auch der Dichter, der Nachschöpfer, parteilos erhaben über allem Sektengeklätsche dieser Erde.""

141) Heine's Werke, Bd. XIII., S. 199.

142) Ebendaselbst, S. 30.

143) Ebendaselbst, S. 117 ff.

144) Ebendaselbst, S. 108.

145) Reisenovellen von Heinrich Laube, Bd. V., S. 360.

146) Die Bemerkungen Heine's über die Posener Bühne erinnern stark an die bekannte witzige Manier der Börne'schen Theaterkritiken. So heißt es z. B. daselbst: „Demoiselle Franz spielt schlecht aus Bescheidenheit; sie hat etwas Sprechendes im Gesichte, nämlich einen Mund. Madame Carlsen ist die Frau von Herrn Carlsen. Aber Herr Vogt ist der Komiker: er sagt es ja selbst, denn er macht den Komödienzettel."

147) „Vorzeit und Gegenwart." 3 Hefte. Posen, Munck, 1823.

148) „Bemerker" No. 5, Beilage zum „Gesellschafter" vom 26. Februar 1823. — In einem Briefe an Wohlwill schreibt Heine (Sämmtl. Werke, Bd. XIX., S. 48) bezüglich der Angriffe, welche er in Folge seines Aufsatzes über Polen erfuhr: „Dieser Aufsatz hat das ganze Großherzogthum Posen in Be=wegung gesetzt, in den Posener Blättern ist schon dreimal so viel, als der Aufsatz beträgt, darüber geschrieben, d. h. geschimpft worden, und zwar von den dortigen Deutschen, die es mir nicht verzeihen wollen, daß ich sie so treu ge=schildert und die Juden zum tiers état Polens erhoben."

149) Der Vollständigkeit halber sei hier noch angeführt, daß Heine, mit der Unterschrift „—rrv" und „Sir Harry," im Berliner „Zuschauer" vom 30.

Juni, 10. Juli und 4. August 1821 ein Epigramm auf Houwald's Trauerspiel „Das Bild," und die Sonette auf das projektierte Goethe-Denkmal in Frankfurt am Main sowie auf den als Mirakelheld bekannten Fürsten Hohenlohe und den schreibseligen Dramatiker Joseph von Auffenberg abdrucken ließ (Heine's Werke, Bd. XV., S. 110 und 111 [280 und 281]). — Außerdem sandte er den Prolog zum „Lyrischen Intermezzo" (Bd. XV., S. 147 [89]) mit der Überschrift: „Lied vom blöden Ritter" an Friedrich Raßmann in Münster als Beitrag zum „Rheinisch-westfälischen Musenalmanach für das Jahr 1822"; und der von J. B. Rousseau herausgegebene „Westteutsche Musenalmanach" enthielt in den Jahrgängen 1823 und 1824 das Gedicht: „Mir träumt, ich bin der liebe Gott" (Bd. XV., S. 247 [167]), sieben Lieder aus dem „Lyrischen Intermezzo" (Bd. XV., S. 151, 155, 188, 178, 159, 186 und 179 [92, 284, 121, 112, 99, 119 und 113]), das Lied: „Gekommen ist der Maie" (Bd. XVI., S. 158 [143]), und das früher schon im „Gesellschafter" abgedruckte Traumbild „Götterdämmerung" (Bd. XV., S. 265 [180]).

150) In dem Gedichte „Nun der Gott mir günstig nicket" (Sämmtl. Werke, Bd. XVI., S. 197 [176]), das als Prolog zu dem „Cyklus „Verschiedene" zuerst im Berliner „Freimüthigen" vom 7. Januar 1833 abgedruckt wurde.

151) Man vgl. z. B. folgendes Gedicht von Rousseau:

> Ich hatt' mal ein Gläschen Champagner getrunken,
> Es war mir ums Herze so wohlig und leicht,
> Ich bin vor Entzücken zu Boden gesunken:
> Da hat mir ein Liebchen das Händchen gereicht.

> Ich hatt' mal ein Fläschchen Begeistrung getrunken,
> Es schwoll mir der Busen, das Auge war feucht,
> Der Herrgott hat selber zur Höh' mir gewunken:
> Da hat mir ein Englein das Händchen gereicht.

> Ich hatt' mal ein Näpfchen mit Gifte getrunken,
> Schon hatte der Wahnsinn des Tods sich gezeigt,
> Das wildernde Auge sah höllische Funken:
> Da hat mir ein Teuflein die Pfoten gereicht.

152) Steinmann, der später seine eigenen plumpen Verseleien unter Heine's Namen herausgab, tischt in seinem Buche: „H. Heine rc.," S. 164—167, auch die Anselmi'schen Nachahmungen mit gewohnter Leichtfertigkeit dem Publikum als Heine'sche Originalgedichte auf. Da der verschollene Musenalmanach, in welchem die kleinen Scherze veröffentlicht wurden, nur wenigen Lesern zur Hand sein wird, theilen wir die „Zuckerpastillen" hier mit:

1.

> Das Herz, den Frohsinn und das Glück
> Hast du mir, Liebchen, längst genommen,
> Und was ich auch von dir bekommen,
> Nicht Eines gabst du mir zurück.

Für Herz, für Frohsinn und für Glück
Hast du den Schmerz fürs ganze Leben
Und bittre Worte mir gegeben:
Nimm, Liebchen, nimm auch die zurück!

2.

Gedenkst du noch der Flammenblicke,
An die der Neuling gern geglaubt?
Des lang versagten, ersten Kusses,
Den dir der Glühende geraubt?

O Blicke, ihr erprobten Angeln,
An denen sich das Fischlein hängt!
O Kuß, du süße Honigruthe,
Mit der man Vögel lockt und fängt!

3.

Du sprachst, und gabst ein Löckchen mir
Von deinem seidnen Haar:
„Das trag, ich trage dich dafür
Im Herzen immerdar."

Und Herz und Haar noch manches Mal
Wohl spielten diese Roll'.
Drum sprich: ist noch dein Kopf nicht kahl,
Dein kleines Herz nicht voll?

4.

Du, Liebchen, hast mir's versichert,
Ich, Liebchen, glaubt' es fast;
Von dir war's gar so dumm nicht,
Daß du's versichert hast:
Doch daß ich beinah es glaubte,
Das leg' ich mir zur Last.

5.

Der Trauerspiele sah ich schon viel',
Ich weinte so manche Thräne,
Doch hatte keins ein so trauriges End',
Als jene rührende Scene:

Du spieltest darin die Hauptperson,
Ich kniete zu deinen Füßen —
Wie täuschend machtest die Unschuld du,
O schönste der schönen Aktricen!

Der „Westdeutsche Musenalmanach für 1824" enthält unter der Überschrift: „Zwei Lieder für Liebe und Freundschaft" ein paar ähnliche Gedichte von H. Anselmi, welcher schon im „Bemerker" No. 9, der Beilage zum „Gesellschafter" vom 29. Mai 1822, nachfolgenden poetischen Gruß an H. Heine gerichtet hatte:

> Von Morpheus' Armen war ich sanft umfangen,
> Als Phantasie, in eines Traumes Hülle,
> Ein Bild mir wies in seltner Schönheitsfülle;
> Bezaubert blieb die Seele daran hangen.
>
> Und als ich mit inbrünstigem Verlangen
> Es ganz genießen wollt' in süßer Stille,
> Da weckte mich des Schicksals ehrner Wille,
> Und ach, der Zauber war im Nu vergangen.
>
> Vergebens sucht' ich nun im bunten Leben,
> Was Phantasie genommen, wie gegeben;
> Da, junger Sänger, fand ich deine Lieder.
>
> Und jenes Traumbild, das so froh mich machte,
> Erkannt' ich bald in deinen Skizzen wieder,
> Viel schöner noch, als ich es selbst mir dachte.

Es wird manchem Leser interessant sein, zu erfahren, daß hinter der Maske dieses pseudonymen Poeten der spätere langjährige Freund Heine's, Joseph Lehmann, steckt, der aus seinem Namen J. S. Lehman(n) das Anagramm H. Anselmi bildete.

¹⁵³) In den „Hallischen Jahrbüchern" vom 5., 6. und 8. Juli 1839; zum Theil wieder abgedruckt in Schiff's Broschüre: „Heinrich Heine und der Neu-israelitismus."

Aus der Erinnerung hat mir Schiff einige seiner Parodien Heine'scher Gedichte aufgezeichnet; am treffendsten darunter mögen folgende sein:

1.

> Die Träume sind verflogen,
> Erstorben der Jugendmuth,
> Mein Glaube hat mich betrogen —
> Der Magen allein ist noch gut.

2.

> Hier sitz' ich und rauche die Pfeife
> So still auf hölzerner Bank.
> Gedanken sind Blasen von Seife,
> Das Herz ist mir immer noch krank.
> Und wär's nicht krank geworden,
> So wär's noch heute gesund —
> Da trüg' ich vielleicht einen Orden,
> Und wär' ein erbärmlicher Hund.

3.

(„Blamier mich nicht, mein schönes Kind." — Heine's Werke,
Bd. XV., S. 257 [290]).

> Ich komm zu dir, mein schönes Kind,
> Und treffe Heinrich Heine.
> Wenn wir zu Drei'n beisammen sind,
> So sind wir nicht alleine.

4.

(„Selten habt ihr mich verstanden." — Heine's Werke, Bd. XV.,
S. 258 [175]).

> Ich weiß, wo du zu suchen bist,
> Und hab's von dir gehört:
> Dich dort zu finden aber ist
> Mir nicht der Mühe werth.

[154]) Im „Gesellschafter" vom 27. Mai und 5. Juli 1822 wurden die
erwähnten beiden Traumbilder zuerst abgedruckt.

[155]) Heine's Werke, Bd. XV., S. 265 ff. [180 ff.].

[156]) „Bemerker" No. 9, Beilage zum „Gesellschafter" vom 29. Mai 1822.
Der Angriff und die Entschuldigung finden sich in Heine's Werken, Bd. XIII., S. 43.

[157]) Die Verlagsanzeige lautete: „Wie verschieden auch die Urtheile über
den Werth dieser Poesien ausfallen mögen, so wird doch Jeder gestehen, daß
der Verfasser derselben, durch seltene Tiefe der Empfindung, lebendige humoristische Anschauung und kecke gewaltige Darstellung, eine überraschende Originalität beurkundet. Fast alle Gedichte dieser Sammlung sind ganz im Geist
und im schlichten Ton des deutschen Volksliedes geschrieben. Die Traumbilder
sind ein Cyklus Nachtstücke, die in ihrer Eigenthümlichkeit mit keiner aller
vorhandenen poetischen Gattungen verglichen werden können."

[158]) Wir theilen die kuriose Parodie nachfolgend mit, indem wir zu besserm
Verständnis der Eingangsstichelei daran erinnern, daß Heine einen beträcht-
lichen Theil der Gedichte seiner ersten Sammlung im „Gesellschafter" hatte
abdrucken lassen, bevor er sie in Buchform herausgab:

Buchhändleranzeige. Vorstehendes Traumbild ist nur eine Probe.
Der nie genug zu ehrende Herr Verfasser hat ihrer eine ganze Menge versprochen, was wir ihm gern zutrauen, da er sehr schläfriger Natur ist. Die
unterzeichnete Buchhandlung gedenkt, ein Bändchen voll dergleichen auf Sub-
skription herauszugeben, und empfiehlt dieses zu erwartende Werklein besonders
den werthen Eltern und Erziehern, welche ungerathene Kinder haben, und gleich-
wohl (Ehren halber) in unsern aufgeklärten Zeiten nicht mehr vom Knecht
Ruprecht reden dürfen. Wer das dreizehnte Exemplar in der Mittagsstunde
selbst abholt, bekommt die übrigen zwölf umsonst. Sobald aber die Sub-

ſkriptionsliſten geſchloſſen ſind, wird das Dutzend nach dem Gewicht verkauft, und kann höchſtens der übliche Rabatt von 150 % bewilligt werden.

Beſenſauer & Co.,
Buchhändler in Rübenfeld,
(am Bullenwinkel.)

Traumbild.

Von Peter, dem Volksdichter.

(Eingeſandt von W. Freiherrn v. Schilling.)

Der Frühling hatt' den grünen Frack, das Beet
Der Liljen Schnee-Manſchetten angelegt;
Die Lüftchen liſpelten ſo lau und flau;
Die Sterne ſahn herab, wie Salamander
Auf blauen Fluthen ſpielend, Thränen perlten
An jedem duft'gen Blüthenaſt, und Perlen
Ergoſſen ſich aus Bächleins Blumenlippen.
's war Sonntag: keine Zeitungen aus Hamburg
Behagten mir — die ſüßen Makaronen
Der Zuckerbäckers kratzten mir im Halſe;
Da kam der Lenz (ſo wie ich ihn beſchrieben),
Und guckt' hinein durchs härne Fliegenfenſter,
Und rief: „Du blaſſer Peter!" — (nämlich ich!) —
„Geh doch hinaus in meine blühnde Gärten,
Und klag dein Leid den rieſelnden Kryſtallen,
Den Pappeln — grün mit weißen Sammtrabatten, —
Dem Lindendach voll Promenadenſchwengel;
Da magſt du Einen, — dir zur Luſt, und wär's
Auch ihm zur Qual! — erleſen als Vertrauten,
Und allen Gram der Liebe, allen Ärger
An dieſer Welt, flottweg vom Herzen ſchütten.
Glaub mir: wenn Einer erſt ſein Leid erzählt,
Der fühlt's nicht mehr; Dem ſchmecken Trank und Speiſe!
Darüber weiß ich dir ein Lied zu ſingen,
Weil ich der Lenz bin, der ſeit Urbeginn
Der ganzen Erde tolle Elegien
Anhören mußte, und voll Bosheit zuſehn,
Wie jeder Laffe ſeinen Unterleib
Kurieren will auf Koſten meiner Ohren.
Doch, biſt du maulfaul, allerliebſter Peter,
Schreib deine Grillen in ein Taſchenbuch —
(Was braucht es Viel? in ungereimten Jamben;

Die macht der dümmste Narr im Handumdrehn!)
Und schick's dem süßen Kompagnon fürs Herz,
Der läßt dir's drucken, so geht's reißend ab.
Du glaubst nicht, was solch Zeug für Wunder thut:
Dem Einen hilft's, der leid'gen Passion
Zur Verslerei entsagen, die ihn toll macht;
Dem Andern gegen die Hypochondrie;
Dem Dritten, der seit zwier gefastet hat, Dem giebt's
Gelegenheit, um Geld zu recensieren;
Dich selber macht es ledig alles Quarks,
Womit du dich auf Schulen überladen!" —
So sprach der Lenz. Ich war ihm unterdessen
Still nachgegangen bis zum Lindenpark:
Da quollen goldne Melodienbäche   .
Aus seiner Nachtigallen Mund, und lieblich
Gab jedes Blümchens duft'ger Zauberkelch
Mit holdem Kuß, ein tausendstimm'ges Echo,
Der Luft umher die süßen Klänge wieder.
Doch mir war Alles Plunder — Fraß' — dumm Zeug!
Ich war — (seit Byron Mod', ist's jeder Dichter,
Der nicht Er selbst, noch irgend sonst Was ist) —
Ich war verstimmt, und ennuyierte mich.
Und über all dem Duften, Blühen, Klingen
Und Zwitschern schlief ich ein; — da träumte mir:
Ich sei ein Has' — (versteht sich, nur am Leibe,
Sonst wie ein Mensch; denn Beides ist verträglich!),
Und habe mich im blaßgefrornen Winter
In einen Wald verirrt von gift'gen Bäumen,
Mit Pestgeschwüren dick an jedem Zweig;
Die stanken mörderlich, wie Tod und Hölle.
Und — weh! der Mensch in mir begehrt' ein Schnupftuch,
Die schreckenbleiche Nase zu verhüllen;   ·
Doch aus dem Hasen grinzt' es blechern-kalt:
„Damit kann ich nicht dienen, guter Peter!
Das Beste wär' — denk' ich — davonzulaufen."
Da faßte mich ein ungeheurer Schmerz
Ob solchem schnöden Zwiespalts in mir selber;
(Ich will, weiß Gott! nicht prahlen: doch mir war's,
Wie wenn zwei Flüche sich vernichtend küssen,
Und jeder seinen Tod im andern sieht!)
Indem ich nun so stand, die ganze Welt,
Das Meer, die Sterne, Wälder u. s. w.,
Zuletzt mich selbst verwünschend: da erblick' ich

Ganz nah' im Schneebett eine Windhundderinn' —
Die sah mich an, als wollte sie mich fressen.
Ich hatt' 'nen Vorsprung, konnte wohl entfliehn;
Doch — angekettet wie mit Leimpantoffeln,
Vermocht' ich's nicht: aus ihrem Hundsgesichte
Sprach mir zum Herzen die gestorbne Zeit;
Der ersten Liebe abgewelkter Frühling
Blitzt' in der Brust mir wieder so wie damals,
Da noch der trauten Häsin Blick mich letzte!
Hai' oder Hund? Das war die Frag'; und grimmig
Wollt' ich mein Hirn mit dieser Frage sprengen;
Und sieh — da winkt' es mit der Vorderpfote.
Ich trat heran: „Lepuscula! bist du's?"
Rief ich, und wurde blaß ob meiner Kühnheit. —
Doch sie entgegnet vornehm-ledern, kalt,
Halb Hundsgebell, und halb auf Häsisch: „Ja!
So nennen mich die Bestien! Aber Sie
Sehn ganz verändert aus! (Ei! ei! mein Lieber,
Sie scheinen mir nicht mehr so recht zu traun!
Ein dummer Zauber hat mich umgehundet,
Weil ich mich eingelassen mit 'nem Windspiel.
Doch — Das ist längst vorbei, und mir — wie ehedem
Den Tyrern — stets die erste Liebe heilig.
O! darf ich bitten? nehmen Sie doch Platz!
An meiner Seite hier im Schnee ist's warm."
Ich fluchte in mir selber wie ein Mensch,
Und zitterte am Leibe wie ein Hase.
Und so — maschinenmäßig, dumm wie Brei,
Mein selbst nicht mächtig, hockt' ich neben ihr.
„Herzliebster!" redte sie mich wieder an,
„Sehn Sie das Sternbild droben? Das ist auch
Ein bloßer Hund, und steht in großer Achtung!
Ja, ja, die Welt ist sonderbar beschaffen!
Das war wohl eine süße Wonnezeit,
Als ich noch Braut war meines treuen Häschens!
Als Melodie und Gluth und Wollustbeben
Der erste Kuß auf meinen Lippen brannte —
Und Montag ist ein Fleischtag! Hol's der Teufel!"
So sprach sie noch viel buntre, tolle Reden,
Daß mir zu Muth ward wie im Gänsestall;
Und sie begann aufs Neu': „Du wußtest wohl,
Wie elend ich gewesen, todbetrübt!
Dein toll Gewinsel hat es mir verrathen!"

Nun frag' ich Jeden — wenn mich Eine dußt,
Ob ich ihr traun darf? Aber sie — die Hündin —
Schielt plötzlich mit gefletschten Zähnen mir
Die stralle Lend' an: „Ei! Sie haben da
Ein hübsches, feistes Hinterviertelchen
An Ihrem werthen Leibe! Möcht' es wohl
Zum Nachtimbiß versuchen" — — Da erfaßte
Die Hölle mich mit ihren Leichenschauern,
Und Teufels-Ahnung fror wie Grabeswinter
Durch mein Gebein; auf meiner Stirne tropfte
Entsetzen, Graun — — und von dem Schreck erwacht' ich!

[159]) Letztes Wort über die Streitigkeiten der Studierenden zu Halle ꝛc. Leipzig, Klein, 1817.

[160]) Vgl. u. A. den Brief an Immermann vom 24. December 1822 in Heine's Werken, Bd. XIX., S. 25 und 26.

[161]) Das Beiblatt zum Berliner „Freimüthigen" vom 18. Januar 1823 enthielt folgende boshafte Aufforderung: „Der rheinische Künstler, Herr Heinrich Heine, welcher aus allzu großer Bescheidenheit mit seinem Talente nicht hervorzutreten wagt, wird von seinen Verehrern dringendst ersucht, sie durch mimisch-plastische Darstellungen aus Immermann's „Edwin" zu erfreuen. E. v. N. — H. Str. — F. v. R." — Heine bemerkt zu diesem Pröbchen klatschhafter Anfeindung in einem Briefe an Immermann (Bd. XIX., S. 39): „Scheint mir von einem armen Edelmann, Namens U., herzurühren, der geglaubt hat, als das einzige dramatische Licht der Zeit, sobald er auftrete, angebetet zu werden, und der mir die geheime Bosheit nicht verzeihen kann, daß ich in seinen Gesellschaftskreisen die Existenz eines Immermann verkündigte."

[162]) Heine's Werke, Bd. XIX., S. 27 und 34.

[163]) Ebendaselbst, S. 79.

[164]) Zwei Monate in Paris, von Adolf Stahr, Bd. II., S. 339.

[165]) Heine's Werke, Bd. XIX., S. 27.

[166]) Ebendaselbst, S. 52.

[167]) Ebendaselbst, S. 81.

[168]) Adolf Stahr behauptet in seinem mehrfach erwähnten Buche, Bd. II., S. 340, daß die Heine'sche Kritik in den ehemaligen Berliner „Jahrbüchern" abgedruckt worden sei. Dies ist jedoch, wie ich mich überzeugt habe, nicht der Fall. Wie Stahr, hat auch Herr Wilhelm Hemsen in Köln jene Kritik gelesen, weiß sich aber gleichfalls nicht des Blattes zu entsinnen, in welchem sie abgedruckt war. Eine kurze Besprechung der Immermann'schen Schrift fand ich allerdings im „Gesellschafter" No. 82, vom 24. Mai 1826; dieselbe ist jedoch mit Varnhagen von Ense's bekannter Chiffre (V.) unterzeichnet, und kann auch sonst, nach Stil und Inhalt, nicht die von Heine geschriebene Recension sein.

[169]) Heine's Werke, Bd. XIX., S. 300.

[170]) Ebendaselbst, Bd. I., S. 185—192.

171) Die von Heine empfohlenen Veränderungen sind in seinen sämmtl. Werken, Bd. XIX., S. 380—400, abgedruckt. Vgl. auch die Bemerkungen Heine's in den Briefen an Immermann, ebendaselbst, S. 371, 372, 375, 376, 401 u. 402.

172) Ebendaselbst, S. 375.

173) Machte der Künstler ein Bild und wüßte, es dauere ewig,
    Aber ein einziger Zug, tief, wie kein andrer, versteckt,
    Werde von keinem erkannt der jetz'gen und künftigen Menschen,
    Bis ans Ende der Zeit, glaubt ihr, er ließe ihn weg?

174) Heine's Werke, Bd. II., S. 34—38.

175) Siehe den Brief Heine's an Immermann vom 19. December 1832 in Heine's Werken, Bd. XX., S. 3 ff.

176) Vgl. u. A. auch die Vorrede zur französischen Ausgabe des Buches „über Deutschland," Heine's Werke, Bd. V., S. 8 und 9.

177) Heine's Werke, Bd. XX., S. 282.

178) Ebendaselbst, Bd. XIX., S. 53.

179) Michael Beer's Briefwechsel, herausgegeben von Eduard von Schenk (Leipzig, F. A. Brockhaus, 1837), S. 176 und 192.

180) Im „Gesellschafter" vom 5. Mai 1823.

181) In „Freimüthigen" vom 5. und 6. Mai und 10., 12. und 13. Juni 1823.

182) Heine's Werke, Bd. XIX., S. 51.

183) Ebendaselbst, Bd. XVI., S. 100 [92].

184) Ebendaselbst, Bd. XIX., S. 54.

185) Ebendaselbst, S. 65.

186) Österreichische Volkslieder mit ihren Singweisen, herausgegeben von Franz Ziska und Jul. Max. Schottky. Pesth, Hartleben, 1819.

187) Heine's Werke, Bd. XIX., S. 274 ff.

188) Ebendaselbst, Bd. XV., S. 66 [49].

189) Jahrbücher der Literatur, Bd. XXXI., S. 157 ff. (Wien, bei Karl Gerold, 1825.)

190) „Ich kann es nicht vergessen," ꝛc., — Heine's Werke, Bd. XV., S. 170 [285].

191) In einem Briefe an den Verlagsbuchhändler Dümmler, — Heine's Werke, Bd. XIX., S. 29.

192) Ebendaselbst, S. 29, 64 und 135, in den Briefen an Dümmler, Schottky und Moser. Vgl. auch die Anmerkung 196).

193) Ebendaselbst, S. 54.

194) Ebendaselbst, S. 82.

195) Ebendaselbst, S. 14 ff.

196) Siehe den Brief an Fouqué, ebendaselbst, S. 76. — In einem ungedruckten Briefe an Joseph Lehmann schreibt Heine am 26. Juni 1823: „Ich habe noch immer nicht die Hoffnung aufgegeben, den „Ratcliff" aufgeführt zu sehen, obschon ich keinen Schauspieler kajoliert und keine Schauspielerin fetiert habe, und es überhaupt nicht verstehe, Etwas mühsam auf die Bretter

hinauf zu schmuggeln. Ich denke, das Schreiben und Sprechen über das Stück bringt es auf die Bühne."

[197] So äußert sich Heine in dem Briefe aus Berlin vom 16. März 1822, — Sämmtl. Werke, Bd. XIII., S. 51.

[198] Briefe von Stägemann, Metternich, Heine ꝛc., S. 147.

[199] Heine's Werke, Bd. XIX., S. 148 ff.

[200] „Es war gegen das Ende des achtzehnhundertneunzehnten Jahres, als wir uns zum ersten Male versammelten. In vielen Städten des deutschen Vaterlandes waren jene grausen Scenen vorgefallen, die Manchen eine unvorhergesehene Rückkehr des Mittelalters vermuthen ließen. Wir kamen zusammen, um zu helfen, wo die Noth thäte, um über die Mittel, wie dem tiefgewurzelten Schaden am besten beizukommen sei, zu berathschlagen. Eine mehr ins Einzelne gehende Absicht hatten wir nicht." Halbjähriger Bericht, im Verein für Kultur und Wissenschaft der Juden am 28. April 1822 abgestattet von Dr. E. Gans. (Hamburg, 1822, bei M. Hahn.)

[201] Ich entnehme dies Beispiel aus I. M. Jost's „Geschichte des Judenthums und seiner Sekten" (Abth. III., S. 339), welche mir, neben S. Stern's trefflicher „Geschichte des Judenthums von Mendelsohn bis auf die Gegenwart," häufig als Quelle zur Überschau der Entwicklung des Judenthums bis zum Jahre 1819 gedient hat. — Meine Darstellung der Geschichte und Bestrebungen des „Vereins für Kultur und Wissenschaft der Juden" beruht dagegen auf ungedruckten handschriftlichen Mittheilungen aus dem brieflichen Nachlasse Moser's und Wohlwill's, deren Einsicht ich der Familie des Letzteren verdanke, sowie auf der sorgfältigen Vergleichung der Vereinsstatuten und dreier von Eduard Gans über die Thätigkeit des Vereins 1821, 1822 und 1823 abgestatteten, im Druck erschienenen Berichte, deren Benutzung mir Herr Dr. Zunz auf mein Ansuchen freundlich gestattet hat.

[202] Heine's Werke, Bd. XIX., S. 98 ff.

[203] Im Jahre 1823, in der „Vierzehnten Nachricht von dem Zustande der jüdischen Freischule in Berlin", S. 14.

[204] Der jetzt in Hamburg lebende Abraham Auerbach, welcher mir den erwähnten Vorfall erzählt hat.

[205] Siehe die Briefe Heine's, — Sämmtl. Werke, Bd. XIX., S. 123, 124, 129 und 135, wo erzählt wird, wie sehr dem Bruder Heine's, Gustav, welcher die Landwirthschaft erlernt hatte, bei dem Bemühen, einen Inspektorsdienst zu erlangen, überall „der Jude" im Wege war.

[206] Heine's Werke, Bd. XIV., S. 189.

[207] Die Proklamation Noah's an alle Juden der Welt findet sich in Heine's Werken, Bd. XIX., S. 232, und in I. M. Jost's „Geschichte der Israeliten, Bd. X., Abth. II., S. 228 ff. An letztgenannter Stelle ist des Näheren nachzulesen, wie am 15. September 1825 die Gründung von Ararat in der Stadt Buffalo gefeiert ward. Mordachai Noah begab sich als „Richter Israel's," in hermelinbesetztem Ornat von rother Seide, mit einer dicken goldenen

Medaille um den Hals, inmitten eines karnevalsmäßig aufgeputzten Zuges von Freimaurern, Tempelrittern ꝛc., nach der bischöflichen Kirche, und hielt dort nach Beendigung des Gottesdienstes eine Rede, während der Ekstein der zu errichtenden Stadt auf dem Kommunionstische lag. Außer dieser Farce, deren Beschreibung damals durch alle Tagesblätter ging, hatte der Aufruf Noah's keine weiteren Folgen, als daß der Ober-Rabbiner und Präsident des jüdischen Konsistoriums in Paris, Abraham de Cologna, und einige andere von Noah zu seinen Kommissarien ernannte angesehene Israeliten (auch Gans und Zunz waren in der Proklamation als Agenten namhaft gemacht) die Annahme der ihnen zugedachten Ehrenämter öffentlich ablehnten.

208) Vgl. Heine's Werke, Bd. XIV., S. 194.

209) Rede bei Wiedereröffnung der Sitzungen des Vereins für Kultur und Wissenschaft der Juden, gehalten den 28. Oktober 1821 von Dr. E. Gans (Hamburg, 1822, bei M. Hahn.)

210) Heine's Werke, Bd. XIV., S. 204.

211) Ebendaselbst, Bd. XIX., S. 104 und 41 ff.

212) Ebendaselbst, S. 103.

213) Ebendaselbst, S. 41 ff.

214) Ebendaselbst, S. 104.

215) Ebendaselbst, Bd. XIV., S. 194 ff.

216) Ebendaselbst, Bd. XIX., S. 89.

217) Ebendaselbst, S. 141 ff.

218) Hauptstraße der Hamburger Judenschaft, auf die Heine (vgl. Sämmtl. Werke, Bd. XIX., S. 103, 104 ꝛc.) überhaupt nicht gut zu sprechen war.

219) Heine's Werke, Bd. XIV., S. 188.

220) Seine Hauptarbeiten sind — außer der für die Zeitschrift verfaßten, später sehr vervollständigten scharfsinnigen Untersuchung über das Leben und die Schriften Raschi's — das für die Wissenschaft des Judenthums epochemachende Werk: „Die gottesdienstlichen Vorträge der Juden" (1832), „Zur Geschichte und Literatur" (1845), „Die synagogale Poesie des Mittelalters" (1855), „Der Ritus des synagogalen Gottesdienstes" (1859), und die interessante kleine Schrift über „Die Namen der Juden" (1836).

221) Heine's Werke, Bd. XIV., S. 190 ff.

222) Geschichte des Judenthums und seiner Sekten, Abth. III., S. 341.

223) Heine's Werke, Bd. XIV., S. 191.

224) Name einer Hauptstraße in Hamburg.

225) Heine's Werke, Bd. XIX., S. 241.

226) „Die Monas" war ein Scherzname, den Wohlwill unter seinen Vereinsfreunden führte, weil er in seinem Aufsatze für das erste Heft der Zeitschrift die allmähliche Erhebung der Menschheit zur Μόνας, zur allgemeinen Einheit, besonders betont hatte.

227) Heine's Werke, Bd. XIX., S. 71.

228) Ebendaselbst, S. 140, 141 und 230.

229) Ebendaselbst, Br. XIV., S. 190.

230) Ebendaselbst, S. 183 ff.

231) Ebendaselbst, Bd. XIX., S. 46, 55, 56, 66 und 78.

232) Ebendaselbst, S. 111.

233) Ebendaselbst, S. 87 ff.

234) „Gartenlaube," Jahrgang 1866, S. 75.

235) Heine's Werke, Bd. XIX., S. 70.

236) Gartenlaube, 1866, S. 74.

237) Heine's Werke, Br. XIX., S. 60.

238) Gartenlaube, 1866, S. 75.

239) Heine's Werke, Br. XIX., S. 137, 105 und 202.

240) Ebendaselbst, S. 69.

241) Briefe von Stägemann, Metternich, Heine 2c., S. 134.

242) Heine's Werke, Bd. XIX., S. 92. — Vgl. auch daselbst S. 108, 112, 113, 114, 126, 127, 169, 259, 261, 262 und 334, sowie die Erinnerungen Maximilian Heine's an seinen Bruder, „Gartenlaube," Jahrgang 1866, S. 251.

243) Briefe von Stägemann, Metternich, Heine 2c., S. 129.

244) Heine's Werke, Bd. XIX., S. 112 ff.

245) Ebendaselbst, S. 110.

246) Briefe von Stägemann, Metternich, Heine 2c., S. 134.

247) Ebendaselbst, S. 136 ff.

248) Ebendaselbst, S. 129, und H. Heine's Werke, Bd. XIX., S. 92 u. 95.

249) Heine's Werke. Bd. XIX., S. 106.

250) Ebendaselbst, S. 100 ff.

251) Ebendaselbst, S. 102.

252) Heine spielt hier, wie anderwärts in seinen Briefen an Moser (vgl. Heine's Werke, Bd. XIX., S. 146), auf die judenfeindlichen Schriften des Berliner Geschichtsprofessors Chr. Fr. Rühs („Über die Ansprüche der Juden an das deutsche Bürgerrecht." Berlin, Reimer, 1816. — „Die Rechte des Christenthums und des deutschen Volks, vertheidigt gegen die Ansprüche der Juden und ihrer Verfechter." Ebd. 1816) und des Jenenser Philosophen Jakob Friedrich Fries (Über die Gefährdung des Wohlstandes und Charakters der Deutschen durch die Juden." Leipzig, 1816) an.

253) Heine's Werke, Bd. XIX., S. 106.

254) Ebendaselbst, Bd. XV.. S. 204—212 [134—140].

255) Ebendaselbst, Bd. XIX., S. 101.

Auf diese Gelddifferenz mit dem Oheim bezieht sich augenscheinlich die von Maximilian Heine in der „Gartenlaube" (Jahrgang 1866, S. 249) erzählte Anekdote, wonach sein Bruder es durch allerlei künstliche Manipulationen zu bewerkstelligen gewußt, einmal fünf Quartalswechsel innerhalb eines Jahres zu beziehen. Wie Herr Maximilian Heine es bei der anekdotischen Ausschmückung seiner „Erinnerungen" mit der historischen Treue des Details überhaupt nicht allzu genau nimmt, und beispielsweise über den materiellen Wohlstand der

Eltern des Dichters seltsam prahlerische Nachrichten giebt, so sucht er auch im vorliegenden Falle die irrige Meinung zu erwecken, als ob H. Heine die Geld-mittel zum Aufenthalte in Göttingen von Hause empfangen habe, während die seit vier Jahren veröffentlichten Briefe seines Bruders und sonstige Zeugnisse nicht den mindesten Zweifel daran lassen, daß er jene Mittel ausschließlich der Munificenz seines Oheims Salomon verdankte.

256) Ebendaselbst, S. 108 und 110.

257) Ebendaselbst, S. 113 ff.

258) Ebendaselbst, S. 150.

259) Ebendaselbst, S. 169.

260) Ebendaselbst, S. 183, 192 und 203.

261) „Gartenlaube", Jahrgang 1866, S. 16.

262) Heine's Werke, Bd. XIX, S. 332 ff.

263) Ebendaselbst, S. 48.

264) Briefe von Stägemann, Metternich, Heine 2c., S. 155.

265) Heine's Werke, Bd. XIX., S. 116, 126, 150 2c.

266) Briefe von Stägemann, Metternich, Heine 2c., S. 136.

267) Heine's Werke, Bd. XIX., S. 128.

268) Ebendaselbst, Bd. XV., S. 201, 244, 221 und 200 [130, 165, 147 und 129].

269) Vgl. u. A. den von mir benutzten Aufsatz über die Lorelei-Sage von Hermann Grieben in der „Kölnischen Zeitung" vom 13. Juli 1867.

270) Bremen, 1802, S. 392 ff. Das Gedicht Brentano's lautet, wie folgt:

Lore Lay.

Zu Bacharach am Rheine
Wohnt' eine Zauberin,
Sie war so schön und feine
Und riß viel' Herzen hin.

Und brachte viel' zu Schanden
Der Männer rings umher,
Aus ihren Liebesbanden
War keine Rettung mehr.

Der Bischof ließ sie laden
Vor geistliche Gewalt,
Und mußte sie begnaden,
So schön war ihre Gestalt.

Er sprach zu ihr gerühret:
„Du arme Lore Lay,
Wer hat dich denn verführet
Zu böser Zauberei?" —

„„Herr Bischof, laßt mich sterben,
Ich bin des Lebens müd',
Weil Jeder muß verderben,
Der mir ins Auge sieht.

„„Meine Augen sind zwei Flammen,
Mein Arm ein Zauberstab:
O legt mich in die Flammen
O brechet mir den Stab!"" —

„Ich kann dich nicht verdammen,
Bis du mir erst bekennt,
Warum in diesen Flammen
Mein eigen Herz schon brennt.

„Den Stab kann ich nicht brechen,
Du schöne Lore Lay,
Ich müßte denn zerbrechen
Mein eigen Herz entzwei." —

„„Herr Bischof, mit mir Armen
Treibt nicht so bösen Spott,
Und bittet um Erbarmen
Für mich den lieben Gott.

„„Ich darf nicht länger leben,
Ich liebe Keinen mehr,
Den Tod sollt Ihr mir geben,
Drum kam ich zu Euch her.

„„Mein Schatz hat mich betrogen,
Hat sich von mir gewandt,
Ist fort von hier gezogen,
Fort in ein fremdes Land.

„„Die Augen sanft und wilde,
Die Wangen roth und weiß,
Die Worte still und milde,
Das ist mein Zauberkreis.

„„Ich selbst muß drin verderben,
Das Herz thut mir so weh,
Vor Schmerzen möcht' ich sterben,
Wenn ich mein Bildnis seh'.

„„Drum laßt mein Recht mich finden,
Mich sterben wie ein Christ,
Denn Alles muß verschwinden,
Weil er nicht bei mir ist."" —

Drei Ritter läßt er holen:
„Bringt sie ins Kloster hin! —
Geh, Lore, Gott befohlen
Sei dein bethörter Sinn.

„Du sollst ein Nönnchen werden,
Ein Nönnchen schwarz und weiß,
Bereite dich auf Erden
Zu deiner Todesreis'." —

Zum Kloster sie nun ritten,
Die Reiter alle Drei,
Und traurig in der Mitten
Die schöne Lore Lay.

„„O Ritter, laßt mich gehen
Auf diesen Felsen groß,
Ich will noch einmal sehen
Nach meines Liebsten Schloß.

„„Ich will noch einmal sehen
Wohl in den tiefen Rhein,
Und dann ins Kloster gehen
Und Gottes Jungfrau sein.""

Der Felsen ist so jähe,
So steil ist seine Wand,
Doch klimmt sie in die Höhe,
Bis daß sie oben stand.

Die Jungfrau sprach: „„Da gehet
Ein Schifflein auf dem Rhein;
Der in dem Schifflein stehet,
Der soll mein Liebster sein!

„„Mein Herz wird mir so munter,
Es muß mein Liebster sein!""
Da lehnt sie sich hinunter
Und stürzet in den Rhein.

271) Wieder abgedruckt in Loeben's „Erzählungen," Bd. II., S. 197.
(Dresden, Hilscher, 1824.)

Da, wo der Mondschein blitzet
Ums höchste Felsgestein,
Das Zauberfräulein sitzet
Und schauet auf den Rhein.

Es schauet herüber, hinüber,
Es schauet hinab, hinauf,
Die Schifflein ziehen vorüber,
Lieb' Knabe, sieh nicht auf!

Sie singt dir hold zum Ohre,
Sie blickt dich thöricht an,
Sie ist die schöne Lore,
Sie hat dir's angethan.

Sie schaut wohl nach dem Rheine,
Als schaute sie nach dir.
Glaub's nicht, daß sie dich meine,
Sieh nicht, horch nicht nach ihr!

Strodtmann, H. Heine. I.

So blickt sie wohl nach Allen   Doch wogt in ihrem Blicke
Mit ihrer Augen Glanz,   Nur blauer Wellen Spiel.
Läßt her die Locken wallen   Drum scheu die Wassertücke,
Im wilden goldnen Tanz.   Denn Fluth bleibt falsch und kühl!

²⁷²) Das von Schumann trefflich komponierte Eichendorff'sche Lorelei-Gedicht
lautet:

„Es ist schon spät, es wird schon kalt,
Was reitst du einsam durch den Wald?
Der Wald ist lang, du bist allein,
Du schöne Braut, ich führ' dich heim." —

„„Groß ist der Männer Trug und List,
Vor Schmerz mein Herz gebrochen ist,
Wohl irrt das Waldhorn her und hin,
O flieh! du weißt nicht, wer ich bin."" —

„So reich geschmückt ist Roß und Weib,
So wunderschön der junge Leib,
Jetzt kenn' ich dich — Gott steh' mir bei!
Du bist die Hexe Lorelei!" —

„„Du kennst mich wohl — vom hohen Stein
Schaut still mein Schloß tief in den Rhein.
Es ist schon spät, es wird schon kalt,
Kommst nimmermehr aus diesem Wald!""

²⁷³) Simrock betitelt sein wunderlich auf Goethe anspielendes Gedicht:

Ballade von der Lorelei.

„Wer singet dort so holde Melodei?
Das Schifflein säumt und gleitet sacht vorbei." —
Mein Nachbar sprach: „Es ist die Lorelei.

„Da droben thront sie auf des Felsen Spitze,
Strahlt in den Rhein ihr goldnes Lockenhaar,
Und Geisterchöre tönen wunderbar
Im Rebenlaub an ihrem Herrschersitze;
Doch wie der Strahl durch trüber Wolken Ritze,
So dringt hindurch der Wunderton der Fei.

„Ihr Singen regt beglückten Erdensöhnen
Die höchste Lust und alle süße Pein;
Wer sie vernimmt, muß ihr ergeben sein
Und kann sein Herz des Wohllauts nicht entwöhnen·
Gefesselt huldigt er der Macht des Schönen
Und lebt und stirbt im Dienst der Lorelei.

„Noch hat sie nie sich einem Mann ergeben,
Ob sie auch Vielen gnädiger geblickt.
Ein Ritter einst, von Sangeslust bestrickt,
Sann mit Gewalt zu fahn ihr holdes Leben:
Das Hüfthorn tönt, die frechen Knechte streben
Schon berghinan zur Jagd der Lorelei.

„Sie klimmt empor die höchsten Felsenstellen,
Der Frevler folgt, schon faßt er ihr Gewand;
Da schwingt sie sich hinab vom Bergesrand
Und unten hört man sein Gebein zerschellen.
Sie aber singt lustwandelnd auf den Wellen:
„Mich zwingst du nicht, denn meine Gunst ist frei.

„„Den nach der Hand der Lorelei gelüstet,
Umschwebe Wohllaut schon im Mutterschoß;
Früh ringt das Lied sich seinem Busen los,
Frei vor der Lüge, die sich Wahrheit brüstet:
Er naht dereinst, mit Sängerkraft gerüstet,
Und Bräutigam begrüßt ihn Lorelei.““

„Und als er kam auf stolzem Schiff gezogen
Den Strom hinab vom goldbeglänzten Main,
Da wandelt sie zum bräutlichen Verein
Dem Freund entgegen auf des Rheines Wogen;
Da kommt ein Wind von Osten hergeflogen,
Entführt das Schiff und trauernd steht die Fei.

„„Er war mein werth, und konnt' er mich verschmähen?
So welke, Kranz, der höchsten Ehren Lohn!
Nein, grüne fort, denn einem treuern Sohn
Hat dich zum Schmuck der Himmel ausersehen.
Zwar werden noch Jahrzehende vergehen,
Doch treu des Lieblings harrt die Lorelei.““

Ballate, sag den Unberufnen frei,
Daß Musengunst nicht zu erzwingen sei:
Komm Liebling bald der schönen Lorelei!

271) Unter den renommierteren Behandlungen der Sage nennen wir noch
das Gedicht Wolfgang Müller's von Königswinter. Der so eben erschienene
zweite Jahrgang des „Deutschen Künstler-Album" (Düsseldorf, Breidenbach & Co.)
enthält auf S. 73 ebenfalls wieder eine Lorelei-Ballade. Selbst jenseit des
Oceans hat die Rheinnixe sich bereits ein Echo erweckt, wie nachstehendes, von
mir übersetztes Gedicht der Amerikanerin Caroline M. Sawyer bezeugt:

Die Lorelei.

„Siehst du die Maid auf dem Felsenhang
Hoch oben dort über dem Wogendrang?
Von meergrünen Wellen ihr Kleid gewebt,
Und ihr Aug' wie der Himmel, der über uns schwebt;
Ihr Haar umfluthet wie Sonnenlicht
Golden das liebliche Angesicht;
Sie reckt in die Lüfte den schneeigen Arm,
Und singt ein Lied, so süß und so warm,
In die dämmernde graue Frühlichtszeit —
Hol über, mein Fährmann, hinüber zur Maid!"

Ein Nebel des Fährmanns Auge beschlich,
Und sein Arm ward matt, sein Wang' erblich,
Als er ragen sah auf dem Felsen die Maid
Mit dem fluthenden Haar und meergrünen Kleid.
„„Herr Ritter, das Leben stünd' auf dem Spiel,
Durchfurchten die Fluth wir auf stärkstem Kiel,
Wenn die wilde Maid mit dem grünen Gewand
Auf dem Lurleifelsen früh Morgens stand!
O wahrt Euch — denn Unheil befällt den Mann,
Der die Lust, ihr zu nahen, nicht zügeln kann!""

„Geh, preb'ge dein Märchen dem Weibergeschlecht
Und der zitternden Memme, du feiger Knecht!
Der in hundert blutigen Schlachten war,
Der Ritter, weicht nicht erlogner Gefahr.
Fort über die Wogen im tanzenden Schiff
Zu der herrlichen Maid auf dem Lurleiriff!
Nimm als Lohn hier die Kette von schwerem Gold —
Umsonst nicht trabst du in meinen Sold!"

Die Kette nahm Jener und sprach Nichts mehr,
Zum Ruder langt' er, doch bebt' er sehr,
Und er trieb durch die grollenden Fluthen sein Schiff
Hin über den Strom zum verderblichen Riff.
Schwarz wurde der Himmel, es heulte der Wind,
Vögel aufkreischten und flohen geschwind,
Und brüllende Wogen umbürmten den Strand,
Als sie näher kamen dem Felsenrand.

„„Zurück!"" schrie der Fährmann, vor Schrecken bleich,
„„Der rasende Wirbel verschlingt uns gleich!""
Doch der kühne Ritter, von Muth erfaßt,

Stand auf im Nachen mit wilder Hast,
Sprang furchtlos hinein in die tobende Fluth,
Und trotzte des schäumenden Stromes Wuth.
Seltsame Gestalten wohl mocht' er sehn
In den Wassern ihm feindlich genüberstehn,
Drohende Stimmen ihm zischten ins Ohr —
Doch nimmer sein Wille die Kraft verlor.
An hielt er den Athem, den Arm gespannt,
Bis den Wogen entrafft er am Ufer stand.
Zu dem Gipfel dann klomm er, voll süßem Leid,
Und athemlos grüßt' er die holde Maid.

Er sah ihr berauscht in die Augen klar,
Seine Finger strählten ihr goldnes Haar —
Und „Mein für immer!" sie jauchzend sang,
Als sie ihn mit dem schimmernden Arm umschlang.
„Komm hinab, mein Held, in die dunkle Fluth,
Wo der Stromnix singt, die Najade ruht;
Komm hinab und wohn' bei der Meeresfei,
Wo kein Sturm uns findet, kein Möwenschrei!"

Sie preßt ihm den Mund auf die glühende Wang',
Sie lockt ihn über den schroffen Hang —
Nun stehen sie da auf dem schwindelnden Saum —
Dann hinab in des zischenden Strudels Schaum!

Die Winde schwiegen, still wogte der Rhein,
Es tanzten die Mücken im Sonnenschein —
Der Nachen fuhr heim zu entlegenem Strand,
Doch die Maid mit dem Ritter für ewig verschwand.

[275]) Heine's Werke, Bd. XV., S. 272 ff. [186 ff.].
[276]) Ebendaselbst, Bd. XIX., S. 129 und 132.
[277]) Briefe von Stägemann, Metternich, Heine zc., S. 133.
[278]) Heine's Werke, Bd. XIX., S. 120.
[279]) Ebendaselbst, S. 143.
[280]) Briefe von Stägemann, Metternich, Heine zc., S. 132.
[281]) Heine's Werke, Bd. XIX., S. 145 ff.
[282]) Das Haus ist jetzt mit No. 5 bezeichnet. Michaelis 1824 zog er in das Seebold'sche Haus an der Allee No. 10, — Ostern 1825 in das Haus Olzen an der Weender Straße No. 78, — im Juni 1825 in die Gartenwohnung der Rettorin Seifert an der Herzberger Chaussee No. 8, vor dem Albanithore. Die Ermittelung von Heine's Wohnungen in Göttingen verdanke ich der gütigen Bemühung des Cand. juris Eduard Grisebach. — Nach Angabe des Dr.

Ellissen wohnte Heine bei seinem ersten Aufenthalte in Göttingen gleichfalls vor dem Albanithore, im Schweizerhause des Ulrich'schen (später v. Sehlen'schen, jetzt Marwedel'schen) Gartens, wo 1785 auch Bürger und Molln wohnten, und eine Zeitlang der jetzt nach den städtischen Anlagen versetzte Gedächtnißstein Bürger's stand.

283) Heine's Werke, Bd. XIX., S. 150.

284) Ebendaselbst, S. 155.

285) Erinnerungen von Maximilian Heine in der „Gartenlaube," Jahrgang, 1866, S. 249.

286) Heine's Werke, Bd. XIX., S. 157 ff.

287) Gesellschafter, No. 49—52, vom 26—31. März 1824.

288) Heine's Werke, Bd. XIX., S. 162.

289) Ebendaselbst, S. 161.

290) Ebendaselbst, S. 163.

291) Ebendaselbst, S. 172.

292) Ebendaselbst, Bd. XVI., S. 249 ff. [220 ff.].

293) Ebendaselbst, Bd. XIX., S. 164.

294) Briefe von Stägemann, Metternich, Heine ꝛc., S. 139 und 140.

295) „Agrippina", „Wächter am Rhein" und „Rheinische Flora". — Die erstgenannte Zeitschrift enthielt in No. 17—25, vom 6—25. Februar 1824, eine von Rousseau verfaßte ausführliche Besprechung der Heine'schen „Gedichte" und „Tragödien," welche mit einigen Zusätzen 1834 in Rousseau's „Kunststudien" (München, E. A. Fleischmann), S. 233—259, wieder abgedruckt ward. Sie erhebt sich indeß so wenig, wie irgend eine andere Arbeit des vagabundierenden Belletristen, über das phrasenhafte Kunstgeschwätz eines unwissenschaftlichen Dilettantenthums. — Nur die erste der obigen Zeitschriften ist mir zu Gesichte gekommen; ich vermuthe jedoch, daß Heine auch für die beiden andern Journale Beiträge geliefert hat.

296) In No. 89 und 90 der „Agrippina," vom 23. und 25. Juli 1824, sind außerdem noch folgende, seither nicht wieder abgedruckte Lieder Heine's enthalten:

Daß ich dich liebe, o Möpschen,
Das ist dir wohlbekannt.
Wenn ich mit Zucker dich füttre,
So leckst du mir die Hand.

Du willst auch nur ein Hund sein,
Und willst nicht scheinen mehr;
All' meine übrigen Freunde
Verstellen sich zu sehr.

Lieben und Haffen, Haffen und Lieben
Ist Alles über mich hingegangen;
Doch blieb von Allem Nichts an mir bangen,
Ich bin der Allerselbe geblieben.

Tag und Nacht hab' ich gedichtet,
Und hab' doch Nichts ausgerichtet;
Bin in Harmonien geschwommen,
Und bin doch zu Nichts gekommen.

297) Heine's Werke, Bd. XVI., S. 295 [260].

298) Ebendaselbst, Bd. XIX, S. 166 ff.

²⁹⁹) Ebendaselbst, S. 178 und 182.

³⁰⁰) Ebendaselbst, S. 190 ff.

³⁰¹) Ebendaselbst, S. 167 ff.

³⁰²) Ein jüdischer Kaufmann aus Tudela, welcher als der erste Europäer, der das östliche Asien bereiste, theils in Handelsangelegenheiten, theils um die Zustände der rings zerstreuten Juden kennen zu lernen, 1159—73 eine Reise von Saragossa über Frankreich, Italien und Griechenland nach Palästina und Persien bis in die chinesische Tatarei machte. Von dort kehrte er über Hinterindien, den indischen Archipel und Ägypten nach Spanien zurück. Seine interessanten Reisenotizen erschienen in hebräischer Sprache zuerst 1543 in Konstantinopel, und wurden seitdem fast in alle lebende Sprachen übersetzt.

³⁰³) Jüdische Merkwürdigkeiten. 4 Thle. Frankfurt, Eßlinger, 1717—18.

³⁰⁴) Heine's Werke, Bd. XIX., S. 178 ff.

³⁰⁵) Ebendaselbst, S 193.

³⁰⁶) Ebendaselbst, S. 214 ff.

³⁰⁷) Ebendaselbst, S. 227.

³⁰⁸) Ebendaselbst, S. 260 und 279.

³⁰⁹) Es mag wahr sein, daß, wie Heine seinem Verleger Julius Campe versichert hat, das ursprüngliche Manuskript des „Rabbi von Bacharach" bei einer Feuersbrunst im Hause seiner Mutter zu Hamburg, nebst andern Papieren des Dichters, verbrannte; doch wird eben nur der Anfang des Werkes ein Raub der Flammen geworden sein, denn nirgends findet sich eine glaubhafte Andeutung, daß die Erzählung jemals vollendet ward. Vermuthlich besaß Heine noch eine Abschrift der ersten beiden Kapitel, und begann später die Fortsetzung hinzu zu dichten; wenigstens ist in dem mir vorliegenden Manuskripte nur das unvollendete dritte Kapitel und die Bemerkung, daß „der Schluß ohne Verschulden des Autors verloren gegangen," von Heine's eigener Hand geschrieben.

³¹⁰) Heine's Werke, Bd. IV., S. 40—52.

³¹¹) Ebendaselbst, S. 75.

³¹²) Ebendaselbst, Bd. XIX., S. 182, 204 und 283.

³¹³) Briefe von Stägemann, Metternich, Heine ꝛc.. S. 159.

³¹⁴) Ebendaselbst, S. 141.

³¹⁵) Ebendaselbst, S. 133, 139 und 141. Vgl. Heine's Werke, Bd. XIX., S. 45, 178 und 194.

³¹⁶) Zuletzt noch wieder in der Leipziger „Illustrierten Zeitung," No. 1269, vom 26. Oktober 1867, S. 275.

³¹⁷) Heine's Werke, Bd. XIX., S. 176, 186, 188, 189 und 194.

³¹⁸) Ebendaselbst, S. 194.

³¹⁹) Ebendaselbst, S. 175, 176 und 178.

³²⁰) „Bemerker" No. 3, Beilage zum „Gesellschafter" vom 19. Januar 1825. — Vgl. Heine's Werke, Bd. XIX., S. 204 ff.

³²¹) Dieser Vorfall wurde mir von Herrn Hans Gillissen in Göttingen mitgetheilt, dessen Vater ihn aus dem Munde des vor mehreren Jahren ver-

storbenen Gaſtwirths Michaelis vernahm. Daß Heine ſeinen Beleidiger zum Duell fordern ließ, ſchließe ich aus einem Briefe an Moſer vom 24. Februar 1826 (Heine's Werke, Bd. XIX., S. 261).

322) Heine's Werke, Bd. XIX., S. 183, 184 und 187.

323) Ebendaſelbſt, S. 188 und 193 ff.

324) Ebendaſelbſt, S. 215.

325) Briefe von Stägemann, Metternich, Heine ꝛc., S. 141 ff.

326) Ebendaſelbſt, S. 145.

327) Ebendaſelbſt, S. 151 ff.

328) „Geſellſchafter", No. 11—24, vom 20. Januar — 11. Februar 1826.

329) „Bemerker" No. 26, Beilage zum „Geſellſchafter" vom 30. Auguſt 1826.

330) Heine's Werke, Bd. XII., S. 99 und 100.

331) Ebendaſelbſt, Br. VI., S. 100 ff.

332) Siehe Heine's Werke, Bd. XIII., S. 286—289; Bd. VI., S. 77—83; und Briefe von Stägemann, Metternich, Heine ꝛc., S. 207.

333) Heine's Werke, Bd. XIX., S. 216 ff.

334) Geſpräche mit Goethe ꝛc., von J. P. Eckermann, Bd. I., S. 234.

335) Abgedruckt in Heine's Werken, Bd. XIX., S. 206 ff.

336) Abgedruckt ebendaſelbſt, S. 222 ff. Vgl. dort die Anmerkung auf S. 223.

337) Siehe S. 188 dieſes Bandes.

338) Der Obergerichtsſekretär Dr. jur. Knille in Göttingen, welcher der Promotion Heine's und dem nachfolgenden Doktorſchmauſe beiwohnte, hat dieſen ergötzlichen Vorfall dem Cand. jur. Eduard Griſebach erzählt.

339) Heine's Werke, Bd. XIX., S. 225 ff.

340) Ebendaſelbſt, S. 43.

341) Ebendaſelbſt, S. 115 ff.

342) Ebendaſelbſt, S. 170 ff.

343) Ebendaſelbſt, S. 184 und 185.

344) Ebendaſelbſt, S. 231 ff.

345) Der Taufakt Heine's findet ſich im Kirchenbuche der evangeliſchen Gemeinde zu St. Martini in Heiligenſtadt eingetragen, wie folgt:

„Ein Proſelyt, Herr Harry Heine, welcher in Göttingen die Rechte ſtudiert und bereits das Examen zum Grade eines Doctoris juris beſtanden hat, empfing, mit Beibehaltung des Familien-Namens Heine, bei der Taufe die Namen Chriſtian Johann Heinrich.

„Er iſt geboren zu Düſſeldorf den 13. December 1799, — ehelich — iſt der älteſte Sohn eines vormals in Düſſeldorf wohnenden israeliſchen Kaufmanns Samſon Heine. Der Vater privatiſiert jetzt in Lüneburg. Der getaufte Sohn hält ſich noch in Göttingen auf.

„Tag der Taufe: der 28. Junius, gegen 11 Uhr Vormittags. Die Taufe geſchah in der Stille, in der Wohnung des Pfarrers. Getauft hat Magiſter Gottlob Chriſtian Grimm, Pfarrer der evangeliſchen Gemeinde und Superintendent. Einziger Pathe war der Dr. der Theologie und Superintendent in Langensalza, Herr Karl Friedrich Boniß."

Maximilian Heine, welcher in den Erinnerungen an seinen Bruder ("Gartenlaube," Jahrgang 1866, S. 249 ff.) den Zweck jener Reise nach Heiligenstadt ängstlich verschweigt und dieselbe vielmehr als einen fidelen Studenten-Ausflug darstellt, giebt neben andern Unrichtigkeiten irrthümlich an, daß die Dokter-Promotion damals schon stattgefunden habe.

[346]) Heine's Werke, Bd. XIX., S. 230 ff. — Das in dem Briefe erwähnte Gedicht scheint, wenn es überhaupt demselben beigefügt war, verloren gegangen zu sein.

[347]) Ebendaselbst, S. 241, 242 und 247.

[348]) Ebendaselbst, S. 265—268.

[349]) Ebendaselbst, S. 278.

[350]) Ebendaselbst, S. 246, 257 und 258.

Berichtigungen und Zusätze.

Seite 3 und 4. In Betreff der Notizen über die Vorfahren und Verwandten des Dichters vgl. Anm. ¹) auf S. 355.

S. 11, Z. 4 v. o. statt diesen Prinzen ꝛc. lies: den jetzigen Kaiser der Franzosen seinen „legitimen Souverän" nennt, da jener ältere Bruder „niemals abdiciert" habe, und „sein Fürstenthum, das von den Preußen occupiert ward, nach seinem Ableben dem jüngeren Sohne des Königs von Holland, dem Prinzen Louis Napoleon, de jure zugefallen" sei.

S. 29, Z. 14 v. u. statt eines Bankiers lies des Bankiers Rindskopf.

S. 47, Z. 1 v. o. schalte nach Diesterweg, den Namen Heinrich, ein.

S. 74, Z. 7 v. u. statt polischen lies politischen.

S. 80, Z. 2 v. u. statt künstlerischen lies künstlichen.

S. 93, Z. 2 v. u. lies Johann David Michaelis.

S. 99, Z. 5 v. u. schalte den Satz ein: Besonders anregend und lehrreich waren die kunstgeschichtlichen Vorträge Fiorillo's, der als Aufseher der Kunstsammlungen seinen Zuhörern die Hauptwerke berühmter Maler durch Kupferstiche zu veranschaulichen und das Verständnis derselben durch gediegene Mittheilungen über die Technik der bildenden Künste zu vermitteln wußte.

S. 108, Z. 8 v. u. statt im Michaelis'schen Hause lies bei Michaelis im „Englischen Hofe."

S. 126, Z. 7 v. u. statt Peren lies Zügen.

S. 134, Z. 9 v. u. statt Ach, wär' ich ein Fisch, lies Ich wollt', ich wär' ein Fisch.

S. 143, Z. 3 v. o. statt Frühling lies Sommer.

S. 160, Z. 17 v. o. statt Wist lies Whist.

S. 221, Z. 17 v. o. statt Robert lies Robin.

S. 288, Z. 4 v. u. statt di, lies die.

S. 288, Z. 3 v. u. statt Rechtssinne lies Rechtssinn.

S. 301, Z. 9 v. o. statt seinem lies einem.

S. 315, Z. 7 v. o. statt Loreleisage lies Sage von der Lorelei.

Inhalt.

———

Druck von Franz Dunder's Buchdruckerei in Berlin.